Bleib am Ball

Georg Schwikart

Bleib am Ball

Eine Geschichte zur Erstkommunion

Mit Illustrationen von
Cornelia Kurtz

Matthias-Grünewald-Verlag · Mainz

verlags gruppe engagement
Der Matthias-Grünewald-Verlag ist Mitglied
der Verlagsgruppe engagement

Bibliografische Information Der Deutschen Bibliothek
Die Deutsche Bibliothek verzeichnet diese Publikation in der Deutschen Nationalbibliografie; detaillierte bibliografische Daten sind im Internet über http://dnb.ddb.de abrufbar.

Titelbild: Cornelia Kurtz
Satz/DTP: Redaktionsbüro Werkmeister, Mainz
Druck und Bindung: Finidr s.r.o., Cesky Tesin
ISBN 3-7867-2593-4

Inhalt

Verflixter Elfmeter

Noch zwei Minuten bis zum Abpfiff. – „Durchhalten“, denkt Marie, „nur nicht aufgeben; ein Unentschieden genügt uns!“
Dieser Freitag nach Allerheiligen ist schon recht ungemütlich; am Vormittag hat es geregnet, und der Platz ist entsprechend aufgeweicht. Die Trikots der Spielerinnen sind mit Matsch verdreckt, und ihre Schuhe sehen aus, als wären sie mit Schokolade glasiert.
Alle Spielerinnen wirken erschöpft, die von Maries Mannschaft aus Oberbaumberg und auch die anderen, die aus Neurath. Da stürmt Sandra von der gegnerischen Mannschaft zu einem letzten Angriff los: Sie kämpft sich durch die Reihen der Oberbaumbergerinnen und schießt einen Pass zur frei stehenden Linda. Marie stürzt aus dem Tor heraus und läuft Linda ein paar Meter entgegen, die Arme erhoben, den Ball fest im Blick.
Linda ist schon im Strafraum, da kommt die Verteidigerin Kathrin von der Seite angerannt und grätscht mit Wucht in Lindas Beine hinein. Linda stürzt zu Boden und schreit auf. Der Ball rollt neben das Tor.
Olaf, der Schiedsrichter, pfeift. „Was war *das* denn?“, schreit er Kathrin an. Die sitzt auf dem Rasen und zuckt die Achseln: „Die tut doch nur so. Das war eine ‚Schwalbe‘!“

Linda jammert, fasst sich an den linken Knöchel und reibt. Olaf prüft, ob sie ernsthaft verletzt ist. Verstaucht ist nichts, doch ein blauer Fleck wird das werden. „Elfmeter!", bestimmt er. „Ich meine: Strafstoß!" – Für diese Altersgruppe ist der Strafstoß ja eigentlich noch kein Elf-, sondern ein Acht- oder Neunmeter.
Marie schnappt nach Luft. Auch das noch! So kurz vor Schluss! Sie geht zurück ins Tor, der Ball wird in Position gebracht. Linda lässt sich von Sandra auf die Beine helfen und humpelt ein bisschen, doch dann will sie selbst die Chance nutzen.
Wie es ihr Olaf für solche Stresssituationen geraten hat, atmet Marie bewusst durch die Nase ein und durch den Mund aus. Sie kneift die Augen zu Schlitzen zusammen und versucht an Lindas Körperhaltung und Blick abzulesen, in welche Richtung sie schießen wird. Linda nimmt Anlauf mit einem kleinen Bogen von rechts, Marie wirft sich nach links, aber der Ball fliegt in die andere Richtung.
„Tor!", jubeln die Neuratherinnen ein paar Mal, „Tor! Tor! Tor!"
Ein letzter Abschlag, der Ball geht über die Außenlinie, Olaf pfeift ab. Das letzte Rasenspiel in diesem Herbst endet für die Mädchen aus Oberbaumberg mit einer Niederlage.
Marie steht im Tor und weint. Kathrin will sie trösten: „Ist doch nicht schlimm! Nächstes Mal gewinnen wieder wir!"
Marie laufen die Tränen über die Wangen. „Du bist

schuld, dass wir verloren haben! Du hast alles vermasselt!"
„Ich? Wieso ich?", fragt Kathrin entrüstet. „*Du* stehst doch im Tor!"
„Aber ohne dich hätte es den blöden Strafstoß nicht gegeben!" Marie wischt sich mit dem schmutzigen Trikotärmel übers Gesicht. Er hinterlässt eine braune Schlammspur auf ihren Wangen.
„Ich wollte dir doch helfen! Da *musste* ich einfach die Notbremse ziehen!"
„Helfen?!", regt sich Marie auf. „Notbremse?! Hättest du Linda doch schießen lassen! Der Ball wäre gar nicht reingegangen, den hätte ich mit links gehalten!"
Olaf ruft seine Mädchenmannschaft aus Oberbaumberg zusammen: „Passiert ist passiert. Dass solche Aktionen nichts bringen, habt ihr ja jetzt gesehen. Marie, du warst in Ordnung. Selbst in der Bundesliga werden die meisten Elfmeter in Tore verwandelt. – So, Schluss für heute. Denkt daran, dass wir ab nächster Woche, wie immer im Winter, mittwochs trainieren, um vier in der Turnhalle. Bis dann, macht's gut."

Wenn man nicht mehr auf dem Spielfeld herumrennt, friert man schnell bei dem feuchtkalten Wetter. Marie wirft sich den Pulli trotzdem nur über, denn innerlich kocht sie. „Kathrin ist schuld", geht ihr immer wieder durch den Kopf, „Kathrin ist schuld!" Auf dem Heimweg kickt sie eine leere Bierdose weg, tritt gegen eine Straßenlaterne und möchte am liebsten

brüllen vor Zorn. Am meisten ärgert sie aber, dass sie den Strafstoß nicht gehalten hat – schließlich steht sie im Tor!
Langsam trottet sie nach Hause und malt sich aus, was sie in ihrer Wut alles tun will: Sie wird Kathrin eine Stinkbombe in den Schulranzen packen. Sie wird nie mehr Fußball spielen. Sie wird heute Abend fünfundzwanzig Powidltascherln essen. Das sind süße, warme Teigtaschen, gefüllt mit Pflaumenmus.
Das Wiener Kaffeehaus am Marktplatz von Oberbaumberg gehört Maries Eltern. Das ist einerseits ganz schön, denn so gibt es immer Kuchen im Haus. Das ist andererseits ganz schön blöd, denn die Eltern haben viel Arbeit und sind immer mit dem Café beschäftigt. Wenn Marie so dreckig ist wie jetzt, darf sie nicht durch den Haupteingang hineingehen, durch die Glastür mit den blank polierten Messingbeschlägen und der verschnörkelten Aufschrift. Dann soll sie hintenherum gehen, damit den Gästen nicht der Appetit vergeht.
Doch heute ist das Marie egal. Sie schlurft mit ihren dreckigen Sportschuhen über den roten Teppich; unter dem Kronleuchter begegnet sie ihrer Mutter, die ein Tablett mit zwei „Fiakern“ in der Hand hält. So nennt man in Wien nicht nur die Pferdekutschen, sondern auch einen Mokka mit Rum, der im Glas serviert wird. Allerdings, dieses Wiener Kaffeehaus befindet sich gar nicht in Österreich, sondern in Hessen. Aber gerade deswegen finden die Gäste es

interessant, wenn die Speisen und Getränke ein wenig fremdartig heißen.
„Kind, wie siehst du denn aus!“, zischt Maries Mutter. „Ab nach hinten, und zieh sofort die Schuhe aus!“
Hinter der Theke mit den Kuchen und Torten kommt man durch eine Schwingtür in die Küche, wo eine Mitarbeiterin gerade gebrauchtes Geschirr in die Spülmaschine stapelt. Diese Tür ist unten mit Metall verkleidet, damit man sie mit dem Fuß aufstoßen kann, wenn man ein Tablett trägt und keine Hand frei hat. Auf Augenhöhe hat sie ein Fensterchen; so kann man sehen, ob einem jemand entgegenkommt. Die Küchenhilfe und die Serviererinnen sind ununterbrochen beschäftigt, wenn viele Leute da sind. Und zur Zeit ist das Kaffeehaus gut besucht, denn eine Gruppe Touristen hat heute die Martinskirche mit dem berühmten Altar aus dem Mittelalter besichtigt und sich dann ins Wiener Kaffeehaus begeben.
Hinter der Küche liegt die Backstube, wo der Vater gerade Krokantstreusel über drei Frankfurter Kränze gibt. „Da bist du ja endlich“, brummt er, ohne von seiner Arbeit aufzublicken. „Du musst dringend neue Zitronenrollen füllen, es ist nur noch eine da.“
„Ich will Powidltascherln, und zwar fünfundzwanzig Stück“, gibt Marie zurück und stibitzt aus einem kleinen Schüsselchen eine kandierte Kirsche.
Der Vater hebt überrascht den Kopf und sagt: „Ach, ich dachte, du wärst der Max. – Finger weg!“ Max ist Maries großer Bruder Maximilian.

An einem Tischchen in der Ecke sitzt Oma Ilse und faltet Servietten. Marie setzt sich zu ihr: „Oma, ich habe ein Tor reingelassen, im letzten Moment! Das Spiel war schon fast aus. Dann kam so ein doofer Elfmeter!“
„Welcher Peter?“, fragt die Oma lächelnd zurück.
„Elfmeter!“, wiederholt Marie lauter. „Die anderen haben ein Tor geschossen. Ein Tor!“
Die Oma fragt: „Wer hat was am Ohr?“
Marie schüttelt den Kopf. Oma hört wirklich jeden Tag schlechter. Sie wendet sich wieder an ihren Vater: „Papa, machst du mir Powidltascherln? Bitte! Aber fünfundzwanzig Stück!“
„Natürlich, Euer Gnaden, stets zu Diensten!“ – So komisches Zeug sagt Maries Vater immer, wenn er Marie überhaupt nicht ernst nimmt.
„Papa, ich bin gefrustet! Eine aus Neurath hat mir einen Elfmeter reingeschossen, und Kathrin ist daran schuld!“
„Wo bloß der Max steckt“, murmelt der Vater. „Jetzt muss ich auch noch die Zitronenrollen selbst füllen.“ Er streicht Zitronencreme auf den Biskuitteig.
„Ach, Papa. Du hörst mir ja gar nicht zu. Machst du mir Powidltascherln?“
Der Vater seufzt: „Heute haben wir Zitronenrolle, Sachertorte, Gugelhupf, Apfelstrudel, Stachelbeerbaiser, Topfengolatschen, Vanillekipferln, Kirschstreusel, Frankfurter Kranz, Buchteln, Palatschinken und etwa ein Dutzend anderer Mehlspeisen anzubieten. Aber

meine Tochter wünscht genau das, was es gerade mal nicht gibt! Wie finden wir das?“
Die Mutter schaut herein und fordert Marie auf, sich zu waschen und umzuziehen. „So dreckig, wie du bist, hast du hier drin überhaupt nichts verloren! Hast du deine Hausaufgaben schon gemacht?“

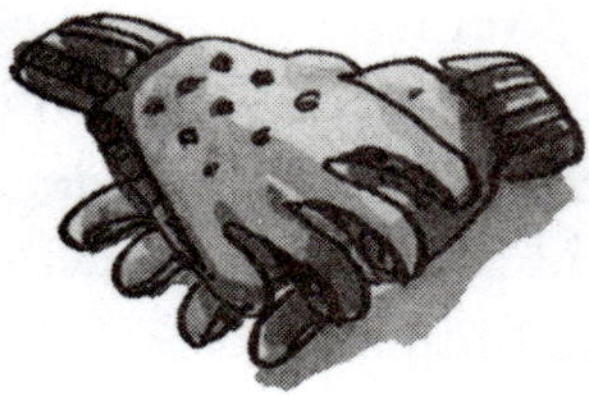

Bei Max unterm Dach

Marie geht erst einmal unter die Dusche. Lange lässt sie mit geschlossenen Augen das warme Wasser über sich hinabfließen und entspannt sich allmählich. Das mit dem Tor war wirklich zu doof, aber wie hat Olaf gesagt: Passiert ist passiert!
Danach zieht sie frische Sachen an und lauscht im Treppenhaus des großen alten Gebäudes. Von unten dringen die Geräusche des Cafébetriebs zu ihr herauf: Geschirrklappern, Stimmen, Gelächter. Marie späht durch die Stangen des Treppengeländers. Ganz unten im Erdgeschossflur, vor der Tür zur Gäste-Damentoilette, stehen drei Touristinnen Schlange und unterhalten sich miteinander.
Von ganz oben erklingen Klarinettentöne. „Er ist da!", stellt Marie erfreut fest und eilt die Treppen zu ihrem Bruder Max hinauf. Der ist schon achtzehn Jahre alt und macht bald Abitur. Um sein Zimmer unterm Dach beneidet ihn Marie! Zwar ist es im Winter manchmal lausig kalt und im Sommer heißer als in der Backstube, doch dieser Raum ist so gemütlich! Und wenn die Eltern nach einem rufen, damit man mal schnell kommt und ihnen zur Hand geht, ist man dort oben so weit weg, dass man so tun kann, als hätte man sie nicht gehört.
Marie klopft an und betritt dann einfach das Zim-

mer, ohne auf ein „Herein“ zu warten. Max spielt auf seiner Klarinette eine unbekannte Melodie. Nach ein paar Takten hört er auf.
„Schön ist das! Spiel doch weiter!“, bittet Marie.
„Es gefällt dir?“, lächelt Max.
Marie nickt: „Da möchte man gleich dazu tanzen!“
„Hab ich selbst arrangiert; das ist Jazz“, sagt Max ein bisschen stolz.
Marie hopst auf das Bett ihres Bruders, auf dem die Kissen und Decken wüst durcheinander liegen. Sie fragt: „Müsstest du nicht was von Beethoven üben? Das hat Mama doch heute Mittag befohlen.“
Max guckt auf einmal sauer. „Das Trio von Brahms sollte ich eigentlich noch mal üben, für das Kammerkonzert im Seniorenheim, aber nicht ‚was von Beethoven‘.“
Marie richtet sich auf: „Na, das, was du da eben gespielt hast, war bestimmt nicht von Brahms. Aber ich verpetze dich trotzdem nicht, wenn du mir auf der Stelle Powidltascherln machst!“
„Du hast wohl ’n Rad ab!“, knurrt Max. „Spielst dich als meine Klarinettenpolizistin auf! Petz doch; den Brahms kann ich längst auswendig. – Aber Mama *kann* so was gar nicht befohlen haben; du willst mich bloß ärgern. Erstens bin ich achtzehn, da ist’s aus mit dem Befehlen. Zweitens weißt du genau, dass sie keinen Schimmer von Musik hat und Beethoven nicht von Brahms unterscheiden kann, weil die beide mit B anfangen.“

Marie schmollt. „Ich will Powidltascherln, und zwar fünfundzwanzig Stück!"
„Wääh, wääh, ich will Powidltascherln!", äfft Max seine Schwester im quengeligen Ton eines Kleinkindes nach. „Warum nicht gleich hundert, dann platzt du mit einem Knall, und dann herrscht Ruhe!" Er setzt die Klarinette wieder an und spielt weiter. Da fängt Marie an zu weinen.
„Hey, hey, was ist denn los?", fragt Max, setzt sich zu ihr aufs Bett und nimmt sie ein bisschen in den Arm. Da erzählt Marie ihren ganzen Frust: Erstens vom Strafstoß, den sie nicht gehalten hat, und dass eigentlich Kathrin daran schuld sei. Zweitens, dass ihr die Eltern nicht richtig zuhören und ihr auch keine Powidltascherln machen wollen. Und zu guter Letzt von den Hausaufgaben, die sie noch machen muss, wozu sie aber keine Lust hat.
Max seufzt. „*Deine* Probleme möcht ich haben!", meint er. „Stell dich mal nicht so an. Erstens: Dass die Torhüterin von der Mädchenmannschaft des Fußballclubs Oberbaumberg mal einen Strafstoß nicht hält, ist keine Sensation, darauf brauchst du dir gar nichts einzubilden. Wenn du dir jedes Tor so zu Herzen nimmst, musst du eben eine andere Sportart wählen. Zum Beispiel Boxen!"
Aus Spaß boxt Marie ihren Bruder in die Seite. Sie ergänzt selbst: „Zweitens: Powidltascherln. Wie ist es nun, machst du mir welche? Du kriegst die doch total super hin!"

Max schüttelt den Kopf. „Bah, Powidltascherln! Ich lade dich zu einer Pizza ein oder grille dir ein Schaschlik, aber bleib mir weg mit dem süßen Kram! Natürlich kriege ich die hin. Ich hab's ja lernen müssen. Aber jeden Tag Zuckerguss, Schlagobers, Buttercreme, Marillenmarmelade, Schokolade, Germknödel – mir kommt das ganze Zeug bloß noch zu den Ohren raus!"

Ob Max nicht vielleicht doch einmal das Café übernehmen werde, fragt Marie.

Max verzieht angewidert das Gesicht: „Nein, nein, und nochmals nein! Wie oft soll ich es denn noch sagen: Ich werde Musiker! Ich habe Papa und Mama schon x-mal gesagt, dass ich diesen Laden nicht übernehmen will! Aber die wollen das einfach nicht wahrhaben. – Na, wie wäre es jetzt mit einer schönen Pizza bei Tonino? Da hätte ich richtig Lust drauf!" Er nimmt die Klarinette auseinander und wischt sie trocken.

Also gut, meint Marie, doch vorher müsse sie noch Punkt drei schaffen, die Hausaufgaben.

„Brav", meint Max. „Wer seine Aufgaben nicht macht, bleibt doof."

Max müsse ihr aber helfen, bittet Marie.

„Was hast du denn auf? Mathe?"

„Einen Steckbrief sollen wir schreiben."

„Was denn für einen? Von Schwarzbart, dem Piraten?"

„Quatsch. Von uns selbst." Sie zieht ein großes Buch aus

dem Regal, legt es als Schreibunterlage aufs Bett und räkelt sich zurecht. „So. Hast du mal ein Papier?“
Max macht auf seinem Schreibtisch ein bisschen Platz, legt ein Blatt darauf und sucht einen Stift aus. „Steh auf, und setz dich ordentlich da hin“, sagt er, „sonst wird es krumm und schief. Ich will nicht auch noch Ärger kriegen, weil deine Lehrerin die Hälfte von deinem Geschreibsel nicht lesen kann.“
Marie gehorcht. Sie beginnt zu schreiben: „Steckbrief“. – „Diktierst du mir?“
„Das weißt du doch alles selbst“, lehnt Max ab. Da verzieht Marie den Mund, als wollte sie gleich wieder anfangen zu flennen.
„Nun mach hier bloß keine Szene, du kleine Nervensäge, sonst darfst du dich sofort in dein Zimmer verkrümeln und alleine weitermachen!“, knurrt Max.
Marie schüttelt den Kopf und schluckt tapfer.
„Schreib: Name – Doppelpunkt – Marie-Therese Komarek“, sagt Max.
„Therese lasse ich weg“, meint Marie. „Den Namen mag ich nicht. Onkel Karl nennt mich immer nur Therese, ohne Marie, und Oma Sophie sagt sogar ‚Reserl‘ zu mir; schrecklich.“
„Hast du's? Weiter: Alter – Doppelpunkt – 9 Jahre.“
Marie tut beleidigt: „Das hätte ich selbst gewusst.“
„Sag ich ja. Also, möchtest du doch lieber in deinem Zimmer weitermachen?“, fragt Max drohend. Das hilft. Marie beißt sich auf die Lippe und sieht ihn fragend an.

Max fährt fort: „Wohnort: Marktplatz 12, Oberbaumberg. – Sport: Fußball. – Eltern: Hildegard und Franz Komarek. – Ein Bruder: Max, 18 Jahre!“ Das ist ihm sehr wichtig.
„Und die Omas, die muss ich doch auch erwähnen, oder?“ Marie kaut am Bleistift.
Max zuckt die Achseln. „Vielleicht Oma Ilse; schließlich gehört sie zur Familie und wohnt hier im Haus.“
„Und die Oma Sophie in Wien?“
Das sei wohl nicht nötig, sonst könne sie gleich dazuschreiben, dass ihr Vater aus Österreich stamme, aus Wien, und Konditor sei und das beste Wiener Kaffeehaus außerhalb Wiens betreibe. – Zumindest behaupte er das selbst. – Und dass ihr Onkel Karl ein Priester sei und im Vatikan arbeite. Sie könne auch noch aufschreiben, welche Schuhgröße sie habe, dass sie rosa Handtücher schön finde und bei Wut immer fünfundzwanzig Powidltascherln essen wolle.
Marie holt tief Luft. „Warum nimmt mich bloß niemand ernst in dieser Familie?“
„Mich nimmt doch auch niemand ernst“, grollt Max. „Aber das wird bald anders … bald … Schreib noch: Beste Freundin: Simone.“
„Prima Idee“, meint Marie und würde am liebsten hinzufügen: Beste Feindin: Kathrin.

Termine und andere Probleme

Seit dem Ende der Herbstferien geht Marie nun jeden Mittwoch zum Kommunionunterricht. Im nächsten Jahr wird sie mit sechs anderen Kindern das Fest der Erstkommunion feiern. Die Gruppe ist ziemlich klein, weil Oberbaumberg in einem Gebiet liegt, wo die meisten Menschen evangelisch sind. Nur wenige katholische Familien leben hier.
Dass es verschiedene Religionsgemeinschaften gibt, hat Marie erst durch den Kommunionunterricht erfahren. Beim Fußballspielen, Zöpfchen-Flechten, Glasbilder-Malen oder anderen Dingen, die die Mädchen gerne gemeinsam tun, merkt man davon ja nichts. Maries Schulkameradinnen und Freundinnen sind überwiegend evangelisch, manche, wie Fatima, sind muslimisch oder gehören keiner Religion an. Aber Simone, Maries beste Freundin, wird ebenfalls zur Kommunion gehen. Darüber freuen sich beide!
Der Kommunionkurs ist nachmittags um halb vier. Frau Becker, die Katechetin, bereitet die Kinder auf den großen Tag vor. Man trifft sich zuerst in der Jakobuskirche zu einem Lied und kurzen Gebet, und dann gehen alle hinüber ins katholische Gemeindezentrum, wo sie in einem Zimmer im Kreis sitzen und über Gott und Jesus reden, aber auch singen, malen und basteln.

Marie geht gerne in diesen Kurs. Die anderen Kinder sind nett, und Marie mag es sehr, Frau Becker zuzuhören, wenn sie Geschichten von Jesus erzählt. Auf die Erstkommunion freut sich Marie besonders: Dann wird sie nämlich ein wunderschönes weißes Kleid anziehen dürfen, wie eine Braut, und fast so hübsch aussehen wie Sisi. Das war einmal die Kaiserin von Österreich. Um die Weihnachtszeit kommen immer Filme über sie im Fernsehen. Doch ihr Vater sagt, in Wirklichkeit sei Sisi gar nicht so schön gewesen wie die Schauspielerin in den Filmen. Sie habe schwarze, kaputte Zähne gehabt und habe deswegen immer einen Fächer vor den Mund gehalten und nie richtig gelacht.

Auch am Mittwoch nach dem Strafstoß ist die Kommunionstunde interessant. Das Thema lautet: „Brot – Zeichen des Lebens“. Frau Becker erklärt, dass die Menschen in vielen Ländern der Welt täglich Brot essen: Schwarzbrot, Knäckebrot, Fladenbrot, Baguette …

„Pumpernickel!“, ruft Steffi dazwischen. Die anderen lachen; Frau Becker nickt lächelnd: „Auch das ist Brot.“ Doch als sie fragt, wer denn wisse, wie man Brot macht, herrscht bei den meisten Kindern Ratlosigkeit. Nur Marie meldet sich sofort, wird aber nicht drangenommen.

„Wir kaufen das Brot im Supermarkt“, erzählt Markus. „Immer zehn gleich große Scheiben in einer Packung.“

„Wir gehen zum Bäcker!“, ruft Simone.
Laura berichtet, wie ihre Mutter manchmal selbst Brot backt: „Dafür muss man den Ofen vorheizen und dann das Brot aus der Plastiktüte nehmen und zehn Minuten auf das Blech legen.“
Marie will so gerne erklären, wie man Brot backt. Aber Frau Becker ruft erst noch Steffi auf. – „Ich esse gar nicht so gern Brot“, sagt die, „ich mag lieber Brötchen.“
„Aber ihr wisst wohl, was man braucht, um Brot zu backen, auch wenn ihr es nicht selbst macht?“, meint Frau Becker.
Nun kann es Marie nicht mehr aushalten: „Für Brot braucht man erst mal Mehl, das ist doch klar!“ Sie zählt die weiteren Zutaten auf. „Und dann noch Fett: Butter oder Öl oder Margarine. Und lauwarmes Wasser und eine Prise Salz. Vielleicht ein Ei. Damit der Teig aufgeht, muss Sauerteig hinein, oder Hefe.“
Die anderen Kinder schauen Marie mit großen Augen an. „Sehr gut“, lobt Frau Becker. „Bitte mach weiter!“
„Alle Zutaten werden vermengt und dann wird der Teig geknetet, mit einer Maschine oder von Hand.“ Marie macht das Kneten mit beiden Händen vor, und die anderen machen es ihr nach. Sie schließt: „Wenn der Teig schön geschmeidig ist und Blasen wirft, lässt man ihn eine Stunde in Ruhe, an einem warmen Ort. Davon wird er lockerer. Dann noch einmal kneten, in eine Form oder aufs Blech geben, und ab in den Ofen.“
„Bravo!“, lobt Frau Becker Marie. „Man merkt sofort, dass du dich damit auskennst.“

„Kunststück, ihr Vater ist ja auch Bäcker!“, bemerkt Steffi.
„Konditor“, verbessert Marie. „Wisst ihr was? Ihr kommt mal zu meinem Papa in die Backstube. Der zeigt euch dann, wie man Brot macht.“ Von diesem Vorschlag sind alle begeistert, auch Frau Becker.

Als Marie durch den Hintereingang ins Haus tritt, ruft die Mutter nach ihr: Olaf habe vorhin angerufen, sie solle sich gleich bei ihm melden. Marie wählt seine Nummer.
„Wo hast du denn heute gesteckt?“, fragt Olaf. „Hast du vergessen, dass wir seit heute mittwochs um vier in der Halle trainieren, statt freitags auf dem Platz?“
Oh nein! Marie wird plötzlich ganz heiß im Bauch. Tatsächlich, die Terminänderung hat sie total vergessen! Daran ist die Aufregung wegen des Strafstoßes schuld – oder eigentlich die blöde Kathrin!
Sie geht in die Backstube. Der Vater formt gerade kleine Rosen aus rotem und grünem Marzipan.
„Schön sind die“, meint sie.
„Für eine Hochzeitstorte“, erklärt der Vater. „Da muss es etwas Besonderes sein, keine Fabrikware.“
Marie möchte eine davon naschen, da sieht sie der Vater streng an, schüttelt den Kopf und weist wortlos auf ein Brett, auf dem ein Klumpen Marzipanmasse liegt. Sie schneidet sich ein Stück ab, aber dann schmeckt es ihr eigentlich gar nicht, denn Olafs Anruf liegt ihr im Magen. Mittwochs um vier zum Trai-

ning! Wie soll sie das bloß machen? Fast zur gleichen Zeit findet doch der Kommunionkurs statt!
Oma Ilse legt Geschirrtücher zusammen. Marie begrüßt sie. „Na, Oma, immer fleißig?“
„Ja, der Winter wird eisig, bestimmt kriegen wir bald Nachtfrost“, meint die Großmutter. Marie nickt. „Ganz bestimmt, Oma!“ Sie hilft eine Weile beim Zusammenlegen, dann sieht sie wieder dem Vater zu. Er sticht runde Scheibchen aus rot gefärbtem Marzipan aus, kleinere und größere.
„Du, Papa, ich habe heute im Kommunionkurs erklärt, wie man Brot backt“, berichtet sie. „Ich war die Einzige, die es gewusst hat.“
„Na, das will ich doch schwer hoffen, dass meine Tochter das gewusst hat!“, meint der Vater.
„Ich habe die anderen hierher eingeladen und gesagt, dass du ihnen zeigst, wie –“
„Ja, gute Idee, lade deine Freundinnen ruhig mal ins Kaffeehaus ein. – Schau her, so macht man das. So muss man das Marzipanscheibchen zu einem Tütchen zusammenrollen.“
„Papa, kann ich dich was fragen?“
„Und die großen biegt man so nach außen um, damit sie ausschauen wie Blütenblätter. Was willst du fragen?“
„Es ist wegen dem Kommunionkurs. Und wegen dem Fußballtraining.“
„Na, ist die nicht schön geworden? Jetzt noch die grünen Blätter.“

„Super, Papa, sieht aus wie echt." Marie seufzt besonders tief. „Beides ist nämlich mittwochs."
„Hm ... mittwochs? Der Sohn des Bürgermeisters heiratet am Samstag. Da liefern wir die Hochzeitstorte. War's nett beim Fußballtraining?"
Da kommt Max in die Backstube.
„Ach, hier steckst du. Kommst du mit zu Tonino?", fragt er seine Schwester.
Der Vater blickt auf. „Ah, Maxl, da bist du ja!", ruft er erfreut, „komm, geh mir ein bisserl zur Hand, die Rosen für die Hochzeitstorte müssen noch fertig werden!"

Max schüttelt den Kopf. „Sorry, Papa, ich hab's total eilig. Außerdem weißt du doch ganz genau, dass ich hundertprozentig sicher nicht Konditor werde. So oder so wäre es mir viel zu blöd, diese Dinger selber zu machen, ich würde an deiner Stelle fertige Tortendeko vom Großhandel verwenden. – Na, was ist, Schwester, kommst du mit oder nicht?"
Marie springt ihrem Bruder hinterher. In der Tür bleibt sie noch einmal stehen, sieht ihren Vater etwas traurig an und sagt: „Papa, ich war doch gar nicht beim Fußballtraining, ich war im Kommunionkurs. Das ist ja das Problem."

Bleib am Ball!

Das „Tonino“ ist ein einfaches italienisches Restaurant, wo man an derben Holztischen ohne Tischtücher sitzt. Hierher kommen gerne junge Leute, die nicht viel Geld ausgeben können. Max trifft sich hier oft mit seinen Freunden. Als er eintritt, wird er von Tonino begrüßt, der gerade einen Teigkloß mit dem Nudelholz platt walzt: „Ah, Massimo! Buona sera! Kommst du heute mit dein kleine Schwester, nicht mit dein sposa? Guten Abend, Signorina Maria!“

„Wer ist denn das, ‚sposa‘?“, fragt Marie ihren Bruder.

Max errötet ein wenig. „Komm, setzen wir uns da ans Fenster.“ – „Massimo“, so sagt Tonino immer zu ihm, das heißt „Max“ auf Italienisch.

„Wer ist ‚sposa‘?“, wiederholt Marie.

„Och … bloß ein Kumpel von der Jazz-Band“, antwortet Max hastig. – „Nun such dir was aus! Pasta oder Pizza? Und was willst du trinken?“

Marie möchte Limonade und sieht sich die Speisekarte an. Teigwaren gibt es von einfachen gekochten Spaghetti, Makkaroni oder Tortellini mit verschiedenen Soßen bis zu Lasagne und Cannelloni aus dem Ofen, und Pizza kann man in allerlei Variationen bestellen, mit Schinken, Salami, Gemüse, Fisch, Pilzen, Ananas und anderen Zutaten.

Marie kann sich gar nicht entscheiden. „Ich nehme das, was du nimmst", sagt sie schließlich. Davon rät Max ihr ab, denn er bevorzugt Sardellenpizza. Sardellen sind kleine Fische und unheimlich salzig. „Nimm lieber Lasagne."
Max bestellt; die Getränke bringt Tonino gleich. Während Marie durch einen Trinkhalm an ihrer Limo saugt, drückt Max an seinem Handy herum.
„Du, Max", sagt sie. Aber ihr Bruder tippt eifrig mit dem Daumen eine SMS und lässt sich nicht stören.
„Max?", wiederholt sie ungeduldig.
„Ja!" Er klingt genervt. „Was ist denn?"
„Ich habe ein Problem."
Da schaut Max auf: „Hey, wie wär's, tun wir uns zusammen. Ich habe auch ein Problem. Sogar mehr als eines."
„Aber meins ist *wirklich* schlimm!"
Endlich steckt Max das Handy in die Tasche. Das sei natürlich was anderes, ein „wirkliches" Problem. „Schieß los!"
Marie weiß nicht so recht, wie sie beginnen soll. „Mittwochs habe ich doch immer Kommunionkurs. Und seit heute hab ich mittwochs auch Fußballtraining."
Jetzt serviert Tonino das Essen. Max kann mit seiner Pizza sofort anfangen. Er zerschneidet sie wie eine Torte in acht Stücke und isst sie mit der Hand. Doch Maries Lasagne sind glühend heiß. Sie pustet und pustet und verbrennt sich trotzdem den Mund,

als sie die erste Gabel probiert. Als Max seine Pizza schon beinahe verputzt hat, hat Marie nicht einmal ein Drittel der Lasagne geschafft.
„Kommunionkurs und Fußball zur gleichen Zeit, wie soll das gehen?“, fragt sie.
Max zuckt die Achseln. „Kann man nicht eins von beiden verschieben?“, schlägt er vor. „Frag doch mal deinen Trainer, den Olaf.“
Marie schüttelt den Kopf. „Geht bestimmt nicht. Nachmittags ist die Halle im Winter immer ausgebucht. Und vormittags haben wir doch Schule.“
„Na, dann verschiebt halt den Kommunionkurs, wo ist das Problem?“ Da klingelt sein Handy, er geht ran, und sofort hellt sich seine Miene auf. „Bei Tonino. – Nein, nicht allein. Mit einer reizenden weiblichen Person … – Ach wo, du musst nicht eifersüchtig sein. War bloß Spaß. Mit meiner kleinen Schwester. – Ja, bis später. – Ich dich auch!“ Er steckt das Handy wieder weg und strahlt.
„Wer war das denn?“, will Marie wissen. „Der Kumpel von der Band? Der ‚sposa‘?“
„Hm … so ähnlich. Du, ich muss sofort los. Ich habe heute Abend noch was zu erledigen und muss den Bus kriegen.“
„Aber ich bin doch noch gar nicht fertig! Es war viel zu heiß!“
„Kannst ja hier bleiben und leer essen, ich zahle schon mal.“ Max steht auf.
Allein traut sich Marie aber nicht, am Tisch zu blei-

ben. Sie lässt die Lasagne stehen und verlässt das Lokal mit Max.

Für den nächsten Mittwoch hat sich Marie einen Plan zurechtgelegt. Sie ist pünktlich um halb vier an der Jakobuskirche zur Erstkommunionstunde. Nach dem Lied und dem Gebet gehen die Kinder wie jedes Mal hinüber ins Gemeindezentrum. Heute spricht Frau Becker über das Lügen. Marie ist ziemlich abgelenkt und schielt dauernd auf ihre Uhr. Als es vom Glockenturm vier Uhr schlägt, packt sie hastig ihre Sachen zusammen und verabschiedet sich unter dem Vorwand, sie müsse heute leider eher gehen, weil sie zu Hause erwartet werde. – Das sei schade, meint Frau Becker, aber nicht weiter schlimm.
Marie hat ihr Fahrrad vor der Kirche stehen gelassen. Damit saust sie nun zur Turnhalle. Bis sie dort angekommen ist, das Rad abgeschlossen und sich umgezogen hat, vergeht trotzdem gut eine Viertelstunde. Die Mannschaftskameradinnen haben schon mit den Übungen zum Warmwerden angefangen: Ball-Jonglieren, Seilhüpfen, Bälle zuwerfen, vor die Wand schießen.
„Mensch, Marie“, begrüßt Olaf sie nicht gerade freundlich. „Jetzt ist's aber höchste Zeit, wir warten bloß noch auf dich!“ Kathrin steht breitbeinig neben ihm, wedelt mit einem Paar Torwarthandschuhen und grinst höhnisch. Marie sieht die Handschuhe und erschrickt: Was hat das zu bedeuten?

Dann gibt es ein kurzes Fußballspiel. Marie zeigt vollen Einsatz und hält fast alle Bälle. Als die Mädchen nach dem Abpfiff in die Umkleidekabine gehen, ruft Olaf Marie zurück. Er will noch mit ihr sprechen. Sie setzen sich in der Halle auf eine Bank.
„Marie, was ist denn los mit dir?“, will Olaf wissen. „Du bist doch immer so zuverlässig gewesen. Immer pünktlich, immer voll dabei. Und so ein Talent wie dich gibt’s nicht jeden Tag. Aber das Training letzte Woche hast du einfach vergessen. Und heute bist du zu spät gekommen. Macht dir Fußball keinen Spaß mehr? Möchtest du damit aufhören? Dann sag es mir ruhig, ich bin dir nicht böse. Es wäre zwar sehr schade, wenn wir uns eine neue Torhüterin suchen müssten, aber wenn es nicht anders geht …“
„Bloß nicht! Ich will nicht aufhören! Ich will auch ganz bestimmt wieder pünktlich sein!“ Marie muss an die grinsende Kathrin mit den Torwarthandschuhen denken und schluckt ein paar Mal; beinahe fängt sie an zu heulen.
„Hast du zu Hause Probleme, Marie? Kann ich dir irgendwie helfen? Oder machen dir dumme Sprüche zum Thema ‚Mädchen und Fußball‘ Kummer? Dann hör nicht drauf.“
Marie schüttelt den Kopf. „Nein, nein. Es ist bloß … ich habe zur gleichen Zeit Kommunionkurs“, gibt sie kleinlaut zu. „Jeden Mittwoch um halb vier. Was soll ich denn nur machen?“
„Kommun- – was für ’n Kurs ist *das* denn?“, fragt

Olaf. Er kennt so etwas nicht. Wo er aufgewachsen ist, gab es das nicht.
„Kommunionkurs“, wiederholt Marie. „In der Kirche …“
„Kirche“, wiederholt Olaf etwas betreten und legt kurz die Hand auf den Mund. „Oh. Ach so. Ja, dann. – Marie, wenn nicht beides geht, musst du dich eben entscheiden, genauso, wie sich auch schon Spielerinnen entscheiden mussten, die gleichzeitig mit dem Training Klavierstunde oder Ballett hatten.“
„Könnte man nicht das Training verlegen, auf halb fünf vielleicht?“, fragt Marie mutig.
Olaf schüttelt den Kopf. Um halb fünf seien die Mädchen der C-Jugend dran, und überhaupt sei die Turnhalle im Winter praktisch jede Stunde belegt, außer nachts. „Kann der Kommun- … äh, das mit der Kirche nicht zu einer anderen Uhrzeit stattfinden?“
Marie nickt: „Kann schon sein. Wir sind dort ja nur sieben. Ich frage mal Frau Becker.“
„Wen?“
„Die leitet den Kurs.“
Olaf nickt und steht auf. Lächelnd mahnt er: „Mach das, und viel Glück dabei. Wenn sich die Mannschaft nicht mehr auf dich verlassen kann, muss ich Kathrin rechtzeitig vor der Meisterschaft ins Tor stellen und sie dafür trainieren, damit wir eine Chance haben. Bleib am Ball, verstanden?“
Marie hat verstanden.

Bittere Überraschung

Eine Woche später wacht Marie mittwochs schon mit Unwohlsein auf. In der Schule ist sie unaufmerksam, denn immer wieder überlegt sie hin und her, wie sie sich entscheiden soll: Kommunionkurs oder Fußball? Sie geht gerne in die Stunden bei Frau Becker, und sie freut sich auf das Fest im nächsten Jahr, an dem sie ein weißes Kleid tragen wird. Aber dass Kathrin Torhüterin werden soll und dann statt Marie das Trikot mit der Nummer Eins tragen wird, lässt ihr keine Ruhe.
Auf dem Heimweg von der Schule verabschiedet sich ihre Freundin Simone: „Bis später; ich hol dich wieder ab zum Kommunionkurs."
Da stöhnt Marie auf. „Mir geht es gar nicht gut. Ich habe Bauchweh. Ich glaube, ich werde krank." Dabei reibt sie mit der Hand über ihren Bauch. „Ich kann heute nicht kommen. Wirklich nicht. Mir ist schon ganz schlecht. Bitte entschuldige mich bei Frau Becker." Simone verspricht es und wünscht gute Besserung.

Beim Mittagessen fragt die Mutter, ob Marie am Nachmittag mit ihr in die Kreisstadt fahren wolle, sie habe dort etwas zu erledigen und müsse im Reisebüro die Fahrkarten für die Reise nach Wien bestellen.

„Nach Wien?", fragt Marie ganz aufgeregt. Die letzte Reise zu den Verwandten ihres Vaters liegt schon zwei Jahre zurück. Marie kann sich gar nicht mehr richtig erinnern, denn sie war ja damals erst sieben. Aber der Vater erzählt oft von den eindrucksvollen Häusern, die es dort gibt, von Schlössern und Kirchen, großen Plätzen und prächtigen Straßen. „Wann fahren wir?"
„Zwischen den Jahren", antwortet die Mutter, „das heißt, in der Zeit zwischen Weihnachten und Neujahr."
„Darf ich dieses Mal aufs Riesenrad?", bittet Marie. Bei der letzten Reise war dazu keine Gelegenheit gewesen.
„Ja! Diesmal fahren wir mit dem Riesenrad – und in die besten Wiener Kaffeehäuser gehen wir auch!", verspricht der Vater.
Max schiebt seinen Teller von sich weg und steht auf. „Also, für mich braucht ihr kein Ticket zu lösen, ich komme nicht mit."
„Und würde mir mein Herr Sohn freundlicherweise auch verraten, warum nicht?", fragt der Vater grimmig.
„Es geht eben nicht, und fertig. Ich habe in der Zeit schon was anderes vor."
„Aber Oma Sophie erwartet uns doch *alle!*", jammert die Mutter händeringend.
Max breitet achselzuckend die Hände aus. „Tja, bedaure, da kann ich ihr auch nicht helfen."
Schon ist Maries Vorfreude auf Wien ein wenig ge-

trübt, denn ohne Max wird es bestimmt nicht so lustig werden. – Gleich werden Papa und Max einander anschreien, denkt sie gespannt.
„Du kommst mit!“, befiehlt der Vater. Max sagt nichts mehr; er wendet sich einfach ab und geht aus der Küche. Der Vater holt tief Luft, um ihm etwas hinterherzubrüllen, doch die Mutter legt die Hand auf seinen Arm und meint nur: „Franz, lass ihn, da kannst du nichts machen; unser Sohn ist erwachsen.“
„Solange der noch seine Füße unter meinem Tisch hat …“, knurrt der Vater.
Oma Ilse fragt: „Hat es dem Jungen heute nicht geschmeckt?“
„Doch, prima!“, sagt die Mutter sehr laut und fragt Marie: „Wie ist es nun, kommst du heute Nachmittag mit in die Stadt?“
Marie schüttelt den Kopf. „Ich kann doch nicht. Heute ist Mittwoch, da muss ich doch zum Kommunionkurs.“ Während sie das Wort ausspricht, wird ihr wieder flau im Magen.
Die Mutter ist also an diesem Nachmittag nicht zu Hause, der Vater arbeitet in der Backstube; so bekommt niemand mit, dass Marie ihre Sportsachen einpackt, erst um Viertel vor vier das Haus verlässt und direkt zur Turnhalle radelt.
Olaf zwinkert ihr zur Begrüßung fröhlich zu und sagt: „Na also, es geht doch!“
Doch das Fußballspielen macht Marie an diesem Tag keine rechte Freude. Und anschließend quält sie ein

schlechtes Gewissen. Schließlich hat sie gelogen, und der Grund für ihre Lüge war ausgerechnet der Erstkommunionkurs, wo sie in der vorigen Woche gehört hat, dass man nicht lügen soll. Im Notfall darf man lügen, zum Beispiel, um einen Menschen zu retten. Aber ist es ein Notfall, wenn man unbedingt verhindern muss, dass die beste Feindin ins Fußballtor gestellt wird? – Eigentlich schon, tröstet sich Marie. Aber so ganz sicher ist sie sich nicht.

Der November vergeht rasch. Die Eltern haben, wenn der Advent vor der Tür steht, besonders viel Arbeit. Der Vater muss mit seinen Mitarbeitern Plätzchen und Christstollen backen, Lebkuchenhäuser zusammensetzen und Pralinen herstellen. Auch die Mutter hat alle Hände voll zu tun. Die Leute in Oberbaumberg erledigen bereits die ersten Weihnachtseinkäufe, und wenn sie dabei durchgefroren sind, wärmen sie sich im Kaffeehaus wieder auf. So ist das Café auch werktags gut besucht.
Weil alle so beschäftigt sind, merkt niemand, dass Marie auch am letzten Mittwoch im November wieder den Kommunionkurs schwänzt, um zum Sportverein gehen zu können. Wieder ist ihr nichts Besseres eingefallen, als Simone zu bitten, sie wegen Krankheit zu entschuldigen.
Als sie vom Fußball kommt und durch den Hintereingang ins Haus geht, begegnet ihr im Flur der Vater und sagt scharf: „Marie, du gehst sofort zu Mama!"

Marie erschrickt, und ihr wird ein wenig übel. Dieser Ton verheißt nichts Gutes!
Im Café ist es voll und durch die vielen Menschen sehr warm, fast stickig. Die Lüftung rauscht wie an einem heißen Sommertag. Marie wartet an der Küchentür hinter der Theke auf ihre Mutter. An einem der Tische spielt sich eine lautstarke Auseinandersetzung zwischen einer Dame im Pelzmantel und der jüngeren der Serviererinnen ab. Marie wundert sich, wie die Frau es im Pelz hier drin aushalten kann, und hört ein wenig zu.
„Ich habe einen Tee bestellt", schimpft die Dame, „und nicht diese abscheuliche Kuhmilchbrühe!"
„Das ist eine ‚Schale Gold'", widerspricht die Serviererin, „und genau das haben Sie bestellt."
„Unter ‚Schale Gold' verstehe ich einen Schwarzen Tee mit Zitrone!"
„Aber wir nicht", widerspricht die Serviererin selbstbewusst. „Eine ‚Schale Gold' ist ein Brauner – ein Kaffee – mit viel Milch und Obers – ich meine, Sahne. Die Übersetzungen stehen doch in der Kaffeekarte!"
„Erzählen Sie mir keinen Unsinn! Mein Mann ist Reiseschriftsteller; in einem seiner Bücher steht, dass ‚Schale Gold' in Wien ‚Tee' bedeutet!"
„Dann hat er eben was Falsches ge-"
Die Mutter tritt an den Tisch und schneidet der Serviererin das Wort ab. „Claudia! Was habe ich Ihnen gesagt, was der Kunde ist? Na? K-Ö-N-..." Sie nimmt das Tablett mit dem Milchkaffee und drückt es

der Serviererin in die Hand. „Räumen Sie das schleunigst ab und bedienen Sie die Dame korrekt. – Entschuldigen Sie bitte die Unannehmlichkeit, gnädige Frau. Ihrem Wunsch wird sofort entsprochen. Darf ich Ihnen zur Entschädigung einen Marillenlikör anbieten?“

Die Dame stimmt zu, und die Mutter kommt an die Theke, um einen Aprikosenlikör einzuschenken – Aprikosen heißen nämlich in Österreich „Marillen“. Sie sieht sehr zornig aus. „So eine blöde Kuh“, schimpft sie leise, „nicht mal die Karte kann die lesen, bloß angeben!“ Als sie Marie erblickt, verfinstert sich ihre Miene noch mehr. „Du wartest hier!“, kommandiert sie knapp. „Ich habe gleich eine Überraschung für dich!“

Und dann sieht Marie, welche Überraschung die Mutter gemeint hat. An einem Tisch am Fenster sitzt Frau Becker!

Marie und ihre Mutter nehmen bei ihr Platz. Frau Becker trinkt heiße Schokolade, leckt sich die Sahne von der Oberlippe und schweigt.

„Und? Was hast du uns zu sagen?“, fragt die Mutter.

Maries Mund ist ganz trocken. Sie bringt zuerst kein Wort heraus. Dann kommen ihr die Tränen. „Olaf hat gesagt, die Kathrin wird dann Torwartin“, sagt sie mit brüchiger Stimme.

„Was hat Olaf damit zu tun, dass du uns belügst? Drück dich mal verständlich aus!“, herrscht die Mutter Marie an und packt sie an der Schulter.

Marie heult los. „Seit Anfang November ist das Training doch mittwochs um vier!“
„Ach so!“ Frau Becker begreift. „So langsam verstehe ich! Du schwänzt den Kommunionkurs, weil du lieber zum Fußballtraining gehen willst!“
„Was hast du dir eigentlich dabei gedacht?“, faucht die Mutter.
„Ich *muss* doch zum Training!“, schluchzt Marie. „Ich möchte ja auch in den Kommunionkurs gehen! Aber wenn ich nicht zum Fußball gehen kann, kann ich nicht mehr Torwartin sein! Und dann stellt Olaf für die Meisterschaft die Kathrin ins Tor!“
Frau Becker reicht ihr ein Taschentuch. Sie sei heute nach dem Kommunionkurs eigentlich nur vorbeigekommen, erklärt sie, um Marie gute Besserung zu wünschen, weil sie doch angeblich schon seit zwei Wochen krank sei …
Eine Serviererin tritt an den Tisch. „Frau Komarek, Telefon für Sie.“ Die Mutter steht auf und geht in die Küche.
Marie putzt sich die Nase. „Sind Sie mir sehr böse?“
„Ach wo“, entgegnet Frau Becker. „Du konntest dich ja nicht in zwei Teile schneiden, nicht wahr?“
Marie schüttelt schniefend den Kopf.
„Aber warum hast du denn nicht mit mir gesprochen, Marie? Dann hättest du nicht lügen müssen. Ich will mal prüfen, ob der Termin für den Kommunionkurs nicht auf einen anderen Tag verschoben werden kann, vielleicht auf montags.“

Marie atmet auf. Sie bedankt sich bei Frau Becker und eilt gleich in die Küche, wo ihre Mutter noch telefoniert. Als sie aufgelegt hat, ruft Marie: „Mama! Vielleicht kann man den Kommunionkurs verschieben! Frau Becker ist mir gar nicht mehr böse!"
Das Gesicht der Mutter bleibt streng. „Aber ich", erwidert sie. „Vom Fußball melden wir dich ab!"

Alles kaputt

Wie gern mag Marie normalerweise den Advent! Die Einkaufsstraßen in Oberbaumberg sind mit Tannengrün und Lichterketten geschmückt, auch viele Fenster der Wohnhäuser. Auf dem Marktplatz, in der Schule und in den Vorgärten leuchten schon die Weihnachtsbäume.

Im Wiener Kaffeehaus duftet es in diesen Wochen besonders gut, nach Zimt und anderen Gewürzen und nach den Tannenzweigen der kleinen Gestecke mit einer Kerze in der Mitte, die auf den Tischen stehen. Im Wohnzimmer der Familie Komarek hängt ein bunter Adventskalender. Marie darf jeden Tag eines der vierundzwanzig Strümpfchen öffnen, in denen sich Leckereien und andere kleine Gaben befinden.

Aber über all das kann sie sich in diesem Jahr nicht freuen. Ohne Fußball scheint ihr der schönste Advent nichts wert. Zwar hat Frau Becker den Kommunionkurs tatsächlich auf den Montagnachmittag verlegt. Und Marie hat viele Male beteuert, es tue ihr Leid, was sie getan habe: dass sie den Kurs geschwänzt und gelogen habe, sie sei krank. Maries Mutter jedoch bleibt hart. Sie verbietet ihrer Tochter, zum Fußball zu gehen.

Am Mittwochnachmittag bekommt Marie wirklich

Bauchweh – vor Kummer. „Mama!“, bettelt sie. „Bitte lass mich doch zum Training. Ich will auch nie mehr lügen. Ganz bestimmt nicht! Wenn ich heute nicht komme, darf Kathrin ins Tor!“
Doch die Mutter lässt sich nicht erweichen. „Kommt nicht in Frage. Ich habe Olaf bereits angerufen und ihm gesagt, dass er auf dich verzichten muss. So geht das nicht, dass du einfach die Kommunionstunden schwänzt. Du wirst sie nachholen, indem du mittwochnachmittags in deinem Zimmer bleibst und zum Beispiel darüber nachdenkst, warum man den Eltern immer die Wahrheit sagen muss. Vor allem, wenn es um die Erstkommunion geht. Solange dir Fußball noch wichtiger ist als das, hast du dieses Nachdenken bitter nötig.“
Marie trampelt die Treppe hinauf in ihr Zimmer und knallt die Tür zu. Sie wirft sich aufs Bett und brüllt ihren Zorn ins Kissen. Dann reißt sie ein paar Fußball-Poster von den Wänden – darunter ein Plakat von der Nationalelf der Frauen – und zerknüllt sie. Aus dem Regal nimmt sie ihre Fußballbücher und schmeißt sie in den Papierkorb, der davon umkippt. Sie tritt gegen ihren Hocker und wirft auch den noch um. Einen gelbgrünen Tennisball schmettert sie mit aller Kraft an die Wand. Er prallt ab und fliegt gegen das Plastikmodell des Wiener Riesenrads, das zu Boden fällt und zu Bruch geht.
Max schaut zur Tür herein. „Nanu, was ist denn das für ein Krach hier?“, fragt er. „Das hört sich ja an, als

würde jemand Randale machen und die Einrichtung zerlegen!"
Marie hockt auf dem Boden und sammelt die Trümmer des Riesenrads ein. „Jetzt ist das auch noch kaputt!", schluchzt sie. „Alles ist kaputt! Alles!"
„Was ist denn sonst noch kaputt?" Max setzt sich auf das Bett.
„Weißt du das nicht?" Marie legt die Teile auf den Schreibtisch und setzt sich neben ihn. „Frau Becker hat den Kommunionkurs extra auf Montag verschoben, wegen dem Fußballtraining, aber Mama erlaubt mir trotzdem nicht, zum Fußball zu gehen!"
„Warum das denn?", fragt Max erstaunt.
„Zur Strafe, weil ich den Kommunionkurs geschwänzt und gelogen habe. Aber ich *musste* doch zum Training! Und warum muss die Strafe am Mittwoch sein, warum nicht an einem anderen Tag? Hat Jesus was gegen Fußball?"
Max lacht leise auf. „Ich glaube kaum, sonst würde er die vielen Spieler, die vor dem Spiel beten, keine Tore schießen lassen."
„Und Kathrin trägt bestimmt heute das Trikot mit der Nummer Eins", heult Marie. „Ausgerechnet die!"
„Vielleicht hat Jesus was dagegen, dass Kinder ihre Eltern und Katechetinnen anlügen. Hättest du mit Mama und Papa und mit Frau Becker doch gleich über dein Problem gesprochen, als das Training von Freitag auf Mittwoch verschoben worden war. Dann hätte sich das bestimmt ohne Lügen regeln lassen."

„Das wollte ich doch! Ich wollte es Papa gleich sagen, nachdem ich das erste Mal beim Training gefehlt hatte und Olaf deswegen anrief. Aber Papa hat mir überhaupt nicht zugehört, weil er die Rosen für die Hochzeitstorte machen musste. Dann wollte ich es dir sagen, bei Tonino, als mein Essen so schrecklich heiß war, aber du hast die ganze Zeit SMS verschickt und mir auch nicht richtig zugehört, und dann musstest du schnell weg."
„Hm … stimmt, ich erinnere mich", murmelt Max verlegen.
„Niemand wollte mir zuhören", schließt Marie. „Was hätte ich denn machen sollen?"
Max legt den Arm um sie. „Weißt du was? Ich mach das wieder gut, dass ich dir nicht richtig zugehört habe. Kopf hoch! Ich werde bei Mama und Papa ein gutes Wort für dich einlegen. Versprochen!"

Es dauert ein paar Tage, bis sich für Max eine Gelegenheit ergibt, mit den Eltern darüber zu reden. Montags hat das Kaffeehaus Ruhetag. Trotzdem gibt es allerhand zu tun. Franz Komareks traditionelle Wiener Weihnachtsgebäck-Mischung verkauft sich in diesem Jahr so gut, dass laufend Nachschub gebacken und abgepackt werden muss. Wer Zeit hat, hilft beim Verpacken. Auch Max hat sich bereit erklärt, nachmittags eine Weile dabei mitzutun.
„Heute rede ich mit ihnen … versprochen!", flüstert er Marie augenzwinkernd zu. Auf dem großen Tisch

in der Backstube stehen Bleche mit Gebäck. Die feinen Mandelplätzchen, Zimtsterne, Vanillekipferln, Nussmakronen, Dominosteine und Lebkuchen werden mit Plastikfolien-Handschuhen angefasst und in hübsche, mit Golddruck und Papierspitze verzierte Pappschälchen gelegt – ganz vorsichtig, damit nichts abbricht oder zerbröselt. Obendrauf kommen die Sorten, die besonders empfindlich sind. Husten oder Niesen ist bei dieser Arbeit streng verboten. Schließlich umwickelt Oma Ilse die fertig gefüllten Schälchen mit Klarsichtfolie und klebt ein goldenes Etikett darauf.

„Papa, von dem Lebkuchen ist eine Mandel abgefallen", sagt Marie.

„Auf die Platte mit dem Bruch damit", weist sie der Vater an. „Bruch", das ist nicht etwa Abfall, sondern das sind diejenigen Gebäckstücke, die nicht so schön geworden oder ein klein wenig beschädigt sind. Mal hat die Glasur einen Sprung, mal ist ein Stückchen abgebrochen. Sie werden zum Sonderpreis verkauft, oder die Komareks und das Personal essen sie selbst auf. „Um wie viel Uhr musst du zum Kommunionkurs?"

„Um halb vier", antwortet Marie und blickt gespannt zu Max hin.

„Du, Papa?", beginnt Max.

„Hm?"

„Ich finde, ihr bestraft die Marie zu hart, wenn sie jetzt nicht mehr zum Fußballspielen darf. Sie hat

doch längst eingesehen, dass es nicht in Ordnung war, zu lügen und den Kommunionkurs zu schwänzen."
Der Vater hält sich raus: „Das hat Mutter entschieden."
„Mama, bedenke doch mal, selbst Frau Becker hat Marie verziehen. Was hätte es denn für einen Sinn gehabt, den Kurs auf Montag zu verlegen, wenn Marie jetzt trotzdem nicht mittwochs zum Training gehen darf. Fußball bedeutet ihr so viel. Und den Frauenfußball muss man schließlich fördern. Seid doch froh, dass sie Sport treibt. Andere Kinder sitzen die ganze Zeit vor dem Bildschirm und werden dadurch krank und traurig. Also, wie ist es?"
Die Mutter schüttelt den Kopf. „Max, du bist erwachsen und legst Wert darauf, dass wir uns aus deinen Angelegenheiten raushalten. Zum Beispiel wenn wir wünschen, dass wir als ganze Familie nach Wien fahren, du dich aber entscheidest, nicht mitzukommen."
„Was hat denn das mit dem Fußballtraining zu tun?"
„Das hat sehr wohl etwas damit zu tun. Du entscheidest in deinen Angelegenheiten selbst, und wir in unseren. Deine Schwester zu erziehen ist unsere Aufgabe, nicht deine. Wenn du einmal Vater bist, kannst du bestimmen, wie deine Kinder erzogen werden. Aber bei deiner Schwester bestimmen wir. So, für mich ist das Thema damit erledigt."
Marie sieht Max flehentlich an, aber der schüttelt nur stumm den Kopf. Nichts zu machen, heißt das.

Rache ist salzig

Weihnachten rückt näher. Der Kommunionkurs macht Marie längst nicht mehr so viel Freude wie am Anfang. Sie langweilt sich meistens, beteiligt sich kaum noch an den Gesprächen und wartet nur darauf, dass die Stunde um ist und sie nach Hause gehen darf. Jeden Mittwochnachmittag, wenn sie in ihrem Zimmer bleiben muss, malt sie sich aus, wie Kathrin das Trikot mit der Nummer Eins trägt, im Tor steht und die Bälle hält und alle ihr zujubeln. Dann hat Marie das Gefühl, für ihre Erstkommunion teuer bezahlen zu müssen.
Als ihre Mutter wieder in die Kreisstadt fährt, um Besorgungen zu machen, kommt Marie gerne mit. Das meiste, was im Betrieb benötigt wird, kaufen die Komareks nämlich im Großhandel. Das macht keinen Spaß, denn außer hässlichen Hochregalen und Paletten voller Kartons gibt es kaum etwas anzuschauen.
In der Fußgängerzone ist Weihnachtsmarkt, und es duftet nach Bratwurst, gebrannten Mandeln und Kartoffelpuffern. Im Schaufenster eines Modegeschäfts hängt ein Schild mit der Aufschrift: „Neue Kommunionkleider und -anzüge im November eingetroffen!"
„Mama, können wir Kommunionkleider anschauen?", fragt Marie.

„Für so etwas haben wir jetzt wirklich keine Zeit“, erwidert die Mutter. „Wir müssen gleich weiter – in das Reisebüro da vorne, die Fahrkarten für Wien abholen. Außerdem ist es noch viel zu früh für das Kleid, du wächst ja noch.“ Im Vorbeigehen wirft Marie einen sehnsüchtigen Blick auf die Fußbälle in der Auslage eines Sportgeschäfts.
Im Reisebüro wird die Mutter von einer dunkelhaarigen jungen Frau bedient. Marie betrachtet so lange die bunten Prospekte und Kataloge, die im Regal hinten an der Wand aufgestellt sind. „Darf ich dieses Heft mitnehmen?“, fragt sie. „Da ist das Riesenrad drauf, mit dem möchten wir fahren.“
„Klar darfst du“, sagt die junge Frau und gibt Marie den Prospekt. „Viel Spaß auf dem Riesenrad!“

Etwa eine Woche vor Weihnachten kommt Marie durch die Küche ins Café, weil sie ihre Mutter etwas fragen will. Die räumt gerade Geschirr ab. Marie wartet hinter der Theke auf sie und sieht sich so lange ein wenig um. Direkt gegenüber betrachten zwei Frauen Fotos und kichern dabei. Ein alter Mann an einem Fensterplatz raucht eine dicke, qualmende Zigarre und trinkt einen Schnaps dazu. Und einen Tisch weiter – da sitzt doch tatsächlich Kathrin mit ihrer Mutter!
Marie duckt sich unwillkürlich, aber die beiden können sie nicht sehen; sie blicken zum Fenster hinaus auf den Marktplatz. „Dass die sich traut, hierher zu kommen!“, schießt es ihr durch den Kopf.

Maries Mutter bringt ein Tablett voll benutzter Tassen und Teller in die Küche. Dann trägt Marie ihr Anliegen vor: Die Lehrerin hat gefragt, ob Familie Komarek für die Weihnachtsfeier in der Schule ein paar Plätzchen stiften könnte. Die Mutter nickt. „Man könnte ja ein Schildchen dazustellen: ‚Mit freundlicher Empfehlung … Ihr Wiener Kaffeehaus am Marktplatz'. So etwas ist immer gut für die Reklame. Aber die 1a-Ware zu verschenken, können wir uns nicht leisten, und wir sind jetzt schon knapp damit. Für die Schulfeier können wir nur etwas vom Bruch spenden. Lass dir von den Sorten einpacken, bei denen nicht so viel Handarbeit nötig ist: Spritzgebäck, Ausstecher, Makronen …"
„Danke, Mama!" Während des kurzen Gesprächs hinter der Theke hat sich Marie bemüht, Kathrin im Auge zu behalten. Da steht Kathrins Mutter auf und kommt an die Theke. Marie huscht durch die Schwingtür und versteckt sich vor ihr in der Küche. Sie hört durch den Türspalt, wie Kathrins Mutter zu ihrer Mutter sagt: „Frau Komarek, ich muss leider schon gehen, mein Mann hat mich gerade angerufen. Bitte bringen Sie meiner Tochter noch einen Apfelstrudel mit Sahne. Ich möchte dann schon mal zahlen."
Marie drückt die Schwingtür ein kleines Stück weit auf und beobachtet, wie Kathrins Mutter den Wintermantel anzieht, das Kaffeehaus verlässt und ihrer Tochter von draußen durchs Fenster zuwinkt. Maries

Mutter gibt ein Stück Apfelstrudel auf einen Teller, da ruft jemand an einem Tisch ganz hinten „Zahlen!" Sie lässt den Teller auf der Theke stehen und eilt zu dem Gast, der die Rechnung verlangt hat.
„Apfelstrudel ‚mit Schlag' heißt das bei uns, nicht ‚mit Sahne'! Na warte, einen Schlag kannst du kriegen! Dir werd ich's zeigen!" Marie duckt sich hinter die Theke, hebt mit einer Gabel die oberste Schicht Strudelteig an, streut einen Teelöffel Salz auf die Apfelfüllung und deckt den Teig wieder darüber. Dann schlüpft sie zurück in die Küche und späht wieder durch den Spalt der Schwingtür. Ihre Mutter kommt zurück, gibt Sahne auf den Strudel und serviert ihn Kathrin.
Marie beobachtet, wie ihre Lieblingsfeindin den Apfelstrudel mit der Gabel zu essen beginnt. Es scheint ihr zu schmecken. Die zweite Gabel. Immer noch nichts. Beim dritten Bissen ist Kathrin bei der Füllung angelangt. Sie kaut, dann verzieht sie das Gesicht und schüttelt sich, greift nach ihrem Glas Limonade und trinkt gierig.
Marie lacht sich ins Fäustchen. Sie ist außer sich vor Freude über den gelungenen Streich! Das muss sie unbedingt Max erzählen! Doch in seinem Zimmer ist er nicht. Sie schaut in die Backstube, um den Vater nach ihm zu fragen, aber der verziert gerade eine Schwarzwälder Kirschtorte mit Sahne und kandierten Kirschen und weiß auch nicht, wo Max steckt.

Also ruft sie seine Handy-Nummer an. „Max, ich muss dir unbedingt sofort was Tolles erzählen, wo bist du denn?“
Max ist bei Tonino und erklärt, es sei etwas laut hier, er verstehe sie schlecht, ob man das Gespräch nicht auf später verschieben könne. Als er merkt, wie enttäuscht Marie ist, meint er, sie könne doch zu Tonino rüberkommen und ihm alles bei einer Pizza erzählen.
Als Marie das kleine italienische Restaurant betritt, lächelt ihr Tonino freundlich zu. „Dein Bruder sitzt da drüben! – Massimo! Besuch für dich!“
Max ist nicht allein. Bei ihm am Tisch sitzt eine dunkelhaarige junge Frau. Marie zögert.
„Na, komm schon her! Das ist Julia, die beißt nicht!“, lacht Max. „Julia, das ist meine kleine Schwester Marie. Setz dich.“
Tonino kommt an den Tisch. „Ihr wollt bestellen?“, fragt er. „Massimo? Noch was für dein sposa, oder für dein sorella?“
„Magst du was essen?“, fragt Max. „Wir möchten nichts mehr, danke, Tonino.“
Marie schüttelt den Kopf. „Ich wollte eigentlich bloß …“ Sie stockt, denn die junge Frau kommt ihr irgendwie bekannt vor. „Was heißt eigentlich ‚sposa‘?“
Tonino lacht. „Ah – ‚sposa‘ – das heißt ‚Braut!‘ Du weißt nicht?“
„Braut?“, wiederholt Marie überrascht.
„Und ‚sorella‘ heißt ‚Schwester‘“, ergänzt Max rasch,

als wäre ihm das irgendwie peinlich. „Aber das sagt er bloß so …"
Julia gibt Marie die Hand. „Hallo, Marie, freut mich, dich kennen zu lernen! Max hat mir schon viel von dir erzählt! Du spielst Fußball, nicht wahr, und bist eine super Torhüterin!"
Das schmeichelt Marie, und sie fängt an zu erzählen. Als sie schließlich von Kathrins Apfelstrudel mit „Extra-Schlag" berichtet, müssen alle drei lachen. „Der hast du's ja tüchtig gegeben!", meint Julia.
„Hilft aber nichts", seufzt Marie. „Die steht trotzdem im Tor, weil ich nicht mehr zum Training darf. – Sag mal, hab ich dich schon mal irgendwo gesehen?"
„Kann sein", antwortet Julia, „ich arbeite in der Stadt in einem Reisebüro."
„Reisebüro!", ruft Marie. „Natürlich! Letzte Woche war ich mit Mama dort, und du hast mir das Heft mit dem Riesenrad gegeben! Nach Weihnachten fahren wir nämlich nach Wien, meine Oma Sophie besuchen und mit dem Riesenrad fahren! Schade, dass Max nicht mitfährt."
„Nicht traurig sein", meint Julia und lächelt Max zu. „Es wird bestimmt trotzdem eine schöne Reise. Für alle." Sie nimmt seine Hand und drückt sie.

In den letzten Tagen vor den Weihnachtsferien geht es hektisch zu. Zwar ist der Weihnachtsbaum längst geschmückt; er steht nicht im Wohnzimmer, sondern als Dekoration im Kaffeehaus, damit sich die Gäste daran erfreuen. Aber es gibt noch allerlei zu organisieren. Grußkarten und Geschenke müssen rechtzeitig verschickt werden. Für die Wien-Reise, die am ersten Weihnachtstag losgeht, müssen die Koffer gepackt werden. Die Mutter weist die Küchenhilfe ein, wie Oma Ilse zu versorgen sei, wenn die Familie verreist ist.

Ehe das Kaffeehaus am Heiligabend um sechs Uhr schließt, werden die Torten und Pralinen, die nicht über die Betriebsferien haltbar sind, zum Sonderpreis angeboten. Der Rest wird an das Personal verschenkt. Das Aufräumen und Saubermachen dauert noch bis acht Uhr, gegessen wird um neun und anschließend ist Bescherung. Alle sind müde und erschöpft. Marie packt ihre Geschenke aus: ein Buch, die neue CD ihrer Lieblingsgruppe, den Pullover, den sie so oft im Schaufenster bewundert hatte. Richtig freuen kann sie sich darüber nicht.

Dann holt die Mutter aus dem Nebenzimmer noch eine Tragetasche und hält sie Marie hin: „Hier hab ich noch etwas für dich."

Marie schaut hinein: Ein Lederfußball ist darin.

Ihr kommen die Tränen. „Warum bist du so gemein?!", heult sie. „Was soll ich denn jetzt noch damit?"

„Aber Marie!" Die Mutter kniet vor Marie und umarmt sie. „Der Fußball soll ein Zeichen sein: Ab jetzt darfst du wieder zum Training!"

Tafelspitz und Kaiserschmarrn

In dieser Heiligen Nacht hat Marie so gut geschlafen wie schon lange nicht mehr. Den neuen Fußball hat sie mit ins Bett genommen. Am Weihnachtsmorgen beim Frühstück sind die Eltern so entspannt und heiter, wie sich Marie die beiden immer wünschen würde. Das Kaffeehaus bleibt für ein paar Tage geschlossen, und man merkt ihnen an, dass sie die Betriebsferien genießen. Auch Max ist guter Laune; alle sind nett zueinander und gehen jedem Streit aus dem Weg.
Um zehn Uhr morgens besuchen sie gemeinsam die feierliche Messe in der Jakobuskirche. Marie singt die Lieder voll Begeisterung mit, und als sie nach dem Gottesdienst Frau Becker in einer Bank sitzen sieht, stürmt sie auf sie zu und jubelt: „Ich darf wieder Fußball spielen!"
„Das ist aber schön", freut sich die Katechetin mit Marie. „Frohe Weihnachten, Marie! Und bei der Kommuniongruppe bist du jetzt auch wieder voll dabei?"
„Klaro!", beteuert Marie.

Gleich nach der Messe wird Oma Ilse nach Hause gebracht. Die Zeit drängt, denn der Zug wartet nicht. Während die Eltern und Marie sich von der Oma und der Küchenhilfe verabschieden, verstaut Max die Koffer im Auto. Er fährt die drei zum Bahnhof und hilft noch, das Gepäck zum Bahnsteig zu tragen. Schon fährt der Regionalzug ein. Eine letzte Umarmung – einsteigen – und los geht's.

In Frankfurt müssen die Komareks umsteigen; von dort fährt der Schnellzug durch bis zum Wiener Westbahnhof. Die Fahrt dauert über sieben Stunden lang. Marie schaut zum Fenster hinaus, spielt mit den Eltern eine Partie Mau-Mau oder liest in ihrem neuen Buch über ein Mädchen namens Nora, das mit seinem Vater eine Reise nach Chile in Südamerika unternimmt.

Je weiter sie nach Süden kommen, desto weißer wird die Landschaft. In Bayern liegt Schnee, und auch in Österreich. Beim Zwischenhalt in Linz erklärt der Vater, von hier stamme die berühmte Linzer Torte. Die Mutter seufzt: „Franz, du hast Ferien! Nun vergiss doch mal das Geschäft!"

Endlich, um halb acht Uhr abends, läuft der Zug im Wiener Westbahnhof ein. Hier ist es viel kälter als in Oberbaumberg. Mutter und Vater wuchten die Koffer auf den Bahnsteig, da kommt ein alter Mann in einer Art Uniform mit einer Karre angeschlurft. Mit der Begrüßung: „Bittschön, Euer Gnaden!" bietet er sich an, das Gepäck zu transportieren.

„Jetzt weiß ich, woher Papa manchmal diese komischen Sprüche hat", versteht Marie da, „in Wien reden die Leute wirklich so."

Aber das tun natürlich nicht alle. Der Taxifahrer bei-

spielsweise spricht Deutsch mit einem ungarischen Akzent. „In die Josefstadt, bitte, Florianigasse", gibt der Vater das Ziel an.
Marie war vor zwei Jahren zum letzten Mal hier und kann sich kaum noch erinnern, wie es in dieser Gegend aussieht. Unter einer Gasse stellt man sich eine kleine, enge Straße vor. In Oberbaumberg gibt es die Froschbachgasse, die so schmal ist, dass zwischen den alten Fachwerkhäusern kaum zwei Menschen aneinander vorbeigehen können. Doch in Wien heißen auch breite Straßen so. Oma Sophie wohnt in einem großen alten Haus im dritten Stock. Alle sind ein wenig außer Puste, als sie oben ankommen.

Die Großmutter steht in der Tür und strahlt: „Ja, da ist ja mein Reserl! Bist du aber groß geworden!“ Sie drückt mit Freudentränen in den Augen zuerst ihre Enkelin an sich, dann ihren Sohn und die Schwiegertochter. „Kommt herein! Was macht denn der Bub“, fragt sie, „der Maxl?“

„Er ist kein Bub, er ist achtzehn!“, verteidigt Marie ihren Bruder – ein klein wenig missmutig, weil Oma Sophie sie „Reserl“ nennt.

„Mama, das haben wir dir doch schon mitgeteilt: Er will diesmal lieber mit Freunden unterwegs sein!“, erinnert sie der Vater.

Die Großmutter lächelt verschmitzt und droht zum Spaß mit dem erhobenen Zeigefinger: „Vielleicht eher mit Freund*innen?* Wenn ich dran denk, wie der Franz in dem Alter war …“ Dann zeigt sie ihnen gleich ihre Zimmer, denn vor dem Abendbrot wollen die drei erst einmal ihre Koffer auspacken und den Reiseschmutz abwaschen. Marie bekommt das Zimmer, das Onkel Karl, Vaters Bruder, vor über dreißig Jahren als Schüler bewohnt hat.

Später setzen sie sich alle an den Tisch. Natürlich hat Oma Sophie nicht mehr groß gekocht, denn so spät abends und nach dem langen Sitzen im Zug hat die Familie kaum mehr Hunger. Es gibt nur eine kleine „Brotzeit“. Marie mag den „Liptauer“ besonders gern, das ist ein Brotaufstrich aus Käse, Butter, Zwiebeln und Gewürzen, der vom Paprika eine rosa Farbe hat.

„Morgen koche ich euch zum Mittagessen etwas typisch Wienerisches“, verspricht Oma Sophie.
„Au ja! Powidltascherln!“, jubelt Marie. „Endlich!“
Die Großmutter schüttelt den Kopf. „Ich denke, wir beginnen mit einer Grießnockerlsuppe, als Hauptspeise gibt's Tafelspitz mit Apfelkren und zum Nachtisch Kaiserschmarrn!“
Der Vater leckt sich die Lippen: „Herrlich, Mama! Niemand macht den Apfelkren so gut wie du!“ – „Tafelspitz“, das ist ein besonderes Stück gekochtes Rindfleisch, und „Apfelkren“ eine Soße aus geriebenem Meerrettich und Äpfeln.
„Jetzt tu nicht so, als würdest du bei mir verhungern!“, protestiert die Mutter.
„Das essen wir zu Hause einmal in der Woche“, bemerkt Marie mit einem tiefen Seufzer. Da zwinkert die Mutter ihr zu und tappt ihr heimlich unterm Tisch leicht auf den Fuß, das soll heißen: Ich weiß, aber halt den Mund!
„Wann bekomme ich Powidltascherln?“, fragt Marie hartnäckig.
„Ein andermal“, verspricht die Mutter.

Am zweiten Weihnachtstag besuchen die Komareks morgens ein Hochamt in der Votivkirche, die nicht weit von der Wohnung der Großmutter entfernt ist. Von außen, meint Marie, erinnere die Kirche mit ihren zwei spitzen Türmen ein wenig an den Kölner Dom. Maries Mutter findet das Gotteshaus an die-

Vielleicht hast du Lust, einmal eines der Leibgerichte von Marie zu probieren?

Powidltascherln

500 g Kartoffeln schälen und kochen, über Nacht stehen lassen. Am nächsten Tag fein zerdrücken, mit
150 g Mehl,
40 g Butter,
1 Ei und
1 Prise Salz zu einem glatten Teig verkneten.
Den Küchentisch mit Mehl bestäuben, darauf den Kartoffelteig ca. 4 mm dick ausrollen. Mit einem Glas ca. 6 cm große Scheiben ausstechen.
1 Ei verrühren und die Scheiben dünn damit bestreichen. In die Mitte jeder Scheibe einen Teelöffel Füllung geben. Die wird so gemacht:
300 g Powidl (Pflaumenmus) mit
1 Teelöffel Zimt und
1 Teelöffel Rum oder einigen Tropfen Rum-Aroma verrühren.
Die gefüllten Tascherln zu Halbmonden zusammenklappen. Teigränder fest zusammendrücken.
Etwa 3 Liter Wasser mit
½ Teelöffel Salz in einem großen Topf zum Kochen bringen. Die Tascherln einlegen, 6–8 Minuten lang langsam garen. Vorsicht, nicht zu stark kochen, damit der Teig nicht zerfällt. Die Tascherln mit einem Schaumlöffel herausnehmen und auf einen Teller legen.
In einer Pfanne
150 g Butter erhitzen,
130 g Semmelbrösel dazugeben und goldbraun rösten. Abgetropfte Tascherln in die Pfanne geben und in den Bröseln wenden. Vor dem Servieren mit Puderzucker bestäuben.

Kaiserschmarrn

3 Eier trennen. Aus ***3 Eigelb,***
100g Mehl,
1/8 Liter Milch und einer
Prise Salz einen glatten Teig rühren.
Die ***3 Eiweiß*** mit
2 Esslöffeln Zucker zu steifem Schnee schlagen und unter den Teig heben.
2 Esslöffel Butter in einer beschichteten Pfanne erhitzen. Den Teig hineingießen, glattstreichen und
50 g Sultaninen/Rosinen darüber streuen. Den Schmarrn ca. 4–5 Minuten bei mittlerer Hitze backen, bis er unten goldgelb ist. Dann wenden und von der anderen Seite goldgelb backen. Mit zwei Gabeln oder Wendern in kleine Stücke zerreißen (nicht zerschneiden) und mit
2 Esslöffeln Zucker bestreuen. Die Hitze wieder hochschalten und die Pfanne schwenken, damit der Zucker leicht karamelisiert.
Nach Belieben Puderzucker über den Kaiserschmarrn streuen und sofort servieren. Dazu passt Vanillesauce oder Kompott.

Lass es dir schmecken!

sem Morgen in erster Linie kalt, doch Franz Komarek ist hier als Kind zur Erstkommunion gegangen; deswegen bedeutet es ihm viel, ab und zu hier zur Messe zu gehen.
Nachher bettelt Marie: „Jetzt fahren wir aber zum Riesenrad, ja?"
Der Vater schüttelt den Kopf. Nun sei es Zeit für den Besuch eines Kaffeehauses: „Wir gehen jetzt ins Café Central!"
Die Großmutter wünscht ihnen viel Vergnügen, erinnert sie aber daran, dass es zum Mittagessen Tafelspitz gibt. Dann geht sie nach Hause, um das Essen vorzubereiten.
Als Marie das Café Central betritt, meint sie beinahe, sie stünde wieder in einer Kirche. Glänzende, hohe Säulen tragen die verzierten Kuppeln der Decke; prächtige Leuchter verbreiten warmes Licht, Kellner in weinroten Sakkos servieren. Ein Kellner weist der Familie einen freien Marmortisch zu.
Vater Komarek bestellt fünf verschiedene „Mehlspeisen", wie man hier zu Kuchen und Süßspeisen sagt. Er würde am liebsten von allem probieren, was es hier gibt, um neue Anregungen für sein eigenes Geschäft zu gewinnen.
Die meisten der vielen Gäste sind Touristen, die Wien zur Weihnachtszeit erleben wollen. Marie entdeckt darunter auch Besucher aus dem Orient und Asien. Die Wiener selbst nutzen den zweiten Weihnachtsfeiertag, den „Stefanitag", traditionell für Familien-

besuche, und die von Touristen überlaufenen Lokale schätzen sie ohnehin nicht sehr.
„Wann gehen wir aufs Riesenrad?“, fragt Marie.
„Hm. Es würde mich interessieren, wie diese Torte beim Demel gemacht wird“, meint der Vater. Das Café Demel ist nämlich eine der berühmtesten Konditoreien von Wien. „Man müsste sie miteinander vergleichen. Vielleicht morgen Vormittag, der Demel macht ja um vier Uhr schon zu. Heute Nachmittag könnten wir ins Café Landtmann gehen.“
„Papa, du hast Ferien, denk doch mal an was anderes!“, bemerkt Marie.
Die Mutter sieht auf die Uhr. „Franz, wir müssen zahlen, deine Mutter wartet mit der Grießnockerlsuppe auf uns.“ –
Die Großmutter ist enttäuscht, weil Marie von dem Tafelspitz und auch vom Kaiserschmarrn kaum etwas essen mag. „Reserl, was ist denn, schmeckt es dir nicht?“
„Doch, doch, Oma, ich bin bloß schon pappsatt, wir haben im Kaffeehaus so viele Mehlspeisen probieren müssen. – Fahren wir heute Nachmittag mit dem Riesenrad?“
Die Mutter sieht auf die Uhr. „Das hat doch heute keinen Sinn mehr. In zwei Stunden wird es ja schon dunkel, da sieht man nichts mehr von der Stadt.“
„Wann gehen wir dann endlich aufs Riesenrad?“
„Morgen vielleicht“, verspricht die Mutter.

Handschlag auf dem Riesenrad

Am nächsten Vormittag kommt Onkel Karl zu Besuch, Vaters Bruder. Der ist Priester und lebt in Rom, im Vatikan. Dort ist das Zentrum der Katholischen Kirche; dort wohnt der Papst. Zwar ist der Vatikan kaum größer als 60 Fußballplätze und von allen Seiten von der Stadt Rom umgeben, und doch ist er ein eigenes Land – der kleinste Staat der Erde. Es gibt eine eigene Armee, die „Schweizergarde", eigene Briefmarken und einen eigenen Rundfunksender. Dort arbeitet Onkel Karl.
Er ist ein paar Jahre älter als Maries Vater; sein Haar ist weiß, und er trägt einen schwarzen Anzug. Die Eltern nennen ihn auch ab und zu „Don Carlo", denn in Italien spricht man die Priester mit „Don" an, wie „Don Camillo", den Marie aus den Spielfilmen kennt, die Mama so gerne sieht.
„Bist du groß geworden, Therese", begrüßt Onkel Karl Marie, „ich hätte dich kaum wiedererkannt; du bist ja fast schon eine junge Dame!" Dann fragt der Onkel, ob alle gesund seien, wie das Geschäft laufe, wie es Max und Oma Ilse gehe …
Onkel Karl hat nur ein paar Stunden Zeit, da er am Nachmittag einen Termin beim Erzbischof hat. Der Vater schlägt vor, das Wiedersehen mit einem zweiten Frühstück zu feiern, im Café Demel, wo er unbedingt

eine ganz bestimmte Torte probieren wolle. Und der Demel habe nur von 11 Uhr bis 16 Uhr geöffnet; die Gelegenheit dürften sie sich nicht entgehen lassen.
„Und wann fahren wir mit dem Riesenrad?“, fragt Marie.
„Später, später“, vertröstet sie die Mutter; „Don Carlo hat doch so wenig Zeit.“

Das Café Demel ist kein Kaffeehaus im üblichen Sinne, sondern eine Konditorei. Die Schaufenster sind mit Figuren aus Zucker und Marzipan dekoriert. Der Vater erzählt, sie hätten etwas mit Politik zu tun.
In der Konditorei herrscht dichtes Gedränge von Touristen, die Gebäck und Süßigkeiten einkaufen wollen. Die Familie setzt sich an einen Tisch im ersten Stock. Die Serviererinnen tragen schwarze Kleider mit weißem Kragen und fragen die Gäste: „Haben schon gewählt?“
„Die reden aber komisch“, meint Marie. „Warum lassen die das ‚Sie‘ weg?“
„So ist es hier Tradition“, erklärt Onkel Karl. „Die Touristen, die darüber im Reiseführer gelesen haben, erwarten es so und wären bitter enttäuscht, wenn diese Damen nicht so komisch reden würden.“ Bei einem Stück Mokkatorte erzählt er, früher seien die Demel-Serviererinnen aus einer Klosterschule gekommen. „Das war einmal die Hofzuckerbäckerei des Kaisers. Als sie vor ein paar Jahren nach einer Renovierung wieder eingeweiht wurde, haben zwei Pries-

ter sie gesegnet, und man hat hier ‚Großer Gott, wir loben dich' gesungen. – Übrigens, Therese, gehst du nicht nächstes Jahr zur Erstkommunion?"

„Ja, an Pfingsten!" Und Marie berichtet ein wenig von der kleinen Gruppe und von Frau Becker, der Katechetin.

„Nur sieben Kommunionkinder?", wundert sich der Onkel. Die Mutter erinnert ihn daran, dass es in Oberbaumberg mehr evangelische als katholische Christen gibt.

„Ach so, ja. Als der Maxl Kommunion hatte, war das auch schon so. – Und, macht der Unterricht Spaß?", will Don Carlo wissen. Marie nickt eifrig. Von ihren Problemen wegen des Fußballtrainings will sie lieber nichts erwähnen.

Der Onkel leckt genießerisch seine Kuchengabel ab. „Also, diese Mokkatorte ist wirklich ein Gedicht. So etwas gibt es nur in Wien."

„Und im Wiener Kaffeehaus am Marktplatz von Oberbaumberg", ergänzt der Vater schmunzelnd. „Du musst uns mal wieder besuchen!"

Da platzt Marie der Kragen. „Zu Hause haben wir ein Kaffeehaus, und jetzt machen wir Ferien und sitzen schon wieder in einem Kaffeehaus!", jammert sie. „Ist das alles, wozu wir hergekommen sind? Ihr habt mir versprochen, dass wir mit dem Riesenrad fahren, und was haben wir getan? Seit wir hier sind, haben wir bloß herumgesessen und gegessen! Frühstück, Kaffeehaus, Mittagessen, wieder Kaffeehaus, Abendbrot,

Frühstück, wieder Kaffeehaus ... Wenn meine Freundinnen mich fragen, was wir in Wien erlebt haben, dann muss ich erzählen: Erst haben wir die Soundso-Torte probiert, und dann die und die Mehlspeise, und dann diesen Kuchen, und dann jene Torte. – Warum bin ich nicht daheim geblieben, bei Max und Oma Ilse, das wäre bestimmt lustiger gewesen!"
„Und billiger", ergänzt die Mutter leise. „Das hier ist der teuerste Teebeutel meines Lebens!"
„Aber, Marie!", tadelt der Vater. „Es ist wichtig fürs Geschäft, dass wir diese Sachen probieren und vergleichen!"
„Aber doch nicht in den Ferien", erwidert Marie matt. „Wann fahren wir nach Hause?"
„Und Onkel Karl hat kaum Zeit übrig, und wir sehen uns so selten, da wollen wir uns ein wenig miteinander unterhalten!", fährt der Vater fort.
„Ach, wie lang bin ich nicht mehr mit dem Riesenrad gefahren!", meint Onkel Karl da. „Es ist bestimmt schon über zwanzig Jahre her! Wisst ihr was? Ich komme einfach mit! Lasst uns gleich hinfahren – unterhalten können wir uns doch auch dort!"
Da könnte Marie Onkel Karl glatt um den Hals fallen!

Der Vater ruft Oma Sophie an und sagt ihr Bescheid, dass die Familie das Mittagessen ausfallen lässt. Dann machen sich alle auf den Weg und fahren ein paar Stationen mit der U-Bahn zum Prater. Das ist eigentlich ein großer Park mit kilometerlangen Spazierwegen. Am einen Ende befindet sich der „Wurstelprater" – „Wurstel" heißt in Wien der Kasper. Der Wurstelprater ist einer der ältesten Vergnügungsparks der Welt. Da gibt es Geisterbahnen und Autoscooter, Schieß- und Losbuden und Karussells, eine Liliput-Eisenbahn und natürlich viele Stände, an denen man etwas zu essen oder zu trinken kaufen kann.

Die größte Attraktion aber ist das Riesenrad. Es ist schon über hundert Jahre alt. Die fünfzehn rot-weißen Kabinen mit Glasfenstern und Bänken heißen „Waggons", wie bei der Bahn; es gibt sogar welche, die mit Tischen und Stühlen möbliert sind. Onkel Karl erzählt, dass dieses Wahrzeichen der Stadt im Krieg beschädigt worden ist, und dass man danach jeden zweiten der ursprünglich 30 Waggons abmontiert hat.

Familie Komarek wartet auf einen freien Waggon. Dann geht es langsam in die Höhe. Ein wenig mulmig wird Marie schon, wenn die Holzkabine leicht schaukelt. Erst sieht man von oben nur den Vergnügungspark und die umliegenden Gebäude, doch dann wird der Ausblick immer schöner. Nach einer halben Umdrehung des Riesenrads ist man rund 60 Meter über der Erde, und die Weltstadt Wien, umgeben von den Hügeln des Wienerwalds, liegt einem zu Füßen.

„Wer nicht mit dem Riesenrad gefahren ist, war nicht in Wien!", sagt Onkel Karl. „Schau, das ist der ‚Steffl'." – „Steffl" nennen die Wiener den Stephansdom. Hoch ragt er aus dem Häusermeer empor.

„So viele Türme und Kuppeln!“, staunt Marie.
„Nicht so viele wie in Rom!“, erwidert der Onkel.
„Ist das wahr?“, fragt Marie.
„Wirklich wahr“, bestätigt Onkel Karl. „Und der Petersdom ist so groß, da könnte man den ‚Steffl‘ beinahe hineinstellen.“
„Das glaube ich nicht“, entgegnet Marie.
Onkel Karl spielt den Beleidigten: „Du glaubst mir nicht, Therese? Dann komm und sieh selbst! Besuch mich in Rom! Und bring deine ganze Kommuniongruppe mit! Ich lade euch ein!“
„Wirklich?“
Er nickt: „Die Hand drauf! Dies ist eine offizielle Einladung in die Ewige Stadt! Ich kann euch in einem Schwesternhaus bei Nonnen unterbringen; nur die Fahrt müsstet ihr selbst organisieren.“

Eine Viertelstunde dauert die Fahrt mit dem Riesenrad. Schon ist die Runde beendet und die Gondel wieder unten angekommen. Alle steigen aus, und Marie ist doch ein bisschen froh, wieder festen Boden unter den Füßen zu haben. Im Souvenirladen nimmt sie ein Plastikmodell des Riesenrads in die Hand.
„Du hast doch schon eins“, meint die Mutter.
Marie schüttelt den Kopf. „Das ist kaputtgegangen.“
Wie denn ein solches Andenken kaputtgehen könne, will die Mutter wissen, doch Marie murmelt nur: „Runtergefallen.“ Onkel Karl kauft seiner Nichte ein neues. Dann muss er sich leider schon verabschieden,

damit er rechtzeitig zu seinem Termin kommt. Er wünscht der Familie noch viel Vergnügen im Prater und reicht Marie die Hand: „Also dann, auf Wiederschauen in Rom, Therese!"

„War das sein Ernst?", fragt Marie, als sie dem Onkel nachwinken.

Die Mutter schüttelt den Kopf: „Ach wo. Das hat der doch nur so gesagt!"

„Aber er hat mir die Hand darauf gegeben!"

„Meinst du, ein Priester in seiner Position hat nichts Besseres zu tun, als sich um sieben Kinder zu kümmern?"

Ein Schrecken kommt selten allein

Die verbleibenden zwei Tage in Wien vergehen viel zu schnell! Die Eltern besuchen mit Marie den Stephansdom und die Lipizzanerpferde und unternehmen eine Rundfahrt mit dem Fiaker. Am Abend gehen sie ins Theater. Marie bleibt so lange lieber bei Oma Sophie und schaut mit ihr alte Fotos an, aus der Zeit, als der Vater und Onkel Karl noch Buben waren, „der Karli und der Franzl".

Am letzten Tag werden jede Menge Mitbringsel und Leckereien eingekauft. Der Vater erwirbt einige altertümliche Backformen, die er im Geschäft verwenden will. Oma Ilse soll ein besticktes Brillenetui bekommen und Max Zubehör für seine Klarinette. Auch an das Personal wird gedacht. Und dann heißt es auch schon wieder packen.

Am 30. Dezember geht es auf die Heimreise. Nach vielen Stunden im Zug bringt ein Taxi Familie Komarek spät abends vom Bahnhof nach Hause.

„Es hat ja immer noch nicht geschneit", stellt Marie enttäuscht fest. Im Dunkel dieses vorletzten Abends im Jahr wirkt ihr Heimatort ganz anders als vor der Abreise. Irgendwie klein und beengt kommt ihr alles vor, vielleicht, weil in Wien die meisten Straßen und Plätze so groß und breit waren.

„Zum Glück", entgegnet der Vater, „sonst müssten

wir auch noch täglich Schnee räumen. Aber wir haben auch so schon genug zu tun, schließlich öffnen wir an Neujahr wieder." Und dann zählt er auf, was alles gebacken werden muss. „Und die Inventur muss gemacht werden." Das ist die jährliche Bestandsaufnahme, die jeder Betrieb für die Buchführung und die Steuer durchführen muss. „Hoffentlich kommen wir mit der neuen Buchhaltungs-Software zurecht."
„Max wird uns mit dem Computerzeug sicher helfen", meint die Mutter.
Das Taxi hält vor dem Hintereingang; müde steigen alle aus. Marie hebt den Kopf, doch in Max' Zimmer brennt kein Licht. Wie schade, er ist nicht da.
Oma Ilse freut sich über die gesunde Heimkehr der Reisenden. Die Küchenhilfe fragt, ob sie etwas zu essen zubereiten solle. „Bloß nicht", wehrt die Mutter ab, „meine Schwiegermutter hat uns gemästet! – Ist Max nicht da?"
Oma Ilse hebt die Schultern: „Heute habe ich ihn noch nicht gesehen. Gestern Abend sagte er irgendetwas von einem Stiegenhaus, und dann ist er weggegangen."
„Stiegenhaus?", wiederholt die Mutter.
Marie rennt die Treppe hoch und stürmt in das Zimmer ihres Bruders. Schrank und Schreibtisch sind völlig leer geräumt. Der Notenständer ist nicht mehr da. In den Regalen liegen nur noch ganz wenige Sachen; der Fernseher ist auch weg. Vom Bett steht nur noch der Rahmen da, die Matratze fehlt. Marie wird es plötzlich heiß und ein wenig schwindlig.

„Mama! Papa! Kommt schnell!", ruft sie aufgeregt durchs Treppenhaus. Doch niemand scheint sie zu hören. Da läuft sie wieder nach unten. Mutter und Oma Ilse sitzen am Küchentisch und gucken bedrückt; der Vater starrt mit finsterer Miene zum Fenster hinaus, obwohl man draußen nichts sehen kann. Er hält ein Stück Papier in der Hand.

Marie bleibt wie angewurzelt im Türrahmen stehen.

„Was ist los?"

Die Mutter putzt sich die Nase. „Von wegen ‚Stiegenhaus'. – ‚Ich ziehe aus', sollte das heißen. Dein Bruder ist ausgezogen, solange wir verreist waren. Hinter unserem Rücken. Abgehauen. Einfach so."

Ausgezogen? Marie kann das gar nicht gleich fassen. Soll das heißen, dass Max nicht mehr bei ihnen wohnt? Dass sie ihn nicht mehr jeden Tag sehen wird?

„Der lässt mich hier einfach im Stich!" Der Vater wedelt mit dem Papier. „Da! ‚Liebe Eltern, ich werde ab jetzt mein eigenes Leben leben …' – Dem werd ich's zeigen!", knurrt er.

Die Mutter schüttelt den Kopf. „Nichts wirst du zeigen, Franz. Max ist schließlich erwachsen."

Da erwacht Marie aus ihrer Schreckensstarre, rennt in ihr Zimmer und wirft sich aufs Bett. Darauf liegt ein Brief von Max. Marie kann ihn kaum lesen, weil die Tränen ihr den Blick verschleiern:

„Liebe kleine Schwester!

Ich bin ausgezogen. Ich habe es hier nicht mehr aushalten können. Es gab zu viel Streit mit Mama und

Papa. Ich wohne jetzt in der Stadt, bei Julia, die du bei Tonino kennen gelernt hast. Du weißt ja, du kannst mich jederzeit anrufen. Und ab und zu kommen wir uns gegenseitig besuchen, nicht wahr?
Dein großer Bruder Max.“

An Silvester darf Marie mit den Eltern und Oma Ilse bis Mitternacht aufbleiben, Blei gießen und Knallbonbons mit kleinen Glücksbringern platzen lassen. Um Mitternacht gehen alle auf den Balkon im ersten Stock und betrachten das Oberbaumberger Feuerwerk. Aber all das macht ihr keinen rechten Spaß ohne Max.
An Neujahr ruft Max die Familie an, um allen ein gutes neues Jahr zu wünschen.
„Na warte, Bursche!“, knurrt der Vater. „Dir werde ich noch beibringen –“
„Lass, Franz!“ Die Mutter nimmt ihm den Hörer aus der Hand. „Zum ‚Beibringen‘ ist es zu spät. – Max, mein Junge, wie geht es dir?“
So erfährt die Mutter, dass Max zu seiner Freundin Julia gezogen ist, zu der jungen Frau aus dem Reisebüro. Er werde selbstverständlich weiter aufs Gymnasium gehen und sein Abitur machen. Und danach – sein Entschluss stehe fest – werde er an der Musikhochschule studieren.
Dann darf Marie mit ihrem Bruder sprechen. „Das war ziemlich fies, dass du einfach fortgegangen bist, während wir in Wien waren“, meint sie. „Ohne dich ist es hier bloß noch langweilig.“

Max meint, das werde schon wieder, wenn die Schule wieder anfange und das Fußballtraining. „Kopf hoch, die lassen dich bestimmt wieder ins Tor. Und wir sehen uns bald mal wieder, vielleicht bei Tonino. Bis dann."

Am Montag nach dem Dreikönigsfest geht die Schule wieder los, und nachmittags ist Kommunionkurs. Die Kinder berichten, wie sie die Weihnachtsferien verbracht haben. Marie erzählt von Wien, von ihrem Onkel Karl und von dessen Einladung nach Rom. „Wir können da umsonst essen und schlafen, nur die Fahrt müssen wir bezahlen."
„Toll!", freuen sich die Kinder. „Können wir da den Papst sehen?"
Aber Frau Becker will das nicht glauben. Als Marie vom Kommunionkurs nach Hause kommt, begrüßt die Mutter sie kopfschüttelnd: „Marie, was hast du denn der Frau Becker für ein Märchen aufgetischt? Sie hat gleich nach dem Kurs bei mir angerufen und mich gefragt, ob da was dran sei an deiner Geschichte mit der Rom-Reise. Ich habe es dir doch schon in Wien erklärt: Dein Onkel Karl hat das nur so gesagt, auf dem Riesenrad. Wahrscheinlich hat er es längst wieder vergessen."
„Hat er nicht!", beharrt Marie. „Er hat mir die Hand drauf gegeben!"
„Ach was. Ein Mann in seiner Stellung hat täglich mit wichtigen Leuten zu tun, mit Bischöfen, Kardi-

nälen, vielleicht sogar mit dem Papst selber. Der hat gar keine Zeit, sich um sieben Kommunionkinder zu kümmern."

„Und du hast nicht mal Zeit, dich um *ein* Kommunionkind zu kümmern!", erwidert Marie und stampft mit dem Fuß auf. „Wann kaufen wir endlich mein Kleid? Du hast es versprochen! Du hast gesagt, wenn Ruhetag ist, also an einem Montag, fahren wir in die Stadt das Kommunionkleid kaufen. Gleich nach der Schule, damit wir bis zum Kurs wieder zu Hause sind. Und jetzt ist wieder Montag, aber wir waren wieder nicht in der Stadt!"

„Heute wäre es ganz bestimmt nicht gegangen. Du weißt doch, wegen der großen Reisegruppe von gestern hatten wir heute keine freie Minute. Wir mussten so viel putzen, aufräumen und nachfüllen! – Nächsten Montag vielleicht."

Ungeduldig sehnt Marie das Training am Mittwoch herbei. Schon zwanzig Minuten vor Beginn steht sie vor der Turnhalle, obwohl es draußen bitter kalt ist. Die anderen Mädchen trudeln ein und begrüßen Marie freundlich. Nur Kathrin macht ein saures Gesicht. „Was willst *du* denn hier? Im Tor stehe ich, kapiert!", ruft sie.

Marie merkt, wie sich vor Zorn ihre Nackenhaare aufrichten. Am liebsten hätte sie Kathrin jetzt gekratzt oder an den Haaren gezogen. Doch sie bemüht sich, ganz ruhig zu wirken. Dass sie Kathrin den Ap-

felstrudel versalzen hat, tröstet sie ein wenig. „Das werden wir ja sehen!", gibt sie zurück.
Olaf lässt die Kinder in die Halle. Er lächelt Marie zu: „Da bist du ja wieder! Lang nicht mehr gesehen!"
„Darf ich wieder ins Tor?", fragt Marie gleich.
Olaf verneint. Da stehe seit Dezember Kathrin. Es habe ja niemand wissen können, ob Marie noch einmal zurückkommen würde.
„Ich bin aber besser als Kathrin!", will Marie sagen, doch sie bringt kein Wort mehr heraus, als sie Kathrins triumphierendes Grinsen sieht.
Bei diesem Training legt sich Marie mit aller Kraft ins Zeug. Beim Spiel schießt sie besonders harte Bälle, und als sie der Kathrin ein Tor reindonnert, tut ihr das richtig gut.

Marie möchte Max anrufen, um ihm zu erzählen, dass wieder einmal alles in ihrem Leben schief zu gehen scheint: Aus der Reise nach Rom wird nichts. Ein Kommunionkleid wird sie nie mehr bekommen, da ihre Mutter keine Zeit hat. Und ihre Lieblingsfeindin Kathrin steht im Tor.
Aber Max geht nicht ran, nur die süßliche Frauenstimme von der Mailbox ist zu hören: „Der Teilnehmer ist im Moment nicht erreichbar. Wenn Sie möchten, können Sie eine Nachricht hinterlassen." – Es macht „piep". Marie faucht: „Du Blödmann!", und legt auf.

Rettende Faschingskrapfen

Ende Januar hat der Winter Oberbaumberg fest im Griff, doch Schnee ist immer noch keiner gefallen. Kalt und feucht ist es draußen; die Sonne zeigt sich selten; meist ist der Himmel grau verhangen. In dieser Jahreszeit und bei diesem Wetter ist wenig los im Kaffeehaus. Am Sonntagnachmittag hilft Marie der Mutter, die Zuckerspender nachzufüllen, als das Telefon klingelt.

Ein Anruf von Onkel Karl aus Rom! Die Mutter begrüßt ihren Schwager und fragt ihn, wie es denn so gehe und wie das Wetter in Rom sei. „Ja, danke, gut. – Ja, auch gut."

Dann hört sie eine Weile zu. Ihre Augen werden dabei immer größer. „Wieso: ‚einen Termin ausmachen'? – Von was für einer Reise redest du überhaupt?", fragt sie verdutzt. Marie richtet sich auf und hebt gespannt den Kopf.

„War das etwa doch dein Ernst? Willst du dir das wirklich antun? – Ja, an Pfingsten ist die Erstkommunion. – Danach? Nein, Pfingstferien haben wir hier in diesem Bundesland nicht. – An Himmelfahrt? Das weiß ich nicht, das müsste mit den anderen Eltern abgesprochen werden. Und mit der Schule; der Freitag danach ist wohl nicht schulfrei. – Wenn du meinst? Ich werde mich darum kümmern."

Bei den letzten Sätzen ist die Mutter auf einen Küchenstuhl gesunken. Sie fragt nur noch, ob Don Carlo seinen Bruder Franz sprechen wolle; der sei in der Backstube. „Ich verbinde dich mit Franz. – Ja, dir auch. – Ja, danke, richte ich aus. – Danke, gleichfalls. Auf Wiederhören!"
Sie drückt eine Taste am Apparat. „Franz, dein Bruder." Dann legt sie auf und schüttelt fassungslos den Kopf. „Tatsächlich! Der hat das ernst gemeint! Onkel Karl lädt euch nach Rom ein! Der muss wohl viel Zeit übrig haben … Priester müsste man sein, dann könnte man sich so was erlauben!"
Marie springt auf: „Wir dürfen fahren?"
„Na, na, immer langsam. Das haben nicht wir zu entscheiden. Es kommt vor allem darauf an, ob die Eltern der anderen Kinder es erlauben."
„Fragst du sie gleich? Bitte, bitte!"
„Ich werde zunächst mit Frau Becker reden, sie soll die Eltern zu einer Besprechung einladen." –
Schon am nächsten Tag verteilt Frau Becker im Kommunionkurs ein Rundschreiben, das die Kinder mit nach Hause nehmen und ihren Eltern geben sollen. „Ich habe heute mit Maries Mutter telefoniert", erklärt sie. „Maries Onkel lädt uns tatsächlich nach Rom ein. Aber ob ihr dort hinreisen dürft, haben eure Eltern zu entscheiden. Wir wollen in einer Woche einen Elternabend abhalten, bei dem das besprochen werden soll. Hier steht alles drin. Bittet eure Eltern, telefonisch Bescheid zu sagen, wenn sie

nicht kommen können, damit wir den Termin verschieben."

Tatsächlich findet eine Woche später der Elternabend im Gemeindezentrum statt. Maries Mutter erzählt von ihrem Schwager, der Priester im Vatikan sei, und wie es zu dieser Idee gekommen sei – auf dem Riesenrad in Wien.

Für die Reisekosten hätte jeder selbst aufzukommen, aber übernachten und verpflegt werden könnte die kleine Gruppe in einem so genannten Schwesternhaus an der Via Tuscolana in der Nähe der Lateranbasilika. Das sei eine Art Herberge, wo sich Nonnen um die Gäste kümmern, und da Don Carlo zu den Nonnen einen sehr guten Kontakt habe, könne er dort ab und zu kostenlos Besucher unterbringen. Mit der U-Bahn komme man von da zu allen wichtigen Stätten.

Danach diskutieren die Eltern: Ob das denn nicht viel zu riskant sei, Kinder in diesem Alter allein so weit verreisen zu lassen?

„Sie reisen ja gar nicht allein", erklärt Frau Becker. „Ich werde sie auf jeden Fall begleiten, und sicherheitshalber sollte ein zweiter Erwachsener mitkommen. Frau Komarek, würden Sie ...?"

Maries Mutter schüttelt den Kopf. „Von Himmelfahrt an haben wir Hochsaison, da kann ich wirklich nicht weg." – Daran solle es nicht scheitern, meint Frau Becker, schließlich sei dieses Angebot eine einmalige Chance; so eine hätten die Eltern als Kommu-

nionkinder nie bekommen. „Vielleicht kommt mein Mann mit."
Steffis Mutter befürchtet, ihre Tochter würde das Heimweh nicht aushalten. Frau Becker ist verwundert. Steffi sei doch im Unterricht alles andere als schüchtern! Sie schlägt vor, Steffis Mutter könnte als zweite Begleitperson mitreisen.
Da die Anreise mit dem Auto oder dem Zug zu lang dauere, rund einen Tag lang, komme für diese viertägige Reise nur das Flugzeug in Frage. „Ich werde mich mal erkundigen, was das kostet", verspricht Maries Mutter. „Die Freundin meines Sohnes arbeitet in einem Reisebüro. Vielleicht kann sie uns ein günstiges Angebot heraussuchen."

Marie hat sich von der Mutter genau berichten lassen, was beim Elternabend besprochen worden ist. „Juhu! Wir fliegen wirklich nach Rom!" Voller Vorfreude hat sie sich einen großen Bildband mit dem Titel „Horizont Rom" aus dem Wohnzimmerregal geholt, den Onkel Karl der Familie einmal geschenkt hat. Dieses Buch liegt seither in ihrem Zimmer auf dem Boden, und immer wieder blättert sie darin und bewundert die schönen Plätze und Kirchen und Parks.
Einen Dämpfer versetzt ihr ausgerechnet ihre Freundin Simone. Als Marie mit ihr das Buch ansehen will, gesteht Simone bedrückt: „Daraus wird nichts. Ich kann nicht mit."

„Was heißt: Du kannst nicht mit?", fragt Marie überrascht.
Simone senkt den Kopf. „Wir haben kein Geld für das Flugticket", sagt sie leise.
Marie kann das nicht verstehen. Rund hundertsechzig Euro, das könne doch nicht so schwierig sein, meint sie.
Aber Simone klärt sie auf: „Mein Vater gibt uns kein Geld, das bekommt alles seine neue Frau. Und meine Mama ist arbeitslos. Wir haben wirklich nicht so viel Geld." Sie zuckt die Achseln. „Du kannst mir ja eine Ansichtskarte schreiben aus Rom."
Marie schüttelt den Kopf. „Von wegen. Wenn du nicht mitkannst, will ich auch nicht mit! Ich habe Geld auf dem Sparbuch, das könnt ihr haben."
„Das würde meine Mama sicher nicht wollen", meint Simone, „das wäre ihr bestimmt sehr unangenehm, und zurückzahlen müssten wir es ja doch."

Als Simone am Abend nach Hause gegangen ist, kommt Marie zu ihren Eltern in die Küche. „Mama, Papa, ich muss euch was sagen. Ich glaube, ich mag gar nicht mehr nach Rom."
„Was?! Ich höre wohl nicht recht!", ruft die Mutter. „Was ist denn jetzt auf einmal los? Da kümmert man sich eine Woche lang um die ganze Organisation, telefoniert x-mal mit Rom, mit Frau Becker, mit den anderen Eltern und mit dem Reisebüro, und auf einmal überlegt mein Fräulein Tochter es sich anders. Ist

es schon wieder mal wegen dem Fußballspielen?"
Marie schüttelt den Kopf. „Nein. Damit hat es überhaupt nichts zu tun."
„Ja, womit denn dann? Du hast dich doch so darauf gefreut!", meint der Vater.
„Es ist wegen Simone. Sie kann nicht mit nach Rom, weil ihre Mutter kein Geld für die Flugreise hat."
„Das ist bedauerlich. Aber viele Leute können sich keine Flugreise leisten", erklärt die Mutter.
„Können wir da nicht was tun?"
„Wir?" Die Mutter schüttelt den Kopf. „Marie", seufzt sie, „wenn du gehofft hast, wir würden ihr das Geld geben, dann muss ich dich enttäuschen. Wir müssen selbst hart dafür arbeiten. Und außerdem wäre es Simones Mutter bestimmt nicht recht."
„Aber wenn Simone nicht mitkommen kann, dann will ich auch nicht mit!"
„Nun mal langsam", schaltet sich der Vater ein. „Ich habe da eine Idee. In zwei Wochen ist Fasching. Das heißt, in einer Woche geht die große Krapfenbäckerei los. Wir werden eine Werbeaktion durchführen, vier Krapfen zum Preis von drei. Und die vielerlei Füllungen, die wir anbieten, gibt es ja nicht im Supermarkt, die sind was ganz Besonderes. Dafür habe ich zweitausend Werbezettel drucken lassen, die hier an die Haushalte verteilt werden müssen. Sie kommen morgen Abend von der Druckerei. Wenn ihr Kommunionkinder ab übermorgen die Zettel in die Briefkästen steckt, dann bezahle ich das Flugticket für deine Freundin!"

Marie springt auf und fällt ihrem Vater um den Hals. „Ich bin so froh!", strahlt sie.
„Du musst aufs Klo?", fragt Oma Ilse. „Dann aber schnell!"

Gleich am nächsten Tag ruft Marie die anderen Kommunionkinder an und erzählt ihnen, dass Simone nur nach Rom mitkommen kann, wenn alle ihr helfen, das Geld für das Flugticket zu verdienen. So ziehen die Oberbaumberger Kommunionkinder in Gruppen durch den Ort und stecken in jeden Briefkasten einen Werbezettel für die „Faschingskrapfen", wie in Wien die „Berliner Pfannkuchen" oder kurz „Berliner" heißen. Es gibt sie gefüllt mit Himbeer- und Marillenmarmelade, mit „Powidl" – Pflaumenmus –, mit Nugat- und Vanillecreme. Die Werbeaktion wird zu einem großen Erfolg; mit dem Backen und Füllen kommen die Komareks kaum nach.
Zum Kommunionkurs am Rosenmontag kommen die Kinder verkleidet. Sie singen und spielen und essen Krapfen, bis sie nicht mehr können, denn Maries Vater hat ein ganzes Tablett voll spendiert.

Training für die Meisterschaft

Endlich! Ab dem ersten Freitag im März findet das Training wieder draußen auf dem Platz statt. Da können die Mädchen ganz anders laufen, da macht Fußball viel mehr Spaß!
Am Ende soll noch ein kurzes Spiel stattfinden, gegen die Besten der jüngeren F-Jugend. Marie trabt über den Rasen zum Tor. Einen Augenblick später steht Kathrin neben ihr und brüllt sie an: „Hau bloß ab hier! Hast du es immer noch nicht kapiert? Ich stehe im Tor! Du bist nicht mehr die Nummer Eins! Das bin *ich!*"
„Hey, Kathrin, nun reg dich mal wieder ab!", mahnt Olaf genervt. „Marie, du spielst linke Verteidigung."
Marie legt erschrocken die Hand auf den Mund. Ganz automatisch ist sie auf das Tor zugelaufen, ohne nachzudenken. Sie wollte doch gar keinen Streit mit Kathrin anfangen! Ohne etwas zu erwidern, nimmt sie ihre Position ein.
Die Mädchen der F-Jugend sind besser, als die Größeren es ihnen zugetraut haben. Die Gegnerinnen drängen Maries Mannschaft immer mehr in deren Platzhälfte zurück. Sie sind schnell und stark im Zweikampf und nutzen schon bald eine erste Torchance zum eins zu null.
Jetzt stürmt Maries Team nach vorn; nur sie bleibt

zur Verteidigung zurück. Da verlieren ihre Kameradinnen im Strafraum den Ball, die gegnerische Torwartin bolzt einer Stürmerin den Ball in den Lauf, diese spielt mit einer anderen einen Doppelpass und trickst damit Marie aus: Schuss, und das zweite Tor!
„Marie, du dumme Kuh! Den hättest du aufhalten müssen!“, zetert Kathrin.
„Wie sollte ich das denn bitteschön machen, du blöde Gans?“, gibt Marie zurück.
Olaf schaltet sich ein: „Würden die Damen wohl die Klappe halten? Ihr sollt spielen, nicht streiten!“
Im weiteren Verlauf kommt es zu einer Ecke vor dem gegnerischen Tor. Da die rechte Verteidigerin zurückgeblieben ist, läuft Marie mit vor und nutzt die Chance zu einem Tor. Doch zum Ausgleich kommt es nicht mehr. Die jüngeren Spielerinnen der F-Jugend haben die Mädchen der E-Jugend 2:1 besiegt.
Missmutig verlässt Maries Mannschaft den Platz.
„Für das zweite Tor ist Marie verantwortlich“, behauptet Kathrin in der Umkleide.
Marie muss erst einmal tief durchatmen, um nicht vor Wut zu schreien. „Wer steht denn im Tor? Du oder ich?“
„Schluss jetzt! Gebt Ruhe da drinnen!“, ruft Olaf vom Flur herein.
Die Mädchen haben sich umgezogen, die ersten wollen gerade gehen, doch da hört man wieder Kathrins schrille Stimme: „Meine Uhr ist weg! Hier geblieben! Nicht dass eine von euch damit abhaut!“

Jetzt steckt Olaf den Kopf zur Tür herein. „Was ist denn nun schon wieder los? – Seid ihr alle angezogen, kann ich gucken?“

Breitbeinig steht Kathrin da, mit verschränkten Armen. „Meine Uhr ist weg! Würde mich nicht wundern, wenn die jemand gestohlen hätte!“, behauptet sie.

Olaf mahnt, mit solchen Verdächtigungen müsse man vorsichtig umgehen. Ob Kathrin ihre Sachen denn ordentlich durchsucht habe, vielleicht sei die Uhr ja nur irgendwie in eine Ecke der Tasche gerutscht.

Kathrin greift einmal mit der Hand in ihre Sporttasche: „Da ist sie nicht! Ich glaube, ich weiß, wer sie hat!“ Dabei sieht sie Marie feindselig an.

„Was glotzt du mich so an?“ Marie ballt die Fäuste. „Glaubst du tatsächlich, ich hab's nötig, deine doofe Uhr zu klauen?“

„Nicht so voreilig, Mädchen!“ Olaf fordert Kathrin auf, ihren Verdacht zu begründen.

Kathrin faucht: „Marie ist so was von neidisch, weil sie nicht mehr im Tor steht!“

„Und deswegen soll sie deine Uhr stehlen?“, forscht Olaf nach.

Kathrin nickt eifrig. „Aus Rache!“

Marie hat einen roten Kopf vor Aufregung. Man könne ihre Taschen durchsuchen, bietet sie an, nur zu; sie habe nichts zu verbergen.

Vorher will aber Olaf noch einmal nachsehen, ob sich die Uhr nicht doch in Kathrins Tasche befindet.

„Bitte“, sagt Kathrin schnippisch. Olaf zieht alle Reißverschlüsse auf, schaut in alle Winkel, fühlt mit der Hand hinein und hält auf einmal eine Armbanduhr hoch. Kathrin schluckt und wird blass.
„Kathrin, das nenne ich unsportlich: Eine Mannschaftskameradin ohne begründeten Verdacht anzuschwärzen und ihr aus Rivalität einen Diebstahl vorzuwerfen! Mit Spielerinnen, die aufeinander herumhacken, statt füreinander einzustehen, ist kein Spiel zu gewinnen. Dieses Verhalten muss Konsequenzen haben: Du bist raus aus dem Tor! Da steht ab sofort wieder Marie!“ –
Marie radelt mit Höchstgeschwindigkeit nach Hause, küsst dort stürmisch ihre überraschte Mutter, umarmt den Vater, der gerade Nussecken mit der Spitze in Schokolade taucht, und ruft Max an. Der freut sich mit ihr.
In den folgenden Wochen fehlt Kathrin beim Training. Marie vermisst sie nicht. Als Torhüterin muss sie wieder hart trainieren. Doch es gelingt ihr von Woche zu Woche besser, die Bälle zu halten.
„Du bist richtig gut geworden!“, lobt Olaf sie im April. Am Ende des Trainings erinnert er seine Mädchenmannschaft daran, dass in der kommenden Woche kein Training stattfinde – wegen Karfreitag. „Was ist nochmal Karfreitag los“, fragt er ein wenig unbeholfen, „heiratet Jesus da die Maria, oder wie?“
Die anderen Mädchen kichern oder lachen, weil sie das komisch finden oder selbst nicht wissen, woran

der Karfreitag erinnert. Aber Marie versetzt das einen Stich: An Karfreitag denkt man doch an den Tod von Jesus, wie kann man darüber Witze machen oder lachen. – Doch sie geniert sich, etwas dagegen zu sagen.

Zwei Wochen nach Ostern schafft Max sein Abitur mit guten Noten. Und als er kurz darauf die Aufnahmeprüfung am Konservatorium besteht, um dort Klarinette studieren zu können, sind seine Eltern richtig stolz auf ihn.
An einem Freitag ist wegen einer Lehrerkonferenz schulfrei. Die Mutter bietet Marie beim Frühstück an: „Wie wäre es, wenn wir heute das Kommunionkleid kaufen würden? Jetzt gleich? Dann sind wir rechtzeitig vor dem Fußballtraining wieder zu Hause." – Marie ist platt.
Sie fahren in die Kreisstadt und suchen dort in mehreren Geschäften nach einem passenden Kleid für Marie – mit Spitzen und Rüschen, wie eine Braut sie trägt –, wählen dazu noch Schuhe und ein Jäckchen aus. Marie darf sich anschließend an einem Straßenstand eine Currywurst und Limonade bestellen. Da ist sie so glücklich! Beim Training an diesem Nachmittag steckt sie voll Energie und hält jeden Ball.
„Ich sehe", sagt Olaf lächelnd, „ihr habt hart gearbeitet, seid besser und besser geworden und nun gut vorbereitet auf das große Pfingstturnier! Das wird in diesem Jahr bei uns hier in Oberbaumberg ausgetragen!

Acht Gruppen der E-Jugend spielen gegeneinander. Und wer wird da gewinnen? Wer holt den Pokal?"
„Wir!", rufen alle gleichzeitig.
„Die Neuratherinnen bezwingen uns nicht wieder!", schwört Olaf seine Mädchen ein, „und auch niemand sonst!"
Alle sind ganz begeistert. „Und wann findet das statt?", fragt eine aus dem Team.
„Einmal dürft ihr raten: Die Pfingstmeisterschaft findet an Pfingsten statt! Am Sonntag um zehn Uhr sind die vier Mannschaften der ersten Gruppe dran, um halb zwölf die der zweiten. Die Halbfinalspiele und das Finale sind nachmittags. Jede von euch muss den vollen Einsatz bringen – ich erwarte, dass wir das Finale erreichen!" Er blickt alle eindringlich an, vor allem Marie. Marie strahlt; sie fühlt sich stark wie eine Löwin.
Nur, auf dem Heimweg muss sie angestrengt nachdenken. Da war doch noch was, wegen Pfingsten? Irgendwas sollte an diesem Tag sein. Aber was? – Sie kann sich nicht mehr erinnern. – War es die Reise nach Rom? Nein, die würde schon vorher stattfinden. Das Abiturfest von Max? Ein Geburtstag?
Als sie daheim ihr Fahrrad abstellt, fällt es ihr ein. Marie schließt die Augen, weil ihr ganz schwummrig wird: An Pfingsten geht sie zur Erstkommunion!

Benvenuti a Roma!

Am Fest Christi Himmelfahrt erhalten die Kommunionkinder nach der Messe um neun Uhr von Pater Züller einen Reisesegen auf dem Parkplatz des Katholischen Gemeindezentrums. Dann verabschieden sie sich von ihren Eltern und Geschwistern.
Markus sitzt schon im Wagen, bevor seine Mutter ihm noch einen Kuss geben kann. Simone presst ihren Teddy an sich. Marie setzt sich neben sie ins Auto und nimmt sie an der Hand. Steffi weicht ihrer Mutter nicht von der Seite. Laura stehen Tränen in den Augen.
Marie ist ganz aufgeregt; sie hat das Gefühl, alle paar Minuten aufs Klo zu müssen, dabei muss sie gar nicht wirklich. Wie froh ist sie, als es endlich wirklich losgeht! Ihre Mutter winkt ihr nach, bis sie einander nicht mehr sehen können.
Steffis Vater und Herr Becker bringen die Kinder und die beiden erwachsenen Begleiterinnen mit ihren Autos zum Frankfurter Flughafen, dem größten Flughafen Deutschlands. Nach einer guten Stunde sind sie dort. Tausende Menschen hasten durch die großen Hallen, man hört Sprachen aus aller Welt, Reisende stehen in langen Schlangen vor den Schaltern.
Zuerst muss die Gruppe einchecken und dafür den Schalter für den Flug nach Rom aufsuchen; dort

müssen die Koffer und Taschen aufgegeben werden. Auch die Kinder müssen anstehen, und bald wird es den ersten langweilig. Bevor es zur Kontrolle des Handgepäcks geht, trennen sich auch Herr Becker und Steffis Vater von den Rom-Pilgern. Die Rucksäcke werden durchleuchtet, und jeder der Reisenden wird untersucht, ob er irgendetwas Verbotenes bei sich trägt, zum Beispiel ein Messer oder eine Waffe. Dann geht's zum Flugsteig, wo die Kinder auf die Maschine warten müssen.

„Sehen wir wirklich den Papst?“, fragt Simone.

Frau Becker legt die Hände ineinander: „Das wäre ein großes Glück, aber ich fürchte, das wird uns nicht vergönnt sein. Soviel ich weiß, ist jeden Mittwoch Audienz. Dann zeigt sich der Papst auf dem Petersplatz und spricht zu den Menschen.“

„Wie doof, am nächsten Mittwoch sind wir nicht mehr in Rom“, stellt Markus fest.

Der Flug startet pünktlich und verläuft reibungslos. Manche aus der kleinen Oberbaumberger Reisegruppe sind noch nie geflogen, Simone zum Beispiel. Der wird ganz komisch beim Starten, aber Marie beruhigt sie: „Das ist ein schönes Gefühl, wenn man in der Luft ist und alles von oben sehen kann!“ Aber über den Wolken sehen sie dann nur noch etwas, was aussieht wie eine weiße Watteschicht.

Der Flughafen in Rom unterscheidet sich eigentlich kaum von dem in Frankfurt, außer dass die Reklameschilder auf Italienisch sind. Auch hier herrscht ein Gewimmel wie in einem Ameisenhaufen. Frau Becker zählt alle paar Minuten nach, ob auch noch alle sieben Kinder zusammen sind. An einem Gepäckband müssen sie auf ihre Koffer und Taschen warten, dann gehen sie zum Ausgang.

Hinter einer Absperrung warten viele Leute und begrüßen den einen oder anderen Ankommenden. Manche haben Blumen in der Hand, andere Schilder aus Pappe, auf denen Namen stehen. Ein junger Mann im schwarzen Anzug mit einem weißen Kragen hält ein Blatt Papier hoch: „Oberbaumberg willkommen!" steht darauf. Frau Becker steuert auf ihn zu. Marie zupft sie am Ärmel. „Das ist aber nicht mein Onkel!", flüstert sie.

Der Mann kommt ihnen entgegen. „Guten Tag zusammen! Ich bin Kaplan Würbenich, der Sekretär von Herrn Prälat Komarek. Ich darf Sie und euch jetzt zu ihm bringen." Dann gibt er jedem die Hand, erst den beiden Frauen, dann den Kindern. „Du bist sicher die Therese", sagt er zu Marie.

„Ja, woher wissen Sie das?", fragt Marie erstaunt.

Der junge Priester schmunzelt. „Dein Onkel hat mir schon viel von dir erzählt. Keine Bange – nur Gutes! – So, allen erst einmal ein herzliches Willkommen in der Ewigen Stadt. Oder, wie wir hier sagen: Benvenuti a Roma!"

Er führt die Gruppe zu einem kleinen Bus vor dem Flughafengebäude, und dann geht es in einer halben

Stunde Fahrt in die Stadt. Hier ist es schon ziemlich heiß in diesen Maiwochen, viel wärmer als daheim in Hessen.

Das Gästehaus sieht aus wie eine kleine Burg. Es ist aus roten Ziegeln erbaut und hat einen eckigen Turm mit weißen Zinnen. In der Eingangshalle wird die Gruppe von einer Ordensschwester willkommen geheißen. „Schön, dass ihr da seid!“, freut sie sich. „Ich bin Schwester Angela. Der Herr Prälat kommt gleich.“

„Die spricht ja gar nicht Italienisch!“, sagt Steffi zu ihrer Mutter.

„Ich stamme aus Würzburg“, erklärt die Schwester. „Aber ich lebe schon seit vielen Jahren in Rom. Die anderen Schwestern hier im Haus kommen aus Litauen, die verstehen euch leider nicht. Aber mich könnt ihr immer ansprechen, wenn ihr etwas braucht. So, erst einmal zeige ich euch die Zimmer, und dann gibt's um sechs Uhr ein echt italienisches Abendessen: Spaghetti mit Tomatensoße! Mögt ihr das?“

„Ja!“, rufen alle sieben gleichzeitig. –

Es gibt Doppelzimmer, schlicht eingerichtet mit Betten, einem Tisch und zwei Stühlen und mit einem Kreuz an der Wand, und selbstverständlich teilt Marie ihr Zimmer mit Simone. Die Mädchen packen ein paar Sachen aus, Simone legt ihren Teddy ins Bett, dann rennen sie zu den anderen Kindern und sehen nach, wie es bei denen aussieht. Steffi teilt sich das

Zimmer mit ihrer Mutter, Markus mit Ingo, Laura mit Annika, und Frau Becker hat ein Einzelzimmer.
Die Kinder sind ganz aufgedreht, albern herum und schreien wild durcheinander. Frau Becker bittet sie, ruhiger zu sein. „Kinder, was sollen denn die Schwestern von uns denken? – So, gleich ist es sechs. Haben alle die Hände gewaschen? Dann können wir zum Abendessen gehen."
Im Speisesaal erwartet Don Carlo die Reisegruppe. Marie rennt auf ihn zu und fällt ihm um den Hals. „Danke, Onkel Karl, dass du dein Versprechen gehalten hast!"
Der Prälat begrüßt die ganze Gruppe und erklärt, man könne ihn mit „Don Carlo" anreden. Er spricht das Tischgebet, und alle essen mit Appetit, nur Simone nicht.
„Hast du keinen Hunger?", fragt Marie.
Simone schüttelt den Kopf. „Mir ist so komisch. Irgendwie schlecht."
„Vielleicht kommt das vom Fliegen", meint Marie.
Die beiden Jungen schlürfen die Spaghetti um die Wette in sich hinein, dass die Tomatensoße nur so spritzt und die weißen Tischtücher besprenkelt. „Markus und Ingo, bitte lasst das doch!", tadelt Frau Becker. „Wenn ihr schon nicht wisst, wie man anständig Spaghetti isst, dann braucht ihr nicht auch noch stolz darauf zu sein, dass ihr hier alles vollkleckert!"
Schwester Angela lacht nur: „Wenn es den Buben

doch schmeckt! Wir haben da eine ganz einfache Methode ... Gebt mir mal eure Teller, ihr beiden!"
Die Jungen wagen nicht, der Schwester zu widersprechen. Die nimmt ein Messer und schneidet die Spaghetti der beiden in ganz kurze Stückchen. „So, nun könnt ihr sie schön mit dem Löffel essen wie eine Nudelsuppe und müsst gar nicht mehr spritzen!", meint sie mit verschmitztem Lächeln.
„Babynahrung, Babynahrung!", spöttelt Steffi ganz leise, aber Markus und Ingo haben es doch gehört und werden rot. Ingo guckt zu Marie hinüber, die ihre Spaghetti geschickt auf die Gabel wickelt. „Zeigst du mir mal, wie man das macht?", fragt er.

Nach dem Abendessen führt Don Carlo die Gruppe auf einen großen Balkon; dort stehen Plastikstühle und Tische. Alle setzen sich im Kreis. Der Onkel erzählt den Kindern und den beiden Frauen ein wenig über Rom: dass die Stadt um 753 vor Christi Geburt gegründet wurde, und dass hier das Zentrum des römischen Weltreiches war. „Ihr kennt doch Asterix und Obelix, nicht wahr?", fragt er. „Die Römer hatten vor zweitausend Jahren halb Europa besetzt, von England bis Spanien, von Frankreich bis zum Schwarzen Meer, dazu Griechenland, Kleinasien – also die heutige Türkei –, Syrien, Ägypten, Nordafrika ..."
„Und Deutschland?", will Marie wissen.
„Deutschland gab es damals noch nicht, sondern Germanien. Aber das konnten die Römer nicht völlig er-

obern. Sie bauten einen Grenzwall hindurch, den sie ‚Limes' nannten. Reste davon sind noch vorhanden. – Damals herrschten die Römer auch im heutigen Israel, wo Jesus mit seinen Freunden lebte. Jesus hatte einen Mann zu seinem Nachfolger bestimmt. Wisst ihr, wen?"

Die Kinder raten ein bisschen herum, aber keines kommt auf den richtigen Namen.

„Das war Petrus. Nachdem Jesus am Kreuz getötet worden war, kam Petrus nach Rom, und auch ihn richtete man wegen seines Glaubens hin. Petrus war der erste Papst, der die Gemeinschaft der Gläubigen auf Erden zusammenhalten sollte. Nach seinem Tod wurde sein Nachfolger Papst, und das ging so weiter, bis auf den heutigen Tag. Morgen wollen wir uns seine Kirche anschauen, den Petersdom."

Die Kinder staunen, doch sie sind so erschöpft von der Reise, dass sie nicht mehr viel über Rom lernen, sondern bald schlafen gehen wollen.

Antiker Lügentest

Die Sonne weckt Marie früh am nächsten Morgen; schon gegen sieben Uhr strahlt sie hell und warm ins Zimmer. Das Frühstück ist einfach: Zu „Panini“ – ziemlich harten, fad schmeckenden Brötchen – gibt es Butter, Marmelade oder Wurst, dazu Kakao für die Kinder und Kaffee für die Erwachsenen. Annika meckert, weil sie kein Schokomüsli bekommt; Ingo schüttet sich Kakao übers T-Shirt und muss sich umziehen.

Wieder holt Kaplan Würbenich die Gruppe mit dem kleinen Bus ab. Die Fahrt geht durch den dichten Großstadtverkehr. „Ist das der Petersdom?“, fragt Laura, als sie an einer großen Kirche vorbeifahren.

„Nein, das ist die Lateranbasilika, die Kathedrale von Rom; sie war früher einmal die Kirche der Päpste. Sie ist doppelt so lang wie ein Fußballfeld – über zweihundert Meter.“ – Als Marie „Fußballfeld“ hört, gibt es ihr einen Stich ins Herz.

Wenig später erblickt die Gruppe eine mächtige, ovale Ruine, deren Fassade aus drei Etagen Rundbögen besteht. „Das hab ich schon mal gesehen“, meint Ingo, als sie daran entlangfahren, „in einem Film mit Gladiatoren und Löwen!“

„Das ist das Kolosseum“, erklärt Frau Becker, „es war so etwas wie ein Stadion. Das werden wir uns morgen ansehen.“

„Guckt mal, da unten links, eine Müllgrube mit Bauschutt und kaputten Säulen, mitten in der Stadt!“, ruft Steffi.
Kaplan Würbenich lacht. „Das ist kein Bauschutt, das sind antike Ausgrabungen. Hier war vor zweitausend Jahren der Marktplatz der Römer, das Forum Romanum, mit Tempeln und Palästen und Triumphbögen.“
„Und das große Weiße da vorne, mit den vielen Säulen, ist das auch ein Tempel?“, fragt Laura.
Der Kaplan erklärt, das sei das Denkmal für den ersten italienischen König Viktor Emanuel II.; das sei aber nur etwa hundert Jahre alt.
Schließlich fahren sie über den Fluss Tiber und biegen dann in eine breite Straße ein. Frau Becker ruft begeistert: „Kinder, seht doch nur! Da vorne! Sankt Peter!“
Geradeaus vor sich erblicken sie den Petersplatz und die mächtige Kuppel des Petersdoms. Der Kleinbus fährt zunächst darauf zu, doch dann biegt er ab, zu einem besonderen Eingang des Vatikans, der für gewöhnliche Besucher verschlossen bleibt.

Prälat Komarek erwartet die Gruppe bereits. Er führt sie auf den riesigen Petersplatz, den zwei halbkreisförmige Säulenhallen, die Kolonnaden, wie offene Arme umgeben. Die Linien auf dem Pflaster weisen in die Mitte; dort steht eine viereckige Steinsäule aus Ägypten, ein Obelisk. Don Carlo erzählt, dass zur Römer-

zeit ein Kaiser diesen Stein aus Ägypten mitbrachte und ihn in der Arena aufstellen ließ, wo der Apostel Petrus und seine Gefährten hingerichtet wurden. Vor den Kolonnaden sprudeln zwei Springbrunnen.
Wenn man direkt vor dem Petersdom steht, kann man die Kuppel gar nicht mehr sehen. Wer hineinwill, muss sich in eine lange Schlange einreihen und wird auf Waffen und andere verbotene Gegenstände kontrolliert wie am Flughafen. Don Carlo geleitet die Gruppe an den Kontrollen vorbei und führt sie zunächst zu einem Weihwasserbecken. Es wird von zwei Engelsfiguren gehalten, die fast so groß sind wie die Kinder selbst.
„Ein Weihwasserbecken wie eine Badewanne!", meint Steffi. Aber dann verschlägt es selbst ihr die Sprache angesichts der gigantischen Pracht des Innenraums.
Durch die Kuppel fällt Licht herein. Auf dem Weg zum Hochaltar erblicken die Kinder allerlei Kunstwerke: Altäre, Denkmäler, Gemälde und Statuen; ein Marmorstandbild der Muttergottes mit dem toten Jesus auf dem Schoß; einen festlich gekleideten toten Papst in einem Altar aus Glas; einen thronenden Petrus aus Bronze, an dem die Menschen vorbeigehen und mit der Hand über den Fuß streichen. Der ist davon ganz glatt geworden; die Zehen sind verschwunden.
„Etwa 60.000 Menschen haben hier Platz", erzählt Onkel Karl. „Bis 1989 war dies die größte christliche Kirche der Welt; dann wurde in der Hauptstadt eines

afrikanischen Staats eine Kirche mit einer noch größeren Kuppel gebaut."
Im Zentrum des Doms befindet sich der Hochaltar, fast 30 Meter hoch. An diesem Altar darf nur der Papst selbst die Messe feiern. Unter dem Altar liegt das Grab des ersten Papstes – das von Petrus. Neunundneunzig Öllämpchen brennen dort und zeigen an, dass dies ein heiliger Ort ist. Doch gleich daneben wechseln Touristen die Filme im Fotoapparat und die Speicherkarten in der Digitalkamera; die Menschenscharen laufen herum wie auf dem Flughafen, nur langsamer.
Don Carlo bringt die Gruppe an den langen Besucherschlangen vorbei zum Fahrstuhl auf das Dach des Petersdoms. Zunächst werfen die Kinder einen Blick in das Innere der Kuppel. Die ist so groß, dass man die Kirche von Oberbaumberg hineinstellen könnte, ohne dass sie anecken würde. Dann gehen sie nach draußen an die Brüstung. Von dort können sie auf die Stadt schauen, die bereits in flimmernder Hitze liegt.
„Na, Therese, habe ich übertrieben?", fragt der Onkel seine Nichte. „Schau, diese Kuppel ist nur vier Meter niedriger als der Stephansdom in Wien. Man könnte ihn wirklich beinahe hineinstellen. Wo gibt es mehr Kuppeln und Türme und Häuser – in Wien oder in Rom?"
Marie muss ihm zustimmen. „Du hast gewonnen, Onkel Karl!" Alle sind beeindruckt, nur Simone ist ganz still.

„Was hast du? Gefällt es dir nicht?“, will Marie wissen.
„Doch, doch! Mir ist bloß nicht gut“, antwortet Simone.

Nachdem sie den Petersdom ausgiebig besichtigt haben, kehrt Onkel Karl mit ihnen an die Pforte des Vatikans zurück, zu der sie hereingekommen sind. „Ich muss mich für heute von euch verabschieden“, sagt er. „Kaplan Würbenich wird euch weiter begleiten und euch noch was von Rom zeigen.“
An der Pforte halten Schweizergardisten Wache. Seit fünfhundert Jahren beschützt die Schweizergarde den Papst und den Vatikan. Die Gardisten stammen alle aus der Schweiz und tragen altertümliche rot-blau-gelb gestreifte Uniformen und eine dunkelblaue Baskenmütze.
„Die sehen aus wie von einem Karnevalsverein!“, bemerkt Steffi.
Jedes Kind darf sich einzeln neben einen der Schweizergardisten stellen, und Frau Becker und Steffis Mutter machen Erinnerungsfotos.
Dann verlassen sie den Vatikan mit dem Kleinbus und fahren die Prachtstraße entlang, die auf den Petersplatz zuführt. Sie ist fast einen halben Kilometer lang. Vor ihnen liegt eine mächtige runde Festung mit einer Engelsstatue darauf. Kaplan Würbenich erklärt, dies sei die Engelsburg, in der sich früher die Päpste versteckt hätten, wenn die Stadt angegriffen worden

sei. Ursprünglich sei sie das Grabmal eines römischen Kaisers gewesen.
Der Kaplan bringt die Gruppe in eine Seitengasse zu einer Trattoria, einem kleinen Gasthaus, wo man ein einfaches Mittagessen bekommt. Dort ruhen sich alle ein wenig aus. Simone möchte nichts essen.
„Ist es wegen dem Geld?“, fragt Marie. „Mach dir deswegen doch keine Sorgen, du musst hier nichts bezahlen, mein Onkel Karl hat uns eingeladen, hier sind wir seine Gäste.“
Simone schüttelt den Kopf. „Ich hab einfach keinen Hunger.“
Nach dem Essen gehen sie zu Fuß zum Pantheon. Das war einmal ein Tempel, in dem die Römer alle ihre vielen verschiedenen Götter verehrten. Die Christen machten daraus eine Kirche. Das Besondere an ihr ist: Sie ist kreisrund, hat keine Fenster, und Licht fällt in das Gebäude nur durch ein Loch in der Mitte der Kuppel.
„Wie groß ist denn das Loch?“, wollen die Kinder wissen.
„Es hat neun Meter Durchmesser!“, antwortet der Kaplan.
Das können sie kaum glauben. „Regnet es da nicht herein?“, fragt Markus.
„Da müssen sie eben viele Eimer drunter stellen!“, meint Steffi.
Kaplan Würbenich erklärt, so oft regne es in Rom ja nicht. Und wenn doch, dann trockne das Wasser auf

dem Marmorboden; Stühle oder Bänke stehen dort keine.
Stickig und warm ist es in den engen Straßen zwischen den Häusern. Nur wenige Meter hinter dem Pantheon liegt eine andere Kirche. Davor steht eine hübsche Sehenswürdigkeit: ein steinerner Elefant, der einen kleinen Obelisken auf dem Rücken trägt.
Ehe die Gruppe mit dem Kleinbus zum Gästehaus zurückgebracht wird, will der Kaplan den Kindern noch den „Mund der Wahrheit“ zeigen. „Das ist ein Gesicht aus Stein“, erzählt er. „Wenn man irgendwann mal gelogen hat und die Hand in den Mund legt, dann beißt er sie ab.“
„Mama, das mache ich aber nicht“, sagt Steffi ganz ängstlich.
„Ich trau mich!“, brüstet sich Markus.
Als sie aussteigen, nimmt der Kaplan einen Stockschirm mit aus dem Bus – dabei regnet es gar nicht.
Der „Mund der Wahrheit“ war wohl in der Römerzeit ein Brunnen- oder Kanaldeckel. Er befindet sich in der Vorhalle einer Kirche. Das zottelhaarige, bärtige Gesicht auf der mächtigen runden Steinplatte blickt finster drein; es hat Löcher als Augen, eine große Nase und den bedrohlichen Mund. Davor steht eine Touristenschlange.
„Vielleicht ist er ja heute schon satt von den ganzen Leuten da“, meint Steffis Mutter seufzend.
Als sie schließlich drankommen, legen zuerst die Jungen mutig die Hand hinein. Markus tut so, als würde

sein ganzer Arm hineingezogen, und er müsste kämpfen, um ihn wieder herauszubekommen.
Ingo bohrt dem Gesicht einen Finger in die Nase, da ruft Markus: „Hey, in den *Mund,* du Milchbrötchen! Es heißt doch nicht ‚Nase der Wahrheit'!"
Ingo tut es, brüllt: „Aua, aua!", hält die Hand hoch und winkelt dabei den Daumen so an, dass es aussieht, als hätte der Mund ihn abgebissen. Steffi kreischt vor Entsetzen.
„Quatschkopp!", ruft Marie. Die Mädchen sind aber trotzdem froh, als sie nacheinander die Hände unversehrt wieder herausziehen. Frau Becker fotografiert eifrig.
Zuletzt tritt Marie vor, steckt kichernd die Hand in den „Mund der Wahrheit", blickt in Frau Beckers Kamera und streckt den Jungen die Zunge heraus – da fühlt sie plötzlich eine Berührung an der Hand, zuckt zurück und schreit auf: „Er hat mich gebissen, er hat mich gebissen!"
Dabei hat nur Kaplan Würbenich, der neben dem Gesicht steht, ihr mit seinem Schirm einen leichten Stups unter die Hand gegeben. Maries Herz hämmert von dem Schreck noch eine Weile, denn so ganz wohl war ihr bei dem Lügentest doch nicht; schließlich hatte sie den Kommunionkurs geschwänzt …
Nach der Rückkehr zum Gästehaus ruhen sich alle aus. Markus und Ingo schreiben Ansichtskarten mit dem „Mund der Wahrheit" darauf und geben mit ihren Heldentaten an. Steffis Mutter telefoniert mit

zu Hause. Simone legt sich aufs Bett, nimmt ihren Teddy in den Arm und rollt sich zusammen. Marie macht sich Sorgen um ihre Freundin und ruft Frau Becker. Die meint, Simone solle zum Abendbrot nur Zwieback und Tee zu sich nehmen, aber selbst das mag Simone nicht.

Der Heilige Vater persönlich

Am zweiten Tag in Rom fahren der Prälat und Kaplan Würbenich mit der Kommuniongruppe zum Kolosseum. Die mächtige ovale Ruine mit der Fassade aus drei Reihen Rundbögen war in der Römerzeit eine Wettkampfarena.
Don Carlo erzählt, dass der Bau im Jahre 80 nach Christus eröffnet worden sei. „Auf den Zuschauerrängen hatten 50.000 Menschen Platz, etwa so viele wie im Frankfurter Waldstadion – nicht wahr, Therese? – Die Römer saßen als Zuschauer nicht anders im Stadion als wir heute. Es gab sogar 240 Masten auf der oberen Mauer, über die ein Zeltdach als Sonnenschutz gespannt wurde. Hier fanden Theateraufführungen, Zirkusdarbietungen und Wettkämpfe statt.
Möglicherweise hat man hier auch Christen umgebracht. In den ersten drei Jahrhunderten war es im Römischen Reich gefährlich, an Jesus Christus zu glauben, denn es war Pflicht, den Kaiser zu verehren. So sind etliche für ihren Glauben den Märtyrertod gestorben.“
„Für den Glauben gestorben“, geht es Marie durch den Sinn. „Und wenn Olaf so was Dummes fragt wie, ob Jesus an Karfreitag Maria geheiratet hat, und die anderen alle darüber lachen, dann traue ich mich

nicht einmal, etwas dagegen zu sagen.“ – Die Stichworte „Stadion“ und „Olaf“ haben ihr die gute Laune verhagelt; wieder fällt ihr ein, dass sie ein ungelöstes Problem vor sich herschiebt: Erstkommunion und Fußballmeisterschaft gleichzeitig an Pfingsten …
Bei einem Spaziergang über das nahe dem Kolosseum gelegene Forum Romanum zeigt ihnen Onkel Karl in einem Buch Bilder von den prächtigen Gebäuden, die diese Ruinen früher einmal darstellten. Wo heute fast nur noch Trümmer liegen und ein paar Reste von Mauern und Säulen zu sehen sind, war einmal das Zentrum der antiken Welt.
Schließlich besichtigt die Gruppe den Trevi-Brunnen. „Die Fontana di Trevi muss man einfach gesehen haben, wenn man in Rom war; das ist nicht nur der größte Brunnen von Rom, sondern einer der bekanntesten Brunnen der Welt“, erklärt Kaplan Würbenich. „Die Figuren von Meeresgöttern, Pferden und Muscheln stellen das ‚Königreich des Ozeans‘ dar.“
„Eine Pizzeria in der Kreisstadt heißt auch ‚Fontana di Trevi‘“, bemerkt Steffi.
Über künstliche Felsen rinnt das Wasser in ein riesiges Becken. „Nach einem Volksglauben kehrt man nach Rom zurück, wenn man eine Münze über die Schulter in das Becken wirft“, erzählt der Kaplan.
„Au ja, das machen wir!“ Die Kinder sind begeistert. Auch Steffis Mutter und Frau Becker werfen Münzen in den Brunnen.
„Und nun habe ich noch eine ganz besondere Über-

raschung für euch“, spricht Don Carlo schließlich. „Ihr kehrt jetzt zurück ins Gästehaus zum Mittagessen; danach könnt ihr euch ausruhen, und gegen vier Uhr werdet ihr abgeholt; um fünf ist nämlich eine Messe.“ – So richtig erfreut sehen die Kinder nicht aus.

„Die Messe findet in der Hauskapelle des Campo Santo Teutonico statt“, fährt der Prälat fort, „das ist der deutsche Friedhof auf dem Gelände des Vatikans, südlich von Sankt Peter. Zu dieser Messe kommt eine Delegation aus Bischöfen und anderen Würdenträgern aus Deutschland. Die Messe feiert der Heilige Vater persönlich – und ihr dürft ausnahmsweise daran teilnehmen! Ihr dürft in der letzten Bankreihe sitzen; ich habe versprechen müssen, dass ihr euch ganz ruhig verhaltet.“

„Der Heilige Vater persönlich!“ Frau Becker strahlt: „Herr Prälat Komarek, dass Sie uns diese Möglichkeit geben, das ist ja wunderbar! Wie sehr habe ich mir das gewünscht! Wenn ich das zu Hause erzähle!“

Im Gästehaus sind die Kinder am Nachmittag ganz zappelig: „Wird er mir die Hand geben?“ – „Dürfen wir ihn fotografieren?“ – „Bekomme ich ein Autogramm?“ – „Ich will auch eins!“

Nur zwei Mädchen sind nicht dabei: Simone und Marie. Simone liegt wieder auf ihrem Bett, ganz gekrümmt vor Bauchweh. Frau Becker kommt und fühlt, ob Simones Stirn heiß ist. Schwester Angela

fragt, ob sie einen Arzt rufen solle. Simone lehnt ab. Es sei ihr nur so eigenartig im Bauch. – Aber zum Papst mitgehen kann sie nicht; sie muss liegen bleiben.
„Ich bleibe bei ihr“, sagt Frau Becker und schluckt. „Ich bin verantwortlich für meine Kommunionkinder, ich kann das Mädchen jetzt nicht allein lassen. Grüßt mir den Heiligen Vater.“
Die Kinder warten mit Steffis Mutter in der Eingangshalle auf Kaplan Würbenich. Als er mit dem Kleinbus eintrifft, sagt Schwester Angela der Gruppe Bescheid, dass Simone und Frau Becker nicht mitkommen können.
Marie soll einsteigen; da überlegt sie es sich anders und läuft zurück in ihr Zimmer. Simone liegt matt in ihrem Bett; Frau Becker liest in einem Buch und hat verweinte Augen.
„Frau Becker, gehen Sie doch mit zum Heiligen Vater“, schlägt Marie vor. „Ich kann bei Simone bleiben. Mein Onkel wird mir bestimmt irgendwann mal wieder eine Chance geben, den Papst zu sehen.“
„Meinst du wirklich? Aber das kann ich doch nicht annehmen!“, sagt Frau Becker mit zitternder Stimme und tupft sich das Gesicht ab.
„Doch, doch. Gehen Sie nur. Sie haben es sich doch so sehr gewünscht. Sie müssen gleich los, die anderen warten schon.“
Frau Becker umarmt Marie und eilt hinaus. – Simone öffnet die Augen. Marie spricht leise: „Zu Hause hab

ich dir versprochen, wenn du nicht nach Rom fahren kannst, dann will ich auch nicht mit. Jetzt kannst du nicht zum Papst, da bleibe ich bei dir."

Simone lächelt schwach. „Ist das nicht blöd, jetzt haben wir extra Werbezettel von deinem Vater verteilt, damit ich mitkommen kann, aber statt dass wir alle den Papst sehen können, kannst du ihn auch nicht sehen, bloß wegen mir ..."

Marie winkt ab. „Mach dir doch nichts draus. Hauptsache, du hattest überhaupt etwas von der Reise."

Nach einer Stunde sieht Schwester Angela nach den beiden Mädchen. Sie hat ein Tablett dabei: Tee und Zwieback für Simone; Limonade und Kekse für Marie.

Die Schwester streicht Marie über die Wange. „Du gutes Kind! Bleibst bei deiner kranken Freundin ... ‚Ich war krank, und ihr habt mich besucht', spricht Jesus im Matthäusevangelium. Da, wo es heißt: ‚Was ihr für einen meiner geringsten Brüder getan habt, das habt ihr mir getan.' – Die Sonne steht inzwischen dort drüben, jetzt kann man die Fensterläden aufmachen."

Sie lässt Luft und Licht herein; Marie tritt neben sie ans Fenster. Sie sieht auf die Uhr. „Es ist fünf Uhr", sagt sie, „jetzt fängt die Messe mit dem Heiligen Vater an."

Auf einmal hört man Hupen und Johlen auf der Straße. Ein Autokorso fährt unten vorbei. Die Leute in den Autos halten Fahnen und Wimpel in Weiß und

Himmelblau zu den Fenstern heraus oder sitzen damit in den offenen Schiebedächern. Sie jubeln und grölen und wedeln mit bunten Schals.

„Ah, Lazio hat heute Nachmittag gewonnen!“, erklärt die Schwester. „Lazio ist einer der beiden Fußballvereine von Rom. Der andere ist der AS Roma. – Spielst du nicht auch Fußball? Dein Onkel hat so etwas erwähnt.“

„Mmh“, nickt Marie und seufzt tief. Aber was soll sie der Schwester erzählen; die könnte das Problem mit der Fußballmeisterschaft und der Erstkommunion auch nicht lösen. –

Als die Oberbaumberger von der Messe zurückkommen, geht Frau Becker gleich hinauf zu Simone und Marie. Auch die anderen schauen ins Zimmer herein. Sie sind ganz aufgekratzt. „Stellt euch vor, wir haben ihm danach alle die Hand geben dürfen! Dem Heiligen Vater!“, ruft Annika. „Die Hand wasche ich mir nie mehr!“

„Denkt daran, morgen fliegen wir wieder heim“, erinnert Frau Becker die Kinder; „heute Abend müsst ihr eure Sachen zusammenpacken. Nun geht auf eure Zimmer, und vergesst nicht, euch vor dem Abendbrot die Hände zu waschen.“

Sie setzt sich an Simones Bett. „Es ist jammerschade, dass ihr beiden nicht dabei sein konntet“, erzählt sie mit strahlenden Augen. „Ich hatte mir so sehr gewünscht, einmal den Heiligen Vater sehen zu dürfen, seit ich ein Kommunionkind war. Aber es ist nie etwas daraus geworden. Bis heute! Das war einer der glücklichsten Momente meines Lebens, Marie! Und den verdanke ich deinem Onkel Karl und dir. Das werde ich euch nie vergessen! Wenn ich irgendwann einmal etwas für dich tun kann, lass es mich wissen."

Da kann man nichts machen

Die vier Reisetage sind den Kommunionkindern vergangen wie im Fluge; schon ist wieder Montag. In der Jakobuskirche findet am Nachmittag eine Kommunionprobe mit Frau Becker und Pater Züller statt. Simone fehlt, sie ist gleich nach der Heimkehr ins Krankenhaus gekommen: Blinddarmentzündung! Nun geht es ihr schon etwas besser, aber sie fürchtet, nicht rechtzeitig bis zur Erstkommunion gesund zu werden.

Marie ist nicht recht bei der Sache, verhaspelt sich bei den Antworten und bei den Liedtexten. Immer wieder grübelt sie: Was wird am Pfingstsonntag? Wie krieg ich das mit der Meisterschaft hin?

„Marie, was ist denn los mit dir?", fragt Frau Becker. „Du hast doch das alles schon mal sehr gut gekonnt. Machst du dir Sorgen um Simone?"

„Ja … auch", antwortet Marie zögernd.

Eine so kleine Gruppe – zwei Jungen und fünf Mädchen, von denen eines bei der Probe krank ist – für den Einzug in die Kirche so anzuordnen, dass es hübsch aussieht, ist nicht ganz einfach. Frau Becker probiert, wie es wirkt, wenn die Kinder sich der Größe nach aufstellen. „Nicht schlurfen, Markus!", mahnt sie. „Und macht beim Stühle-Rücken nicht so einen Krach. – Nein, so macht das keinen guten Eindruck;

Laura, tausche mal den Platz mit Ingo … ein Mädchen in die Mitte, davor und dahinter je ein Junge, und dann je zwei Mädchen …"
„Ich will aber nicht allein in die Mitte!", nörgelt Laura.
„Beim Fußball kommt vorneweg der Mannschaftskapitän auf den Platz, dann der Torwart, und dann …", beginnt Ingo.
Das ist zu viel für Marie. Ihr kommen die Tränen. „Es geht nicht, ich kann nicht!"
Frau Becker geleitet sie zur ersten Bankreihe, setzt sich neben sie und legt den Arm um ihre Schultern. „*Was* kannst du nicht? Hast du solches Lampenfieber vor der Kommunionfeier?"
Da fängt Marie hemmungslos an zu heulen; es schüttelt sie förmlich.
„Marie, was hast du denn?"
„Am Sonntag ist die Pfingstmeisterschaft", schluchzt Marie, „und der Anpfiff für unser erstes Spiel ist um zehn, wenn die Messe anfängt!"
„Oh, du liebe Zeit", seufzt Frau Becker da, „schon wieder so ein Terminproblem wegen deiner Fußballspielerei! Dann lässt du eben für die Messe ausnahmsweise ein Spiel ausfallen. Das kann doch nicht so schwierig sein."
„Doch, ist es! Ich *muss* ins Tor!" – Sonst kommt die Kathrin rein, die blöde Gans, weil die die Ersatztorhüterin ist, denkt Marie, aber das sagt sie lieber nicht. – „Sonst verlieren wir! – Jesus hat wohl wirklich was gegen Fußball …"

„Ach wo“, meint da Pater Züller, „hat er nicht. Wo ich früher Kaplan war, hatten wir in der Gemeinde eine eigene Ministranten-Fußballmannschaft, und es gibt dort in der Diözese sogar jedes Jahr eine Meisterschaft der Minis, den Diözesan-Cup!“
„Marie, ich habe dir versprochen, ich werde dir nicht vergessen, dass du in Rom bei Simone geblieben bist, damit ich den Heiligen Vater sehen konnte“, erklärt Frau Becker. „Wir werden das Problem lösen, wie auch immer.“
„Können Sie die Messe denn nicht erst um halb zwölf anfangen lassen?“, fragt Marie schniefend.
Der Pater schüttelt den Kopf. „Das ist leider wirklich nicht möglich. Für die Kommunionfeiern sind längst die Einladungen verschickt; da kommen Verwandte von weit her angereist, die Familien haben Tische und Essen bestellt, und so weiter. Da lässt sich nichts mehr verschieben.“
„Dann muss eben das Fußballspiel verschoben werden“, schlägt Frau Becker vor, „das kann ja nicht so schwierig sein. Nun wollen wir erst einmal zu Ende proben, und dann sehen wir weiter. Ich kümmere mich darum“, verspricht sie.

Frau Becker ruft bei Maries Mutter an und sagt ihr Bescheid, dass Marie vom Kommunionkurs etwas später nach Hause kommen wird. Dann gehen sie zu dritt zum Sportverein; auch Pater Zöller kommt mit. Olaf trainiert gerade die Jungen der C-Jugend; die

drei sehen eine Weile zu. Als Olaf am Spielfeldrand Marie und ihre Begleiter erblickt, kommt er zu ihnen.
„Das ist Herr Warnke, unser Trainer", erklärt Marie.
Die Erwachsenen stellen sich vor und geben einander die Hand. „Meinen Respekt für Ihre Arbeit: der Fallrückzieher von dem rothaarigen Jungen dort war musterhaft, wie aus dem Bilderbuch", sagt der Pater.
Olaf strahlt: „Nanu, Sie verstehen was davon? – Schönen Dank für das Kompliment!"
Pater Züller lächelt. „Aber ja. Auch Priester wissen, dass der Ball rund ist."
„Ja, der Bursche ist Spitze, der wird vielleicht mal Profi", meint Olaf stolz. „Was kann ich für Sie tun?"
Marie schildert ihr Problem.
„Oh je. Ich fürchte, da lässt sich gar nichts machen."
Olaf schüttelt bedauernd den Kopf. „Wenn nur *wir* es zu entscheiden hätten, ließe sich vielleicht was ändern. Aber da sind uns die Hände wirklich gebunden. Die Gruppen und Spielpaarungen sind längst ausgelost worden. In der ersten Runde finden jeweils zwei Spiele gleichzeitig statt – die Spielfelder sind in den Hälften von dem Platz hier, die Tore stehen auf den ursprünglichen Seitenlinien.
Um ein Spiel zu verlegen, müsste nicht nur unser Verein zustimmen, sondern alle, die von dem Tausch betroffen wären – also auch unsere Gegnerinnen aus Schwalmen und die anderen beiden Mädchenmannschaften, die aus Jakobstal und Nibelheim, für die der Anpfiff dann statt um halb zwölf schon um zehn wäre."

„Ich verstehe", murmelt Frau Becker. Marie senkt den Kopf; wieder kommen ihr die Tränen.
„Nu heul doch nich'", sagt Olaf leise. „Bist doch sonst ein so tapferes Mädel ... Mir tut's ja auch Leid. Ich kann dir gar nicht sagen, wie sehr. Vielleicht kannst du nächsten Sonntag ja am Nachmittag spielen. Das heißt ... wenn die Kathrin im Tor nicht versagt und wir nicht schon in der ersten Runde rausfliegen ..." Er stößt einen tiefen Seufzer aus. „*Wenn* wir ins Halbfinale kommen, dann bist du dabei, versprochen. Dann setz ich die Kathrin nachmittags auf die Reservebank. Oder geht die Kommune- ... äh ... nachmittags weiter?"
Marie schüttelt den Kopf. „Nö. Gegen elf ist die Messe aus."
„Kommunion", hilft der Pater.
Olaf breitet die Hände aus. „Ich kenne mich mit so was nicht aus", sagt er lächelnd, „unsereiner hatte Jugendweihe, und ‚Messe' verbinde ich mit Leipzig. Hat mich trotzdem gefreut, Sie kennen zu lernen. Entschuldigen Sie mich nun bitte, ich muss wieder zu meinen Jungs. Schönen Abend noch."

Am Mittwoch, nach der Beichte der Kommunionkinder, besucht Marie Simone im Krankenhaus. „Ich darf raus", berichtet Simone freudestrahlend, „am Freitag darf ich raus! Ich muss nächste Woche nochmal hierher kommen, und ich soll mich nicht anstrengen, aber der Pater nimmt mir die Beichte hier ab, und ich darf am Samstag zur letzten Kommunionprobe und am Sonntag zur Kommunion, ist das nicht toll! Frau Becker hat mir die Texte gebracht; ich lerne den ganzen Tag! Bei den Fürbitten sage ich: ‚Wir bitten für alle Menschen, die in Not und Sorge leben: Lass sie nicht verzweifeln. Zeige ihnen den richtigen Weg. Jesus, gehe mit auf unserem Weg.'"

„Ja, das ist toll", bestätigt Marie bedrückt. „Du darfst, aber ich *muss* …"

„Freust du dich denn nicht?"

„Auf meine Kommunion freut sich niemand … du weißt doch, wegen der Meisterschaft. Frau Becker freut sich nicht – sie wollte sich darum kümmern, sie hat es mir versprochen, aber sie konnte nichts machen. Olaf freut sich auch nicht – der kann auch nichts machen, weil die anderen Vereine den Anpfiff nicht verschieben wollen, und ist jetzt total schlecht drauf, weil er befürchtet, dass wir mit der Kathrin im Tor schon die erste Runde vergeigen. Und ich … Niemand kann was machen …"

„Da hilft wohl nur noch Beten", meint Simone.

Die Nummer Eins

Der große Tag ist gekommen! Oma Sophie aus Wien ist am Vorabend angereist; die Paten sind mit ihren Familien eingetroffen und Max mit Julia. An der Eingangstür des Kaffeehauses hängt an diesem Pfingstsonntag ein Schild mit der Aufschrift: „Heute wegen Familienfeier geschlossen!"
Beim Frühstück bringt Marie vor Aufregung kaum einen Bissen hinunter. Die Mutter hilft ihr beim Anziehen und frisiert sie. Gemeinsam haben sie ein Kränzchen ausgesucht, das ein bisschen aussieht wie der Kopfschmuck, den die Kaiserin Sisi auf einem berühmten Gemälde trägt.
Die Mutter reicht Marie einen Spiegel. „Na, ist es so geworden, wie du es dir gewünscht hast?"
„Au! Das ziept!", ruft Marie.

Die sieben Kommunionkinder treffen sich im Gemeindezentrum und ziehen mit brennenden Kerzen unter Glockengeläut feierlich in die Kirche ein. Simone ist noch ein wenig bleich, aber sehr glücklich, dass sie dabei sein kann. Zur Kommunionfeier erklingt nicht nur die Orgel – Max und seine Freunde spielen dazu Klarinette, Gitarre, Bass und Schlagzeug. Julia darf bei den Komareks sitzen, als gehörte sie schon zur Familie.

In der Ansprache redet Pater Züller von der Gemeinschaft der Menschen mit Jesus und der Gemeinschaft der Menschen untereinander, im Kleinen und im Großen, wo immer sie wirkliche Gemeinschaft suchen und füreinander einstehen: in der Familie, in der Gruppe, in der Gemeinde, im Sportverein … – Als er „Sportverein" sagt, meint Marie, dass der Priester genau auf sie blickt und auf niemanden sonst. Da rinnt ihr eine Träne aus dem Auge.
„So steht Jesus für euch ein. Er will in euren Herzen bleiben", spricht der Pater, „als Liebe, Freude und Erfüllung … Mit Jesus seid ihr der Mittelpunkt des heutigen Festes. In diesem Sinne wünsche ich euch Kindern und euren Familien viel Glück und Segen von Jesus Christus, unserem auferstandenen Herrn, der unter uns ist, um uns diese Kommunion zu schenken."

Nach der Feier treten Pater Züller und Frau Becker mit ihren Kommunionkindern vor die Kirchenpforte. Auf den Stufen stellen sie sich in die Sonne, damit die Familien Fotos und Videos machen können. Da fallen Marie fast die Augen aus dem Kopf: Auf dem Vorplatz steht – in einigem Abstand – Olaf und winkt ihr zu!
„Mein Trainer! Da ist ja mein Trainer! Darf ich hin?", fragt Marie aufgeregt.
„Kommen Sie ruhig her zu uns, Herr Warnke, hier steht niemand im Abseits!", ruft der Priester ihm zu und lacht.

Olaf ist etwas außer Atem. Eine Trillerpfeife hängt ihm um den Hals. Er nimmt die Kappe ab und schüttelt Hände. „Herzlichen Glückwunsch, Marie – oder was immer man in so einem Fall sagt! Siehst ja toll aus, wie 'ne Braut!"

„Mensch, Olaf, was machst *du* denn hier? Wie ist das Spiel ausgegangen? Sind wir im Halbfinale?"

„Sie hätten auch gerne reinkommen und zugucken dürfen, Herr Warnke", meint Pater Züller schmunzelnd.

Olaf schüttelt den Kopf. „Bin eben erst gekommen, Herr Pfarrer, sehr in Eile, und muss gleich zurück zum Sportplatz, aber ich muss Marie ganz dringend was sagen – habe extra dafür das Jackett über den Trainingsanzug gezogen: Wir waren in der ersten Runde noch gar nicht dran!"

„Wie: noch nicht dran?" Marie kann es nicht fassen.

„Die aus Nibelheim und Jakobstal mussten als Erste gegeneinander antreten! Der Bus mit unseren Gegnerinnen aus Schwalmen ist nämlich im Pfingstreiseverkehr stecken geblieben – zwei Stunden Stau auf der Autobahn –, passiert ist ihnen nichts; die haben vorhin nochmal angerufen, da waren sie an der Ausfahrt. Sie müssten in diesen Minuten eingetroffen sein, binden sich wahrscheinlich grade die Stiefel zu und laufen sich warm. Wie ist es, Marie? Kannst du heute Vormittag spielen, oder geht die Zeremonie hier noch weiter?"

„Heute Vormittag?“ Marie kann es immer noch nicht fassen.
„Ja! Für uns ist erst um halb zwölf Anpfiff! Kommst du?“
„Halb zwölf! Ja! Ja, ich komme! – Mama, Papa, ich muss sofort meine Sportsachen haben!“
„Siehst du, Jesus hat gar nichts gegen Fußball“, meint der Pater zufrieden. Und Marie fragt sich, ob Simone vielleicht dafür gebetet hat? –

Mit Julias Auto fährt Max seine Schwester und Olaf sofort zum Sportplatz. Noch auf dem Rücksitz nimmt Marie das Kränzchen aus dem Haar und pult die Haarnadeln heraus. Julia sammelt sie ein. Ein paar Minuten später kommt die Mutter mit der Sporttasche zum Vereinsheim. In der Umkleide hilft sie Marie aus dem Kommunionkleid. Pünktlich um halb zwölf Uhr steht Marie im Tor – im Trikot mit der Nummer Eins!

Schon in der sechsten Minute erzielen die Gegnerinnen aus Schwalmen das erste Tor durch Kopfball. Marie ist geschockt; Kathrin auf der Reservebank grinst schadenfroh. Nach neunzehn Minuten gelingt der Stürmerin Marion der Ausgleich. Kurz vor der Pause sind die Oberbaumberger Verteidigerinnen weit weg im gegnerischen Strafraum; da muss Marie gleich zwei Schüsse der Gäste parieren; der dritte trifft die Querlatte.

In der Pause nimmt sich Olaf die Abwehr vor und ermahnt sie, Marie nicht allein zu lassen. Marie will sich für den Treffer in der sechsten Minute entschuldigen. Olaf winkt ab und klopft ihr auf die Schulter: „Deine beiden Paraden vorhin waren klasse. Weiter so!"

Eine Stürmerin aus Schwalmen rennt im Alleingang los, gewinnt ein Kopfballduell und schießt auf Maries Tor. Marie ist machtlos: 1:2. Ein Foul im Strafraum der Gegnerinnen verhilft dem FC Oberbaumberg zum Ausgleich durch Strafstoß. Kurz vor dem Abpfiff dribbelt Vanessa die Schwalmener Abwehr aus, und das Spiel endet um halb ein Uhr mit 3:2 für Oberbaumberg. Die Oberbaumbergerinnen jubeln: „Wir sind im Halbfinale!" Olaf nickt: „Gegen Neurath! Und Jakobstal spielt gegen Bad Brandstatt."

Schon um zwei Uhr nachmittags beginnen die Halbfinalspiele. Deswegen fällt das festliche Mittagessen für Marie aus; sie isst mit Max, Julia und Olaf Bockwurst mit Kartoffelsalat im Sportvereinsheim, und kein Festmahl zur Kommunion könnte ihr besser schmecken.

„Die Kathrin hat nach dem null zu eins gegrinst", bemerkt sie.

Olaf nickt. „Hab ich gesehen. Als ich ihr vor dem Spiel gesagt habe, dass du im Tor stehen wirst und nicht sie, hat sie mich vor Wut ans Schienbein getreten; darum hab ich sie auf die Reservebank gesetzt. Was Sportsgeist bedeutet, muss sie noch lernen. Ich hoffe, sie hat sich inzwischen abgekühlt. Wir brauchen sie nämlich dringend für die rechte Verteidigung; das hast du ja gemerkt." –

In der ersten Halbzeit des Halbfinales schießt Michaela von links auf das Tor der Neuratherinnen: 1:0. Sandra aus Neurath versucht einen Drehschuss auf Maries Tor; Kathrin fälscht ab, und der Ball geht knapp am Pfosten vorbei. Olaf auf der Trainerbank reckt beifällig den Daumen hoch. Vanessa verpasst eine tolle Torchance; sie schießt vorbei. Dann läuft die Neurather Torhüterin zu weit aus ihrem Kasten heraus; Grit schiebt den Ball über die Torlinie: 2:0. Dank der guten Abwehr durch Kathrin hat Marie fast nichts zu tun. Inzwischen ist es recht heiß geworden; Olaf hat Wassereimer zur Abkühlung an den Spielfeldrand gestellt. In der zweiten Spielhälfte sind die Neuratherinnen vom Pech verfolgt: Linda versucht, ein Tor zu schießen, trifft aber nur das Außennetz. Dann lässt ihre Torhüterin auch noch den Ball fallen; der rollt langsam ins Tor: 3:0. Nun lässt die Aufmerksamkeit der Oberbaumbergerinnen nach, und Sandra erzielt für die Mädchen aus Neurath noch einen Ehrentreffer.

Zum Endspiel um 15.30 Uhr gegen Jakobstal sind alle gekommen, auch die Omas Ilse und Sophie, die

Paten mit ihren Familien und Simone mit ihrer Mutter. Gleich in der dritten Minute flankt Vanessa auf Marion, die passt nach links zu Grit; Grit trifft aber nur die gegnerische Torhüterin. Kurz vor der Halbzeitpause kann sich eine Gästestürmerin durchsetzen und schlägt den Ball scharf vor Maries Tor. Er prallt an Kathrins Hüfte ab und springt, unhaltbar für Marie, über die Torlinie: 0:1.

Nach der Pause wirken die Jakobstaler Mädchen wie ausgewechselt. Maries Mannschaft gerät mehr und mehr in Bedrängnis. Einer aufs Tor zurennenden Jakobstalerin versucht Kathrin zuerst mit einem Spurt den Ball vom Fuß zu nehmen, dann packt sie sie am Trikot und bringt sie zu Fall.

„Bist du noch zu retten?“, schreit Marie. Olaf ist von der Trainerbank aufgesprungen, gestikuliert und schimpft. Der Schiedsrichter entscheidet auf Strafstoß für die Jakobstalerinnen.

Marie klopft das Herz bis zum Hals, entweder vor Wut auf Kathrin oder vor Aufregung. Der Ball wird auf den Strafstoßpunkt gelegt, die Jakobstaler Stürmerin nimmt Anlauf.

Die schießt in die linke Ecke!, denkt Marie – und hechtet in die rechte. Warum, weiß sie eigentlich nicht.

Dann fühlt sie, dass sie auf etwas Hartem liegt, und dass etwas Weiches auf ihr liegt. Das Harte ist der Ball, der sie in die Rippen drückt, und das Weiche sind ihre Mannschaftskameradinnen, die Marie alle

gleichzeitig umarmen, herzen und drücken wollen. Jetzt hört sie auch, dass das Publikum tobt vor Begeisterung. Sie hat den Strafstoß gehalten!
Fünf Minuten vor dem Abpfiff verstaucht Vanessa sich den Knöchel und kann nicht weiterspielen. Bianca wird eingewechselt und bolzt fast von der Mittellinie mit Wucht aufs gegnerische Tor. Der Ausgleichstreffer! Das Spiel bleibt bis zur vorletzten Minute spannend, dann befördert Grit mit einem tollen Kopfball das Leder haarscharf an den Fingerspitzen der Jakobstaler Torhüterin vorbei in deren Kasten. –
Selbst Olaf hat ein paar Freudentränchen in den Augen, als seine Mädchen den Pokal überreicht bekommen. Vor der Umkleidekabine wartet Maries Mutter. Als die Mädchen abgekämpft, aber glücklich vom Spielfeld kommen, nimmt sie ihre Tochter in die Arme, drückt sie an sich und erklärt: „Wir laden euch alle herzlich zur großen Kommunion- und Siegesfeier in unserem Wiener Kaffeehaus am Marktplatz ein! Die ganze Mädchenmannschaft, euren Trainer, Maries Freundin Simone und ihre Mutter – wir wollen heute Nachmittag zusammen feiern und fröhlich sein, bei Kuchen und Eis und allem, was euch schmeckt!“

„Oh, fein!“, ruft Marie. „Dazu ziehe ich das Kommunionkleid wieder an!“

Vater Komarek hat eine Kommuniontorte gebacken; sie hat die Form eines Buchs, ist mit Zuckerguss überzogen, mit Marzipanrosen verziert und mit Schokolade beschriftet: „Zur 1. Heiligen Kommunion für Marie". Es gibt auch Zitronenrolle, Gugelhupf, Schinkenhörnchen, Frankfurter Kranz, Apfelstrudel …
Kathrin sagt ein wenig zaghaft: „Eigentlich mag ich Apfelstrudel ganz gerne, aber …"
„Dann geniere dich nicht, Kind, greif zu! Heute wollen wir doch alle die himmlischen Freuden genießen!"
Maries Vater serviert Kathrin ein großes Stück. „Mit Schlag … äh, Sahne?" Er wartet Kathrins Antwort gar nicht ab. „Ja, bestimmt ‚mit' – ohne Schlag fehlt doch was."
Kathrin schiebt zögernd ein Stückchen in den Mund, dann noch eins … „Der ist ja gar nicht salzig", wundert sie sich.
„Salzig? Apfelstrudel? Wie kommst du denn darauf?", fragt Marie mit Unschuldsmiene.
Die Mutter kommt mit einem Tablett: „Und hier, extra wegen Marie, ihr Leibgericht, frisch zubereitet: Powidltascherln! Etwa fünfzig Stück!"
Max lacht: „Und davon musst du fünfundzwanzig selber essen!"
Marie schüttelt den Kopf. „Fünfundzwanzig esse ich nur, wenn ich eine Wut habe. Und die hab ich jetzt nicht! Im Gegenteil!"
Allmählich teilen sich die großen und kleinen Gäste in Grüppchen auf, um zu plaudern. Marie fängt an,

ihre Geschenke auszupacken, darunter von Oma Sophie einen Bildband über Wien, von der Patentante ein Goldkettchen mit Kreuz, von Max und Julia ein Fußballbuch und das neueste Poster mit der Nationalelf der Frauen, von den Eltern Torwarthandschuhe und Fußballstiefel …

Auf dem Gabentisch stapeln sich zahlreiche Umschläge mit Grußkarten. Marie sieht sie durch. „Die lese ich morgen … Oh, seht mal da! Der ist von Onkel Karl aus Rom! Aus dem Vatikan!“

In dem Umschlag steckt nicht nur ein Brief von Don Carlo, sondern auch eine Postkarte mit einem farbigen Porträt des Papstes. Und darauf steht, von der Hand des Heiligen Vaters selbst geschrieben: „Mit meinem apostolischen Segen für Marie-Therese Komarek!“

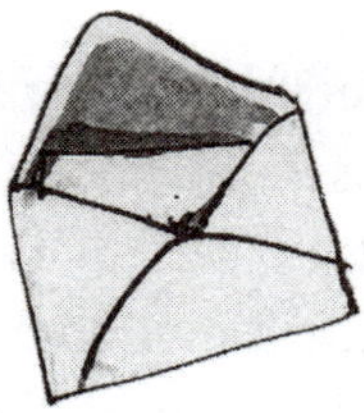

Der Autor dieses Buches

Georg Schwikart lebt als freier Schriftsteller in Sankt Augustin bei Bonn. Für Kinder, Jugendliche und Erwachsene schreibt er Sachbücher und Geschichten. Seine Kinder heißen Theresia und Lukas. Seine Patenkinder Merle und Julius gehen in diesem Jahr zur Erstkommunion.

Es gibt noch mehr Geschichten von Georg Schwikart:

Als die Kommunionkinder streikten und andere Geschichten
Mit Ill. von Hans-Günther Döring
120 S. Gebunden
ISBN 3-7867-2218-8

Keine Jeans am Weißen Sonntag
Eine Erstkommunion mit Hindernissen
Mit Ill. von Hans-Günther Döring
128 S. Gebunden
ISBN 3-7867-2080-0

Fast am Ende der Welt
Geschichten nicht nur für Kommunionkinder
Mit Ill. von Hans-Günther Döring
120 S. Gebunden
ISBN 3-7867-2360-5

Kebab, Krach & Kommunion
Eine Geschichte rund um den Weißen Sonntag
Mit Ill. von Cornelia Kurtz
128 S. Gebunden
ISBN 3-7867-2476-8

Die Bücher von Georg Schwikart sind über jede Buchhandlung erhältlich!

Matthias-Grünewald-Verlag
www.gruenewaldverlag.de

GEORGE R.R. MARTIN

ARMAGEDDON ROCK

ROMAN

WILHELM HEYNE VERLAG
MÜNCHEN

Titel der amerikanischen Originalausgabe
ARMAGEDDON RAG
Deutsche Übersetzung von Peter Robert

Vollständige Taschenbuchausgabe 12/2016

Printed in Germany
Satz: KompetenzCenter, Mönchengladbach
Druck und Bindung: GGP Media GmbH, Pößneck
ISBN: 978-3-453-31805-2

www.heyne.de

Für die Beatles,
für die Airplane und die Spoonful und die Dead,
für Simon & Garfunkel, Joplin und Hendrix,
für Buffalo Springfield und die Rolling Stones,
für die Doors und die Byrds, die Mamas and the Papas,
für Melanie, für Donovan, für Peter, Paul and Mary,
für die Who und die Moody Blues und Moby Grape,
für Country Joe and the Fish, Paul Revere und die Raiders,
für Bob Dylan und Phil Ochs und Joan Baez und Joni Mitchell,
für die Mothers of Invention und die Smothers Brothers,
für die Hollies und die Association und die Beach Boys
und sogar für Herman's Hermits,
für Creedence Clearwater Revival,
für verlorene Unschuld und hell leuchtende Träume,
und besonders für Parris:
Wenn ich Dich anschaue, höre ich die Musik.

Those Were the Daze
(mit einer Entschuldigung an Norman Lear)

Oh, the way that Hendrix played
Everyone was getting laid
Dope was of the highest grade
Those were the days

Always knew who you could trust
Cruising in your micro-bus
They were them and we were us
Those were the days

All the things we're into then
Tarot Cards, I Ching, and Zen
Mister, we could use a man like
Timothy Leary again!

Hardly needed any cash
Everybody shared their stash
Always had a place to crash
Those were the days!

Ein Dankeschön

Die Nazgûl hätten überhaupt nie gespielt, wäre nicht Gardner R. Dozois gewesen, der mich bat, eine Story für eine von ihm geplante Anthologie zu schreiben, und damit einige Räder ins Rollen brachte. Und sie hätten nie einen so guten Sound gehabt, wäre nicht mein Rockberater-Trio gewesen: Lew Shiner von den Dinosaurs, Stephen W. Terrell von der Potato Salad Band und Parris.

Ihnen allen meinen Dank.

George R. R. Martin
Oktober 1982

1

Sandy Blair hatte wirklich schon bessere Tage erlebt. Natürlich hatte sein Agent die Rechnung für das Mittagessen bezahlt, aber das machte nur zum Teil wett, wie er Sandy wegen des Abgabetermins für den Roman auf die Nerven gegangen war. Die U-Bahn war voller Rüpel, und die Rückfahrt nach Brooklyn schien ewig zu dauern. Der Fußmarsch zu dem schicken braunen Sandsteingebäude drei Straßen weiter, das er als sein Zuhause bezeichnete, kam ihm länger und kälter vor als sonst. Bis er endlich da war, endlich daheim, brauchte er ganz dringend ein Bier. Er holte sich eins aus dem Kühlschrank, öffnete es und stieg müde zu seinem Arbeitszimmer im dritten Stock und dem Stapel leerer Blätter hinauf, aus dem er ein Buch machen sollte. Wieder einmal hatten die Kobolde es nicht geschafft, in seiner Abwesenheit rasch ein paar Kapitel rauszuhauen; Seite siebenunddreißig steckte immer noch in der Schreibmaschine. Man bekam einfach keine guten Kobolde mehr, dachte Sandy verdrossen. Er starrte die Wörter voller Widerwillen an, nahm einen kräftigen Schluck aus der Flasche in seiner Hand und sah sich nach einer Ablenkung um.

Dabei bemerkte er das rote Licht an seinem Anrufbeantworter und stellte fest, dass Jared Patterson angerufen hatte. Genau genommen war es Jareds Sekretärin gewesen, was Sandy einigermaßen amüsierte; auch nach sieben Jahren und allem, was geschehen war, hatte Patterson noch immer Schiss vor ihm. »Jared Patterson bittet Mister Blair, sich so bald wie möglich mit ihm in Verbindung zu setzen. Es geht um einen Auftrag«, sagte die freundliche, professionelle Stimme. Sandy hörte sich die Aufzeichnung zweimal an, bevor er sie löschte. »Jared Patterson«, sagte er nachdenklich zu sich selbst. Der Name rief verdammt viele Erinnerungen wach.

Sandy wusste, dass er Pattersons Nachricht eigentlich ignorieren sollte. Der Hurensohn verdiente es nicht besser. Trotzdem, das war aussichtslos; er war einfach zu neugierig. Er nahm den Hörer ab und wählte, wobei er mit gelindem Erstaunen feststellte, dass er sich immer noch an die Nummer erinnerte, und das nach sieben Jahren. Eine Sekretärin hob ab. »*Hedgehog*«, meldete sie sich. »Mister Pattersons Büro.«

»Hier ist Sander Blair«, brummte Sandy. »Jared hat mich angerufen. Sagen Sie dem Feigling, dass ich zurückrufe.«

»Ja, Mister Blair. Mister Patterson hat Anweisung gegeben, Sie sofort durchzustellen. Bleiben Sie bitte dran.«

Gleich darauf tönte Pattersons vertraute spöttisch-joviale Stimme in Sandys Ohr. »Sandy! Toll, dass du mal was von dir hören lässt, wirklich. Lange her, Alter. Wie läuft's denn so?«

»Spar dir den Scheiß, Jared«, sagte Sandy scharf. »Du bist nicht glücklicher, was von mir zu hören, als ich, was von dir zu hören. Was zum Teufel willst du? Und mach's kurz, ich hab zu tun.«

Patterson gluckste. »Redet man so mit einem alten Freund? Immer noch kein Benehmen, wie ich sehe. Na schön, also ganz wie's dir beliebt. Ich möchte, dass du 'ne Story für den *Hedgehog* machst. Recht so, ganz ohne Umschweife?«

»Schiebs dir sonst wohin«, sagte Sandy. »Warum zum Teufel sollte ich für dich schreiben? Du hast mich gefeuert, du Arschloch.«

»O je, da ist aber jemand verbittert«, meinte Jared tadelnd. »Das war vor sieben Jahren, Sandy. Ich kann mich kaum noch dran erinnern.«

»Komisch. Ich erinnere mich noch recht gut. Ich hätt's nicht mehr drauf, hast du gesagt. Ich hätte keinen Draht mehr zu dem, was so läuft, hast du gesagt. Als Chefredakteur wäre ich für die jugendliche Leserschaft zu alt, hast du gesagt. Mit mir ginge der *Hog* den Bach runter, hast du gesagt. Lauter so'n Scheiß. Dabei war ich es, der das Blatt überhaupt erst *groß* gemacht hat, und das weißt du verdammt gut.«

»Hab ich nie bestritten«, sagte Jared Patterson forsch. »Aber die Zeiten haben sich geändert, und du nicht. Wenn ich dich behalten hätte, wären wir mit *Freep* und *Barb* und all den anderen zugrunde gegangen. Mit diesem ganzen Gegenkultur-Zeugs musste mal Schluss sein. Ich meine, wer brauchte denn das? Die ganze Politik, Kritiker, die die heißen neuen Trends in der Musik hassten, die Drogengeschichten … Es hat's einfach nicht gebracht, weißt du?« Er seufzte. »Hör mal, ich hab nicht angerufen, um über alte Geschichten zu quatschen. Ich hatte gehofft, du wärst inzwischen drüber weg. Zum Teufel, Sandy, dich zu feuern hat mir mehr wehgetan als dir.«

»Na klar«, erwiderte Sandy. »Du hast an eine Verlagskette verkauft und eine hübsche, gemütliche Festanstellung als Herausgeber gekriegt, während du drei Viertel deiner Belegschaft gefeuert hast. Das muss dich ja dermaßen schmerzen.« Er schnaubte. »Du bist immer noch ein Arschloch, Jared. Wir haben dieses Blatt zusammen aufgebaut, als was Gemeinschaftliches. Es war nicht deins. Du hättest es nicht einfach verkaufen dürfen.«

»He, der ganze Gemeinschaftskram war gut und schön,

solange wir jung waren, aber du scheinst zu vergessen, dass es mein Geld war, das die ganze Chose über Wasser gehalten hat.«

»Dein Geld und unser Talent.«

»Himmel, du hast dich kein bisschen geändert, was?«, sagte Jared. »Schön, denk, was du willst, aber unsere Auflage ist dreimal so hoch wie damals, als du Chefredakteur warst, und wir haben irrsinnige Anzeigeneinnahmen. Der *Hedgehog* hat jetzt Klasse. Wir werden für richtige Journalistenpreise nominiert. Hast du in letzter Zeit mal reingeschaut?«

»Klar«, antwortete Sandy. »Tolles Zeug. Restaurantkritiken. Kurzbiographien von Filmstars. Suzanne Somers auf dem Titel, du meine Güte! Videospiele im Lesertest. Ein Rendezvous-Service für einsame Singles. Wie nennt ihr euch jetzt gleich noch? Die Zeitung für Alternative Lebensstile?«

»Das haben wir geändert, das mit ›alternativ‹ haben wir weggelassen. Jetzt heißt es einfach ›Lebensstile‹. Zwischen den beiden Hs im Logo.«

»Himmel«, sagte Sandy. »Dein Musikredakteur hat grüne Haare!«

»Er versteht echt viel von Popmusik«, meinte Jared abwehrend. »Und hör auf, mich anzuschreien. Dauernd schreist du mich an. Allmählich tut's mir leid, dass ich dich angerufen habe, weißt du. Willst du nun über diesen Auftrag sprechen oder nicht?«

»Offen gesagt, mein Lieber, ist mir das völlig schnuppe. Wieso glaubst du, dass ich einen Auftrag von dir nötig habe?«

»Niemand hat behauptet, dass du ihn nötig hast. Ich leb ja nicht hinterm Mond, ich weiß, dass du gut klargekommen bist. Wie viele Romane hast du veröffentlicht? Vier?«

»Drei«, berichtigte Sandy.

»Und der *Hedgehog* hat jeden einzelnen rezensiert. Du solltest dankbar sein. Dich zu feuern war das Beste, was ich für dich tun konnte. Du warst immer ein besserer Autor als ein Redakteur.«

»O danke, Massa, danke. Ich is' so ewig dankbar. Ich verdanken Euch alles.«

»Du könntest wenigstens höflich sein«, meinte Jared. »Hör mal, du brauchst uns nicht, und wir brauchen dich nicht, aber ich dachte mir, es wäre schön, wieder zusammenzuarbeiten, nur wegen der alten Zeiten. Gib's zu, es wär doch 'n Kick, deinen Namen wieder im alten *Hog* zu haben, oder? Und wir zahlen besser als damals.«

»Ich brauch das Geld nicht.«

»Wer hat das denn behauptet? Ich weiß alles über dich. Drei Romane, ein schickes Haus und ein Sportwagen. Was ist es, ein Porsche oder so was?«

»Ein Mazda RX-7«, sagte Sandy kurz.

»Ja, und du lebst mit einer Immobilienmaklerin zusammen, also halt mir keine Vorträge über Verrat, Sandy, alter Knabe.«

»Was willst du, Jared?«, fragte Sandy gereizt. »Ich hab genug von dem Geplänkel.«

»Wir haben eine Story, die für dich genau das Richtige wäre. Wir wollen ein großes Ding draus machen, und ich dachte, du hättest vielleicht Interesse. Es geht um einen Mordfall.«

»Was hast du denn jetzt vor, versuchst du den *Hog* in *True Detective* zu verwandeln? Vergiss es, Jared, ich mach keinen Krimischeiß.«

»Der Typ, der ermordet wurde, war Jamie Lynch.«

Der Name des Opfers ließ Sandy stutzen, und eine witzige Bemerkung erstarb ihm auf der Zunge. »Der Promoter?«

»Genau der.«

Sandy lehnte sich zurück, nahm einen kräftigen Schluck Bier und dachte darüber nach. Von Lynch hatte man seit Jahren nichts mehr gehört; er hatte seine große Zeit schon hinter sich gehabt, noch bevor Sandy beim *Hog* gefeuert worden war, aber seinerzeit war er ein wichtiger Mann in der Rock-Subkultur gewesen. Das konnte eine interessante Story sein. Um Lynch hatte es immer Kontroversen gegeben. Er hatte auf zwei Hochzeiten getanzt, war Promoter und Manager zugleich gewesen. Als Promoter hatte er einige der größten Touren und Konzerte seiner Zeit organisiert. Für deren Erfolg hatte er gesorgt, indem er die Bands engagierte, die er als Manager unter seinen Fittichen hatte, und indem er sie nicht bei Konkurrenzkonzerten auftreten ließ. Mit heißen Talenten wie American Taco, der Fevre River Packet Company und den Nazgûl unter seiner Fuchtel war er ein Mann gewesen, mit dem man rechnen musste. Zumindest bis 1971, als das Desaster in der West Mesa, die Auflösung der Nazgûl und ein paar Verhaftungen wegen Drogengeschichten ihn auf den langen Weg nach unten gebracht hatten. »Was ist mit ihm passiert?«, fragte Sandy.

»Ziemlich derbe Sache«, sagte Jared. »Jemand ist in sein Haus oben in Maine eingedrungen, hat ihn in sein Büro gezerrt und ihn dort kaltgemacht. Sie haben ihn auf seinem Schreibtisch festgebunden und ihn quasi geopfert. Ihm das Herz rausgeschnitten. Immerhin hatte er also eins. Erinnerst du dich an die alten Witze? Na, egal. Jedenfalls war die ganze Szene irgendwie grotesk. Mansonmäßig, verstehst du? Also, da musste ich an die Artikelserie denken, die du damals ungefähr zu der Zeit verfasst hast, als sie Sharon Tate abgemurkst haben, weißt du, diese Untersuchung der … Wie hast du das genannt?«

»Die dunkle Seite der Gegenkultur«, sagte Sandy trocken. »Wir haben für diese Serie Preise gekriegt, Jared.«

»Ja, richtig. Ich wusste doch noch, dass sie gut war. Also hab ich an dich gedacht. Das ist genau was für dich. Echter Sixties-Stoff, verstehst du? Wir stellen uns was Langes und Gehaltvolles vor, wie diese tiefschürfenden Sachen, auf die du dich immer gestürzt hast. Wir werden die Meldung von dem Mord als Aufhänger benutzen, verstehst du, und du könntest ein paar Ermittlungen anstellen und schauen, ob du vielleicht irgendwas aufstöbern kannst, was der Polizei entgangen ist. Aber vor allem solltest du den Mord als Sprungbrett für eine Art Rückblick auf Jamie Lynch und seine Promotions benutzen, auf all seine Gruppen und seine Konzerte und seine Zeit und so. Vielleicht könntest du einige der Jungs von seinen alten Gruppen aufsuchen, von der Fevre River Gang und den Nazgûl und all denen, sie interviewen und ein paar Geschichten à la ›Was ist aus ihnen geworden‹ darin unterbringen. Das wäre so 'ne Art Nostalgie-Stück, stell ich mir vor.«

»Deine Leserschaft denkt doch, die Beatles wären die Band, bei der Paul McCartney war, bevor er die Wings gründete«, sagte Sandy. »Die werden nicht mal wissen, wer Jamie Lynch war, Herrgott noch mal!«

»Da liegst du nun wieder falsch. Wir haben immer noch eine Menge von unseren alten Lesern. Die Art Feature, die ich in dieser Lynch-Geschichte sehe, wird richtig gut ankommen. Also, kannst du's schreiben oder nicht?«

»Natürlich kann ich. Die Frage ist, warum sollte ich?«

»Wir zahlen Spesen und unseren Spitzentarif. Das ist beides nicht zu verachten. Und du musst das Blatt hinterher nicht an der Straßenecke verkaufen. Darüber sind wir raus.«

»Na toll«, erwiderte Sandy. Er wollte Jared sagen, er könne

ihn mal kreuzweise, aber so ungern er es zugab, der Auftrag hatte eine gewisse perverse Anziehungskraft. Es wäre schön, wieder für den *Hog* zu schreiben. Das Blatt war schließlich sein Baby; es hatte sich zwar in ein ziemlich verwahrlostes und oberflächliches Kind verwandelt, aber es war trotzdem seins, und es belegte seine Loyalität noch immer ausdauernd mit Beschlag. Außerdem: Wenn er diese Lynch-Sache machte, würde sie dazu beitragen, dem *Hog* etwas von seiner alten Qualität wiederzugeben, wenn auch nur für einen Moment. Wenn er ablehnte, würde jemand anders den Artikel schreiben – und nur weiteren Müll produzieren. »Ich sag dir was«, meinte Sandy. »Du garantierst mir, dass ich damit den Titel kriege, und du gibst es mir schriftlich, dass der Beitrag genau so gedruckt wird, wie ich ihn schreibe, ohne ein Wort zu ändern, keine Kürzungen, nichts, dann überlege ich es mir vielleicht.«

»Sandy, du willst es so, du sollst es so haben. Ich käme gar nicht auf den Gedanken, an deinem Zeug rumzupfuschen. Kannst du das Ding bis Dienstag fertig haben?«

Sandy lachte rau. »Scheiße, nein. Tiefschürfend, hast du gesagt. Ich will so viel Zeit, wie ich dafür brauche. Vielleicht hab ich's in einem Monat fertig. Vielleicht auch nicht.«

»Der Aufhänger wird überholt sein«, jammerte Jared.

»Na und? Ein kurzer Text in deinem Nachrichtenteil reicht doch fürs Erste. Wenn ich das mache, dann mach ich es richtig. Das sind die Bedingungen, akzeptier sie oder lass es bleiben.«

»Jedem anderen als dir würde ich sagen, verpiss dich«, erwiderte Patterson. »Aber zum Teufel, warum nicht? Wir kennen uns schon so lange. Du hast es, Sandy.«

»Mein Agent wird anrufen und sich um alles Schriftliche kümmern.«

»He!«, sagte Jared. »Nach allem, was wir durchgemacht

haben, willst du was Schriftliches? Wie oft hab ich dich aus dem Gefängnis geholt? Wie oft haben wir zusammen einen Joint geraucht?«

»Oft«, meinte Sandy. »Nur waren es immer meine Joints, soweit ich mich erinnere. Vor sieben Jahren hast du mir drei Stunden Kündigungsfrist und anstatt einer Abfindung das Geld für den Bus gegeben, Jared. Deshalb machen wir diesmal einen schriftlichen Vertrag. Mein Agent ruft dich an.« Er hängte auf, bevor Patterson eine Chance hatte, Einwände zu erheben, schaltete den Anrufbeantworter ein, um irgendwelche Rückrufversuche abzufangen, und lehnte sich mit den Händen hinter dem Kopf und einem leicht nachdenklichen Lächeln auf seinem Stuhl zurück. Worauf zum Teufel ließ er sich da nur wieder ein?

Sharon würde das nicht gefallen, dachte er. Seinem Agenten würde es auch nicht gefallen. Aber ihm gefiel es irgendwie. Ohne Zweifel war es ziemlich blöd, sich nach Maine davonzumachen, um in einem Mordfall herumzupfuschen; die rationalere Seite von Sandy Blair wusste das, wusste, dass seine Abgabetermine und Hypothekenverpflichtungen zuerst kommen sollten, dass er sich bei dem relativen Hungerlohn, den der *Hedgehog* zahlen würde, die Zeit kaum leisten konnte, die er für diese Sache wohl aufwenden musste. Trotzdem, er war in letzter Zeit ruhelos und schlecht gelaunt gewesen, und er musste mal eine Weile von dieser verdammten Seite siebenunddreißig wegkommen, und es war überhaupt schon zu lange her, dass er irgendwelchen Blödsinn gemacht hatte, irgendwas Spontanes oder Neues oder auch nur ein bisschen Abenteuerliches. Damals war er sogar wild genug gewesen, um Jared auf die Palme zu bringen. Sandy vermisste die alten Zeiten. Er erinnerte sich daran, wie er und Maggie um zwei Uhr früh nach

Philly gefahren waren, weil er ein Cheesesteak haben wollte. Und daran, wie Lark und Bambi und er nach Kuba gegangen waren, um Zuckerrohr zu ernten. Und an seinen Versuch, in die französische Fremdenlegion einzutreten, an Froggys Suche nach der perfekten Pizza und an die Woche, die sie mit der Erforschung der Abwasserkanäle verbracht hatten. An die Märsche, die Kundgebungen, die Konzerte, die Rockstars und Underground-Helden und Dopetypen, die er kannte, an die ganzen ausgeflippten Geschichten, die sein Buch mit Zeitungsausschnitten zu einem dicken Wälzer gemacht und seinen Horizont erweitert hatten. Das alles vermisste er. Es hatte gute und schlechte Tage gegeben, aber alles war wesentlich aufregender gewesen, als in seinem Arbeitszimmer zu hocken und immer noch mal Seite siebenunddreißig zu lesen.

Sandy begann die unteren Schubladen seines Schreibtischs zu durchwühlen. Ganz hinten bewahrte er die Andenken auf, Dinge, die völlig unnütz waren, die er aber einfach nicht wegwerfen konnte – Flugblätter, die er geschrieben, Schnappschüsse, die er nie in ein Fotoalbum geklebt hatte, seine Sammlung alter Wahlkampfplaketten. Unter all dem fand er die Schachtel mit seinen alten Visitenkarten. Er zog das Gummiband ab und nahm ein paar heraus.

Es gab zwei verschiedene Sorten. Die eine, mit tiefschwarzer Tinte auf steifen weißen Karton gedruckt, wies ihn als Sander Blair aus, akkreditierter Korrespondent der National Metropolitan News Network, Inc. Sie war noch dazu echt; das war der richtige Name der Firma, die den *Hedgehog* herausbrachte, oder zumindest war es so gewesen, bis Jared an die Verlagskette verkauft hatte. Sandy hatte den Namen der Firma selbst vorgeschlagen; er argumentierte – vollkommen zutreffend, wie sich im Nachhinein zeigte –, dass ein Reporter der National

Metropolitan News Network, Inc. bei manchen Anlässen erheblich leichter an einen Presseausweis kommen würde als ein Reporter von etwas namens *Hedgehog*.

Die zweite Karte war übergroß, mit Silbermetallic-Aufdruck auf hellviolettem Papier. Sie zeigte einen Igel – das Symbol, das dem Blatt seinen Namen gab –, der sich in den Zähnen stocherte und als Windel eine amerikanische Flagge trug. Oben links stand »Sandy«, und unter der Abbildung hieß es in etwas größerer Schrift: »Ich schreib für'n *Hog*.« Auch diese Karte hatte ihren Sinn und Zweck. In Situationen, in denen die normale Karte weniger als nutzlos war, konnte sie Türen öffnen und Zungen lösen.

Sandy steckte sich jeweils ein Dutzend von beiden in die Brieftasche. Dann griff er nach seiner Bierflasche und ging gemächlich nach unten.

Als Sharon um sechs nach Hause kam, sah sie ihn im Schneidersitz auf dem Wohnzimmerteppich hocken, umgeben von Straßenkarten, alten Büchern mit Zeitungsausschnitten von Storys aus der Blütezeit des *Hog* und leeren Michelob-Flaschen. Sie stand in ihrem beigen Kostüm im Flur, mit der Aktentasche in der Hand und vom Wind zerzausten Haaren, und starrte ihn hinter getönten Gläsern hervor erstaunt an. »Was ist denn hier los?«, fragte sie.

»'Ne lange Geschichte«, erwiderte Sandy. »Hol dir 'n Bier, und ich erzähl's dir.«

Sharon sah ihn unschlüssig an, entschuldigte sich und ging nach oben, wo sie in eine maßgeschneiderte Jeans und eine weite Baumwollbluse schlüpfte. Dann kam sie mit einem Glas Rotwein in der Hand zurück. Sie setzte sich in einen der großen Lehnsessel. »Schieß los.«

»Das Mittagessen war ein Schlag ins Wasser«, sagte Sandy,

»und die verdammten Kobolde haben kein Wort geschrieben, während ich weg war, aber das Gespenst der *Hedgehog*-Vergangenheit hat fröhliche Urstände gefeiert, als ich zurückkam.« Er erzählte ihr die ganze Geschichte. Sie hörte mit demselben freundlichen, professionellen Lächeln zu, das sie zur Schau stellte, wenn sie Luxusvillen und Apartments verkaufte, zumindest am Anfang. Am Schluss runzelte sie jedoch die Stirn. »Du machst keine Witze, oder?«, fragte sie.

»Nein«, sagte Sandy. Das hatte er befürchtet.

»Ich fass es nicht«, meinte Sharon. »Du hast einen Abgabetermin, oder etwa nicht? Was Patterson auch bezahlt, den Roman wird es nicht ersetzen. Das ist dumm, Sandy. Du warst bei den letzten beiden Büchern schon zu spät dran. Kannst du dir das diesmal wieder leisten? Und seit wann bist du ein Kriminalreporter? Was hat es für einen Sinn, in Dingen herumzupfuschen, von denen du nichts verstehst? Hast du denn irgendeine Ahnung von Mordfällen?«

»Ich hab die halbe *Travis McGee*-Serie gelesen«, sagte Sandy.

Sharon gab einen entrüsteten Laut von sich. »Sandy! Sei einmal ernst.«

»Na schön«, meinte er. »Ich bin also kein Krimiautor. Na und? Ich weiß 'ne Menge über Jamie Lynch, und ich weiß 'ne Menge über Sekten. Das hier hat alle Merkmale einer Sache im Manson-Stil. Vielleicht kann ich ein Buch draus machen, 'ne ganz andere Art von Buch, so was wie *Kaltblütig*. Betrachte es als Entwicklungsprozess. Du bist doch ganz groß in Entwicklungsprozessen.«

»Du sprichst nicht von Entwicklung«, fauchte Sharon. »Du sprichst von Regression. Der *Hedgehog* gibt dir einen Freibrief, dich unverantwortlich zu verhalten, und du bist ganz wild drauf. Du willst da rauffahren und Sam Spade spielen, mit

Rockstars von gestern und alten Yippies reden und für einen Monat oder so die sechziger Jahre noch mal durchleben, auf Pattersons Kosten. Wahrscheinlich wirst du versuchen zu beweisen, dass es Richard Nixon war.«

»Ich hatte Lyndon B. Johnson in Verdacht«, erwiderte Sandy.

»Er hat ein Alibi. Er ist tot.«

»Au Scheiße«, sagte Sandy mit seinem gewinnendsten Grinsen.

»Hör auf, den Schlaumeier zu spielen«, fuhr Sharon ihn an. »Das bringt überhaupt nichts. Werd erwachsen, Sandy. Das ist kein Spiel. Das ist dein Leben.«

»Wo ist dann bitte Ralph Edwards?« Er klappte sein Buch mit den Zeitungsausschnitten zu und legte es beiseite. »Die Sache regt dich richtig auf, wie?«

»Ja«, sagte Sharon knapp. »Das ist kein Scherz, ganz gleich, was du denkst.« Jetzt hatte sie es schließlich doch geschafft, ihn runterzuziehen; Ärger war ansteckend. Aber er beschloss, es ein letztes Mal zu versuchen. »Ich werd nicht allzu lange wegbleiben«, sagte er. »Und Maine kann zu dieser Jahreszeit sehr hübsch sein, wo es grade Herbst wird. Komm doch mit. Nimm's als Urlaub. Wir sollten mehr Zeit miteinander verbringen, und wenn du mitkämst, würdest du vielleicht meine Einstellung dazu ein bisschen besser verstehen.«

»Klar«, sagte sie mit vor Sarkasmus triefender Stimme. »Ich ruf einfach Don in der Agentur an und sag ihm, dass ich für wer weiß wie lang freinehme und dass er für mich einspringen soll. Der freut sich bestimmt ein Loch in den Bauch! Ich muss an meine Karriere denken, Sandy. Dir ist das vielleicht egal, aber mir nicht.«

»Mir auch nicht«, gab er verletzt zurück.

»Außerdem«, fügte Sharon zuckersüß hinzu, »wäre es bestimmt ein bisschen lästig, mich dabeizuhaben, wenn du beschließt, in der Gegend rumzuvögeln, oder was meinst du?«

»Verdammt, wer hat gesagt, dass ich ...«

»Du brauchst es nicht zu sagen. Ich kenne dich. Nur zu, es macht mir nichts aus. Wir sind nicht verheiratet, wir führen eine offene Beziehung. Fang dir nur nichts ein.«

Sandy stand auf. Er kochte vor Wut. »Du weißt, Sharon, ich liebe dich, aber ich schwöre dir, manchmal bringst du mich zur Weißglut. Das ist eine Story. Ein Auftrag. Ich bin Schriftsteller, und ich werde über den Mord an Jamie Lynch schreiben. Das ist alles. Sieh zu, dass du nicht ganz die Fasson verlierst.«

»Du benutzt so drollige nostalgische Ausdrücke«, sagte Sharon. »Ich hab seit dem College nicht mehr die Fasson verloren, mein Lieber.« Sie stand auf. »Und außerdem reicht's mir jetzt wirklich. Ich bin in meinem Arbeitszimmer.«

»Ich breche morgen ganz früh auf«, sagte Sandy. »Ich hab gedacht, wir könnten vielleicht was essen gehen.«

»Ich hab zu tun«, erwiderte Sharon und lief zur Treppe.

»Aber ich weiß nicht, wie lange das dauern wird. Ich werd vielleicht länger ...«

Sie drehte sich um und sah ihn an. »Besser nicht allzu lange, sonst vergesse ich dich noch ganz und komm auf die Idee, die Schlösser auszuwechseln.«

Sandy sah ihr nach, als sie hinaufging. Mit jedem Klicken eines Absatzes auf Holz wuchs die Frustration in ihm. Als er hörte, wie sie ihr Arbeitszimmer betrat, ging er steifbeinig in die Küche, holte sich noch ein Bier und versuchte dann, sich wieder den Reisevorbereitungen zu widmen, aber es dauerte nur einen Augenblick, bis er merkte, dass er zu wütend war, um sich zu konzentrieren. Was er brauchte, war Musik. Er trank einen Schluck Bier und lächelte. Ein bisschen Rock.

Ihre Plattensammlung füllte zwei hohe Schränke beiderseits der Lautsprecherboxen, riesige alte JVC 100er, die Sandy jahrelang treue Dienste geleistet hatten. Sharons Schrank war voll mit Blues, Broadway-Songs und sogar – zu Sandys nie endendem Entsetzen – Disco. »Ich tanze eben gern«, sagte Sharon immer, wenn er ihr damit kam. Sandys Platten waren ausschließlich Folk und alter Rock. Er konnte sich nicht damit abfinden, was mit der Musik in den letzten zehn Jahren passiert war, und die einzigen Alben, die er heutzutage kaufte, waren Wiederveröffentlichungen, die er brauchte, um alte, durch das Abspielen abgenutzte Lieblingsplatten zu ersetzen.

Sandy hielt sich nicht lange damit auf, die zu seiner Stimmung passende Musik auszusuchen. Es gab nur eine denkbare Wahl. Lediglich fünf Alben kamen dafür infrage, eingeordnet zwischen den Mothers of Invention und den New Riders of the Purple Sage. Er zog sie heraus und sah sie durch. Die Hüllen waren ihm so vertraut wie die Gesichtszüge eines alten Freundes, und genauso war es mit den Titeln. Das erste, *Hot Wind out of Mordor*, hatte ein tolkienartiges Cover, Hobbits, die sich in das pastellfarbene Unterholz duckten, während in der Ferne Vulkane rotes Feuer spuckten und die dunklen Reiter auf ihren schuppigen, geflügelten Streitrossen über ihnen kreisten. *Nazgûl* bot eine surreale Landschaft mit roter Sonne und scharlachrotem Nebel, verzerrten Bergen und Formen, die halb lebendig und halb Maschinen waren, alles grell, fiebrig und heiß. Das große Doppelalbum war vorne, hinten und im Innern glänzend schwarz, ohne Beschriftung, leer bis auf vier winzige Paare glutroter Augen, die aus der linken unteren Ecke spähten. Nirgendwo ein Titel. Es war das Schwarze Album getauft worden, in bewusster Parodie auf das Weiße Album der Beatles. Das folgende, *Napalm*, zeigte Kinder in einem Dschungel, die sich brennend und schreiend hinkauerten, während merkwürdig verformte Flugzeuge über ihren Köpfen dahinrasten und Feuer auf sie herabspuckten. Erst wenn man genau hinsah, erkannte man, dass die Szene eine neue Darstellung des Covers von *Hot Wind out of Mordor* war, genauso wie die Songs darin Antworten auf frühere, harmlosere Kompositionen der Gruppe waren … obwohl sie nie ganz harmlos gewesen waren.

Sandy sah sich jedes Album der Reihe nach an und stellte es wieder in den Schrank, bis er nur noch das fünfte in der Hand hatte, das letzte, das Ende, nur Wochen vor West Mesa aufgenommen.

Die Hülle war dunkel und bedrohlich, in düsteren Schattierungen von Schwarz, Grau und Violett gehalten. Es war eine Fotografie von einem Konzert, retuschiert, um das Publikum, die Halle, die Bühnenanlage, einfach alles zu tilgen. Nur die Band war übrig geblieben; die vier standen auf einer endlosen, leeren Ebene, Dunkelheit ballte sich vor ihnen und unter ihnen und drang auf sie ein, die Schatten waren ein einziges schleimiges Gewimmel von schlüpfrigen, albtraumhaften Gestalten. Eine riesige, purpurne Sonne hinter ihnen ließ ihre Umrisse scharf hervortreten und warf lange Schatten, so schwarz wie die Sünde und so scharf wie die Schneide eines Messers.

Sie standen da, wie sie immer dagestanden hatten, wenn sie spielten. Im Hintergrund, zwischen den mit wirbelnden Mustern aus Schwarz und Rot lackierten Drums, saß mit finsterem Blick Gopher John, ein großer Mann mit einem Mondgesicht, dessen Züge in seinem dichten, schwarzen Bart fast verschwanden. In seinen gewaltigen Händen sahen die Sticks wie Zahnstocher aus, und doch schien er sich in Anbetracht seiner Größe zu ducken, schien wie ein großes, wildes Tier, das man in seinem Nest überrascht hat, zwischen diesen Drums zu hocken. Vor Gopher Johns dunklem Nest standen Maggio und Faxon, die das Schlagzeug auf beiden Seiten flankierten. Maggio drückte die Gitarre an seine bloße, knochige Brust. Er grinste höhnisch, seine langen dunklen Haare und der schlaffe Schnurrbart bewegten sich in einem unsichtbaren Wind, und seine Brustwarzen wirkten ausgeprägt und rot. Faxon trug eine weiße Fransenjacke; auf seinen Lippen lag ein dünnes Lächeln, während er seinen elektrischen Bass zupfte. Er war sauber rasiert, mit langen blonden Haarflechten und grünen Augen, aber wenn man ihn so sah, ahnte man nicht, was für einen scharfen Verstand er besaß.

Und ganz vorne stand Hobbins, mit gespreizten Beinen, den Kopf zurückgeworfen, sodass sein hüftlanges weißes Haar in einer Kaskade hinter ihm herabfiel, die Augen ein flammendes Scharlachrot, eine Hand um ein Mikrofon geschlossen und die andere wie eine Klaue in die Luft gereckt. Er trug einen schwarzen Jeansanzug mit aus Knochen gefertigten Knöpfen, und auf seinen Schritt war eine amerikanische Flagge mit dem Auge von Mordor genäht, dort, wo sonst die Sterne waren. Er sah wie ein übernatürliches Wesen aus, schmächtig und klein und doch von einer Vitalität erfüllt, die ein gellender Aufschrei wider die Dunkelheit war und sie in Schach hielt.

Vor der großen purpurnen Sonne stand, in spitzen schwarzen Buchstaben, die wie ein mit einer Schlange gepaarter Blitz aussahen, ein einziges Wort: *Nazgûl.* Und ganz unten, sehr schwach, grau vor dem schwarzen Hintergrund, wisperte es: *Music to Wake the Dead.*

Sandy ließ das Album aus der Hülle gleiten und legte es vorsichtig auf den Plattenspieler, schaltete ihn ein und drehte den Verstärker voll auf. Heute Abend wollte er es laut, so wie damals, 71, als er es zum ersten Mal so gehört hatte, wie es nach Ansicht der Nazgûl gespielt werden sollte. Wenn das Sharon, die oben ihren Papierkram hin und her schob, ärgerte, war das ihr Pech.

Einen Moment herrschte nichts als Stille, dann wurde ein schwaches Geräusch immer lauter; es klang wie das Pfeifen eines Teekessels oder vielleicht wie ein Raketengeschoss, das rasend schnell näher kam. Das Geräusch stieg an, bis es ein schrilles Heulen war, das einem ins Gehirn schnitt, dann folgte der schwere Sound der Drums, als Gopher John den Beat darunterlegte, die Gitarren setzten ein, und schließlich war da Hobbins und warf sich mit voller Kraft in »Blood on the Sheets«. Bei den ersten Textzeilen überlief Sandy ein merkwürdiger kleiner Schauer. *Baby, you cut my heart out*, sangen die Nazgûl, *Baby, you made me bleeeeed!*

Er schloss die Augen und hörte zu, und es war fast, als ob sich ein Jahrzehnt in Luft aufgelöst, als ob es West Mesa nie gegeben hätte, als ob Nixon immer noch im Weißen Haus säße und der Vietnamkrieg tobte und die Bewegung lebendig wäre. Aber irgendwie blieb sogar in dieser zerrissenen Vergangenheit eines dasselbe, und in der von den Songs der Nazgûl durchdrungenen Dunkelheit trat es deutlicher denn je hervor.

Jamie Lynch war tot. Sie hatten ihm tatsächlich das Herz herausgeschnitten.

2

Sheriff Edwin Theodore wurde aus Gründen, die für Sandy Blair nicht sofort ersichtlich waren, von allen und jedem in seinem Zuständigkeitsbereich »Notch« genannt. Notch war ein kleiner, dünner Mann mit kerzengerader Haltung, schmalem, spitzem Gesicht, randloser Brille und eisengrauem Haar, das er glatt zurückgekämmt trug. Er sah aus, als müsste er eigentlich eine Mistgabel halten und aus einem Gemälde herausstarren. Nach nur einem Blick auf Notch beschloss Sandy, ihn Sheriff Theodore zu nennen.

Der Sheriff betastete Sandys steife, weiße, offiziöse Visitenkarte, während er Sandy selbst unschlüssig ansah. Für einen Moment fühlte sich Sandy unter Theodores blassem, wässrigem, prüfendem Blick, als wäre es wieder 1969 und er hätte Haare bis zum Hintern und ein Friedenszeichen aus rostfreiem Stahl an einem Lederriemen um den Hals. Es kostete ihn Mühe, sich ins Gedächtnis zu rufen, dass er trotz seines schäbigen Äußeren nicht viel schlechter aussah als jeder andere Reporter. Zwar trug er Jeans, aber wenigstens waren es teure Jeans, und sein braunes Cordjackett sollte hinlänglich akzeptabel sein, auch wenn es schon ein bisschen älter war. Er fuhr sich mit einer Hand unsicher durch den dicken schwarzen Haarwust und war kurzzeitig heilfroh, dass er schon vor Längerem aufgehört hatte, einen Bart zu tragen.

Theodore gab ihm die Karte zurück. »Von einem National

Metropolitan News Network hab ich noch nie was gehört«, sagte er brüsk. »Welcher Sender ist das?«

»Kein Fernsehen«, erwiderte Sandy. Er entschloss sich, mit offenen Karten zu spielen. »Wir publizieren in New York ein nationales Musik- und Unterhaltungsblatt. Bei Lynchs Verbindungen zur Rockmusik versteht es sich von selbst, dass wir eine Story dazu bringen.«

Sheriff Theodore antwortete mit einem kleinen, sparsamen Brummen. »Die Pressekonferenz war vor zwei Tagen«, antwortete er. »Die haben Sie versäumt. Die meisten Jungs von den anderen Zeitungen waren da und sind schon wieder weg. Gibt nichts Neues.«

Sandy zuckte die Achseln. »Ich arbeite an einer längeren Geschichte«, sagte er. »Ich würde Sie gern zu dem Fall interviewen, über alle Theorien sprechen, mit denen Sie sich befassen, und vielleicht rausfahren und einen Blick auf Lynchs Haus werfen, wo es passiert ist. Haben Sie irgendwelche Anhaltspunkte?«

Theodore ignorierte die Frage. »Hab ich alles auf der Pressekonferenz erzählt. Sonst gibt's nichts zu sagen. Hab keine Zeit, jedem dämlichen Reporter, der zu spät hier raufkommt, noch mal das Gleiche zu erzählen.« Er sah sich mit verärgertem Gesichtsausdruck im Dienstraum um und gab einem seiner Deputys ein Zeichen. »Ich lass Sie von einem meiner Männer zu Lynchs Haus rausfahren, und der kann dann Ihre Fragen beantworten, aber ich kann ihn nicht mehr als eine Stunde entbehren, also müssen Sie sich beeilen, Mister Blair, oder das National Metropolitan News Network hat eben verdammt noch mal Pech gehabt. Ist das klar?«

»Äh, sicher«, meinte Sandy, aber Theodore hatte keine Antwort erwartet. Nur wenige Minuten später wurde er in einen der Wagen des Sheriffs verfrachtet, und schon war er in Begleitung eines schlaksigen, pferdegesichtigen Deputys namens David (»Sie können Davy zu mir sagen«) Parker auf dem Weg raus aus der Stadt. Parker war etwa in Sandys Alter, obwohl sein sich lichtendes braunes Haar ihn älter aussehen ließ. Er hatte ein freundliches Lächeln und bewegte sich unbeholfen.

»Wie lange werden wir bis zu dem Haus brauchen?«, fragte Sandy, als der Wagen sich in den Verkehr einordnete.

»Kommt drauf an, wie schnell wir fahren«, antwortete Parker. »In Luftlinie ist es nicht weit, sind aber alles Nebenstraßen. Dauert 'ne Weile.«

»Mehr als eine Stunde haben wir nicht, hieß es.«

Parker lachte. »Ach, das. Machen Sie sich deswegen keine Sorgen. Meine Schicht ist bald rum, und ich hab nichts Besseres zu tun, also kann ich Sie genauso gut zu Lynch kutschieren. Notch ist bloß sauer auf die Reporter. Zwei von ihnen haben nach der Pressekonferenz seinen Namen falsch geschrieben.«

»Er lautet doch Theodore?« Sandy warf einen Blick in seine Notizen.

»Ja. Aber Edwin, nicht Edward.«

Sandy prüfte das noch einmal nach, als der Deputy sagte: »Da wir grade von Namen sprechen – Sie sind Sandy Blair, stimmt's? Der Schriftsteller?«

»Äh, ja.«

»Ich hab Ihre Bücher gelesen. Zwei davon jedenfalls.«

»Welche zwei?«, fragte Sandy verblüfft.

»*Offene Wunden* und *Abtrünnig*«, sagte Parker. »Klingt, als wären Sie überrascht.«

»Bin ich auch.«

Parker warf ihm einen schiefen Blick zu. »Auch Cops lesen, wissen Sie. Na ja, manche Cops. Und das hier ist nicht die

Wildnis, wie ihr New Yorker denkt. Wir haben hier Filme, Bücher, Zeitungen, sogar Rock and Roll.«

»Ich wollte nicht …«, begann Sandy, besann sich dann jedoch eines Besseren. »Wie fanden Sie die Romane?«, fragte er.

»*Offene Wunden* war für meinen Geschmack zu deprimierend«, sagte Parker. »Sie schreiben ziemlich gut, das muss ich Ihnen lassen. Der Schluss von *Abtrünnig* hat mir nicht gefallen.«

»Warum nicht?«, fragte Sandy, ein bisschen verwirrt angesichts der Vorstellung, den Inhalt seines ersten Romans in den Wäldern von Maine auf dem Weg zum Schauplatz eines Mordes mit einem Deputy durchzukauen.

»Weil Ihr Held ein Arschloch ist. Was soll das? Er hat endlich 'n anständigen Job, er macht etwas Geld, übernimmt zum ersten Mal in seinem Leben Verantwortung, und dann schmeißt er alles hin. Für was? Nicht mal er weiß das. Wenn ich mich richtig erinnere, hört es damit auf, dass er eine Straße entlangläuft und sich fragt, wohin sie führt. Es kümmert ihn nicht mal, dass er arbeitslos ist, dass er jeden im Stich gelassen hat, der sich auf ihn verlassen hat.«

»Aber darum geht's doch«, sagte Sandy. »Es kümmert ihn wirklich nicht. Es ist ein Happy End. Er ist frei. Endlich. Er hat aufgehört, sich zu verkaufen.«

»Möchte wissen, wie lang das gedauert hat«, sagte Parker.

»Was meinen Sie damit?«

»Wann haben Sie das Buch geschrieben?«

»Ich hab damals so 69 rum damit angefangen, aber ich bin nicht dazu gekommen, es fertig zu schreiben, bis ich vor sieben Jahren vom *Hog* weggegangen bin.«

»Na gut«, sagte Parker, »dieses ganze Getue von wegen frei sein war damals vielleicht ganz schön, aber ich würd gerne wissen, wie's auf die Dauer damit steht. Wie gefällt Ihrem Burschen die Armut, nachdem er sie zehn Jahre genossen hat? Wo schneit er heutzutage mal eben so rein? Ich vermute mal, er kriegt jetzt nicht mehr so oft 'ne Frau ins Bett wie in Ihrem Buch. Ich möchte diesen Heini in den Achtzigern sehen, mein Freund. Jede Wette, dass er sich wieder verkauft.«

»*Touché*«, sagte Sandy mürrisch. »Na schön, der Roman ist ein bisschen naiv. Was soll ich sagen? Er war ein Spiegelbild seiner Zeit und seines gesellschaftlichen Umfelds. Sie hätten dabei sein müssen.«

Parker warf ihm einen schnellen Blick zu. »Ich bin ungefähr so alt wie Sie.«

»Vielleicht kam es darauf an, auf welcher Seite der Barrikade Sie standen.«

»Auf gar keiner. Ich war drüben in Vietnam und hab auf mich schießen lassen, während Sie und Ihre Figuren gekifft und rumgevögelt haben.« Der Deputy lächelte immer noch, aber in seiner Stimme schwang eine leichte Bitterkeit mit, die Sandy auf die Nerven ging.

»Wegen mir waren Sie da nicht, mein Freund«, sagte Sandy. Das Thema war ihm unangenehm; er wechselte es. »Reden wir über diese Lynch-Geschichte. Wer hat's getan?«

Parker hatte ein herzliches Lachen. »Sie kommen direkt zur Sache. Zum Teufel, wir wissen nicht, wer's getan hat.«

Sie waren vor einiger Zeit von der Hauptstraße abgebogen und schlängelten sich auf einem schmalen, unbefestigten Weg durch dichten Baumbestand. Im Licht des späten Nachmittags war alles orange- und rostfarben. Dabei wurden sie ordentlich durchgeschüttelt, aber Sandy klappte trotzdem das Notizbuch auf seinem Knie auf und schaute auf einige seiner Fragen hinab. »Glauben Sie, der Mörder ist von hier?«, fragte er.

Parker lenkte den Wagen geschickt um eine scharfe Kurve. »Das ist unwahrscheinlich. Lynch ist ziemlich für sich geblieben. So viel sollte Ihnen dieser verdammte Weg sagen. Er wollte in Ruhe gelassen werden, glaube ich. Oh, ich denke schon, dass es zwischen Lynch und denen, die mit ihm zu tun hatten, Spannungen gab. Ich meine, er war nicht gerade harmoniesüchtig. Aber keiner hatte irgendeinen Grund, loszuziehen und ihn umzubringen, geschweige denn auf diese Weise ... na ja, Sie wissen schon.«

»Ihm das Herz rauszuschneiden, meinen Sie?« Sandy machte sich eine Notiz. Die Bewegung des Wagens verwandelte seine Handschrift in wirres Gekritzel.

Parker nickte. »Wir sind hier in Maine. So was passiert in New York. Oder in Kalifornien«, fügte er nachdenklich hinzu.

»Haben sie's gefunden?«

»Das Messer?«

»Das Herz.«

»Nein. Weder noch.«

»Na schön«, sagte Sandy. »Also war's niemand von hier. Irgendwelche Verdächtigen? Sie haben bei Ihren Ermittlungen doch bestimmt irgendjemanden im Auge.«

»Na ja, wir beschäftigen uns mit ein paar Theorien. Allerdings scheint nichts so recht zu passen. Zuerst dachten wir, vielleicht war es ein Raubüberfall. Mag sein, dass Lynch im Musik-Business kein Land mehr sah, aber er war trotzdem noch verdammt reich. Davon abgesehen gibt es keinen Hinweis, dass irgendwas entwendet wurde.«

»Sie vergessen das Herz«, sagte Sandy.

»Ja«, meinte Parker zurückhaltend. »Ansonsten vermuten wir, dass vielleicht Drogen im Spiel waren. Lynch ist ein paarmal vorbestraft, das wissen Sie ja.«

Sandy nickte. »Er hat seine Gruppen mit Haschisch und Koks versorgt. Das ist allgemein bekannt. Gibt es da einen Zusammenhang?«

»Oh, kann sein. Angeblich wurden bei Lynch eine Menge wilder Partys gefeiert. Er soll immer Drogen griffbereit gehabt haben. Gefunden haben wir keine. Vielleicht hat ihn jemand wegen seines Vorrats umgebracht.«

Sandy schrieb das auf. »Okay«, sagte er. »Was noch?«

Der Deputy zuckte die Achseln. »Bei diesem Mord gibt's noch 'ne Reihe anderer komischer Sachen.«

»Erzählen Sie.«

»Ich weiß was Besseres. Ich zeig's Ihnen. Wir sind da.« Sie bogen um eine weitere Kurve, ließen den Kamm eines Hügels hinter sich, und plötzlich lag Jamie Lynchs Haus vor ihnen. Parker brachte den Wagen auf dem Kies der kreisrunden Auffahrt zum Stehen, und Sandy stieg aus.

Auf allen Seiten von Wald umgeben, breitete sich das Anwesen behaglich in dem wuchernden Herbstlaub aus. Es war modern und geschmackvoll, aus rotgrauem Stein und Naturholz gebaut, mit einer Veranda aus roten Steinplatten an einer Seite und einer großen Terrasse darüber. Ein Dutzend Stufen aus unlackiertem Holz führten von der Auffahrt zur Haustür. Alle Fenster waren mit Fensterläden fest verschlossen. Ein großer Baum wuchs durch das Dach.

»Durchs Wohnzimmer fließt auch 'n kleiner Bach«, erklärte Parker. »Bei Nacht ist das Haus sogar noch eindrucksvoller. Dann ist hier alles erleuchtet.«

»Können wir reingehen?«

Parker zog einen Schlüsselbund aus seiner Jacke. »Deshalb sind wir ja hier.«

Sie gingen durch den Haupteingang hinein. Innen war alles

holzgetäfelt und mit Teppichen ausgelegt. Jeder Raum befand sich auf einer anderen Ebene, sodass sie dauernd kleine dreistufige Treppen hinauf- und hinuntergingen und Sandy kaum noch feststellen konnte, mit wie vielen Stockwerken er es zu tun hatte. Parker machte mit ihm einen raschen Rundgang. Es gab Oberlichter, bemalte Glasfenster und – wie angekündigt – einen Bach, der durch das Wohnzimmer floss, um den Stamm eines alten Baumes herum. Die Küche war modern und sauber. Die vier Schlafzimmer hatten Wasserbetten, verspiegelte Decken und offene Kamine. Und die Musikanlage war unglaublich.

Lynch hatte eine ganze Wand voller Platten, und in jedem Raum standen Lautsprecherboxen. Alles könne vom Wohnzimmer, dem Schlafzimmer des Hausherrn oder von Lynchs Büro aus angesteuert werden, sagte Parker. Er zeigte Sandy die Schaltzentrale, die sich hinter einer verschiebbaren Holzvertäfelung in dem riesigen Wohnzimmer verbarg. Sie sah aus wie die Brücke des Raumschiffs Enterprise. Die Hauptlautsprecher waren größer als Parker und hauchdünn. »Mit so einer Anlage hätte man Woodstock beschallen können«, sagte Sandy erstaunt. »Das Zeug hat Konzertniveau.«

»Es ist laut«, stimmte Parker zu. »Was in dem Fall eine gewisse Rolle gespielt hat.«

Sandy fuhr zu ihm herum. »Wieso?«

»Da komm ich noch drauf«, sagte der Deputy. »Lassen Sie mich zuerst mal das hier mit Ihnen durchgehen. Kommen Sie.« Sie stapften zurück in die Eingangshalle. Parker öffnete eine weitere verschiebbare Wandvertäfelung, und noch mehr Lämpchen und Schalter kamen zum Vorschein. »Die Alarmanlage«, sagte er. »Davon konnte Lynch nicht genug haben. Er war ein totaler Sicherheitsfanatiker. Paranoider Bursche. Man könnte meinen, jemand wäre drauf aus gewesen, ihn umzubringen. Die Alarmanlage ist nie ausgelöst worden. Niemand ist eingebrochen. Der Tod ist geradewegs zur Haustür reinspaziert.«

»Das heißt, er kannte den Mörder?«

»Wir glauben, ja. Entweder das, oder es war der Bi-Ba-Butzemann.«

»Weiter.«

»Also, wir nehmen an, dass es folgendermaßen ablief: Der oder die Mörder fuhren einfach vor, stiegen aus und kamen die Vordertreppe rauf. Lynch empfing sie und ließ sie ein. Das Schloss wurde nicht aufgebrochen oder so. Sie gingen ins Wohnzimmer. Da fing dann der Streit an. Wir haben Spuren eines Kampfes gefunden, und wir denken, dass Lynch schnell überwältigt und bewusstlos oder ohne Widerstand zu leisten in sein Büro geschleift wurde. Vielleicht war er auch schon tot. Aber das glauben wir nicht. Der Wohnzimmerteppich weist Schleifspuren auf. Sie haben das Büro noch nicht gesehen. Kommen Sie.«

Sandy folgte ihm gehorsam zurück durchs Wohnzimmer. Diesmal machte Parker ihn auf die Spuren im Teppich aufmerksam, bevor er wieder die Schlüssel herauszog und die Bürotür aufschloss.

Jamie Lynchs Arbeitszimmer war dreimal so lang wie breit, mit schrägen Oberlichtern, aber ohne Fenster. Die einzigen Möbel waren ein großer hufeisenförmiger Mahagoni-Schreibtisch, ein Sessel und zwanzig schwarze Aktenschränke, die auf dem milchweißen Teppichboden wie dunkle Felswände aufragten. Eine Längswand war vom Boden bis zur Decke von Spiegelkacheln mit eingearbeiteten dekorativen Wirbeln bedeckt, um das Büro größer erscheinen zu lassen. Die anderen

Wände waren mit Postern und Fotografien tapeziert; Hochglanzbilder von berühmten und berüchtigten Schützlingen Lynchs, Fotos von Jamie mit diversen Berühmtheiten, Konzertplakate, Flugblätter, Vergrößerungen von Plattencovern, Reklameposter. Sandy musterte sie mit einem leichten Anflug von Nostalgie. Da war Che, und da war Janis Joplin, direkt nebeneinander. Gleich neben dem berüchtigten pornographischen American-Taco-Poster, dessentwegen ein Konzert abgesagt worden war und das fast einen Aufstand ausgelöst hatte, verkaufte Nixon Gebrauchtwagen. Die Nordwand hinter dem Schreibtisch wurde vollständig von alten Fillmore-Postern eingenommen. »Eine ganz hübsche Sammlung«, kommentierte Sandy.

Parker setzte sich auf die Schreibtischkante. »Hier haben sie ihn getötet.«

Sandy wandte sich von den Postern ab. »Auf dem Schreibtisch?«

Der Deputy nickte. »Sie hatten Stricke. Damit haben sie ihn auf dem Schreibtisch festgebunden, die Arme und Beine gespreizt, eine Schlinge um jedes Glied.« Er zeigte hin. »Dort sind Blutflecken auf dem Teppich.« Neben einem Schreibtischbein war ein großer, unregelmäßig geformter Fleck mit einigen kleineren drum herum. Auf dem weißen Teppich waren sie jetzt, nachdem Parker darauf hingewiesen hatte, überdeutlich zu erkennen. »Nicht viel Blut«, meinte Sandy.

»Ah«, sagte Parker lächelnd. »Interessanter Gesichtspunkt. In Wirklichkeit gab es eine Menge Blut, aber unser Killer war da sehr heikel. Er hat eins der Poster runtergerissen und es auf dem Schreibtisch unter dem Opfer ausgebreitet, damit das Holz nicht ruiniert wurde. Sie können sehen, wo es fehlt.« Er nickte zur Wand hinüber.

Sandy drehte sich um, und schließlich bemerkte er die leere Stelle zwischen den Postern, hoch oben an der Ostwand, etwa drei Meter weit weg. Er runzelte beunruhigt die Stirn, war aber im Augenblick nicht imstande zu sagen, warum. »Merkwürdig.« Er wandte sich wieder Parker zu. »Wie wurde Lynch gefunden?«

»Die Musik war zu laut.«

Sandy zog sein Notizbuch hervor. »Musik?«

Parker nickte. »Vielleicht hörte Lynch gerade eine Platte, als der Tod zu ihm kam. Vielleicht hat der Täter eine aufgelegt, um Lynchs Schreie zu übertönen. Jedenfalls lief dieses Album. Immer wieder, unaufhörlich. Und zwar laut. Sie haben's selbst gesagt, das ist keine gewöhnliche Heimanlage. Es war drei Uhr morgens, und wir bekamen eine Beschwerde wegen der Lautstärke von Lynchs nächstem Nachbarn, einen knappen Kilometer die Straße runter.«

»So laut?«, sagte Sandy beeindruckt.

»So laut. Und dumm war es auch noch. Die Streife hat den Killer auf dem Waldweg wahrscheinlich nur um ein oder zwei Minuten verfehlt. Das alles passt nicht zusammen. Wer auch immer das getan hat, war ansonsten äußerst sorgfältig. Keine Fingerabdrücke, keine Mordwaffe, kein Herz, kaum konkretes Beweismaterial, keine Zeugen. Wir haben eine Reifenspur gefunden, aber sie ist zu alltäglich und damit nutzlos. Warum war also die Anlage so weit aufgedreht? Wenn es darum ging, Lynchs Schreie zu übertönen, warum wurde sie nicht abgeschaltet, als er tot war?«

Sandy zuckte mit den Schultern. »Sagen Sie's mir.«

»Kann ich nicht«, gab der Deputy zu. »Aber ich hab eine Idee. Ich glaube, es war irgend so 'ne Hippiesekten-Sache.«

Sandy starrte ihn an und lachte unsicher. »Hippiesekten?«

Parker sah aus, als wäre er äußerst zufrieden mit sich. »Blair, Sie glauben doch nicht etwa, dass jeder Reporter, der hier rumschnüffeln will, so ausgiebig herumgeführt wird, oder? Ich zeige Ihnen das alles, weil ich vermute, dass Sie mir dafür vielleicht was zurückgeben können. Sie wissen Sachen, die ich nicht weiß. Ganz bestimmt. Also reden Sie.«

Sandy blieb die Spucke weg. »Ich hab nichts zu sagen.«

Parker kaute auf seiner Unterlippe. »Was ich Ihnen jetzt erzähle, ist nicht für die Öffentlichkeit bestimmt. Können Sie das aus Ihrer Story raushalten?«

»Weiß ich nicht«, sagte Sandy. »Ich bin nicht sicher, ob ich irgendeine inoffizielle Information haben will. Warum ist das so geheim?«

»Seit die Nachricht von Lynchs Tod in der Zeitung erschienen ist, haben schon drei Spinner angerufen, um ein Geständnis abzulegen. Dabei wird es nicht bleiben. Wir wissen, dass die Geständnisse Unfug sind, weil keiner von denen auch nur eine der Schlüsselfragen beantworten konnte, die wir ihnen gestellt haben. Ich will Ihnen eine dieser Fragen verraten, und auch die Antwort.«

»Na schön«, sagte Sandy neugierig.

»Wir fragen sie, welche Musik lief. Die Antwort …«

»Mein Gott«, fiel Sandy ihm ins Wort. »Die Nazgûl, stimmt's?« Ohne nachzudenken, platzte er damit heraus. Irgendwie wusste er plötzlich, dass es so sein musste.

Deputy Davie Parker starrte ihn an, einen sehr merkwürdigen Ausdruck auf seinem langen Pferdegesicht. Sein Blick schien nur ein kleines bisschen eisiger zu werden. »Das ist wirklich interessant«, sagte er. »Wie wär's, wenn Sie mir mal erzählen, woher Sie das ganz zufällig wissen, Blair?«

»Ich … ich wusste es einfach, und zwar in dem Moment, als

Sie damit rausrücken wollten. Es musste so sein. Lynch war ihr Manager. Das Album … Ich würde alles drauf wetten, dass es *Music to Wake the Dead* war, stimmt's?«

Parker nickte.

»Hören Sie sich den ersten Song an. Im Text geht's irgendwo darum, jemandem das Herz rauszuschneiden. Es wirkte so … ich weiß nicht, so …«

»Passend«, sagte Parker. Er hatte ein leises, argwöhnisches Stirnrunzeln aufgesetzt. »Ich hab mir die Platte angehört, und mir ist diese Textstelle auch aufgefallen. Hat mich zum Nachdenken gebracht. Bei Manson und seinem Verein, da gab's doch auch eine Verbindung zu einem Album, oder nicht?«

»Das Weiße Album der Beatles. Manson glaubte, die Musik würde zu ihm sprechen und ihm sagen, was er tun sollte.«

»Yeah. Darüber weiß ich 'n bisschen was. Bin losgegangen und hab mir 'n paar Bücher in der Bücherei im Ort geholt. Aber Sie wissen 'ne ganze Menge mehr, Blair. Deshalb hab ich gedacht, Sie könnten uns vielleicht helfen. Also, wie sieht's aus? Könnte das hier noch so 'ne Manson-Sache sein?«

Sandy zuckte die Achseln. »Manson sitzt im Gefängnis. Einige von der Family sind noch auf freiem Fuß, aber größtenteils in Kalifornien. Warum sollten sie nach Maine kommen, um Jamie Lynch kaltzumachen?«

»Was ist mit anderen Sekten von Spinnern? Wie Manson, wenn auch vielleicht nicht ganz genauso?«

»Weiß ich nicht«, gab Sandy zu. »Zu dieser abgedrehten Szene hab ich schon lange keinen Kontakt mehr, deshalb kann ich wirklich nicht sagen, was sich da abspielt. Aber die Nazgûl … Es müssten Leute in unserem Alter sein, würde ich meinen, wenn sie sich ihre fixen Ideen von den Nazgûl holen. Das ist eine Band aus den Sechzigern, und sie haben sich schon vor mehr als einem Jahrzehnt aufgelöst. *Music to Wake the Dead* war ihr letztes Album. Sie haben seit West Mesa kein Stück mehr gespielt oder aufgenommen.«

Parkers Augen wurden schmal. »Das ist noch so was sehr Interessantes, was Sie da gerade gesagt haben, mein Freund. Nur weiter. Was ist West Mesa?«

»Sie machen Witze«, sagte Sandy. Parker schüttelte den Kopf. »Zum Teufel«, sagte Sandy, »West Mesa ist berühmt. Oder berüchtigt. Haben Sie nie die Berichte im Fernsehen gesehen? Darüber wurde sogar ein Dokumentarfilm gedreht.«

»In der entmilitarisierten Zone war der Empfang ziemlich schlecht«, sagte Parker.

»Sie sind kein Rockfan, so viel ist mir klar. West Mesa war ein Rockkonzert, eins der drei, von denen jeder gehört hat. Woodstock war die Morgendämmerung, Altamont war der Einbruch der Dunkelheit, und West Mesa war die pure, schwarze, albtraumhafte Mitternacht. Sechzigtausend Leute draußen bei Albuquerque, im September 1971. Ziemlich klein für so ein Konzert. Die Nazgûl waren die Headliner. Mitten in ihrem Auftritt hat jemand dem Leadsänger Patrick Henry Hobbins mit einem Scharfschützengewehr den Schädel weggeblasen. Acht weitere Leute sind bei der darauf folgenden Panik gestorben, aber es wurde nicht mehr geschossen, nur diese eine Kugel. Den Killer haben sie nie erwischt. Er verschwand in der Nacht. Und die Nazgûl haben nie wieder gespielt. *Music to Wake the Dead* war bereits aufgenommen, und sie haben das Album ungefähr drei Wochen nach West Mesa rausgebracht. Selbstredend hat es ein Heidengeld eingespielt. Lynch und die Plattenfirma haben jede Menge Druck auf die drei überlebenden Nazgûl ausgeübt, ein Erinnerungsalbum für Hobbins nachzulegen oder ihn zu ersetzen und die Gruppe zusammenzuhalten, aber daraus ist nichts geworden. Ohne Hobbins gab es keine Nazgûl. West Mesa hat mit ihnen Schluss gemacht, und es war auch für Jamie Lynch der Anfang vom Ende. Immerhin hatte er dieses Konzert organisiert.«

»Interessant«, sagte Parker. »Also haben wir zwei ungelöste Mordfälle.«

»Was, mit dreizehn Jahren Abstand?«, wandte Sandy ein. »Da gibt es keinen Zusammenhang.«

»Nein? Dann will ich Ihnen mal was über das Poster erzählen, Blair.«

Sandy schaute verständnislos drein.

»Sie erinnern sich – unser reinlicher Killer hat ein Poster von der Wand gerissen, um damit den Schreibtisch abzudecken. Darauf wurde Lynch umgebracht. Es war ziemlich versaut, aber nachdem wir's 'n bisschen sauber gemacht hatten, konnten wir erkennen, was es zeigte. Es war so was wie eine stimmungsvolle Lithographie von einer Wüstenlandschaft bei Sonnenuntergang. Über der Sonne waren vier dunkle Gestalten, die auf fliegenden Eidechsenwesen ritten, Drachen oder so, nur hässlicher. Ganz unten stand ...«

»Ich weiß, was da stand«, unterbrach Sandy. »Jesus Christus. Da stand *Nazgûl* und *West Mesa*, stimmt's? Das Konzertplakat. Aber Sie können doch nicht ... das muss ein Zufall sein ...« Doch noch während er das sagte, drehte Sandy sich um und begriff, was ihn vorhin gestört hatte, als Parker ihn auf die leere Stelle an der Bürowand aufmerksam gemacht hatte. Er wirbelte wieder herum. »Das ist kein Zufall«, platzte er heraus. »Wer auch immer Lynch umgebracht hat, er hätte irgendeins von diesen vielen Postern nehmen können, die direkt hinter dem Schreibtisch hängen, in Reichweite. Stattdessen sind sie bis ganz da hinten hingegangen und auf irgendwas draufgeklettert, um das West-Mesa-Plakat runterzureißen.«

»Für 'n alten Hippie sind Sie gar nicht so dumm«, bemerkte Parker.

»Aber warum? Was hat das zu bedeuten?«

Der Deputy erhob sich vom Rand des Schreibtischs und seufzte. »Ich hab irgendwie gehofft, Sie würden's mir sagen, Blair. Ich hatte diese naive Idee, Ihnen würde, wenn ich Ihnen von dem Poster und dem Album erzähle, plötzlich ein Licht aufgehen, und Sie würden mir erklären, dass es eine geheime Sekte gibt, die diese Jungs anbetet und in der Gegend rumläuft und Leute zum Takt ihrer Musik ermordet. Das hätte mir das Leben verdammt viel einfacher gemacht, glauben Sie's mir. Aber da hab ich wohl Pech gehabt, hm?«

»Sieht fast so aus«, sagte Sandy.

»Also, dann besorgen wir's uns eben aus erster Hand. Wir knöpfen uns diese drei Musiker vor und stellen ihnen ein paar Fragen.«

»Nein«, erwiderte Sandy. »Ich hab eine bessere Idee. Lassen Sie mich das machen.«

Parker runzelte die Stirn.

»Ich meine es ernst«, erklärte Sandy. »Es gehört sowieso zu meiner Story. Ich muss Leute interviewen, die Lynch kannten, und so was wie einen Rückblick auf ihn und seine Zeit zusammenschustern. Es ist nur logisch, mit den Nazgûl anzufangen. Wenn um sie oder ihre Musik so was wie ein Kult entstanden ist, müssten sie davon doch etwas wissen, stimmt's? Ich könnte Sie dann ins Bild setzen.«

»Sind Sie in Verhörtechniken ausgebildet?«, fragte Parker.

»Von wegen Verhör«, sagte Sandy. »Ich bin ich, und Sie sind Sie, und ich kriege mehr aus den Nazgûl raus, als Sie's je könnten. Wir hatten damals ein Sprichwort. Der *Hog* weiß Sachen, von denen die Bullen keine Ahnung haben.«

Der Deputy grinste. »Kann sein, dass da was dran ist. Ich weiß nicht. Darüber muss ich mit Notch reden. Vielleicht. Dieser Zusammenhang mit den Nazgûl ist eh nur so was wie eine entfernte Möglichkeit, und wir müssen verdammt viele andere Spuren verfolgen und haufenweise Leute vernehmen. Wir gehen Lynchs ganze Korrespondenz und alle seine Akten durch. Eine Menge Leute mochten ihn nicht besonders. Notch wird wahrscheinlich einverstanden sein, wenn ich ihm zurede. Kann ich mich darauf verlassen, dass Sie in Kontakt mit mir bleiben?«

Sandy hob die offene Hand. »Pfadfinderehrenwort.«

»Irgendwie sehen Sie nicht gerade wie 'n Pfadfinder aus«, bemerkte Parker.

Lächelnd behielt Sandy die Hand oben, krümmte jedoch drei Finger und spreizte die beiden übrigen zu dem bekannten V ab. »Dann eben Frieden?«

Parker nickte. »Ich will sehen, was ich tun kann. Sind Sie sicher, dass Sie auf sich aufpassen können? Ich hab dabei ein ungutes Gefühl. Einer Ihrer Musiker könnte sehr gut der Killer sein. Oder alle drei. Lynch war zehn Zentimeter größer und vierzig Pfund schwerer als Sie, und sie haben ihm mit einem Messer das Herz rausgeschnitten.«

»Ich werd keine Dummheiten machen«, sagte Sandy. »Außerdem hab ich diese Jungs früher schon interviewt. Einmal 1969, dann noch mal 1971. Das sind keine Killer. Wenn überhaupt, dann scheinen sie in dieser kleinen Episode eher die Opfer zu sein, oder? Erst Hobbins, jetzt Lynch.«

»Vielleicht gefällt jemandem ihre Musik nicht.«

Sandy stieß ein spöttisches Schnauben aus. »Ihre Musik war

großartig, Deputy. Sie sollten sich dieses Album mal anhören, ohne nach irgendwelchen Hinweisen zu suchen. Das Zeug hat Power. Hören Sie sich Maggios Gitarrenriffs in ›Ash Man‹ an und was Gopher John auf den Drums macht. Und die Texte. Wahnsinn. Besonders die zweite Seite – die besteht nur aus einem einzigen langen Stück, einem richtigen Klassiker, auch wenn die meisten Radiosender es seiner Länge wegen nicht ganz spielen. So was wie die Nazgûl gab's nicht noch mal, weder vorher noch nachher. Sie waren so gut, dass sie den Leuten Angst machten. Manchmal denke ich, das war der Auslöser für West Mesa, dass es Hoover oder die Scheiß-CIA oder so jemand war, der vor Angst 'ne Darmverschlingung kriegte, weil Hobbins' Gesang und sein gottverdammtes Charisma die Leute auf die Botschaft in der Musik einstimmten. Da ist mehr als eine Band gestorben, als dieser Schuss abgefeuert wurde. Damit hat man eine Idee getötet und eine Bewegung lahmgelegt.«

»Na ja, mir ist Johnny Cash lieber«, sagte Parker lakonisch. »Kommen Sie, ich nehme Sie mit zurück in die Stadt, und wir sprechen mit Notch, bevor ich es mir noch mal anders überlege.«

Sandy lächelte. »Sie wissen doch bestimmt, Davie, dass es nicht viel zu sagen hat, was Sie sich noch mal anders überlegen? Der erste Zusatzartikel zur Verfassung gilt noch immer, und ich kann losgehen und den Nazgûl Fragen stellen, ob es Notch passt oder nicht.«

»Lassen Sie das nicht Notch hören«, erwiderte Parker. Bevor sie zum Wagen zurückkehrten, machten sie das Licht hinter sich aus. Sandy hielt in dem dunklen Wohnzimmer einen Moment lang inne. Die Nacht war angebrochen, und durch die Oberlichter konnte man die matte Scheibe des Mondes sehen, dessen fahles Licht von dem bemalten Glas in ein halbes Dutzend verschiedener Farben zerschnitten wurde. Als er den Raum in diesem seltsamen Licht sah, verspürte Sandy einen plötzlichen Stich nervöser Angst. Ganz kurz klang das sanfte Gurgeln des Baches so, wie Blut klingen mochte, das aus dem Mund eines Sterbenden lief, und das Geräusch der Blätter, die über das Oberlicht schabten, wurde zum Geräusch von Fingernägeln, die im Todeskampf über eine hölzerne Schreibtischplatte kratzten. Aber es dauerte nur einen Moment; dann waren die Geräusche wieder nur Geräusche, die normalen nächtlichen Laute von Blättern und fließendem Wasser, und Sandy sagte sich selbst, dass er ein Narr war.

Draußen hatte Parker den Wagen angelassen, und die Scheinwerfer blendeten ihn, als er die Treppen hinabstolperte. Wenn er es versuchte, wäre es nur zu leicht, den Klang von Musik zu hören, die schwach aus dem dunklen, leeren Haus hinter ihm drang, das ferne Dröhnen der Drums und das einsame Klagen der Gitarren und der Stimme, und Bruchstücke eines Songs von den Lippen eines Mannes, der längst tot war.

Sandy versuchte es nicht.

3

Sandy bekam für die Nacht ein Zimmer in einem Motel am Stadtrand von Bangor. Es war billiger und schmuddeliger, als ihm lieb war – da Jared Patterson die Rechnungen bezahlte, war er fest entschlossen, erster Klasse zu reisen –, aber nachdem er Notch gegenüber klargestellt hatte, dass die Hilfe, die er anbot, nicht die Verletzung journalistischer Grundsätze oder den Verrat vertraulicher Mitteilungen einschloss, war das Gespräch mit ihm unerwartet lang und erbittert gewesen. Als er nach Bangor kam, war er müde und freute sich auf ein Bett, irgendein Bett, also fuhr er mit seinem Mazda beim ersten ZIMMER FREI-Schild ab.

Glücklicherweise hatte Jared Patterson seine nicht eingetragene Telefonnummer in den letzten vier Jahren nicht geändert. Sandy zog eine leise Befriedigung daraus, seinen ehemaligen Arbeitgeber aus tiefem Schlaf zu wecken. »Sie stecken in Schwierigkeiten, Patterson«, sagte er vergnügt. »Das da neben Ihnen im Bett ist meine Tochter, und Sie sollten wissen, dass sie erst fünfzehn ist. Wir werden Sie ins Gefängnis bringen und den Schlüssel wegwerfen.«

»Wer zum Teufel ist da?«, fragte Patterson mit verwirrter, vorsichtiger Stimme. Sandy konnte ihn geradezu vor sich sehen, wie er kerzengerade aufgerichtet in seiner Jockey-Unterhose dasaß und sich den Schlaf aus den Augen zu reiben versuchte.

»Na, na ... Jetzt bin ich aber gekränkt. Hier ist Clark Kent droben in Maine, Chef. Dein Starreporter. Erkennst du die Stimme nicht?«

»O Himmel«, murmelte Patterson. »Sieben Jahre, und ich hatte deine bescheuerten Sprüche fast vergessen, Blair. Was zum Teufel willst du? Weißt du, wie viel Uhr es ist?«

»Drei Uhr siebzehn«, sagte Sandy. »Auf die Sekunde. Ich habe jetzt eine Digitaluhr, weißt du. Vor drei Jahren bin ich überfallen und ausgeraubt worden, und der Bastard hat mir Spiro weggenommen, kannst du dir das vorstellen? Ich brauche Informationen aus dem Hog-Archiv. Hier, schreib dir diese Nummer auf.«

Es folgte ein kurzer, gedämpfter Wortwechsel am anderen Ende, als Jared etwas sagte und jemand anderes antwortete. Es hörte sich wirklich wie ein fünfzehnjähriges Mädchen an, dachte Sandy im Stillen. »Na schön«, sagte Patterson. »Ich hab einen Stift. Gib sie mir durch.«

Sandy gab sie ihm durch. »Ich möchte wissen, wo sich die drei noch lebenden Nazgûl im Moment aufhalten. Falls die Discoqueens, die du jetzt für dich arbeiten lässt, nicht wissen, wer zum Teufel das ist: Sie heißen Peter Faxon, Rick Maggio und John Slozewski. Wenn ihr Clowns die Akten auf dem neuesten Stand gehalten habt, sollten die Informationen irgendwo zu finden sein. Ruf mich morgen so früh wie möglich zurück. Ich habe hier oben alles getan, was ich kann, und ich will los.«

»Klar, klar«, sagte Patterson. »He, wo wir gerade dabei sind, willst du nicht auch 'n paar Jungs von Lynchs anderen Gruppen abklappern?«

»Nein«, sagte Sandy kurz angebunden.

»Todd Oliver war doch bei American Taco, oder? Er ist jetzt

Leadsänger bei Glisten. Den solltest du wenigstens interviewen, damit wir unter all diesen ausrangierten Typen zumindest einen aktuellen Namen haben.«

»Scheiß auf Todd Oliver«, sagte Sandy. »Der Mann hat keinen Stolz. Wenn er bei Glisten spielt, ist er zu allem fähig. Ich weigere mich, jemand zu interviewen, der auf der Bühne einen Silberlamé-Overall trägt. Nur die Nazgûl, bitte. Die Gründe gehen dich eigentlich nichts an, aber ich sag dir, diese Geschichte wird interessanter, als wir gedacht haben. Gib deiner Freundin einen Kuss von mir. Bye.« Lächelnd hängte er auf.

In der schmuddeligen Stille des Motelzimmers verschwand sein Lächeln jedoch rasch. Obwohl er hundemüde war, glaubte Sandy irgendwie nicht, dass er leicht einschlafen würde, und seltsamerweise widerstrebte es ihm, das Licht auszumachen. Er überlegte kurz, Sharon daheim in Brooklyn anzurufen, verwarf die Idee aber, ohne auch nur nach dem Telefon zu greifen. Sie würde sauer auf ihn sein, wenn er um diese Zeit anrief, vor allem da er ihr eigentlich nichts zu sagen hatte. Sandy seufzte. Zum ersten Mal seit einer ganzen Reihe von Jahren ertappte er sich bei dem Wunsch nach einem Joint. Das würde ihn anständig entspannen, aber es war ein vergeblicher Gedanke. In den letzten Jahren hatte er so wenig geraucht, dass seine ganzen Connections schon vor langer Zeit versiegt und vom Winde verweht worden waren.

Der Gedanke an Connections führte jedoch zu anderen Gedanken. Er holte sein Notizbuch hervor und überflog die Namen und Nummern, die er zu Hause rasch aufgeschrieben hatte. Alte Freunde, alte Kontakte, alte Quellen. Die meisten der Nummern waren inzwischen wahrscheinlich nicht mehr gültig. Dafür zogen die Leute zu oft um. Trotzdem, wenn er sie brauchte – und bei einer Story wie dieser konnte man das nie wissen –, würden die Nummern ihm einen Ansatzpunkt bieten, sie ausfindig zu machen.

Bei einer Nummer verweilte er länger und überlegte. Schließlich lächelte er. Maggie würde nichts dagegen haben, dachte er. Es sei denn, sie hatte sich bis zur Unkenntlichkeit verändert. Sandy griff nach dem Telefon und wählte.

Wie er erwartet hatte, gab es keinen Anschluss unter dieser Nummer, aber die Auskunft in Cleveland hatte noch immer einen Eintrag auf eine Margaret Sloane.

Sandy schrieb sich die Nummer auf und hoffte, dass es dieselbe Margaret Sloane war. Jedenfalls meldete er das Gespräch an und hörte zu, wie es läutete.

Beim zehnten Klingeln hob jemand ab, und eine vertraute, schläfrige Stimme nörgelte »Yeah?« in den Hörer.

»Hi, Maggie«, sagte er leise. »Hier ist Sandy.«

»Mein Gott«, sagte sie. »Sandy? Sandy Blair!« Mit jedem Wort schien sie ein bisschen mehr aufzuwachen, und Sandy war ganz hingerissen von der schieren Freude in ihrer Stimme. »Mein Gott, bist du's wirklich? Geht's dir gut? Wo bist du? Bist du in der Stadt? Sag mir, dass du in der Stadt bist!«

»Leider nicht. Ich bin in Maine, ausgerechnet. Ob du's glaubst oder nicht, ich arbeite wieder für Jared.«

»Dieser Kretin.«

»Na ja, es ist nur für dieses eine Mal. Jamie Lynch ist umgebracht worden, und ich mach die Story darüber. Die Pappnasen in der Redaktion des *Hog* sind doch alle erst 76 voll ausgewachsen Jareds Stirn entsprungen, deshalb bin ich der Einzige, der dazu in der Lage ist. Ich will demnächst los und die Nazgûl interviewen, wo auch immer sie sein mögen, und ich dachte, dass Cleveland da ja vielleicht irgendwie auf der Strecke liegt.«

»Und dann hältst du verdammt noch mal besser hier an

und besuchst mich, hörst du? Wie lange ist es her, drei Jahre? Ich hab deine Bücher gelesen. Sarah war ich, oder? In *Kaseys Suche*?«

»Teufel, nein«, sagte Sandy. »Alle meine Figuren sind frei erfunden, und jede Ähnlichkeit mit Personen des wirklichen Lebens, ob lebend oder tot, ist rein zufällig. So steht's direkt unter dem Copyright.«

»Du Arschloch«, meinte Maggie liebevoll. »Zumindest hast du geschrieben, dass sie gut im Bett war.«

»War sie.«

»Aber du hast sie umgebracht!«, jammerte Maggie.

»Findest du nicht, dass es so ergreifender war?«

»Dir werd ich's zeigen, von wegen ergreifend. Kommst du wirklich hierher?«

»Vielleicht«, sagte Sandy vorsichtshalber. »Rechne nicht damit. Ich hab keine Ahnung, wohin sich die Nazgûl verzogen haben. Wenn sie jetzt alle auf Guam leben, werde ich rüberfliegen und einen Kurzurlaub machen müssen. Aber wenn es menschenmöglich ist, dann würde ich gern fahren und unterwegs anhalten und dich besuchen.«

»Fahren, hm? Kommst du im Hogmobil?«

Sandy musste lachen. Das Hogmobil war ein grüner 66er Mustang gewesen, von oben bis unten mit übrig gebliebenen Blumenaufklebern von der 68er Wahlkampagne für McCarthy tapeziert. Fast 250.000 Kilometer war er damit gefahren, bevor er schließlich in jene Weidegründe eingegangen war, in die tote Mustangs gehen, wenn sie den Geist aufgeben. »Er ist vor einiger Zeit verschieden«, erklärte er Maggie. »Ich hab jetzt 'n neuen Wagen.«

»Seufz«, machte Maggie. »Ich mochte den alten Burschen. Ach, na ja. Wie nennst du den neuen?«

»Nennen?«, fragte Sandy. »Ich ... also, ich glaube, er hat keinen Namen.« Kaum war es ausgesprochen, schien ihm das ein seltsames Eingeständnis zu sein. Er hatte den Mazda vor fast zwei Jahren gekauft. Seit wann, so fragte er sich, gab er seinen Wagen keine Namen mehr? Er hatte seinen Wagen immer Namen gegeben, seit dem allerersten, einem durchgerosteten schwarzen VW Käfer, den er mit siebzehn bekommen und sofort »Schabe« getauft hatte.

»Ist wirklich alles in Ordnung?«, fragte Maggie. »Du klingst auf einmal so komisch.«

»Ja«, sagte Sandy ein bisschen wehmütig. »Alles in Ordnung. Ich sitze bloß hier und rede und merke plötzlich, dass ich vielleicht älter werde, als ich zugeben möchte. Aber mach dir deswegen keine Gedanken. Was tut sich denn bei dir so im Moment?«

Maggie erzählte es ihm, und sie sprachen über gemeinsame Freunde, die diesen oder jenen Weg eingeschlagen hatten, und dann über die alten Zeiten, und irgendwie wurde es, ohne dass Sandy es recht merkte, fünf Uhr morgens. »Das wird ein nicht gerade kleines Vermögen kosten«, sagte er schließlich, bevor sie aufhängten. »Gut, dass Jared das bezahlt. Ich besuch dich, sobald ich kann.«

»Das will ich dir auch geraten haben«, erwiderte Maggie, und als er den Hörer auf die Gabel zurücklegte, fühlte Sandy sich tatsächlich richtig gut und sehr müde, und er fiel ohne jegliche Schwierigkeiten sofort in einen tiefen, traumlosen Schlaf.

Das Telefon weckte ihn kurz vor Mittag. »Ich hätte gern eine Pizza mit Peperoni, aber ohne Anchovis«, sagte die Stimme.

»Du bist zu fett für Pizza, Jared«, sagte Sandy müde und zog seinen Notizblock herüber. »Hast du die Adressen?«

»Ja«, erwiderte Patterson. Er hörte sich mürrisch an. »Du

hast 'n hübsches Stück Weg vor dir. John Slozewski wohnt in Camden, New Jersey. Weiß der Himmel, wieso ausgerechnet in diesem Nest. Maggio ist in Chicago. Und Peter Faxon besitzt ein großes Haus draußen in Santa Fe in New Mexico. Sollen wir dir Flugtickets reservieren?«

»Nein«, sagte Sandy. »Ich fahre.«

»Du willst fahren? Da brauchst du ja ewig.«

»Ich hab so viel Zeit, wie ich brauche, schon vergessen? Beklag dich nicht. Ich spare dir Geld. Und jetzt gib mir die Adressen. Telefonnummern auch, wenn du die hast.« Er schrieb sorgfältig mit, versprach Jared, dass er nie wieder so entsetzlich frühmorgens anrufen würde, nein, Sir, und verabschiedete sich.

Ein Stück die Straße runter entdeckte er ein *International House of Pancakes*, wo er eine Portion Schinken mit Ei und mehrere Gallonen Kaffee bestellte. Danach fühlte er sich halbwegs menschlich, auch wenn es in seinem Bauch ein wenig schwappte, als er zum Motel zurückfuhr. Er packte schnell, setzte sich dann auf den Bettrand und rief Sharon bei der Arbeit an.

»Ich bin im Moment ziemlich beschäftigt«, sagte sie. »Hat das nicht Zeit?«

»Nein, hat es nicht«, sagte Sandy. »Ich checke gleich aus und fahre nach New Jersey runter, und ich weiß nicht, wann ich wieder dazu komme, dich anzurufen.« Er gab ihr kurz seine Reiseroute durch, aber als er anfing, ihr von Lynch zu erzählen, fiel sie ihm ins Wort.

»Hör mal, Sandy«, sagte sie, »es ist nicht so, dass es mich nicht interessiert. Das schon. Aber bitte nicht jetzt. Ich hab einen Kunden hier, und ich muss dringend zu einer Besichtigung. Ruf mich heute Abend an. Ach, und übrigens, Alan hat angerufen.« Alan war sein literarischer Agent. »Er ist auch nicht begeistert von deiner neuen Karriere als Privatdetektiv. Du sollst dich bei ihm melden.«

»Großartig«, sagte Sandy.

»Eins deiner Idole hat doch immer gesagt: ›Du wusstest, dass der Job gefährlich war, als du ihn angenommen hast.‹ Wer war das gleich noch?«, fragte Sharon.

»Super Chicken«, murmelte Sandy.

»Ah. Ich dachte mir schon, entweder das oder Gene McCarthy.«

»Na schön, ich rufe Alan an. Lass gut sein. Danke für die Nachricht.«

Alan Vanderbeck telefonierte auf einer anderen Leitung, als Sandy anrief. Alan Vanderbeck telefonierte fast immer auf einer anderen Leitung. Sandy geduldete sich, denn schließlich war es Jared Pattersons Geld, das er da verpulverte. Schließlich meldete sich Alan. »So«, sagte er. »Der verlorene Idiot. Sander, was im Namen der Schöpfung denkst du dir dabei?«

»Freut mich auch, mit dir zu sprechen, Alan. Hast du Pattersons Zusagen schriftlich gekriegt? Ich hab dir eine Nachricht hinterlassen.«

»Klar, hab ich. Du bekommst den Titel, keine Kürzungen, alle Zeit, die du willst, und den Spitzentarif des *Hedgehog*. Möchtest du wissen, wie viel das ist? Fünfhundert Mäuse, Sander. Das sind fünfzig für mich. Ich hab mit meiner Zeit was Besseres zu tun. Und du auch, wenn du mich fragst. Ich bin nicht eben begeistert davon, wie du mir da eine Nachricht hinterlassen hast und aus der Stadt verduftet bist. Ich bin von dieser ganzen Sache nicht begeistert. Hab ich Sharon auch gesagt.«

»Ja, sie hat's mir erzählt. Du bist nicht begeistert, und sie ist nicht begeistert. Ich bin der Einzige, der begeistert ist. Was für ein Glück.«

Alan stieß einen Seufzer aus, der besagen sollte, wie sehr er sich ausgenutzt fühlte. »Wie lange wird das dauern?«

»Keine Ahnung. In mancher Hinsicht entwickelt es sich recht interessant. Vielleicht einen Monat, vielleicht zwei.«

»Möglicherweise entsinnst du dich, dass du erst vor ein paar Tagen mit mir zu Mittag gegessen hast? Möglicherweise entsinnst du dich auch, dass ich dich daran erinnert habe, dass du deinen neuen Roman in knapp drei Monaten abgeben musst? Du kannst es dir nicht leisten, zwei dieser drei Monate für eine verschrobene Vierhundertfünfzig-Dollar-Geste an deine verlorene Jugend zu verwenden, Sander. Hab ich dir das nicht deutlich gemacht?«

»Verdammt, Alan, erzähl mir nicht, was ich zu tun habe!«, sagte Sandy ein wenig gereizt. »Ich bin es leid, dass mir alle Welt Vorschriften machen will. Sieh mal, mit dem Roman lief es nicht so besonders. Es sollte eigentlich gut für mich sein, wenn ich mal abschalte und diese Story schreibe. Vielleicht hilft mir das über meine Blockade weg. Dann überziehe ich halt den Abgabetermin. Na und? Ich hab nicht den Eindruck, dass die Welt den Atem anhält. Als ich *Kaseys Suche* abgeliefert habe, war ich zwei Monate zu spät dran, und bei *Offene Wunden* fast ein Jahr, stimmt's? Man kann nun mal nicht auf Kommando kreativ sein, verdammt!«

»Nein, Sander«, sagte Alan. »Das zieht nicht. Die Umstände sind diesmal anders. Du hast für dieses Buch einen satten Vorschuss gekriegt, hauptsächlich weil *Abtrünnig* gut gegangen ist, aber der Verlag bereut das bereits. Du scheinst vergessen zu haben, dass *Offene Wunden* noch keinen Taschenbuchverlag gefunden hat.«

»Es hat gute Kritiken bekommen«, protestierte Sandy.

»Das reicht nicht. Es verkauft sich beschissen. Ich hab dich gewarnt – wenn du das neue Buch zu spät ablieferst, dann kündigen sie dir den Vertrag und verlangen ihr Geld zurück. Wir dürfen ihnen nicht die Gelegenheit dazu geben.«

»Sei nicht so verdammt pessimistisch«, sagte Sandy. »So schlimm wird's schon nicht werden. Ich mach diese eine Story für Jared, das ist alles, und dann bin ich wieder da und arbeite an dem Roman. Zum Teufel, vielleicht schaffe ich diesen Abgabetermin sogar. Wenn nicht, wirst du schon einen Weg finden, um sie zu besänftigen.«

»Ich bin Agent und kein Zauberer«, sagte Alan. »Du überschätzt meine Überzeugungskraft. Hör mal, lass mich das mit aller Klarheit sagen ...«

»Himmel«, meinte Sandy. »Du klingst wie Nixon.«

»Wie dem auch sei«, beharrte Alan. »Ich möchte dich hier und jetzt warnen, dass ich nicht im Geschäft bin, um Fünfhundert-Dollar-Deals mit dem *Hedgehog* zu machen. Wenn du diesen Roman nicht ablieferst und der Vertrag aufgekündigt wird, dann solltest du dich besser nach jemand anderem umsehen, der dich vertritt.«

»Vielleicht sollte ich mich sowieso mal umsehen«, sagte Sandy.

»Vielleicht solltest du das«, stimmte Alan zu. Er seufzte. »Ich tu das nicht gern, Sander. Ich mag dich, und ich mag deine Sachen. Aber es ist zu deinem eigenen Besten. Vergiss diese Story, komm zurück nach New York und mach dich an die Arbeit. Du hast eine professionelle Verpflichtung.«

»Zum Teufel mit der professionellen Verpflichtung«, fauchte Sandy, »und kümmere dich nicht um meine Angelegenheiten, Alan. Hast du kein Gespräch auf einer anderen Leitung?«

»Hab ich, in der Tat. Ich dachte nur, dass ich dir vielleicht ein bisschen Vernunft beibringen könnte. Wie ich sehe, war das eine vergebliche Hoffnung. Denk darüber nach, Sander. Die Entscheidung liegt bei dir.«

»Freut mich, dass du das nicht vergessen hast«, sagte Sandy. »Mach's gut, Alan. Ich melde mich wieder.« Mit einer bewussten Anstrengung unterließ er es, den Hörer auf die Gabel zu knallen, und legte ihn sehr sanft auf seinen Platz. Als er das Motel verließ und seinen Koffer zum Wagen schleppte, hatte er eine Stinklaune. Der größte Teil des Tages war schon vorbei, und nach den Gesprächen mit Alan und Sharon war er genervt und deprimiert. Vielleicht hatten sie recht, dachte Sandy im Stillen. Vielleicht war es dumm, an dieser Nazgûl-Sache zu arbeiten statt an dem Roman. Vielleicht war er kindisch und verantwortungslos. Aber verdammt, er hatte das Recht, gelegentlich ein bisschen kindisch zu sein, oder etwa nicht? Schließlich war er ja nicht davongerannt, um zum Zirkus zu gehen. Er arbeitete an einer Story, und vielleicht stellte sich heraus, dass es auch eine verdammt gute Story war, eine große, bedeutende Story. Vielleicht gewann er sogar irgendeinen gottverdammten Preis dafür! Er zog die Riemen stramm, die seinen Koffer zusammenhielten, trat zurück und schlug die Heckklappe des Mazda fester zu als nötig. Für einen Moment stand er schäumend vor Wut auf dem Parkplatz des Motels; er wollte seine Enttäuschung an irgendetwas auslassen, aber er fand nichts. Ihm war danach, dem Wagen einen Tritt zu geben. An den Reifen der Schabe, von Jezabel, dem Schlachtschiff Missouri und dem Hogmobil hatte er sich über die Jahre oftmals die Zehen gestoßen und Dampf abgelassen.

Den Mazda jedoch, den Mazda konnte man nicht treten. Er stand da auf dem Parkplatz, schnittig und prächtig, ganz flach und bronzefarben und glänzend, mit seinem Sonnendach und seiner Radioantenne und den flotten schwarzen Lamellen an der Heckscheibe, und sah so schnell aus wie der Teufel und doppelt so sexy, sogar wenn er sich nicht bewegte. Sandy hatte immer davon geträumt, einen Sportwagen zu besitzen. Er liebte seinen Mazda. Und doch war er irgendwie kein alter Freund, wie die anderen Wagen es gewesen waren, kein Gefährte in Gefahr und Not, der einen gelegentlichen wütenden Tritt, der den Zehen mehr wehtat als den Reifen, verstand und verzieh. Nein. Er war eine hübsche Maschine. Er war ein Statussymbol, etwas, worauf man stolz sein konnte, das man polierte und einwachste. Er sank so gut wie nicht im Wert … aber das war es auch schon. Die Schabe war ein Kumpel gewesen. Der Mazda war eine scheiß Investition, dachte er. Er starrte ihn an, ging um ihn herum und machte die Tür auf.

Dann hielt er inne. »Zum Teufel damit!«, sagte er laut. Er knallte die Tür wieder zu, trat so fest er konnte gegen das Vorderrad und hopste dann abwechselnd grimassenschneidend und grinsend auf einem Bein auf dem Parkplatz herum.

Zehn Minuten später, draußen auf der Straße, grinste er immer noch, während er mit hundert über den Highway flitzte und der kleine Wankelmotor ein leises, schnurrendes Geräusch von sich gab. Er warf einen raschen Blick auf seine Bänder, zog eine alte Lovin'-Spoonful-Kassette heraus und schob sie ins Tapedeck. Er drehte den Lautstärkeregler auf, sodass die Musik den ganzen Wagen erfüllte. Was für ein Tag für einen Tagtraum, sang John Sebastian, wie gemacht für einen kleinen Tagträumer.

»Tagtraum«, sagte Sandy. Es gefiel ihm, wie das klang. Es war locker, lustig, etwas, das man nicht tun musste, aber trotzdem tat. »Tagtraum«, sagte er zu dem Mazda, »leg 'nen Zahn zu. Wir haben eine Verabredung mit 'ner Gopherschildkröte in New Jersey.« Er trat aufs Gaspedal, und der Wagen wurde schneller.

4

Sandy verabscheute die New Jersey Turnpike mit einer geradezu irrationalen Intensität. Sie war eine echte Scheißstraße, ein ewiges Verkehrsgewimmel, und sie durchschnitt einen der grässlichsten Landstriche diesseits von Cleveland, ein stinkendes Niemandsland aus Mülldeponien, Ölraffinerien, Autofriedhöfen und gefährlichen Abfallhalden. Die Straße war beständig in einen grauen Nebel mit ganz eigenem, charakteristischem Geruch gehüllt, ein Miasma aus Kohlenmonoxid, Dieselauspuffgasen und schädlichen Chemikalien, und ein Hauch davon reichte, um alte Ängste in Sandy wachzurufen.

Früher, ja früher war er auf dieser Schnellstraße mehr als einmal angehalten, fiktiver Übertretungen der Verkehrsregeln bezichtigt und nach Drogen durchsucht worden. Die Turnpike-Cops waren so furchtbar schlecht auf Freaks zu sprechen wie alle auf dem Land, und sie lagen regelmäßig auf der Lauer nach Hippies und Langhaarigen und verfolgten sie mit einem Eifer, der fast ans Manische grenzte. Wenn der Wagen die falschen Aufkleber auf der Stoßstange hatte, dann kriegte man auf der Jersey Turnpike mächtig Schwierigkeiten, und in dem über und über mit McCarthy-Gänseblümchen verzierten Hogmobil auf dieser Straße zu fahren war so, als würde man die Jagdsaison auf sich selbst für eröffnet erklären.

Jetzt war das alles längst Vergangenheit. »Tagtraum« war beachtlich teuer und gänzlich blumenlos, und die alten Feindschaften waren geschwunden. Trotzdem machte irgendetwas an dieser Straße Sandy noch immer nervös. Allein schon ihr Geruch ließ ihn an blinkende Lichter in seinem Rückspiegel denken, an Tränengas, Rauschgiftfahnder und blutige Gummiknüppel und an Richard Milhous Nixon.

Sogar das Essen in den Raststätten bescherte ihm hier Verdauungsbeschwerden. Es war eine Erleichterung, als er nach Camden abbog.

Das Gopher Hole lag an einer Hauptzubringerstraße, einen guten Kilometer von der Auffahrt zur Schnellstraße entfernt. Von außen war es ein hässlicher Laden, ganz aus Schlackenstein und grüner Aluminiumverschalung. Neonröhren auf dem Dach buchstabierten seinen Namen, und ein Pappschild nahm das einzige große Fenster ein. LIVE MUSIC stand auf dem Schild. Obwohl das Gebäude ziemlich groß war, wirkte es, umgeben von der riesigen leeren Fläche seines asphaltierten Parkplatzes, eher klein. Sandy lenkte Tagtraum in eine Parklücke in der Nähe der Tür, zwischen eine schwarze, uralte Stingray und einen kleinen, gepflegten Toyota. Das waren die beiden einzigen Wagen. Er stieg aus, streckte sich, hängte sich die Jacke über die Schulter und ging hinein.

Der Tag draußen war wolkig bis heiter gewesen, und seine Augen brauchten ein oder zwei Minuten, um sich an die höhlenartige Dunkelheit im Innern zu gewöhnen. So lange blieb er im Eingangsfoyer vor der Garderobe stehen. Neben der Tür zum Hauptsaal stand ein Schild auf einem hölzernen Dreibein, das den abendlichen Auftritt einer Band namens Steel Angels ankündigte; die Musiker lächelten ihm von einem Hochglanzfoto entgegen. Sie hatten sehr weiße Zähne, fand Sandy. Hinter dem Schild war der große, leere Club. Sandy konnte eine Bühne ausmachen, die noch mit Instrumenten und Sound-Equipment übersät war, eine Tanzfläche, zahlreiche Tische und Stühle und mindestens drei Bars, eine lange an der westlichen Wand und zwei kleinere, runde in der Mitte des Saales, mit Barhockern drum herum. Die getäfelten Wände waren mit alten Rock-Postern bedeckt, was ihn unangenehm an Jamie Lynchs Büro erinnerte.

Hinter einer der runden Bars eilte ein junger Bursche geschäftig hin und her und unterhielt sich dabei mit einem großen Kerl in einem Nadelstreifenanzug, der am Tresen lehnte und ein wenig wie ein Mafiakiller aussah. Sandy schaute sich um und sah sonst niemanden, also ging er auf sie zu. Sie beobachteten beide, wie er näher kam. »Wir haben geschlossen«, rief ihm der Barmann schließlich zu.

»Ich weiß«, sagte Sandy. »Ich suche Gopher John. Wann, meinen Sie, kommt er?«

Der Mann in dem Nadelstreifenanzug räusperte sich. »Ich bin John Slozewski«, sagte er und streckte die Hand aus. »Sie sind Sandy Blair, stimmt's? Ich erinnere mich noch an Sie.«

Sandy schüttelte ihm die Hand und bemühte sich, seine Überraschung zu verbergen. Gopher John Slozewski war ein riesiger, finster dreinschauender Bär von einem Mann gewesen, der meist zerrissene Jeans und bunt gefärbte Kittel getragen hatte. Mit seinem gewaltigen schwarzen Bart, seinem Mondgesicht, den geröteten Wangen und dem Bauch hatte er Sandy manchmal an ein finsteres Gegenstück zum Weihnachtsmann erinnert. Der Mann, der ihm nun die Hand schüttelte, war ein Fremder, an dem er auf der Straße wahrscheinlich ohne einen zweiten Blick vorbeigegangen wäre. Slozewski hatte an Gewicht verloren; sein Gesicht war nicht mehr rund und engelhaft, und er war unter seiner Weste gut in Form. Der Bart war ab, und das schwarze Haar, das sich langsam zu lichten begann, war modisch geschnitten und frisiert. Nur an der Größe hatte sich nichts geändert. Die Hand, die Sandys Hand umschloss, war riesig, dieselbe mächtige rote Faust, die voller Schwung den rechtschaffenen, schonungslosen Beat der Nazgûl hinausgehämmert hatte. »Ich hätte Sie nie erkannt«, sagte Sandy.

»Die Zeiten ändern sich«, erwiderte Slozewski. »Ich muss meinen Laden hier am Laufen halten. Mister John Slozewski fällt das wesentlich leichter als einem Hippie namens Gopher John mit Haaren bis zum Arsch. Sie werden's nicht glauben, aber ich bin jetzt Mitglied der Handelskammer. Was trinken Sie?«

»Ein Bier«, sagte Sandy.

»Zapf ihm eins, Eddie«, sagte Slozewski. Der Barmann füllte das Glas und schob es Sandy hin. Slozewski nickte ihm zu. »Geh und kümmere dich um die Hauptbar, damit wir reden können, okay?« Der Barmann verschwand. »Sie sind also immer noch beim *Hog*, hm?«

»Ja und nein«, sagte Sandy. Er schlürfte sein Bier und ließ sich auf einem Barhocker nieder. »Das ist ein freier Auftrag. Heute schreibe ich vor allem Romane.«

»Schön für Sie«, sagte Slozewski tonlos. Weder seine Stimme noch sein Gesicht verrieten eine Spur von Wärme, aber Sandy wusste, dass das täuschte. Gopher John Slozewski war für seine ständige finstere Miene und seine knappe, kurz angebundene Art im Umgang mit der Presse und der Öffentlichkeit berühmt gewesen. Das und sein wildes Trommeln hatten ihm den Ruf eingetragen, ein bisschen bösartig zu sein, ein bisschen verrückt und mehr als nur ein bisschen dumm. Nichts davon entsprach der Wahrheit, wie Sandy herausgefunden hatte, als er die Nazgûl zum ersten Mal interviewte. Wenn überhaupt, dann war Slozewski einer der sanftesten und freundlichsten Menschen in der Welt des Rock, aber sein Charme verbarg sich hinter seiner angeborenen Scheu und Zurückhaltung. In dieser Hinsicht hatte er sich anscheinend nicht sehr verändert. Nachdem er seinen Kommentar abgegeben hatte, saß er still da und wartete, dass Sandy fortfuhr.

Sandy nahm sein Notizbuch heraus. »Sie können sich wahrscheinlich denken, worüber ich mit Ihnen sprechen will«, sagte er.

Slozewski blickte auf den Notizblock und lächelte dünn und flüchtig. »Schau sich einer das an«, meinte er. »Ist 'ne Ewigkeit her, dass ich 'n Reporter gesehen hab, der sich den Kram aufschreibt. Die Neuen benutzen alle kleine Kassettenrecorder.« Er seufzte. »Sie wollen mich wahrscheinlich über Lynch ausfragen, stimmt's? Und über die Nazgûl?«

Sandy nickte.

»War ja klar«, sagte Slozewski. »Ich hatte irgendwie gehofft, dass der *Hog* vielleicht 'n netten kleinen Artikel über meinen Laden hier bringen wollte, wissen Sie. Wir könnten die Publicity brauchen. Aber für wahrscheinlich hab ich's nicht gehalten.« Er runzelte die Stirn. »Die sollten mal was über das Gopher Hole machen. Richten Sie das Patterson von mir aus, okay?«

»Geht klar«, sagte Sandy. »Ist 'n hübscher Laden«, log er.

»Zum Teufel«, meinte Slozewski, »das sagen Sie bloß so. Für Sie ist das bloß eine x-beliebige gottverdammte Bar. Ich weiß, wie schäbig der Laden von außen aussieht. Schlackensteine und all das. Ich bin nicht dumm. Aber das ist nur die halbe Wahrheit. Der Schuppen ist wichtig.«

»Wichtig?«, fragte Sandy.

»Für mich ist das Gopher Hole so was wie ein wahr gewordener Traum«, sagte Slozewski. »Ich hab alles in diesen Laden gesteckt, was ich hatte, und ich verliere Geld damit, aber das ist mir scheißegal. So wie ich das sehe, zahle ich ein paar Schulden zurück.« Er machte ein finsteres Gesicht. »Musik ist ein hartes Geschäft. Ich weiß noch, wie schwer es war, da reinzukommen. Ich hab das immer im Kopf behalten, auch als wir schon groß waren.«

»Die Nazgûl?«

Slozewski nickte. »Sie haben das Ende mitgekriegt, die Jahre, als wir an der Spitze waren. Den Anfang aber nicht. Finstere Zeiten waren das. Wir hatten einen neuen Sound, rau und zornig, wie die Zeit eben war, und wir haben nur unser eigenes Material gespielt, Faxons Zeug. Keiner wollte es hören. Keiner wollte uns hören. Wenn wir einen Gig bekamen, hatten wir auch immer diese Kerle in der Menge, die allen möglichen dämlichen Mist verlangten. Standards, verstehen Sie? Und wir kriegten Manager, die uns drängten, diesen Müll zu bringen. Und die Bezahlung war … Zur Hölle, da gibt's kein Wort dafür. Wir hatten alle Zweitjobs nebenher. Ich war Koch bei Denny's, immer nur Nachtschicht.« Er hob die massigen Schultern. »Na ja, als wir's geschafft hatten, hab ich den Entschluss gefasst, dass ich den Kids den Einstieg erleichtern würde. Darum geht's beim Gopher Hole. Kommen Sie doch in ein paar Stunden noch mal vorbei und hören Sie sich Steel Angel an. Die sind verdammt gut. 'Ne Art New-Wave-Sound, wissen Sie? Nicht kommerziell, aber gut. Bei mir treten nur solche Leute auf. Um hier zu spielen, müssen sie ihr eigenes Zeug bringen, original. Auch keinen Disco-Mist. Ich geb ihnen eine Chance, einen regelmäßigen Gig, wenn sie's brauchen. Und ich bezahle ihnen auch anständiges Geld. Ich würde ihnen mehr geben, wenn ich könnte, aber es läuft nicht so gut, wie ich's mir wünschen würde.« Wieder zuckte er die Achseln. »Aber verdammt, was soll's, ich kann's mir leisten. Auf die Musik kommt's an, nicht aufs Geld. Aber das wollen Sie alles nicht hören, oder? Sie wollen was über Jamie Lynch hören.«

»Und über die Nazgûl«, sagte Sandy. »Tut mir leid. Vielleicht kriege ich Jared dazu, einen kurzen Artikel über Ihren Laden zu bringen.«

»Das glaub ich erst, wenn ich's sehe«, knurrte Slozewski. Seine Stimme war noch genauso polternd und tief wie in seinen aktiven Zeiten. »Hören Sie, ich hab nichts dagegen, mit Ihnen zu reden, aber ich sag Ihnen gleich von vornherein, dass Sie meiner Meinung nach Ihre Zeit vergeuden. Ich hab nicht die allergeringste Ahnung, wer Jamie Lynch getötet hat, und interessieren tut's mich noch weniger. Und es hängt mir zum Hals raus, über die Nazgûl zu reden.«

»Warum?«, fragte Sandy.

»Warum hing es Lennon zum Hals raus, von der Auflösung der Beatles zu erzählen?« Es war eine rhetorische Frage. Slozewski ging um das Ende des Tresens herum und fuhr fort, während er sich methodisch einen Drink zubereitete. »Nächsten Monat werde ich siebenunddreißig. Bis vierzig ist es nicht mehr so weit. 'Ne Menge Leben. Ich hab 'n Laden, mit dem ich wirklich beschäftigt bin, wo ich versuche, der Musik was Gutes zu tun. Ich war lange Zeit ein guter Drummer. Nach West Mesa hab ich drei Jahre bei Nasty Weather gespielt, dann bei Morden & Slozewski & Leach und für 'ne kurze Zeit beim Smokehouse Riot Act. Der Riot Act hätte auch 'ne teuflische Band sein können, wenn Morden und Jencks nicht so ungeheure Arschlöcher gewesen wären. Wir haben ein paar gute Scheiben gemacht. Wenn wir zusammengeblieben wären, hätten wir die Leute vielleicht dazu gebracht, überhaupt nicht mehr an die Nazgûl zu denken. Trotzdem, werde ich jemals danach gefragt? Nee.« Er runzelte die Stirn und schüttelte den Kopf. »Alles, worüber die Leute was wissen wollen, sind die Nazgûl. Ich bin der Letzte, der die Nazgûl runtermacht, wohlgemerkt. Wir waren gut. Wir waren eine Weltklasse-Rockband. Ich bin stolz auf diesen Teil meines Lebens. Trotzdem, West Mesa hat damit Schluss gemacht. Irgendein Irrer da draußen im Dunkeln hat abgedrückt, und es war vorbei, und wir mussten von vorne anfangen. Aber man lässt mich nicht. Verstehen Sie, was ich meine? Ich bin John Slozewski, und ich will wie John Slozewski behandelt werden und nicht bloß wie ein Viertel der Nazgûl. Da scheiß ich drauf.«

Slozewskis tiefe Stimme hatte einen leicht gereizten Tonfall angenommen. Sandy hörte ihm mit einer gewissen Verwunderung zu; was man ihm, so hoffte er, nicht ansah. Gopher Johns Karriere nach den Nazgûl war alles andere als gut gelaufen. Nasty Weather, die sich in den Nachwirkungen von West Mesa um Slozewski und Maggio formiert hatten, waren als Band bestenfalls ein Ableger. Der Smokehouse Riot Act war da wesentlich vielversprechender und origineller gewesen, aber interne Meinungsverschiedenheiten hatten sie nach nur einem Album auseinandergerissen. Und je weniger man über Morden & Slozewski & Leach sagte, umso besser. Man hätte meinen sollen, dass Gopher John all diese Gruppen ebenfalls lieber vergessen hätte.

Sandy brachte trotzdem ein dünnes, mitfühlendes Lächeln zustande. »Ich weiß, wie Ihnen zumute ist«, sagte er. »Mein erstes Buch, *Abtrünnig*, hat sich doppelt so gut verkauft wie die späteren. Ich kriege immer noch Rezensionen, in denen steht, dass es seitdem nur bergab gegangen ist. Kann einen zur Weißglut bringen, was?«

Slozewski nickte. »Da haben Sie verdammt recht.«

Sandy fügte allerdings nicht hinzu, dass er in Bezug auf Gopher Johns Karriere derselben Meinung war wie alle anderen. Jim Morden, Randy Andy Jencks, Denny Leach und all jene, mit denen Slozewski später zusammengespielt hatte, waren fähige, professionelle Musiker, aber nicht einer von ihnen wäre würdig gewesen, Hobbins das Mikrofon aufzustellen oder Faxons Bass zu stimmen. Sein Taktgefühl verbot ihm jedoch, das zu erwähnen. Stattdessen sagte er: »Trotzdem, ich kann verstehen, warum Sie die Fragen über die Nazgûl leid sind, aber bestimmt verstehen Sie, dass der Mord an Lynch eine Menge Aufsehen erregt.«

Slozewski machte ein finsteres Gesicht. »Ja, okay. Was aber nicht heißt, dass es mich interessieren muss.«

»Sind nicht ein Haufen Medienleute hier reingeschneit, um Fragen zu stellen, seit die Nachricht raus ist?«

»Gar nicht so viele«, gab Slozewski zu. »Ein Typ von einem Nachrichtendienst hat angerufen, um mich zitieren zu können, und einer der Fernsehsender von Philadelphia hat eine Crew rausgeschickt. Ich hab mit ihnen gesprochen, aber sie haben nichts davon verwendet. Viel zu sagen hatte ich ihnen nicht. Jedenfalls nichts Interessantes.« Er nippte an seinem Drink. »Für Sie hab ich auch nichts Interessantes, aber wenn Sie Fragen stellen wollen, nur zu. Mir bleiben noch ein paar Stunden, bis wir aufmachen.«

»Sie haben also keine Ahnung, wer Jamie Lynch getötet haben könnte?«

»Nee.«

»Oder wer ihm den Tod gewünscht haben könnte?«

Slozewskis Lachen war ein hässliches kleines Glucksen. »Die halbe verfluchte Welt wollte, dass Lynch verreckt.« Er zuckte die Achseln. »Zumindest war das vor zehn Jahren so. In letzter Zeit hatte er wohl keinem was Böses getan, das muss ich zugeben. Er war gar nicht mehr dazu in der Lage. Aber damals, als er Einfluss hatte, war er ein skrupelloser Hurensohn. Ich denke mal, wer immer ihn getötet hat, das war jemand, der einen Groll gegen ihn hegte.«

»Einen Groll«, sagte Sandy. »Sie hören sich an, als wären Sie selbst nicht allzu gut mit Lynch klargekommen.«

»Kein Kommentar«, sagte Slozewski.

»Das kommt mir ein bisschen undankbar vor«, meinte Sandy. »Ich dachte, Jamie Lynch wäre für die Entdeckung der Nazgûl verantwortlich gewesen. Er hat euch zu eurem Durchbruch verholfen, euch mit zu den Größten im Rock gemacht.«

»Ja, sicher. Er hat uns groß gemacht. Er hat uns reich gemacht. Und er hat auch sich selbst reicher gemacht. Ich weiß, was ich dem Business verdanke, Blair, deshalb führe ich diesen Laden so, wie ich's tue. Loyalität ist kein Fremdwort für mich. Aber Jamie hat schon vor langer, langer Zeit alle Loyalität aufgebraucht, die ihm entgegengebracht wurde. Er wusste, wie gut wir waren, als er auf uns stieß. Er wusste auch, wie hungrig wir waren. Sie hätten den Vertrag sehen sollen, den er uns unterschreiben ließ. Scheiße, was wussten wir schon? Wir waren vier Kids, die Musik machen wollten, die auf die Titelseite vom *Hedgehog* kommen wollten.«

Sandy schrieb alles mit. »Sie meinen also, Lynch hat die Band übervorteilt?«

»Er hat uns benutzt. Er hat uns gewaltig verarscht.« In Slozewskis Stimme lag plötzlich eine Spur Bitterkeit. »Haben Sie sich je gefragt, warum die Nazgûl nicht in Woodstock gespielt haben? Groß genug waren wir. Und wir wären gern dabei gewesen. Macht mich immer noch wild, dass wir's nicht waren. Lynch hat uns daran gehindert. Er hat gesagt, er würde uns wegen Vertragsbruch drankriegen, wenn wir uns ihm widersetzten, und uns eine Millionenklage anhängen. Dieser Scheißvertrag gab ihm die ausschließliche Verfügungsgewalt darüber, wann und wo die Nazgûl spielten, verstehen Sie, und er glaubte nicht, dass Woodstock gut für uns wäre. Gut für uns! Himmel!« Gopher Johns große Knöchel waren ganz weiß, so fest umklammerte er sein Glas. »Und dann waren da noch die Drogen«, fügte er hinzu.

»Lynch versorgte alle seine Gruppen mit Drogen«, sagte Sandy. »Er hatte Connections, das wusste jeder. Und?«

»Ja. Klar. Sie kapieren rein gar nichts. Die Drogen waren nur eine andere Möglichkeit, uns unter Kontrolle zu halten, verstehen Sie. Ach, zum Teufel, ich stand echt auf Haschisch, tu ich immer noch, und 'n kleiner Trip zur Erholung ab und zu tut keinem weh. Das ist cool. Damit konnte ich umgehen. Und Peter hat das Zeug nie angerührt. Nicht mal Gras. So war er nun mal. Hobbins und Maggio aber, die hatten Probleme. Zur Zeit von West Mesa konnte Hobbins ohne einen Mischmasch von Pillen und einem Gläschen Whisky nicht mal auftreten, und Rick setzte sich regelmäßig einen Schuss. Was auch seiner Musik schadete. Sie glauben ja gar nicht, wie oft wir einige Stücke auf *Napalm* und *Wake the Dead* einspielen mussten, bis wir für Maggios Gitarre den richtigen Sound hinbekamen.«

»Und Sie geben Jamie Lynch daran die Schuld?«

»Zum Teufel, Jamie hat dem alten Rick seine erste Nadel geschenkt. Zu Weihnachten, können Sie sich das vorstellen? Mit einem weißen Schleifchen drumrum. Peter ist echt die gottverdammte Wand hochgegangen, das kann ich Ihnen sagen. Lynch war's egal. Uns Drogen umsonst zu geben verschaffte ihm größeren Einfluss. Er selbst machte von dem Zeug nur mäßig Gebrauch. Jamie Lynch war ein Macht-Junkie.«

»Klingt hässlich«, sagte Sandy.

»Ja, es war auch verdammt hässlich. Das war aber nicht das Einzige. Rick stand auch auf Groupies, besonders wenn er auf irgendwas drauf war oder nach einem Set. Wir waren keine zehn Minuten hinter der Bühne, da hatte er schon die Hose unten, und so'n junges Ding lutschte ihm einen ab. Na ja, irgendwann nachts nach einem Konzert in Pittsburgh war Maggio gerade so richtig dabei mit diesen Zwillingen, und auf einmal platzt Jamie Lynch mit einer Polaroidkamera rein und fängt an loszuknipsen. Faxon war weg, und Hobbit und ich waren völlig fertig, also hat keiner was unternommen. Wir dachten alle, es wäre echt was zum Ablachen. Maggio kicherte und schnitt auch noch Grimassen.« Die Falten auf John Slozewskis Stirn waren so tief, dass sie ihm ins Gesicht gemeißelt zu sein schienen. »Stellt sich raus, dass die Zwillinge minderjährig waren. Sie waren vierzehn! Sie sahen nicht danach aus, das sag ich Ihnen, aber sie waren es, und Jamie wusste das. Na ja, wir haben diese Bilder nie gesehen, aber Jamie hat die ganze Zeit Witze drüber gemacht. Einfach so rumgeflachst, verstehen Sie, von wegen wir sollten besser tun, was er sagte, sonst würde er sie irgendwem verkaufen, häh-häh-häh, und wir lachten alle. Maggio lachte am lautesten. Allerdings sah man ihm an, dass er jedes verfluchte Mal am Schwitzen war, egal wie laut er lachte. Er wusste, dass Jamie nicht scherzte. Der Wichser meinte es ernst.«

»Wozu die Aufregung?«, fragte Sandy. »Er wäre nicht der erste Rockstar gewesen, der mit so einem kleinen Luder im Bett erwischt worden wäre. Die Hälfte der Groupies in der Szene war minderjährig.«

»Ja, vielleicht. Aber Sie kennen Rick nicht. Er war nur ein

magerer katholischer Junge aus der Southside von Phillie. Ein hässlicher magerer katholischer Junge. Damit wurde er nie fertig. Er hat jede Droge probiert, die Jamie ihm besorgt hat, und alles gebumst, was zwei Beine hatte und bereit war, sie zu spreizen, aber ihm war irgendwie nie so recht wohl dabei. Als ob jeden Augenblick eine Nonne daherkommen und ihn mit einem scheiß Lineal verprügeln würde. Diese Bilder haben ihm eine Menge Sorgen gemacht. Aber Peter hat sich drum gekümmert.«

»Faxon?«

Slozewski nickte. »Eines Nachts hat er Jamie abgefüllt und ihm eingeredet, dass er gern mal einen Blick auf die Bilder werfen würde, na ja, Sie wissen schon, und irgendwie hat Jamie sie dann rausgeholt und rumgereicht. Und dann hat Peter sie einfach genommen und in kleine Stücke zerrissen, direkt vor Lynchs Augen. Was nicht groß was geändert hat. Lynch hatte uns mit vielen Dingen in der Hand.« Slozewski trank sein Glas leer und stellte es beiseite. »He«, sagte er, »das werden Sie doch nicht drucken, oder?«

»Wollen Sie denn nicht, dass die Welt die Wahrheit über Jamie Lynch erfährt?«

»Hey, Mann!«, protestierte Slozewski. »Können wir das nicht aus der Öffentlichkeit raushalten? Es ist mir piepegal, was die Welt über Lynch erfährt, aber Maggio hat bereits genug Probleme. Ich mag ihn vielleicht nicht besonders, aber das heißt nicht, dass ich ihn noch tiefer in die Scheiße reiten will, als er eh schon drinsteckt.«

Sandy zuckte verständnisvoll die Achseln. »Ich weiß nicht«, sagte er. »Ich muss Maggio interviewen. Vielleicht redet er sich dabei selbst um Kopf und Kragen. Aber wenn nicht ... Mal sehen, vielleicht kann ich dann ja noch mal mit dem Weichzeichner drübergehen.« Hastig hob er eine Hand. »Keine Versprechungen, aber ich bin hauptsächlich an Lynch interessiert. Ich kenne seinen Ruf. Allerdings wusste ich nie was Genaueres. Ich kann verstehen, dass Sie keine Trauer tragen.«

Das entrang Gopher John ein klägliches Galgenvogelgrinsen. »Yeah, nun, ich hab's Ihnen ja gesagt.«

»Was war in letzter Zeit? Seit West Mesa?«

»Nach West Mesa hatte ich nicht mehr viel Kontakt mit Jamie Lynch«, sagte Slozewski. »Was meine Entscheidung war. Er hatte einen Vertrag mit den Nazgûl, müssen Sie wissen. Mit uns vieren. Die Nazgûl gehörten ihm. Wussten Sie das? Wussten Sie, wie Hobbins ihn immer nannte?«

»Mister Lynch Sir?«

Slozewski lachte. »Nein. Aber Sie können es rauskriegen. Sie wissen doch, woher der Name kam, oder? Die Nazgûl?«

»Von Patrick Henry Hobbins«, erwiderte Sandy. Diese Anekdote hatte er in seine beiden früheren Interviews mit der Band aufgenommen; sie war ein allseits bekannter Bestandteil ihrer Geschichte. »Hobbins war ziemlich klein, nur eins sechzig groß, und er hatte 'ne Menge weiße Haare, auch an den Füßen, und er rauchte Pfeife. Er stopfte sie mit Gras, aber es war trotzdem eine Pfeife. Als dann *Der Herr der Ringe* rauskam, hatte er natürlich sofort den Spitznamen ›Hobbit‹ weg. Das brachte ihn auf den ganzen Tolkien-Kram, und er war es, der die Gruppe nach den fliegenden Bösewichtern in den Büchern die Nazgûl nannte.«

»Ja«, sagte Slozewski. »Was meinen Sie also, wie er Lynch genannt hat?«

Es war lange her, dass Sandy die Tolkien-Trilogie gelesen hatte. Er musste einen Moment nachdenken. »Sauron«, sagte er schließlich. »Sauron gehörten die Nazgûl.«

»Gebt dem Mann ein Bier.« Slozewski zapfte eins und schob es über den Tresen. »Jamie war sofort begeistert. Nachdem *Hot Wind out of Mordor* an die Spitze der LP-Charts geklettert war, gab er uns zur Erinnerung an den Erfolg vier zueinander passende Ringe.«

»Wie niedlich«, meinte Sandy. Er trank einen Schluck Bier. »Trotzdem, ich bin nicht sicher, dass ich das verstehe. Was meinen Sie damit, dass die Nazgûl Lynch gehörten?«

»Der Name gehörte ihm«, erklärte Slozewski, »und er besaß das Recht, jede Band zu managen, bei der mindestens drei von uns mitspielten, sodass wir uns da nicht rauswinden konnten, indem wir uns einfach auflösten und unter anderem Namen neu formierten. Er hatte uns genau da, wo er uns haben wollte – bis West Mesa. Aber als Hobbit getötet wurde, änderte das alles. Lynch wollte, dass wir uns einen neuen Leadsänger besorgten und weitermachten. Aber Peter wollte das auf gar keinen Fall. Nach West Mesa flippte er völlig aus, gab einfach auf, und Rick und ich gründeten Nasty Weather, womit Lynch nichts zu tun hatte. Er konnte auch nicht das Geringste dagegen machen. Ich habe alle Jahre wieder von ihm gehört, denn er schmiedete andauernd Pläne, die Nazgûl wieder zusammenzubringen. Er versuchte mir die Idee schmackhaft zu machen, und ich hab ihm gesagt, er soll sich verpissen.«

Nachdenklich klopfte Sandy mit dem Stift auf den Notizblock. »Versteh ich das richtig«, sagte er, »Jamie Lynch managte die Nazgûl immer noch?«

»Wenn man eine Band managen kann, die seit 1971 nicht mehr existiert, ja, er managte uns. Hat ihm herzlich wenig gebracht, nachdem wir alle unsere eigenen Wege gingen. Aber Jamie war ein solcher Schweinehund, dass er diesen Vertrag nicht sausen lassen wollte, nicht um alles in der Welt.«

»Kam die Frage jemals auf?«

»O ja, ein paarmal. Als ich vor drei Jahren diesen Laden aufgemacht habe, dachte ich, ich könnte eine Menge Publicity kriegen, wenn ich die Nazgûl am Eröffnungsabend spielen ließe. Nur als Gag, verstehen Sie, ein paar alte Songs, kein richtiges Revival. Aber der Schuppen wäre rammelvoll gewesen. Peter war bereit, mir den Gefallen zu tun, und Rick war ganz wild drauf. Für Rick standen die Dinge nicht so gut, und er hat es als eine Chance gesehen, nehme ich an. Nun, Jamie ließ das nicht zu. Er verlangte ein absurdes Honorar, das ich nicht aufbringen konnte, und drohte, mir einen teuren Anwalt auf den Hals zu hetzen. Es war die Streiterei nicht wert, also hab ich die ganze Idee fallen gelassen.« Er schnippte mit den Fingern und deutete auf Sandy. »Das andere Mal war ungefähr vor einem Monat. Da bekam ich so einen Brief von einem Promoter, einem verrückten Burschen namens Morse, der eine große Nazgûl-Comeback-Tour plante. Er hatte die Idee schon Maggio verkauft, der mich anrief und mich anflehte mitzumachen. Na ja, zum Teufel, ich war wirklich nicht im Mindesten interessiert. So sehr brauchte ich das Geld nicht, und das Gopher Hole bedeutete mir inzwischen mehr als die Nazgûl. Aber ich merkte, wie heiß Maggio darauf war, und es hatte keinen Sinn, mit ihm einen hässlichen Streit über eine Sache anzufangen, die für mich gestorben war. Also sagte ich, klar, ich würde mitmachen, aber sie müssten Jamies Zustimmung kriegen. Verstehen Sie, ich wusste, dass Jamie Lynch den Teufel tun und die Nazgûl einem anderen Promoter überlassen würde. Nie und nimmer. Und das war tatsächlich das Letzte, was ich je davon gehört habe. Jamie hat es auf die eine oder andere Weise abgewürgt, er und sein Vertrag, dieser wundervolle, eherne Vertrag auf Lebenszeit.«

Sandy blickte kurz zu Gopher John hoch und schaute dann hinüber zu der leeren Bühne mit ihrem Durcheinander von Instrumenten und Sound-Equipment. Nachdenklich kaute er am Ende seines Filzschreibers. »Auf Lebenszeit«, wiederholte er. »Interessante Formulierung.«

Slozewski runzelte die Stirn. »Hey«, sagte er. »Das stimmt.«

»Jetzt, wo Jamie Lynch tot ist, hören Sie vielleicht wieder was von diesem anderen Promoter. Wie hieß er doch gleich?«

»Morse«, sagte Slozewski. »Edan Morse. Scheiße. Daran hatte ich gar nicht gedacht. Dann werde ich es wohl mit Rick austragen müssen. Aber ich werde auf gar keinen Fall einfach alles hinschmeißen, was ich mit dem Hole hier versuche, und wieder auf Tournee gehen. Außerdem würde es sowieso nicht funktionieren. Ich kann mir die Nazgûl ohne Hobbins nicht vorstellen.«

»Ein neuer Sänger?«

Slozewski grunzte abschätzig. »Yeah. Genauso gut könnte man eine Beatles-Reunion auf die Beine stellen und Peter Frampton anheuern, um John zu ersetzen. Scheiße, nein. Das klappt doch nie. Außerdem würde Peter nicht mitmachen.«

Sandy grinste. »Frampton oder Faxon?«

»Keiner von beiden«, sagte Slozewski. »Wollen Sie noch 'n Bier? Sie sitzen auf dem Trockenen.«

»Also …«, meinte Sandy. »Ich weiß nicht. Allerdings könnte ich was zu essen gebrauchen.«

»Ich hab keine Küche hier«, sagte Slozewski. »Vielleicht könnte ich Ihnen 'ne Tüte Kartoffelchips besorgen.« Er sah auf seine Uhr. Sandy bemerkte, dass es eine Digitaluhr war. Irgendwie fand er das vage surreal – allein die Vorstellung, dass Gopher John von den Nazgûl eine Digitaluhr trug. Das war wie die Vorstellung, dass Richard Nixon Sex hatte; man wusste, dass es passierte, aber irgendwie war es einfach zu absonderlich. »Hören Sie«, sagte Slozewski, »meine anderen Leute werden bald hier sein, und dann kommt auch die Band, um aufzubauen und zu proben. Dann versteht man sein eigenes Wort nicht mehr. Wollen Sie richtig was zu Abend essen? Da ist 'n ziemlich gutes Steakhouse anderthalb Kilometer die Straße runter.«

Sandy stand auf und streckte sich. »Klingt wundervoll«, sagte er und griff nach seiner Jacke. »Gehen wir.«

Draußen auf dem Parkplatz zögerte Sandy zwischen Tagtraum und der schwarzen Stingray daneben. »Nehmen wir Ihren oder meinen?«, fragte er Slozewski.

Gopher John lachte. »Die Corvette gehört Eddie«, sagte er. »Das da ist meiner.« Er zeigte auf den winzigen Toyota auf der anderen Seite von Tagtraum.

»Wir nehmen meinen«, entschied Sandy. Er entriegelte die Türen, und Gopher John zwängte sich auf den Beifahrersitz.

Das Steakhouse war nur ein bisschen weiter weg, als Slozewski gesagt hatte, und fast leer. »Jared Patterson bezahlt das Essen«, sagte Sandy, nachdem man ihnen die Speisekarten gebracht hatte. Sie bestellten beide blutige Prime Ribs und dazu eine Flasche vom teuersten Wein des Hauses. Das Restaurant war eher ruhig, mit roten Tischdecken, brennenden Kerzen in kleinen, tränenförmigen Haltern aus gefärbtem Glas und dicken, dunklen Teppichen. Während sie auf die Cocktails warteten und Gopher John mit dem Eigentümer schwatzte, der ebenfalls Mitglied der Handelskammer war, saß Sandy da und schaute sich den Sonnenuntergang draußen an. Jenseits der Scheibe rasten Autos vorbei, und bei einem nach dem anderen gingen die Scheinwerfer an, während die Dunkelheit draußen dichter wurde. Sandy fragte sich, wie er Slozewski die verbleibenden Fragen stellen und wie viel er ihm von dem erzählen sollte, was sich oben in Maine abgespielt hatte. Als die Drinks kamen und Gopher John zum Tisch zurückkehrte, hatte er eine Entscheidung getroffen.

»Noch ein paar Fragen«, sagte er und holte wieder seinen Notizblock heraus.

Slozewski rollte die Augen und blickte zur Decke hinauf. »Ich hasse euch Journalisten«, sagte er in ruhigem Konversationston. Inzwischen waren sie zum altvertrauten Du zurückgekehrt. »Also los.«

»Ich möchte gern etwas über eure Fans wissen«, sagte Sandy.

»Ich hab 'ne Katze, die fährt richtig auf mich ab.«

Sandy lächelte. »In den guten alten Zeiten müssen bei den Nazgûl ein paar völlig ausgeflippte Gestalten rumgehangen haben. Extreme Typen. War da irgendwann jemand Besonderes dabei? Oder eine Gruppe von Leuten vielleicht; Leute, die wirklich auf eure Musik abfuhren?«

»'Ne Menge Leute fuhren auf unsere Musik ab. Hunderttausende, verdammt. Millionen. Wir waren die Nazgûl. Scheiße, das weißt du doch.«

Sandy winkte ungeduldig ab. »Ja, aber ich meine nicht gewöhnliche Fans. Ich meine abgedrehte Typen, Leute, die vielleicht gedacht haben, dass ihr direkt zu ihnen sprecht, die nach eurer Musik zu leben versuchten, sich mit euch identifizierten.«

»Wir hatten einen großen Fanclub. Nannten sich ›die Orks‹.«

»Nein, nein. Ich meine gefährliche Leute. Typen wie Manson. Oder wie Mark David Chapman. Du weißt schon.«

»Nee«, sagte Slozewski. »So was nicht. Arschkriecher und Groupies und Orks, das ist alles.« Er probierte seinen Drink.

Sandy runzelte die Stirn und nahm einen Schluck von seinem Scotch mit Soda. Das haute nicht hin, dachte er. Entweder gab es keinen Nazgûl-Kult, oder Slozewski wusste nichts davon, oder er verschwieg ihm etwas, aber Sandy hatte keine Ahnung, wie er herausfinden sollte, was davon zutraf. »Eine letzte Sache«, sagte er und stellte seinen Drink ab. Außen am Glas hatte sich Feuchtigkeit gebildet. Er starrte darauf und malte mit einem Finger geistesabwesend ein Friedenszeichen. »Wo warst du in der Nacht vom 20. September?«

Slozewski lachte. »Dieses Jahr oder damals, 1971?«, fragte er.

Sandy schaute zu ihm hoch. »Himmel«, platzte es aus ihm heraus. Er konnte nicht fassen, dass er so dumm gewesen war. »Ich bin ein verdammter Idiot«, sagte er. »Es ist die gleiche verdammte Nacht, stimmt's? Der 20. September!«

In Slozewskis dunklen Augen dämmerte Begreifen. »Oh«, sagte er. »Du meinst, Jamie ist in der gleichen Nacht umgebracht worden.« Er runzelte die Stirn. »Das ist merkwürdig.«

Sandy schlug auf den Tisch. »Es ist mehr als merkwürdig«, rief er wütend. Er hatte Slozewski nicht alles erzählen wollen, was er von Davie Parker erfahren hatte, aber jetzt änderte er unvermittelt seine Meinung. Gopher John musste es wissen. »Die ganze Sache ist extrem abgedreht. Himmel, warum habe ich das nicht erkannt! Sharon hatte recht – ich werde nie der Hippie-Sherlock-Holmes sein. Hör zu, das war nicht etwa Zufall, dass Lynch am Jahrestag von West Mesa umgebracht wurde. Da steckt mehr dahinter.« Er erzählte Slozewski von dem Album, das immer wieder lief, und von dem Plakat, das abgenommen und unter Lynchs Körper ausgebreitet worden war. Als er mit seinem Bericht halb durch war, kamen ihre Salate. Slozewski nahm seine Gabel und begann mit methodischer Langsamkeit zu essen. Er kaute jeden Bissen gründlich, und seine Augen wichen nie von Sandys Gesicht.

»Ich verstehe«, sagte er, als Sandy fertig war.

»Deshalb habe ich nach einem Nazgûl-Kult gefragt«, erklärte Sandy. »Wir dachten, dass vielleicht jemand in der Art dafür verantwortlich wäre. Jemand, den eure Musik damals aus dem Gleis geworfen hat.«

»Nee. Von so jemand weiß ich nichts.«

Sandy aß eine Gabel Salat, schmeckte kaum etwas und legte die Gabel wieder hin. »Also, wo warst du in dieser Nacht?«

»Im Gopher Hole«, sagte Slozewski. »Da, wo ich jede Nacht bin. Außer es war Sonntag. Es war doch kein Sonntag, oder?«

»Nein«, sagte Sandy. »Schön, dann bist du sauber.«

Slozewski schob seine leere Salatschüssel weg. »Sauber?«

»Du hast ein Alibi.«

»Brauche ich eins?«

»Der Killer hat Lynch auf eurem Poster allegemacht, während eine eurer Platten lief, am Jahrestag eures letzten Konzerts, und zwar genau so, wie es in einem Songtext von euch beschrieben wird. Was denkst du denn? Du gibst zu, dass ihr euch nicht gerade geliebt habt. Wenn es keine Kultgemeinschaft durchgedrehter Fans gibt, fällt der Verdacht naturgemäß auf dich und Maggio und Faxon.«

»Also, ich war hier«, sagte Slozewski stirnrunzelnd. »Und Rick und Peter haben das auch nicht getan. Auf gar keinen Fall, hörst du?«

Die Kellnerin räumte die Salatschüsseln ab. Sandy hatte seine kaum angerührt. »Da ist noch etwas«, sagte er, als die Prime Ribs serviert wurden.

Slozewski starrte ihn an. »Ja?«

»Du könntest der Nächste sein.«

»Was?«

»Denk drüber nach«, meinte Sandy. Er schnitt geschickt

ein Stück Fleisch ab, nahm ein Stück Meerrettich dazu und schluckte es hastig hinunter. »Erst Hobbins, jetzt Lynch.«

»Oh, Scheiße«, sagte Slozewski spöttisch. »Das meinst du doch nicht ernst, Mann. Und selbst wenn, dann bin ich bis zum nächsten 20. September sicher, oder?«

»Kann sein«, erwiderte Sandy, »aber an deiner Stelle würde ich aufpassen.«

»Ich passe immer auf«, sagte Slozewski. Dann fiel er über sein Essen her. Während er aß, schwieg er grimmig. Sandy betrachtete einen Moment sein finsteres Gesicht, bevor er seine Aufmerksamkeit wieder seinem eigenen Prime Rib zuwandte. Eine ganze Weile herrschte unbehagliche Stille.

Erst bei Nachtisch und Kaffee nahmen sie ihr Gespräch wieder auf. »Mir gefällt das nicht«, sagte Slozewski, während er drei gehäufte Löffel Zucker in seine Tasse schüttete und umrührte. »Kein bisschen, verdammt. Ich weiß nicht, was zum Teufel da vorgeht, aber ich hab nichts damit zu tun.« Er schnitt eine Grimasse. »Du willst mit Rick und Peter sprechen?«

Sandy nickte.

»Bei Maggio siehst du dich besser vor«, sagte Slozewski. »Es ist ihm ziemlich schlecht ergangen. Manchmal flippt er ein bisschen aus. Hoffentlich ist er nicht in die Sache verwickelt. Ich mag Rick nicht besonders, aber ich kann nicht glauben, dass er so was tun würde.«

»Er spielte geil Gitarre«, meinte Sandy.

»Besser als irgendwer sonst. Zumindest am Anfang, vor den Drogen. Die Drogen haben ihn ruiniert. Er hätte Weltklasse sein können, aber nach West Mesa wurde er einfach immer schlechter. Wenn jemand einen guten Grund hätte, Jamie Lynch zu hassen, dann Rick.« Er hielt einen Moment inne und fing dann an, über Maggio und die Nazgûl zu reden, über seinen Einstieg in die Band. »Ich war nicht der erste Drummer, weißt du«, sagte er. »Aber ihr Sound gefiel mir eben, also hing ich rum und machte mich nützlich. Ich war einer von den Gophern, den Helfern. Deshalb haben sie angefangen, mich Gopher John zu nennen. Schließlich gab Peter mir meine Chance, und ich zeigte ihm, was ich konnte. In der Nacht darauf war Regetti draußen, und ich war der neue Drummer.«

»Dieser Regetti«, sagte Sandy. »War er sauer? Vielleicht ist er der Killer.«

»Nee. Er ist bei einem Motorradunfall ums Leben gekommen, schon vor unserem ersten Album. Er war in Ordnung, weißt du, aber ich war der bessere Drummer.« Er fuhr fort und redete eine lange, lange Zeit.

Sandy hörte respektvoll zu. »Es fehlt dir«, sagte er, als Gopher John verstummte.

»Ja, ein bisschen«, gestand der große Mann in dem Nadelstreifenanzug, und für einen Augenblick sah Sandy auf der anderen Seite des Tisches den Geist eines finster dreinblickenden jungen Mannes mit wilden Haaren in einem bunt gefärbten Poncho und Jeans aufscheinen, eines von schwarzroten Trommeln umringten magischen Verrückten mit geröteten Wangen und zuckenden Händen, der den Donner hinaushämmerte. »Mir fehlen die Auftritte«, sagte er. »Es gibt nichts, was dem gleichkommt, gottverdammt, nichts auf dieser ganzen gottverdammten Welt, Blair. Du siehst sie da draußen, Tausende von Zuschauern. Hunderttausende, und sie bewegen sich, sie bewegen sich und wiegen sich, und sie tanzen und klatschen in die Hände, und alles wegen dir, wegen deinem Sound. Deine Musik erfüllt sie, macht etwas mit ihnen, und irgendwie kriegst du etwas zurück, verstehst du? Du kannst es spüren. Energie oder so was. Es geht vom Publikum aus und in dich über, und es macht dich verrückt, es macht dich besser. Du bist so was wie ein verfluchter Gott da oben.« Sinnend schaute er in die Ferne. »Und die Musik«, fügte er hinzu. »Das vermisse ich am meisten. Die Bands, die im Gopher Hole spielen … Zum Teufel, ich geb mir Mühe, sie zu mögen. Ich meine, ich weiß, dass es in der Musik keinen Stillstand geben kann, und die neuen Sounds sind … Also, weißt du, wenn wir sie schlechtreden, wie unterscheiden wir uns dann überhaupt von den Arschlöchern, die unseren Sound schlechtgeredet haben? Deshalb gebe ich ihnen eine Bühne, wo sie spielen können – diejenigen, die es verdient haben. Aber tief drin weiß ich eins. Ich weiß es.« Er beugte sich verschwörerisch vor. »Sie sind nicht so gut, wie wir es waren«, sagte er sehr leise.

Sandy lachte, und er spürte, wie ihm warm ums Herz wurde. »Die meisten von denen sind wirklich scheiße.«

Gopher John Slozewski lehnte sich zurück und grinste. Dann warf er einen kurzen Blick auf die Uhr.

»Sollen wir uns auf den Rückweg machen?«, fragte Sandy.

Gopher John zuckte die Achseln. »Ja, ich denke schon. Der Laden ist jetzt offen. Steel Angel fangen wahrscheinlich gerade mit ihrem ersten Set an. Nur, weißt du, mir ist eigentlich nicht danach. Um die Wahrheit zu sagen, der Laden läuft verdammt gut ohne mich. Willst du noch 'ne Tasse Kaffee?«

»Klar«, sagte Sandy.

Slozewski hob einen Finger und winkte die Kellnerin herbei. Sie hielten sich lange Zeit beim Kaffee auf, saßen in dem ruhigen Steakhouse, während Gopher John von den alten Zeiten und den Nazgûl sprach, von den Konzerten und den Kundgebungen und den Songs. Er schweifte ab, verlor sich in Erinnerungen und erzählte alte Anekdoten mit einer Stimme, die – zweifellos durch den Wein – ein wenig wehmütig geworden war. Wein hat etwas an sich, das einen wehmütig macht, dachte Sandy. Von Zeit zu Zeit fiel Sandy mit einem Lachen oder mit einer eigenen Geschichte über irgendwelche gemeinsamen Bekannten in der Rockwelt oder der Bewegung ein. Meistens aber hörte er nur zu, starrte geistesabwesend aus dem Fenster, während Gopher John weiterredete, und die Kaffeetassen wurden neu gefüllt und dann wieder neu gefüllt. Die Rechnung kam, und Sandy beglich sie mit seiner Visa, während Autos durch die Nacht von Jersey rasten, ihr Scheinwerferlicht wie lange Dolche. Sandy beobachtete sie und fragte sich, warum sie es alle so eilig hatten, diese Dunkelheit auf der Straße vor ihnen zu erreichen, diese Dunkelheit, die sie gänzlich verschluckte. Einmal sah er die Lichter eines Düsenflugzeugs über ihnen vorbeiziehen.

Später, viel später, hörte er Sirenen und schaute gerade noch rechtzeitig hinaus, um verschwommen die vorbeirasenden, wie toll blinkenden Lichter zu sehen. »Da muss ein Hippie auf die Schnellstraße gelangt sein«, unterbrach er Gopher John.

»Was?«, fragte Slozewski.

»Cops«, sagte Sandy gestikulierend. »Hast du die nicht gesehen? Du kannst noch die Sirenen hören.«

Slozewski runzelte die Stirn und lauschte. »Nee«, sagte er. »Das ist 'ne Feuerwehr.« Und so war es; der Lärm wurde lauter statt leiser, und zwei lange, rote Wagen kamen vorbei. Sie hatten es mächtig eilig. Kurz darauf folgten ein Krankenwagen und ein noch größerer Feuerwehrwagen und schließlich zwei Streifenwagen, deren Sirenen tatsächlich einen völlig anderen Klang hatten. »Was zum Teufel ist da los?«, murmelte Slozewski. Er stand plötzlich auf. »Los, komm.«

Sandy schnappte sich seine Jacke und seine Visa-Quittung und folgte Slozewski nach draußen auf den Parkplatz. Gopher

John stand dicht neben Tagtraum und starrte die Straße hinab. Er sagte nichts.

Dort, wo er hinsah, war der ganze östliche Himmel in rötliches Licht getaucht.

Ein weiterer Streifenwagen raste vorbei. Gopher John schnupperte. »Ich rieche den Rauch «, sagte er.

»Ein Industriebrand?«, sagte Sandy. »In der Richtung da raus sind 'ne Menge Fabriken, oder?«

Slozewski drehte den Kopf und starrte ihn an. »Ja«, sagte er. »Und mein Laden auch. Fahren wir.«

»Ich hoffe, es ist nicht …«, setzte Sandy an.

»FAHREN WIR!«, brüllte Slozewski. Seine Stimme war plötzlich hässlich und voller Angst.

Sandy warf einen kurzen Blick auf die sich ausdehnende rote Wunde am Nachthimmel. Dann entriegelte er eilig die Türen von Tagtraum. Kurz darauf rasten sie auf dem Highway auf die Feuersbrunst zu. Gopher John hatte die Arme fest vor der Brust verschränkt. Er blickte finster drein und schwieg. Sandy hatte ein flaues Gefühl in der Magengrube.

Lange bevor sie da waren, wussten sie Bescheid. Die Straße machte eine kleine Biegung und führte an einem Auspuffshop und an einem Burger King vorbei, und dann konnten sie es deutlich sehen, die Flammen, die in die Nacht leckten, die dicken, öligen Rauchwolken, die hochwallten und fortzogen, die Feuerwehrwagen, die einen Belagerungsring bildeten. Gopher John sagte kein Wort. Sandy fuhr auf den Parkplatz und stieg auf die Bremsen, ohne sich damit abzugeben, eine Parklücke zu finden. Der Parkplatz war voll; voll von Streifenwagen und Feuerwehrwagen, und überall rannten Cops und Feuerwehrleute herum und brüllten Befehle, und lauter Zivilisten mit wilden Augen starrten auf das Feuer, riefen irgendwelche Namen und schluchzten. Und Autos. Der Parkplatz war voller Autos. Der Laden war voll gewesen, dachte Sandy, als er auf all die Wagen starrte.

Sobald er die Tür öffnete und ausstieg, spürte er die Hitze auf seinem Gesicht. Es war eine kalte Oktobernacht, aber er brauchte seine Jacke nicht. Slozewski war schneller ausgestiegen und bahnte sich bereits einen Weg durch die Menge. Sandy steckte die Wagenschlüssel in die Tasche und folgte ihm. Er bemerkte, dass die Kleider einiger Leute zerrissen und ihre Gesichter vom Rauch verschmiert waren. Der Rauch war überall. Sandy kam an einem jungen Mädchen vorbei, das hysterisch kreischte und mit den Fäusten auf den Asphalt des Parkplatzes schlug, während ein Freund sie zu bändigen versuchte. Sandy sah sie hilflos an, dann schaute er wieder auf das Feuer. Aus den Schläuchen ringsum strömte Wasser, aber es schien keine Wirkung zu haben. Während er hinsah, schoss brüllend eine riesige, helle, orangefarbene Flammenzunge empor, und die Menge erschauerte wie ein einziges, erschrecktes Tier und schob sich zurück, weg von der erneuten Hitzewelle und dem beißenden Geruch des Rauchs.

Er holte Gopher John vorn bei der Polizeikette ein, wo er mit einem übergewichtigen Cop stritt. »Sie müssen mich reinlassen. Der Laden gehört mir. Es ist meiner.«

»Da geht niemand rein«, sagte der Cop. »Begreifen Sie nicht? Wollen Sie verbrennen, Mister?«

»Aber ich bin der Besitzer!«, beharrte Slozewski.

Sandy legte ihm eine Hand auf die Schulter, aber Slozewski starrte ihn wütend an und schüttelte sie ab. Sein Gesicht war rot von reflektiertem Licht, und Flammen tanzten in seinen Augen. »Da gibt es nichts, was du tun kannst«, erklärte ihm Sandy.

Slozewski beachtete ihn nicht. »Lassen Sie mich vorbei!«, sagte er zu dem Cop.

Der Polizist schüttelte nur kurz den Kopf und rief nach einem seiner Kollegen. Zwei andere Cops kamen herüber. »Er sagt, der Laden gehört ihm«, bemerkte der Dicke.

»Kommen Sie bitte mit uns?«, sagte einer der anderen Polizisten und fasste Slozewski am Arm.

Gopher John starrte ihn an. Er schüttelte den Kopf und ließ sich durch die Menge davonführen. Sandy wollte ihm folgen, aber der fette Cop packte ihn am Ärmel. »He, wo wollen Sie hin?«

»Ich bin von der Presse«, sagte Sandy und versuchte sich seinem Griff zu entziehen.

»Na und?«, fragte der Cop. »Sie warten hier.«

Sandy wartete. Das Feuer brannte immer weiter.

Niemand kam aus dem Gebäude, und niemand ging hinein. Sandy rannte zurück zu seinem Wagen und holte seinen Notizblock, dann lief er herum und stellte Fragen. Es wimmelte nur so von benommenen, durchgedrehten, rauchverschmierten Kids. Sie sahen alle so jung aus, dachte er. Ein Mädchen in einem zerrissenen Kleid und mit dickem grünem Lidschatten plapperte auf ihn ein, aber sie schien nichts zu wissen. Ein dicker Junge mit Bürstenhaarschnitt zuckte die Achseln und sagte: »Ich hab's halt brennen sehen und bin gekommen, um zuzuschauen.« Mehrere Leute erzählten ihm, das Feuer sei einfach »aus dem Nichts« entstanden. Er sah einen Mann, der krampfhaft schluchzte, aber als Sandy ihn zu befragen versuchte, stieß ihn ein anderer Mann weg und sagte: »Er kann seine Freundin nicht finden, hörst du? Zum Teufel, verschwinde, du Wichser. Lass ihn in Ruhe, okay? Arschloch. Motherfucker.« Und dann ein Sturzbach von Schimpfwörtern, der lauter und lauter wurde. Sandy wich beklommen zurück, sah sich nach der Polizei um und schob sich durch das Gedränge.

Schließlich fand er jemanden, der behauptete, alles gesehen zu haben, einen dünnen, ziemlich jungen Mann mit kurz geschnittenem, schmutzig blondem Haar, goldenem Ring im Ohr, grüner Lederjacke und blutender Lippe. »Die haben mich zu Boden gestoßen«, sagte er und wischte das Blut mit dem Handrücken weg. Aber es gefiel ihm, interviewt zu werden. »Jim«, sagte er, als er Sandy seinen Namen nannte. »Schreiben Sie bloß nicht James, okay? Ich bin Jim. Ich war dabei, ja. Es war echt schlimm. Die Angels spielten, und alle tanzten, und dann, ganz plötzlich, dachte ich, ich hätte jemand aufschreien hören, aber ich war mir nicht sicher, weil die Musik so laut war. Also hab ich weitergetanzt. Und dann drängeln sich diese Typen durch die Leute auf der Tanzfläche, wie die Verrückten, und schreien irgendwas. Sie haben sich direkt in die Leute reingeworfen. Da hab ich das her.« Wieder wischte er sich das Blut ab. »Dann hab ich aber Rauch gerochen, also bin ich ganz schnell aufgestanden, und die Leute brüllten ›Feuer‹, aber ich konnte nichts sehen außer einem bisschen Rauch, der durch diese Tür kam, oben durch, verstehen Sie? Durch den Spalt. Sah nicht nach viel aus. Und auf einmal hörte die Band auf, und einer dieser Barkeeper rannte zu der Tür …«

»Was für eine Tür?«, fragte Sandy.

»Irgendeine Tür, keine Ahnung. Hinten raus. Da stand NUR FÜR PERSONAL drauf, das weiß ich noch. Jedenfalls rennt dieser Typ da rüber, und der Rauch kommt oben durch, und er packt den Knauf und reißt sie auf, und da kommt das ganze Feuer raus. Ganz plötzlich. Mit einem Riesen-Wuuusch!« Er breitete zugleich mit dem Soundeffekt die Arme aus. »Der

Typ, der sie aufgemacht hat, ist glatt geröstet worden.« Auf Jims Gesicht lag ein schwaches Lächeln, und in seinen Augen spiegelten sich Flammen. »Und andere Leute fingen auch Feuer, ich hab gesehen, wie sie rumrannten und verbrannten, wissen Sie, die wälzten sich auf dem Boden rum. Da hab ich mir gedacht, ich sollte jetzt besser machen, dass ich hier rauskomme. Ich war direkt bei einem Notausgang, also bin ich drauf zugestürzt, aber das Scheißding wollte nicht aufgehen, also hab ich mich bis zum Haupteingang durchgedrängt und bin raus. Die anderen haben auch alle geschoben. Ich hab gesehen, wie sie über Leute hinweggetrampelt sind. Sie hätten erleben sollen, wie der Laden hochgegangen ist! Die Feuerwehrleute konnten genauso wenig reinkommen, das lief nicht. Ein Trupp von denen ist reingerannt und kam sofort wieder raus.«

»Okay«, sagte Sandy. »Danke.« Er ging weg.

»Jim«, rief der Mann hinter ihm her. »Nicht James!«

»Leck mich«, murmelte Sandy. Er lief herum, bis er einen der verantwortlichen Feuerwehrmänner fand, der mit einem anderen Reporter sprach. »Wissen Sie, wie es angefangen hat?«, fragte Sandy.

»Noch nicht«, sagte der Feuerwehrmann. »Wir untersuchen das noch.«

»Was ist mit Todesopfern?«, fragte der andere Zeitungsmann.

»Mindestens fünf Tote. Zwei sind an Rauchvergiftung gestorben, und drei wurden in der Panik totgetrampelt. Anscheinend hat das Feuer zwei Notausgänge nach hinten raus versperrt, und zwei andere waren abgeschlossen, sodass nur der Haupteingang übrig blieb. Wir befürchten, dass die endgültige Zahl der Toten höher sein wird. Viel höher. Eine Menge Leute sind da nicht mehr rausgekommen.«

»Können Sie mir eine Zahl nennen?«, fragte der Reporter. »Ich bin unter Termindruck.«

»Mindestens fünfzig. Vielleicht bis zu hundert. Nennen Sie nicht meinen Namen, das ist bloß eine grobe Schätzung.«

»Aber warum waren die Notausgänge verschlossen?«, fragte Sandy.

»Fragen Sie doch den Besitzer!«, blaffte der Feuerwehrmann und ging davon.

Sandy steckte seinen Notizblock ein und schlenderte zu der Polizeiabsperrung zurück, um zuzuschauen, wie die Flammen schrumpften. Er stand stumm da, die Hände tief in den Taschen vergraben. Schließlich wanden sich die letzten orangefarbenen Schlangen hoch und erstarben, lange nachdem das Dach in einer gewaltigen Rauchwolke eingestürzt war. Die rote Todesglut, die das Dunkel durchtränkt hatte, war verschwunden, aber die Feuerwehrwagen spritzten weiter Wasser in die rauchenden Ruinen. Die Zuschauer und die Überlebenden stiegen in ihre Wagen und fuhren davon, bis nur noch eine Handvoll übrig war, darunter Sandy. Wenn der Wind blies, wurde die Luft von Asche getrübt.

Er fand Gopher John Slozewski allein an einer verlassenen Polizeiabsperrung; sein Gesicht war so grau und aschfarben wie sein Gebäude. Sandy legte dem großen Mann eine Hand auf die Schulter, und Slozewski wandte sich zu ihm um. Zuerst lag in seinen dunklen Augen kein Wiedererkennen. Er schaute zurück auf die Überreste des Gopher Hole.

»Tut mir leid«, sagte Sandy.

»All die Toten«, murmelte Slozewski vor sich hin. Er sah Sandy nicht an. »Sie sind sich nicht mal sicher, wie viele. Aber mehr als in der West Mesa. Eine Menge mehr. Sie sagen, die Notausgänge waren verschlossen.« Endlich wandte er sich um.

»Blair, du musst mir glauben, das kann nicht sein. Red hat mir gesagt, ich soll diese Türen verschließen. Er war der zweite Geschäftsführer, weißt du, und er sagte, die Kids würden sich reinschleichen und keinen Eintritt bezahlen, und wir sollten die Türen verschließen und sie dran hindern. Aber ich hab ihm erklärt, auf gar keinen Fall. Ich schwör's!«

»Vielleicht hat er sie trotzdem verschlossen«, sagte Sandy.

Slozewski blickte wieder auf die Ruinen, starrte sie an, als ob das Gewicht seines Blicks das verkrümmte, geschwärzte Gebälk irgendwie neu erstehen und zusammenwachsen lassen könnte. Sein Gesicht war ausdruckslos, faltenlos und unschuldig wie das eines Kindes. In der Verzweiflung hatte es seine finstere Miene verloren.

»Weiß man schon, wie es angefangen hat?«, fragte Sandy.

Gopher John Slozewski lachte verbittert. »Sie glauben es zu wissen«, sagte er. Dann, sehr leise: »Brandstiftung.«

5

Sie machte ihm die Tür auf und sagte überhaupt nichts, aber ihr Lächeln war alles, was er zur Begrüßung brauchte. Es war dasselbe abgedrehte, schiefe *Na, so was!*-Lächeln, an das er sich erinnerte, unter derselben krummen Nase, und es war verdammt zu lange her, dass er es gesehen hatte. Er stellte fest, dass er zurücklächelte, und daraufhin kam Maggie ihm entgegen, und sie umarmten einander lange und heftig. Als sie sich schließlich voneinander lösten, hielt sie seine Hände in ihren und sagte: »Himmel, ist das schön, dich zu sehen. Wirklich!«

»Ja«, erwiderte Sandy. Seine Stimme hörte sich irgendwie albern an, aber er redete trotzdem weiter. »Ja«, wiederholte er. »Finde ich auch.« Maggie war wie ein frischer Lufthauch aus der Vergangenheit. Drei frustrierende Tage lang hatte er sich mit der Halsstarrigkeit der Cops von Jersey herumgeschlagen. Sie hatten versucht, die Story über das Feuer abzuwürgen, die Jared für den *Hedgehog* haben wollte. Zwischendurch hatte er mit freundlicher Genehmigung der Telefongesellschaft ätzende Gespräche mit Sharon geführt. Er merkte, dass er Maggies Lächeln dringend nötig hatte.

»Komm rein«, sagte sie und trat beiseite. »Wir essen gleich. Lasagne, magst du die noch?«

»Hab ich am viertliebsten auf der Welt«, versicherte Sandy ihr. »Kommt gleich nach Büchern, Sex und Pizza.« Er folgte ihr nach drinnen. Die Wohnung war kleiner als die vor fünf

Jahren, als er das letzte Mal zu Besuch gewesen war, aber andererseits hatte sie keine Mitbewohnerinnen mehr, mit denen sie sich herumstreiten musste. Ein kaputtes altes Sofa, ein großes Bücherregal vom Boden bis zur Decke und eine antike Anrichte beherrschten das vollgestopfte Wohnzimmer. In einer Ecke – neben einem schmalen Fenster, das auf eine enge Gasse hinausging – stand ein gemütlich aussehender Lehnstuhl mit zwei Katzen darauf, einer riesigen, dicken siamesischen und einer kleineren, rot getigerten kurzhaarigen.

»Ho Chi Minh?«, fragte Sandy überrascht. Die Siamkatze machte ein Auge auf und sah ihn misstrauisch an.

»Wie er leibt und lebt«, sagte Maggie. »Er ist verdammt alt und hat so seine Marotten, aber er hält sich wacker. Der Neue ist Orange Julius. Schmeiß sie runter und lass dich nieder, ich hol uns inzwischen Wein. Wir haben 'ne Menge nachzuholen.«

Die Katzen protestierten lautstark, als Sandy sie aus dem Lehnstuhl vertrieb und sich hineinsetzte. Maggie ging in die Küche und kam kurz darauf mit einer Flasche Chianti und zwei Gläsern zurück. Er hielt ihr die Gläser hin, während sie eingoss. Dann setzte sie sich auf den Boden, schlug die Beine übereinander, trank einen Schluck Wein und lächelte zu ihm hinauf. »Also«, sagte sie. »Wie steht's mit deinem Liebesleben?«

Sandy lachte. »Du kommst gleich auf den Punkt, was?«

Maggie zuckte die Achseln. »Warum nicht, zum Teufel?« Sie hatte sich kaum verändert, fand Sandy. Sie hatte ausgeblichene Jeans und eine weite weiße Bauernbluse an, unter der sich ihre Brüste frei bewegten. Solange Sandy sie kannte, hatte sie nie einen BH getragen. Das war eines der ersten Dinge gewesen, die er bemerkt hatte, als sie sich damals 1967 begegnet waren. Es hatte ihn kolossal angemacht. Maggie war nie eine klassische Schönheit gewesen. Ihr Mund war ein bisschen zu breit und irgendwie ein wenig schief, besonders wenn sie lächelte, und ihre Nase war groß und immer noch krumm, seit sie ihr vom Gummiknüppel eines Cops während des Parteitags der Demokraten 68 gebrochen worden war. Aber sie hatte hübsche grüne Augen, einen üppigen rötlich-blonden Haarschopf, der immer windzerzaust aussah, sogar drinnen, und mehr Feuer im Leib als alle anderen Frauen, die Sandy je gekannt hatte. Maggie war die erste große Liebe seines Lebens gewesen und auch die Erste, mit der er ins Bett gegangen war, und als er hier in ihrem Wohnzimmer saß und auf sie herabsah, erkannte er plötzlich, dass er sie enorm vermisst hatte.

»Mein Liebesleben«, meinte er nachdenklich. »Na ja, ich lebe mit jemand zusammen. Ich glaube, ich hab dir von ihr geschrieben.«

»Kann sein«, sagte sie. »Du weißt ja, ich und Briefe.« Maggie war eine notorisch lausige Briefeschreiberin, so arg, dass alle Bemühungen Sandys, mit ihr in Kontakt zu bleiben, daran gescheitert waren. Nicht nur, dass sie die Briefe nicht beantwortete, sie verlor sie auch noch und konnte sich nicht erinnern, sie überhaupt bekommen zu haben. »Ist das die Tänzerin?«

»Nein. Das war Donna. Wir haben uns vor ein paar Jahren getrennt. Das ist die Immobilienmaklerin. Sharon.«

»Stimmt«, sagte Maggie. »Von der hast du mir geschrieben. Verdammt, der Brief ist hier irgendwo, denke ich mal. Ihr seid also zusammengezogen, hm?«

»Wir haben ein Haus gekauft, ob du's glaubst oder nicht«, erwiderte er. »Ich hatte etwas Geld von einem Buch, und Sharon hat mich überzeugt, dass ich besser daran täte, eine Immobilie zu erwerben, als es auf der Bank zu lassen. Damals schien mir das eine gute Idee zu sein.« Er nippte an seinem

Wein. »Inzwischen bin ich mir da nicht mehr so sicher. Es wird ziemlich vertrackt, wenn wir uns trennen.«

»Hmmm«, machte Maggie. »Das klingt nicht gerade optimistisch. Habt ihr Probleme gehabt?«

»Ein paar«, sagte Sandy vage. Er war ein bisschen verlegen. Maggie war immer seine beste Freundin wie auch seine Geliebte gewesen, und selbst als sich ihre Wege getrennt hatten, war es ihm immer leichtgefallen, sich ihr anzuvertrauen. Aber es war lange her, dass er sie gesehen hatte, und er empfand es ein wenig als Verrat, ihr zu viel über seine Auseinandersetzungen mit Sharon zu erzählen. »Vielleicht können wir's noch klarkriegen«, sagte er nach einigem Zögern. »Ich hoffe es. Ich meine, sie ist in Ordnung und alles. Sehr klug, sehr tüchtig. Sehr mit ihrer Karriere beschäftigt. Nur in letzter Zeit, na ja, da war unsere Kommunikation nicht so besonders.« Er schnitt ein Gesicht. »'Ne Menge davon ist meine Schuld. Mit dem Schreiben ist es in letzter Zeit nicht so gut gelaufen, und ich war irgendwie … ich weiß nicht, rastlos vermutlich. Launisch. Bis diese Story daherkam jedenfalls, und Sharon findet diese ganze Sache mit dem *Hedgehog* furchtbar.«

Maggie trank ihren Wein aus und arbeitete sich auf die Füße, streckte dann eine Hand aus und zog Sandy aus dem Lehnstuhl. »Du musst mir alles darüber erzählen, weißt du. Ich brenne darauf zu erfahren, wie Jared dich wieder zu sich ins Bett gekriegt hat, nach dem, was er sich geleistet hat. Aber lass uns darüber bei dem reden, was du am viertliebsten auf der Welt magst.«

Sie aßen am Küchentisch, aber er war mit einer richtigen Tischdecke bedeckt, und das Geschirr passte tatsächlich zueinander, was Sandy zu einer Bemerkung darüber veranlasste, wie die Dinge sich geändert hätten. Maggie lächelte verschmitzt.

Eines hatte sich überhaupt nicht geändert; sie machte immer noch eine tolle Lasagne, sehr pikant und mit jede Menge Käse und Tomatensauce. Sandy hatte irgendwo an der Schnellstraße durch Pennsylvania einen plastikartigen Cheeseburger verspeist, und er fiel wie ein Besessener über das Essen her. Maggie sorgte dafür, dass die Weingläser mit Chianti aus der Korbflasche mitten auf dem Tisch gefüllt blieben. Zwischen den Bissen beglückte er sie mit der ganzen Nazgûl-Geschichte, angefangen von Jareds Anruf bis jetzt. Er merkte, dass er begierig war, alles vor jemandem auszubreiten, und Maggie war schon immer eine großartige Zuhörerin gewesen.

Er war ungefähr gleichzeitig mit der Geschichte und der Lasagne fertig. Sandy schob seinen Teller weg und gab ein theatralisches Stöhnen von sich. »Himmel«, sagte er. »Ich werde nie wieder was essen.«

Maggie lächelte. »Also weiter. Halten sie Gopher John für den Brandstifter oder was?«

Sandy schüttelte den Kopf. »Nicht mehr. Es hat sich rausgestellt, dass der Laden schwer unterversichert war, und es ergibt keinen Sinn, sein eigenes Geschäft abzubrennen, mit dem man Geld verliert, außer wenn man's versichert hat. Aber es war Brandstiftung. Sie sind auf Spuren von Kerosin und Plastiksprengstoff gestoßen. Nur war Slozewski nicht schuld. Zum Teufel, so viel hätte ich denen auch sagen können. Wenn du dein Eigentum anstecken willst, heuerst du einen Profi an, und der macht es in den frühen Morgenstunden, damit niemand verletzt wird. Und nicht, wenn du offen hast und der Laden voll ist. Die endgültige Zahl der Todesopfer lag bei neunundsiebzig, plus doppelt so viele Verletzte. Slozewski ist vom Verdacht der Brandstiftung befreit, aber er steckt immer noch tief in der Scheiße. Sie könnten ihn strafrechtlich belangen, weil diese Notausgänge verschlossen waren, und die Familien der Kids, die umgekommen sind, verklagen ihn auf Millionen. Der Bursche tut mir leid. Ich bin überzeugt, dass es nicht sein Fehler war. Ich hab gesehen, wie viel ihm dieser Laden bedeutet hat.«

»Du glaubst wirklich, es war ein Irrer, der hinter den Nazgûl her ist?«

»Sieht ganz so aus, oder? Hobbins in der West Mesa, Lynch vor zwei Wochen, und jetzt das? Aber diese Cops in Jersey denken ja nicht im Traum dran, mal zuzuhören. Parker war da vernünftiger. Ich glaube, ich hab ihn so halb überzeugt. Er sagte, er würde sich mit Cops in Santa Fe und Chicago in Verbindung setzen und zusehen, dass sie ein Auge auf Faxon und Maggio haben, wozu auch immer das gut sein mag.« Er stand vom Tisch auf. »Soll ich dir beim Abwasch helfen?«

Maggie winkte ab. »Pack es ins Spülbecken und lass es einfach einweichen. Das bleibt. Du nicht.«

Sie nahmen den restlichen Wein wieder mit ins Wohnzimmer, und Maggie zündete eine Reihe Kerzen an, statt das Licht einzuschalten. Diesmal saßen sie beide auf der Couch. Ho Chi Minh kam herüber und sprang auf Maggies Schoß, wo er sich mit besitzergreifendem Hochmut niederließ. Sie streichelte sein cremefarbenes Fell, während sie sich unterhielten, aber er war zu stolz, um zu schnurren.

»Von hier fahre ich weiter nach Chicago«, sagte Sandy. »Maggio lebt da unten in Old Town und spielt an den Wochenenden in so 'ner billigen Kneipenband. Vielleicht kann er mir was erzählen.« Er zögerte und setzte dann entschlossen hinzu: »Und ich hab auch noch 'ne andere Idee, wegen der ich dich fragen wollte. Wann hast du zum letzten Mal was von Bambi Lassiter gehört?«

Maggie warf ihm einen scharfen Blick und ein Lächeln zu. »Oh«, sagte sie, »vielleicht vor einem Jahr oder so. Ich hab den Brief hier irgendwo.« Sie deutete mit einer vagen Handbewegung auf das Bücherregal, das mit schäbigen Taschenbüchern vollgestopft war. Sandy schaute genauer hin und bemerkte zum ersten Mal, dass sie Briefe und Umschläge und alle möglichen anderen Papiere zwischen die Bücher gesteckt hatte; manche lagen auf den Borden, andere dienten als Lesezeichen. »Was willst du von Bambi?«, fragte sie.

»Ich hab versucht, sie anzurufen, aber meine Nummer ist sechs Jahre alt und unbrauchbar, und ich hab keine Anhaltspunkte, um sie ausfindig zu machen«, sagte Sandy. »Bambi hatte immer Kontakte zum echten Untergrund, und ich hoffe, dass sie mich mit diesen Leuten zusammenbringen kann. Ich hab so einen vagen Verdacht.«

»Es gibt kaum noch einen Untergrund«, betonte Maggie. »Warum sollen die was damit zu tun haben?«

Sandy zuckte die Achseln. »Weiß ich nicht. Aber sie haben im Gopher Hole Plastiksprengstoff gefunden, erinnerst du dich? Das reicht, um mich misstrauisch zu machen. Kann nichts schaden, das nachzuprüfen.«

»Wohl nicht«, sagte Maggie. »Ich werd sehen, ob ich den Brief aufstöbern kann, bevor du fährst.« Behutsam vertrieb sie Ho Chi Minh von ihrem Schoß, schleuderte ihre Hausschuhe weg und streckte sich aus, wobei sie die Füße auf Sandys Schoß legte. Das geschah, ohne dass ein Wort gewechselt wurde, eine ebenso vertraute wie ungezwungene Bewegung, die Sandy geradewegs in die alte Zeit zurückversetzte. Er legte ihr die Hand auf den Fuß. Mit Schuhen hatte sie nie viel im Sinn gehabt. Außen an ihrem Zeh zog sich eine dicke Schwiele entlang, und ein Stück davon, hart und ledrig und im Begriff, rissig zu werden, lief über die ganze Sohle. Er fuhr sie mit einem Finger nach, nahm ihren Fuß fest in die Hand und begann ihn zu massieren. Seine Finger erinnerten sich. Maggie seufzte. »Himmel, ist das herrlich«, sagte sie. »So wie du kann keiner Füße massieren, Sandy.«

Er lächelte sie an und fuhr mit seiner fürsorglichen Tätigkeit fort. »Wir haben alle unsere Talente«, sagte er. Dann verstummte er. Ho Chi Minh kam zurück, sprang auf die Couch und ließ sich wieder auf Maggies Bauch nieder. Während sie ihn streichelte, begann er zu schnurren.

Maggie trank von Zeit zu Zeit einen Schluck Wein und blickte mit einem kleinen, schiefen Lächeln im Gesicht in die Kerzenflammen. Und Sandy massierte ihren Fuß und versank in Gedanken.

»Was grübelst du denn so vor dich hin?«, fragte Maggie schließlich.

»Ich muss an früher denken«, sagte Sandy und wandte seine Aufmerksamkeit ihrem anderen Fuß zu.

»An was denn?«

Er lächelte. »Ach, an andere Zeiten, andere Wohnungen, andere Fußmassagen.« Er hielt inne, griff nach seinem Weinglas und hielt es vor der Flamme kurz hoch, bevor er einen Schluck trank. »Ich erinnere mich an Zeiten, da bedeuteten Weinpartys bei dir zu Hause, dass wir billigen Boone's Farm aus *Feuerstein*-Marmeladengläsern tranken«, sagte er. »Und außerdem auf dem Boden saßen. Du hattest überhaupt keine Möbel außer diesem schwarzen Knautschsessel, auf den Ho Chi Minh andauernd gepinkelt hat.«

»Ich hatte Kissen«, sagte Maggie. »Selbstgemachte.«

»Kissen«, sagte Sandy. »Ja, stimmt. Ich hatte es nie drauf, im Schneidersitz dazuhocken. Mir sind immer die Füße eingeschlafen. Und ich hatte es noch weniger drauf, von einem Teller zu essen, den ich auf dem Schoß balancieren musste. Hab mich immer von oben bis unten mit Essen bekleckert.«

»Hat dich nicht davon abgehalten zu kommen«, bemerkte sie.

»Nein«, sagte Sandy voller Zuneigung. »Nein. Überhaupt nicht.« Er zeigte auf das Bücherregal. »So was hattest du damals auch nicht. Nur alte Bretter und diese Schlackensteine, die Froggy und ich auf einer Baustelle für dich geklaut haben. Und vielleicht halb so viele Taschenbücher. Und diese große Kabeltrommel. Du hast immer gesagt, dass du sie strippen und bemalen und einen Tisch daraus machen wolltest. Und deine ganzen Poster.«

»Du hast meine Matratze im Nebenzimmer nicht erwähnt«, sagte Maggie. »Die hast du doch nicht vergessen, oder? Auf der haben wir uns oft genug amüsiert.«

Sandy grinste. »Matratze?«, fragte er. »Was für eine Matratze?«

Sie schnaubte hochmütig. »Ich weiß noch, wie du uns immer aus deinen gerade aktuellen Werken vorgelesen hast, und hinterher haben wir darüber geredet.«

»Die Kritik war übermäßig von Boone's Farm beeinflusst«, sagte Sandy. »Trotzdem, diese Diskussionen mit Lark werde ich nicht vergessen. Für den war ich nie radikal genug. Was ich auch vorgelesen habe, er hat nur gelächelt und gesagt, das sei gekonnte bürgerliche Unterhaltung, aber er könne nicht sehen, wie es der Revolution irgendwie weiterhelfen würde.«

Maggie stieß einen plötzlichen Laut des Entzückens aus. »Shit, das hatte ich ganz vergessen. Du hast recht. Der gute alte Lark. Weißt du, was er heute so macht?«

»Keine Ahnung«, gab Sandy zu.

Maggies Grinsen war so breit, dass es ihr Gesicht sauber in

zwei Hälften zu spalten drohte. »Besuch ihn mal, wenn du in Chicago bist, um mit Maggio zu reden«, drängte sie. »Er steht im Telefonbuch. Schau unter L. Stephen Ellyn nach.«

Sandy merkte, wie ihm der Mund offen stehen blieb. »L. Stephen Ellyn?« Er war sprachlos. Lark Ellyn war immer maßlos stolz auf seinen Vornamen gewesen, ganz gleich, wie viel Geschlechterkonfusion und Frotzelei er ausgelöst hatte. Bei ihrer ersten Begegnung hatte Sandy ihn deswegen auf den Arm genommen, und Lark hatte ihm kühl erklärt, sein Namensvetter – die Lerche – sei ein Geschöpf des Gesangs und der Schönheit, das die höchste Freiheit des Fliegens genieße, folglich sei Lark ein angemessener Name für einen Mann, der sich der Liebe und der Freiheit verschrieben habe, wohingegen Sander »Verteidiger der Menschheit« oder etwas ähnlich Blödsinniges bedeute, mit all dem Militarismus und Sexismus, den das impliziere. Lark legte wirklich großen Wert auf die Symbolik von Namen. »L. Stephen Ellyn?«, wiederholte Sandy. »Nein, komm.«

»Echt«, sagte Maggie. Sie hob eine Hand wie zum Schwur. »Außerdem ist L. Steve der kommende Mann in der Werbebranche. Kundenbetreuer.«

Sandy starrte sie an. Dann kicherte er. Hilflos kicherte er noch einmal und brach schließlich in Gelächter aus. »Nein, nein«, murmelte er, »das gibt's doch nicht, komm, das gibt's nicht«, aber Maggie bestand darauf, und Sandy lachte in einem fort. »L. Stephen Ellyn, o nein, Jesusmariaundjosef, du kannst mir nicht erzählen … nein!« Daraufhin wurde es richtig albern. Sie rissen etwa zehn Minuten lang Witze über L. Stephen Ellyn, tranken noch mehr Wein, begannen – fürchterlich schief – alte Songs zu singen und tranken noch mehr Wein, kamen irgendwie auf alte Fernseh-Titelsongs und arbeiteten sich durch *Super Chicken* und *George – Der aus dem Dschungel kam* und die meisten Western von Warner Brothers und *Wagen 54, bitte melden*, bevor ihnen der Wein endgültig zu Kopfe stieg und sie zu *Tombstone Territory* abdrifteten.

»*Whistle me up a memory*«, sang Maggie unsicher, wenn auch laut. »*Whistle me back where I want to be*. Dum di dum, Rhabarber Rhabarber *Tombstone Territory!*«, schloss sie mit einem Schnörkel.

Sandy war ein bisschen schwindlig von dem Wein, und was sie sang, kam ihm sehr inhaltsschwer und furchtbar wichtig vor. »Und wo wärst du denn gerne?«, fragte er plötzlich.

Maggie hörte auf zu singen, füllte erneut ihr Glas und grinste ihn an. »Hm?«, brummte sie gutgelaunt.

»Wo wärst du gerne?«, wiederholte Sandy. »Weißt du das? Was für Erinnerungen pfeifen wir uns da her? Wo bringen die uns hin?« Er fuhr sich mit den Fingern durch die Haare, verwirrt vom Klang seiner eigenen Stimme. »Ich bin betrunken«, sagte er, »aber das is egal. Ich wollte bloß … Ich weiß nich, es bringt mich ganz durcheinander. Was ist passiert, Maggie?«

»Hm?«, sagte sie. »Passiert? Womit? Mit *Tombstone Territory?*« Sie kicherte. »Ist abgesetzt worden, Sandy.«

»Nein«, fuhr er sie an. »Mit uns! Was ist mit uns passiert!«

»Mit dir und mir, Schatz?«

»Mit dir und mir«, wiederholte er, »und mit Bambi Lassiter, mit Jared Patterson, mit Gopher John Slozewski, mit Jamie Lynch, mit Froggy und Slum, mit Jerry Rubin und Angela Davis, mit Dylan und Lennon und Jagger und den Weathermen und den Chicago Seven und William Kunstler und Gene McCarthy und dem SDS und … und mit L. Stephen Ellyn, um Himmels willen! Was ist mit uns allen passiert? Mit jedem?« Er machte eine weit ausholende Geste, die die Hoffnungen und Träume und Demonstrationen, die Aufstände und Attentate und Märsche mit angezündeten Kerzen einschloss, die Bobby Kennedy und Donovan und Martin Luther King einschloss, Melanie und die Smothers Brothers und die Hippies und die Yippies und den Vietnamkrieg umfasste, über die Erinnerungen an ein turbulentes Jahrzehnt und über das Schicksal einer ganzen Generation der amerikanischen Jugend schweifte und fast sein Glas Chianti von der Armlehne des Sofas stieß. Er fing sich wieder und erwischte es gerade noch rechtzeitig.

Maggie beugte sich zu ihm herüber und legte einen Arm um ihn. »Die Zeit ist passiert«, sagte sie. »Veränderungen sind passiert, Liebster.«

»Veränderungen«, erwiderte Sandy verbittert. »Maggie, wir wollten doch so vieles verändern, darum ging es ja überhaupt. Wir wollten die verfluchte Welt verändern, oder? Scheiße. Stattdessen hat die verfluchte Welt uns verändert. Sie hat Lark in jemanden namens L. Stephen Ellyn verwandelt, sie hat Jared Patterson in ein reiches Arschloch verwandelt, sie hat Jamie Lynch in einen Sarg und Gopher John in einen Nadelstreifenanzug gesteckt, und ich weiß nicht mal genau, wie sie mich verändert hat, aber es gefällt mir nicht. Es gefällt mir nicht!«

Maggie drückte ihn an sich. »Du zitterst ja, Schatz«, sagte sie leise.

»Der Wein«, murmelte Sandy, aber er wusste, dass es nicht so war. »Mir ist schlecht von dem Scheiß-Wein, aber es heißt, im Wein liegt Wahrheit, weißt du. Wahrheit. Erinnerst du dich an die Wahrheit? In den Sechzigern war sie voll angesagt, zusammen mit Frieden und Liebe und Freiheit. Was haben wir mit all dem gemacht, Maggie? Es ist, als hätten wir allesamt vergessen, als hätten wir alles vergessen, was wir waren, alles, wofür wir eingetreten sind.« Er seufzte. »Ich weiß, ich weiß, das ist jetzt alles Vergangenheit. Wir sind erwachsen geworden, wir werden alt. Aber ich sag dir, Maggie, damals waren wir besser.«

»Damals waren wir jünger«, erwiderte sie mit einem Lächeln.

»Yeah«, sagte Sandy. »Vielleicht ist das alles. Vielleicht mache ich gerade eine Midlife-Crisis durch, was? Trauere meiner verlorenen Jugend nach. Sharon glaubt das.« Er sah Maggie störrisch an. »Ich glaub's trotzdem nicht. Es ist mehr als das. Ich erinnere mich ... ich erinnere mich, zum Teufel, ich weiß, es war beschissen damals, wir hatten den Krieg und Rassismus und Nixon und den alten Spiro, aber weißt du, wir hatten auch ... ich weiß nicht ... so was wie Optimismus. Wir wussten, dass die Zukunft besser werden würde. Wir wussten es. Wir würden dafür sorgen. Wir würden die Dinge um uns herum verändern, und wir hatten unsere Jugend, stimmt, also war die Zeit auf unserer Seite. Wir wussten, was richtig und was falsch war, wir wussten, wer die Bösen waren, und es gab ein Gefühl der Zusammengehörigkeit.« Seine Stimme wurde ruhiger, während er sprach, schraubte sich von selbst herab. »Es war der Anbruch des gottverdammten, verfluchten Zeitalters des Wassermanns, weißt du noch? Wenn Frieden die Planeten leitet und Liebe den Weg der Sterne bestimmt. Nur dass Liebe und Frieden zusammen mit ausgestellten Hosen, langen Haaren und Miniröcken irgendwie aus der Mode gekommen sind, und ich kann ganz bestimmt nicht mehr sagen, wer die Bösen sind.« Er schnitt eine Grimasse. »Ich glaube, einige von denen sind wir.«

»He.« Maggie schüttelte ihn sanft. »Nimm's nicht so schwer. So schlimm ist das nicht, Schatz. Dann ist es eben nicht das

Morgen, das wir uns erträumt haben. Die Dinge sind am Ende nie so, wie man gedacht hat. Wir haben uns verändert, Sandy. Wir haben dem Krieg ein Ende gemacht. Wir haben die Hochschulen verändert, wir haben die Regierung verändert, wir haben alle Regeln verändert, die für Mann und Frau und Liebe und Sex gelten. Am Ende sind wir sogar Tricky Dick Nixon losgeworden. Dann ist es halt nicht das Zeitalter des Wassermanns. Es ist trotzdem anders, als es ohne uns gewesen wäre. Und besser.« Sie beugte sich vor und küsste ihn rasch auf die Nasenspitze. »Sieh's mal so: Wenn es die Sechziger nicht gegeben hätte, würden wir immer noch in den Fünfzigern leben.«

Sandy erschauerte und lächelte sie an.

»Und du zumindest hast dich gut gemacht, Liebster«, fuhr Maggie fort. »Du hast Bücher geschrieben. Das ist doch was. Du hast auf der Welt Spuren hinterlassen.«

Sandys zögerliches Lächeln welkte dahin, und er wandte den Blick von ihr ab. Ja, dachte er, im Wein liegt Wahrheit. »Ich bin wirklich 'n großer Erfolg«, murmelte er mit mehr als nur einem Anflug von Bitterkeit in der Stimme. »Jedes Buch, das ich schreibe, verkauft sich schlechter als das davor, mein Agent ist drauf und dran, mich zu feuern, die *Times* schreibt, ich wäre literarisch ebenso bedeutsam wie *Stehlen Sie dieses Buch* oder *Das grüne Amerika*, und ich leide unter dieser schrecklichen Schriftsteller-Verstopfung, was jetzt, wo ich aufhöre, darüber nachzudenken, wirklich eine gute Metapher ist, weil ich so eine Ahnung habe, dass dieser gottverdammte Roman – wenn ich ihn je fertig kriege – ein Haufen Scheiße ist. In acht Monaten geht mir das Geld für meine Hälfte der Hypotheken-Abzahlung aus, was alle Ansichten Sharons darüber bestätigen wird, wie verantwortungslos ich bin. Sharon und ich haben eine wirklich tolle Beziehung. Wir haben einen Vertrag, weißt du, so was wie einen Ehevertrag, nur dass wir nicht verheiratet sind, der legt alles schriftlich fest, und zwar haarklein, alles, die ganze Hausarbeit, den finanziellen Scheiß und was passiert, wenn wir uns zur Trennung entschließen. Jede gottverdammte Kleinigkeit, außer was wir im Bett tun. Da improvisieren wir, damit alles spontan bleibt. Sie ist wundervoll, unsere Beziehung. Wir haben dieselben Verantwortlichkeiten, wir geben einander Raum, und es ist alles so offen, dass wir beide rummachen können. Das einzige Problem ist: Ich glaube nicht, dass Sharon mich besonders mag.« Sandy fühlte sich sehr betrunken und tat sich sehr leid. Er hob sein Glas und stellte fest, dass es leer war. »Brauch noch Wein«, sagte er.

»Alles alle«, erwiderte Maggie.

Sandy stand auf. »Dann hole ich welchen!«, verkündete er. »Du musst mitkommen. Sonst geh ich verschütt. Wo ist hier der nächste 7-Eleven, du Verrückte, so 'n Laden, der die ganze Nacht aufhat? Außerdem musst du Tagtraum kennenlernen.«

Maggie zog sich hoch und nahm seine Hand. »Tagtraum?«

»Mein Wagen!«, sagte Sandy. »Ich hab ihm einen Namen gegeben. Das ist deine Schuld. Du hast mich so beschämt, dass mir gar nichts anderes übrig blieb. Na los.« Er zog sie am Arm und zerrte sie aus der Haustür und die Straße entlang. Irgendwann fingen sie an zu rennen, Hand in Hand, und Maggie lachte und hörte gar nicht mehr auf. Sandy wusste nicht so recht, worüber sie lachte. Andererseits wusste er auch nicht so recht, wohin sie rannten.

Als sie auf seinen Mazda zustolperten, waren sie beide außer Atem. »Da ist er«, verkündete er mit einer weit ausholenden Handbewegung. Die Straße war dunkel und verlassen. Nur sie beide waren da, in Hemdsärmeln, Maggie barfuß. Es war kalt draußen, merkte Sandy plötzlich. Aber Tagtraum wartete schweigend unter dem gelben Lichtkegel der Straßenlampe, umgeben von anderen geparkten Wagen. Sandy ahmte eine Trompete nach. »Ich will Ooohs und Aaahs, Lady. Das ist kein gewöhnliches Fahrzeug. Das ist ein Mazda RX-7 mit weit mehr Power und Leistung als ein ordinärer Ford. Das ist Tagtraum.«

»Oooh«, kicherte Maggie. »Aaah.« Sie begab sich in den Schutz seiner Arme, sah zu ihm auf, küsste ihn auf die Nase.

»Willst du nicht mal damit fahren?«, fragte Sandy.

»O nein«, sagte sie und lächelte durchtrieben. Sie kam näher, legte die Arme um ihn.

»Wein«, murmelte er. »Was ist mit Wein?«

»Hab genug Wein gehabt«, sagte Maggie. Sie sah ihn an. Ihre Augen waren groß und grün und neckisch.

»Hast genug Wein gehabt«, sagte Sandy. »Gut, ich kann nämlich meine Schlüssel nicht finden. In meiner Jacke, glaube ich. Bei dir zu Hause. Wir müssen zurück.«

»Oooh«, sagte Maggie. »Aaaaaah.« Sie fing an, sein Hemd aufzuknöpfen. Einen Knopf. Zwei. Drei.

Sandy leistete keinen Widerstand. »Du bist genauso betrunken wie ich«, sagte er vorwurfsvoll.

Vier. Fünf. Sie zog, und die Hemdzipfel rutschten aus seiner Jeans. Noch ein letzter Knopf. Sechs. Dann zerrte sie es ihm herunter.

»Hier?«, fragte er. »Hier? Tagtraum schaut zu. Er ist erst zwei. So eine Schweinerei darf er nicht sehen. Da kriegt er ein Trauma.« Er zwinkerte.

Maggie ließ sein Hemd auf den Asphalt fallen, schob sein T-Shirt hoch. Es blieb hängen, als sie es ihm über den Kopf zu ziehen versuchte. Sie ließ ihn so, gegen den Wagen gepresst. Er griff hinauf, versuchte das T-Shirt zu entwirren und spürte, wie Maggie ihn auf die nackte Brust küsste. Es war kalt hier draußen. Er riss das T-Shirt los, ließ es fallen, und sie fuhr ihm mit der Zunge um eine Brustwarze. Er erzitterte. Ihre Hände lösten seine Gürtelschnalle. »So einen Ständer hatte ich 1959 mal, als ich sah, wie meine Cousine Sally ein Bad nahm«, verkündete er. »Er war so hart, dass es wehtat.«

Maggie zog seine Jeans herunter. »Das ist nicht fair«, klagte Sandy. »Ich friere mich zu Tode, und du bist völlig angezogen.«

Sie stand grinsend auf und knöpfte ihre Bluse auf. »In Ordnung«, sagte sie. Ihre Brüste waren blass im matten Licht der Straße. Kein BH, dachte Sandy. Immer noch nicht. Manche Dinge ändern sich nie. Nie ein BH. Aber sie war wunderschön. Er streckte sehr vorsichtig die Hand aus und berührte ihre linke Brust. »Die linke hatte ich immer am liebsten«, sagte er feierlich.

Maggie trat aus ihrer Jeans heraus. »Hi«, sagte sie und grinste verrucht. »Du bist nicht nackt.«

Hastig und verlegen streifte Sandy seine Unterhose ab. »Ich sterbe vor Kälte«, sagte er. »Komm her.«

Maggie schüttelte den Kopf. »O nein«, sagte sie. Sie bückte sich rasch, raffte den Haufen Kleider zusammen und lief davon.

Sandy sah verblüfft zu, wie sie die Straße entlangrannte. Es dauerte lange, bis er mitbekam, was da geschah. Dann wurde ihm klar, dass er morgens zu einer völlig unmenschlichen Zeit splitternackt und allein auf einer Straße in Cleveland stand. »Hee«, brüllte er und begann hinter ihr herzusprinten.

Seine Beine waren länger, aber er war es nicht gewohnt, barfuß zu laufen; die Steine taten ihm höllisch weh, und überhaupt war seine Kondition saumäßig. Maggie vergrößerte ihren Vorsprung. Er sah sie um eine Ecke sausen, senkte den Kopf, hastete ihr nach und rannte direkt in einen großen schwarzen Dandy in Zuhälterkluft hinein, der aus dem Nichts aufgetaucht war. Der Bursche starrte ihn an und wich zurück. Weiße Sonderlinge, die nachts nackt durch die Gegend rannten, lagen eindeutig außerhalb seines Erfahrungsbereichs. »Sorry«, murmelte Sandy, »ich trainiere für die Olympiade.« Dann war er wieder unterwegs. Wahrscheinlich wusste der Bursche nicht mal, dachte er, dass die Olympiade ursprünglich im Adamskostüm ausgetragen worden war. »Hat überhaupt nicht kapiert, worauf's ankommt«, murmelte er und rannte weiter.

Maggie wartete in der Tür ihrer Wohnung. Sandy stolperte keuchend zu ihr hinauf. »Du gemeines Biest«, sagte er und versuchte zu Atem zu kommen. Das Herz hämmerte ihm in der Brust. Das ganze Gerenne schien die Dunstwolke des Weins aufgelöst zu haben. Nur die Lust war geblieben.

»Hi«, sagte Maggie sanft. Sie nahm seine Hand, zog ihn herein und schloss die Tür. Es war warm, aber Sandy zitterte immer noch. Maggie legte ihre Arme um ihn und küsste ihn.

Als sie sich von ihm löste, lächelten sie beide. »Bist du sicher, dass du das durchziehen willst?«, fragte Maggie.

Sandy stöhnte. »Herr im Himmel«, murmelte er. Ihre Brüste streiften seine Brust, ganz sanft, die leiseste Berührung. Er wollte sie so sehr, dass es wehtat.

Sie küssten sich wieder. »Ich hab jetzt ein Bett«, sagte Maggie. »Ein richtiges Bett. Glaubst du, du kommst damit klar?« Ihre Hand wanderte nach unten zwischen seine Beine, berührte ihn leicht und schloss sich dann fest um ihn. »Komm«, sagte sie und führte ihn ins Schlafzimmer.

»Oooh«, machte sie, als seine Hände über ihre warme,

weiche Haut wanderten. »Aaah«, machte sie, als er sie zu küssen begann. Aber dann hörte das Spielerische auf, und alles wurde fiebriger, drängender. Sie waren beide hungrig. Sandy erinnerte sich an ihren Körper, erinnerte sich daran, was sie mochte. Er tat es, und sie reagierte, und eins führte zum anderen, und die Dunkelheit schien von ihrer Hitze erleuchtet zu sein. Als Maggie kam, schlossen sich ihre Arme fest um seine Brust, drückten sie mit schrecklicher Verzweiflung, und ihr Mund öffnete sich ohne einen Laut. Sandy kam wenige Stöße später, aber er machte sich danach nicht von ihr frei. Es war warm in ihr, warm und sicher und behaglich, und er mochte es, ihre Arme um sich zu spüren, und so hielten sie einander fest und kosteten die dahinschwindenden Augenblicke danach aus, und Sandy spürte die Tränen auf ihrem Gesicht, aber er sagte nichts. Es gab nichts zu sagen.

Schließlich, wie auf eine unausgesprochene Übereinkunft hin, lösten sie sich voneinander. Sandy konnte Maggie in der Dunkelheit lächeln sehen, nur wenige Zentimeter von seinem Gesicht entfernt. Sie küsste ihn leicht auf die Nasenspitze. »Mistkerl«, sagte sie zärtlich. »Du hast dich nicht verändert. Wie immer muss ich auf der nassen Stelle liegen.«

»Oh, Maggie«, sagte Sandy. Obwohl es im Zimmer warm war, spürte er, wie er im Nachklang ihres Liebesaktes zitterte. »Du hast mir gefehlt. Das hat mir gefehlt. Du bist verrückt. Ich liebe es. Ich liebe dich. Ich wusste nie, was du als Nächstes tun würdest. Du verwandelst mich in einen geilen Dreizehnjährigen.«

Er konnte Maggies Lächeln ebenso sehr spüren wie sehen. »Und Sharon?«, fragte sie leise. »Macht sie dich nicht verrückt, Liebster?«

Sharons Name ernüchterte ihn ein wenig. Seine Erwähnung reichte, um alles irgendwie zu verändern. Sandy spürte, wie er sich zurückzog, obwohl er sich keinen Zentimeter bewegte. »Sharon«, wiederholte er widerwillig. »Das ist anders. Nicht schlecht. Es klappt gut bei uns, zumindest im Bett. Wenigstens in der Kiste wollen wir beide das Gleiche. Sharon ist sehr sexy. Ungehemmt. Locker. Nur, ich weiß nicht, es ist anders.« Er setzte sich auf und schlang die Arme um die Knie. »Sie ist nicht verrückt. Vielleicht ist es das. Sie ist nicht das kleinste bisschen verrückt. Ich brauch was Verrücktes.«

Maggies Finger fuhren sehr sanft und wie beiläufig die Wölbung seines Rückgrats nach. »Du brauchst auch Vernunft, Liebster«, sagte sie. »Weißt du noch? Deshalb haben wir uns getrennt. Ich war dir zu verrückt. Du wolltest mehr Stabilität. Du wolltest was Vernünftiges.«

»Ich wünschte, ich wüsste, was zum Teufel ich will«, sagte Sandy. »Ich glaube nicht, dass ich da hinwill, wo Sharon hinwill, aber zumindest will sie irgendwohin. Und ich, ich hangele mich nur von einem Tag zum nächsten.« Er wandte sich um und sah Maggie an, ergriff sacht ihre Hand und küsste sie. »Und was ist mit dir?«, fragte er. »Ich war so damit beschäftigt, dir von meinem Leben zu erzählen, dass ich dich gar nicht nach deinem gefragt habe.«

Maggie zuckte müde die Achseln. »Ich bestelle meinen Garten«, sagte sie. »Ich arbeite im Büro, sitze an der Schreibmaschine und so ’n Mist. Ich lese. Ab und zu geh ich aus und lass mich aufreißen. An manchen Tagen bin ich einsam. Meistens ist es okay.«

»Männer?«

»Sicher. Einige wenige seit dir, die was Besonderes waren. Mit einem Typ namens Bob hab ich zwei Jahre zusammengelebt. Er unterrichtete an der Highschool. Am Ende war ich ihm zu verrückt. Ich bin in der Frauenbewegung aktiv. Ich versuche Geld zu sparen, um wieder aufs College zu gehen. Hätte nie aufhören sollen.«

»Ich hab's dir gesagt«, meinte Sandy.

»Ich weiß. Damals schien mir die Revolution wichtiger zu sein. Seminare waren nur geballter Unfug. Wer brauchte schon ein Stück Papier, hm?«

Sandy lächelte wehmütig. »Ich kenn die Sprüche noch gut.«

»Ich komm schon klar«, sagte Maggie. »Ich hab dich vermisst. Ich hab Fehler gemacht. Hin und wieder packt mich die Reue. Wen nicht? Aber ich komm schon klar, Sandy.« In ihrer Stimme lag ein Anflug von Resignation, und das machte Sandy irgendwie sehr traurig.

Er legte sich wieder dicht zu ihr, nahm sie in die Arme und küsste sie. Jetzt, nachdem es mit dem Sex vorbei war, stieg ihm der Wein wieder in den Kopf und beanspruchte den Bereich, aus dem die Lust ihn vertrieben hatte. Er flüsterte Maggie leise etwas zu, und sie flüsterte zurück, und irgendwann im Lauf des Geflüsters überschritten sie die Linie, die sie in früheren Jahren so oft zusammen überschritten hatten. »Ich schlafe nicht«, hörte Sandy sich tapfer erklären, aber die Erklärung selbst weckte ihn auf, und er erkannte verlegen, dass seit Maggies Anschuldigung Stunden vergangen waren, dass es schon fast dämmerte, und Maggie schnarchte leise in seinen Armen. Ihr Gesicht war ganz nah an seinem. Im Schlaf war viel von dem inneren Feuer aus ihrem Gesicht verschwunden. Sandy sah die Linien unter ihren Augen, die Schwermut unter ihrer Haut. Ihre Nase war zu groß und krumm, wo sie gebrochen gewesen war, und ihre halb geöffneten Lippen waren feucht von Speichel. Er ertappte sich dabei, wie er an Sharon dachte, die zweifellos in ihrem Haus in Brooklyn schlief, in dem großen

Messingbett, ihr aschblondes Haar auf dem Kissen ausgebreitet, ihr glatter, gepflegter Körper in einem seidenen Kamisol. Schön, wie Maggie es nie sein würde.

Und auf ihre Weise liebte sie ihn. Sie war gut zu ihm gewesen. Aber auch jetzt noch war Sandy froh, dass er hier war und nicht dort. Er küsste Maggie sanft, um sie nicht zu wecken, kuschelte sich dichter an sie und überließ sich wieder dem Schlaf.

6

Sandy hatte sich während seiner Studentenzeit an der Northwestern University ziemlich gut in Old Town ausgekannt. Schon damals war es auf die Touristen zugeschnitten, überteuert und ein Hort der Kriminalität gewesen, aber man konnte dort gute Musik hören. Eher Folk als Rock, aber trotzdem viele gute Sachen, und so war Sandy nicht abgeneigt, dorthin zurückzukehren.

Rick Maggio *lebte* in Old Town, aber das hieß leider nicht, dass er auch in Old Town *spielte*. Also musste Sandy umkehren und denselben Weg zurückfahren, den er gerade erst gekommen war, bis er schließlich mit Tagtraum südlich von Chicago den Dan Ryan entlangfuhr, um den einen billigen Schuppen zu finden, in dem Maggios Band jeden Abend auftrat.

Nach Cleveland – und Maggie – hatte er sich ziemlich gut gefühlt, aber der erste Blick auf die Kneipe, in der Maggio spielte, reichte aus, um Sandy die ganze restliche gute Laune zu verderben. Das »Come On Inn« war ein trostloses kleines Lokal, eingeklemmt zwischen zwei auffälligeren und größeren Bars an einer Parallelstraße zur Autobahn nahe der Grenze zu Indiana. Das große C in der Leuchtschrift war defekt, ging dauernd aus und flackerte dann mühsam und unruhig wieder auf. Ein Budweiser-Schriftzug in Neon nahm ein Fenster ein. Im anderen war ein Papp-Plakat zu sehen, auf dem LIVE MUSIC – EINTRITT FREI stand. Überall im Land, dachte

Sandy, spielten heute Abend Bands namens »Live Music« armselige Gigs in Bars namens Come On Inn an Straßen, die parallel zur Autobahn verliefen. Bei dieser Form von Entertainment lief alles nach Schema F ab; eigentlich hätten die Musiker auch gleich weiße Overalls mit dem schlichten schwarzen Aufdruck BAND auf dem Rücken und einem Strichcode auf den Taschen tragen können.

Sandy seufzte und ging hinein. Im Inneren war das Come On Inn ein schmaler Laden, in dem es nach Bier roch. Es war verspiegelt, damit es größer wirkte. Die Band mühte sich auf einer winzigen Bühne hinter der Bar ab. Sie spielten nicht besonders gut, aber das war egal, weil sowieso keiner zuhörte. Sandy ging nach hinten und setzte sich vor einer verspiegelten Wand an einen Tisch. Während er darauf wartete, dass die Kellnerin von ihm Notiz nahm, schaute er sich um. Nur ein weiterer Tisch war besetzt, und zwar von einem mürrischen, angegrauten Paar, das mehr daran interessiert war, in seine Drinks zu starren, als miteinander zu reden. Drei weitere Gäste hockten an der Bar; eine Frau, die alleine trank und zur Bühne schaute, und zwei Männer in Arbeitshemden, die über die Bears diskutierten. Sie waren ziemlich laut, sodass Sandy über der lärmenden, unsicheren Musik Bruchstücke ihrer Unterhaltung aufschnappte. Es überraschte ihn nicht, dass hier so wenig los war. Die Bars nebenan waren Oben-ohne-Läden, während das Come On Inn nur LIVE MUSIC bot.

Als die Kellnerin schließlich auftauchte, erwies sie sich als ein dralles Mädchen – ihrem Aussehen nach kaum der Highschool entwachsen – mit steinerner Miene und zu viel Lidschatten. Sie wirkte um einiges verlebter und zynischer, als es ihrem Alter entsprach. Sandy bestellte ein Bier vom Fass und nahm sich vor, langsam zu trinken. Von Maggies Chianti hatte er an diesem Morgen einen scheußlichen Kater gehabt, und er legte keinen Wert auf eine Wiederholung. »Wer spielt da?«, fragte er die Kellnerin.

Sie sah ihn gelangweilt an. »Spielt was?«

»Die Musik«, sagte Sandy und hob seine Stimme nur ein kleines bisschen, damit sie ihn über »Help Me Make It Through the Night« hören konnte, das die Band gerade anstimmte.

Die Kellnerin warf einen verächtlichen Blick zur Bühne. »Oh«, sagte sie. »Das sind die Rolling Stones. Erkennste Mick Jagger nich?« Sie strich sich über ihr kurzes dunkles Haar und ging davon.

Sandy lehnte sich zurück, um auf sein Bier zu warten. Nein, er erkannte Mick Jagger nicht. Genau genommen brauchte er sogar eine lange, verwirrte Minute, um herauszufinden, wer Rick Maggio war. Vier Leute waren da oben für den Radau verantwortlich: ein mageres kleines Mädchen an den Keyboards, ein Drummer, der aussah, als wäre er gerade aus Treblinka entflohen, ein rothaariger Bursche am Bass und ein großer, plumper, dicker Kerl, der Leadgitarre spielte. Maggio war nicht der Typ, der sich die Haare färbte oder sich für eine Geschlechtsumwandlung begeistern ließ, was bedeutete, dass er der Leadgitarrist sein musste; das war allerdings nur schwer zu akzeptieren. Erst als der Sänger sich umdrehte und sich ihm direkt zuwandte, erkannte Sandy in dem aufgedunsenen Gesicht unter den Scheinwerfern Maggio ansatzweise wieder. Wirklich deprimierend.

Er erinnerte sich an frühere, bessere Zeiten. Er erinnerte sich an einen dürren Jungen, der eine Gitarre kreischen und heulen und klimpern und um Gnade winseln lassen konnte. Er erinnerte sich an einen Sänger mit so viel Energie, dass sein Hemd nach der Hälfte des ersten Sets vor Schweiß triefte.

Meistens zog er es dann aus, knüllte es zusammen, schleuderte es ins Publikum und spielte mit nacktem Oberkörper weiter, wobei sich seine Rippen unter der Haut deutlich abzeichneten. Sofort kreischten die Mädchen los, schlugen sich um diese schweißnassen Hemden und rissen sie in schweißnasse Fetzen. »Da steh ich voll drauf, Mann«, hatte Maggio einmal bei einem Interview zu Sandy gesagt. »Die kriegen alle feuchte Höschen.«

Wenn er jetzt sein Hemd auszog, würde Maggio vielleicht wieder ein Aufkreischen provozieren, aber eher aus Ekel denn aus sexueller Ekstase. Er hatte all das Gewicht angesetzt, das Gopher John verloren hatte, aber bei ihm sah es schlimmer aus. Im Gegensatz zu dem großen und breiten Slozewski war Maggio nur widerlich fett. Sein Gesicht war aufgedunsen, die früher sinnlichen, spöttisch verzogenen Lippen waren wulstig geworden. Sein langer Fu-Manchu-Schnurrbart war stets geschnitten und gestutzt gewesen, aber jetzt leistete ihm ein Kinnbart Gesellschaft, und der war ungepflegt und sah aus wie ein Haufen gebrauchter Topfreiniger, die er sich ins Gesicht gepappt hatte. Sandy argwöhnte, dass er darunter ein Doppelkinn verbarg. Maggio trug Jeans, eine Goldlamé-Weste und ein grünes T-Shirt mit großen dunklen Schweißflecken unter den Armen. Das T-Shirt war zu klein. Es spannte um den Bauch, und als Maggio sich zu rasch krümmte, rutschte es ihm nach oben und gab den Blick auf bleiche, weiße Haut frei.

Die Kellnerin stellte ihm das Bier auf den Tisch. Als Untersetzer diente eine Cocktailserviette, die mit Schwiegermutter-Witzen verziert war. »Zwei Dollar«, sagte sie.

»Für ein Fassbier?«

Sie zuckte die Achseln. »Einen Dollar, wenn die Stones nicht spielen.«

Sandy zückte seine Brieftasche und zog drei Dollarscheine und eine seiner violett-silbernen Visitenkarten mit dem *Hedgehog*-Cartoon heraus. »Zwei für das Bier und einen für Sie, wenn Sie diese Karte Mick Jagger geben, sobald die Band Pause macht. Sagen Sie ihm, ich will mit ihm reden.« Ihr Blick huschte unsicher zwischen der Karte und Sandy hin und her. »Sie sind 'n echter Reporter? Ehrlich?«

»Klar. Erkennste Dan Rather nich?«

Sie schnaubte und verzog sich.

Auf dem Bier war zu viel Schaum. Sandy trank einen Schluck und lehnte sich wieder zurück, um der Musik zu lauschen. Nachdem er mit angehört hatte, wie die Band »Michelle« abschlachtete und »The City of New Orleans« entgleisen ließ, gelangte er zu der Feststellung, dass sie wahrlich schauderhaft war. Der rothaarige Bassmann tat meistens nur so, als würde er mitsingen. Der Drummer war ganz woanders, in seiner eigenen Welt, und fiel an den unpassendsten Stellen mit Schlagzeugsolos ein. Das Mädchen an den Keyboards schien manchmal völlig andere Songs zu spielen als ihre Mitmusiker. So heruntergekommen er sein mochte – Maggio war eindeutig das Einzige, was der Gruppe überhaupt irgendwelche Professionalität verlieh. Er spielte lustlos, was nicht weiter verwunderlich war, aber ab und an blitzte etwas von seinem alten Stil auf, und seine Stimme wirkte noch immer so rau und heiser wie damals, als die Nazgûl auf ihrem Höhepunkt gewesen waren und er einen tollen Kontrapunkt zu Hobbins' Gesang gebildet hatte. Es war eine hässliche Stimme, voller Gift und Schmerz und Andeutungen. Es machte Sandy ganz krank, sie »Tie a Yellow Ribbon Round the Old Oak Tree« singen zu hören.

Gott sei Dank folgte die Pause gleich auf den ersten Barry-Manilow-Song. Die Kellnerin gab Maggio die Karte, als er von der Bühne stieg. Verblüfft warf er einen Blick darauf und sah dann über die Bar zu Sandy hinüber. Die Verblüffung wich einem wachsamen, leicht feindseligen Ausdruck, während er die Bar umrundete und durch das Lokal stiefelte. »Wo ist der Witz, Mann?«, fragte er mit barscher, unfreundlicher Stimme und ließ die Karte in eine Bierlache auf Sandys Tisch fallen.

»Kein Witz«, sagte Sandy, straffte die Schultern und deutete auf den anderen Stuhl. »Setzen Sie sich. Ich gebe Ihnen einen Drink aus.«

Maggio wirkte aufgebracht. Er machte keine Anstalten, sich zu setzen. »Ich muss meine Drinks nicht bezahlen, Mann«, fauchte er. »Behalt deine verdammten Gefälligkeiten für dich. Was für einen Scheiß versuchst du hier abzuziehen? Du bist bestimmt nicht vom *Hedgehog*, also verschon mich mit so ’nem Mist.«

Sandy war ein wenig betroffen von der Vehemenz in Maggios Stimme. »He«, sagte er. »Mach mal halblang. Und ob ich vom *Hedgehog* bin. Sandy Blair. Verdammt, erkennst du mich nicht? Ich hab dich vor Urzeiten schon zweimal interviewt.«

»Ja? Wann?«

»69 in Boston, gleich nachdem das Schwarze Album rauskam. Und 71, zwei Wochen vor West Mesa. Du warst mit diesem merkwürdigen schwarzen Mädchen mit dem rasierten Schädel zusammen, aber du hast mich gebeten, sie in der Story nicht zu erwähnen. Hab ich auch nicht gemacht.«

Das versetzte Maggios Feindseligkeit einen Dämpfer. Er lächelte sogar kurz und nahm auf dem Stuhl gegenüber von Sandy Platz. »He, ja, ich erinnere mich«, sagte er. »Das war echt ’ne süße kleine Fotze. Vielleicht schreibst du ja wirklich für den *Hog*. Wie war der Name doch gleich? Blair?«

Sandy nickte.

»Ach ja, klar«, sagte Maggio, »ich glaub, jetzt weiß ich's wieder. Wir sind 'ne verfluchte Million mal interviewt worden, Mann, da ist es schwer, euch Clowns auseinanderzuhalten. Diese ganzen Pressefuzzis waren wie Groupies – in jeder Scheißstadt 'n ganz neuer Haufen, der einem alles rauszusaugen versuchte, was er kriegen konnte.« Auf einmal schien ihm bewusst zu werden, wie feindselig er klang, denn er hielt abrupt inne, blickte Sandy scharf ins Gesicht und setzte ein so einfältiges falsches Lächeln auf, wie Sandy es nur je gesehen hatte. »He, Mann, ja«, sagte er. »Jetzt erinnere ich mich an dich. Zum Teufel, ja. Du warst anders, nicht so wie diese anderen Typen. Du hast 'n paar gute Sachen geschrieben. Heeeeey! Sandy, alter Knabe, ist das lange her!«

Das war alles etwa so aufrichtig wie Richard Nixons Checkers-Rede, aber Sandy beschloss, es dabei zu belassen. »Damals hatte ich einen dichten Bart«, sagte er, um Maggio eine Möglichkeit zu bieten, das Gesicht zu wahren. »Wahrscheinlich hast du mich deshalb nicht erkannt.«

»Oh, yeah. Klar, Mann. Das isses.« Maggio wandte sich um und winkte die Kellnerin herbei. »Steht das noch mit dem Drink, Mann?«

»Klar«, sagte Sandy.

Maggio bestellte einen Chivas on the rocks. Als er kam, nippte er versuchsweise dran. »Also, was kann ich für dich tun, Mann?«, fragte er. »Bist du an 'ner Story dran oder was?«

Sandy nickte.

Ein Anflug von Wachsamkeit kehrte in Maggios verquollene Augen zurück. »He, hör mal, du willst mich doch in eurem Blatt nicht etwa fertigmachen, oder? Du weißt schon – wie tief er doch gesunken ist und so'n Mist?« Er machte eine vage Handbewegung, die andeutete, wie erbärmlich das Come On

Inn, seine Band und überhaupt alles war. »Ich meine, das ist nicht fair, Sandy. Das bin ich nicht, weißt du. Ich spiele nur mit diesen Arschlöchern, um 'ner Freundin so was wie 'n Gefallen zu tun, du weißt ja, wie das ist. Ich bums mit der Kleinen an den Keyboards rum, und sie wollte 'ne Gruppe zusammenkriegen, also helfe ich aus. Ist nur vorübergehend.«

»Schon klar«, sagte Sandy. »Daran bin ich nicht interessiert. Ich möchte dich nach Jamie Lynch fragen.«

Rick Maggio entspannte sich sichtlich. »Ach, Jamie«, sagte er. »Okay. Ich hab davon gelesen. Was für Bestien machen denn so was?«

»Erzähl du's mir.«

Maggios Miene wurde unsicher. »Dir erzählen? Was denn, Mann? Darüber weiß ich nichts. Es ist einfach traurig, Mann.«

»Ist es das?«

»Das zeigt, in was für miesen Zeiten wir leben«, sagte Maggio. »Du kannst mich zitieren.«

Sandy tat so, als würde er sich das notieren. »Komisch«, sagte er, »aber ich hätte nicht gedacht, dass dir der Mord an Jamie Lynch viel ausmachen würde.«

Die Augen des Sängers verengten sich ein wenig. »Was sagst du da, Mann?«

»Na ja, du hattest keinen Grund, Jamie Lynch zu lieben.«

Maggio antwortete mit einem gezwungenen, rauen Lachen. »Wer hat dir das erzählt, Sandy?«

»Gopher John Slozewski, zum Beispiel.«

»Oh«, sagte Maggio. »Na ja, Teufel auch, über John erzählten wir uns immer diesen Witz. Was kriegst du, wenn du eine Gopherschildkröte und einen Polacken kreuzt?«

Sandy zuckte die Achseln.

»Unseren Drummer«, sagte Maggio und lachte schallend.

»Ich meine, der Gopher war nie der Allerhellste. Er hat vieles missverstanden. Wie das mit mir und Lynch, nehme ich an. Jamie hat uns zu dem gemacht, was wir waren. Teufel auch, wir hatten unsere Streitereien. Welche Gruppe streitet nicht mit ihrem Manager rum? Aber das ist schon lange her, und wir haben uns 'ne Ewigkeit gekannt, Mann. Warum hat der Gopher gemeint, ich könnte was gegen Jamie haben?«

»Oh, etliche Gründe«, sagte Sandy. »Die Drogen zum Beispiel.«

»Die Drogen«, wiederholte Maggio. »Siehst du, was ich meine? Der Polacken-Dummarsch glaubt, ich würde mich mit 'nem Macker anlegen, der mir Drogen umsonst gibt. Scheiße, Mann, ich wünschte, ich hätte jemand, der mir jetzt Drogen umsonst gibt.«

»Was ist mit den Bildern von dir und den Zwillingen aus Pittsburgh?«

Nur für einen kurzen Moment glaubte Sandy zu sehen, wie Rick Maggio rot wurde, gefolgt von einem verlegenen Grinsen. »Verdammt, hätte ich fast vergessen. Das waren welche, ich kann dir sagen. Deren Namen hätt ich jetzt gerne. Wirklich erste Sahne. Und inzwischen wär's auch legal. Mal sehen, wie alt wären die heute? So was um sechsundzwanzig, siebenundzwanzig. Die solltest du mal interviewen, Sandyboy. Aber he, hör zu, der Gopher hat's einfach nicht geschnallt. Jamie hat 'n paar Bilder gemacht, sicher, aber das war nur 'n Scherz, 'n richtiger Jux. Diese kleinen Schlampen hatten nicht das Geringste dagegen, die haben für die Kamera bloß mit dem Hintern gewackelt und gelächelt. Und mich hat's nie gestört, überhaupt nicht. Jamie machte es halt Spaß, 'n bisschen rumzukaspern. Und wenn schon! Mir war's egal, ich konnte das ab.« Er zögerte. »He, Mann«, sagte er, »du bringst doch nichts davon in deiner

Story, oder? Ich meine, mich stört's nicht, überhaupt nicht, aber meine Kleine könnte deswegen ziemlich komisch werden.«

»Ich glaube nicht, dass ich's verwenden werde«, sagte Sandy vorsichtig, ohne etwas zu versprechen. »Slozewski hat auch gesagt, dass ihr die Nazgûl wieder zusammenbringen wolltet, du und irgendein Promoter, mit dem du dich zusammengetan hast. Stimmt das?«

Maggio lächelte. »Also, da hat der Gopher mal was richtig mitgekriegt. Wir werden wieder zusammenkommen. Wart's ab. Edan wird alles arrangieren. Das wird 'ne Sensation, Mann. Das größte verfluchte Comeback der Rockgeschichte. Sag Jared Patterson, er soll das auf seinen beknackten Titel bringen anstatt der beknackten Farrah Fawcett. Sag ihm, Rick Maggio und die Nazgûl kommen wieder, besser denn je.«

Sandy fand dieses Hirngespinst sogar schon fast rührend. Er verbiss sich eine spöttische Bemerkung dazu, wie Maggio den Namen der Band geändert zu haben schien. »Alles schon geregelt?«, fragte er.

Maggio trank sein Glas leer und schüttelte den Kopf. Sein langes, dunkles Haar hing ihm in klebrigen Strähnen über die aufgedunsenen Wangen und schwang bei seinem Nein hin und her. »Nee, aber Edan arbeitet dran.«

»Edan«, wiederholte Sandy. Er blätterte ein paar Seiten zurück zu den Notizen von seinem Interview mit Gopher John. »Edan Morse, richtig?«

Maggio nickte. »Du kennst Edan?«

»Slozewski hat den Namen erwähnt. Er hat auch gesagt, dass Jamie Lynch nichts davon wissen wollte. Wie steht's damit?«

»Okay, okay«, sagte Maggio in genervtem Ton. »Dann ging Jamie Lynch uns eben auf den Zeiger. Klar, Mann. Na und?«

Sandy zuckte die Achseln. »Na, wenn die Cops Verdacht

schöpfen sollten, dann könnten sie sagen, du hättest ein Motiv gehabt, ihn umzubringen.«

Maggio drehte sich ungeschickt auf seinem Stuhl um, steckte zwei Finger in den Mund und pfiff. »Francie!«, brüllte er. »Beweg deinen Arsch hier rüber!« Auf den schrillen Laut hin brachen sämtliche Unterhaltungen im Come On Inn ab. Sie kamen zögernd wieder in Gang, als die Keyboardspielerin von dem Tisch aufstand, wo die Band saß, und herüberschlenderte. Als sie zu ihnen trat, sah Sandy, dass er sich, was ihr Alter betraf, nicht geirrt hatte. Rick Maggio stand immer noch auf junge Mädels. Francie sah vielleicht wie siebzehn aus; ein Kind, das auf Frau machte. Der Ausdruck, der ihm in den Sinn kam, war »auf Trebe«. Sie erinnerte Sandy an einige der Ausreißerinnen, die er in den Sechzigern gekannt hatte, Blumenkinder, die im Winter der Welt zu früh verwelkten und denen nichts anderes blieb als verblassende Erinnerungen an ihren Sommer der Liebe. Francie war sehr klein. Hübsch auf eine undefinierbar unschuldige Art und Weise. Lange, strähnige braune Haare, große braune Augen, hohle Wangen, eine Menge Ringe an den Fingern. Sie trug ein schmutziges weißes T-Shirt, auf dem an – eigentlich – strategischen Stellen zwei Klopapierrollen platziert waren. Darüber stand: BITTE NICHT DIE ROLLEN DRÜCKEN. Francies dünne, knabenhafte Figur bot jedoch nichts, was man hätte drücken können, sodass das alles eher rührend als erotisch wirkte. Ihr Lächeln war ein irrlichterndes, ungewisses Etwas, das an- und ausflackerte wie das große C in der Leuchtreklame draußen. Maggio packte sie am Arm, zog sie zu sich heran und setzte sie auf seine Knie. »Das ist Francie, meine Alte«, erklärte er Sandy. »Francie, sag diesem Saftsack, wo ich in der Nacht war, als Jamie Lynch das Herz rausgeschnitten bekam.«

»Er war mit mir zusammen«, sagte sie mit leiser Stimme. »An dem Abend hatten wir keinen Gig, also sind wir zu Hause geblieben, haben ferngesehen und gebumst. Ehrlich.«

»Na schön«, sagte Sandy, obwohl er fand, dass Francie allzu schnell mit einer Antwort bei der Hand war. Fast, als hätte Maggio es mit ihr geübt.

»Siehst du?« Maggio grinste. Eine seiner Hände glitt unter ihrem Shirt nach oben, auf der Suche nach den Rollen. Zweifellos um den ganzen Kack wegzuwischen, dachte Sandy.

Francie ließ ihn gewähren. »Sind Sie wirklich vom *Hedgehog*?«, fragte sie.

Sandy nickte.

»Schreiben Sie was Gutes über uns? Wie gefallen wir Ihnen?«

»Na ja, es ist nicht unbedingt meine Musik«, sagte Sandy höflich. »Ich mag härteren Rock.«

Sie nickte kaum merklich, nicht im Geringsten überrascht. »Ich hab nicht geglaubt, dass Sie wegen uns hier sind. Nur wegen Rick, stimmt's? Rick ist zu gut für uns, echt. Er ist ein Genie. Er war bei einer Menge großer Bands, wissen Sie? Bei Nasty Weather und Catfight und den Nazgûl.« Maggio grinste, während seine Hände immer noch ihre Brüste bearbeiteten. Sie tat so, als bemerkte sie es nicht.

»Ich weiß«, erklärte ihr Sandy. »Ich hab mal über die Nazgûl berichtet. Ich war ein großer Fan.« Er sah Maggio an. »Glaubst du wirklich, du kannst die Band wieder zusammenbringen?«, fragte er.

»He, Mann, ich erzähl dir doch keinen Mist. Ich hab's dir gesagt, oder?«

Sandy zuckte die Achseln. »Sicher. Aber ich hab da so meine Zweifel.«

»Na, dann zweifle mal weiter, aber das wird passieren. Wart nur ab.«

»Ihr habt ein paar offensichtliche Probleme«, sagte Sandy. »Zum Beispiel meine ich mich zu erinnern, dass Hobbins tot ist.«

Maggio grinste breit und ein wenig selbstgefällig. »Edan hat das auf der Rechnung. Wart's ab, du wirst schon sehen. Das wird dich umhauen, verdammt.«

»Ach? Wie will er denn einen Toten ersetzen?«

»Kein Kommentar«, sagte Maggio. »Wart's einfach ab, Mann. Oder frag Edan.«

»Vielleicht tu ich das«, sagte Sandy. »Wie komm ich mit ihm in Kontakt?«

Maggio war auf der Hut. »Edan mag es nicht, wenn Leute seine Nummer rausgeben«, sagte er. »Vielleicht frag ich ihn wegen dir. Wenn er reden will, wird er sich bei dir melden.«

»Interessant«, sagte Sandy. »Warum tut er so geheimnisvoll?«

Maggio zog seine Hand unter Francies Shirt hervor und schaute unbehaglich drein. »Ich hab dir gesagt, ich werd ihn wegen dir fragen. Edan mag es nicht, wenn man über ihn redet.«

»Ich verstehe. Na schön, kommen wir auf dieses Nazgûl-Comeback zurück. Du sagst, dieser Edan Morse hat einen Plan, um Hobbins zu ersetzen. Schön, so weit nehme ich dir das ab. Aber wie kommst du darauf, dass Faxon und Slozewski mitmachen werden?«

»Sie werden mitmachen.«

»Warum? Sie haben jetzt ihr eigenes Leben. Sie brauchen die Nazgûl nicht mehr.«

Maggio errötete, und sein Gesicht nahm einen seltsamen, zornigen, bitteren Ausdruck an. »Aber ich, stimmt's? Das denkst du doch. Sie brauchen die Scheiß-Nazgûl nicht, aber Maggio braucht sie ganz bestimmt, diese abgetakelte alte Missgeburt, die's nicht mehr bringt und in miesen Buden wie der hier spielt und mit Teenagerschlampen wie der da zusammenlebt.« Er versetzte Francie einen groben Stoß gegen die Schulter, und sie stand von seinen Knien auf, wortlos und mit ausdrucksloser Miene. Verlegen blieb sie stehen; sie wusste nicht, ob sie gehen oder bleiben sollte.

»Das hab ich nicht gesagt«, protestierte Sandy.

»Scheiße, Mann, das brauchst du nicht zu sagen. Du denkst es aber, oder etwa nicht? Also was, verdammt? Glaubst du, ich brauche die Nazgûl?« Seine Stimme triefte vor Sarkasmus. »Ich doch nicht, Mann. Verdammt, warum sollte ich mit diesen Arschlöchern wieder zusammenkommen wollen? Warum sollte ich noch mehr Platten aufnehmen und Millionen von beschissenen Dollars machen und mir von heißen kleinen Mösen jedes Mal, wenn ich mich umdrehe, die Hosen runterreißen lassen? Wie verflucht langweilig das doch wäre. Also ich, ich spiele gern in Cal City und in Gary und in East St. Louis, wo ich die ganzen stinkvornehmen Ramada Inns sehe und Moe und Larry und Curly Joe zuhöre, wie sie mit mir mitzuhalten versuchen, während die Sackgesichter im Publikum blöd daherreden und Bier saufen. Mir gefällt's, wie ein Schwein zu schwitzen und einen Scheiß dafür zu kriegen. Warum zum Teufel sollte ich je wieder mit richtigen Musikern spielen wollen?« Er knallte sein leeres Glas so fest auf den Tisch, dass Sandy einen Moment lang glaubte, es würde zersplittern.

»Du hast meine Frage nicht beantwortet«, sagte Sandy ruhig. »Du willst also die Gruppe wieder zusammenbringen. Was ist mit Faxon und Slozewski?«

»Scheiß auf Faxon und Slozewski«, sagte Maggio wütend.

»Ein eingebildeter Affe und ein dämlicher Polacke, wer braucht die schon. Gopher John war bei den Nazgûl nicht mal von Anfang an dabei. Er hing bloß rum und machte den Laufburschen. Los, hol dies, trag das, kapierst du? Da draußen gibt's noch andere Drummer. Ich brauch ihn nicht, Mann, hörst du?«

»Du kannst nicht ganz allein eine Nazgûl-Reunion durchziehen«, bemerkte Sandy.

»Shit, Mann, ich hab dir gesagt, dass sie mitmachen werden. Da kannst du einen drauf lassen, hörst du? Bring das im *Hedgehog!* Sie schulden es mir, diese Mistkerle, alle beide. Sie haben mich volle Kelle abgelinkt. Gopher John hat sich 'n spitzenmäßigen Nightclub besorgt, Faxon lebt wie 'n verdammter König, und was hab ich? Nichts. Einen Scheiß. Nada. Das hab ich. Ohne mich wäre aus den Nazgûl nie was geworden. Man sollte meinen, diese Arschlöcher wären einem dankbar, aber nein, nein, immer drauf auf den alten Rick. Als Nasty Weather auseinandergekracht ist, hab ich diesen Polacken-Dummarsch gefragt, ob er mit mir 'ne neue Band gründen will, aber nein, er haut mit Morden und Leach ab und lässt mich im Regen stehen. Und Faxon sitzt einfach in Santa Fe auf seinem gottverdammten Berg und verdient sich dumm und dämlich an seinen Verlagsrechten. Er hat's in Hülle und Fülle, und ich hab nichts. Und das kratzt ihn nicht im Geringsten. Sie schulden es mir, alle beide. Weißt du, warum sie mich beschissen haben? Ich sag dir, warum. Wegen der Weiber. Die Weiber waren immer heiß auf mich. Faxon hat nie eine von ihnen angerührt, aber du wusstest, dass er's gern wollte. Er war so geil, dass ihm der Saft aus den verdammten Ohren rauskam, aber er hat nie was gemacht. Und der Gopher, der kriegte die Mädels, die mich nicht mehr interessierten. Mich wollten sie alle, mit dem Polacken haben sie nur gevögelt, weil ich's ihnen gesagt habe. Siehst du, was du davon hast, wenn du nett zu sein versuchst? Die Weiber standen mehr auf mich, deshalb sind sie jetzt beide sauer.« Er sah Francie mit einem so roten, hässlichen und wütenden Gesicht an, dass Sandy ganz kurz befürchtete, er würde sie schlagen. »Damals hab ich alle Sahneschnitten gekriegt, keine drittklassigen kleinen Mösen wie die hier«, sagte er. »Und ich hab ihnen was abgegeben, verflucht. Also werden sie mitziehen, hörst du? Das sind sie mir schuldig.« Er stand unvermittelt und zornig auf, so schnell, dass der Stuhl hinter ihm mit lautem Poltern umfiel. »Ich glaub nicht, dass ich dir noch was zu sagen habe, Mann.« Dann, zu Francie: »Los, komm, wir müssen für diese Arschlöcher spielen.«

Doch als Maggio vom Tisch davonstürmte, blieb sie zurück. Sie wirkte niedergeschlagen, aber Sandy sah keine Spur von Tränen in ihren Augen. Wahrscheinlich war sie daran gewöhnt, dachte er im Stillen.

Als Maggio merkte, dass sie nicht mitgekommen war, wirbelte er herum und machte ein erstauntes Gesicht. »He!«, brüllte er. »Los, komm!«

»Ich wollte nur …«, begann Francie.

Er stieß ein gemeines Lachen aus. »Du wolltest«, sagte er spöttisch. »Ich wette, du wolltest. Na dann, nur zu. Bums mit ihm, dann siehst du ja, ob's mich kratzt. Vielleicht kriegst du deinen Namen in den *Hedgehog*. Ich brauch dich nicht, Fotze. Ich brauch niemand.« Er winkte Sandy zu. »Probier sie aus, Alter«, sagte er. »Sie ist nicht spitze, aber für so eine wie sie ist sie nicht übel.« Dann wirbelte er wieder herum und stapfte zurück zur Bühne. Jeder in der Bar beobachtete ihn. Maggio war es endlich gelungen, die Aufmerksamkeit des Publikums auf sich zu ziehen.

Francie trat zögernd einen kleinen Schritt auf Sandy zu.

»Manchmal ist er so«, sagte sie. »Er meint es nicht böse, wirklich nicht. Er sagt gemeines Zeug, aber er schlägt mich nie oder so. Er ist kein schlechter Kerl, Mister, nicht tief drin. Er hat nur einfach Pech gehabt, und das macht ihn wütend. Er war immer ein Star. Bitte schreiben Sie im *Hedgehog* nichts Gemeines über ihn, okay? Das würde ihm wirklich furchtbar wehtun.«

Sandy stand vom Tisch auf, runzelte die Stirn und steckte seinen Notizblock wieder ein. »Du bist viel zu gut für ihn, Francie«, sagte er lächelnd zu ihr, fasste sie an der Schulter und drückte sie leicht.

»Bin ich bestimmt nicht«, sagte sie und wandte den Blick ab. »Rick verdient nur das Beste. Ich kann nicht mal richtig spielen.«

»Es gibt Wichtigeres als Musik«, erklärte ihr Sandy. Er fasste sie unters Kinn und hob ihren Kopf an, damit sie ihm in die Augen sah. »Die Wahrheit jetzt«, sagte er. »Warst du in dieser Nacht wirklich mit ihm zusammen?«

»Ganz bestimmt«, sagte Francie.

Bevor Sandy eine weitere Frage formulieren konnte, entlockte Maggio seiner elektrischen Gitarre auf der Bühne einen zornigen Akkord. »Na schön, ihr Arschlöcher«, sagte er laut ins Mikrofon. Diesmal sahen alle zu ihm hin. Der rothaarige Bassmann und der Drummer saßen mit einem wachsamen Ausdruck im Gesicht hinter ihm. »Wir haben so ein Rindvieh von Reporter hier, der nicht glaubt, dass Rick Maggio es noch bringt. Er wird's lernen. Jetzt gleich. Also, Leute, ihr könnt euch eure Wünsche in eure winzigen Arschlöcher stecken und euch eure gelben Bänder um eure winzigen Schwänze binden, denn jetzt gibt's Rock and Roll!« Er brüllte die letzten Worte, sprang hoch und landete so schwer, dass die Bühne erzitterte, und dann erbebte der ganze schäbige kleine Schuppen unter der Kampfansage seiner Gitarre. Die einleitenden Akkorde waren Sandy entsetzlich vertraut, und Maggios raue, böse Stimme krallte sich in den Text, wie ein Mann, der Schmerzen hat, sich in einen Schrei verkrallt.

Ain't gonna take it easy
Won't go along no more
Tired of gettin' stepped on
When I'm down here on the floor

Während er sang, funkelte er Sandy mit seinem wohlbekannten höhnischen Grinsen an. Dann stürzte er sich auf den Refrain, und für Sandy flackerte auf seltsame Weise ganz kurz ein doppeltes Bild auf – die Aufgedunsenheit und der Bart und die schwammigen Schichten schienen plötzlich Teil einer grotesken Illusion zu sein, falsch und irgendwie unwirklich, und erst jetzt sah er durch sie hindurch und dorthin, wo der echte Rick Maggio in der Falle saß.

»*Cause I'm ragin'!*«, sang Maggio.
»*RAGIN'!*«, echoten seine Hintermänner.

Sie kannten den alten Nazgûl-Hit gut genug, um sich den Anschein zu geben, als spielten sie mit ihm zusammen. Die Bassgitarre war unsicher, und die Drums waren nicht halb so fiebrig und zornig, wie sie sein sollten. Aber zumindest kannten sie ihren Text, ihren einzigen Ein-Wort-Text, und legten ein wenig Zorn hinein, als sie ihn sangen. Maggio grinste und rang seiner Gitarre einen schmerzvollen Akkord nach dem anderen ab.

»Yes, I'm ragin'!«, sang er.
»RAGIN'!«, schrien sie.

Die Verstärker waren voll aufgerissen, sodass es unmöglich war, sich zu unterhalten, und das Come On Inn erzitterte unter dem Getöse. Einige der Zuschauer machten einen erschrockenen Eindruck. Sandy konnte es ihnen nicht verübeln: Maggio sah furchterregend aus. »Ragin'!« war immer sein Song gewesen, der einzige Titel auf *Music to Wake the Dead*, bei dem er statt Hobbins die Leadstimme gesungen hatte, und jetzt legte er seine ganze Verletztheit, seine ganze Gehässigkeit und all seine verworrene Leidenschaft in ihn hinein.

»How I'm ragin'!«, schrie er.
»RAGIN'!«, brüllte es zurück.

Sandy musste an West Mesa denken. Das Scheinwerferlicht war scharlachrot und surreal geworden, und Maggio, mager und höhnisch grinsend, war nach vorne getreten, um den Song zu bringen, seine große Nummer auf ihrem neuen, noch unveröffentlichten Album. Und bei der dritten Zeile des Refrains hatte das Publikum begriffen, worauf es ankam, und als Maggio *»Ragin'!«* knurrte, schrien es sechzigtausend Leute zurück. Rotes Licht und Blutrausch und nackter Zorn über all die Grausamkeit der Welt; sechzigtausend Stimmen vereinigt. Beinahe sexuell.

Ain't gonna tote no rifle
Ain't gonna sweep no floor
Screw them liars in their suits
I ain't takin' anymore!

Es war verhunzt, es war amateurhaft, ja. Aber es hatte immer noch Kraft. Rohe, hässliche Kraft. Sandy spürte sie. Er konnte das Herzblut fühlen, das Maggio in seine Gitarre legte, den Schmerz in der Stimme, den wachsenden Zorn.

Cause I'm ragin'!

RAGIN'!

Yes, I'm ragin'!

RAGIN'!

How I'm …

Und dann, mit Übelkeit erregender Plötzlichkeit, hörte es auf. Die Musik erstarb mit einem schauerlichen Wimmern, wie von Nägeln auf einer riesigen Tafel. Die Musiker hinter Maggio erstarrten und glotzten einander an. Der Barkeeper hatte unter der Bühne den Stecker herausgezogen.

Rick Maggio zitterte wie ein Mann, den man beim Liebesakt unterbrochen hatte, der unmittelbar vor dem Orgasmus gewaltsam aus seiner Partnerin gerissen worden war. Er sah benommen und krank aus. Als er dann schließlich begriff, was geschehen war, wurde er bleich vor Zorn. »Was fällt dir ein, verflucht noch mal?«, schrie er zu dem Barkeeper hinunter. »Nimm deine verdammten Finger von meinem Equipment. Ich bring dich um, du Schwanzlutscher!«

Der Barkeeper war drahtig, in den Fünfzigern, mit vorspringendem Kinn, Runzeln und Kieselsteinen statt Augen. »Das sehen Sie falsch, Mister«, sagte er. »Sie bringen niemand um. Ihr Punks packt bloß zusammen und macht euch jetzt ganz leise vom Acker. Ich will keinen Ärger. Und die Kohle könnt ihr auch vergessen.«

»Sie haben uns engagiert!«, sagte Maggio. »Wir haben eine Abmachung miteinander.«

»Ich engagier euch, damit ihr kommt und Musik macht. Nette Musik, was meine Gäste hören wollen. Ich hab euch nicht engagiert, um mir dein verdorbenes Mundwerk und den Dreck, der da rauskommt, anzuhören oder damit ihr mir die Kundschaft vergrault oder die Leute mit diesem Müll, den du da singst, taub macht. Raus hier, Punk, bevor ich die Bullen hole.«

Maggio riss sich wild die Gitarre herunter und sprang von der Bühne. Er sah richtiggehend gefährlich aus. »Wir haben zwei verdammte Sets gespielt, Mann«, sagte er. »Du schuldest uns Geld.«

Der Barkeeper wich einen Schritt zurück, griff unter den Tresen und holte einen Baseballschläger hervor. »Raus hier«, wiederholte er. »Fass mich an, Punk, und ich brech dir alle Finger.« Sandy sah ihn an und glaubte es ihm sofort.

Maggio ballte die Faust, hob sie, ließ sie sinken und wandte sich mit einiger Anstrengung ab. Er zitterte am ganzen Leib. Der Rest der Band hatte bereits angefangen einzupacken. Maggio sah aus, als würde er gleich platzen. Das wollte Sandy nicht mit ansehen. Die Vorstellung widerte ihn an. Es war an der Zeit zu gehen. Er berührte Francie leicht am Arm. »Er war gut«, erklärte er ihr. »Sag ihm das. Sag ihm, ich hätte gesagt, er war gut.«

Sie nickte. Dann ging sie zu Maggio, legte ihre dünnen Arme um ihn und hielt ihn, während er weiter zitterte. Geschlagen, bleich, ohnmächtig.

Ragin', dachte Sandy, als sich die Tür hinter ihm schloss.

7

Als er schließlich auf dem Dan Ryan ins Zentrum von Chicago zurückfuhr, war Sandy übel gelaunt und so niedergeschlagen, dass er nicht einmal eine Kassette ins Tapedeck schob. Er war sich nicht sicher, wohin er wollte. Nicht mehr als Rick Maggio, dachte er, oder Gopher John oder Maggie oder der arme tote Jamie Lynch, nicht mehr als jeder von ihnen. Aber es war spät, und es wurde immer später, und er war zu müde für die Straße, also fuhr er ab und kreuzte, von einer fast zwanghaften Mattigkeit getrieben, durch die leeren Straßen des Loop.

Im Conrad Hilton nahm er sich ein Zimmer für die Nacht. »Im fünfzehnten Stock«, erklärte er dem Portier, als er sich anmeldete. Der Mann schaute ihn an, zuckte gleichmütig die Achseln und händigte ihm den Schlüssel aus.

Als der Page ihn verließ, zeigte Sandys Uhr kurz nach Mitternacht. Zu Hause in New York war es eine Stunde später, dachte er. Genau die richtige Zeit, um Jared anzurufen. Er beschloss, sich als Moderator einer Nachtsendung auszugeben, der ein triviales Quiz veranstaltete, und Jared aufzufordern, den Titelsong aus *Super Chicken* zu singen.

Als Pattersons schläfrige, benebelte Stimme schließlich aus dem Hörer drang, stellte Sandy jedoch fest, dass er weder die Energie noch die Lust hatte, den Bluff durchzuziehen. »Ich bin's, Jared«, sagte er müde. »Ich hab da was, und ich möchte, dass du's für mich überprüfst.«

»Kannst du nicht zu einer zivilisierten Zeit anrufen, gottverdammt?«, beklagte sich Patterson. »Du hast versprochen, mich zu Hause in Ruhe zu lassen. Was zum Teufel soll ich mit dir machen, Blair?«

»Du sollst für mich was über Edan Morse rausfinden«, sagte Sandy.

»Über wen?«

»Morse, wie der Kode«, sagte Sandy. »Vorname Edan.« Er buchstabierte ihn.

»Wer ist der Bursche?«, fragte Jared.

»Genau das sollst du mir erzählen«, sagte Sandy. »Ich weiß nicht – vielleicht ist es nichts, aber der Name ist sowohl bei Maggio als auch bei Slozewski aufgetaucht. Er ist Promoter oder so was, und er will die Nazgûl wieder zusammenbringen.«

»He!«, sagte Jared. »Das wär doch was, stimmt's? Das Sahnehäubchen für deine Story.«

»Vergiss es«, sagte Sandy. »Dieser Morse macht sich was vor. Trotzdem, ich will wissen, wen er vertritt, mit was für Gruppen er gearbeitet hat, welche Verbindungen er im Musik-Business hat. Lass einen deiner grünhaarigen Teenybopper das Archiv durchwühlen und schick mir alles Hintergrundmaterial. Ich bin im Conrad Hilton in Chicago. Gib es als Eilbrief auf. Ich glaube, ich bleib eine Zeit lang hier.«

»Warum?«, fragte Patterson. »Hast du Wie-heißt-er-doch-gleich noch nicht getroffen?«

»Doch, doch«, sagte Sandy. »Aber jetzt muss ich Du-weißt-schon-wen aufstöbern.« Er hängte auf und hoffte, dass er Patterson gründlich durcheinandergebracht hatte.

In Wahrheit wusste Sandy nicht, wie lange er in Chicago bleiben würde oder ob er sich überhaupt länger hier aufhalten wollte. Viele seiner Erinnerungen hingen mit dieser Stadt und dem Campus der Northwestern oben in Evanston zusammen, und diese alten Erinnerungen waren in letzter Zeit ruhelos gewesen und wie ein Haufen erst kürzlich auferstandener Zombies in seinem Kopf herumgestolpert. Vielleicht war es das. Vielleicht würde Chicago helfen, sie ins Grab zurückzubringen. Und er hatte irgendwie das Gefühl, dass er Lark Ellyn aufsuchen sollte, aus Gründen, die ihm nicht klar waren. Lark und er hatten sich nie nahegestanden, obwohl die Umstände dafür gesorgt hatten, dass sie viel Zeit miteinander verbrachten. In den letzten zehn Jahren hatten sie sich völlig voneinander entfernt und waren jeder aus der Welt des anderen verschwunden. Und doch wusste Sandy auf schwer zu definierende Weise, dass Lark Ellyn ein Bestandteil seiner Geschichte war, ebenso wie Maggie. Der Gedanke kam ihm fast wie eine Offenbarung, doch als er ihm kam, wusste Sandy, dass er richtig war. Seine sämtlichen Reporterinstinkte sagten ihm, dass es hier um mehr ging als um die Nazgûl und um unendlich viel mehr als nur um die Abschlachtung Jamie Lynchs.

Schläfrig nickte er sich selbst zu und versprach sich, dass er am nächsten Tag versuchen würde herauszufinden, warum das so war, und dass er außerdem mit L. Stephen Ellyn eine Verabredung zum Essen treffen würde.

Er zog sich nicht aus und löschte auch nicht das Licht; der Schlaf packte ihn, als er ausgestreckt und vollständig angezogen auf dem schmalen Einzelbett in dem alten Hotel lag.

Seine Träume waren konfus und chaotisch. Die Nazgûl waren oben auf einer Bühne und spielten in einer gewaltigen, dunklen Halle. Leute tanzten fieberhaft. Sandy sah, dass manche von ihnen in Flammen standen. Maggie wirbelte lachend vorbei. Aus ihrer Nase rann Blut, und ihr Partner war ein verkohltes, geschwärztes Skelett, das sich zur Musik bewegte und dabei Stücke rauchenden Fleisches verlor. Er sah andere Gesichter, die er kannte; Lark, Slum, Bambi. Jamie Lynch war da, frenetisch, aufgedreht, trotz des klaffenden, blutigen Lochs in seiner Brust. Um den äußeren Ring der Tanzfläche herum sammelten sich verschwommene, gestaltlose Dämonen. Sandy konnte sie im Dunkeln sehen, und er schrie auf, versuchte die Leute zu warnen, aber die anderen waren blind, sie schenkten ihm keine Beachtung. Sie tanzten und tanzten. Die Nazgûl spielten den »Armageddon/Resurrection Rag« von *Music to Wake the Dead*. Es war ein langer, langer Song, der die ganze zweite Seite des Albums einnahm, und die Tanzenden waren in ihm verloren und entrückt. Während die Musik spielte, konnten sie Sandys Warnrufe nicht hören, konnten den Feind nicht sehen. Dennoch sammelten sich die Dämonen, sammelten sich und nahmen Gestalt an; er sah, wie sich um sie her eine Armee formierte, in blauen Uniformen und in Khaki, mit Gewehren und Knüppeln und dunklen Helmen, die ihre unmenschlichen, dämonischen Gesichter verbargen. Oben auf der Bühne wirbelte Hobbins herum und krümmte sich und sang von Tod und Wiedergeburt. Oben auf der Bühne blickte Gopher John finster drein und trommelte mit schrecklicher, gehetzter Besessenheit. Oben auf der Bühne schwitzte Maggio Blut, bis sein Hemd davon durchtränkt war. Er zog es aus und warf es fort; sein Körper darunter war geschwollen und grün und in Verwesung begriffen. Frauen mit auf die Wangen gemalten Blumen stritten sich um das blutige Hemd. Sandy bekam einen Hauch von Tränengas in die Nase und schrie sie an, und sie schauten auf, sie schauten alle auf, aber es war zu spät, es war zu spät, die Dämonen kamen … und der Song nahm kein Ende.

Er wachte auf und fuhr mit einem Schrei aus dem Bett

hoch. Er zitterte eine ganze Weile, bis der Albtraum ihn aus seinen Klauen entließ und er sich umschaute und das leere, düstere Hotelzimmer sah. Sandy fuhr sich mit den Fingern durch die zerzausten Haare und atmete tief durch. Dann hievte er sich hoch, ging ins Badezimmer und trank ein Glas Wasser aus einem Becher, der zu seinem Schutz sterilisiert worden war. Dann ein zweites.

Während er das zweite Glas leerte, wurde ihm klar, warum er ins Conrad Hilton gekommen war und um ein Zimmer im fünfzehnten Stock gebeten hatte.

Er würde nicht hier schlafen. Er konnte es nicht. Er schaute in den Spiegel. Seine Kleider waren vom Schlafen zerknittert, seine Augen eine Spur blutunterlaufen, seine Haare ein ungekämmter Wust. Er spritzte sich etwas Wasser ins Gesicht, holte seinen Koffer heraus, zog sich frische Jeans und einen blauen Kaschmir-Pullover an und kämmte sich die Haare. Dann nahm er seine Jacke von dem Stuhl, auf den er sie geworfen hatte, und trat schweigend in den Flur hinaus.

Der Flur war nur schwach beleuchtet und still. Sandy konnte sich nicht erinnern, ob er sich verändert hatte oder nicht. Wahrscheinlich, dachte er. Wahrscheinlich haben sie den Farbanstrich gewechselt oder die Teppiche oder sonst was. Er konnte sich nicht erinnern. Es sah genauso aus. Genauso wie damals.

Alles war leer und still. Alle Türen waren verschlossen. Aber das hatte nichts zu sagen. Verschlossene Türen waren kein Schutz. Weit, weit weg hörte er den Fahrstuhl aufgehen, und dann hörte er Schritte, schnelle Schritte, Rufe und Schreie. Und er wusste, es passierte noch einmal. Benommen und noch halb im Schlaf ging Sandy den Flur entlang und sah auf die Zimmernummern. Er kam um eine Ecke und erstarrte. Alles war da. Sie strömten aus den Fahrstühlen, wirbelten durch die Flure, stellten keine Fragen und beantworteten keine, holten zum Schlag aus, traten, fügten Schmerzen zu. Blaue dunkle Gestalten und andere in Khaki, mit erhobenen und blutigen Knüppeln und natürlich den Pistolen, nicht gezogen, aber doch da, am Gürtel. Gesichtslos, ohne Dienstabzeichen ergossen sie sich aus den Fahrstühlen, und in ihren Augen sah man, dass man der Feind war, überhaupt kein menschliches Wesen, der Feind, der Feind, und sie gingen auf einen los und schlugen zu, und nichts, was man sagte oder tat, würde diesen Knüppeln Einhalt gebieten. Im Flur herrschte Chaos. Sie hämmerten an Türen, traten andere ein, zerrten die Kids heraus, ohrfeigten sie, stießen sie, schrien auf sie ein, raus hier, raus, raus! Sie reagierten auf kein Flehen. Er hörte die Gummiknüppel gegen Arme, Zähne, Schädel klatschen. Es war ein Geräusch, das man nicht vergaß, sein ganzes Leben lang. Er hörte das Ächzen, das schmerzliche Aufstöhnen, die Schimpfwörter, die in beide Richtungen flogen. Er sah, wie ein schlanker schwarzer Junge mutig versuchte, ihnen die Stirn zu bieten, und sie rannten ihn einfach um, die Knüppel fuhren herab, sie umringten ihn und schlugen zu, wieder und wieder und wieder. Blut an den Gummiknüppeln. Dann schaute einer von ihnen auf, und sie sahen ihn. Der Mund öffnete sich stumm, die kalten Augen wurden schmal, und der blau gekleidete Arm zeigte auf ihn, und sie kamen auf ihn zu. Sandy wich zurück, weg von ihnen, und dann rannte er, schrie eine Warnung, stürzte, so schnell er konnte, durch die Flure und um die Ecken, und die ganze Zeit hörte er die Schritte hinter sich. Vor ihm war das Organisationsteam. Vor ihm war die Suite. Sicherheit, Sicherheit, die Verantwortlichen, die Verantwortlichen würden sie nicht zusammenknüppeln. Die Türen zur Suite waren offen. Er rannte hinein. Sie sahen ihn alle überrascht an. Vier von ihnen spielten Bridge. Andere waren im Zimmer verstreut, unterhielten sich leise, blätterten in Papieren, tranken den bitteren Wein der Niederlage, leckten ihre Wunden. Sandy wollte ihnen zurufen, macht die Türen zu, verschließt die Türen, aber es war zu spät, zu spät, der Feind war unter ihnen. Sie rannten herein und schwangen die Knüppel. Er sah, wie ein Bridgespieler eine Hand hob, um einen Schlag abzuwehren, hörte das Übelkeit erregende Knirschen, sah den Knüppel zersplittern. Jemand verlangte eine richterliche Anordnung, rief etwas von einer richterlichen Anordnung, und sie schlugen auf ihn ein, und dann rief er nichts mehr. *»Halt!«*, brüllte Sandy. *»Was geht hier vor!?«* Er schrak vor einem Schlag zurück, einen Arm über dem Gesicht.

Dann öffnete er verwirrt die Augen, und der Flur war leer. Totenstill und leer. Er keuchte. Nein, sagte er zu sich selbst. Hier war nichts, nichts. Keine Rufe, keine Schreie, keine Geräusche von Schlägen. Wie auch? Es war nicht 1968. Diese Leidenschaften waren längst erloschen. Er glaubte nicht an Gespenster. All diese verschlossenen Türen verbargen nur leere Zimmer und vereinzelte Tagungsteilnehmer, Flugpersonal und müde Reisende. Das einzige Geräusch war das Summen des Fahrstuhls weiter weg um die Ecke.

Er schob die Hände tief in die Jackentaschen und ging auf das Geräusch zu, drückte den Knopf und wartete. Schließlich kam der Aufzug. Als sich die Türen öffneten, ließ ihn eine alte Erinnerung, ein Instinkt, zurückscheuen. Aber im Inneren war nichts. Er betrat ihn und fuhr hinab ins Foyer.

»Ich möchte ein anderes Zimmer«, erklärte er dem Portier. Er reichte ihm seinen Schlüssel. »Hier«, sagte er. »Lassen Sie meine Sachen von einem Pagen rüberbringen. Ich mache einen Spaziergang. Den neuen Schlüssel hole ich mir, wenn ich zurückkomme.«

Der Portier nickte höflich und unverbindlich. »Ja, Sir. Waren Sie mit Ihrem Zimmer nicht zufrieden?«

»Ich möchte nicht im fünfzehnten Stock bleiben«, sagte Sandy. »Ich möchte in ein anderes Stockwerk.«

»Sie haben um dieses Stockwerk gebeten«, betonte der Portier, ein älterer Mann, schmächtig und steif. Sein sich lichtendes Haar war sorgfältig zurückgekämmt. Er hatte dunkle Augen, in denen Missbilligung stand.

»Ich war schon einmal dort«, murmelte Sandy und wandte den Blick ab. Er fuhr sich mit den Fingern durch die Haare. »O Gott, ja, ich war schon mal dort.«

»Ja, Sir. Wann war das, Sir?«

Sandy sah ihn an und fragte sich, ob er damals im Hilton gearbeitet, ob er in jener Nacht Dienst gehabt hatte. »Das wissen Sie«, sagte er. »Das wissen Sie ganz genau. Dort war das Organisationsteam. Das Hauptquartier war oben im 23. Stock, das weiß ich noch, oben, wo Gene war, aber der fünfzehnte gehörte auch uns, im fünfzehnten war das Organisationsteam, und da sind sie auf uns losgegangen.«

»Ihr habt mit Sachen rumgeworfen«, sagte der Portier, und es sah merkwürdig aus, wie er redete, ohne die Lippen zu bewegen. »Ihr habt mit Aschenbechern geworfen, mit Beuteln voll Urin und mit menschlichen Exkrementen. Ihr habt Sachen aus den Fenstern geworfen. Geschah euch recht.«

»Nein«, sagte Sandy. »Lügen, alles Lügen. Ich war dabei, lieber Gott, ja. Niemand hat irgendwas geworfen, wir nicht. Das war eine gottverdammte Lüge, hören Sie?« Aber der Mann blickte ihn an, grinste ihn an, verhöhnte ihn mit diesem höflichen Lächeln. Sandy war übel. Er wirbelte herum, schwankte durchs Foyer auf die Tür zu, fühlte sich gehetzt und gejagt. Das Foyer war voll von gesichtslosen blauen Schatten und maskierten Gardisten, und sie starrten ihn an, wenn er an ihnen vorbeikam. Stolpernd und nach Luft schnappend rannte er zwischen ihnen hindurch.

Die Michigan Avenue war leer, so weit das Auge reichte. Sandy lehnte sich an die Wand des Gebäudes und sah auf die Uhr. Es war halb fünf. Auf der anderen Straßenseite war die finstere, drohende Leere des Grant Park, eine riesige dunkle Fläche aus braunem Gras und Beton unter den glänzenden Klippen der Gebäude am Parkrand. Er ging Richtung Michigan und Balbo, von etwas getrieben, das er nicht ausdrücken konnte.

Auch die Gespenster waren dort. Sandy blieb stehen. Er zitterte in der kalten Oktoberluft und dem Wind, der vom See her blies. Er erinnerte sich an eine andere Nacht, eine heißere Nacht, warm und schwül, als die leiseste Brise eine willkommene Erleichterung gewesen war. Überall um ihn her regten sich Phantome und nahmen schimmernd und unwirklich Gestalt an. Die Armeen der Nacht, dachte er. Und da waren sie. Auf der einen Seite der Straße war eine unordentliche, farbenfrohe, spottende Masse von Kindern, mit Fahnen und Spruchbändern und Blumen und Slogans bewaffnet. Sie sind alle so jung, dachte Sandy und erinnerte sich, wie anders, wie ganz anders es ihm damals erschienen war. Da waren keine Gesichter, nirgends Gesichter, nur verschwommene Flecken, Bilder und Embleme. Junges blondes Haar, das sauber und schimmernd über unzählige schmale Taillen wallte. Ausgeblichene, verschlissene Jeans mit Blumenflicken, Stirnbänder. Aufkleber. Omabrillen, rückenfreie T-Shirts, Paisley-Hemden, ausgestellte Hosen, Armreifen, Stirnbänder. Yippies und Hippies und die

Leute von Mobe und Clean for Gene. Sich bei den Händen haltend. Singend. Skandierend. Lippen, die sich stumm bewegten. Die vorderste Reihe bestand nur aus jungen Frauen, hübschen jungen Frauen, Mädchen eigentlich, und undeutlich sah er die Ordner, die sich durch die Menge schoben, und hörte sie sagen: »Mädels nach vorn, lasst die Mädels nach vorn. Bleibt ruhig. Bleibt ruhig.« Alles in ständiger Bewegung, Leute, die sich hierhin und dorthin schoben, Unruhe, Aufregung, alles ging ineinander über, eine gewaltige Verschmelzung von Schattengestalten. Banner, die über allem wehten, rote und schwarze Fahnen, auf Bettlaken gepinselte Sprüche, das Friedenszeichen und die Vietcong-Fahne, überall Banner, die sich drehten und hin und her schwankten und peitschten, wenn der Wind seufzend vom See her blies. Alle wiegten sich, Mädchen und Jungen und Fahnen, alles zusammen, Hände haltend, eingehakt, sie wiegten sich, und Lippen bewegten sich.

Und dort, ihnen gegenüber, die anderen; in Reih und Glied, starr, geordnet und kriegerisch. Völlig regungslos dieser quirligen, sich bewegenden, lebendigen Menge gegenüber. Blaue Uniformen. Helme. Dunkle Gesichter, gesichtslose Gesichter, versteifte Beine, Dienstabzeichen, dunkle, ölige Schusswaffen in schwarzen Lederhalftern an fleischigen Hüften. Gesichter wie Masken. Abwartend. Knüppel und Gewalt und kaum gezügelter Hass.

»Peace and Love« und »Law and Order«, Gespenster, Phantome, längst tot, vergangen, und doch regten sie sich jetzt wieder, irgendwie. Sandy konnte sie sehen, er sah, wie die Spannung wuchs, sah alles bis auf die Gesichter, die Gesichter waren irgendwie verzerrt, verwischt.

Er bewegte sich zwischen ihnen, beinahe stolpernd, bis zur Mitte der Straße, drehte sich wieder und wieder um sich selbst und erinnerte sich, wie es gewesen war. *Er* befand sich unter dieser unordentlichen Armee, das wusste er, er hatte ein Ordner-Armband um und versuchte, für Ruhe zu sorgen. Und Maggie war auch da drin, irgendwo ganz vorne, sie rief etwas, skandierte Parolen, ihre Nase war noch gerade und nicht gebrochen. Und die anderen, all die anderen.

Sandy ging auf die stille Armee zu, die blaue Armee, die Armee, die schweigend abwartete, die ihren Zorn im Zaum hielt. Gesichtslose Schatten in dunklen Uniformen, ohne Augen und Mund, deren Knüppel und Schusswaffen irgendwie lebendiger waren als alles sonst an ihnen. Er blieb vor ihnen stehen. »Nein«, sagte er, und die ganze Reihe wandte leicht den Kopf, um ihn anzustarren, und er spürte das Gewicht all dieser augenlosen, ausdruckslosen, unmenschlichen Blicke. »Nein«, sagte er noch einmal. »Tut es nicht, das dürft ihr nicht tun. Versteht ihr? Hier, genau hier hat sich alles verändert. Sie wollen nur Frieden, sonst nichts. McCarthy. Sie sind Kids, das ist alles. Sie arbeiten im Rahmen des Systems. Sie wollen, dass der Parteitag ihnen zuhört. Deshalb sind sie hier. Sie haben immer noch den Glauben, achtet nicht auf die Fahnen, die Vietcong-Fahnen und den ganzen Mist, darum geht's doch nicht. Hört mir zu, ich gehöre zu ihnen, ich erinnere mich, ich weiß, wie es war. Wir haben so hart gearbeitet, und wir haben gewonnen, Gene und Bobby, die Friedenskandidaten, sie haben alle Vorwahlen gewonnen, jede verdammte einzelne, und sie hören immer noch nicht zu. Versteht ihr nicht? Wenn ihr sie angreift, wenn ihr anfangt dreinzuschlagen, verändert es sich, dann ändert sich alles. Ihr sorgt dafür, dass sie sich verhärten. Sie hören auf zu glauben. Alles wird schlimmer und schlimmer. Das ist die letzte Chance, der letzte Moment, bevor sich alles ändert. Lasst sie durch! Lieber Gott, lasst sie durch!« Aber die Schatten haben den Blick jetzt von ihm abgewendet, die Schatten hörten nicht mehr zu. Sandy wurde bewusst, dass er weinte. Er hielt die Hände vor sich in die Höhe, wie um dem bevorstehenden Angriff irgendwie Einhalt zu gebieten, die Gewalt im Zaum zu halten, die überall um ihn her anwuchs und sich zusammenballte. »Sie sind nicht eure Feinde, verflucht!«, schrie er aus vollem Hals. »Wir sind eure *Kinder*, ihr Arschlöcher, wir sind nur eure gottverdammten Kinder!«

Aber es war zu spät, zu spät, plötzlich hörte er die Pfiffe und das Fußgetrampel, und ein Sturmkeil blauer Schatten kam die Balbo entlanggerannt und warf sich in die quirlige, Slogans rufende Armee der Jugendlichen, und sie zerbarst und brach auseinander, und dann stürmten die anderen Reihen vor, und hinter ihnen an den Flanken verteilten sich die maskierten, gesichtslosen Schatten der Nationalgarde zu einer groß angelegten, zangenförmigen Umarmung, keilten sie ein, drängten sie zusammen, trieben sie in die Enge, und alles löste sich in Chaos auf, Klumpen von Phantomen im Kampf miteinander, Gerenne, schwache Schreie, getragen vom Wind aus der Vergangenheit. Dann folgte ein kurzer Moment der Ruhe, die Truppen zogen sich zurück, und Sandy hörte wieder die Ordner rufen und in ihre Megafone sprechen. »Hier sind Leute verletzt worden«, brüllten sie, und sie brüllten auch etwas vom Sanitätszentrum, und Kids mit weißen Sanitäterarmbinden knieten über den blutenden und übel zugerichteten Opfern. Einige der Fahnen waren zu Boden gefallen, und eine Menge Gesichter waren jetzt rot, rot von Blut, rot vor Wut, rot vor Zorn, der über Jahre hinweg anwachsen würde. »Bleibt ruhig«, sagten die Ordner, und Sandy sah sich selbst, so furchtbar jung, sogar ein Jackett trug er, ganz Clean for Gene, dunkles Haar, das jetzt zerzaust, aber einmal sorgfältig gekämmt gewesen war, dermaßen verwirrt, so war das nicht gedacht gewesen, nein, nicht so, der Glaube wich bereits, das Vertrauen, dass Wahlen etwas bedeuteten, stattdessen brach der Zorn sich Bahn. »Bleibt ruhig«, rief er, eine so junge Stimme, wie alle anderen Ordner. »Eine Menge Leute sind verletzt, bleibt ruhig«, und so weiter, aber dann wurden die Worte übertönt und verschluckt. Er hörte den Sprechchor wieder, der durch all die Jahre hallte. Geisterstimmen, Hunderte und Tausende von Geisterstimmen vereinigten sich zu einem gewaltigen Aufschrei. »The Whole World is Watching, the Whole World is Watching, the Whole World is Watching, the Whole World is Watching.« Die ganze Welt schaut zu. Wieder und wieder und wieder und wieder, lauter und lauter und lauter und lauter.

Und dann zersplitterte und zerbrach die kurze Waffenruhe wie ein von einer Kugel getroffener Spiegel, der Spiegel, der das Gesicht einer Generation festhielt, und als er splitterte, wurde das Gesicht verzerrt und zerbrochen und nie wieder heil. Die blauen Schatten stürmten vorwärts, und im Windzug ihres wilden Angriffs wurde die Kerze der Vernunft für Jahre ausgeblasen. Die Knüppel hoben sich und fuhren krachend nieder, und die Schlacht begann. Sie schlugen auf alles ein, auf jeden, auf diejenigen, die den Sprechchor auf den Lippen hatten, und auf diejenigen, die still waren, auf diejenigen, die sie verhöhnten, und auf diejenigen, die sie anflehten, auf diejenigen, die zurückschlugen, auf diejenigen, die rannten, und auf diejenigen, die sich duckten. Sie knüppelten auf die Kids und die alten Damen und die Arbeiter in ihren Arbeitsklamotten ein, auf die Ordner und die Sanitäter, die Verletzten auf den Straßen und die fauchenden Durchgedrehten, auf die Inhaber von Presseausweisen, die sie wie nutzlose Schilde hochhielten, auf die Leute hinter den Kameras, auf die Kameras selbst, auf die Männer und Frauen und Jungen und Mädchen, sie schlugen auf alles ein, was sich bewegte, und die Welt zerfiel in Schreie und rennende Füße und Fäuste und das Klatschen der Gummiknüppel und das Knirschen brechender Knochen. Mitten auf der Kreuzung stand Sandy, die Hände an den Seiten, und sah zu, wie es noch einmal geschah. Seine Hände waren zu hilflosen Fäusten geballt. Überall um ihn her rannten Gespenster, eines stürzte direkt durch ihn hindurch, und er hatte das scheußliche, ekelhafte Gefühl, dass *er* das Phantom war. Er sah sein jüngeres Ich in ein Walkie-Talkie brüllen, sah, wie es ihm aus den Händen geschlagen wurde, sah den Gummiknüppel niedersausen, sah, wie er sich duckte und im Zickzack wegrannte. Maggie stolperte vorbei, helles Blut tropfte aus ihrer gebrochenen Nase, ihre Bluse war zerrissen, sie grinste und hielt einen Gummiknüppel hoch, den sie irgendwie erbeutet hatte. Sie umringten sie und nahmen ihn ihr weg, und Sandy sah die Knüppel auf und nieder fahren, und sie verschwand. Die ganze Welt schaut zu, dachte er. Er blickte auf, und in den erleuchteten Fenstern über der Straße glaubte er Gesichter zu sehen, eine Reihe an der anderen, die auf das Gemetzel herabstarrten, das unten durch die Straßen dieser schwankenden Stadt wirbelte und kreischte. Und über den Häusern waren die Sterne, Millionen von Sternen. Sandy schaute zu ihnen hinauf, und während er das tat, wurde jeder Stern zu einem Auge. Der Himmel war voll von geschlitzten gelben Augen, kalten und feindseligen Augen, Augen, die den nächtlichen Aufruhr in der Nacht in sich einsaugten.

»Nein!«, schrie Sandy. Er duckte sich und schützte sich zitternd mit den Armen.

Wie lange er so dastand, konnte er nicht sagen. Aber schließlich verging die Angst. Zögernd senkte er die Arme. Die

Sterne waren nur Sterne. Er konnte den Orion sehen. Die Nacht war kalt, der Wind wehte, und die Straßen von Chicago waren leer.

Natürlich waren sie leer, dachte er. Sie waren die ganze Zeit leer gewesen. Jahre waren vergangen, und alles, was er gesehen hatte, war vorbei, erledigt, auseinandergebrochen, halb vergessen.

Müde und allein, die Hände tief in den Taschen, stapfte er zum Hilton zurück.

Er nahm den Zimmerschlüssel von dem Portier entgegen. Sie hatten ihn in den siebzehnten Stock verlegt. Das Zimmer war nahezu identisch mit dem, aus dem er geflohen war, und doch vermittelte es ihm nicht dasselbe Gefühl. Sandy stellte fest, dass er nicht schlafen konnte. Er zog das Rollo an seinem Fenster hoch, saß da und schaute über den See hinaus, bis die erste Dämmerung den Himmel im Osten zu erhellen begann. Dann war er auf einmal sehr müde. Er zog sich aus und ging ins Bett.

Er hatte vergessen, sich wecken zu lassen. Als er schließlich aufwachte, war es fast drei Uhr nachmittags, und die Ereignisse der vergangenen Nacht kamen ihm vor wie ein böser Traum. Sandy war sicher, dass alles nur ein einziger langer Albtraum gewesen war, bis er die Zimmertür aufriss und auf die Zimmernummern starrte. Er war im siebzehnten Stock. Er schloss die Tür wieder und lehnte sich stirnrunzelnd mit dem Rücken dagegen. Er hatte sich viel zu sehr abgehetzt, entschied er; zu wenig Schlaf, zu viele Kilometer.

Eine eiskalte Dusche wusch die verschwommenen Erinnerungen an die letzte Nacht weg, und als Sandy herauskam, war er fest entschlossen, seine persönlichen Gespenster hinter sich zu lassen und mit seiner Arbeit weiterzumachen. Er schlüpfte in frische Jeans und einen dicken Pullover und suchte sich die Adresse von Lark Ellyns Agentur aus den Gelben Seiten heraus. Es war Viertel vor vier, als er das Conrad Hilton verließ. Die Agentur befand sich an der Michigan Avenue. Sandy nahm lieber ein Taxi, als sich um einen Parkplatz Sorgen zu machen.

Ellyns Büro war im obersten Stock. Am Empfang gab es dicke Teppiche, bequeme Stühle und eine hübsche dunkelhaarige Frau hinter einem großen Walnuss-Schreibtisch. Sie sah aus, als wäre sie für eine Umgebung wie diese geboren; Sandy konnte sie sich in keinem anderen Rahmen vorstellen. »Mr. Ellyn, bitte«, sagte er zu ihr.

»Haben Sie einen Termin?«

»Nein«, erwiderte Sandy. »Aber er wird mich schon sehen wollen. Ich bin ein alter Freund.« Das war vielleicht ein bisschen übertrieben, aber trotzdem … »Sagen Sie ihm, Sandy Blair ist da.«

»Wenn Sie bitte Platz nehmen wollen.«

Ein paar Minuten später tauchte Lark Ellyn aus dem inneren Labyrinth der Agentur auf. Er war sehr anders – und fast derselbe. Statt Jeans, T-Shirt und Weste trug er einen dreiteiligen braunen Anzug und eine gestreifte Krawatte. Das Stirnband war fort, der Schnurrbart auch, und das Haar, das er früher in der Afrolook-Imitation weißer Jungen zu tragen versucht hatte, war jetzt kurz geschnitten und geföhnt.

Dennoch war der Mann in der neuen Uniform unverändert. Klein, gut in Form, mit kantigem Gesicht und spitzer Nase, gesundem kastanienbraunen Haar und dünnen Augenbrauen. Auch sein Gang war derselbe, und von dem Augenblick an, als er den Raum betrat, vermittelte er eine gekünstelte Intensität, an die Sandy sich sehr gut erinnerte.

Als er Sandy sah, stemmte er die Hände in die Hüften und

lächelte. Lark Ellyns Lächeln hatte etwas leicht Spöttisches. Es war ein pfiffiges, arrogantes Lächeln, und er benutzte es immer, unmittelbar bevor er etwas Kritisches oder Bissiges von sich gab. Manchmal lächelte er nur und sagte überhaupt nichts, aber die Wirkung war dieselbe. Das Lächeln sollte einen wissen lassen, dass die Kritik nur Spaß war, dass Lark es nicht wirklich so meinte. Nun denn, er meinte es so und andererseits auch nicht; Sandy hatte das vor langer Zeit herausgefunden. Als er sich jetzt diesem Lächeln gegenübersah, wusste Sandy wieder, warum Ellyn und er nie gut miteinander klargekommen waren.

»Blair«, sagte Ellyn. »Das muss mein Glückstag sein.« Er musterte Sandy von oben bis unten. »Hast 'n bisschen Gewicht angesetzt, wie ich sehe. Du siehst echt beschissen aus.«

»Ich freu mich auch, dich zu sehen«, sagte Sandy und stand auf.

Ellyn verschränkte die Arme vor der Brust. »Kann ich was für dich tun?«

»Eigentlich nicht«, sagte Sandy. »Ich war in der Stadt, um an einer Story zu arbeiten, und dachte, ich besuch dich mal. Maggie hat mich drauf gebracht.«

»Maggie Sloane?«

»Nein, Maggie Thatcher«, blaffte Sandy. »Natürlich Maggie Sloane. Zum Henker, Lark …«

»Steve«, verbesserte Ellyn schnell. »Hör mal, ich bin fast fertig für heute. Warum setzt du dich nicht hin und wartest ein paar Minuten, während ich hier alles erledige, und dann können wir uns irgendwo einen Drink genehmigen.«

»In Ordnung«, stimmte Sandy zu. Er ließ sich wieder in seinen Sessel sinken und griff nach einer Zeitschrift. Bis Lark Ellyn wieder erschien, hatte Sandy alle interessanten und etliche uninteressante Artikel gelesen. »Tut mir leid, dass ich dich habe warten lassen«, sagte Ellyn, als er wieder auftauchte, eine lederne Aktentasche in der Hand. »Da kam noch was rein, was nicht warten konnte. Ich steh im Moment vor einem großen Abschluss. Gesamtbudget coole anderthalb Millionen. Muss die Kunden bei Laune halten.« Er führte Sandy zu den Aufzügen. »Du arbeitest also an einer Story, sagst du? Dann bist du immer noch so 'n Boulevard-Journalist?«

»Eigentlich bin ich jetzt Boulevard-Schriftsteller«, sagte Sandy, als Ellyn auf den Knopf drückte. »Ich hab drei Bücher veröffentlicht.«

Die Aufzugtüren gingen auf. »He, echt gut«, sagte Ellyn, und sie traten ein. »Leider hab ich sie nicht gesehen. Die halten mich hier ziemlich auf Trab, und ich hab keine Zeit, mich in der Pop-Literatur auf dem Laufenden zu halten. Du weißt ja, wie das ist.«

»Na klar doch«, sagte Sandy. »Ist sowieso 'ne undankbare Aufgabe, sich in der Pop-Literatur auf dem Laufenden zu halten. Sei froh, dass du raus bist.«

Ellyn zog eine dünne, dunkle Augenbraue hoch und lächelte. »Immer noch der alte Sandy.«

Sandy grinste zurück. »Immer noch der alte Lark.«

Das setzte dem Ellyn-Lächeln einen Dämpfer auf. »Schon gut, Sander, lass den Quatsch mit Lark. Es heißt jetzt Steve, außer du ziehst Mr. Ellyn vor.«

»Ich doch nich, Boss«, sagte Sandy.

»Ich bin wegen meines Namens genug verhohnepiepelt worden, als ich noch klein war. Mir reicht's damit. Ich hab hier eine Position, in der ich mich behaupten muss. Jeder denkt, mein Vorname ist Lawrence. Meine Freunde nennen mich Steve. Verstehst du, Blair?«

»Kein Lark?«

Das Lächeln kehrte wieder. »Du hast's kapiert.« Sie kamen in der Vorhalle an. »Wo wir jetzt diese Misshelligkeit aus dem Weg geräumt haben – was meinst du, gehen wir rüber zur Rush Street und genehmigen uns einen Drink? Da ist ein Laden namens Archibald's, da kriegt man während der Happy Hour zwei zum Preis von einem.«

»Du willst in eine Rush-Street-Bar?« Sandys Stimme klang nachdenklich. »Jeder weiß, dass es da nur so wimmelt von Stewardessen, Sekretärinnen und Werbefuzzis mittleren Alters in dreiteiligen Anzügen.«

»Zu hochklassig für dich, Blair?«, fragte Ellyn.

»Geh vor«, sagte Sandy.

Die Bar war zwischen zwei anderen Bars eingeklemmt, und alle drei waren gut besucht. Es war ein schmaler Laden voller Yuppies und Leuten, die einander zu kennen schienen. Ellyn sprach den Barkeeper mit Namen an und winkte drei Frauen an einem Tisch weiter hinten zu. Er und Sandy suchten sich Stühle vorne am Fenster, das auf die Straße hinausging. Sandy bestellte ein Bier; L. Stephen Ellyn bestellte einen Gin Tonic. Sie bekamen jeder zwei. »Diese Runde geht auf mich«, sage Ellyn.

»Wenn du's auf einen Kampf abgesehen hast, dann bist du an den Falschen geraten«, sagte Sandy. Er trank einen Schluck Bier aus seinem Steinkrug.

Ellyn nahm seine Krawatte ab und stopfte sie sich in die Tasche, dann machte er den Kragenknopf an seinem Hemd auf. Seine Augen hatten die gleiche Intensität, an die Sandy sich von früher her erinnerte. »Ist lange her, Blair.«

»Ungefähr zehn Jahre.«

Ellyn nickte lächelnd. »Kann nicht sagen, dass ich dich besonders vermisst habe.«

Sandy grinste.

»Also«, sagte Ellyn, »jetzt müsste ich dir eigentlich alles über mein Leben erzählen und du mir alles über deins. Wenn wir uns dann beide angemessen gelangweilt haben, bestellen wir noch ein paar Runden Drinks und gehen zu den guten alten Zeiten und all den verrückten Sachen über, die wir gemacht haben. Ich erzähl dir, was es von den Leuten Neues gibt, mit denen ich in Verbindung geblieben bin und an die du dich kaum erinnerst, und du tust mir den gleichen Gefallen. Wir besaufen uns gründlich und gehen Arm in Arm nach Hause, und wenn wir uns trennen, versprechen wir einander voller Inbrunst, dass wir diesmal in Verbindung bleiben. Natürlich tun wir das nicht. Vielleicht schick ich dir zu Weihnachten eine Karte. Du als Hippie hältst nichts von Weihnachtskarten, also revanchierst du dich nicht. Du wirst von meiner Liste gestrichen, und wir sehen uns nie wieder. Einer von uns liest ein paar Jahre später einen Nachruf auf den anderen in der Ehemaligen-Zeitung.« Er lächelte. »Das ist das Drehbuch, stimmt's?«

»Klingt nicht gerade, als würde dir deine Rolle besonders gefallen«, bemerkte Sandy.

Ellyn lächelte sein spöttisches Lächeln und trank einen kräftigen Schluck von seinem Gin Tonic. »Sentimentalität langweilt mich. Sag ruhig, ich bin ein Zyniker.«

»Du bist ein Zyniker«, stimmte Sandy ihm zu.

»Ich sehe, dein Verstand ist noch genauso scharf wie damals, als wir beide Collegestudenten im zweiten Jahr an der Northwestern waren«, sagte Ellyn. »Ich hoffe, du ersparst mir die damit verbundenen Weisheiten.«

»Weisheiten?«

Ellyn machte eine unwirsche Geste mit der linken Hand.

»Du weißt schon, Blair. Die freundschaftliche Anteilnahme, was aus mir geworden ist. Das gönnerhafte Urteil über meine Lebensweise. Die kleinen Seitenhiebe, von wegen sich verkaufen. Die Witze über graue Flanellanzüge. Die Appelle an meinen jugendlichen Idealismus. Alles mit einer Miene herablassenden Staunens darüber vorgetragen, wie ich mich verändert habe, und durchsetzt von wiederholten leidenschaftlichen Erklärungen, du könntest gar nicht glauben, dass ich in einer Werbeagentur arbeite, du könntest es ja nicht glauben, dass ich in Wilmette wohne, du könntest nicht glauben, dass ich Wertpapiere und Immobilien besitze und einen Anzug trage und in Rush-Street-Singlebars was trinke, du könntest es einfach nicht glauben, nicht ich, nicht Lark, nicht Mister Radikal von 1968.« Er zog mokant eine Augenbraue hoch. »Du siehst, Blair, das kenne ich schon alles, also sparen wir uns beide die Zeit und gehen das nicht noch mal durch.«

»Klingt ein wenig, als wolltest du dich rechtfertigen.«

»Ach was«, fauchte Ellyn. »Ich habe nicht im Geringsten vor, mich dafür zu rechtfertigen, welche Entscheidungen ich getroffen habe. Mich langweilt das alles nur, Blair. Ich hab den ganzen Tanz schon mit deiner Freundin Maggie hinter mir, und sie war nicht die Erste. Das Lied ist alt und abgenudelt. Golden Oldies waren nie mein Stil. Also schenk's dir, auch wenn's dich schmerzt. Ich weiß, dass du deshalb gekommen bist.«

»Aha, darum bin ich also gekommen!«, sagte Sandy. »Ich hab mich schon gefragt.«

»Nur weil du die Dinge nicht zu Ende denkst. Hast du noch nie getan. Du hast Maggie gesehen, stimmt's? Und sie hat von mir gesprochen. Also tauchst du ganz plötzlich an meiner Türschwelle auf und siehst aus wie ein Flüchtling von einer Friedensdemonstration. Zum ersten Mal seit zehn Jahren willst du mich sehen. Warum sonst? Weil du dir einen abgrinsen wolltest, Blair. Weil du dich auf deine infantile, hirnrissige Art überlegen fühlen wolltest. Wir waren nie so dick miteinander. Das war nicht Freundschaft, was dich zu mir geführt hat, Kumpel. Du bist nicht bloß ein Hohlkopf, du bist ein leicht durchschaubarer Hohlkopf.« Über seinen großartigen Schluss lächelnd, lehnte er sich zurück und rührte träge in seinem Gin Tonic herum. »Na?«

Sandy trank seinen ersten Krug aus, nahm seinen zweiten und hob ihn hoch, um Ellyn zuzuprosten. »Du bist gut«, sagte er.

»Was?«, fragte Ellyn. »Keine von Herzen kommenden Beteuerungen, dass ich mich irre?«

»Nee«, sagte Sandy und dachte einen Moment nach. »An dem, was du sagst, ist ein kleines Stückchen Wahrheit. War mir nicht mal selber klar, aber du hast recht. Ich wusste schon immer, dass du ein dämlicher Arsch bist, aber für gewöhnlich hast du dich gut getarnt. Ich hab mich eher darauf gefreut, dich als dämlichen Arsch in voller Aufmachung anzutreffen.«

Ellyn grinste siegessicher.

»Ich dachte wohl, du würdest dich schämen«, fuhr Sandy fort. »Bei allem, was recht ist, das solltest du. Du bist ein wandelndes Klischee, La… Steve. Der reinrassige Verrat an der Gegenkultur. Eine Werbeagentur! Wirklich, wie abgeschmackt kann man noch sein? Weißt du, ich hatte halbwegs erwartet, dass du versuchen würdest, dich schuldig zu bekennen, in den Untergrund gegangen zu sein, um der Revolution zu helfen.«

»Ich helfe der Revolution, tu ich wirklich«, sagte Ellyn mit seinem pfiffigen Lächeln. »Erst letztes Jahr hab ich mich mit einem revolutionären neuen Deo für die Achselhöhlen beschäftigt.«

»Du klaust sogar meine Sprüche«, sagte Sandy mit wehmütiger Bewunderung. »Du hast alles parat, wie? Bombt sie vom Wasser, ehe sie auch nur die Planen von ihren Kanonen kriegen.«

»Du klingst ein bisschen zittrig, Blair. Willst du noch 'n Drink?«

»Nein«, sagte Sandy. Er ließ sich auf seinem Stuhl zurücksinken und betrachtete Ellyn mürrisch, während dieser das Zeichen für eine weitere Runde gab. Sandy fühlte sich plötzlich sehr müde. »Steck die Messer weg, Lark. Dafür bin ich heute nicht in Stimmung. Ich hatte eine harte Nacht. Klär mich einfach auf, okay? Was ist passiert? Wie ist Lark zu L. Stephen geworden? Ich bin echt neugierig.«

Die Drinks kamen. Ellyn hob seinen dritten Gin Tonic, trank einen Schluck, lächelte, trank noch einen Schluck und setzte ihn ab. »Ein simpler Prozess, Blair. Derselbe Prozess, der Billies zu Williams und Bobbies zu Roberts werden lässt. Ich bin erwachsen geworden. Man nennt das Reife.«

»Reife«, wiederholte Sandy tonlos. Das war eins von Sharons Lieblingswörtern, wenn es bei ihnen zu Hause unangenehm wurde. Ihm war das Wort zuwider.

»Ich war das Urbild eines Studenten, der für Frieden und Freiheit einstand«, sagte Ellyn, »aber diese Lebensweise hat sich nach dem College furchtbar schnell überlebt. Sei ehrlich, Blair, von der Hand in den Mund zu leben ist mit zwanzig vielleicht ganz nett und romantisch, aber mit fünfundzwanzig ist es langweilig, mit dreißig zieht es dich runter, und mit vierzig ist es geradezu grotesk. Du bekommst Appetit auf all diesen Mittelschichtskomfort, den du abgelehnt hast, als du ein dummer Junge warst. Die Sechziger waren ein Witz. Wir lagen auf der ganzen Linie falsch. Wir waren verwöhnte Kinder, die groß rumlaberten, dabei hatten wir nicht die mindeste Ahnung von der Welt oder wie sie funktionierte. Die Revolution! Du meine Güte! Was für ein abgefuckter Witz! Es hätte nie eine Revolution gegeben.«

»Dem kann ich nicht widersprechen«, meinte Sandy. »Du warst der Revolutionär, Lark. Ich war derjenige, der sich mit Clean for Gene für die Friedenskandidaten einsetzte. Innerhalb des Systems, weißt du noch? Du aber nicht. Du hast gesagt, das wäre Zeitverschwendung. Du hast in der Tat gesagt, es trüge dazu bei, die bürgerliche Unterdrückung aufrechtzuerhalten, weil es die Illusion erzeuge, dass das System funktioniere. Das Ganze müsse zusammenbrechen, hast du gesagt, je eher, desto besser. Wählt Faschisten, das ist es, was du vorgeschlagen hast.«

»Dann war ich eben ein unreifes Arschloch«, sagte Ellyn.

»Und jetzt bist du ein reifes Arschloch«, fuhr Sandy ihn an.

»Zumindest habe ich mich verändert.«

»Weißt du«, sagte Sandy, »das ist das Komische dabei. Du hast dich nicht verändert. Nicht wirklich. Ich hab mich verändert, ob du es begreifst oder nicht. Maggie hat sich verändert. Ich denke, ich werde Bambi und Slum und Froggy besuchen, und wenn ich's tue, dann wette ich, dass sie sich verändert haben. Aber du nicht.«

»Mit deinen Augen stimmt was nicht, Blair«, sagte Ellyn. Er lächelte und zupfte am Revers seines teuren Anzugs.

»Das ist die Oberfläche, und du weißt es. Innerlich hast du dich kein bisschen verändert. Als es schick war, radikal zu sein, warst du radikaler als jeder andere. Obwohl, denk mal dran, du hast dich nie selbst in die Schusslinie gebracht, oder? Keine

Festnahmen in der Akte des guten alten L. Stephen, hm? Jetzt ist es natürlich schick, erfolgreich zu sein, und du bist erfolgreicher als jeder andere. Vor allem erfolgreicher als ich, stimmt's?«

»Das hast du gesagt, Blair. Nicht ich. Die Welt da draußen ist auf Konkurrenz ausgerichtet. Ich bin ein Gewinner. Du bist ein Verlierer.«

Das hatte gerade noch gefehlt; jetzt hatte Sandy endgültig die Nase voll. »Bei dir ging es immer um Konkurrenz, Lark. Sogar als wir alle standhaft gegen Konkurrenzverhältnisse waren, hast du klargestellt, dass du mehr dagegen warst als alle anderen. Du bist ein Hochstapler, Lark, daran hat sich nichts geändert, also erzähl mir nicht diesen Mist von wegen Reife. Du warst immer ein Hochstapler.«

»Ich bin ein Hochstapler, der ein hübsches sechsstelliges Gehalt kassiert, in einem teuren Haus wohnt und einen dicken Wagen fährt«, sagte Ellyn.

»Ich hab einen Mazda RX-7. Willste Rennen fahren, Alter?«

Ellyn lachte. »Oh, das ist perfekt«, sagte er. »Wo wir gerade von kindischen Konkurrenzverhältnissen sprechen.«

»Dieses Lied singst du doch die ganze Zeit«, sagte Sandy. »Ich versuche nur nicht, in der Beziehung so verschroben und hochgestochen und raffiniert zu sein.«

»Sandy, du weißt, dass der Kauf eines Sportwagens eine furchtbar banale Art ist, dich angesichts deiner schwindenden Sexualität deiner Männlichkeit zu versichern. Was für eine Farbe hat dieser übermächtige Phallus?«

»Blödes Gelaber«, sagte Sandy. »Deine kleine Nummer ist nicht mal konsequent. Dieser Spruch war Lark pur. L. Stephen müsste selbst einen Sportwagen haben. Mindestens einen Maserati. Weißt du, ich hab damals nie verstanden, warum du so geladen warst, warum du mich immer runtergemacht hast. Aber ich bin jetzt reif genug, um dich ganz leicht zu durchschauen.«

»Weiter. Das ist faszinierend.«

»Neid«, sagte Sandy.

»Ich?« Ellyn lachte auf. »Neidisch auf dich?«

»Neid und Unsicherheit«, sagte Sandy. »Ich war länger mit Maggie zusammen als du, war es das? Oder war es was anderes? Oder war es bloß so, dass du dich innerlich dermaßen klein gefühlt hast, dass du jeden anderen zurechtstutzen musstest? Und dabei ging es auch um deinen Namen, stimmt's? All die Jahre, in denen jeder kleine Knirps, dem du begegnet bist, sich über dich lustig gemacht hat, kaum hast du dich vorgestellt, da hast du halt gelernt, als Erster anzugreifen, damit du dich nicht verteidigen musstest. Lass sie nicht das Gleichgewicht wiederfinden, stimmt's?«

»Du bist großartig, wenn du wütend bist«, sagte Ellyn trocken. »Hör nicht auf. Ich habe ein Faible für Küchenpsychologie. Du hast eine ganz schöne Phantasie. Du solltest es mal mit Schreiben versuchen.«

Sandy kippte die letzten paar Zentimeter Bier am Boden seines Krugs hinunter und stand auf. »Hab ich«, sagte er. »Tatsächlich hab ich in *Kaseys Suche* über dich geschrieben. Ich hab dich von der Polizei totschlagen lassen.«

Ellyn sah verwirrt aus. »Hm? Das Mädchen war die Einzige, die …« Er merkte, was er sagte, und brach ab.

»Der Name der Figur war Sarah«, sagte Sandy. »Ach nee, ich dachte, du hättest nicht die Zeit, dich in der Pop-Literatur auf dem Laufenden zu halten?«

Das berühmte Ellyn-Lächeln gerann schneller als Milch in der Wüstensonne, und eine dunkle Röte kroch ihm das Genick hoch. Wie er so in seinem dreiteiligen Anzug dasaß, den Drink in der Hand, sah er auf einmal bemitleidenswert aus. »Du hast kein Recht, ein Urteil über mich zu fällen, Blair«, sagte er eisig.

»Brauche ich auch nicht«, sagte Sandy. »Du bist viel zu sehr damit beschäftigt, selber Urteile über dich zu fällen. Nur solltest du dir lieber klarmachen, dass es keinen besseren Menschen aus dir macht, wenn du Maos kleines rotes Buch gegen *Erfolgreich in hundert Tagen* eintauschst.« Es war ein guter Abgang. Sandy ging.

Rush Street war während der Happy Hour voll von Betrunkenen. Lauter schicke junge Frauen und smarte junge Männer, die rasch alterten. Sandy schob die Hände in die Taschen und schlenderte zu seinem Hotel zurück. Er war müde und erschöpft. Die Gespenster, die er letzte Nacht auf den Straßen gesehen hatte, waren nicht die Einzigen, die dazu verdammt waren, alte Kämpfe wieder und immer wieder auszufechten.

8

Im Hotel wartete ein rosa Zettel mit einer Telefonnachricht auf Sandy. Er starrte ihn benommen an. Jared Patterson hatte angerufen. Sicherlich der Bericht über Edan Morse. Vielleicht war etwas Wichtiges zum Vorschein gekommen, wenn Jared anrief, statt einen Eilbrief zu schicken. Er zerknüllte den Zettel und ließ ihn im Foyer in einen der Aschenbecher fallen.

Oben in seinem Zimmer schleuderte er seine Schuhe von sich, schaltete den Fernseher ein und bestellte beim Zimmerservice telefonisch etwas zu essen. Es war überteuert, aber Jared bezahlte ja. Er gab dem Hotelpagen ein anständiges Trinkgeld und machte es sich gemütlich, um sich, während er das Hähnchen-Cordon bleu gierig hinunterschlang, eine Wiederholung von *Happy Days* anzuschauen. Richie und Potsie hatten eine Menge Probleme, aber am Ende der halben Stunde hatte Fonzie alles ordentlich gelöst. Sandy ertappte sich dabei, dass er wünschte, er würde Fonzie kennen. Natürlich hatte er damals in den Fünfzigern Kids wie Fonzie gekannt, aber die meisten von ihnen prügelten dir eher die Scheiße aus dem Leib, als dass sie deine Probleme lösten.

Er trank gerade Kaffee, als die Nachrichten kamen. Sandy setzte sich auf und spitzte die Ohren. »Unser Hauptthema heute Abend: Im Fall des bizarren Mordes an dem ehemaligen Rockpromoter Jamie Lynch hat die Polizei des Sheriffs von Maine eine Festnahme bekannt gegeben«, sagte die blonde, farblose Moderatorin. Sandy starrte auf das Bild hinter ihrer gut gekleideten Schulter. Ein großer dunkelhaariger Mann in einer rot-grünen Plaidjacke wurde von zwei Deputys auf die Kamera und einen wartenden Polizeiwagen zugetrieben. Einer von ihnen war unverkennbar David (»Sie können Davie sagen«) Parker. Dann ein Szenenwechsel, und Sheriff Notch Theodore beförderte denselben großen Kerl, umringt von der üblichen Pressemeute, ins Gefängnis. Die Moderatorin schwafelte noch einen Moment weiter und ging dann munter zu einer Geschichte von einem schwangeren Panda über, und Sandy wusste im Nachhinein auch nicht mehr und war total genervt von den TV-Nachrichten. Er schaltete das Gerät aus, kramte Parkers Privatnummer aus einem Winkel seiner Brieftasche und rief ihn an.

Es läutete sechsmal, ehe Parker abhob. »Yeah?«, sagte er.

»Hab grade diese komische Sendung in der Glotze gesehen«, sagte Sandy. »Zuerst dachte ich, es wär 'ne Wiederholung von *Ein Sheriff in New York*. Dann hab ich mir gesagt, nein, da ist doch Davie Parker. Was zum Teufel ist das für 'n Scheiß? Wer war der Bursche?«

»Hab mir schon gedacht, dass Sie anrufen würden, Blair«, sagte der Deputy freundlich. »Der Bursche, wie Sie ihn nennen, ist ein gewisser Paul Lebeque. Wir haben ihn gerade wegen des Mordes an Lynch festgenommen. Er ist ein kanadischer Wanderarbeiter. Frankokanadier, Sie wissen schon. Saisonarbeiter auf dem Land. Die haben wir hier oben auch. Schneevögel.«

»Ist mir gleich, wie er sein Geld verdient. Was für einen Zusammenhang gibt's zwischen ihm und Jamie?«

»Lynch hing eher mit Lebeques Schwester zusammen als mit ihm, wenn Sie verstehen, was ich meine.«

Sandy runzelte die Stirn. »Eine Freundin?«

»Eher so 'ne Sache für eine Nacht. 'Ne alte Geschichte. Sie war 'n süßes Kind, achtzehn oder so. Lynch ist ihr irgendwo begegnet, hat sie auf eine seiner Partys geholt, ihr duftes Koks gegeben, sie mit ins Bett genommen und dann vergessen. Sie musste 'ne Abtreibung vornehmen lassen. Ihr Bruder hat's rausgekriegt. In den letzten paar Wochen hat er in Bars beiderseits der Grenze rumgetönt, was er mit diesem herzlosen Bastard machen würde, der seine kleine Schwester angestochen und sitzen gelassen hat. Kapiert – herzloser Bastard.«

»Hab ich mitgekriegt«, sagte Sandy. »Ich glaub's nicht, aber ich hab's mitgekriegt. Ein verdammter Wanderarbeiter? Der den Ruf seiner Schwester verteidigt? Du meine Güte, Parker. Glauben Sie das?«

»Notch glaubt es. Er ist der Sheriff, schon vergessen? Ich bin bloß Deputy.«

»Was ist mit Ihren Trickfragen? Das Album auf dem Plattenspieler, das Poster? Weiß dieser Lebeque die Antworten?«

»Lebeque hat gesagt, die Platte lief bereits, als er hinkam. Er hat nicht mal bemerkt, was es war. Er hat es einfach nur aufgedreht, damit niemand Jamie schreien hörte. Was das Poster angeht, sagt er, dass er es gar nicht runtergeholt hat. Lynch hatte es aus irgendeinem Grund abgenommen. Es lag schon auf dem Schreibtisch.«

»Wozu dann die Stricke?«, fragte Sandy. »Wozu das ganze Ritualopfer-Ding?«

»Lebeque sagt, er wollte, dass Lynch Bescheid wusste, was mit ihm passierte, dass er sich richtig hilflos fühlte und es gründlich mit der Angst kriegte, bevor er starb.«

»Nein«, sagte Sandy. »Nein, nein, nein! Das ist Schwachsinn, Parker, und Sie wissen es. Was ist mit dem Datum? Der Tatsache, dass es der Jahrestag des West-Mesa-Mordes war?«

»Zufall«, sagte Parker.

»Was ist mit dem Feuer in Gopher Johns Laden in Jersey?«

»Steht in keinem Zusammenhang mit unserem Fall.«

»Ich glaube das nicht«, beharrte Sandy. »Es ist lachhaft. Sie wissen verdammt gut, dass der Mord an Lynch irgendwie mit den Nazgûl zusammenhängt.«

»Wir haben diesen Aspekt überprüft. Ihre Musiker hatten Alibis, alle drei. Notch hat entschieden, dass es da keine Verbindung gibt.«

»Von allem dämlichen, schwachsinnigen …«

»Gift und Galle spucken bringt nichts, Blair«, sagte Parker. Er hielt kurz inne. »Hören Sie, wenn Sie mich damit zitieren, werde ich's abstreiten, aber die Wahrheit ist, ich glaube, Sie haben recht. Lebeque ist ein schwieriger Fall, aber er ist auch ein kleiner Spinner. Ich glaube nicht, dass er's getan hat, aber er will es nur zu gern auf seine Kappe nehmen. So wie Notch ihm die Fragen an den Kopf geworfen hat, hätte jeder mit plausiblen Antworten zu der Platte und dem Poster kommen können. Notch will nicht sein ganzes Leben lang Sheriff bleiben. Er möchte für ein Staatsamt kandidieren. Dass er diesen Fall so schnell aufgeklärt hat, wird ihm eine Menge Aufmerksamkeit bescheren.«

»Aber dieser Bursche ist unschuldig!«

»Das wissen Sie nicht«, sagte Parker nüchtern. »Sie vermuten es. So wie ich. Aber es gibt nichts, was wir tun könnten. Notch ist zufrieden, Lebeque sitzt im Gefängnis, und wir schließen die Untersuchung ab.«

»Heilige Scheiße«, sagte Sandy wütend. »Na schön, ihr Clowns könnt tun und lassen, was immer ihr wollt, aber ich mache weiter wie geplant. Und wenn ich den richtigen Killer aufscheuche, dann werdet ihr faule Eier ins Gesicht kriegen.«

»Haben Sie was?«, fragte Parker.

»Na ja«, sagte Sandy. »Eigentlich nicht. Jedenfalls nicht viel. Aber ich hab einen Verdacht. Meine ganzen Instinkte ...«

»Instinkte machen nicht viel Eindruck auf Notch.«

»Ich hab einen Namen«, sagte Sandy.

»Weiter.«

»Warum? Was soll's? Ihr habt Lebeque hinter Gittern, ihr habt ein Motiv, ihr habt ein Geständnis. Wieso sollten Sie daran interessiert sein?«

»Sollte ich nicht«, sagte Parker. »Bin ich aber. Notch wird's nicht gefallen, aber ich bin immer noch bereit, mit Ihnen daran weiterzuarbeiten.«

Sandy zögerte. Wenn Parker es ehrlich meinte, konnte er vielleicht nützlich sein. Er entschloss sich weiterzureden. »Also gut«, sagte er, »es ist nicht viel, aber es ist wert, überprüft zu werden. Edan Morse.«

Parker wiederholte den Namen. »Wer ist das?«, fragte er.

»Ein Promoter oder Möchtegern-Promoter«, sagte Sandy. »Er wollte die Nazgûl wieder zusammenbringen. Lynch stand im Weg. Mehr als das kann ich Ihnen nicht erzählen. Maggio hat nur ziemlich widerwillig von ihm gesprochen.«

»Hmmm«, sagte Parker. »Interessant. Der Name kommt mir vage bekannt vor. Wahrscheinlich ist er einer von der halben Million Typen, über die es in Lynchs Akten Unterlagen gibt. Ich werde das überprüfen und mich dann wieder bei Ihnen melden.«

»Tun Sie das.« Sandy hängte auf. Er fühlte sich immer noch betrogen. Da war nichts zu machen; er würde auch mit Jared sprechen müssen. Also konnte er es ebenso gut gleich hinter sich bringen. Er wählte.

Jared klang beinahe jovial. »Ich nehme an, du hast die Nachrichten gehört?«

»Ja. Wo ist nun dieser Bericht über Morse, um den ich gebeten hatte?«

»Ach das. Mach dir nichts draus. Ich habe heute Morgen ein paar von den Mädels drangesetzt, aber sie hatten kein Glück. Nichts im Archiv, und unser Musikredakteur hat nie was von dem Burschen gehört.«

»Vermutlich bist du nicht auf die Idee gekommen, deine Reporter mal rumtelefonieren zu lassen, hm?«

»Telefonieren? Wen hätten wir anrufen sollen?«

»Oh, Promoter, Agenten, Rocksänger, Angestellte von Plattenfirmen zum Beispiel. Für den Anfang.«

»He, *Hedgehog* ist die Bibel der Rockmusik, Sandy. Wenn wir nichts von ihm gehört haben, dann hat's keiner. Außerdem hab ich ihnen gesagt, sie sollen aufhören, als ich von der Festnahme erfahren habe. Worum geht's denn?«

»Es geht darum, dass diese Idioten den Falschen erwischt haben. Lebeque war's nicht.«

Daraufhin merkte Jared ein wenig auf. »Nein? Hey, das ist ja 'n tolles Ding! Wenn du das beweisen kannst, dann ist das wirklich was für den *Hog*.«

»Ich kann es nicht beweisen. Noch nicht.«

»Schön, was hast du dann?«

»Verdachtsmomente«, sagte Sandy. »Meinen Instinkt. Vertrau mir.«

»Dir vertrauen?« Jared war entgeistert. »Hör mal, wir können nicht bloß auf einen Verdacht hin einen solchen Vorstoß wagen.«

»Der *Hog* ist berühmt geworden, weil er solche Vorstöße gewagt hat.«

»Das war früher. Jetzt sind wir respektabel. Wir nennen sie Polizisten statt Bullenschweine. Wir hören ihnen zu. Sie sagen, sie haben den Kerl, der Jamie Lynch gekillt hat, und ich bin geneigt, ihnen zu glauben. Sandy, ich weiß, wie hart du daran gearbeitet hast, und es bricht mir das Herz, wie sich's nun ergeben hat, aber du musst den Tatsachen ins Auge sehen. Deine Nazgûl-Theorie ist toter als Elvis. Gib es auf. So wie ich es sehe, kannst du vielleicht ein Interview oder so was kriegen, wenn du deinen Arsch zurück nach Maine beförderst, und wir können es immer noch zu einer Story ausschlachten. Ich hätte es gern bis Dienstag, für die Ausgabe nächste Woche, aber ich bin sogar bereit, dir eine Extrawoche zu geben, wenn du sie brauchst. Na, was meinst du?«

»Schlag dir das aus dem Kopf, Jared. Ich fahre nicht nach Maine. Ich fahre nach New Mexico, um mit Peter Faxon zu reden. Und ich werde diese Story so machen, wie wir's vereinbart haben.«

»Nein, Sandy«, sagte Jared. Eine Spur Kälte war in seine Stimme gekrochen. »Wir haben einen Ruf zu wahren.«

»Jared, das ist die Art Story, die uns groß gemacht hat! Dann haben die Cops eben den Falschen verhaftet! Das macht es sogar noch besser für uns. Ein Wanderarbeiter obendrein. Unterdrückung von Minderheiten, stimmt's? Wir bringen einen Enthüllungsbericht, der den ganzen Skandal aufdeckt. Das haben wir früher schon gemacht.«

»Wenn du irgendwas Konkretes hättest, klar, hört sich gut an. Aber das hast du nicht. He, ich bin durchaus für groß aufgemachte, gepfefferte Storys, aber alles, was du sagen kannst, ist ›Vertrau mir‹. Ich werde nicht das ganze Geld, das du haben willst, für 'n nostalgischen Beitrag über eine alte Rockband raustun. Ohne die Verbindung mit Lynch ist das Müll. Wenn du also einen Scheck kassieren willst, dann machst du dich besser ganz fix auf die Beine nach Maine.«

»Ich werde es so machen, wie ich es vorgehabt habe«, sagte Sandy, »so wie wir's abgesprochen haben.«

»Na prima«, sagte Jared. »Viel Glück, wenn du's irgendwem verkaufst.«

»Ich hab's dem *Hedgehog* verkauft.«

Jared lachte. »Denk lieber noch mal drüber nach.«

»Wir haben einen Vertrag», sagte Sandy starrköpfig.

»Den breche ich«, fauchte Jared. »Verklag mich doch. Eventuell kriegst du deine fünfhundert Mäuse. Wird dich nur das Zehnfache an Anwaltshonoraren und Gerichtsgebühren kosten.« Er lachte erneut, ein durchdringendes, schnaubendes Lachen, das Sandy die Wände hochgehen ließ. Dann hängte er auf.

Sandy saß da und lauschte dem Freizeichen. »Das glaub ich einfach nicht«, sagte er laut. »Verdammt, das glaub ich einfach nicht!« Wütend schmetterte er den Hörer auf die Gabel und blieb hilflos und mit geballten Fäusten auf der Bettkante sitzen. Er dachte daran, Sharon anzurufen. Dann überlegte er es sich anders. Sharon würde ihm nur erklären, dass er nach Hause kommen und sich wieder an seinen Roman setzen sollte. Scheiße, wieso auch nicht? Vielleicht sollte er nach Hause fahren. Die Cops behaupteten, Jamie Lynchs Mörder in ihrer Gewalt zu haben, und sein Auftrag war ihm unter den Füßen weggezogen worden. Vielleicht war es an der Zeit, das Handtuch zu werfen. Diese ganze Sache war von Anfang an ein Fehler gewesen. Sharon war wütend auf ihn, Alan war wütend auf ihn, und sein Herumgestocher hatte nichts Gutes zutage gefördert, abgesehen vielleicht von seinem bittersüßen Wiedersehen mit Maggie. Was versuchte er zu beweisen?

Er hatte ein Leben, das zu Hause in Brooklyn auf ihn wartete. Vielleicht war es an der Zeit, dass er zur Ruhe kam und es lebte. Er musste Seite siebenunddreißig fertig schreiben und dann zu Seite achtunddreißig übergehen. Das zu tun war vernünftig, sinnvoll und erwachsen. Als er daran dachte, war Sandy zum Kotzen zumute. Der Roman würde eine Katastrophe werden, und er wusste es; darum war es zu schwer geworden, das durchzustehen. Er hatte keine Lust auf Erwachsensein. Auf dieser Reise hatte er zu viel davon gesehen. Maggie, zermürbt und mit ihren Jobs in einer Sackgasse, einsam und der Verzweiflung nahe. Lark, der Gin Tonics in sich hineinkippte und hart arbeitete, um sich einzureden, dass er wundervoll glücklich war. Gopher John, der aschfahl auf das Feuer starrte, strahlend über die alten Zeiten sprach und darüber, wie es gewesen war, bei den Nazgûl zu spielen. Rick Maggio, im Wutrausch. Der Zahn der Zeit. Das war seine Story; das war wichtiger als sein Roman. Jared wollte sie nicht kaufen, Alan wollte sie nicht verkaufen, und Sharon wollte nichts davon hören, aber Sandy wusste, das war die Geschichte, die er zu erzählen hatte. In gewisser Weise war es auch seine Geschichte.

Sandy wusste, dass es verrückt war. Jetzt hatte er nicht einmal mehr ein Blatt im Rücken. Er würde völlig auf eigenes Risiko arbeiten. Trotzdem, so war es möglicherweise am besten. Vielleicht würde er die Geschichte woanders verkaufen können. Es gab bessere Märkte als den *Hog*. Er konnte es beim *Playboy* oder bei *Penthouse* versuchen. Er konnte die Story sogar dem *Rolling Stone* zeigen. Dann würde Jared wirklich durchdrehen. Womöglich würden sie sie nicht nehmen. Womöglich würde er sie zum Billigtarif an irgendein Käseblatt weggeben müssen. Aber das war ihm egal. Er musste sie auf jeden Fall fertig schreiben. Die Sache hatte als etwas Interessantes angefangen, etwas, das ihm eventuell Spaß machen würde.

Es machte keinen Spaß, überhaupt nicht. Es würde im weiteren Verlauf wahrscheinlich noch weniger Spaß machen. Aber er wusste, dass er bis zum Ende durchhalten musste. Lynch mochte ein Scheißtyp ersten Grades gewesen sein, aber das war man ihm schuldig. Ganz zu schweigen von den Menschen, die im Gopher Hole im Feuer gestorben waren. Und dann gab es da noch diesen Paul Lebeque. Der Clown war drauf und dran, für einen Mord ins Kittchen zu gehen, den er nicht begangen hatte, und es kümmerte niemanden. Die Cops nicht, den *Hog* nicht, nicht einmal den Burschen selbst. Dann hing es also von ihm ab.

Er konnte Sharons Spott fast hören. »Wie in den Sechzigern«, würde sie sagen. »Der heldenhafte Underdog, der allein für Gerechtigkeit kämpft«, würde sie sagen. »Ich glaube kaum, dass dir je in den Sinn gekommen ist, du könntest vielleicht unrecht haben«, würde sie sagen. »Zum Teufel, nein. Nicht Sandy Blair, der kindliche Kreuzritter an der Seite der Engel. Du hast nie unrecht. Du kleidest dich ganz in Weiß, wie frisch gefallener Schnee, stimmt's?« Er hatte das alles schon gehört. Mit ihr konnte er nicht diskutieren. Aber das war ihm egal.

Sandy holte sein Notizbuch heraus. Nach den Notizen über Slozewski und Maggio hatte er auf eine leere Seite »Faxon« geschrieben und unterstrichen. Jetzt fügte er darunter »Edan Morse« hinzu, mit einem Fragezeichen hinter dem Namen. Er kaute eine Sekunde am Ende seines Filzstifts und fügte dann spontan drei weitere Namen hinzu. Immerhin hatte er Maggie und Lark besucht. Nun konnte er ebenso gut noch Slum und Bambi und Froggy aufstöbern. Dann war es ein Abwasch. Sie alle gehörten irgendwie dazu. Maggie hatte ihm eine Adresse von Bambi Lassiter gegeben; das Ehemaligen-Büro konnte ihn zu den anderen führen.

Zufrieden steckte er das Notizbuch weg, stand auf und begann methodisch zu packen. Ganz plötzlich hatte sich seine Müdigkeit verflüchtigt. Ganz plötzlich war er rastlos und konnte es nicht erwarten, wieder auf die Straße zu kommen. Tank mit Kaffee auf und fahr die ganze Nacht, dachte er, während er Kleidungsstücke in seinen Koffer schmiss.

Bevor er ging, warf er einen Blick in den Spiegel. Er musste sich rasieren. Dringend. Er rieb sich die Stoppeln unter dem Kinn. Und grinste. Zum Teufel damit, dachte er. Nach all den Jahren würde es interessant sein, wieder herauszufinden, wie er mit Bart aussah.

9

Das Telefon war nur Zentimeter von seinem Kopfkissen entfernt. Als es klingelte, kreischte es los, ein unbarmherzig trillernder Lärm. Sandy fuhr schaudernd aus dem Schlaf hoch und griff ziellos danach, wobei es ihm allerdings nur gelang, den Hörer auf den Boden zu werfen. Er zog ihn am Kabel hoch. »Ja?«, sagte er.

»Vier Uhr dreißig, Sir. Ihr Weckruf.«

Sandy murmelte etwas Unverständliches und hängte ein. Er setzte sich wacklig auf und barg den Kopf in den Händen. Vier Uhr dreißig, dachte er. Faxon hatte sie nicht mehr alle. Das Motelzimmer war dunkel und kalt. Sandy hätte sich am liebsten wieder in die warmen Decken gekuschelt. Stattdessen kam er mit einiger Anstrengung auf die Beine und stapfte Richtung Dusche.

Er duschte nur kurz; es gab kein warmes Wasser. Das kalte half ein bisschen. Als er sich abtrocknete und hinausstieg, war er halbwegs wach. Das Café würde erst in einigen Stunden aufmachen, aber glücklicherweise verfügte das Motel in Albuquerque über ein paar Annehmlichkeiten, auch wenn eine heiße Dusche nicht dazugehörte. Er machte sich eine Tasse Instantkaffee mit Wasser aus dem Boiler über dem Waschbecken und rührte das Kaffeeweißer-Pulver hinein, das freundlicherweise bereitgestellt worden war. Langsam schlürfte er den Kaffee. Als er fertig war, war das Zeug eiskalt. Auch heiß war es ein aussichtsreicher Kandidat für den schlechtesten Kaffee gewesen, den er in seinem Leben je getrunken hatte. Aber das Koffein machte ihn beinahe wieder zu einem menschlichen Wesen.

Als er die Gürtelschnalle seiner Jeans schloss, klopfte es. »Sekunde«, rief Sandy laut. Er zog sich schnell ein Hemd über den Kopf und stopfte, während er die Tür öffnete, die Zipfel hinein. Peter Faxon lehnte lässig im Türrahmen. »Bin gleich bei dir«, erklärte ihm Sandy. »Ich muss nur eben Schuhe und Socken anziehen. Um diese Zeit bin ich sonst noch nicht aufnahmefähig. Normalerweise stehe ich so gegen Mittag auf.«

»Keine Eile«, sagte Faxon und trat ins Zimmer, um zu warten. Die Jahre schienen fast spurlos an ihm vorübergegangen zu sein. Er hatte immer noch lange Haare, obwohl die blonden Locken einer Art zotteliger Prinz-Eisenherz-Frisur gewichen waren, die sein langes Gesicht umrahmte. Sonnengebleicht, golden und glatt, sahen Faxons Haare feiner und heller aus, als Sandy sie in Erinnerung hatte. Sein Pony reichte ihm fast bis zu den verblüffend grünen Augen. Vom zu häufigen In-die-Sonne-Blinzeln hatte er um die Augenwinkel herum winzige Falten bekommen, und seine Bräune verriet, dass er jede Menge Zeit im Freien verbrachte. Mit dem blauen Cambrai-Arbeitshemd, alten Flickenjeans und der schiefen Jeansmütze sah er äußerst fit und durchtrainiert aus. Eine große Schnalle in Türkis und Silber schmückte seinen kunstvoll verzierten, handgearbeiteten Gürtel. Blond und auf typisch amerikanische Art gutaussehend, schien Faxon einer von den Leuten zu sein, die sich bei Surfrock oder Cowboy-Balladen eher heimisch fühlen als bei dem harten, treibenden Rock der Nazgûl. Aber das täuschte. Faxon schien nie so recht zu den anderen dazugehört zu haben, doch in Wahrheit war er der kreative Kopf der Gruppe gewesen; ein hervorragender Musiker und ein brillanter Songwriter.

Sandy zog seine Stiefel an, stand auf und streckte ihm die Hand hin. »Danke jedenfalls, dass du mich aufgesucht hast«, sagte er. »Ich hatte nicht damit gerechnet, dass du wegen mir nach Albuquerque runterkommst. Ich hoffe bloß, ich bin schon so weit beisammen, dass ich ein paar passable Fragen stellen kann. Wie zunächst mal, wohin fahren wir und warum?«

Faxon lächelte. »Wir fahren in die West Mesa rauf«, sagte er. »Komm, wir sind spät dran.«

Im unbestimmten Licht vor der Dämmerung war der Parkplatz geisterhaft still. In der Luft lag eine Spur Kälte, und es wehte eine ganz leichte Brise. Faxon ging um einen großen rotweißen Chevrolet Blazer herum zur Fahrerseite. Sandy setzte sich beklommen neben ihn. »In die West Mesa?«, fragte er, als Faxon die Scheinwerfer einschaltete und zurücksetzte.

»Keine Sorge«, erwiderte Faxon. »Der Kerl mit der Knarre ist längst weg.«

Die Straßen von Albuquerque waren so früh am Morgen fast leer. Ein zerbeulter Ford Pick-up fuhr etwa einen Block hinter ihnen; Sandy bemerkte ihn, als er sich umdrehte, um die Dämmerung über den Sandias im Norden und Osten anbrechen zu sehen. Einmal erhaschten sie an einer Kreuzung einen flüchtigen Blick auf einen anderen Wagen, aber das war es dann auch schon. Alles war leer und still und doch irgendwie auch sehr lebendig. Während die Dämmerung hereinbrach, schienen die Straßenlampen und Scheinwerfer zu verblassen. Es war eine seltsame, berauschende Tageszeit.

Sie fuhren nach Westen, aus der Stadt hinaus. Nach einer Weile ging es bergauf; die Häuser wurden weniger, die Abstände zwischen ihnen größer. Die Straßenlampen gingen aus.

Faxon bog einmal und noch einmal auf Straßen ab, die immer schmaler wurden. Sandy schaute zurück und sah denselben Pick-up hinter ihnen. Während er ihn beobachtete, gingen seine Scheinwerfer aus. »Du wirst verfolgt«, sagte er.

»Ich weiß.« Faxon lächelte. »Meine Familie.«

Sandy war verwirrt, wenn auch ein wenig erleichtert. »Was ist los?«

»Du wirst schon sehen.«

Sie waren jetzt in der West Mesa selbst. Das Land war flach und trocken und staubig. Unbefestigte Straßen führten durch weite, öde Felder, die abgemäht und leer dalagen, und zwischen Stacheldrahtzäunen hindurch. Die Vegetation war spärlich; Pinyon-Kiefern, ein paar Wacholderbäume, stopplige kleine Kakteen. Vertrocknetes braunes Steppengras wehte über die Straße. Faxon fuhr unbekümmert darüber hinweg. Der Blazer wirbelte während der Fahrt eine Staubwolke auf, die den Pick-up hinter ihnen einhüllte. Sandy sah aus dem Fenster und erinnerte sich. Hier war es passiert. Irgendwo in dieser Ödnis hatte ein Heckenschütze Patrick Henry Hobbins mit dem Fadenkreuz anvisiert, und alles war zu einem Ende gekommen. Hier: Hier war die Musik gestorben, war der Traum zum Albtraum geworden. Aber nichts wirkte vertraut. Die Wohnwagen und die Bühne waren die Orientierungspunkte mitten in einem Meer von sechzigtausend Menschen gewesen. Alles fort. Was übrig blieb, war unberührte, hoch gelegene, öde Leere, und es gab keine Möglichkeit festzustellen, wo irgendetwas gewesen war.

Faxon bog scharf nach rechts ab, wo zwei unbefestigte Straßen aufeinandertrafen, und Sandy sah, dass das Bankett vor ihnen von etwa einem Dutzend Pkws und Trucks gesäumt war. Auf dem Feld zu ihrer Linken bewegte sich etwas Großes und stieg in die Höhe. Für einen kurzen, surrealen Moment sah es aus, als ob sich der Boden selbst in einer gewaltigen Woge anhob, im Begriff, die Mutter aller Gopherschildkröten auszuspucken. Dann wurde es klar. Es war ein Ballon. Ein großer blauweißer Ballon mit einem Schachbrettmuster, der auf der Seite lag und sich füllte und flatterte.

Faxon fuhr von der Straße herunter und parkte hinter einem weiteren Wagen mit Allradantrieb. Der Ford Pick-up hielt hinter ihnen. Sandy betrachtete den Ballon. Der Gasbrenner brüllte, und ein Haufen Leute hatten sich um ihn versammelt und hielten die Hülle fest. Allerdings nicht lange. Ganz plötzlich kam die Hülle – jetzt fast voll – schwankend hoch und brachte sich in die richtige Lage, wobei sie die meisten von ihnen abschüttelte. Zwei Männer kletterten in den Korb, und die anderen ließen los. Langsam, mit unendlich träger Anmut, stieg der Ballon in den Morgenhimmel und trieb davon, bis er nur noch ein kleiner blauer Punkt in der Ferne war. Ein herrlicher Anblick.

Faxon führte seine Familie herüber und stellte sie vor. Tracy, seine Frau, war groß, schlank und sonnengebräunt. Glattes braunes Haar fiel bis zum Rand des breiten Concho-Gürtels, der ihre Jeans hielt. Ihre Hand war klein und kühl, als sie die von Sandy nahm. »Deine Bücher haben mir gefallen«, sagte sie. Christopher, der kleine Junge, schien ungefähr sechs oder sieben zu sein, obwohl Sandy das Alter von Kindern nur schlecht schätzen konnte. Er hatte einen hellbraunen Haarschopf und platzte schier vor Energie – er stand kaum lange genug still, um Sandy kurz zuzunicken; dann rannte er über das Feld davon, um bei einem zweiten Ballon zu helfen, der sich gerade aufzublähen begann. Das ältere Kind war ein Mädchen, Aurora, um die dreizehn, hoch aufgeschossen und so blond wie Faxon selbst. Sie trug ein *Star Wars*-T-Shirt und eine Jeansjacke und strahlte eine huldvolle Gleichgültigkeit aus, wie sie alle Jugendlichen für Erwachsene zu reservieren scheinen, die sich in ihre kleine Welt drängen.

Als alle einander vorgestellt waren, klopfte Faxon Sandy auf die Schulter und sagte: »Und jetzt geht's an die Arbeit.«

»Arbeit?«

»Was glaubst du, wozu ich dich hergebracht habe? Komm schon. Hilf mir mit dem ›Fliegenden Auge‹.« Er führte Sandy zum Heck des Pick-ups. Tracy und Aurora hatten schon angefangen. Auf der Ladefläche befanden sich ein großer Weidenkorb, ein riesiges Gebläse und der Ballon selbst; die Gashülle – Meter und Meter davon – war ganz zusammengefaltet. Sie schien hauptsächlich rot zu sein. Alles musste abgeladen und über das Feld zu einem freien Fleck gebracht werden, den Christopher bereits für sie abgesteckt hatte. Faxon erklärte Sandy, was er zu tun hatte, und sie machten sich ans Werk. Andere tauchten auf, um zu helfen. Bis auf Sandy schienen sie sich alle zu kennen. Sie waren sehr freundlich und sprachen eine Menge über den Wind. Sandy kam die Brise mild vor, aber einige der Ballonfahrer redeten, als wäre sie ein Hurrikan, und überlegten es sich zweimal, aufzusteigen.

Peter Faxon hatte es nicht eilig mit dem Start. Als der Faxon-Ballon erst einmal auf dem Boden ausgebreitet war, blinzelte er in den Wind, zuckte die Achseln und ging davon, um einigen anderen zu helfen, die früher gekommen waren. Sandy wurde ebenfalls einbezogen. Die Startprozedur schien eine große Bodencrew zu erfordern, und es hieß, alle für einen und einer für alle. Sandy hatte den Ablauf bald kapiert. Die Ballons wurden Falte an Falte am Boden ausgebreitet; der Korb wurde auf der Seite in Position gelegt und befestigt, der

Propangas-Brenner und die Kanister wurden festgemacht, wo sie hingehörten. Dann ergriff die Bodencrew die Hülle an den Seiten, klammerte sich an dem Nylonstoff und den Seilen fest, während ein oder zwei Männer die Öffnung des Ballons aufhielten, eines der großen Gebläse auf Touren brachten und etwas Luft hineinbliesen. Wenn das Gebläse lief, hob sich der Stoff, wellte sich und blähte sich auf, und wenn er sich genügend mit Luft gefüllt hatte, setzte der Pilot den Gasbrenner in Gang, der ein- oder zweimal hustete und dann aufbrüllte und eine lange blauweiße Flammenzunge ausstieß, die in das Innere des Ballons hineinzüngelte und die darin gefangene Luft erhitzte. Jetzt verstand Sandy die Besorgnis wegen des Windes. Während die Hülle sich füllte, verlagerte sie sich manchmal und kämpfte dabei gegen seinen Griff an, fast so, als wäre sie lebendig; sie zog und stieß und schwankte im Wind hin und her. Die Bodencrew musste sie ruhig halten; wenn der Ballon sich zu sehr auf die Seite neigte, sodass die Flamme des Brenners über den Stoff leckte, dann hätten sie eine Katastrophe am Hals. Einmal, als sie sich abrackerten, einen großen kürbisfarbenen Ballon mit Halloween-Gesicht hochzubekommen, hatte es einen Augenblick lang den Anschein, als ob genau das passieren würde, aber sie stemmten alle die Fersen in den Boden und stoppten die Bewegung irgendwie. Plötzlich schob sich der Kürbis vom Boden hoch und stand auf seinem Korb, und die Flamme schoss senkrecht nach oben. Zwei Kürbisnauten kletterten an Bord, die Bodencrew ließ los, und der Ballon begann seinen Aufstieg und ließ Sandy mit Seilmalen auf den Handflächen und so etwas wie einem Kaktusstachel im Fuß zurück. Er bückte sich und zog ihn heraus.

Bis sie selbst an der Reihe waren, hatte der Wind zum Glück beträchtlich nachgelassen, und Faxon bekam sein »Fliegendes Auge« fast ohne Zwischenfall aufgerichtet. »Diesmal fährst du mit«, sagte Faxon zu Sandy. »Bleib bei mir in der Nähe des Brenners.« Es gab ganz kurz Schwierigkeiten, als der Brenner sich weigerte, auf Kommando anzuspringen, aber Faxon brachte ihn bald in Gang, und alles lief wie zuvor. Außer dass diesmal Faxon im Korb stand, als der Ballon hochschoss, und Sandy zuwinkte. »Los, komm.«

Sandy zögerte und sah nach oben. Faxons Ballon war leuchtend rot. Jetzt war klar zu erkennen, wie er zu seinem Namen gekommen war. Auf den langen, gefältelten Hüllenbahnen war, fast vier Meter groß, etwas abgebildet, was Sandy sofort wiedererkannte. Das Auge von Mordor. Saurons Emblem in Tolkiens Trilogie.

Alle brüllten auf ihn ein. Er schaute sich um und sah, dass sich das »Fliegende Auge« mit dem Wind bewegte und wie ein großer Hund, der an seiner Leine zerrt, an den Leuten riss, die es unten zu halten versuchten. »Beeil dich!«, brüllte Faxon wieder und winkte. Sandy rannte zu ihm. Faxon packte seine Hand, jemand anders legte ihm eine große Hand auf den Hintern und schob, und bevor er es ganz begriff, stand Sandy im Korb neben Faxon, die Bodencrew hatte losgelassen, und sie glitten nach oben. Der Gasbrenner gab ein dumpf zischendes Brüllen von sich, aber der Ballon stieg so sacht auf, dass er sich fast gar nicht zu bewegen schien. Es wirkte tatsächlich so, als stünden sie still, während der Boden unter ihnen jäh wegstürzte.

»Was ist mit Tracy und den Kindern?« Sandy erhob die Stimme, damit Faxon ihn über dem Brenner hören konnte.

»Die folgen uns mit dem Truck«, brüllte Faxon zurück. »Diese Dinger lassen sich eigentlich nicht steuern. Wir werden sie brauchen, wenn wir landen. Oh, mach dir keine Sorgen, die kommen schon noch dran. Es ist ja nicht so, als wären sie noch nie oben gewesen. Das sind alles alte Hasen. Seit ungefähr fünf Jahren bringen wir das ›Fliegende Auge‹ ein- oder zweimal die Woche nach oben, wenn das Wetter es erlaubt.«

Tatsächlich konnte Sandy Tracy Faxon und ihre Kinder unter sich ausmachen. Sie kletterten gerade in den Pick-up und fuhren los, die unbefestigte Straße entlang, wobei sie mehr oder weniger dem vom Wind bestimmten Kurs des Ballons folgten. Aber das »Auge« stieg höher und nahm Fahrt auf, und der Pick-up wurde schnell zu einem sehr kleinen Punkt. Von hier oben konnte man die ganze West Mesa sehen; die braunen, kahlen Felder, die kreuz und quer verlaufenden Feldwege, die anderen Ballons, die wie leuchtend buntes Spielzeug tief unter ihnen ausgebreitet lagen. Sandy bekam nur einen der Ballons, die vor ihnen losgeflogen waren, flüchtig zu sehen: die Kürbislaterne, die inzwischen weit draußen im Osten über der Stadt Albuquerque stand. Er konnte sich nicht vorstellen, wohin die übrigen verschwunden waren.

»Jetzt siehst du, warum ich dich so früh aus dem Bett jagen musste«, sagte Faxon. »Frühmorgens ist die beste Zeit zum Aufsteigen. Für gewöhnlich muss man da nicht gegen allzu starken Wind ankämpfen, und die Sonne hat noch keine Gelegenheit gehabt, den Boden aufzuheizen, sodass thermische Strömungen aufsteigen.«

»Ich dachte, thermische Strömungen wären gut?«, bemerkte Sandy.

Faxon zuckte die Achseln. »Klar, für Segelflugzeuge und Drachen. Die lassen sich von der warmen Luft nach oben tragen. Aber Ballons fliegen, weil die Luft in der Hülle heißer ist als die Luft draußen. Wenn man von einer thermischen Strömung erwischt wird, geht der Temperaturunterschied und damit der Auftrieb verloren. Und das heißt abwärts, abwärts, abwärts.« Er hatte den Propangas-Brenner immer noch in Betrieb; sie stiegen höher und höher, waren jetzt ein gutes Stück über der orangefarbenen Kürbislaterne und trieben, von einem leichten Wind erfasst, über den Rand der West Mesa hinaus. Faxon griff hinauf und drehte den Brenner ab.

Die Stille war verblüffend. Sandy hatte nicht damit gerechnet, dass es so still sein würde. Es war fast unwirklich, so ruhig und friedlich, dass es ihm vorkam, als wäre er in einem Traum gefangen. »Ich kann nicht mal den Wind hören«, sagte er.

»Wir sind jetzt ein Teil vom Wind«, sagte Peter Faxon mit einem Lächeln. »Deshalb hörst du ihn nicht. Mach dir nichts draus, jeder reagiert so. Wärst du immer noch lieber im Bett geblieben?«

»O nein«, sagte Sandy. »Das ist toll.« Er legte die Hände nur sehr sacht auf den Rand des Korbes, aus Angst, der Korb könnte umkippen, wenn er sich mit seinem ganzen Gewicht dagegenlehnte, sodass sie hinauspurzeln würden, und schaute über die Stadt hinaus, die sich unter ihren Füßen ausbreitete. Die Straßen begannen sich jetzt mit Autos zu füllen; Albuquerque erstreckte sich in alle Richtungen, und die Berge im Osten glitzerten in der Sonne. »Erinnert mich an L. A.«

Faxon bückte sich zu der Kühltasche am Boden des Korbes, nahm zwei Sandwiches in Wachspapier heraus und bot Sandy eins davon an. »Schinken und Ei«, sagte er. »Frühstück. Wahrscheinlich wird Albuquerque in zehn oder zwanzig Jahren L. A. sein. Nur dass der Smog schlimmer sein wird. Die Sandias sorgen dafür, dass die Luftverschmutzung nicht abziehen kann, und im Winter, wenn jeder Feuer im Kamin zu machen beschließt, bilden sich fürchterliche Inversionsschichten. Und der Ort wächst. Sie haben nichts dazugelernt. Es ist eine ziemlich hässliche Stadt, ein richtiger Taco-Bell- und Chicken-Delight-Dschungel, und das wird sich noch verschlimmern.« Er zuckte die Achseln. »Wir wohnen oben in Santa Fe, da ist es viel besser. Dort herrscht nicht so eine Handelskammer-Mentalität. Das einzige Problem bei Santa Fe ist, dass es zu sehr in Mode kommt. Zu viele Leute wie ich ziehen da hin.« Er lächelte und biss in sein Sandwich.

»Was gefällt dir am Leben hier draußen?«, fragte Sandy zwischen Bissen von Schinken und Ei auf Weizen-Vollkornbrot. »Kommt mir 'n bisschen komisch vor, dass du dich so nah bei dem Ort niedergelassen hast, wo …«

»… wo Pat umgebracht wurde?« Faxon lächelte. »Ich hab keine Angst davor, es auszusprechen. Es ist lange her.« Er hob die Schultern. »Ich weiß nicht. Es ist einfach so passiert. Nach dem West-Mesa-Konzert mussten wir alle eine Weile hierbleiben. Es gab Ermittlungen, gerichtliche Untersuchungen, alles Mögliche. Und ich war in ziemlich schlechter Verfassung. Tracy und ich haben damals unten in Pennsylvania gelebt, wir hatten ein hübsches altes Bauernhaus, und ein Kind war unterwegs. Aurora. Aber nach dem, was passiert ist, konnte ich den Gedanken nicht ertragen, dorthin zurückzukehren und dieses Leben wieder aufzunehmen.«

»Es heißt, dass du nach West Mesa ausgeflippt bist.«

»Das ist für meinen Geschmack ein bisschen zu trendy formuliert, aber es kommt der Wahrheit ziemlich nah«, sagte Faxon mit einem leichten Stirnrunzeln. »Ich glaube, ich hatte wohl so was wie einen Zusammenbruch. Verdammt, es war ein ganz schön traumatisches Erlebnis, Sandy. Pat Hobbins und ich waren Freunde gewesen, seit wir uns damals in Pennsylvania in der vierten Klasse begegnet sind. Er hat einen älteren Jungen verprügelt, der mir mein Essensgeld klauen wollte. Was reichlich komisch war, wenn man es recht bedenkt, weil er nämlich ungefähr einen Kopf kleiner war als ich. Aber ich war ein Bücherwurm, und Pat war ein harter Bursche. Wenn du in einem Italienerviertel der unteren Mittelschicht ein mickriger Albino bist, dann lernst du zu kämpfen, sonst hast du schlechte Karten. Jedenfalls war er mein ältester und bester Freund. Wir waren praktisch Brüder. Ich hab zu ihm hingeschaut, als es passierte. Gerade war er noch so lebendig, strahlte eine solche Energie aus, es war unglaublich. Da draußen waren sechzigtausend, die er irgendwie am Haken hatte. Und dann war es, als ob sein Kopf explodierte. Ich stand rechts hinter Pat. Der Schuss kam diagonal von links. Ich schwöre bis heute, dass ich gespürt habe, wie die Kugel direkt an meinem Kopf vorbeiging. Ich war mit Pats Blut bespritzt. Auf der weißen Lederjacke, die ich immer getragen habe, der mit den ganzen Fransen, sind immer noch Flecken. Und dann war ich auf den Knien und hatte Pat in den Armen. Ich kann mich nicht daran erinnern, dass ich zu ihm hingegangen bin, aber ich weiß noch, dass ich ihn gehalten habe, während ich betäubt in die Dunkelheit hinausstarrte und auf einen weiteren Schuss wartete und sah, wie der Tumult begann. Er starb in meinen Armen, gewissermaßen. Ich meine, als ich bei ihm war, war er im medizinischen Sinn schon tot, nehme ich an. Seine ganze Schädeldecke war weg. Aber ich konnte noch spüren, wie sein Herz schlug, er war noch warm, und er blutete noch, er bewegte sich sogar ein bisschen, deshalb kam es mir so vor, als wäre er am Leben.

Danach, na ja, da bin ich halt durchgedreht. Ich wollte heim zu Tracy, aber ich konnte mich nicht mit dem Gedanken abfinden, mein Haus wiederzusehen, das Haus, wo Pat so oft zu Gast gewesen war. Die Vorstellung, wieder aufzutreten, hat mich körperlich krank gemacht. Also hab ich mir eben ein

Motelzimmer genommen und mich verkrochen, und zwei Wochen lang hab ich Bier getrunken und ferngesehen, hab keinem außer dem Zimmerservice aufgemacht und das Telefon komplett ignoriert.

Tracy hat mich gerettet. Sie kam zu mir raus, weil sie mich am Telefon nicht erreichen konnte. Als sie sah, wie die Dinge lagen, hat sie das Haus in Pennsylvania verkauft und eins in Santa Fe erstanden und mich dahin verfrachtet. Sie hat sich um mich gekümmert. Dann wurde Aurora geboren, und wir mussten uns beide um sie kümmern. Die Verantwortung war gut für mich. Von der Vergangenheit wollte ich absolut nichts wissen, aber Tracy hatte mich an einen ganz neuen Ort gebracht und mir eine völlig neue Lebensweise eröffnet, und das half. Ich habe mich wieder gefangen. Tracy schlug vor, das Baby Patricia zu nennen, wegen Pat. Ich wollte nichts davon hören. Ich wusste, das hätte ich nicht ertragen. Ich war es, der mit dem Namen Aurora ankam. Wegen der Morgendämmerung. Ein neuer Anfang und all das. Ich liebte die Kleine. Ich fand es toll, mich um sie zu kümmern. Nach einer Weile liebte ich auch Santa Fe.

So ist das also gelaufen. West Mesa ist der Ort, wo wir mit unserem Ballon starten. Das andere … Tja, ich denke nicht darüber nach.«

»Du scheinst dich ziemlich gut erholt zu haben«, sagte Sandy.

»Na ja, es ist lange her«, erwiderte Faxon. Sein Blick ging in die Ferne zu den Bergen, während der Wind sie weitertrieb, und seine grünen Augen waren unergründlich. »Weißt du, vor fünf Jahren hätte ich dich nicht aufgesucht und mit dir gesprochen. Ich hab mich lange Zeit zurückgezogen. Für meine Familie gelebt. Als ich bereit war, wieder Interviews zu geben, war keiner mehr groß dran interessiert.« Er drehte sich um und sah Sandy mit einem dünnen, eigentümlichen Lächeln an. »Also, worüber wolltest du reden? Über Lynch?«

Sandy nickte. »Darüber, und über ein paar andere Dinge.«

»Jamie Lynch und ich haben uns ein paarmal im Jahr in geschäftlichen Angelegenheiten geschrieben«, sagte Faxon ruhig, »aber abgesehen davon hatte ich seit Pats Tod keinen Kontakt zu ihm.«

»Ich habe mit Maggio und Gopher John gesprochen«, sagte Sandy. »Gopher John hasste Lynch. Maggio behauptet, er hätte ihn gemocht. Wie stehst du zu ihm?«

»Gemischt«, sagte Faxon. »Jamie Lynch war in vielerlei Hinsicht ein hundsgemeiner Mistkerl. Aber er war der hundsgemeine Mistkerl, der uns zum Durchbruch verholfen hat, als sonst keiner was von uns wissen wollte. Er hat uns mit seinem Vertrag übers Ohr gehauen, aber wir waren wild darauf, übers Ohr gehauen zu werden, als wir ihn unterzeichneten.«

»Wer, glaubst du, hat ihn getötet?«

Faxon runzelte die Stirn. »Ich dachte, sie hätten den Kerl gefasst? Einen Holzfäller oder so?«

»Sie haben jemand verhaftet«, sagte Sandy. »Aber ich glaube nicht, dass sie den Mörder haben.«

»Ich weiß nur, was in der Zeitung steht«, sagte Faxon. »Wenn der Holzfäller es nicht getan hat, weiß ich nicht, wer es war.«

Sandy beschloss, eine andere Richtung einzuschlagen. »Vermisst du manchmal die alten Zeiten mit den Nazgûl? Den Ruhm, das Geld, all das?«

Faxon schenkte ihm wieder dieses eigenartige Lächeln, halb belustigt und halb traurig. »Lange Zeit war das alles bloß ein Albtraum, dem ich zu entkommen versuchte, den ich vergessen wollte. Auch als ich schließlich damit ins Reine gekommen bin, schien mir das alles unwirklich. Als wären diese Jahre ein einziger langer Fiebertraum gewesen. Nein, ich vermisse es nicht. Sogar als ich es gelebt habe, war mir immer ein bisschen unwohl dabei. Du selbst hast dich in dem letzten Beitrag, den du für den *Hog* über uns geschrieben hast, entsprechend dazu geäußert, Sandy. Ich wäre der Eigenbrötler der Gruppe, hast du geschrieben. Ich schiene nicht so recht dazuzugehören, weder zu den Nazgûl noch zum Rock. Und du hattest recht. Pat, Rick und Gopher John haben sich reingestürzt, jeder auf seine Weise, aber ich habe zumindest teilweise eine gewisse kritische Distanz gewahrt. Zu intellektuell, nehme ich an. Maggio würde sagen, ich war zu ängstlich. Vielleicht stimmt das auch. Die Groupies kamen mir immer eher grotesk vor. Die Drogen und das Saufen fand ich widerwärtig. Der Ruhm war eine Geisteskrankheit. Das Geld, nun ja, das Geld war nett, aber ich bin nicht wild drauf. Als wir auftraten, haben wir massenweise Kohle gemacht, und ich war schlau genug, sie gut anzulegen. Außerdem habe ich so gut wie alle Nazgûl-Songs geschrieben, und ich hab die Verlagsrechte behalten. Lynch hatte uns vielleicht mit dem Auftritts- und Plattenvertrag in der Tasche, aber was meine Songs betraf, hatte ich das Sagen, da war ich eisern. Sie gehörten mir, und so ist das heute noch. Und jetzt ernähren sie mich. ›Napalm Love‹, ›Elf Rock‹, ›Blood on the Sheets‹ … sie alle bringen jedes Jahr genug ein, dass ich die Rechnungen bezahlen kann.«

»Was ist mit der Musik?«, fragte Sandy. Er glaubte die Antwort zu kennen, bevor er die Frage stellte.

Und tatsächlich wurde Faxons Lächeln wehmütig. »Die Musik«, sagte er. Peter Faxon mochte in der Rockwelt ein Eigenbrötler gewesen sein, aber er war ebenso das kreative

Herz der Nazgûl und ihres Sounds gewesen. Er war der vielseitigste Musiker unter ihnen. Meistens spielte er Bass, aber über die Jahre war er auf verschiedenen Nazgûl-Aufnahmen zu den Keyboards, dem Altsaxophon, der Cajun-Fiddle und einmal sogar zum Waldhorn gewechselt. Er konnte für Hobbins an der Rhythmusgitarre einspringen. Er konnte auch singen, obwohl seine Stimme nie dieselbe Klasse wie die von Hobbins oder Maggio hatte. Aber vor allem konnte er Songs schreiben. »Ja«, sage er leise in der tiefen, nachhallenden Stille des Himmels, während tief unter ihnen das Land vorbeizog und der Weidenkorb leise knarrte, als er sich dagegenlehnte. »Ja, ich vermisse die Musik. Sie ist ein Teil von mir. Das wird sie immer sein.«

»Du warst nie in Versuchung, wieder einzusteigen?«

»In der ersten Zeit kam mir der Gedanke obszön vor«, sagte Faxon. »Aber später … Nun, ich hab's mir überlegt. Ich hab daran gedacht, eine neue Band zu gründen. Eine Studioband, genau genommen. Ich konnte die Vorstellung nicht ertragen, auf Tour zu gehen, aber ich dachte, ich könnte neue Songs schreiben, ein paar erstklassige Musiker zusammenholen und ein Album aufnehmen. Dann hab ich mich in der Rockwelt umgesehen, und ich wusste, dazu würde es nie kommen. Die Musik hatte sich verändert. Ich machte das Radio an, und es gab nur noch Disco. Jeder Song klang wie der Song davor. Die Texte waren dämlich und stumpfsinnig und wiederholten sich endlos. Ich hab versucht, Songs über Menschen zu schreiben. Über das Leben und die Liebe und den Schmerz. Über Politik und politische Anschauungen, über Richtig und Falsch. Auch meine Musik war anspruchsvoll. Es machte mir Spaß, mit neuen Sounds rumzuspielen. Und dann hab ich diesen Radiosender gehört – eine Top-40-Station, die früher jeden Nazgûl-

Song gespielt hat, kaum dass wir ihn aufgenommen hatten –, und ich wusste, dass da für mich kein Platz mehr war. Verdammt, ich weiß, ich hab zu meiner Zeit so manchen Mist geschrieben. Ich wäre der Erste, der das zugibt. Aber ich hab's versucht. Ich hab Musik geschrieben, um die Toten zu wecken; jetzt wollen sie nur noch irgendwelches Zeug, zu dem man gut tanzen kann. Der kleinste gemeinsame Nenner.« Er lächelte grimmig. »Nein danke. Ein Comeback-Album von Peter Faxon wäre sang- und klanglos untergegangen.«

»Eine Nazgûl-Reunion aber nicht«, bemerkte Sandy.

»Mit Reunions klappt es nie«, sagte Faxon. »Schau dir Peter, Paul and Mary an. Schau dir die Moody Blues an. Die Beatles waren klug. Wenn sie sich je wieder zusammengetan hätten, wäre das für die Rockkritiker ein gefundenes Fressen gewesen. In der Situation kannst du nicht gewinnen; wenn du deinen Sound radikal änderst, sagt jeder, es ist nicht mehr so gut wie früher, und wenn nicht, dann sagen sie, du stagnierst und wiederholst dich. Und wenn du bloß die alten Songs spielst, statt neue zu bringen, dann ist das Nostalgie und nicht Musik. Kennst du den Rick-Nelson-Song ›Garden Party‹?«

Sandy kannte ihn. »Wenn ich immer nur von Erinnerungen sänge«, zitierte er, »würde ich lieber Lastwagen fahren.«

»Genau«, sagte Faxon. »Oder in meinem Fall einen Ballon.«

»Als ich in Chicago mit Maggio gesprochen habe, hat er steif und fest behauptet, es gäbe demnächst eine Nazgûl-Reunion.«

Faxon runzelte die Stirn. »Rick ist ein Süchtiger.«

»Ein Süchtiger?«, fragte Sandy. »Früher war er andauernd drauf, das weiß ich. Allerdings dachte ich, er wäre jetzt clean.«

»Es sind nicht bloß die Drogen. Er hat den Charakter eines Süchtigen. Er ist schwach. Er fährt auf alles ab. Er kann sich nicht bremsen. Er ist arm, weil er auf Kreditkarten abgefahren ist und alles ausgegeben hat, was er besaß. Jetzt ist er fett, weil er aufs Essen abgefahren ist, als er sich die Drogen nicht mehr leisten konnte. Er fährt immer noch auf kleine Mädchen ab. Und er ist hoffnungslos süchtig nach Träumen, in diesem Fall nach dem Traumbild, dass wir uns wieder zusammentun und alles wieder so wird, wie es war. Kommt nicht infrage. Genau genommen …«

»Was?«

»Ich hab das noch niemandem erzählt«, sagte Faxon, »aber ich glaube, es ist genug Zeit vergangen, um es zuzugeben. Die Wahrheit ist, dass die Nazgûl kurz vor der Auflösung standen, als West Mesa das für uns erledigt hat. Wie auch immer, ich bezweifle, dass es uns viel länger gegeben hätte.«

Das war ein Schock. »Wieso?«, fragte Sandy. »Ihr wart heißer denn je.«

»Unsere Musik, unsere Verkaufszahlen, klar. Aber tief drin waren wir eiskalt, völlig aufgefressen von Missgunst und Zwietracht. Drei von uns hatten sich gerade mehr oder minder darauf geeinigt, Maggio rauszuwerfen. Er war einfach nicht mehr zuverlässig. Die meiste Zeit war er total weg vom Fenster, und an der Gitarre taugte er auch nichts mehr. Gopher wollte unbedingt Lynch loswerden, und ich stimmte ihm weitgehend zu. Aber das große Problem war ich. Ich war drauf und dran abzuhauen. Ich wollte ein für alle Mal mit Pat brechen. Ich glaube, deshalb hat mich sein Tod so schwer getroffen. Ich hatte ein schlechtes Gewissen. Ein Teil von mir wollte ihn los sein, weißt du. Und dann ging mein Wunsch in Erfüllung.«

Sandy war baff. »Das versteh ich nicht. Du hast gerade erzählt, wie nah ihr euch standet, Hobbins und du.«

»Wie Brüder«, sagte Faxon und verzog ironisch den Mund.

»Schon mal was von der Rivalität unter Geschwistern gehört? Zur Zeit von West Mesa hatte ich eine Stinkwut auf Pat. Mein Ego war in Aufruhr. Er nahm mir meine Band weg.

Ich hielt die Nazgûl für mein Eigentum. Ich war der Leader, die treibende Kraft. Damals in der achten Klasse habe ich Pat das Gitarrespielen beigebracht. In der Highschool hab ich Rick und ein paar andere Kids gefunden und eine Band auf die Beine gestellt, um auf Tanzveranstaltungen und Hochzeiten und so weiter zu spielen. Wir nannten uns Peter und die Wölfe. Später hießen wir Peter und die Werwölfe; ich war der Star. Als die Tolkien-Trilogie zu 'ner heißen Sache wurde und jeder anfing, Hobbins ›Hobbit‹ zu nennen, hab ich die Bücher gelesen und beschlossen, uns die Nazgûl zu taufen, aber ich hab nicht gedacht, dass sich die Hackordnung dadurch auch nur im Geringsten ändern würde. Ich hab immer noch geglaubt, ich wäre der Leader. Ich war es, der entschieden hat, Tony Regetti rauszuwerfen und Gopher John an den Drums reinzunehmen. Ich habe unsere ganzen Songs geschrieben. Bis zu unserem Vertrag mit Lynch hab ich auch die Gigs für uns abgemacht. Es war meine Band. Außer dass sie's letztendlich doch nicht war. Und weißt du auch, warum nicht? Pat Hobbins hatte etwas, das ich nicht hatte. Auf der Bühne war ich ein kompetenter, vielseitiger Musiker, aber das war auch alles. Pat war ... elektrisierend ... zum Teufel, er war eine wandelnde Atombombe. Ich sah weiß Gott besser aus als er, und ich wusste mehr über Musik, als er je auch nur ahnen würde, aber Pat konnte mit einem Publikum Dinge tun, von denen ich nur geträumt habe. Er hatte Sexappeal, die Fähigkeit, sich in Szene zu setzen. Charisma ... was es auch immer war, er hatte es.

Ich stand da und spielte meinen Bass, sang meine Backgroundvocals, legte alles, was ich hatte, in meine Songs und blieb trotzdem in seinem Schatten gefangen. Vorn stolzierte Pat herum und posierte lächelnd und grinsend und bewegte sich jede verdammte Sekunde von jedem verdammten Set. Und er sang! Als Rhythmusgitarrist war er bestenfalls Durchschnitt, der schwächste Musiker bei den Nazgûl, aber er konnte singen! Er war teils Dämon und teils Engel und von Kopf bis Fuß ein Genie. Und das war das Problem.

Er dominierte die Nazgûl. Er wusste es; jeder sagte es ihm. Natürlich stieg ihm das zu Kopf. Man kann Pat keinen Vorwurf machen. Er war noch jung. Das waren wir alle. Er fing an, Witze darüber zu machen, dass er uns mit durchschleppen würde. Er schlug vor, wir sollten die Gruppe in Patrick Henry Hobbins und die Nazgûl umbenennen. Ich schlug stattdessen Peter Faxon und die Nazgûl vor, und er lachte. Er bekam einen Wutanfall, als ich Rick bei ›Ragin'!‹ den Leadgesang überließ, und behauptete, ich hätte es getan, um ihm eins auszuwischen. Und zum Teil hatte er recht.

Ja, ich weiß, das wirkt jetzt alles ziemlich engstirnig, aber es war uns todernst damals. Und hinterher.« Faxon hielt inne und schaute nachdenklich drein. Der Ballon hatte etwas an Höhe verloren. Er drehte sich um und zündete den Gasbrenner an; eine zischende, brüllende Flammenzunge schoss empor, und kurz darauf stieg das Fliegende Auge wieder. Faxon ließ die Flamme an.

»Hinterher?«, half Sandy nach. Laut.

Faxon wandte sich wieder um und sah ihn an. »Selbst nach Pats Tod konnte ich nicht akzeptieren, dass er der Star gewesen war. Ich hab schon erwähnt, woher die Kugel kam, der Schusswinkel. Ich schwöre immer noch, dass sie dicht an mir vorbeigeflogen ist.

Noch Jahre danach hab ich Tracy und auch sonst jedem, der

sich meine Theorie anhören wollte, erzählt … Ich war felsenfest davon überzeugt, dass der Heckenschütze auf mich gezielt und Pat nur aus Versehen getroffen hatte. Es sprach einiges dafür. Ich blieb meistens stehen, während Pat sich dauernd bewegte und ein sehr schwieriges Ziel darstellte. Und ich war es, der für all die subversive, suggestive Musik verantwortlich war. Eigentlich hätte ich das Opfer sein müssen.«

»War das ein weiterer Grund für deinen Rückzug?«, deutete Sandy an.

Faxon nickte. »Ich hatte nicht das Bedürfnis, der zweite Kennedy zu sein. Trotzdem, in gewisser Weise war ich sauer, dass ich am Leben war. Pats Tod hatte ihn zum Märtyrer gemacht, hatte allem Anschein nach bestätigt, dass er der Star war. Ich hielt den Anschlag für politisch motiviert, und ich wollte glauben … nein, ich *musste* glauben … dass ich es war, den man eigentlich hätte zum Schweigen bringen müssen. Hier war ich, der Jesus des Rock-Zeitalters, und sagte in meinen Songs alle diese klugen und gefährlichen Sachen, und diese Dummköpfe waren hingegangen und hatten nicht mich, sondern einen meiner Apostel ans Kreuz geschlagen. Wussten sie nicht, dass ich es war, der für ihre Sünden hätte sterben sollen?« Seine Mundwinkel zogen sich wehmütig nach unten. Er drehte sich unvermittelt um und stellte den Brenner ab. Noch einmal hüllte sie die Stille des Himmels ein. Sie hatten erheblich an Höhe gewonnen und trieben nach Südosten.

Sandy wusste nicht, was er sagen sollte. Faxons Geständnis hatte ihn verlegen gemacht. »Und jetzt?«, fragte er schließlich.

Peter Faxon rieb sich das Genick. »Ich bin drüber weg. Immerhin weiß ich jetzt, dass es kein politisch motivierter Mord war. Bloß ein weiterer Irrer in einer Welt von Irren. Es war eine Zufallstat, und jeder von uns hätte die Rolle des

Opfers spielen können. Pat hat einfach das kurze Streichholz gezogen. Und es ist vorbei, ein für alle Mal.«

Sandys Lippen fühlten sich trocken an. »Nein«, sagte er knapp. »Das ist es nicht.«

Faxon sah ihn scharf an. »Was soll das heißen?«

»Du weißt, dass Lynch am Jahrestag von West Mesa gestorben ist. Was du nicht weißt, ist, dass der Mörder ihm das Herz rausgeschnitten hat, während er auf dem Konzertplakat lag und *Music to Wake the Dead* lief. Ich weiß nicht, was das zu bedeuten hat, aber es hat etwas zu bedeuten. Und ich glaube, der Brandstifter, der Gopher Johns Laden angesteckt hat, gehört auch dazu. Es ist nicht vorbei. Irgendwas geht da vor.«

Faxon runzelte die Stirn. »Das versteh ich nicht.«

»Ich genauso wenig. Im Moment. Aber ich denke, du solltest lieber aufpassen. Ich denke, du bist vielleicht in Gefahr.«

Faxon lachte. »Ich bitte dich! Wer sollte mir was tun wollen? Ich bin ein Familienvater, auf dem besten Weg, ein langweiliger alter Sack zu werden.«

»Slozewski hat auch gelacht«, sagte Sandy. »Ein paar Stunden später stand das Gopher Hole in Flammen.«

Faxon zog eine finstere Miene. »Ich hab jahrelang unter Angst und Verfolgungswahn gelitten und mich ständig nach Mördern umgeschaut. Jetzt hab ich das endlich hinter mir. Und du willst, dass ich wieder damit anfange.«

»Jemand hat was gegen die Nazgûl.«

»Ich gehöre nicht zu den Nazgûl«, beharrte Faxon. »Mein Leben sind Tracy und Aurora und Christopher, nicht Pat und Rick und Gopher John. Ich habe die Nazgûl so gut wie vergessen.«

»Ach?«, sagte Sandy. »Wie kommt es dann, dass auf diesem Ballon das Auge von Mordor prangt?«

Peter Faxon lehnte sich an die Seitenwand des Korbes und verschränkte die Arme. Sein Mund war auf einmal verkniffen, und seine klaren grünen Augen blickten mit Absicht woandershin. »Na gut«, sagte er nach einer Pause. »Na gut.« Es klang leicht gereizt.

»Hast du schon mal was von Edan Morse gehört?«, fragte Sandy.

Faxon antwortete nicht.

Das Land, das unter ihnen vorbeizog, wurde, während sie südlich der Stadt dahinschwebten, zunehmend leerer. »Ich werd uns ein bisschen runterbringen«, sagte Faxon, »und anfangen, nach einem Landeplatz Ausschau zu halten.« Er ließ seitlich am Ballon etwas Luft ab, und sie sanken in einer Reihe von kleinen, ruckartigen Bewegungen immer weiter ab.

»Edan Morse«, wiederholte Sandy beharrlich.

Faxon drehte sich um und sah ihn an. »Irgend so ein Promoter«, fauchte er. »Ich hab mal einen Brief von ihm bekommen. Große Pläne für eine Nazgûl-Reunion, für eine Comeback-Tour.«

»Was hast du damit gemacht?«

Faxon grinste. »Auf meinem Papierkorb prangt auch das Auge von Mordor«, sagte er. Inzwischen hatten sie beträchtlich an Höhe verloren. Jetzt, wo sie etwa zwanzig Meter über dem Boden dahintrieben, schien der Ballon erheblich schneller zu sein. Sie glitten über Häuser und Straßen hinweg. Sandy sah, wie Leute unten stehen blieben und sich den Hals verrenkten, um zuzuschauen, wie das Fliegende Auge vorbeischwebte. Einmal schienen sie direkt in eine am Straßenrand verlaufende Stromleitung zu treiben, aber Faxon gab dem Ballon einen kurzen Schub aus dem Gasbrenner, und sie hüpften elegant über die bedrohlichen Drähte. Dann ließ er mehr Luft ab. Sie glitten in zehn Metern Höhe über eine Tankstelle und auf ein weites, offenes Feld hinaus, das braun und kahl in der Sonne von New Mexico lag. Auf der Straße, die an der Tankstelle vorbeiführte, entdeckte Sandy einen Ford Pick-up, der ihm inzwischen wohlvertraut war.

»Festhalten«, sagte Faxon. »Wir landen.« Er manövrierte den Ballon so geschickt, wie er seinen Bass gespielt hatte. Tatsächlich bewegte der Boden sich auf einmal sehr schnell, und der Korbboden schlug auf und sprang hoch. Faxon packte eine rote Schnur und riss daran, und der Ballon über ihnen schien schlaff zu werden und dann in sich zusammenzufallen. Während die Hülle sich leerte, wurden sie über den Boden gezerrt. Sandy spürte, wie seine Zähne aufeinanderschlugen, und er verlor kurzzeitig den Halt.

Und dann blieben sie liegen, und das »Fliegende Auge« war wieder nur ein Weidenkorb und eine gewaltige Fläche aus schlaffem roten Nylon. Faxon grinste. »Glückwunsch«, sagte er. »Du hast gerade deine erste Ballonfahrt überlebt.« Er hatte eine Flasche Champagner in der Kühltasche. Kaum hatte er sie aufgemacht, als auch schon ihre Verfolger angebraust kamen; die Räder des Pick-ups wirbelten riesige braune Staubwolken auf. Sandy musste sich hinknien, und sie rieben ihm Erde in die Haare; das und der Champagner, so behaupteten sie, gehöre zu einem merkwürdigen Ballonfahrer-Ritual. Dann tranken sie und luden das »Fliegende Auge« auf den Lastwagen, sie tranken und lachten und tranken und nahmen ihr zweites Frühstück gleich dort auf der hinteren Wagenklappe ein. Die Kühltasche war mit Sandwiches, Kartoffelsalat, Krautsalat und Pickles gefüllt, und als sie die Champagnerflasche gekillt hatten, gab es Dos-Equis-Bier und Dosen mit Fruchtsaft für die Kinder. Es war ein leckeres zweites Frühstück. Doch hinterher, als sie wegfuhren, bestand Tracy Faxon darauf, dass Sandy bei ihr in der Kabine mitfuhr, während Peter und die Kinder hinten auf dem Ballon saßen. »Peter ist wegen irgendetwas aufgebracht«, sagte sie zu Sandy, nachdem sie den Wagen wieder auf die Straße nach Albuquerque gelenkt hatte. Sie hatte sehr kühle, dunkle Augen. »Worüber habt ihr geredet?«

»Über die Nazgûl«, sagte Sandy.

»Okay. Kein Wunder.«

»Tut mir leid, wenn ich ihn aus der Fassung gebracht habe. Ich hatte nicht die Absicht, böse Erinnerungen wachzurufen.«

Tracy sah mit einem wissenden Lächeln zu ihm hinüber. »Ich glaube, es sind die guten, die ihm zu schaffen machen«, sagte sie.

»Peter sagt, er vermisst diese Zeit nicht.«

»Das sagt er mir auch.« Sie hielt den Blick auf die Straße gerichtet. »Ziemlich oft sogar. Zu oft, denke ich mal. Er hat nie aufgehört zu schreiben, weißt du.«

»Nein«, sagte Sandy. »Wusste ich nicht.«

Sie nickte. »Er hat Koffer voll mit Songs und Noten. Manchmal rennt er im Haus herum, und in jedem Zimmer läuft der Plattenspieler. Die ganzen alten Songs, seine alten Songs. Ich war froh, als er deinen Anruf bekommen hat. Und Peter auch.«

»Du willst, dass er wieder spielt?«

»Erst dann wird er wieder glücklich sein«, sagte sie. »Ich liebe ihn. Wir haben eine Menge zusammen durchgemacht. Ich will, dass er glücklich ist.«

Dazu gab es nichts zu sagen. Sandy saß da und dachte nach. Sie redeten nicht mehr, bis Tracy den Pick-up auf den Parkplatz seines Motels fuhr und Sandy ausstieg. Dann beugte sie sich über den Sitz. »Schön, dich kennengelernt zu haben«, sagte sie. »Ich freu mich schon drauf, deinen Artikel zu lesen.«

Die Kinder beachteten ihn nicht, aber Faxon sprang von der Heckklappe des Pick-ups und schüttelte ihm die Hand. »Denk dran, was ich dir gesagt habe«, erklärte ihm Sandy, »auch wenn du's nicht glaubst. Sei vorsichtig.«

In Faxons Augen lag ein verstohlener Glanz. »Ich bin immer vorsichtig«, sagte er leise und stieg wieder auf.

Sandy dachte über diese Worte nach, als er sein abgedunkeltes Motelzimmer betrat. Die Vorhänge waren noch zu, und drinnen war es kalt. Sandy öffnete sie und ließ die Sonne herein. Er setzte sich auf die Bettkante, zog die Stiefel aus und überlegte, dass Peter Faxon vielleicht ein bisschen zu vorsichtig war. Das Bild dieses Koffers voller ungesungener Songs ging ihm nicht aus dem Kopf. Patrick Henry Hobbins war nicht das einzige Opfer von West Mesa gewesen, dachte er im Stillen.

Er legte sich auf das Bett und verschränkte die Hände hinter dem Kopf. Die Zeilen eines Songs kamen ihm in den Sinn.

Well, he came back from the war zone all intact
And they told him just how lucky he had been
But the survivor has a different kind of scar
Stillborn dreams and no more hope
Hooked on booze or hooked on dope
The survivor has a different kind of scar
Yeah, the survivor has a different kind of scar

»The Survivor« von *Music to Wake the Dead*. Ein böser Song, dachte Sandy. Kein großer Hit, aber seltsam prophetisch, wenn man bedachte, dass Faxon ihn 1971 geschrieben hatte. Er erinnerte sich noch gut daran, wie Patrick Henry Hobbins die letzte Zeile immer brachte, wie er mit einem eingefrorenen

Lächeln auf den weit geöffneten Lippen ins Publikum hinausstarrte, gerade lange genug zögerte, während Gopher Johns Drums ein Beben durch die Menge schickten, und dann mit sonderbar düsterer, kalter Stimme sang: *Hell, there ain't none of us survived!*

10

Auf der Karte war es nur ein kurzes Stück von der Interstate zur Golden Vision Earth Community. Beim Fahren kam es Sandy erheblich weiter vor. Die Straße begann als respektable zweispurige Asphaltstrecke, wurde dann rasch immer schmaler und verwandelte sich zuerst in eine Schotterstraße, dann in eine unbefestigte Straße und schließlich in einen sehr steinigen, holprigen Feldweg. Tagtraum gefiel das nicht im Geringsten, und Sandy ebenso wenig. Zum Ende hin wechselte er beständig von einer Seite auf die andere, während er über Hügel und durch Cañons, Arroyos und ausgetrocknete kleine Bachbetten holperte. Hier draußen sah es kalt, staubig und trostlos aus, obwohl er zugeben musste, dass die Berge prachtvoll waren. Er konnte sich nicht vorstellen, dass mitten in dieser schroffen, unversöhnlichen Ödnis tatsächlich jemand lebte. Allmählich glaubte Sandy, dass er sich verfahren hatte. Er überlegte bereits, wie er wohl wenden könnte, als er schließlich zu der Abzweigung kam; ein noch schmalerer unbefestigter Weg, markiert mit einem großen ländlichen, von astrologischen Zeichen übersäten Briefkasten und einer kleinen Tafel, auf der in Handschrift GOLDEN VISION stand.

Er bog scharf ab und fuhr eine steile, kurvenreiche Bergstraße hinauf. Tagtraum protestierte lautstark und versuchte ihm ins Gedächtnis zu rufen, dass er ein Sportwagen war und kein Auto mit Allradantrieb, aber Sandy blieb stur.

Hübsch versteckt in einem schmalen Hochtal gelegen und rechts und links von ansteigenden Bergen gesäumt, war die Golden Vision Earth Community eine weitläufige Wohnsiedlung. Beherrscht wurde sie von einem niedrigen alten Adobe-Haus, von dessen einer Ecke der Verputz abbröckelte, sodass die trockenen Backsteine darunter zum Vorschein kamen, und einer hoch aufragenden hölzernen Windmühle, deren Flügel, grau und verwittert, sich laut knarrend drehten. Ein zweites, kleineres Haus ohne Dach und Fenster lag dem Haupthaus gegenüber auf der anderen Seite eines Platzes aus festgestampfter Erde, und mitten auf diesem Platz stand das größte Tipi, das Sandy je gesehen hatte. Die Blätter an den Espen, die die Bergflanke bedeckten, hatten sich verfärbt und ließen die ganze weite Fläche wahrhaftig golden aussehen.

Sandy fuhr auf den Platz und parkte neben einem alten olivgrauen Jeep. In der Nähe war ein blauer VW-Bus auf Betonziegeln aufgebockt; er war von Unkraut umgeben und hatte offenbar schon vor Langem den Geist aufgegeben. Als Sandy aus Tagtraum herauskletterte, sah er, dass ein großes Stück der Südmauer des kleineren Adobehauses entfernt worden war. Zwei Männer und eine Frau waren dort an der Arbeit. Sie setzten lange, schmale Glasscheiben ein. Rings um sie her lagen Adobeziegel neben einer Schubkarre mit Zement, außerdem Holz, Hämmer und Nägel, Werkzeuge zum Glasschneiden und Kitt. Zwei von ihnen warfen Sandy einen flüchtigen Blick zu und machten sich dann wieder ans Werk. Der Dritte, ein kräftiger Schwarzer mit Bart und kahlem Schädel, kam herüber. »Kann ich dir helfen?«, fragte er mit tiefer Stimme.

»Ich suche Bambi Lassiter«, sagte Sandy. »Sie ist 'ne alte Freundin von mir.«

Der Schwarze nickte. »Im Tipi.« Er zog ein Taschentuch

heraus und wischte sich den Schweiß von der Stirn, bevor er wieder an die Arbeit ging.

Sandy schlenderte zu dem Tipi hinüber und zögerte an der Eingangsklappe. Er fragte sich, wie man bei so etwas anklopfen sollte. Während er noch zögerte, ging die Klappe auf, und ein Haufen kleiner Kinder kam mit viel Geschrei herausgestürzt. Sandy trat beiseite, ließ sie vorbei und ging hinein. »Bambi?«, rief er.

Das Innere war schwach von dem Licht erhellt, das durch den Rauchabzug oben hereinfiel, und es duftete nach Weihrauch. Ein großer schwarzer, bauchiger Herd stand in der Mitte des Tipis, umgeben von einer erstaunlichen Menge alter, verschlissener, gemütlich aussehender Möbelstücke. Ausgefranste Teppiche in einem Dutzend verschiedener Farben bedeckten den größten Teil des Erdbodens. Alles wirkte viel geräumiger, als Sandy vermutet hatte. Zwei Frauen saßen mit gekreuzten Beinen auf dem Boden und unterhielten sich. Sie waren beide klein und dunkel, mit schwarzen Haaren. Eine von ihnen trug Jeans und ein rotblaues Männer-Flanellhemd. Die andere hatte ein weites braunes Kleid mit breitem weißen Kragen an. Eine trug Sandalen. Eine war barfuß. Eine nähte. Eine war schwanger. Beide blickten zu Sandy auf. »Bambi?«, wiederholte er unsicher.

Die Schwangere brach plötzlich in ein glückstrahlendes Lächeln aus, stand auf und kam mit offenen Armen auf ihn zu. »Sandy Blair«, sagte sie herzlich und umarmte ihn enthusiastisch. Sie reichte ihm kaum bis ans Kinn, aber für eine so kleine Frau war sie überraschend kräftig. Sandy erwiderte die Umarmung, wenn auch ein wenig zaghafter.

Als sie einander losließen, sah Sandy, dass die andere Frau ebenfalls aufgestanden und näher gekommen war. Sie war ein bisschen größer als Bambi, sehr drahtig und trug ihr schwarzes Haar in zwei langen Zöpfen. »Das ist meine Schwester Fern«, sagte Bambi, was Sandy einen Augenblick lang verwirrte, weil er wusste, dass Bambi ein Einzelkind gewesen war. »Fern, das ist Sandy Blair, vom College. Du weißt ja. Ich hab dir von ihm erzählt.«

Sandy streckte eine Hand aus. Fern nahm sie mit beiden Händen und hielt sie sehr sanft, aber bestimmt fest. »Der Schriftsteller«, sagte sie. »Ja, ich kann es spüren. Du hast sehr kreative Emanationen.«

»Oh«, sagte Sandy. Er grinste verlegen und fragte sich, wann Fern ihm seine Hand zurückgeben würde. Endlich ließ sie los.

»Schön, dich zu sehen«, sagte Bambi. »Komm, setzen wir uns. Ich werde im Moment leicht müde.« Sie berührte ihren Bauch. »Möchtest du Tee?«

»Klar«, sagte Sandy. »Draußen ist es ein bisschen kühl. Tee wäre prima.«

»Fern«, sagte Bambi, »könntest du uns welchen machen?«

Fern nickte lächelnd und verließ das Tipi.

»Sie muss zum Haus rüber«, erklärte Bambi. »Hier ist es sehr gemütlich, aber nicht so ideal, wie wir's gerne hätten. Aber das ist nur vorübergehend, bis wir die Solarmodule in den anderen Gebäuden installiert haben.«

»Solarmodule?«, sagte Sandy. »Die sahen bloß wie große Fenster aus.«

Bambi lächelte. »Passive Kollektoren«, sagte sie. »Die sind sehr harmonisch.« Die Schwangerschaft schien ihr gut zu bekommen. Sie sah sehr zufrieden aus und ganz anders als die Bambi Lassiter, die Sandy früher gekannt hatte. Auf dem College war Bambi ein kleines, dickliches, allzu aufrichtiges Mädchen gewesen, eine von denen, über die es immer hieß, sie wären ein toller Typ. Sie hatte nah am Wasser gebaut, geriet aber auch schnell ins Schwärmen und verliebte sich im Handumdrehen. Sie besaß sechsmal so viele Stofftiere wie jeder andere Mensch, den Sandy je gekannt hatte. Aber sie war im ersten Studienjahr Maggies Zimmergenossin gewesen, und durch Maggie hatte sie Sandy, Lark und Slum und die anderen kennengelernt, hatte sich mit Politik, dann mit Drogen und dann mit Sex beschäftigt. Mit den Jahren hatte sich Bambi dramatisch verändert, ohne sich jemals wirklich zu ändern; sie schlief mit mehreren Männern gleichzeitig, ohne weniger romantisch zu sein, wurde radikal, ohne weniger naiv zu sein, ließ sich mit gewalttätigen Revolutionären ein – solchen, die Bomben bastelten –, ohne je einen einzigen Stoffhasen herzugeben. Sandy war aus Bambi Lassiter nie so recht schlau geworden.

Aber die Frau, zu der sie herangewachsen war, die jetzt im Schneidersitz und hochschwanger vor ihm saß und lächelte, schien mit sich selbst im Reinen zu sein. Sie sah älter aus, als er erwartet hatte; ihr Gesicht hatte eine Menge Falten und Runzeln, Sonnenfalten und Windfalten und Lachfalten, aber es war irgendwie ein gutes »alt«. Ihre Hände lagen mit den Handflächen nach oben auf ihren Knien, und Sandy konnte die Schwielen erkennen. Das Gewicht ihres Kindes stand ihr erheblich besser als das Gewicht der cremegefüllten Hostess-Törtchen, nach denen sie im College süchtig gewesen war (nicht Twinkies, nie Twinkies, nur die Schokotörtchen mit dem Schnörkel aus weißer Glasur und der Creme drin). Bambi wirkte ein bisschen verbraucht und erschöpft, aber auch lebendiger denn je. »Du siehst gut aus«, meinte Sandy.

»Danke«, sagte sie. »Ich fühle mich auch gut. Meine Seele ruht in sich, Sandy. Ich hab hier ein sehr gutes Leben gefunden.«

»Ich war ein bisschen überrascht, als Maggie mir erzählt

hat, wo du bist. Ich wusste nicht, dass es überhaupt noch Kommunen gibt.«

»Wir sind noch immer hier, wie du siehst«, sagte Bambi. »Stimmt, die meisten New-Age-Gemeinschaften, die damals in den Sechzigern gegründet wurden, sind verschwunden. Zu viele ihrer Mitglieder haben es mit dem alternativen Leben nie so recht ehrlich gemeint. Mit solchen Leuten klappt das natürlich nicht. Die Gemeinschaften, die übrig geblieben sind – wie Golden Vision eben –, bestehen aus Leuten, die sich wirklich für eine neue Lebensweise entschieden haben. Wir sind viel kleiner als vor zehn Jahren. Früher, bevor ich herkam, hatten sie hier dreißig erwachsene Mitglieder, soweit ich weiß. Jetzt sind wir nur noch acht plus die Kinder. Aber wir haben uns alle lieb, und Golden Vision ist jetzt sehr stabil. Für Kinder ist es ein wundervoller Ort.«

»Das sehe ich«, sagte Sandy und blickte auf Bambis Bauch. »Ist das dein erstes?«

Sie lächelte. »Mein zweites«, sagte sie. »Ich habe einen vier Jahre alten Sohn. Er heißt Jason. Er ist gerade raus, bevor du reingekommen bist.«

»Er hat mich fast umgerannt«, sagte Sandy. »Ganz schön energisch.«

»Und phantasievoll«, sagte Bambi. »Alle Kinder hier sind sehr kreativ. Wir haben kein Fernsehen, und auch Zeitungen müssen draußen bleiben. Die meisten Spielsachen für die Kleinen machen wir selbst. Kein Plastik. Nichts Gefährliches. Nichts Sexistisches. Und keine Spielzeugwaffen irgendwelcher Art.«

»Comics?«, fragte Sandy.

Bambi schüttelte den Kopf. »Gute Bücher«, sagte sie mit Nachdruck.

Sandy wurde nachdenklich. »Eine ganze Sippschaft von Kindern, die keine Ahnung haben, wer Spider-Man ist?«

»Kinder brauchen keine gewalttätigen Machtphantasien. Nicht wenn sie Liebe und Musik kennen, und die Natur. Wir haben eine gesunde, harmonische, gewaltlose Umgebung ohne jedes Konkurrenzdenken für sie geschaffen.«

»Was passiert, wenn sie eingeschult werden? Haben sie keine Schwierigkeiten, mit weniger behüteten Gleichaltrigen klarzukommen?«

»Wir geben ihnen zu Hause Privatunterricht«, sagte Bambi. »Jana hat einen Lehramtsabschluss, Herb einen Doktor in Philosophie. Das scheint dem Staat zu genügen, obwohl wir ein paar Reibereien gehabt haben. Aber wir kommen zurecht.«

»Hört sich an, als ob ihr hier fast alles habt«, sagte Sandy.

»Wir sind beinahe autark«, erklärte Bambi stolz. »Wir bauen rund die Hälfte unserer Nahrungsmittel selbst an, und zwar alles in Bio-Qualität. Kein Fleisch natürlich. Golden Vision ist strikt vegetarisch. Was wir nicht anbauen können, kaufen wir in der Stadt. Wir brauchen so wenig Geld, dass wir gut klarkommen. Jeder trägt dazu bei. Fern näht und stickt, und sie und Herb machen unsere Tees. Ray ist ein Tausendsassa. Alle möglichen Leute bringen ihm Sachen zum Reparieren hier rauf. Er und Mitch suchen sich auch Gelegenheitsjobs in der Stadt, Gartenarbeit und auf dem Bau und so. Jana fertigt Töpfe und kleine Keramikstatuen an, die wir an Touristen verkaufen. Lisa macht Aura-Balancing und gibt Massagen. Zu ihr kommen Leute von überall aus dem Bundesstaat. Ed stellt Armreifen und Halsketten und Ringe her. Er ist darin sehr gut.«

»Und du?«

»Ich backe fast alles hier und kümmere mich um die Kinder«, sagte Bambi. Plötzlich lächelte sie. »Ich bin auch Bienenzüchterin.«

»Bienen?« Sandy konnte es nicht glauben.

»Fünf Stöcke jetzt«, sagte Bambi. »Der beste Honig, den du je gegessen hast. Rein biologisch. Nicht erhitzt und nicht gepresst, voller Vitamine.«

»Du bist immer schreiend aus dem Zimmer gerannt, wenn eine Schabe in drei Meter Entfernung über die Wand gekrabbelt ist«, sagte Sandy.

»Na klar. Ich bin in einem kleinen Landhaus in River Forest aufgewachsen. Meine Mutter wurde hysterisch, wenn wir Insekten auf dem Rasen hatten, geschweige denn im Haus. Ich dachte, alle Insekten wären schmutzig und ekelhaft.« Sie lachte. »Hier in Golden Vision hab ich umgelernt. Wir sind der Natur sehr nah. Und Bienen und Ameisen und Spinnen und sogar Schaben sind Bestandteile der Harmonie, der Ökologie, genau wie wir. Ein Stück Obst ist kein bisschen weniger gut, nur weil ein paar Käfer einen Teil davon gefressen haben, weißt du. Ein Wurm in meinem Apfel ist mir lieber, als dass er völlig mit giftigen Pestiziden eingesprüht wird.«

»Ich kann auf beides verzichten«, sagte Sandy. Als Fern wieder hereinkam, blickte er auf. Sie trug eine Teekanne und drei handgemachte Becher aus Keramik auf einem großen Holztablett. Das ganze Teeservice war über und über mit Rosen bemalt. Auch einen Topf mit Honig hatte sie mitgebracht. »Das ist mein Tee und Bambis Honig«, sagte Fern, als sie das Tablett absetzte. »Falls du den Tee auch süßen willst. Aber eigentlich ist es gar nicht nötig.«

»Wir verwenden keinen raffinierten Zucker«, fügte Bambi hinzu. »Das ist Gift.«

»Im Allgemeinen verwende ich so was auch nicht«, sagte

Sandy. Er nahm Süßstoff, ein einigermaßen vergeblicher Versuch, auf seine Linie zu achten, aber das erwähnte er lieber nicht.

Der Tee war heiß und aromatisch; er duftete schwer nach Minze und Zimt und irgendeiner Blumenart. Wenn er fragte, würde Fern ihm ohne Zweifel sagen, was für eine Blume es genau war. Er fragte nicht. Er trank nur einen Schluck und lächelte. »Wirklich gut«, sagte er.

»Wir essen bald«, sagte Bambi. »Möchtest du so lange bleiben, Sandy? Heute Abend kocht Lisa. Sie ist eine großartige Köchin.«

»Klar«, sagte Sandy. »Danke. Ich weiß eure Gastfreundschaft zu schätzen. Hör mal, Bambi, du scheinst nicht besonders überrascht zu sein, dass ich hier einfach so auftauche.«

»Maggie hat mir eine Karte geschrieben und erwähnt, dass du nach meiner Adresse gefragt hast.«

Sandy grinste. »Maggie hat geschrieben? Ich bin sprachlos.«

»Sie meinte, du würdest vielleicht auch Lark besuchen. Wie geht's ihm?«

»L. Stephen Ellyn hat ein dickes Auto und ein großes Haus und ein sechsstelliges Gehalt und einen dreiteiligen Anzug – das hat er mir jedenfalls erzählt. Er hat auch den ganzen Alkohol, den man für Geld kriegen kann. Und er ist erwachsen geworden. Er ist so verdammt erwachsen geworden, dass er kurz davorsteht, sich in Walter Cronkite zu verwandeln.«

Fern betrachtete ihn über den Rand ihres Bechers hinweg, setzte ihn auf dem Tablett ab und sagte: »Du hörst dich furchtbar verbittert an, Sandy.«

»Fern ist sehr gut darin, Menschen in die Seele zu blicken«, sagte Bambi. »Aber ich fühle es auch. Bist du unglücklich? Ich rede die ganze Zeit von Golden Vision, und du hast noch gar nichts über dein Leben gesagt. Erzähl mir davon.«

Sandy sah sie an und biss sich auf die Lippen. Obwohl Bambi ihm gegenübersaß und praktisch das Einfühlungsvermögen von Mutter Erde verströmte, war sie beim besten Willen nicht Maggie, und er merkte, dass er kein großes Bedürfnis hatte, ihr sein Herz auszuschütten. Außerdem wusste er nicht einmal, was es in seinem Herzen auszuschütten gab. »Mir geht's gut«, sagte er. »Ich hab drei Romane veröffentlicht und arbeite an einem vierten. Ich besitze ein Haus in New York und lebe mit einer hübschen, cleveren Lady namens Sharon Burnside zusammen. Sie sieht sehr gut aus, sie ist gut im Bett, und sie macht mehr Geld als ich. Und meine Arbeit finde ich oberaffengeil.«

»Nein«, sagte Fern und berührte leicht seine Hand. »Ich kann den Schmerz in dir spüren, Sandy.«

»In den letzten paar Wochen bin ich mehr als dreitausend Kilometer gefahren«, erklärte Sandy. »Mein Rücken bringt mich um, in meinem Kopf summt es von der Straße, ich bin todkrank von den Cheeseburgern, seit Kansas City habe ich im Radio nichts als Country and Western reingekriegt, und meine Jockey-Unterhosen sind zu eng. Ja, ich habe Schmerzen. Die hättest du auch.«

Fern runzelte die Stirn. »Lisa könnte dir deine Aura ausbalancieren«, sagte sie. »Du bist so zu, so voller Spannungen und Widersprüche. Und ich kann etwas Dunkles an dir spüren, Sandy.«

»Diese Jockey-Unterhosen«, sagte Sandy. »Ich hab sie seit Chicago nicht mehr gewaschen.«

Fern stand auf. »Tut mir leid, wenn ich dich geärgert habe. Ich wollte nur helfen. Besser, ich lass dich mit Bambi allein.« Sie lächelte schicksalsergeben und ging hinaus.

Bambi musterte ihn prüfend. »Geh zu Lisa«, sagte sie.

»Mit meiner Aura ist alles in Ordnung«, fauchte Sandy. »Ich will nicht, dass sie ausbalanciert wird. Ich bin dran gewöhnt, dass sie ganz zerknittert und schief ist. Und Sharon auch. Sie liebt meine Aura. Wenn ich mit der Aura von jemand anderem nach Hause komme, erkennt sie mich nicht wieder und wirft mich wahrscheinlich auch aus dem Bett.«

Bambi schüttelte den Kopf. »Warum musst du dich über alles lustig machen?«

»Als ich noch klein war, hat meine Mutter gesagt, ich hätte einfach ein freches Mundwerk. Ich ziehe es vor zu glauben, dass ich umwerfend komisch bin.«

»Deine Witze sind eine Art von Aggression, Sandy. Das sollte dir inzwischen klar sein. Wenn du dich bedroht fühlst, schlägst du wild um dich, indem du deinen Humor auf alles richtest, was du nicht verstehst. Du spottest, statt etwas anzunehmen. Du umgibst dich mit einem Panzer und bildest dir ein, das wäre geistreicher Humor.«

Sandy starrte sie an. Auf einmal fühlte er sich sehr unbehaglich. »Da ist leider viel Wahres dran«, sagte er bedachtsam. Aber dann gewann die Gewohnheit die Oberhand, und er fügte hinzu: »Ich kann's nicht glauben – hier sitze ich in einem Tipi auf einem Berggipfel und lausche den Lebensweisheiten eines Gurus namens Bambi.«

»Siehst du, was ich meine?«, sagte sie, und sie lächelten beide. »Weißt du noch, wie wir uns kennengelernt haben?«, fragte sie.

»Im ersten Studienjahr? Nicht so recht.«

»Du bist im Studentenwohnheim vorbeigekommen, um Maggie abzuholen, und sie hat uns einander vorgestellt. Du hast angemerkt, dass Bambi ein etwas ungewöhnlicher Name sei, und mich gefragt, wie ich denn dazu käme. Also hab ich dir die Geschichte erzählt, wie meine Eltern im Kino waren und sich Walt Disneys *Bambi* anschauten. Meine Mutter war im achteinhalbten Monat, und plötzlich setzten die Wehen ein, und sie musste ganz schnell ins Krankenhaus. Ich fand, das war eine recht hübsche Geschichte. Du hast mich angestarrt, als wäre ich nicht ganz dicht, und mir dann erklärt, da hätte ich wirklich Glück gehabt. Ich bin voll drauf reingefallen und hab dich gefragt, warum, und du hast gesagt: ›Zum Teufel, sie hätten sich ja gerade *Dumbo* anschauen können!‹«

»Autsch«, sagte Sandy.

»Ja wirklich, autsch.«

»Na schön. Ich bekenne mich schuldig. Trotzdem, Bambi, du musst zugeben, es gibt Dinge, die verdienen es, dass man sie ein bisschen auf die Schippe nimmt.«

»Aura-Balancing?«

»Für den Anfang, ja«, meinte Sandy.

»Nein, Sandy«, sagte sie. »Du verstehst bloß nichts davon. Du willst dich nicht dafür öffnen, also wirst du's nie verstehen. Du nimmst es lieber auf die leichte Schulter und bestätigst dir noch mal dein pfiffiges und cleveres Image, statt dass du dich bemühst, etwas anzunehmen und daran zu glauben. Wenn du an etwas glaubst, könnten die Leute vielleicht denken, du wärst einfältig. Wenn du an etwas glaubst, denken sie womöglich, du wärst ein Dummkopf und nicht so intellektuell, wie du's vielleicht bist. Deshalb bist du so traurig und unglücklich.«

»Ich bin nicht traurig und unglücklich«, sagte Sandy genervt.

Bambi ignorierte ihn. »Dein Problem ist, dass du dein Leben vom Kopf her angehst. Du denkst über alles nach. Du denkst nach, wenn du fühlen solltest. Mach dich auf, schaff deinem Herzen und deinen Gefühlen und deinem Körper freie Bahn, dann bist du ein reicherer, glücklicherer Mensch, mehr im Einklang mit der Natur, mehr in Harmonie. Glaube. Vertraue. Akzeptiere.«

»Schalt den Computer ab, was?«, fragte Sandy. »Vertrau darauf, dass die Macht den Todesstern zerstört?«

Bambi sah ihn verblüfft an.

»*Star Wars*«, sagte Sandy. »Kennst du *Star Wars* nicht?«

Bambi schüttelte den Kopf. »Aber die Message stimmt. Computer sind ganz schlecht. Wir sollten nicht Maschinen für uns denken lassen. Solange du deine Gefühle verleugnest, wirst du's mit Depressionen, Ängsten und all so was zu tun haben. Ganz allein kann der Kopf die Wahrheit nicht finden.«

»Vielleicht nicht«, sagte Sandy, »aber er kann ganz sicher Falschheit finden. Der Gedanke, mit offenem Herzen und geschlossenen Augen durchs Leben zu stolpern, sagt mir nicht zu, Bambi.«

»Nur weil etwas fremd oder neu oder zu groß ist, als dass du es mit dem Verstand begreifen kannst, heißt das nicht, dass es falsch ist. Schau dir die Welt an, Sandy. Das hast du früher einmal getan. Die Leute leben in einer ekelhaften, künstlichen Gesellschaft, die den Tod anbetet, und überall gibt es Krieg und Umweltverschmutzung, Rassismus, Hunger und Gier. Und sie wurde mit dem Verstand errichtet, diese Welt, mit Technologie, mit materialistischem Denken und ohne jedes Gefühl für Menschlichkeit. Früher hast du diese Welt abgelehnt, Sandy, mit Recht, wie wir alle. Anders als Lark bist du nie imstande gewesen, sie wieder zu akzeptieren. Aber du hast auch nie wirklich eine neue Lebensweise für dich entdeckt … Du lehnst alles ab.«

»Zum Beispiel?«, sagte Sandy.

»Zum Beispiel die Bewegung. Du warst nie wirklich total engagiert, Sandy. Du warst immer kritisch. Die journalistischen Grundsätze des Establishments waren dir wichtiger, als dich für die Sache einzusetzen.«

»Stimmt«, sagte Sandy. »Mit anderen Worten, ich wollte nicht absichtlich die Tatsachen verdrehen oder Material frisieren, wenn ich eine Story geschrieben habe.«

»Wahrheit besteht aus mehr als nur Tatsachen. Das hast du nie begriffen.«

Sandy beugte sich stirnrunzelnd vor. »Quatsch. Ich habe meine politische Einstellung nie geändert. Ich hab die Bewegung nie abgelehnt. Aber die Bewegung war verdammt groß. Ich hab Teile davon abgelehnt, ja. Die Teile, die so schlimm geworden waren wie das, wogegen wir kämpften. Wir sollten für etwas stehen, und der famose Charlie Manson und die S. L. A. hatten nichts mit dem zu tun, wofür ich stand.«

»Du hast auch bewusstseinserweiternde Drogen abgelehnt.«

»He!«, protestierte Sandy. »Ich hab das Zeug probiert.«

»Du hast experimentiert. Zur Entspannung. Aber du hattest immer Angst vor allem, was deinem Ich neue Stufen der Wahrnehmung eröffnen könnte.«

»Ich hatte immer Angst vor allem, was mein Gehirn in gequirlten Magerquark verwandeln könnte, meinst du.«

»Neue Glaubenssysteme, Mystizismus, Meditation, Transzendenz …«

»Zwölf Jahre alte Gurus, importierter Aberglaube, Selbsttäuschung, Weltflucht, Schwachköpfe, die Slogans skandierten. Nein, danke.«

Bambi lächelte. »Siehst du, Sandy? Du hast dich nicht verändert. Dein Bewusstsein ist immer noch verschlossen und starr. Es ist dein Kopf, der das alles sagt, der deinen Gefühlen und deinem Körper Befehle erteilt. Dein Bewusstsein ist streng materialistisch, furchtsam und kritisch.«

»Meine Weisheitszähne waren immer zutiefst spirituell, aber ich hab sie mir ziehen lassen«, sagte Sandy.

Bambi Lassiter seufzte. »Ich sehe schon, dass du dich nie der Erleuchtung öffnen wirst. Immer wenn deine Schutzmechanismen zu versagen beginnen, geht es wieder mit den Witzen los.«

»Witze sind besser als bewusstloser, unkritischer Glaube.«

»Nein, Sandy. Ich hab dich gern, aber da bist du ganz und gar im Unrecht. Um glücklich zu sein, um erfüllt zu sein, musst du lernen zu glauben. Zu akzeptieren. Schau mich an.« Sie lächelte und schien Zufriedenheit auszustrahlen.

»Deine Antwort auf alles würde bei mir nie funktionieren.«

»Versuch es. Glaube. Schalt deinen Kopf ab und deinen Bauch an.«

Sandy schüttelte nachdrücklich den Kopf. »Gläubige machen mir Angst, Bambi. Sicher, sie sind glücklich. Aber sie sind auch gefährlich. Schau dir die Schwachköpfe von der Moral Majority an, die Hitlerjugend, diese armen Narren in Jonestown ... alles gute, glückliche Gläubige.«

Bambi lächelte immer noch. »Du bist hoffnungslos, Sandy.«

»Das kannst du glauben.«

»Jedenfalls hab ich dich lieb, und ich wünsche dir alles Gute.« Sie lächelte und ließ das Thema fallen. »Besuchst du auf diesem Trip sonst noch jemand?«

Er nickte. »Froggy ist draußen in L.A. Dahin fahr ich als Nächstes. Slum ist in Denver und lebt bei seinen Leuten. Da werd ich auf dem Rückweg nach Osten vorbeischauen.«

»Richte ihnen alles Liebe von mir aus«, sagte Bambi. »Warum machst du das eigentlich? Wir stehen alle schon lange nicht mehr miteinander in Berührung, wir gehen getrennte Wege. Warum jetzt das?«

»Schwer zu sagen«, erwiderte Sandy. »Vielleicht suche ich nach etwas. Vielleicht bin ich einfach neugierig. Und ... na ja, es hängt mit einer Story zusammen, an der ich gerade arbeite. Frag mich nicht, wie, aber so ist es. Tatsächlich könntest du mir bei der Story vielleicht mehr helfen als alle anderen.«

»Wie denn?«, fragte sie.

»Damals bist du ein gutes Stück weiter gegangen als der Rest von uns, wenn es darum ging, die Gesellschaft zu zerschlagen.«

»Ja«, sagte sie. »Vor langer Zeit. Ich hab schließlich gelernt, dass die Gesellschaft zu groß und zu monströs ist, um so leicht zusammenzubrechen, und dass du die Welt nicht mit Gewalt von der Gewalt befreien kannst.«

Sandy grinste. »Damals war das mein Spruch. Du und Lark, ihr habt gesagt, alle Macht käme aus den Gewehrläufen. Aber darum geht es jetzt nicht. Du hattest Verbindungen zu den Bombenwerfern. Zum Weathermen-Untergrund, der Black-Freedom-Miliz, der American Liberation Front, zu allen. Ich muss mit diesen Leuten reden. Mit denen, die übrig sind.«

»Schnee von gestern«, sagte Bambi.

»Gib mir einen Namen, einen Weg, da ranzukommen«, sagte Sandy. »Von da aus mach ich dann alleine weiter.«

Bambi zögerte. Dann, als sie gerade antworten wollte, wurden sie von einem lauten Scheppern unterbrochen. »Die Essensglocke«, sagte sie, stand gewandt und mit einem geheimnisvollen Lächeln auf und half Sandy hoch. Seine Beine waren eingeschlafen. »Lass mich darüber nachdenken. Vielleicht kann ich dir helfen.«

Das Essen wurde im großen Haupthaus aufgetragen, auf

einem langen, groben Holztisch, der mit handgefertigten Tellern und Platten bedeckt war. Jeder nahm an dem gemeinsamen Essen teil. Sandy wurde den anderen Erwachsenen und den Kindern der Gemeinschaft vorgestellt. Es waren insgesamt sechs Kinder, von einem zehnjährigen Jungen namens Free bis zu einem sechs Monate alten Säugling, den seine Mutter in einem Geschirr auf dem Rücken trug. Niemand gebrauchte Nachnamen. Als sie sich gesetzt hatten, fassten sich alle – Kinder wie Erwachsene – bei den Händen und bildeten einen riesengroßen Kreis um den Tisch, und jeder blickte schweigend und mit gesenktem Kopf einen langen Augenblick auf die Teller. Sandy schloss sich an und nahm die Hand von Bambi zu seiner Rechten und von einem schlanken, spitzbärtigen Mann namens Mitch zu seiner Linken. Er war so verlegen und kam sich so fehl am Platz vor wie jedes Mal beim Weihnachtsessen mit Sharons Eltern, wenn ihr Vater aufstand und über dem Truthahn ein endloses Tischgebet sprach. Bei diesem Essen gab es selbstverständlich keinen Truthahn. Es war streng vegetarisch; brauner Reis und riesige Platten mit frischem Gemüse, einiges davon gewürzt und mit Curry, mit einer dicken, leckeren hausgemachten Soße und heißem, frischgebackenem Brot. Sie spülten alles mit eisgekühlten Kräutertees und Rohmilch hinunter. Es schmeckte ganz vorzüglich, und die Goldenen Visionäre um den Tisch herum waren freundlich. Die Köchin, eine hochgewachsene, breitschultrige Frau namens Lisa mit dem Säugling auf dem Rücken, erklärte ihm stolz, in dem Essen, das er eben gelobt habe, seien »überhaupt keine Konservierungsstoffe oder was Chemisches«.

Sandy war mit einer Gabel voller Reis auf halbem Weg zum Mund, aber er hielt inne und starrte Lisa an. »Nichts Chemisches? Überhaupt nichts Chemisches?«

»Gar nichts«, sagte Lisa.

»Das sollte ich aufschreiben«, sagte Sandy. »Essen aus reiner Energie. Also, das könnte das Hungerproblem der Welt lösen.«

Bambi schüttelte den Kopf, Lisa verzog sich ein bisschen beleidigt in die Küche, und ein paar von den anderen sahen ihn eigenartig an. Danach war das Tischgespräch ein bisschen verkrampfter.

Sandy versuchte, die Stichelei wiedergutzumachen, indem er sich anbot, nach dem Essen beim Abwasch zu helfen. Sie nahmen ihn beim Wort, und so arbeitete er zu guter Letzt zusammen mit Fern in der Küche. Sie kratzten alles Übriggebliebene auf ihren Komposthaufen hinter dem Haus und wuschen dann das Geschirr mit ihrer eigenen selbst gemachten Seife. Sandy spülte, Fern trocknete ab, und er merkte sofort, dass die Seife eindeutig weniger mild war als Palmolive, doch diesmal hielt er klugerweise den Mund und ließ Fern freundlich über Literatur schwatzen. Sie stand total auf *Fremder in einer fremden Welt.*

Als er aus der Küche kam, saßen noch vier der Erwachsenen um den Tisch und unterhielten sich. Er schlenderte hinüber, um sich dazuzugesellen, aber einer von ihnen, der massige Schwarze mit dem Bart, der bei Sandys Ankunft kurz mit ihm gesprochen hatte, stand auf und fing ihn ab. »He, Mann«, sagte er und klopfte Sandy mit einer großen, rauen Hand auf die Schulter, »lass uns einen kleinen Spaziergang machen, okay?«

»Klar«, sagte Sandy unsicher. Der Schwarze führte ihn nach draußen. Die Sonne war kurz zuvor untergegangen, und eine kühle, lang anhaltende Abenddämmerung legte sich über die Berge. Es war sehr still und ruhig. Irgendwo unten an der

Straße hörte er die Kinder spielen; sie rannten und schrien, weit weg und leise.

»Ich heiße Ray«, sagte der Schwarze. Er ging langsam, die Hände in die Taschen geschoben. »Kapiert?«

»Äh, klar«, antwortete Sandy.

Sie schlurften über den Hof. Ray blieb dicht neben dem alten Jeep stehen, lehnte sich dagegen und verschränkte die Arme. »Bambi sagt, du willst mit jemand sprechen, der vielleicht ein paar Connections zum Untergrund hat.«

»Ja.« Sandy musterte Ray sorgfältig. »Du?«

»Ich sag nicht Ja, und ich sag nicht Nein. Bambi meint, dass man dir trauen kann, aber ich kenne dich nicht, also muss ich vorsichtig sein. Wie schon gesagt, ich heiße Ray. Aber vielleicht war das nicht immer mein Name. Das ist ein hübscher Platz. Mir gefällt's hier. Ich mag die Leute. Ich fänd's ganz und gar nicht gut, wenn irgendwas passiert und ich vielleicht hier wegmüsste. Verstehst du?«

Sandy nickte. »Mit welcher Gruppe stehst du in Verbindung?«

»Ich? Mit keiner. Wie gesagt, ich bin bloß Ray. Ray ist sauber, keine Akte, nichts. Niemand will was von Ray. Aber sagen wir einfach, ich hab einen ganz alten Freund, der in rund sechs Staaten gesucht wird und eine Zeit lang echt 'n heißes Thema war. Die Bullen waren ziemlich wild auf den Burschen. Und er war so ungefähr bei jeder Gruppe, deren Name dir nur in den Sinn kommen könnte, solange sie was machten. Der Bursche hielt nicht viel vom Reden. Er wollte Action. Kapiert? War 'n echt verrückter Kerl.«

»Na schön«, sagte Sandy. »Weißt du über den Mord an Lynch Bescheid?«

Dunkle Falten zerfurchten die breite Stirn unter dem zurückweichenden Haaransatz. »Wir kriegen keine Zeitungen, Mann. Die sind bloß voll von Lügen und Gewalt. Kommen schlechte Vibrations rüber.«

»Jamie Lynch war ein alter Promoter und Manager. Er hat die Nazgûl betreut, American Taco, die Fevre River Packet Company und einen Haufen andere. Letzten Monat hat ihm jemand das Herz rausgeschnitten.« Er gab Ray eine kurze Zusammenfassung der grausigen Einzelheiten des Mordes und erwähnte auch das Feuer im Gopher Hole.

»An die Nazgûl erinnere ich mich«, sagte Ray. »Für eine weiße Band waren sie gar nicht übel. Dieser Gopher John war ’n schweinegeiler Drummer.« Er runzelte die Stirn. »So, du glaubst also, dass der Untergrund diesen Motherfucker Lynch kaltgemacht hat?«

»Ich glaube gar nichts. Ich versuche es rauszufinden.«

Ray zupfte an seinem drahtigen schwarzen Bart. »Mein Freund hat meistens bei Leuten mitgemacht, die politische Ziele hatten, wenn du verstehst, was ich meine. Politiker kidnappen, Banken und andere Ausbeuter ausrauben. Das Ghetto bewaffnen. Hier kann ich nichts von irgend so ’nem Politscheiß erkennen.« Er machte ein finsteres Gesicht. »Ist vielleicht eher der Stil der Manson Family. Die Schweinchen kaltmachen. Aber warum Lynch?« Er zuckte die Achseln. »Ich glaub nicht, dass mein Freund was weiß, das dir helfen könnte, Mann. Tut mir leid.«

Sandy nickte. »War nur ’ne entfernte Möglichkeit. Eine Frage noch?«

»Schieß los.«

»Edan Morse«, sagte Sandy. »Sagt dir der Name irgendwas?«

Einen langen, stillen Moment stand Ray nur schweigend im Zwielicht, während Sandy ihn beobachtete und auf das vertraute Achselzucken und die negative Antwort wartete. Stattdessen wandte der große Mann sich um und sah Sandy an. »Ich hab 'ne Menge Mist gebaut, der mir jetzt leidtut«, sagte er. »Hier zu leben, hat mich verändert, weißt du. Ich hab mein Päckchen zu tragen, wie jeder. Aber eins hab ich nie getan, und zwar einen Bruder verpfiffen, auch keinen weißen. Bist du sicher, dass du damit nicht zu den Bullen rennst?«

Sandy sah ihn direkt an. Er spürte, wie ein seltsamer, elektrischer Eishauch sein Rückgrat hochkroch. Endlich war er auf etwas gestoßen, jedenfalls wenn er es richtig anpackte. »Kommt drauf an«, sagte er. »Ich will ehrlich zu dir sein, Ray. Ein Haufen unschuldiger Kids sind gestorben, als das Gopher Hole abbrannte. Jamie Lynch ist das Herz mit einem Messer rausgeschnitten worden. Wenn ich rausfinde, wer das getan hat, werde ich die Täter nicht schützen. Und wenn du dich so sehr verändert hast, wie du sagst, wirst du's auch nicht tun.«

Ray schaute gequält drein. »Fuck«, meinte er. »Vielleicht hast du recht, Mann. Kids, hm?«

»Teenager jedenfalls.«

»Ich werde bald ein Kind haben«, sagte Ray. »Ich bin der Vater von dem, das Bambi mit sich rumschleppt.« Seine Hand ballte sich zu einer großen Faust und schlug sehr langsam gegen die Seite des Jeeps, wieder und wieder, nachdenklich, sanft, bedächtig. »Mein Name bleibt raus?«

»Klar.«

Ray holte Luft. »Dann sollst du's haben, aber ohne Gewähr. Ist vielleicht nicht viel. Edan Morse ist sauber. Wie Ray. Er lebt an der Küste. Beverly Hills, glaub ich. Richtig großes Geld. Er hat's geerbt, als er so zwanzig rum war. Seine Eltern und seine große Schwester sind alle bei einem Brand umgekommen. Edan war nicht daheim. Komische Sache, dieser Brand. Aber sie haben nie was beweisen können. Edan glaubte an die Revolution. Bei dem war's nicht bloß das übliche Gerede, der wusste, wo's langging. Er gab Geld für die Sache. Den Panthern, dem SDS, dem Weathermen-Untergrund, hundert anderen Gruppen. Wenn du damals Kohle brauchtest, war Edan immer für dich da. Später war er einer der Jungs, die geholfen haben, die Alfies zu gründen.«

»Die American Liberation Front«, sagte Sandy nachdenklich. Die A. L. F. war eine radikale Splittergruppe der frühen Siebziger gewesen; sie hatte aus Leuten bestanden, denen die anderen Gruppierungen zu gemäßigt waren. Großstadt-Terrorismus und Attentate waren Spezialitäten der Alfies gewesen.

»Edan war bei den Alfies 'ne große Nummer. Nicht bloß wegen dem Geld. Er hat auch Sachen geplant, Befehle erteilt und Kanonen besorgt. Aber alles hinter den Kulissen, weißt du. Er hat nie Reden gehalten. Die Bullen wussten, dass Edan was damit zu tun hatte, aber sie konnten ihm nie was anhängen. Er war wirklich vorsichtig. Es ist kein Verbrechen, sein Geld zu verschenken, und das ist alles, was sie Edan je nachweisen konnten. Allerdings gibt es Sachen, die die Bullen nicht wissen.«

»Zum Beispiel?«

»Edan Morse ist sauber, wie gesagt. Und Ray ist sauber. Aber mein Freund, der ist nicht so sauber. Edan hatte auch 'n paar Freunde, wenn du verstehst, worauf ich hinauswill. Victor Von Doom. Maxwell Edison. Sylvester. Das waren alles richtig gute Freunde von Edan.«

Sandy erinnerte sich von früher her an all diese Namen, obwohl er sie seit Jahren nicht mehr gehört hatte. Maxwell Edison war der Name des Burschen, der die Verantwortung dafür übernommen hatte, als die Versammlung der Schulkommission in Ohio gesprengt worden war. Victor Von Doom, so hieß es, war der militärische Oberbefehlshaber der Alfies, derjenige, der all ihre Banküberfälle leitete. Und Sylvester … Sylvester hatte etwa sechs Jahre lang auf der Liste der zehn Meistgesuchten des FBI gestanden. Keiner von ihnen war je gefasst worden. Die Alfies gingen einfach ein und verschwanden, und sie mit ihnen. »Herrgott«, sagte Sandy.

Ray lächelte. »Zum Schluss haben die Alfies ihn aber rausgeworfen. Edan wurde ein wenig verschroben. Das war zumindest der Ausdruck, der in Umlauf gesetzt wurde.«

»Verschroben?«

»Ja. Verschroben. Die Alfies waren vielleicht Verrückte, aber sie waren praktische Verrückte. Sie glaubten, sie würden das System mit Kanonen und Bomben und solchem Mist kaputt kriegen. Aber Edan fing nach einer Weile an, komisch zu werden. Er geriet in einen Haufen okkulter Scheiße. Die Einzelheiten kenn ich nicht. Teufelsanbetung und solches Zeug. Magie. Das war selbst den Alfies entschieden zu viel. Also schmissen sie ihn raus, und er bildete seine eigene Gruppe. Kam aber nie zu was. Soweit ich weiß, ist Edan immer noch da draußen an der Küste, wohnt in seinem Haus und ist absolut sauber. Seine Freunde sind alle seit langer Zeit verschollen.«

»Tja, anscheinend ist er jetzt nicht mehr verschollen«, sagte Sandy. »Er will unbedingt ins Plattengeschäft. Will die Nazgûl wieder zusammenbringen.«

»Keine so schlechte Idee«, meinte Ray. »Sie haben bessere Musik gemacht als das, was man heute so im Radio hört, das ist mal sicher.«

»Danke für deine Hilfe«, sagte Sandy.

»Welche Hilfe? Lass bloß meinen Namen raus. Ich weiß von nichts. Ich lebe einfach ganz friedlich hier oben. Der biodynamische Ray, kapiert?« Er lächelte. »Aber du solltest lieber aufpassen. Ich würde mich jedenfalls sehr unwohl fühlen, wenn jemand wie Edan Morse sauer auf mich wäre.«

»Ich werde dran denken«, sagte Sandy. Er drehte sich um und ging wieder hinein, wo Bambi und einige der anderen um die Feuerstelle saßen. »Ich würde mal gern euer Telefon benutzen, wenn ich darf.«

»Tut mir leid«, sagte Fern. »Wir haben hier kein Telefon.«

Sandy fluchte. »Wo ist das nächste?«

»In der Stadt«, sagte Bambi. Sie stand auf und kam zu ihm herüber. »Du siehst aufgeregt aus, Sandy. Warum setzt du dich nicht und entspannst dich? Wir haben gutes Dope. Wir bauen es selber an. Du kannst heute Nacht gerne hierbleiben.«

»Nein, vielen Dank«, sagte Sandy. »Ich muss zu einem Telefon. Ich glaube, ich werde fahren.«

»Ich bring dich zu deinem Wagen«, sagte Bambi und nahm seine Hand. Sie gingen nach draußen zu Tagtraum. Ray war noch da; er saß im Jeep, die Hände hinter dem Kopf, und schaute zu den Sternen hinauf. Er sah ungeheuer zufrieden aus. Nach Jahren auf der Flucht, dachte Sandy, war das bestimmt schön.

Bambi musste seinen Gesichtsausdruck bemerkt haben. »Ray war ein gequälter, gehetzter Mensch, als er bei uns Zuflucht gesucht hat«, sagte sie leise. »Wir haben ihm einen besseren Weg gezeigt. Er hat hier Frieden gefunden. Du könntest es genauso machen, Sandy. Du brauchst kein Spielzeug wie diesen Wagen. Nur Liebe.«

Sandy seufzte. »Nein«, meinte er traurig. »Ich kann nicht. Ich will nicht abstreiten, dass du hier etwas Gutes hast. Für dich. Vielleicht für Ray. Aber nicht für mich. Du hast dir einen hübschen kleinen Zufluchtsort geschaffen, aber die Welt hast du abgeschrieben.«

»Das hier ist die Welt«, sagte Bambi. »Die wirkliche Welt. Wir haben zu essen und zu trinken, und wir haben einander, die Berge und Sterne, saubere Luft und Frieden. Unsere Welt ist heil.«

»Kann sein. Aber die Wirklichkeit ist das nicht. Die Berge und die Sterne sind schön. Aber da draußen ist eine Welt voller Umweltverschmutzung und Mord, voller Lärm und Neonlicht und Automobile. Und sie ist genauso real wie eure Welt. Mehr noch. Ihr seid nur acht, und sie sind Millionen. Ihr seid hier im Auge des Hurrikans und tut so, als gäbe es den Sturm nicht, aber trotzdem heult er da draußen.« Er zeigte die Bergstraße hinab. »Die Interstate ist nicht mal fünfzig Kilometer weit weg. Jetzt im Moment ist sie voll von Sattelschleppern. Voller Tanklaster und Kohlenmonoxid. Gleich bei der Auffahrt sind eine Chevron-Tankstelle und ein Imbiss, wo es die schmierigsten Cheeseburger gibt, die die Welt jemals gesehen hat. Und das ist real, Bambi. Es ist real.«

Sie hob den Kopf. »Nicht für uns«, erwiderte sie. »Wenn im Wald ein Baum umfällt und keiner da ist, der es hört, gibt es dann ein Geräusch?« Ihre Hand ruhte auf der Rundung ihres Bauches. Ins Licht der Sterne gehüllt, sah sie asketisch aus, würdevoll und unendlich ernst. Sandy lächelte ihr zu und wandte sich ab, zu Tagtraum. Er öffnete die Tür, stieg ein und schaltete die Zündung ein, bevor er das Fenster herunterließ.

»Du träumst die richtigen Träume, Bambi«, sagte er zu ihr, »und du bist stärker, als ich je geglaubt hätte. Aber ich hab meine Aktien in der Welt. Sie ist zu groß für dich.«

»Nichts ist zu groß für den menschlichen Geist«, sagte Bambi. »Es war schön, dich zu sehen, Sandy. Nimm meine Liebe mit dir, und fahre sicher in Licht und Freude.«

»Ich werd's versuchen«, sagte Sandy. »Und du tu mir einen Gefallen, okay?«

»Was?« Sie sah ihn feierlich an.

Sandy zeigte mit einem Finger auf sie und grinste. »Nenn das Kleine nicht Klopfer.«

Einen Moment lang starrte Bambi ihn entsetzt an. Dann verzogen sich ihre Lippen zu einem Lächeln. Und sie begann zu beben. Ihre Augen funkelten. Sie versuchte es zurückzuhalten, kämpfte, verlor und ergab sich in ein plötzliches, schallendes Gelächter. Dann kam sie einen Schritt näher und ballte die Hand zur Faust. »Sandy Blair!«, kicherte sie. »Du bist absolut schrecklich. Du bist unmöglich! Du bist geschmacklos!«

»Ich hab nie was anderes behauptet«, sagte Sandy. Er winkte zum Abschied, legte den Gang ein, und als der Wagen ins Rollen kam, ließ er die Scheinwerfer aufflammen. Sie bohrten sich in die Dunkelheit, und Sandy begann vorsichtig, die Bergstraße hinabzukurven, ein breites Lächeln auf dem Gesicht.

Direkt hinter der ersten Biegung der Straße hörte er die Stimmen der Kinder und wurde langsamer, um sie passieren zu lassen. Zwei von ihnen kamen vorbei und winkten, und dann, etliche Schritte hinter ihnen, noch zwei. Das zweite Paar winkte nicht. Sie waren mit einem Spiel beschäftigt. Als Sandy Tagtraum um eine Kurve steuerte, zeichneten sie sich einen Moment lang deutlich im Licht der Scheinwerfer ab, und ihre Stimmen drangen durch das offene Fenster. Bambis Sohn Jason hatte einen Stock in der Hand. Er deutete damit auf Free, den Zehnjährigen, und rief: »Peng, peng!« Aber Free schleppte sich weiter, die Arme vor sich ausgestreckt. »Du bist tot!«, jammerte Jason. »Kugeln können dem Hulk nichts anhaben!«, erwiderte Free, als er den Jüngeren packte.

Sandy blickte rasch über die Schulter zurück, als er an ihnen vorbeifuhr, und lachte laut heraus. Aber das Lachen erstarb ihm in der Kehle, und ganz plötzlich war er sehr traurig und müde. Es würde ihm keine Freude bereiten, seine Wette mit Bambi zu gewinnen. Die Welt würde die Kommune zerbrechen.

Er tastete umher, fand eine Kassette, ließ sie ins Tapedeck gleiten und raste dann weiter durch die Nacht, zu einem Telefon und Davie Parker, während Bob Dylan ihm erzählte, dass die Zeiten sich änderten. Und das Schreckliche daran war, dass Bob Dylan recht hatte.

11

»Und?«, fragte Froggy, als Sandy geendet hatte. »Was hat Deputy Parker gesagt?«

»Er sagte, er hätte darauf gewartet, von mir zu hören. Er hätte sich mit dem FBI in Verbindung gesetzt. Sie haben eine Akte über Morse, die eine Handbreit dick ist und das meiste von dem bestätigt, was meine Quelle mir erzählt hat. Oh, sie haben natürlich keine Beweise, sonst säße Morse schon längst hinter Gittern. Aber sie haben eine Unmenge Vermutungen. Über den Brand, der ihn zum Alleinerben seines Familienvermögens gemacht hat. Über die Alfies. Über Sylvester. Aber nie etwas, womit sie vor Gericht gehen konnten, und da Morse und die Alfies sich lange, lange Zeit nicht gerührt haben, haben die Bundesbehörden die Dinge einfach schleifen lassen.«

»Und jetzt?«, fragte Froggy. Sie saßen in einer Sushibar in Santa Monica auf hohen Hockern und spülten Oktopus und rohen Fisch mit reichlichen Mengen von grünem Tee hinunter.

»Parker ist richtig aus dem Häuschen. Er versucht, den Sheriff dazu zu bringen, den Fall wiederaufzunehmen. Bis jetzt hat er noch nicht viel Glück gehabt. Einstweilen hat er mich gewarnt, dass ich mich raushalten sollte, jetzt, wo es ernst werden könnte. Vor allem soll ich mich von Edan Morse fernhalten, hat er gesagt.«

»Und wirst du?«

Sandy schluckte einen Bissen Oktopus hinunter und lächelte.

»Teufel, nein. Morse hat jetzt ein Strandhaus in Malibu. Nicht eingetragene Telefonnummer. Hat mich drei Tage gekostet, ihn aufzuspüren, aber gestern hab ich versucht, ihm einen Besuch abzustatten. Eine Frau war an der Tür und hat gesagt, er wäre nicht zu Hause. Ich hab meine Karte und die Nummer meines Hotels dagelassen. Ich kann warten. Scheiße, ich bin zu viele Kilometer gefahren, um jetzt die Sachen zu packen und nach Hause zu verschwinden. Ich will wissen, wie das alles zusammenpasst.«

Froggy grinste. Er hatte ein breites, flaches Gesicht und dicke Wangen, aber wenn er grinste, schienen seine Mundwinkel fast die Ohrläppchen zu berühren, und alles unterhalb seiner Nase wurde zu Zähnen. »Hört sich nach einer guten Story an«, sagte er. »Jared wird sich in die Hosen machen, wenn sie woanders erscheint.«

»Der Gedanke ist mir auch schon gekommen«, sagte Sandy. Zur Abwechslung war er guter Laune. Sein Gespräch mit Ray war der Durchbruch gewesen, den er gebraucht hatte; jetzt war er sicher, dass er auf etwas gestoßen war. Außerdem freute er sich, Froggy wiederzusehen.

Harold »Froggy« Cohen war an der Northwestern zwei Jahre lang Sandys Zimmergenosse und noch Jahre danach sein Freund gewesen. Sie hatten sich fast von Anfang an gut leiden können. Froggy war ein kleiner, linkischer Bursche gewesen, mit Rettungsring um die Hüften, dicken Brillengläsern, Schuppen im strubbeligen braunen Haar und den dichtesten Augenbrauen, die Sandy je gesehen hatte. Andererseits hatten sie eine Menge gemeinsam. Harold Cohen kam aus der Bronx und Sandy aus New Jersey, sodass sie beide am College Exilanten aus dem Osten waren. Beiden schmeckte Pizza nach New Yorker Art und Schaefer Bier. Beide verabscheuten sie die

Yankees, eine Einstellung, die, wie Froggy zugab, ihm während seiner Kindheit in der Bronx mehr als einmal Prügel eingetragen hatte. Sie mochten meistens dieselbe Musik, lasen meistens dieselben Bücher, radikalisierten sich weitgehend im selben Tempo und hörten mehr oder weniger am gleichen Punkt damit auf.

Aber das wirkliche Band war *Andy's Gang*, eine Fernsehshow, die sie beide als Kinder mit großer Inbrunst geschaut hatten. Moderiert von Andy Devine und gesponsert von Buster Brown Shoes, hatte die Show die Abenteuer des Elefantenjungen Ghanga geschildert und jede Woche Konzerte von der Katze Midnight und der Maus Squeaky gebracht. Midnight sägte auf der Violine, während Squeaky Kunststücke aufführte; Sandy hatte lange gebraucht, um spitzzukriegen, dass sie keine echten, lebendigen Tiere waren. Aber das war bloß das Rahmenprogramm. Der wirkliche Star der Show war Froggy der Gremlin. Jede Woche aufs Neue sagte Andy Devine: »Zupf deinen magischen Twänger, Froggy«, dann stieg dieses Rauchwölkchen auf, und mittendrin erschien diese ungeheuerlich aussehende Froschpuppe aus Gummi, die einen Abendanzug mit gestreifter Weste und Fliege trug. »Heya, Kids, heya, heya, heya«, krächzte sie mit der tiefsten, gemeinsten, froschigsten Stimme, die man sich nur vorstellen konnte, während sie von einer Seite auf die andere wackelte und teuflisch grinste. Und Andy erzählte Froggy vom Gast der Woche, sei es Jim Nasium, der Turnübungen vormachte, Chef Pasta Fazool mit einer Kochlektion oder wer auch immer, und er bat Froggy zu versprechen, brav zu sein, und Froggy versprach es feierlich, während die Kinder vor Freude glucksten. Und dann trat Papa Fazool auf und fing an, den Kindern zu zeigen, wie man Spaghetti machte. Hinter ihm krächzte Froggy: »Und dann schmierst du sie dir ins Haar, jawoll, jawoll«, mit dieser tiefen, gemeinen Stimme, und tatsächlich, der Chef tat genau das. Alle Gäste ließen sich gleichermaßen beeinflussen, sofern es kein Gremlin-Zauber war. Alle Gäste wurden auch vom selben Schauspieler gespielt, aber als Kind bekam Sandy das ebenso wenig mit. Jede Woche endete es in einem Desaster, und Andy Devine kam wieder herausgestürzt, um Froggy zu verprügeln, aber zum Entzücken der Kinder verschwand der Missetäter jedes Mal in einem Rauchwölkchen. Und in der Woche darauf kam er wieder zurück und versprach, brav zu sein.

Froggy der Gremlin war Harold Cohens Held. »Mein Rollenmodell«, sagte Froggy Cohen, als der Ausdruck Rollenmodell in Mode gekommen war, »der Ur-Anarchist.« Die allererste Ausgabe des schäbig aussehenden, reißerischen, aber aufregend lebendigen Hedgehog hatte eine bösartige, hässliche Phantasiegeschichte von Cohen enthalten, die kurz und prägnant den Vietnamkrieg erklärte; Froggy der Gremlin hatte Nixon im Weißen Haus besucht. »Und dann wirfst du Napalm auf ihre Babys, jawoll, jawoll«, gluckste Froggy, und Nixon tat genau das. Nixon und Jim Nasium hatten viel miteinander gemein, wie Froggy aufzeigte. Nach diesem sensationellen Debüt hatte Cohen auch weiterhin eine Kolumne für sie geschrieben, die *Amerikanische Geschichte* hieß. Die Sachen, die die alte Mrs. Plappermaul einem in der dritten Klasse nicht erzählte.

Aber der Höhepunkt seiner Karriere war jener Auftritt gewesen, als er einen Anwerber für Dow Chemical zu einer öffentlichen Diskussion herausforderte. In jenem Jahr war Froggy Präsident des SDS auf dem Campus. Der arme Kerl sagte zu und saß in seinem grauen Anzug, dem weißen Hemd und der blauen Krawatte am einen Ende eines langen Tisches, als am anderen Ende eine Rauchbombe losging und Harold Cohen mit Smoking und Fliege und grün angemaltem Gesicht daraus auftauchte. »Heya, Kids, heya, heya, heya«, krächzte er böse, und das Publikum brüllte wie ein Mann »Heya, Froggy!« zurück. Der Dow-Mann war schließlich, der Lächerlichkeit preisgegeben, von der Bühne gejagt worden. Das war ein zündendes Stück Guerilla-Theater gewesen.

Zudem war Froggy das geilste menschliche Wesen, das Sandy je gekannt hatte. Trotz seiner Schuppen, seines Bauches und seiner gelben Zähne war er auch in dieser Hinsicht erstaunlich erfolgreich gewesen. Sandy, Lark und Slum hatten alle gewaltigen Respekt vor ihm gehabt; Froggy hatte im ersten Collegejahr mehr Frauen ins Bett gekriegt als sie alle drei zusammen in den ganzen vier Collegejahren. Froggys Geheimnis war das völlige Fehlen jeglichen Schamgefühls. Er machte sich einfach an ein Mädchen heran, dem er eben erst begegnet war, grinste von einem Ohr zum anderen und sagte: »He, woll'n wir ficken?« Sandy hatte Froggy einmal beschuldigt, nur radikal geworden zu sein, weil die Frauen in der Bewegung tendenziell leichter zu haben waren. Froggy hatte ihn angegrinst und gesagt: »Zum Teufel, Sandy, irgendjemand muss meinen magischen Twänger zupfen!«

Sandy war noch lange mit Froggy in Kontakt geblieben, nachdem sie getrennte Wege gegangen waren – Sandy, um in New York als Redakteur und Autor für den *Hog* zu arbeiten, und Froggy, um in Kalifornien zu lehren. Lange nachdem Sandy Bambi und Lark aus den Augen verloren hatte, schrieben er und Froggy sich immer noch, telefonierten miteinander und besuchten sich sogar, aber das hörte schließlich auf, als Froggy das zweite Mal heiratete (in seinem vorletzten Collegejahr hatte er eine katastrophale, zwei Monate dauernde Ehe mit einem Mädchen aus der letzten Klasse der Highschool geführt, die er bei einer Kundgebung kennengelernt hatte und immer noch so beschrieb: »Das Gesicht eines Engels, die Geduld einer Heiligen, die tollsten Titten der Welt und das Hirn von Squeaky der Maus.«), eine alte Vettel, die sämtliche alten Freunde Froggys hasste.

Glücklicherweise war das alles Vergangenheit. Das Erste, was Froggy gesagt hatte, als Sandy anrief, war: »He, mach dir keine Sorgen wegen Liz. Die ist längst raus aus meiner Wohnung, wenn auch noch nicht ganz runter von meinem Gehaltsscheck.«

»Also bist du jetzt wieder Single«, hatte Sandy gesagt.

»Nix. Verheiratet.«

»Oh-oh«, sagte Sandy. »Nummer drei?«

»Nummer vier. Mit Nummer drei und mir ist es zwei Jahre lang super gelaufen, bis sie mit ihrem Karatelehrer durchgebrannt ist. Aber Nummer vier ist toll. Warte, bis du sie kennenlernst. Sie sieht genauso aus wie Andy Devine. Es war Liebe auf den ersten Blick.«

Sandy lachte. »Schön«, sagte er. »Wollen wir zusammen essen gehen?« Und so waren sie zu ihrem Treffen in der Sushibar gekommen. Froggy hatte sich nicht sehr verändert. Seine Wangen schienen ein bisschen dicker zu sein als früher, sein Bauch ein bisschen ausgeprägter, sein Haar ein bisschen dünner. Aber seine Zähne waren genauso gelb, und sein Grinsen war genauso breit, und es dauerte nicht lange, bis Sandy sich dabei ertappte, wie er die ganze Geschichte seiner Odyssee kreuz und quer durchs Land ausbreitete.

Als sie mit dem Essen fertig waren, schlug Froggy einen Spaziergang vor. »Es sind nur ein paar Blocks bis zum Strand«, sagte er. »Ich hab heute keinen Unterricht. Ich lehre Montag-

Mittwoch-Freitag und hab am Dienstag Sprechstunde, aber es kommt nie jemand, um mich zu sprechen, also wird man mich nicht vermissen.« Sandy stimmte bereitwillig zu, und ein paar Minuten später schlenderten sie bereits im Park am Meer entlang und stiegen die Felstreppen zum Strand hinab. Von See her wehte ein frischer Wind, und in der Luft lag, obwohl es nach New Yorker Maßstäben immer noch warm war, eine frühe Novemberkälte. Der Strand war verlassen. Sie gingen gemächlich am Rand des Wassers entlang, Richtung Vergnügungspier, unterhielten sich und nahmen spielerisch Reißaus vor den heranrollenden Wellen. Sandy merkte, dass er den größten Teil der Unterhaltung bestritt, um Froggys endlose Neugier zu befriedigen. Er begann bei Maggie, Lark und Bambi und landete schließlich bei sich selbst, seinem Leben, seinen Büchern, seinem Haus, seinen Träumen, seinen Fehlern. Am Anfang machte Froggy noch witzige Zwischenbemerkungen, aber bald wurde er ernst. Schließlich setzten sie sich ein paar Schritte vom Wasser entfernt hin. Während Sandy redete, ließ er immer wieder eine Handvoll kalten, trockenen Sandes durch seine Finger rinnen, und Froggy hatte die Arme um die Knie geschlungen und schaute durch seine dicken Brillengläser. »Für eine Truppe, die einander jahrelang so dicht auf der Pelle gehockt ist, haben wir uns ziemlich weit voneinander entfernt«, sagte Sandy, »aber ich bin nicht sicher, ob irgendeiner von uns wirklich eine Antwort gefunden hat. Mich eingeschlossen.«

Froggy pustete durch die Lippen und machte ein unflätiges Geräusch. »He, denk ja nicht, dass wir einzigartig sind, Sandy. Wir sind bloß Bestandteil eines so-zie-oh-logischen Phänomens. Hier spricht jetzt Professor Doktor Harold M. Cohen zu Ihnen, also hören Sie zu. Du und ich und Lark und Bambi und all die anderen, wir verschwenden vielleicht gründlich unsere Zeit, aber dabei schreiben wir Geschichte, Sander, mein Junge. Wenn wir mal endgültig tot sind, wird unsere Generation ein tolles Studienobjekt abgeben. Sperr die Ohren auf und lausche meinen weisen Worten.« Er räusperte sich. »Historisch betrachtet, sehe ich vier hauptsächliche Ursachen, die hier am Werk sind. Nummer eins. Schau dir die Zeit an, in der wir aufgewachsen sind. Das Amerika der Nachkriegszeit, die späten Vierziger und frühen Fünfziger. Eine Zeit des Aufschwungs, Sandy, eine der größten und fruchtbarsten in der amerikanischen Geschichte. Frieden und Wohlstand, überall rasanter Fortschritt, alles wird täglich größer und besser. Uns waren keine Grenzen gesetzt. Wir waren die Generation, die alles wollte, die alles erwartete. Die gierigsten Kinder der Geschichte, könnte man sagen. Aber auch die idealistischsten.

Nummer zwei. Wir waren die erste Generation, die das Fernsehen wie die Muttermilch in sich aufsaugte. Wir sind mit *Vater ist der Beste*, tanzenden Zigaretten, den Nachrichten und, Gott steh uns bei« – er rollte die Augen – »mit Froggy dem Gremlin groß geworden. Von der Wiege an sind wir in eine Flut von Informationen getaucht und allem unter der Sonne ausgesetzt worden. Na, und je mehr Informationen man bekommt, desto mehr Widersprüche sieht man, richtig? Schon im alten Süden wusste Massa, dass Bücherlesen war nix gut für Neger, und er hatte recht. Die Welt, die wir in der Glotze gesehen haben, stand nicht immer in Einklang mit dem, was Mama und Papa und die Lehrer uns erzählt haben, und Vietnam machte das mit Nachdruck klar. Kreuz dieses kleine Diktum mit unserem Idealismus, unseren hohen Erwartungen, und das, was man so äußerst drollig den Aufruhr der Sechziger nennt, wird unvermeidlich.

Drittens, und vielleicht das Wichtigste: der Umfang unserer Generation. Wir wollten die Welt verändern, weil eins und eins gleich zwei ist, und die alten Leute lächelten und schüttelten den Kopf und sagten, das wäre bei jeder Generation dasselbe, und wir würden da genauso rauswachsen wie sie. Wir beharrten darauf, dass es bei uns anders sein würde. Diesmal würde es wirklich geschehen. Aber die Ironie ist, dass wir recht hatten – wir waren wirklich anders als alle Generationen, die sich vor uns aufgemacht hatten, weil wir so verdammt viele waren. Wir sind die Babyboomer, der größte, haarigste Haufen, den man je eingeladen hatte, in die Party des Lebens reinzuplatzen. Unser ganzes Leben lang war die amerikanische Gesellschaft damit beschäftigt, sich in unserer Gestalt neu zu erschaffen. Die Vorstädte wurden gebaut, um uns zu beherbergen. Spielzeug, Windeln und Babynahrung hatten ihre große Zeit, als wir sie benutzten. Die Medien sind uns auf Schritt und Tritt in unseren süßen, rosigen Arsch gekrochen. Als wir jung waren, war es schick, jung zu sein. Als wir mit dem Ficken anfingen, konnte man auf einmal in Büchern ›ficken‹ sagen und in Filmen Titten zeigen. Warte, bis wir alt und grau sind, dann wirst du im Fernsehen so viele Unterhaltungssendungen mit alten Leuten sehen, dass du schon vom Zuschauen Leberflecken auf den Augen kriegst. Kein Wunder, dass wir dachten, wir hätten die Macht. Wir hatten die Welt schon die ganze Zeit über verändert.

Natürlich hat unsere Anzahl uns auch einiges schwerer gemacht. Schau dir all die jungen leitenden Angestellten an, die um dieselben Beförderungen konkurrieren. Schau dir das Meer von hoffnungsvollen jungen Schriftstellern, Künstlern und Filmemachern an, die heißhungrigen Horden von Bühnenautoren, die wimmelnden Massen von jungen Politikern, die darauf brennen, Reden zu halten! Keiner will Fußböden putzen oder die Toiletten reinigen oder Diktate aufnehmen, wir sind alle dazu erzogen worden, nicht so dumm zu sein, aber wir sind so viele, dass die meisten irgendwo in der Falle sitzen, wo es ihnen nicht gefällt. Da ist Maggie, die sich überflüssig, nutzlos und alt vorkommt und den Tag bereut, an dem sie von der Hochschule abgegangen ist und mit Drogen angefangen hat. Lark, der verzweifelt ein Spiel um Geld spielt, an das er eigentlich nicht glauben kann. Bambi, die die Regeln neu definiert, damit sie als Gewinnerin daraus hervorgeht. Und Sandy, der sich über seinen untergeordneten Rang in der Weltliteratur grämt.«

Froggy hatte sichtlich seinen Spaß; er kam mit jedem Wort mehr in Fahrt, und als er fertig war, sprang er auf die Füße und machte eine kleine, aber pompöse Verbeugung. Dann hielt er inne, um Sand vom Hosenboden seiner sackartig herabhängenden braunen Cordhose zu wischen. »Schreib das in deiner Story«, sagte er.

»Du hast gesagt, es gäbe vier Ursachen«, wandte Sandy ein. »Du hast nur drei genannt.«

»Ich hab gelogen«, sagte Froggy. »Es war ein Trick, um zu sehen, ob du aufgepasst hast. Hey, bei den Kids mach ich das immer so.«

Sandy lächelte und stand auf. »Sie finden dich bestimmt klasse«, sagte er. »Und hassen dich gleichzeitig.«

»Steht ungefähr fünfzig-fünfzig«, bekannte Froggy, »aber der Trend macht mich alt, Sander, mein Junge.«

»Wirklich?« Sandy war überrascht. »Das kann ich mir nicht vorstellen. Du hältst bestimmt umwerfende Vorlesungen. Und dir liegt was dran.«

»An den falschen Sachen«, sagte Froggy Cohen. »Mir liegt

was an all den falschen Sachen. He, Sandy, nur weil ich wortreich Reden über die Wirkmächte der Geschichte schwingen kann, von denen die bekifften Kinder des Wassermanns desillusioniert und verletzt worden sind, heißt das nicht, dass ich gegen den Prozess immun bin. Ich bin auch aus dem Tritt geraten.« Er machte ein klägliches Gesicht, und seine breiten, gummiartigen Züge nahmen einen Ausdruck komischer Bestürzung an. »Ich besteige mein Podium, bewaffnet mit Witz und Weisheit und gewaltigen Vorräten an geheimem und verborgenem Wissen, und ich breite meine Arme aus und rufe: Hört mir zu, all ihr Söhne und Töchter der Autohändler von Orange County! Hört mir zu, und ich werde euch zur Wahrheit führen! Und die Hälfte von ihnen starrt mich an, als wäre ich nicht ganz dicht. Die andere Hälfte, Gott steh uns bei, schreibt mit.« Er klopfte Sandy auf die Schulter. »Na komm, Sander, gehen wir zum Pier. Ich kauf dir 'n frittiertes Würstchen oder ein Eis, und wir können Karussell fahren. Sie haben jetzt Apartments drübergebaut, weißt du. Ich wollte mal eins mieten, als ich gerade aus Oakland runtergezogen war, aber Nummer drei wollte nichts davon hören. Die Frau hatte keine Poesie in ihrer Seele, sag ich dir. Stell dir vor, du wachst zum Klang der Dampfpfeifenorgel auf und schläfst damit ein, und wann immer du willst, schaust du runter und siehst den Leuten zu, wie sie auf ihren hübsch bemalten Pferden im Kreis fahren. Immer rundherum, genau wie wir.«

»Das hast du aus einem Joni-Mitchell-Song«, sagte Sandy.

»Ertappt«, gab Froggy zu. »Ich weiß, ich weiß, man merkt mir mein Alter an. Heutzutage kann man nicht rumlaufen und Joni Mitchell zitieren. Außerdem offenbart man damit seine schäbigen bourgeoisen Neigungen, wie Lark sagen würde. Ich müsste Yeats zitieren. Yeats ist zeitlos und würde mir

Glaubwürdigkeit als echter Intellektueller verleihen.« Er stieß ein böses Gremlin-Lachen aus, fasste Sandy am Ellbogen und führte ihn den Strand entlang. »Ich will dir mal von dieser Fakultätsparty an meinem letzten College erzählen. Da war diese Traumfrau, dieser Engel, diese wollüstig feuchte Person des anderen Geschlechts, dieses hübsche blonde Surfer-Girl, und obendrein auch noch wissenschaftliche Assistentin in Geschichte. Ach, Sandy, du hättest da sein sollen! Mein magischer Twänger wurde rasend, aber da stand ich, beiseitegedrängt von einem Mann namens Fowler Harrison. Es war äußerst unfair, weißt du. Er war groß und sah teuflisch gut aus, mit grauen Schläfen und einer Pfeife, und er war ein richtiger Professor. Und er hieß Fowler! Und weißt du, was er machte? Er hielt die hübsche Julia in seinem Bann, indem er Yeats zitierte! Ein Gedicht nach dem anderen. So viel Yeats kann das menschliche Hirn gar nicht behalten, außer wenn es im Schädel eines Englischprofessors namens Fowler steckt. Und was für eine prachtvolle Stimme er hatte! Sie starrte ihn an wie eine Kobra, die von einem großen grauen Mungo in Bann geschlagen war, was sollte ich also tun?« Er sah herüber und blinzelte. »Nun, ich gesellte mich zu ihnen und hörte respektvoll zu, und als Fowler schließlich eine Pause machte, tat ich ganz begeistert und fragte ihn, wie er bloß so viel behalten könne. Und Fowler strahlte auf mich herab und sagte, wenn er etwas Schönes höre, könne er es nie mehr vergessen. ›Das ist komisch‹, sag ich zu ihm, ›ich kann's nicht mehr vergessen, wenn ich was Scheußliches höre. Zum Beispiel verbringe ich jeden Tag meines Lebens mit dem verflixten Titelsong der *Patty Duke Show*, der mir im Kopf rumtanzt.‹ Und ich fing an, ihn zu singen, und ich fress 'nen Besen, wenn die Traumfrau nicht ein breites Lächeln aufsetzte, laut loslachte und mit einstimmte. Fowler wurde grün, und Sherry und ich – nein, es war Brandy, glaub ich, oder Gin, irgend so was – na ja, jedenfalls gingen wir zu *Dobie Gillis* und den *Beverly Hillbillies* über und dann ins Bett.«

»Zupf deinen magischen Twänger, Froggy«, sagte Sandy.

»Sie sind alle so jung, Sandy, und unter ihren Pullovern wölbt es sich so wunderbar, und ich warte dauernd darauf, dass meine Schläfen grau werden, damit sie sich in mich verlieben, aber stattdessen fallen mir die Haare aus.« Er presste die Lippen aufeinander und stieß wieder dieses feuchte, alberne Geräusch aus, spöttisch und wegwerfend. »Nun, das war, als ich noch ein grüner Junge war. Nie wieder! Ich hab mir den Namen von Nummer vier auf meinen magischen Twänger tätowiert und allen anderen entsagt.« Sie traten in den Schatten des Piers und stiegen aus dem Sand zur Strandpromenade hinauf. Froggy ging voran.

Oben fanden sie einen offenen Stand und kauften zwei Eiscreme-Sandwiches, die wie Pappe mit Schokoladenaroma schmeckten. Sie streiften das Papier halb zurück und gingen bis zum Ende des Piers, über dem Wasser. »Wie geht's dir mit dem Unterrichten?«, fragte Sandy. »Mal ehrlich.«

Froggy blickte ihn durch die dicken Gläser an. Seine Augen wirkten verschmitzt und leicht belustigt, und er hatte einen weißen Eiscreme-Schnurrbart auf der Oberlippe. »Ernsthaft?«, fragte er.

»Ernsthaft«, sagte Sandy.

Froggy seufzte. »Ich liebe das Unterrichten«, sagte er. »Es ist mein Leben. Ich liebe Geschichte, und auf eine perverse Weise liebe ich sogar das Akademische, die ganze Elfenbeinturm-Szenerie. Und bestimmt liebe ich meine Studenten.« Er blinzelte. »Nicht oft genug, aber trotzdem, ich liebe sie. Dennoch ist es wahr, Sandy, was ich unten am Strand gesagt hab. Ich schaffe es nicht. Nicht richtig.«

»Wieso?«, fragte Sandy. »Warum nicht?«

Froggy knüllte das Papier seines Eiscreme-Sandwichs zusammen, warf es in einen Abfalleimer in der Nähe und leckte sich sorgfältig die Finger ab, einen nach dem anderen. Als er fertig war, lehnte er sich an einen Pfeiler und runzelte die Stirn. »Ich habe das College geliebt. Die Atmosphäre, das Gefühl von Aufregung, von Gärung. Diese Jahre an der Northwestern haben mich ein für alle Mal verändert. Die Demonstrationen. Die Diskussionen. Die Seminare. Bergen Evans Vorlesungen, die mich dazu gebracht haben, über fast alles in meinem Leben nachzudenken, obwohl er eigentlich englische Literatur lehren sollte. Meine Geschichtsprofessoren. Jesus, ich hab es geliebt. Ich wollte wie diese Dozenten sein, die ich bewundert habe. Ich wollte die Kids aufrütteln, ihnen die Wahrheit sagen, ihnen neue Sichtweisen vermitteln. Ich wollte sie wütend machen und schockieren. Ich wollte, dass sie mit mir diskutierten. Ich wollte sie zum Nachdenken bringen. Ha!

Die Kids haben sich verändert, Sandy. Sie sind nicht mehr so wie wir damals. Und es wird jedes Jahr schlimmer. Sie sind fügsam. Sie sind praktisch veranlagt. Sie sind höflich. Sie beißen nicht. Na, kaum je. Ich bin jetzt an vier Colleges gewesen, hab's nie zu mehr gebracht als bis zum Assistenzprofessor, deshalb kriege ich die ganzen großen Einführungskurse. Ich hab's mit sokratischen Dialogen versucht, hab mich bemüht, Diskussionen in Gang zu bringen, Kontroversen zu provozieren. Eine Katastrophe! Ich hab's aufgegeben. Und ganz gleich, wie unverschämt ich in der Vorlesung bin, keiner widerspricht. Sie schreiben alles mit. Diese Geschichte mit den vier Ursachen für dies und das, und dann bringt man nur drei? Das ist kein

Scherz, Sandy, ich hab das im Seminar wirklich gemacht. Es ist so ungefähr der einzige sichere Weg, den ich kenne, dass da draußen eine Hand hochgeht und jemand sagt: ›Hey, Professor Doktor Cohen, Sie haben Scheiß gebaut.‹ Nur dass sie's höflich formulieren.

Einmal hab ich einen grundlegenden Einführungskurs in amerikanische Geschichte gegeben, im Vorlesungsformat, neunundsiebzig Studenten, und ich war überzeugt, dass aber auch jeder von denen da vor mir zu Stein erstarrt oder gestorben war. Also hab ich ihnen eine ganze Vorlesung über die Amtszeit von Präsident Samuel Tilden gehalten, wie er gewählt wurde, seine Fähigkeiten, seine Fehler, seine Wiederwahl. Als es vorbei war, kamen genau drei Kids nach vorn und sagten: ›Äh, entschuldigen Sie, da kann irgendwas nicht stimmen, im Lehrbuch steht, dass Rutherford Hayes Präsident wurde, und nicht Tilden.‹ Als ich ihnen die Wahrheit eingestand, ging einer von ihnen zum Dekan. Das war mein letztes Jahr an diesem College.

Oh, es gibt Ausnahmen, natürlich. Die Kids, für die es sich lohnt. Aber es sind so wenige! Die anderen, die sind nicht etwa doof. Nicht mal apathisch. Sie sind einfach anders. Das Produkt einer anderen Zeit.

Weißt du noch, wie wir Seminare forderten, die relevant waren? Der neue Schlag will auch Relevanz, aber Relevanz heißt für sie Rechnungswesen und Basic und Einführung in die Werbung.« Er seufzte. »Ist es da ein Wunder, dass ich ein Störenfried bin? Und das bin ich, Sandy, das bin ich wahrhaftig. Ich bin ein guter Lehrer, ich halte anregende Vorträge, aber ich ziehe von einer Universität zur anderen, ich hab nie eine Daueranstellung erhalten, und so wird's auch bleiben. Ich bin ein brillanter Anachronismus. Meine Studenten schauen mich verständnislos an oder lachen erschrocken, und die Dekane glauben, ich wäre ein Verrückter, ein Anarchist, eine Bedrohung für die Würde ihrer efeuüberrankten Hallen. Mein Gott, Sandy, ich erzähle den Kids, sie sollen sich Spaghetti in die Haare schmieren, und die einzige Frage, die sie stellen, ist, wie ihnen das hilft, einen Job zu kriegen!«

»Ich wusste nicht, dass es so schlimm ist«, sagte Sandy.

Froggy schnitt eine Grimasse. »Schlimm? Schlimm? Ich werd dir sagen, wie schlimm es ist … Die Verbindungen sind wieder im Kommen!« Er stöhnte theatralisch, drehte sich rasch um und starrte aufs Meer hinaus. Sie waren allein am Ende des Piers. Als Froggy in Schweigen verfiel, hörte Sandy die Wellen gegen die Pfeiler klatschen. Der frische Salzgeruch des Ozeans lag in der Luft, und man konnte die Berge sehen, die sich nebelverschleiert nach Norden erstreckten. Froggy schob die Hände tief in die Hosentaschen. »Scheiße«, sagte er laut in den Wind. Stirnrunzelnd wandte er sich um. »Ich hatte nicht vor, mich so aufzuführen. Hör zu, komm heut Abend zum Essen vorbei, okay? Ich verspreche, dass ich nicht so viel reden werde. Wir spielen Nazgûl-Platten und schwelgen in Erinnerungen an Timothy Leary, und ich sag dir haarscharf, was bei jedem deiner Bücher nicht stimmt. Einschließlich der Widmungen, von denen übrigens keine mir gegolten hat. Denk nicht, ich hätte das nicht gemerkt, Sander, mein Junge. Und das nach allem, was ich für dich getan habe.« Er grinste. »Und du kannst Sam kennenlernen.«

»Sam?«

»Samantha«, sagte Froggy. »Ansonsten liebevoll als Nummer vier bekannt. Du wirst sie mögen. Sie wird dich nicht mögen, aber wer tut das schon, also was soll's? Na, was sagst du?«

»Ich hätte schon Lust, Froggy«, sagte Sandy. »Aber ich muss zurück in mein Hotel und nachschauen, ob Edan Morse sich gemeldet hat. Ich will versuchen, ihn heute Abend noch zu treffen, wenn's geht.«

»Sam sieht in Wirklichkeit nicht wie Andy Devine aus«, meinte Froggy. »Sie trägt nicht mal Schuhe von Brown Buster.«

»Tut mir leid«, sagte Sandy lächelnd. »Ich sehe dich aber noch, bevor ich die Stadt verlasse. Dich und Sam, euch beide. Du hast mein Wort.«

»Gib mir rechtzeitig Bescheid, damit ich mir einen Smoking leihen und mir das Gesicht grün anmalen kann«, sagte Froggy. »Wir möchten, dass du dich zu Hause fühlst.« Er lachte prustend, schlug Sandy auf den Rücken, und sie gingen zusammen den Pier entlang, am Karussell und den Eiscreme-Ständen vorbei Richtung Stadt. Froggy Cohen begann über die Geschichte des Karussells zu referieren. Sandy hörte lächelnd zu.

12

Der Portier, ein pummeliger kleiner Homunkulus von einem Mann in grauer Strickjacke und Pantoffeln, war in einen Pornoroman vertieft, als Sandy spät an diesem Nachmittag in sein Motel zurückkam. »Irgendwelche Nachrichten?«, fragte ihn Sandy, auf den Empfangstresen gestützt.

Der Mann – offensichtlich verärgert über die Störung – starrte ihn misstrauisch an. »Nachrichten?«

»Ja, Nachrichten. Sie wissen schon. Kleine rosafarbene Zettel mit Wörtern drauf. Von all den Leuten, die angerufen haben, während ich weg war.«

Der Portier räusperte sich. »Keine Nachrichten«, sagte er. Er widmete sich wieder seinem Porno, und Sandy ging auf sein Zimmer. Es lag am Ende des weitläufigen Rundwegs, hinter dem von schmutzigem Schaum bedeckten Swimmingpool. Verdrossen und unruhig stiefelte Sandy dorthin. Edan Morse hätte anrufen müssen. Darauf hätte er sein Leben verwettet. Genau genommen hatte er das vielleicht schon getan. Er hatte bei der Version, die er Froggy erzählt hatte, ein Detail ausgelassen: die Nachricht, die er, mit Filzstift auf die Rückseite der violetten *Hog*-Karte gekritzelt, in Malibu hinterlassen hatte. »Ich glaub, da war 'ne Miezekatz«, hatte Sandy geschrieben. Er begriff nicht, wie Morse es sich leisten konnte, das zu ignorieren.

Hatte er nicht. Seine Zimmertür stand halb offen, und sie warteten bereits auf ihn.

Sie waren zu zweit. Die Frau in dem orangefarbenen Naugahyde-Sessel neben der Tür stand auf und drehte sich um, als Sandy ins Zimmer trat. Er warf ihr einen raschen Blick zu. Sie lächelte, und er merkte, wie sein Blick an ihr hängen blieb. Sie war wirklich eindrucksvoll. Hochgewachsen und dunkel, mit milchkaffeebrauner Haut und tintenschwarzem Haar, das ihr in einer langen Kaskade bis zur Taille fiel. Diese gewaltige Masse von Haaren ließ sie kleiner erscheinen, als sie in Wirklichkeit war. Ihr Körper war straff und durchtrainiert. Ein weißes Oberteil, zugeknotet zwischen hohen, runden Brüsten, entblößte einen sehr flachen und harten Bauch. Ihre ausgeblichenen Jeans schmiegten sich eng an die Linie ihrer Waden und Schenkel. Sie trug eine rote Stoffschärpe anstatt eines Gürtels und ein dazu passendes rotes Stirnband. Ihre tief liegenden Augen waren schwarz und groß. Sie hatte hohe, scharf ausgeprägte Wangenknochen. Ihr Mund sah aus, als gehörte er jemandem, der viel lächelte. Alles in allem war sie die schönste Frau, die Sandy seit Jahren außerhalb von Filmen und Magazinen gesehen hatte. Er hätte sie mühelos eine Ewigkeit anschauen können. Aber die andere Person im Raum hätte jeden abgelenkt, sogar von ihr.

Er lag auf Sandys Bett. Seine Beine, in großen, blitzsauber glänzenden Kampfstiefeln, gingen dort, wo das Bett aufhörte, noch ein gutes Stück weiter. Alles in allem war er der größte Mann, den Sandy je gesehen hatte, und Kinos und Magazine bildeten da keine Ausnahme. Basketball-Plätze auch nicht. Dieser Kerl war mindestens zwei Meter zwanzig groß, aber er war nicht nur groß, sondern auch breit. Er hatte Schultern wie ein Comic-Superheld und einen gewaltigen Bauch, der sich unter seinem grünen Muskelshirt wölbte und aussah, als bestünde er aus Ziegelsteinen. Außerdem hatte er einen schlimmen Sonnenbrand, einen rasierten Schädel und einen goldenen Ring im rechten Ohr. Er sah aus wie das monströse Resultat einer Paarung von King Kong mit Meister Proper.

Sandy stand im Eingang und sah beide an. »Keiner von euch sieht wie ein Zimmermädchen aus«, sagte er. »Was macht ihr hier? Wie seid ihr hier reingekommen?«

»Ich hab deine Tür mit einem Dietrich aufgemacht«, sagte die Frau freundlich. »In so was bin ich gut. Wir wussten nicht, wie lange wir warten müssten, und ich fand, wir könnten es uns genauso gut bequem machen.« Während sie sprach, setzte sich der Mann an der Bettkante auf und legte Hände in der Größe von Schlackensteinen auf Schenkel, die so dick wie Telegraphenmasten waren.

Sandy runzelte die Stirn. »Wer seid ihr?« Er starrte den Riesen an. Die Frau sah erheblich besser aus, aber der Riese machte ihn nervös, besonders wenn er sich bewegte. Etwas so Großes sollte sich ohne Stop-Motion-Animation überhaupt nicht bewegen können.

»Das ist Gortney Lyle«, sagte die Frau. »Gort. Und ich bin Ananda. Wir arbeiten für Edan Morse.«

»Das hab ich mir gedacht«, sagte Sandy und wandte sich zu ihr um. »Freut mich, dich kennenzulernen, Amanda.« Er streckte die Hand aus.

»Nicht Amanda«, sagte sie, offenbar an den Irrtum gewöhnt. »Ananda.« Sie nahm seine Hand und modelte seine Finger zum alten Händedruck der Bewegung um. Es war Jahre her, dass Sandy jemandem so die Hand geschüttelt hatte. Anandas Hand war kühl und stark. Ein schwieliger Wulst zog sich an ihrer Handkante entlang.

»Dem geb ich nicht die Hand«, erklärte Sandy ihr mit einem Blick auf Gort. »Ich verdiene mir meinen Lebensunterhalt mit der Schreibmaschine.« Er wackelte mit den Fingern.

Ananda lachte; Gort stand auf und brummte etwas Unverständliches. Er hatte hohe, breite Absätze an den Stiefeln, und sein Kopf stieß fast an die Decke. »Gehen wir«, sagte er mit einer so tiefen Stimme wie der Bass bei den Coasters, nur erheblich weniger melodisch.

»Willst du immer noch mit Edan reden?«, fragte Ananda. Sie hatte den Kopf leicht zur Seite geneigt und musterte ihn unverhohlen. Ihre Zungenspitze schnellte hervor und glitt über ihre Unterlippe; sie lächelte.

»Äh, ja«, sagte Sandy. Ganz plötzlich fühlte er sich überraschend unsicher. »Könnt ich schon machen. Im Fernsehen läuft heut Abend nichts Gutes.«

»Da läuft nie was Gutes«, sagte Ananda. »Also hol deinen Mantel oder dein Notizbuch oder was auch immer, und wir bringen dich zu Edan. Er ist ziemlich gespannt auf dich, Sandy. Die Notiz, die du hinterlassen hast, hat ihn ziemlich auf die Palme gebracht.«

Sandy grinste; immerhin, das hatte funktioniert. »Sekunde.« Er ging zum Garderobenständer neben dem Bad, wobei er einen Umweg machte, um sich von Gort fernzuhalten, der in der Mitte des Zimmers stand, und vertauschte seine leichte Windjacke mit einer festeren Jacke. Als er hineinschlüpfte, sah er sich flüchtig in dem großen Spiegel über dem Waschbecken. Sein Bart war gewachsen; er war jetzt voll und dunkel, und seine schwarzen Haare waren ziemlich lang und vom Wind zerzaust. Er sah recht gut aus, fand er. Wichtiger noch, er sah ziemlich radikal aus. Radikal genug, dass Edan Morse mit ihm sprechen würde.

Ein unbeschrifteter blauer Van stand in der Parklücke direkt neben Tagtraum. Ananda hielt inne, um den Sportwagen zu bewundern, bevor sie in den Van stieg. »Hübsch«, sagte sie. »Deiner?«

Sandy nickte. Er verspürte eine leise Freude, dass er sie beeindruckt hatte. Sie war eine Frau, die man unbedingt beeindrucken wollte. Wenn Froggy hier gewesen wäre, hätte er bereits die *Patty Duke*-Titelmelodie gesungen, ganz gleich, was auf seinen magischen Twänger tätowiert war. Sie standen einen Augenblick in der schwindenden Nachmittagssonne und redeten über seinen Mazda. Ananda stellte eine Reihe kluger, intelligenter Fragen, und Sandy parierte sie, so gut er konnte.

Während sie nach Malibu fuhren, saß Sandy auf dem Beifahrersitz, Ananda am Steuer und Gort schweigend auf der Rückbank. Zuerst fühlte er sich ausgesprochen unbehaglich dabei, Gort hinter sich zu wissen, aber bald war er in eine Unterhaltung mit Ananda vertieft und schaffte es irgendwie, den dritten Fahrgast zu vergessen. Es stellte sich heraus, dass Ananda alle seine Bücher gelesen hatte, was ihn maßlos freute. Und sie erinnerte sich sogar an einige seiner Artikel im *Hog*. »Ich war begeistert, als Edan mir erzählt hat, wen wir abholen sollten«, erklärte sie ihm. »Ich bewundere dich schon lange. Ehrlich. Der *Hog* war so wichtig für uns damals. Als die ganzen etablierten Käseblätter Lügen druckten und alles verdrehten, um uns schlechtzumachen, gab es nur den *Hog* und ein paar Underground-Blätter, die sagten, wie es wirklich war. Auch deine Bücher haben mir gefallen. Ich wurde so wütend, als Sarah in *Kaseys Suche* starb. Ich hab geweint. Du hast dich nie verkauft, wie so viele andere. Du hast dir den Glauben bewahrt.«

»Und das gefällt dir?«, fragte Sandy erstaunt. Er lachte. »Mein Gott, du weißt nicht, was für eine Erleichterung es ist, jemand zu treffen, der mir keinen Vortrag darüber hält, wie unreif ich doch bin.«

Ananda sah ihn mit einem warmen, mitfühlenden Lächeln an. »Sie haben dich in die Defensive gedrängt, wie? Kümmere dich nicht drum, bleib einfach fest. Bei mir ist es dasselbe. Meine Mutter war mal eine große Aktivistin in der Bürgerrechtsbewegung, und früher fand sie alles, was ich tat, ganz toll, aber vor ungefähr fünf Jahren hat sie sich Enkel in den Kopf gesetzt. Sie redet nur noch von Reife.« Sie seufzte und presste die Lippen zusammen. »Sie kapieren's nicht. Ich kann nicht mal dran denken, ein Kind zu haben, so wie die Welt heute ist. Ich sehe es so: Engagement ist Engagement, ob das nun gerade schick ist oder nicht. Wenn die Bewegung tot ist, wie sie sagen, dann sind diejenigen von uns, die übrig sind, unentbehrlicher denn je, jetzt, wo die ganzen Sonntagskrieger für die großen Firmen arbeiten. Die Prinzipien sind immer noch richtig, stimmt's? Es gibt immer noch Ungerechtigkeit, immer noch werden Menschen unterdrückt, und Krieg ist noch immer genauso verdammt ungesund für Kinder und andere Lebewesen, stimmt's? Also gibt es immer noch was zu tun. Ich könnte nicht mit mir leben, wenn ich mich abseilen würde. Aber manchmal ist man schon einsam.« Sie sah ihn an und grinste. »Noch ein Grund, warum ich dich kennenlernen wollte. Die netten tapferen Burschen sind heutzutage schwer zu finden.«

»Wow«, sagte Sandy. »Kann sein, dass ich ein netter tapferer Bursche bin, aber ich bin zu keiner Armee gegangen. Schon gar nicht zu der von Edan Morse.«

Ananda zuckte die Achseln. »Das wirst du, wenn du erst mal Bescheid weißt. Du hast das Herz auf dem rechten Fleck.«

Was mehr ist, als man von Jamie Lynch sagen kann, dachte

Sandy, aber er sprach es nicht aus. Trotzdem war es ein beunruhigender Gedanke. Er wischte ihm das Lächeln vom Gesicht und veranlasste ihn zu etwas mehr Vorsicht gegenüber dieser atemberaubend attraktiven Frau, die so unfassbar viel Wärme und Empfänglichkeit und gute Schwingungen ausstrahlte. »Betrachtest du dich immer noch als radikal?«, fragte er.

Sie sah zu ihm herüber und bemerkte den ernsten Ausdruck in seinem Gesicht. »Als radikal? Scheiße, nein. Ich sein *Revolutionärin*, Massa, und das letzte kleine Hippie-Küken auf der ganzen weiten Welt.«

Sandy grinste, ohne es zu wollen. »Zumindest hast du Humor«, sagte er. »Ich hab nie Revolutionären getraut, die keinen Humor hatten.«

»Fuck, Mann, heute musst du Humor haben. Inzwischen rechne ich jeden Tag damit, dass ich Timothy Leary Werbung für American Express machen sehe. ›Auf meinen Trips früher brauchte ich keine Kreditkarte, aber auf meinen Vortragsreisen heute schenkt mir niemand auch nur ein Stück Würfelzucker. Deshalb habe ich die hier dabei.‹ Zum Teufel, wenn man nicht lacht, müsste man weinen.«

»Erzähl mir von Edan Morse«, sagte Sandy.

Ihre großen, dunklen Augen schwenkten rasch wieder zu ihm herüber und hielten seinem Blick belustigt und selbstsicher stand. »Da war 'ne Miezekatz, jawohl«, sagte sie sarkastisch.

Sandy runzelte die Stirn. »Du hast meine Karte gesehen?«

»Klar. Ich bin Edans linke Hand. Gort ist seine rechte. 'Ne süße kleine Karte. Edan fand es aber nicht so lustig. Er denkt gern, dass diese Zeiten vorbei und vergessen sind.«

»Gehst du nicht ein Risiko ein, wenn du das alles zugibst?«, fragte Sandy. »Sylvester wird noch immer überall gesucht. Angenommen, ich würde zu den Cops gehen und deinen Boss verpfeifen.«

»Also erstens«, sagte Ananda, »wirst du das nicht tun. Ich hab genug von dem gelesen, was du geschrieben hast, um mir einen recht guten Begriff davon zu machen, wie du drauf bist. Ich traue dir. Aber selbst wenn ich mich irre, spielt das keine Rolle. Klar, Edan wird nervös, wenn er mit Sylvester oder Von Doom oder den Alfies in Verbindung gebracht wird. Du wärst auch nervös. Aber es ist ja nicht so, als ob keiner einen Verdacht hätte. Der Untergrund war immer voll von Gerüchten. Und ich muss dir nicht erzählen, wie gründlich die meisten radikalen Gruppen infiltriert worden sind, was bedeutet, dass die Bundesbehörden diese Gerüchte auch gehört haben. Du willst das FBI anrufen und ihnen was über Sylvester erzählen? Das brauchst du Edan bloß zu sagen, und er wird dich sein Telefon benutzen lassen. Du kannst es nicht beweisen. Schließlich ist das, was du weißt und was ich weiß und was sie wissen, kalter Kaffee, solange es keine Beweise gibt. Edan war immer vorsichtig. Du willst was über Edan wissen? Das ist das Erste. Er ist vorsichtig. Er musste es sein.«

»Ja?«, sagte Sandy. »Und was ist er sonst noch?«

»Engagiert«, sagte Ananda. »Er ist ein großer Mann, Sandy. Das ist er wirklich. Du wirst sehen. Wenn wir ein paar Leute mehr wie Edan Morse gehabt hätten, wäre die Revolution in Gang gekommen, als es Zeit dafür war, und dies wäre heute eine bessere Welt.«

»Wie kommt es dann, dass die Alfies diesen großen, engagierten Mann mit einem Tritt in den Arsch rausgeworfen haben?«, fragte Sandy in der Hoffnung, sie aus der Reserve zu locken.

»Das ist eine verzerrte Version von dem, was wirklich abgelaufen ist. Es war Edan, der nichts mehr mit den Alfies zu tun haben wollte. Sie zankten sich herum, waren unfähig und rettungslos von Agenten unterwandert. Verflucht, ich würde sagen, ungefähr die Hälfte von denen waren Polizeispitzel. Du kennst die Sorte – diejenigen, die zu allen Versammlungen kommen und auf immer mehr Gewalt drängen, damit sie jede Menge terroristischer Scheußlichkeiten haben, die sie in der Presse hochspielen können. Edan hatte davon die Nase voll, also jagte er sie halt zum Teufel.«

»Willst du behaupten, dass der berüchtigte Sylvester gewaltlos geworden ist?«

»Edan hatte nie etwas für sinnlose Gewalt übrig«, erwiderte Ananda.

»Interessant«, sagte Sandy. »Aber es passt nicht zu den Geschichten, die ich gehört habe. Meinen Informationen zufolge ist Morse verschroben geworden. Spirituell.«

»Das ist nicht ganz falsch«, sagte Ananda gelassen. »Edan hat seherische Fähigkeiten. Visionäre Kraft.«

Sandy fühlte sich sehr unbehaglich. »Na, großartig.«

»Du klingst skeptisch. Schön. Ging mir anfangs genauso. Wer glaubt schon diesen ganzen abgedrehten okkultistischen Scheiß, stimmt's? Nun, ich tu es jetzt. Ich habe Dinge gesehen. Dinge erlebt. Ich will nicht so tun, als ob ich alles verstünde, aber ich glaube es.« Sie blickte ihn mit ihren großen dunklen Augen von der Seite an, und wieder zuckte ihre Zungenspitze in einer nervösen und zugleich seltsam erotischen Geste über ihre Unterlippe. »Hast du je ein Gespenst gesehen, Sandy?«, fragte sie.

Vor einem Monat hätte er über die Frage gelacht. Aber das war vor seiner sonderbaren Nacht in Chicago gewesen. Er zögerte. »Ich – ich bin nicht sicher. Vielleicht. Ich glaube, es war nur ein Traum.«

»Die Welt ist voll von Kräften, die wir nicht verstehen«, sagte Ananda gut gelaunt. »Du kannst sie leugnen, so viel du willst, aber dadurch werden sie nicht weniger real. Auch darum ging es bei der ganzen Gegenkultur-Geschichte, nicht wahr? Die Denkmuster der Mittelschicht abzustreifen, die ganzen vorgefassten Meinungen, die wir von Papa und Mama und Reverend Jones übernommen haben, damit wir die Welt so sehen konnten, wie sie wirklich war. Nur dass die vorgefassten Meinungen für die meisten zu stark waren. Aber nicht für Edan. Er hat sie überwunden.«

»Und weiter?«, fragte Sandy.

»Das soll er dir selbst erzählen. Hauptsache, du bleibst unvoreingenommen. Es gibt mehr Dinge zwischen Himmel und Erde, Horatio, als wir uns träumen lassen …«

»Kapiert«, unterbrach Sandy. Sie lachten beide, ohne ersichtlichen Grund. Dann herrschte einen Moment verlegenes Schweigen. Sandy saß da und sah sie an. Er konnte eine echte sexuelle Spannung in der Luft spüren. Er versuchte sich einzureden, dass Ananda nur eine Quelle war, ein Teil seiner Story, aber die Anziehung war unbestreitbar. Sosehr er sich auch die Gegend anzuschauen versuchte, seine Augen wanderten dauernd zu ihrer glatten, bloßen Körpermitte zurück, zu ihren Brüsten, die gegen das weiße Oberteil drängten, wobei sich die Brustwarzen deutlich darunter abzeichneten, und zu ihrem Lächeln. Er räusperte sich befangen und fühlte sich wie ein Schuljunge bei seinem ersten Rendezvous.

Ananda brach den Zauber, indem sie ihn fragte, woran er gerade arbeitete. Er erzählte ihr von dem Roman, den er auf Seite siebenunddreißig im Stich gelassen hatte. Sie fragte ihn nach seinen Reisen, und er sprach kurz über die Freunde, die er aufgesucht hatte, und brachte sie mit ein paar von seinen

Lieblingsanekdoten über Froggy zweimal zum Lachen. Dann kam er irgendwie auf das Thema seines Familienlebens. Ananda runzelte die Stirn, als er Sharon erwähnte, und seufzte ziemlich theatralisch. »So, so«, sagte sie. »Wie kommt es bloß, dass die Guten immer schon vergeben sind und nur die Faschisten übrig bleiben?« Anschließend zog sie ihn ein bisschen wegen Sharons Beruf auf. »Grundbesitz ist so eine niederdrückende Schande. Ich meine, stell dir vor. Die Erde besitzen! Als wollte man die Luft besitzen. Es ist verrückt. Das Land sollte allen gehören.« Aber sie sagte es mit so gut gelaunter Offenheit, dass es Sandy nicht störte; und er verspürte auch nicht groß das Bedürfnis, Sharon beizuspringen.

Ananda redete eine Weile über ihre Kindheit in Los Angeles, bis sie schließlich bei Edan Morse' Strandhaus vorfuhren. Es war ein großes, ausladendes Gebäude auf zwei Ebenen, mit einer Garage darunter. Ananda nahm eine Fernsteuerung vom Armaturenbrett, und während sie näher kamen, glitt die massive Holztür nach oben. Gleichzeitig ging das Licht an. Sie stiegen alle aus dem Van, und Gort streckte sich und ächzte. Dann gingen sie hinauf. Das Haus war sauber, modern, geschmackvoll eingerichtet und doch irgendwie beunruhigend. Es machte auf Sandy einen sehr asketischen Eindruck. Alles war sparsam und funktional, aber die Gemälde an den weißen Wänden, auf die er im Vorbeigehen einen Blick warf, waren lebendige, surreale Studien von verzerrten Gesichtern und schmerzgekrümmten Gestalten. Doch daran lag es nicht. Etwas Größeres an dem Haus fühlte sich irgendwie falsch an. Sandy schob es auf seine schlechten Nerven.

Edan Morse' Büro gewährte durch eine getönte Glasscheibe einen Ausblick auf den Strand. Dort draußen ging gerade die Sonne unter. Vor dem Fenster stand ein massiver Teakholz-

Schreibtisch. Es war der aufgeräumteste, sauberste, ordentlichste Schreibtisch, den Sandy je gesehen hatte. In seiner Mitte lag – exakt zentriert – eine blutrote Schreibunterlage. Außerdem gab es ein goldenes Bleistift- und Federhalter-Set in einem schwarzen Marmorständer, einen antiken silbernen Dolch von ungewöhnlicher Form, um dessen Griff sich Schlangen wanden, einen leeren Holzkorb für EINGÄNGE, einen leeren Holzkorb für AUSGÄNGE und einen gläsernen Briefbeschwerer in der Form eines Globus mit einer friedlichen Farmszene im Innern. Sandy wusste, wenn man den Briefbeschwerer schüttelte, würde das einen Blizzard aus künstlichem Schnee losbrechen lassen. Sein Vater hatte früher genauso einen Briefbeschwerer gehabt. Aber unter Morse' Briefbeschwerer war kein Papier, auch nirgends sonst auf dem großen Schreibtisch, außer genau in der Mitte der Schreibunterlage, wo jemand Sandys violette Visitenkarte so rechtwinklig platziert hatte, dass die Schreibunterlage sie einzurahmen schien.

Hinter dem Schreibtisch stand ein schwenkbarer Schreibtischsessel aus Leder mit hoher Lehne. Morse hatte ihn gedreht, um auf die Wellen und die untergehende Sonne hinauszuschauen, aber er schwang herum, als die Tür sich schloss, und sah zu Sandy hoch.

Es war ein unbehaglicher Augenblick. In dem Raum gab es keine weiteren Stühle. Sandy war gezwungen, vor dem Schreibtisch stehen zu bleiben – so wie früher, wenn er vor den Rektor seiner Grundschule geschleift worden war. Gort und Ananda flankierten ihn wie das seltsamste Polizistenpaar der Welt. Dazustehen und auf Morse hinabzublicken hätte ihm so etwas wie einen psychologischen Vorteil verschaffen müssen. Was nicht der Fall war.

Eines musste Sandy zugeben: Edan Morse hatte etwas merkwürdig Eindrucksvolles an sich. Auf den ersten Blick wirkte er so normal, dass Sandy davon Zahnschmerzen bekam. Statt der mansonesken, rasputinähnlichen Gestalt mit dem wilden Blick, die Sandy erwartet hatte, sah er sich einem schlanken, glatt rasierten, lächelnden Mann Mitte dreißig gegenüber. Morse trug einen weißen Rollkragenpullover und steife neue Bluejeans. Sein hellbraunes Haar lief vorne spitz zu. Er hatte große braune Augen, eine Kerbe im Kinn und Grübchen. Der Mitbegründer der American Liberation Front sah aus, als ob die einzige paramilitärische Gruppe, mit der man ihn möglicherweise in Verbindung bringen könnte, die Pfadfinder wären. Für einen flüchtigen, bizarren Moment fragte sich Sandy, ob Ray ihm bloß einen Bären aufgebunden hatte, um ihn loszuwerden.

Dann bemerkte er Morse' Schmuck, und das Bild der Normalität bekam einen kleinen Sprung. Er trug einen schweren, mit astrologischen Zeichen bedeckten Anhänger um den Hals, und an der linken Hand einen riesigen silbernen Ring, anscheinend mit einer in Akrylglas eingeschlossenen toten Schwarzen Witwe. Und da war auch etwas in seinen Augen. Hinter der sanften, braunen Wärme an der Oberfläche funkelte kurz etwas auf und war dann verschwunden. Sandy suchte danach, fand keine Spur davon und senkte verwirrt den Blick. Vielleicht sah er auch nur, was er zu sehen erwartet hatte: einen Fanatiker. Ein Journalist musste sich vor seinen vorgefassten Meinungen in Acht nehmen.

Morse' erste Worte waren harmlos genug, und sie waren an Ananda gerichtet, nicht an Sandy. »Wie war die Fahrt?«, fragte er.

»Keine Probleme«, erwiderte sie. »Sieht aus, als könnte es ein schöner Abend werden. Nicht zu kühl.«

»Gut«, sagte Morse. Er schnippte mit den Fingern. »Wo bleiben meine Manieren? Gort, holst du Sandy bitte einen Stuhl? Der große, bequeme aus dem Spielzimmer wäre prima.«

Der Riese ging schweigend fort und kam kurz darauf zurück. Mit einer Leichtigkeit, mit der Sandy vielleicht einen Klappstuhl getragen hätte, brachte er einen riesigen, dick gepolsterten Lehnstuhl herein. Er stellte ihn mit einem Ächzen mitten im Zimmer ab. Sandy setzte sich, schlug die Beine übereinander und sah Edan Morse ins Gesicht. Jetzt musste er aufschauen; Morse' Sessel war höher als seiner.

Sie wechselten ein paar belanglose Höflichkeiten, und dann schickte Morse Gort und Ananda hinaus. Als sich die Tür leise hinter ihnen schloss, wurde Morse' Lächeln angespannt, und sie kamen zur Sache. »Es war nicht nötig, mir eine solche Nachricht zu hinterlassen«, sagte er. Er nahm den silbernen Dolch in die Hand und tippte mit dessen Spitze leicht auf Sandys Karte. »Ich hätte auf jeden Fall mit Ihnen gesprochen. Rick Maggio hat angerufen und mir von der Story erzählt, an der Sie arbeiten. Verdammt, ich hätte selbst Kontakt zu Ihnen aufgenommen, wenn ich eine Ahnung gehabt hätte, wie ich Sie hätte finden können. Ich will über die Nazgûl und die Pläne sprechen, die ich mit ihnen habe.«

»Ach wirklich?«, fragte Sandy. »Was ist mit Jamie Lynch? Wollen Sie auch über ihn sprechen?«

Edan Morse ließ sich in den Drehsessel zurücksinken. Er spielte mit dem Messer in seiner Hand und runzelte die Stirn. »Lynch? Warum sollte ich über dieses Schwein sprechen wollen? Ich verstehe nicht, worauf Sie hinauswollen.«

»Lassen Sie's gut sein, Morse! Oder soll ich Sie Sylvester nennen? Oder Maxwell? Sie wissen verdammt gut, worauf ich hinauswill. Wo waren Sie in der Nacht, als Jamie gestorben ist?«

Morse lächelte dünn. »Um die Wahrheit zu sagen, ich war in Beverly Hills, im Haus eines alten Freundes der Familie. Ein Bankier, der meinem Vater früher sehr nahestand. Ein reicher Analfaschist, ungeheuer respektabel. Es war schon spät. Ich hab ihn aus dem Bett geholt und bin lange geblieben, aber er hat sich damit abgefunden, denn er führt den Vorsitz bei einer örtlichen Wohltätigkeitsaktion, und ich habe ihm einen Scheck über fünftausend Dollar gegeben. Er verabscheut mich, aber er wird sich an meinen Besuch erinnern.«

»So?«, sagte Sandy. »Dann waren Sie vielleicht nicht persönlich in Maine, aber es war trotzdem Ihre Hand, die da über weite Entfernung am Werk war.«

»Sie haben keine Möglichkeit, das zu beweisen«, sagte Morse. Er setzte sein Pfadfinderlächeln mit Grübchen auf.

Sandy beschloss, ihn ein bisschen aufzurütteln und zu sehen, ob ihm die gute Laune dann verging. »Lynch war ein sehr ordentlicher Mensch. Bestens organisiert. Seine ganze Korrespondenz war abgeheftet. Die Cops haben Ihre Briefe und die Durchschläge seiner Antworten gefunden. Sie wissen, dass Sie die Nazgûl haben wollten und dass er sie nicht hergeben wollte. Das ist ein Motiv. Sie haben den Brief, in dem Sie ausgemacht haben, einen Repräsentanten zu Lynch zu schicken, um alles durchzusprechen, deshalb wissen sie, warum er seinen Mörder eingelassen hat. Das ist eine Gelegenheit. Es ist alles da.«

»Warum sitze ich dann hier und nicht im Gefängnis?«, sagte Morse. »Kommen Sie. Wenn es diese Briefe gegeben hätte, wäre der Mörder fast mit Sicherheit zu Lynchs Aktenschränken gegangen, hätte sie herausgenommen und ein paar frühere Briefe zurückgelassen, die im Wesentlichen harmlos waren. Nach allem, was man hört, wusste der Mann, der Lynch tötete, was er tat. Er hätte nichts offensichtlich Belastendes zurückgelassen, oder?« Morse schüttelte den Kopf. »Sie irren sich. Aber selbst wenn Sie in Bezug auf mich recht hätten, könnten Sie nichts beweisen. Glauben Sie mir. Das ist nicht das erste Mal, dass ich mich gegen lächerliche Anschuldigungen zur Wehr setzen muss. Ich hab für mehr Mist unter Verdacht gestanden, als ich mich erinnern kann. Ich bin von ganzen Bullen-Bataillonen ausgefragt und verhört und belästigt worden, ich bin von Establishment-Gorillas zusammengeschlagen worden, Dutzende von heißen jungen Reportern haben Recherchen über mich angestellt, und ich musste vor zwei Geschworenengerichten aussagen. Niemand hat mir je irgendeine Gesetzwidrigkeit nachgewiesen.« Er beugte sich vor und richtete das Messer wie zur Betonung auf Sandy. »Trotzdem, das will ich Ihnen sagen – ich bin nicht traurig, dass jemand Lynch kaltgemacht hat. Wie ich sagte, der Mann war ein Schwein. Dreck.«

»Oh?«, meinte Sandy. »Wieso das?«

»Zunächst mal war er ein Ausbeuter. Er hatte selbst kein Talent. Er besaß keine Kreativität. Er hat sich von den wirklich kreativen Geistern unserer Zeit ernährt. Er hat von der Musik des Volkes schmarotzt und sie in ein abgefucktes Kapitalistenspiel verwandelt. Er war ein Pusher. Ich habe nichts gegen Drogen, wenn man sie aus den richtigen Gründen nimmt. Drogen können sehr befreiend sein. Aber Lynch benutzte sie, um andere Menschen zu beherrschen. Wenn Sie das Haus gesehen haben, in dem er gelebt hat, dann haben Sie eine Vorstellung, welchen Reichtum er aus den Leuten herausgepresst hat.«

Sandy gab ein spöttisches Schnauben von sich. »Du lieber Himmel«, sagte er. »Nach dem, was ich höre, hätten Sie Lynch mit Ihrem Kleingeld auskaufen können.«

Edan Morse zuckte die Achseln. »Ja und? Ich bin nicht stolz auf meinen Reichtum. Meine Großmutter und mein Urgroßvater haben ihn größtenteils mit unmoralischen Mitteln angehäuft. Aber ich habe zumindest mein Bestes getan, um ihn für positive Veränderungen einzusetzen. Jamie Lynch verwendete sein Geld nur für sich selbst. Zum Machterhalt. Das war das Einzige, was ihn jemals interessiert hat. Macht. Kontrolle. Geld, Sex, Liebe, sogar die Musik, mit der er zu tun hatte – all das bedeutete Macht für ihn, und sonst nichts. Er war ein Schwein. Ein Nixon mit langen Haaren. Und er hat es verdient zu sterben. Wenn ich wüsste, wer ihn getötet hat, würde ich ihn bestimmt nicht verpfeifen. Es war eine Exekution. Revolutionäre Volksjustiz.«

»Jamie Lynch war ein ehemaliger Rockpromoter«, sagte Sandy. »Wie zum Teufel soll sein Tod der gottverdammten Revolution nützen?«

»Auf Wegen, die Sie unmöglich verstehen können«, erwiderte Morse. »Sein Tod hat Kräfte in Bewegung gesetzt, Kräfte, die jetzt auf ein unausweichliches, unerbittliches Ende hinarbeiten. Individuen und Nationen werden gleichermaßen hinweggefegt werden. Die Welt wird auf der Basis der Gerechtigkeit neu erschaffen. Endlich wird es Liebe, Frieden und Freiheit geben, ein goldenes Zeitalter, alles, wovon wir einmal geträumt haben.« Er lächelte. »Und Sie können die Story aus erster Hand bekommen, Sandy. Wenn Sie wollen. Was meinen Sie?«

»Ich meine, dass Sie als Kind zu viele Zeichentrickfilme gesehen haben«, sagte Sandy. »Sie sind übergeschnappt.«

»Sie glauben nicht, dass es eine Revolution geben kann, ist es das?«

»Mehr oder weniger«, antwortete Sandy. »Auf dieser Reise hab ich eine Menge alter Freunde vom College besucht. Einer von ihnen war ein total fanatischer Revoluzzer. Jetzt arbeitet er in einer Werbeagentur. Er ist ein Arschloch, aber er hat es am besten ausgedrückt. Es hätte nie eine Revolution gegeben, hat er gesagt.«

Edan Morse sah ihn direkt an. Für eine Sekunde kehrte das seltsame Glitzern in die braunen Augen zurück, und Sandy versuchte, es genau zu bestimmen. Überzeugung? Fanatismus? Was? »Ich würde wetten«, sagte Morse, »dass Sie nicht immer so empfunden haben. Seien Sie ehrlich mit sich selbst. Vergessen Sie, was dieses Werbe-Arschloch gesagt hat, und schauen Sie in sich hinein, erinnern Sie sich, wie es war. Woodstock. Kent State. Kambodscha. Wie haben Sie damals empfunden?«

Sandy setzte zu einer Antwort an und hielt mit offenem Mund inne. Der Widerspruch wollte ihm nicht über die Lippen kommen. Morse hatte ihn kalt erwischt. Er *hatte* daran geglaubt; sogar der pragmatische, innerhalb des Systems arbeitende Clean-for-Gene-Sandy Blair, der Skeptiker, der Witzbold, sogar er hatte für ein paar magische Augenblicke daran geglaubt.

Edan Morse beobachtete Sandys Gesicht. »Kennen Sie *Julius Caesar*?«, fragte er. »Wo Brutus sagt: ›Es gibt Gezeiten auch für unser Tun, nimmt man die Flut wahr, führet sie zum Glück; versäumt man sie, so muss die ganze Reise des Lebens sich durch Not und Klippen winden‹? Für uns, für die Bewegung, war das unsere Flut: Kambodscha und Kent State. Das war die Gelegenheit, die wir hätten ergreifen müssen. Seither winden wir uns unablässig durch unsere eigenen Klippen und Nöte. Die Revolution ist ein Witz geworden, an den man sich undeutlich erinnert, sogar für uns. Der Traum ist zu Asche geworden.« Seine Stimme war leise und traurig und voller Überzeugungskraft.

»Ich kenne das Stück«, sagte Sandy. »Ich weiß auch, dass es diese Rede war, die Brutus und Cassius nach Philippi und zum Ende ihrer Revolution gebracht hat.«

»Es ist nur ein Theaterstück«, meinte Morse leichthin und tat Sandys Einwand mit einem beiläufigen Schwenken des schlangenüberzogenen Dolches ab, den er locker in der Hand hielt.

»Selbst wenn Sie recht haben, was spielt das für eine Rolle?«, fragte Sandy. »Die Flut ist vorüber, das haben Sie selbst zugegeben. Die Revolutionäre haben sich Häuser auf dem Land und dreiteilige Anzüge gekauft. Sie werden sich garantiert nicht mehr erheben.«

»Stimmt so weit«, sagte Edan Morse. »Das heißt, wenn man die Zeit nicht irgendwie zurückdrehen, die Flut wiederkehren lassen kann.« Er beugte sich gespannt vor. »Lassen Sie mich Ihnen eine Frage stellen. Wann waren die Sechziger zu Ende?«

»Ende 69«, sagte Sandy, »oder Ende 70, wenn man Purist ist, weil es kein …«

»Lassen Sie mich mit diesem kalendarischen Unfug in Frieden«, fiel Morse ihm ins Wort. »Ich spreche vom Geist einer Epoche und nicht davon, wann diese dämliche Kugel am Times Square gefallen ist. Die Sechziger haben angefangen, als Kennedy ermordet wurde und es in Vietnam rundging. Also, wann waren sie zu Ende, Sandy? Wann?«

Sandy zuckte die Achseln. »An dem Tag, als Nixon zurücktrat, vielleicht. Oder am Tag, als Saigon fiel und der Krieg aus war.«

»Falsch. Zu spät. Unsere Flut hat lange zuvor abzuebben begonnen. Unser Schwung, unsere Einheit, das Gefühl der Bestimmung, des unvermeidlichen Triumphs – wir hatten das alles verloren, ohne recht zu merken, wann es zu zerrinnen begann, und trotzdem haben wir's gespürt. Ich habe mich damit beschäftigt. Ich kenne den Moment, wo es sich verändert hat. Ich weiß es!«

Sandy saß ganz still und sah Edan Morse an, und ein kalter Schauer fuhr ihm bis ins Mark. Draußen war die Sonne untergegangen. Hinter Morse war es dunkel, nur eine dünne, scharlachrote Linie aus Licht schnitt über den Horizont. Über der rot getönten See rollten Wolken unter einem dunklen Himmel dahin. Dunkelheit und Sturm und Chaos; und Morse' Augen funkelten. »Wann?«, fragte Sandy.

»Das wissen Sie selbst«, erwiderte Morse. »Es steht Ihnen ins Gesicht geschrieben. Tief im Innern wissen Sie's. Sie haben es die ganze Zeit über geahnt.« Sein Lächeln war irgendwie erschreckend. »Sagen Sie es«, befahl er.

»Am 20. September«, antwortete Sandy mit trockenen Lippen. »Am 20. September 1971.«

»West Mesa«, sagte Morse. »Und das Ende der Nazgûl.« Er nahm das silberne Messer in die rechte Hand und zog es fest über seine linke Handfläche. Eine langer roter Schnitt klaffte auf. Seine Handfläche war bereits von mehreren Narben gezeichnet. Blut quoll aus der Wunde, tropfte auf die Schreibunterlage und hinterließ karmesinrote Spritzer auf Sandys violetter Karte. »Es war die ganze Zeit in unserem Blut«, fuhr Edan Morse mit leidenschaftlicher Überzeugung in der Stimme fort. »Die *Musik*, Sandy, die *Musik*. Sie war unser Ansporn, unsere treibende Kraft, sie hat uns entflammt und belebt, uns Mut und ein Ziel und die Wahrheit gegeben. Die Songs waren mehr als Songs. Sie haben unser Hirn und Herz gepackt und geformt, und sie haben etwas Ursprüngliches im Universum und in uns wachgerufen.

Sie kennen die Wahrheit. Wir alle kennen sie instinktiv.

Sogar der Feind. Schauen Sie sich an, wie die Fernsehsender diese Zeit behandeln! Märsche und Tumulte, Demonstrationen, Wahlen, Mordanschläge, Vietnam – jeden Clip, den sie zeigen, unterlegen sie mit Rockmusik. Etwas tief in ihrem Innern ist sich im Klaren darüber, dass Rock ein Teil von allem war.

Das Klischee besagt, dass Musik ein Abbild der Zeit ist, aber das Klischee kehrt es um. In der Musik liegt Macht, Sandy. Die Songs berühren uns auf tiefere, wildere und grundlegendere Weise als Worte. Alle Armeen, die je in den Krieg gezogen sind, sind zum Schlag der Trommeln marschiert und haben kriegerische Musik gesummt. Jede Revolution hat ihre Musik gehabt. Jede Epoche. Die Musik definiert und formt die Zeit.

Und zu unserer Zeit ist die Bewegung zum harten Beat des Rock explodiert, hat sich dazu bewegt, ist dazu marschiert, hat dazu gevögelt, ist dazu angewachsen. Drogen und Sex und Rock und Revolution, Frieden und Freiheit. Und ich glaube, der Feind hat das besser begriffen als wir. Wir waren eine Bedrohung für das ganze verrottete System, für die korrupte Macht und den unmoralischen Reichtum. Unsere Musik hatte ihre Musik bereits zerschmettert, sie aus allen Sendern, von den Straßen und aus der Kultur gefegt, und der Rest würde gewiss folgen. Ich denke, das wussten sie.

Und dann starb die Musik. Stück für Stück. Zum Teil war es Zufall, zum Teil Absicht, glaube ich. Die Beatles gingen auseinander, hundert andere Gruppen ebenso. Das kompromisslose, unheimliche Zeug wurde aus dem Radio verbannt. Die Geldsäcke festigten ihre Kontrolle über die Medien und Plattenfirmen und quetschten die Vitalität aus dem Rock heraus, verwandelten unseren Stahl Tag für Tag immer mehr in Marshmallows, erstickten, während wir kaum Notiz davon nahmen, unser inneres Feuer. Und diejenigen, die nicht gekauft oder gebrochen oder aufs Altenteil geschickt werden konnten, die Lautesten und Gefährlichsten, die wurden im Zeitraum von ein paar Jahren getötet, einer nach dem anderen. Hendrix. Joplin. Jim Morrison. Und zuletzt Hobbins, zuletzt West Mesa. Die Nazgûl waren die Sechziger, mehr als jede andere Band. Sie waren jung und lebendig und zornig, ihre Musik war heißblütig, und sie waren zu groß, um sie zu ignorieren, zu engagiert, um sie zu vereinnahmen. Sie waren gefährlich. Sie mussten zum Schweigen gebracht werden. Kein Wunder, dass der Mörder nie gefasst wurde.«

Sandy starrte ihn an. Er wollte lachen. Er musste lachen. Aber er konnte nicht. Es war nicht komisch. Von Edan Morse' Hand tropfte Blut, aber Morse schenkte dem keine Beachtung. In seiner Stimme war Leidenschaft, wo Schmerz hätte sein sollen. Es schien fast, als ob er sich an dem Schmerz mästete. Um größer zu werden. Stärker. Seine Augen waren von schwachem braunen Feuer erfüllt, von absoluter Gewissheit. »Und jetzt?«, fragte Sandy leise.

Langsam und bedächtig ballte Morse seine blutige Hand zu einer roten Faust. »Und jetzt ist die Zeit endlich reif«, sagte er mit einer Stimme wie ein Pastor. »Die Zeit des Wolfes und der Schlange, der großen Feuersbrunst, die das Lügengebäude zerstören wird. Die Nazgûl werden wieder fliegen. Wir werden uns der blutigen Flut bemächtigen, und in ihrem Sog werden wir eine neue Welt erschaffen.«

»Sie sind verrückt!«, erwiderte Sandy mit einer Überzeugung, die er in Wirklichkeit nicht verspürte. Sein rationaler Verstand erklärte ihm, dass all das Wahnsinn war, aber hier und jetzt, in Edan Morse' Gegenwart, während er auf diese pulsierende, rot befleckte Hand blickte, kam ihm die Welt überhaupt nicht rational vor, und Morse wirkte äußerst glaubwürdig.

»Nein«, sagte Morse. »Die Kräfte sind ausgerichtet. Alles ist an seinem Platz. Hören Sie sich die Musik an.«

»Ich hab mit den Nazgûl gesprochen«, sagte Sandy hitzig. »Mit allen dreien. Auch wenn dieser ganze Quatsch wahr wäre, sie werden nie wieder zusammen spielen. Oh, Maggio würde gerne, klar, aber nicht Slozewski, nicht Faxon.«

»Sie begreifen die Lage nicht ganz so gut, wie Sie meinen«, entgegnete Morse. Seine Stimme war ruhiger geworden. Er sah Sandy nicht einmal an, sondern starrte auf seine blutende Hand, als fände er sie grenzenlos faszinierend. »Nehmen wir Slozewski. Sie wissen über den Brand Bescheid. Er war unterversichert und kann sein Lokal nicht wieder aufbauen. Er ist auf große Geldsummen verklagt worden, die er nicht hat. Er wird spielen, wenn die Zeit kommt.«

Und da wurde Sandy alles klar. »Sie wollten ihn nicht umbringen!«, stieß er hervor. »Sie haben gewartet, bis er mit mir weg war, und dann haben Sie seinen Laden niedergebrannt! Damit er ... Um ihn zu ...«

»Sie haben mein Wort, von einem Bruder zum anderen, als Genossen in der Revolution – mit diesem Brand hatte ich nichts zu tun.« Morse griff mit der rechten Hand in eine Tasche, breitete ein Taschentuch aus und wickelte es um seine Linke, um den Blutfluss zu stillen. »Das Feuer war unvermeidlich, Sandy. Das Feuer war ein Teil des Musters, des Musters, das die Nazgûl selbst vorausgesehen haben. Es war prophezeit. Kräfte, größer als jeder von uns, sind am Werk.«

Sandy hörte nicht zu. »Was wollen Sie Faxon antun? Eins seiner Kinder kidnappen?«

»Sie verstehen nicht. Seien Sie nicht so starrsinnig. Faxon

wird von selbst einlenken. Er muss. So ist es verheißen. Die Zeit ist endlich reif, und alles wird sich von selbst ergeben. Hören Sie sich die Musik an.«

Sandy war plötzlich außer sich vor Wut. Mehr konnte er einfach nicht ertragen. Er stand auf. »Wovon reden Sie da, verflucht noch mal?«, brüllte er. »Faxon will gar nichts tun ... Faxon ist fertig mit ...« Aber während er noch nach Worten suchte, erinnerte er sich an jene langsame Ballonfahrt über Albuquerque und an Tracys Worte im Pick-up hinterher, und sein Widerspruch klang hohl. »Warten Sie mal«, sagte er. »Was zum Teufel ändert Faxon an der Sache? Sie sind verrückt, und ich bin verrückt, dass ich hier sitze und Ihnen zuhöre. Wenn Sie Faxon und Slozewski kriegen – na und? Das sind nur drei von vieren. Und der Vierte wird echt teuflisch schwer zu überreden sein.« Sandy schrie jetzt, als ob die Lautstärke seinem Widerspruch Gewicht und Wahrheit verleihen würde. »Wenn Sie Ihr schwaches Gedächtnis für einen Moment anstrengen, dann sind Sie vielleicht imstande, sich daran zu erinnern, dass Patrick Henry Hobbins 1971 gestorben ist. Man hat ihm mit einem Scharfschützengewehr den halben Schädel weggeblasen, und er hat danach nie wieder einen einzigen beschissenen Ton gesungen. Wie in aller Welt wollen Sie damit fertig werden?«

Edan Morse blieb erstaunlich gelassen. »Der Tod ist nicht immer ein so gewaltiges Hindernis, wie man glauben könnte«, sagte er. Er stand auf und ging rasch um seinen Schreibtisch herum zur Tür. Öffnete sie, wandte sich um und bedeutete Sandy mit einem Wink seiner verletzten Hand, zu ihm zu kommen. Das Taschentuch hatte sich rot gefärbt. Benommen ging Sandy zur Tür.

Im Wohnzimmer saß Ananda auf einer Couch und sprach

mit einem kleinen, schlanken Mann in Jeans, der Sandy den Rücken zukehrte. »Pat?«, sagte Edan Morse.

Patrick Henry Hobbins drehte sich um, stand von der Couch auf, sah sie der Reihe nach an und sagte: »Yeah?«

13

Ein Geräusch, ein leiser Schritt, und plötzlich war Sandy hellwach. Sein Herz klopfte. Er lag nackt unter einem dünnen Laken auf einem breiten, riesigen Bett. Ihm war kalt. Der Raum war ihm fremd. Benommen und desorientiert spähte er durch die Dunkelheit auf einen Kamin und holzgetäfelte Wände und roch das Meersalz. Dann stand er schwankend auf und zog den schweren Vorhang neben dem Bett zurück. Fahles, kaltes Licht flutete ins Zimmer. Vor zwei gläsernen Gleittüren lagen eine Terrasse und ein grauer, kalter Strand. Nebelfetzen wanden sich um das Terrassengeländer und lasteten schwer auf der See.

Dann erinnerte sich Sandy verschwommen. Er befand sich im Gästezimmer von Edan Morse' Strandhaus. Ja. Aber wie ...?

Während er blinzelnd und mit gerunzelter Stirn dastand, ging die Tür hinter ihm auf, und Ananda kam herein. »Morgen«, sagte sie munter. »Dachte, ich hätte dich rumlaufen hören. Es gibt Kaffee und frischen Orangensaft, und ich mach die tollsten Waffeln, die du je gegessen hast. Hab ich von meiner Mami gelernt. Willst du eine probieren?« Sie trug ein weißes T-Shirt und ein blaues Bikiniunterteil und sah aus, als käme sie direkt von einem morgendlichen Bad im Meer. Ihr Haar war in ein weiches braunes Handtuch gewickelt, und das klatschnasse T-Shirt klebte ihr am Leib und betonte dabei diese unglaublichen Brüste. Ihre Brustwarzen waren groß und hart.

Sandy stand da, sah sie an und stellte fest, dass ihre Brustwarzen nicht das Einzige waren, was groß und hart war. Auf einmal war er sich seiner Nacktheit nur allzu bewusst. Er wandte sich leicht von ihr ab und versuchte, cool zu bleiben. »Äh«, sagte er beredt. »Guten Morgen.«

Ananda grinste und kam zu ihm herüber. Ihre kleinen bloßen Füße hinterließen nasse Abdrücke auf dem Parkettboden. »He«, meinte sie, »warum so schüchtern?« Sie fasste ihn unters Kinn und drehte sein Gesicht sanft zu ihrem herum. »Schließlich hab ich letzte Nacht schon alles gesehen, stimmt's?« Ihr Mund war leicht geöffnet, und sie machte diese kleine Sache mit ihrer Zunge, ließ sie über ihre Unterlippe schnellen. »Hat mir auch gefallen«, fügte sie hinzu.

Seine Erektion pochte, und Sandy blickte von ihr zum Bett und wieder zurück. »Du meinst … du … ich … wir?«

Ananda warf ihm einen gespielt finsteren Blick zu. »Du erinnerst dich nicht? Ich bin gekränkt. Ich dachte, ich wäre besser gewesen.« Sie küsste ihn leicht. »Na ja, wir werden's halt noch mal versuchen müssen, denke ich. Und noch mal und noch mal und noch mal, bis ich's richtig hinkriege. Ich sein lüstern klein Mädchen, Massa.«

»Himmel«, murmelte Sandy. Er entfernte sich von der Tür, setzte sich auf den Bettrand und verbarg den Kopf in den Händen. »Ich erinnere mich an rein gar nichts. Na ja, an fast gar nichts.« Er blickte zu ihr auf; sie stand da, eine Hüfte ausgestellt, und lächelte ihn mit ungeheurer Belustigung in den Augen freundlich an. »Was ist letzte Nacht passiert?«, fragte er sie. »Ich meine, außer dir und mir. Uns. Du weißt schon.«

»Ich weiß, dass du dringend einen Kaffee brauchst«, sagte Ananda, »und die Waffeln auch. Warum duschst du nicht, während ich alles herzaubere? Im Kleiderschrank sind ein paar Bademäntel. In verschiedenen Größen. Du müsstest eigentlich einen finden können, der passt.« Sie drehte sich auf dem Absatz um und tappte hinaus. Er starrte auf ihren hübsch geschwungenen Po und stöhnte.

Die Dusche half. Zuerst stellte er sie auf ordentlich heiß und schrubbte sich gründlich ab, dann riss er sie ganz hinüber auf kalt, um die Spinnweben aus seinem Gedächtnis zu vertreiben. Er kam bibbernd heraus, mit Wassertropfen im Bart, und fühlte sich schon eher wie ein Mensch. In dem schweren Kleiderschrank fand er einen dicken, mit Friedenszeichen übersäten grünen Bademantel und zog ihn an. Er war sehr warm. Sandy setzte sich aufs Bett, trocknete sich die Haare ab und versuchte sich zu erinnern.

Woran er sich allerdings äußerst lebhaft erinnerte, waren seine Albträume.

Sie drängten sich in seinem Kopf und weigerten sich zu verblassen, wie Träume mit der einsetzenden Morgendämmerung eigentlich verblassen sollten, und Sandy wusste, dass sie von nun an für lange Zeit bei ihm bleiben würden. Vergangene Nacht hatte er Sharon gesehen, die ihn mit regloser Miene und kaltem Blick durch ihre getönten Gläser anstarrte. Vor seinen Augen überzogen sich ihre Gläser mit Reif; der Raufrost kroch ihre Wangen hoch, bis ihr ganzes Gesicht zu Eis geworden war. Dann zerbrach es und wehte davon.

Er erinnerte sich an Papier, das im Wind flatterte, herumwirbelte und hochstieg, immer weiter, ein Blatt nach dem anderen. Besonders an ein halb von Schrift bedecktes Blatt, das sich drehte, während es in einen sturmgepeitschten, purpurnen Himmel emporstieg. Mit einem bittersüßen Gefühl hatte er zugesehen, wie es davonflog.

Er hörte Jareds schmutziges Lachen, das ihm galt. Jareds gewaltiger Bauch zitterte, so heftig lachte er.

Er war mit Slum zusammen, redete mit Slum, schaute Slum an. Nur dass Slum anders war; der Bart und der enorme Haarkranz waren fort, und er war hager und hohlwangig und steckte in ordentlichen weißen Kleidern, aber sein Lächeln war zaghaft, und seine blauen Augen waren blass und wässrig und voller Furcht. Und ganz plötzlich fing er an zu schreien, wieder und wieder, und seine dünnen Hände krallten nach der Luft.

Er träumte von einem Kerzenumzug, bei dem er einmal mitmarschiert war. Endlose dunkle, windige Straßen entlang, durch die der Regen fegte, war er mit einer kleinen Kerze in der Hand gelaufen; er hielt sie zwischen seinen gewölbten Fingern, damit der Wind die winzige Flamme nicht ausblies. Vorne und hinten marschierten andere mit ihm, und sie kamen auf einem riesigen Feld unterhalb eines hohen weißen Gebäudes auf einem Hügel heraus. Es waren Tausende, jeder mit einer Kerze; überall brannten die Flammen, tapfere kleine Sterne in einem Meer der Nacht, blinkend, zitternd, behutsam in der hohlen Hand gehalten. Über ihnen flackerten die Sterne am Nachthimmel wie Millionen weitere Kerzen. Und dann plötzlich veränderten sich die Sterne. Es waren keine Kerzen. Es waren Augen. Eine Million gelber, geschlitzter Augen. Sie schauten zu. Während sie zuschauten, tat sich die Dunkelheit weit auf, und graue, gesichtslose Gestalten in Blau und Khaki stürzten herein, und die Kerzen fielen zu Boden und erloschen.

Aber der längste Traum, der, an den er sich am lebhaftesten erinnerte, war einer, den er früher schon geträumt hatte, in jener schrecklichen Nacht in Chicago. Und doch war der Traum diesmal länger, realer und detaillierter gewesen. In einem riesigen dunklen Saal wurde unaufhörlich getanzt. Die

Nazgûl standen oben auf der Bühne, und sie spielten wieder den »Armageddon/Resurrection Rag«, aber sie sahen grässlich aus. Gopher John war grau und hatte entsetzliche Verbrennungen erlitten, und beim Spielen löste sich Asche von seiner Haut. Maggios höhnisches Grinsen war satanisch geworden, und seine Brust war ein Gewimmel von Maden. Faxons Gesicht war auf der einen Seite heiter und hübsch und blutete auf der anderen aus hundert schrecklichen Schnittwunden. Und vorne stand Hobbins in doppelter Lebensgröße und doch irgendwie unwirklich. Sandy konnte durch ihn hindurch zum Bühnenhintergrund schauen, wo eine nackte Frau an ein großes x-förmiges Kreuz genagelt war. Es war eine magere Kindfrau mit großen Augen, und sie schrie vor Schmerz, während Blut von ihren Brustwarzen tropfte und aus ihrer Vagina die Beine hinabrann. Ihre Stimme klang seltsam vertraut, aber keiner der Tänzer schenkte ihr auch nur die geringste Beachtung. Froggy war da; er tanzte mit einer Blondine und versuchte, ihr die Hand zwischen die Beine zu schieben. Maggie und Lark tanzten miteinander, immer im Kreis. Bambi saß, von Kindern umringt, am Rand und wartete auf einen Partner. Brennende Männer, Leichen und Frauen mit abgezogener Haut bewegten sich durch das Gedränge der Tanzenden. Und Sandy schrie sie an, warnte sie vor der kommenden blutigen Flut, aber keiner von ihnen hörte zu.

Ananda riss ihn aus seinem grausigen Tagtraum. Sie kehrte mit einem Tablett zurück, auf dem eine Kanne mit heißem, duftendem Kaffee, zwei Tassen sowie Gläser mit Orangensaft und ein Teller mit Waffeln standen. Der Geruch war himmlisch, und Sandy merkte plötzlich, dass er entsetzlichen Hunger hatte. »Wollen wir rausgehen?«, fragte sie ihn. »Die Sonne brennt den Nebel weg, und es wird hübsch warm.«

Sandy nickte geistesabwesend, stand auf und machte ihr die gläsernen Schiebetüren auf. Draußen stand ein weißer Eisentisch mit drei Stühlen. Ananda stellte das Tablett ab, und Sandy setzte sich. Sie schenkte ihm eine Tasse Kaffee ein, und er nahm einen kräftigen Schluck, noch bevor sie ihm die Waffeln hinstellen konnte.

Sie machte tatsächlich gute Waffeln. Er tränkte seine mit Butter und Ahornsirup – echtem Ahornsirup, dem hundertprozentigen, der so viel kostete wie das Bruttosozialprodukt von Ecuador – und merkte, dass er sich schon nach ein paar Bissen viel besser fühlte. Er sah zu ihr hoch. »Hab ich mich letzte Nacht volllaufen lassen oder was? Ich hab keinen Kater, aber ich hatte ein paar äußerst sonderbare Träume.«

»Keine Träume«, erwiderte Ananda ernst. »Visionen.«

Sandy zog ein finsteres Gesicht. »Visionen?«

»Erinnerst du dich an gar nichts mehr?«, fragte sie.

»Ich erinnere mich sehr gut an meine kleine Konferenz mit deinem Boss«, antwortete Sandy. »Er hat dieses dreimal verfluchte Messer genommen, sich die Handfläche fast bis zum Knochen aufgeschnitten und den ganzen gottverdammten Schreibtisch vollgeblutet. Das war ein Gesprächseinstieg, den ich so schnell nicht vergessen werde, das kann ich dir sagen. Ihm hat das offenbar nichts ausgemacht.«

»Edan hat gelernt, wie man den Schmerz besiegen kann«, sagte Ananda. »Ein paar seiner Methoden hat er mir beigebracht, aber ich bin nicht so gut wie er. Ich kann Zahnschmerzen oder die Schmerzen bei einem Bluterguss durch Willenskraft zum Verschwinden bringen, aber wenn Edan es will, kann er alles ertragen.«

Sandy glaubte es ihr ohne Weiteres. Er wusste verdammt gut, dass die Hand mehr Nerven hat als jeder andere Körperteil, außer den Genitalien. Und Morse hatte tief geschnitten. Ein normaler Mensch hätte vor Schmerzen geschrien. »Aber warum?«, fragte Sandy. »Was für einen Sinn hatte das?«

»Wegen des Blutes«, sagte sie mit vollem Ernst. »Er braucht das Blut für die Visionen. Aber nicht nur das. Er will deine Hilfe, Sandy, er möchte, dass du verstehst. Diese Geste hat dir gezeigt, dass er kein Schwindler oder Lügner ist, nicht wahr?«

»Nein«, erwiderte Sandy kurz. »Sie hat mir nur gezeigt, dass er ein verfluchter Masochist und Spinner ist.« Er biss noch ein Stück von seiner Waffel ab und spülte es mit etwas Kaffee hinunter, als er eine Gestalt erblickte, die weit entfernt den Strand entlangschlenderte. Ein großer Hund folgte ihr auf den Fersen, tollte herum und bellte. Der Mann hatte seine Jeans bis zu den Knien hochgekrempelt, um in der kalten Brandung zu laufen. In der Sonne waren seine Haare lang und weiß. Und plötzlich fiel Sandy mit einem Schlag alles wieder ein. »Der Junge!«, sagte er. *»Hobbins!«*

Ananda lächelte. »Du warst bei deinem Gespräch mit Edan ziemlich erregt. Ich hab dich durch die Wand schreien hören. Als die Tür aufging, sahst du aus, als wolltest du jemandem eine reinhauen. Und dann hast du Pat gesehen und bist echt ausgerastet. Ich dachte, dir würden die Augen aus dem Kopf fallen.«

Eine Windbö wehte vom Meer herüber, und Sandy fröstelte. »Ja? Also, ich dachte, ich würde tot umfallen! Ich hätte mir fast in die Hosen gemacht. Wo wir gerade von Gespenstern gesprochen hatten! Ich hab mir die Filmausschnitte von Hobbins' Tod ein Dutzend Mal angeschaut, hab ihn blutüberströmt in Faxons Armen daliegen sehen, sein halber Kopf weg und die Hände immer noch um das Mikrofon geklammert. Herr im Himmel, ich bin zu seiner Beerdigung gegangen! Und dann macht Morse auf einmal die Tür auf, und da ist er, wie er leibt und lebt, und sieht aus, als wäre er seit West Mesa keinen Tag älter geworden.« Sandy hielt den Kopf in den Händen und seufzte. »Und ob ich von den Socken war! Dein Boss sollte so was nicht machen. Dieser Junge sieht Pat Hobbins so ähnlich, dass er sein verdammter Klon sein könnte. Wenn ihr ihn auf Faxon genauso loslasst wie auf mich, kriegt der arme Kerl einen Nervenzusammenbruch.«

Bei der Erinnerung daran geriet Sandy immer noch ein wenig aus dem Gleichgewicht, aber nach und nach lösten sich die Knoten in seinem Magen. Natürlich war der Junge nicht Hobbins. Das war in dem Moment klar geworden, als er den Mund aufgemacht und ein paar Worte gesagt hatte. Er sah nur wie Hobbins aus, und seine Stimme hatte in etwa dasselbe Timbre und denselben Klang und sogar den gleichen Philadelphia-Akzent. Aber die Persönlichkeit war eine völlig andere, ganz offensichtlich. Der echte Patrick Henry Hobbins hatte über einen Großteil jener Charakterzüge verfügt, die so oft mit Genie und Ruhm und ungeheurem Erfolg in jungen Jahren einherzugehen scheinen: Als Sandy ihn interviewt hatte, war er anmaßend, arrogant, laut und überheblich und oft höhnisch gewesen. Er hatte ein enormes Ego gehabt. Von alldem war dem Jungen nichts anzumerken. Er war freundlich und respektvoll, übertrieben höflich und schüchtern. Viermal hatte er gesagt, er hoffe, er sei gut genug für die Nazgûl, und Edan Morse und Ananda hatten es ihm immer wieder versichern müssen.

Larry Richmond. Das war der wirkliche Name des Jungen, wie er auf Sandys Frage hin zugegeben hatte. Er war in Bethlehem in Pennsylvania geboren, wo sein Vater in einem Stahlwerk gearbeitet hatte, war aber in seiner frühen Jugend – nach dem Tod seines Vaters – nach Phillie gezogen. Das erklärte den

Akzent. Wie Hobbins war er ein Albino und klein, und wegen seiner Abweichung von der Norm war er häufig verspottet und geschlagen worden. Im Gegensatz zu Hobbins hatten ihn diese Quälereien in seiner Kindheit jedoch ängstlich statt hart gemacht. Patrick Henry Hobbins war sein Held. Wie Larry es ausdrückte: »Für Albinos gibt es nicht viele Vorbilder, weißt du. Der Hobbit war das größte.« Also lernte Richmond natürlich, Gitarre zu spielen und zu singen, und natürlich gründete er, sobald er dazu fähig war, eine Band, und natürlich spezialisierten sie sich darauf, Nazgûl-Sachen zu spielen. Larry Richmonds Gesang reichte sogar für so etwas wie eine Karriere; er wurde ein jugendlicher Hobbins-Imitator.

Und dann entdeckte ihn Edan Morse.

Der Rest war Morse' Werk gewesen. Richmond hatte nur eine oberflächliche Ähnlichkeit mit Hobbins besessen, eine vergleichbare Hautfarbe und Größe, die er ausgenutzt und mit raffinierter Kleidung und ein wenig Make-up verstärkt hatte. Nun war das Werk der Natur jedoch auf Morse' Kosten mithilfe der kosmetischen Chirurgie vollendet worden, sodass die Ähnlichkeit nun fast schon übernatürlich erschien. Drei Operationen, sagte Larry stolz. Zwischendurch und danach war der Junge in Morse' Strandhaus geblieben und hatte seine Rolle gelernt. Sechs Stunden pro Tag vertiefte er sich in die Nazgûl; er hörte sich immer wieder ihre Platten an, sah sich Filme und Videos ihrer Konzerte an und studierte jede Bewegung und Intonation von Hobbins. Er nahm Gesangsunterricht, um mehr wie Hobbins zu singen. Er nahm Tanz- und Gymnastikstunden, um sich wie Hobbins zu bewegen. Er las jedes Wort, das je über sein Idol geschrieben worden war, einschließlich des kompletten Hintergrundmaterials aus dem *Hedgehog*, dem *Rolling Stone* und *Creem*. Er war ein großer Fan von Sandy.

Zu allem Unglück war er eigentlich ein netter Junge. Und Edan Morse versuchte wie ein Besessener, ihn auszulöschen. In Morse' Haus existierte kein Larry Richmond. Der Junge wurde »Hobbins« oder »Pat« oder »Hobbit« gerufen, und Larry selbst gab mit einem nervösen kleinen Lachen und einem raschen Blick zu seinem Gastgeber reumütig zu, dass er jetzt auf diese Namen verdammt viel schneller reagierte als auf den, mit dem er geboren war.

Sandy lehnte sich auf seinem Stuhl zurück – vor ihm wurde der Kaffee kalt – und schaute zu, wie Larry Richmond über den Strand auf sie zukam. Halb gehend und halb rennend spielte er mit dem Hund, einem großen, ausgelassenen Golden Retriever. Der Hund kläffte und bellte, rannte um ihn herum und verspritzte überall Wasser und Sand, und Larry grinste und rief dem Tier Befehle zu, die der große Hund fröhlich zu ignorieren schien. Richmonds Haar, lang, weiß und seidig, bewegte sich mit dem Wind und seinem Laufschritt, und Sandy hatte einmal mehr das Gefühl, ein Gespenst zu sehen. Ein blasses Gespenst mit fahlroten Augen.

»Ich finde das immer noch scheiße«, sagte er über den Tisch hinweg zu Ananda. »Hobbins ist tot. Der Junge sollte sein eigenes Leben leben. Morse modelt ihn zu einer Art grotesker Parodie um. Es ist ein makabrer Scherz.«

»Das hast du letzte Nacht auch gesagt«, erwiderte Ananda. »Aber ich dachte, wir hätten dich vom Gegenteil überzeugt.«

Sandy schnitt eine Grimasse. »Du hast mir immer noch nicht erzählt, was letzte Nacht passiert ist. Ich weiß noch, dass ich Larry kennengelernt habe …«

»Pat«, korrigierte Ananda.

»Larry«, beharrte Sandy. »Ich hab ihn eine Zeit lang interviewt, und als ich schließlich die ganze Geschichte aus ihm rausgekriegt hatte, hab ich Morse gesagt, was ich davon hielt. Nämlich nicht viel. Und dann …« Er rieb sich das Genick. »Und dann wird alles verschwommen.«

»Erinnerst du dich, dass du getrunken hast?«, wollte sie wissen.

»Äh, ja. Und nein. Ich weiß noch, dass ich ziemlich aus dem Häuschen war, als ich Richmond das erste Mal gesehen hab. Morse hat mir einen Drink gemacht. Scotch on the rocks. Den hab ich getrunken, während ich mit Larry redete.« Er schüttelte den Kopf. »Und dann?«

»Dann hast du noch einen getrunken«, sagte Ananda. »Und danach noch einen. Du hast dagesessen und mit Edan und Pat und mir geredet und getrunken, und nach einiger Zeit bist du ziemlich lustig geworden.« Sie grinste. »Und ziemlich scharf. Edan ging raus, um sich um seine Hand zu kümmern, Pat ging ins Bett, ich hab das Licht ein bisschen runtergedreht, und wir sind auf der Couch ganz gut miteinander zurechtgekommen, und am Schluss hab ich dich ins Schlafzimmer gebracht und dich ins Bett gesteckt. Du warst ganz schön blau und ein bisschen stoned von dem Shit, den ich aufgetrieben hab, und albern und geil. Wenn du nicht 'ne Menge Spaß hattest, dann hast du echt 'ne hübsche Show abgezogen.«

Sandy erinnerte sich an nichts mehr. Was ziemlich beunruhigend war. Es sah ihm nicht ähnlich, sich so volllaufen zu lassen, obwohl er, wenn er es sich recht überlegte, auf dieser Reise überhaupt viel zu viel getrunken hatte. Ganz sicher sah es ihm nicht ähnlich, dass er sich nicht entsann, mit Ananda ins Bett gegangen zu sein – sie war alles andere als leicht zu vergessen. »Ich komme mir wie ein Idiot vor«, sagte er. »Und außerdem wie ein Schluckspecht.« Trotz seiner lang andauernden offenen Beziehung mit Sharon fühlte er sich vage schuldig, als hätte er sie irgendwie betrogen. Vielleicht war das die Bedeutung des Bildes von ihrem vereisten Gesicht, das seinen Schlaf gestört hatte; sein eigenes Unbehagen, das ihn jetzt heimsuchte. Er fühlte sich ebenfalls auf unklare Weise betrogen; schlimm genug, zu sündigen und sich schuldig zu fühlen, aber schlimmer noch, wenn man sich nicht einmal an den Spaß erinnern konnte, den man gehabt hatte.

Ananda war erstaunlich verständnisvoll. »Du bist echt süß, wenn du betrunken bist«, meinte sie heiter. »Mach dir keine Sorgen deswegen.« Sie wandte sich zum Strand um und winkte Richmond zu.

Richmond sah sie, winkte zurück und kam, während der Hund dicht hinter ihm hersprang, zu ihnen getrabt. Schwer atmend kletterte er auf die Terrasse und ließ sich auf den dritten Stuhl fallen. »Hi«, sagte er. »Mannomann, bin ich hungrig. Kann ich das haben, was ihr übrig gelassen habt?«

Sandy hatte eine Waffel und ein Stück von einer zweiten gegessen; er schob die übrige Portion, kalt und von Sirup durchweicht, zu Richmond hinüber, und der Junge schlang sie gierig hinunter. Währenddessen rannte der Hund wieder und wieder um den Tisch. Schließlich sagte Richmond: »He, Jungchen, he, nun mal ruhig. Sitz, Bal, sitz.« Der Hund hielt inne und schüttelte sich, wobei er Sandy mit Salzwasser und Sand bespritzte. Dann setzte er sich, und Larry Richmond gab ihm ein Stück Waffel. Er verschlang es, schaute dann in die Runde und sah Sandy misstrauisch an. Er beschnüffelte ihn, schien ihn widerwärtig zu finden und bellte. Wie die meisten Hunde stank er aus dem Maul – Halitosis im Endstadium. Er bellte erneut. »Er mag Sie«, sagte Richmond.

»Na großartig«, sagte Sandy. »Was tut er, wenn er jemand nicht mag? Ihm die Kehle rausreißen?«

»Er knurrt.« Richmond zauste dem Hund das Fell auf dem Kopf. »Platz, Jungchen. Leg dich hin. Bal, leg dich hin.« Der Hund bellte Sandy zur Dreingabe ein letztes Mal an, wedelte wie rasend mit dem Schwanz und streckte sich auf dem Boden aus. »Brav, Bal«, sagte Richmond.

»Bal?«, wiederholte Sandy.

Richmond lächelte schüchtern. »Balrog«, gestand er. »Ich bin wirklich auf dieses Tolkien-Zeug abgefahren, wissen Sie, wegen Hobbins. Bal und ich sind jetzt seit sechs Jahren Partner. Ich hab ihn von klein auf großgezogen. Wir gehen überall zusammen hin.« Er beugte sich hinüber und tätschelte dem Hund den Kopf. »Stimmt's, Jungchen? Hm, stimmt's?« Bal bellte glücklich seine Zustimmung hinaus.

Sandy runzelte die Stirn. »Hast du wirklich vor, diesen ganzen Wahnsinn bis zum Ende mitzumachen?«, fragte er Richmond. »Die Hobbins-Imitation, meine ich.«

Richmond schenkte ihm einen Blick unschuldiger Verwunderung. »Klar«, sagte er. »Ich meine, warum nicht? Sie müssen verstehen, Mister Blair, das hab ich sowieso schon getan. Mister Morse hat nur dafür gesorgt, dass ich's besser kann. Ich wäre ziemlich dumm, wenn ich eine Chance wie die hier nicht wahrnehmen würde. Ich tu mein Bestes, wissen Sie, aber ich weiß, dass ich nicht der Sänger bin, der Pat Hobbins war, und dass ich's nie sein werde. Ich krieg das nur hin, wenn ich mir das zunutze mache, was ich habe. Und jetzt bekomme ich die Chance, bei den Nazgûl zu singen und zu spielen. Sie wissen nicht, wie viel mir das bedeutet. Die Nazgûl! Ich meine, wow! Ich hab immer davon geträumt, diesen Jungs nur mal zu begegnen, und jetzt werde ich mit ihnen in einer Band sein.« Er stand auf. »Ich geh mich duschen und zieh mich an. Schön, mit Ihnen gesprochen zu haben, Mister Blair. Ich hoffe, Sie schreiben was Gutes über uns. Danke für die Waffel.« Er schlug sich auf den Schenkel. »Bei Fuß, Bal, bei Fuß.« Der Hund stand auf und folgte ihm nach drinnen.

Sandy bemerkte, dass Ananda ihn musterte. »Wirst du?«, fragte sie. »Was Gutes über sie schreiben?«

»Vielleicht schreibe ich gar nichts über sie«, erwiderte Sandy. »Zum einen glaube ich immer noch nicht so recht an diese Reunion. Außerdem bezweifle ich, dass ich darüber berichten werde. Ich glaube nicht, dass ich darüber berichten will.« Er beugte sich vor, stützte die Ellbogen auf den Tisch und sah sie konzentriert an. »Ananda, dein Boss ist verrückt, genauso wie dieser Monsterclown von einem Leibwächter, den er sich da hält. Ich weiß nicht, was du hier tust und warum du bei denen rumhängst.«

Sie lächelte. »Was tut ein hübsches Mädchen wie ich an einem Ort wie diesem, wie? Meine Pflicht, Sandy, was sonst. Und die solltest du auch tun. Bist du immer noch so skeptisch, was Edan angeht?«

»Ich gebe zu, gestern Abend hatte er mich fast so weit«, sagte Sandy. »Da kam mir alles sehr real vor. Er kann äußerst überzeugend sein, kein Zweifel. Aber bei Tageslicht besehen, wirkt das alles ziemlich lächerlich. Der Kerl ist geistesgestört. Anscheinend verstümmelt er sich regelmäßig selbst und hat die Tour mit der gewaltsamen Revolution gegen ein spinnertes Luftschloss von einem Rock'n'Roll-Armageddon oder so was in der Art eingetauscht. Ich bitte dich, Ananda!«

»Ich weiß nicht, was ich sagen kann oder wie viel ich sagen sollte. Wenn du nicht Teil der Lösung bist, bist du ein Teil des Problems, stimmt's? Wenn du nicht auf unserer Seite bist, bist du ein Feind, und es gibt Dinge, die man einem Feind besser nicht erzählt.« Sie beugte sich vor und fuhr sich mit der Zunge nervös über die Lippen. »Aber ich mag dich, Sandy. Ich hoffe, du weißt das. Wirklich. So schnell komme ich nicht gleich jedem so nahe, verstehst du? Also will ich's versuchen. Um deinet- und meinetwillen und der Welt zuliebe will ich dir die Augen öffnen.« Sie neigte den Kopf gedankenschwer zur Seite und sah ihn an. »Wenn Edan keine Macht hat, wie erklärst du dir dann, was dir in Chicago passiert ist?«

Sandy bekam auf einmal eine Gänsehaut, die ihm an beiden Armen hochkroch. Er erschauerte und zog sich von ihr zurück, immer noch nicht bereit zu akzeptieren, was er da erlebte. »In Chicago?«, fragte er. »Was meinst du?«

»Du hast in Chicago Maggio besucht und mit ihm gesprochen«, sagte Ananda geduldig. »Rick hat Edan sofort angerufen, als er an dem Abend nach Hause kam, um ihm die ganze Sache zu berichten. Genau da gelangte Edan zu dem Schluss, dass du uns nützlich sein oder aber eine Gefahr darstellen konntest. Also beschloss er, dich zu beeinflussen, dich zu testen. Er ... er hat sich geschnitten, wie er es immer macht, wenn er mit der Zeremonie anfängt. Über Tausende von Meilen hinweg hat er dich berührt. Du hast seine Macht gespürt. Das kannst du nicht abstreiten, oder? In jener Nacht in Chicago ist dir etwas Seltsames widerfahren.«

Sandy saß kerzengerade auf dem Stuhl und starrte sie an. Er hörte sein Herz in seiner Brust schlagen. Das Schweigen und die Spannung waren fast mit Händen zu greifen. Er öffnete den Mund, um zu antworten, zögerte, schwieg dann doch und schaute weg. Er konnte ihren ernsten, irgendwie erschreckenden Blick nicht ertragen. Schließlich zwang er sich, sie wieder anzusehen. »Ja«, sagte er mit leiser Stimme. »Ein Traum, dachte ich. Seltsam. Ich war im Hilton, und auf einmal war es wieder 1968. Der Parteitag. Die Demonstration, die durchdrehende

Polizei, die Tumulte. Alles. Ich bin hindurchgelaufen. Es war, als würde alles noch einmal passieren, nur war es auch anders, geradezu gespenstisch. Manchmal gehörte ich dazu, und dann wieder war ich wie ein Geist. Die Menschen waren gesichtslos, furchteinflößend. Ich dachte, es wäre bloß ein Albtraum, aber ich habe während des Traums das Hotelzimmer gewechselt und bin in einem anderen Zimmer aufgewacht.«

Ananda nickte. »Du hast die Vergangenheit gestreift. Genauso leicht hätte es die Zukunft sein können. Edan sagt, Vergangenheit und Zukunft seien in gewisser Weise dasselbe – und alle beide gleichermaßen formbar. Es sind nur unsere Denkstrukturen, die uns starr auf den Augenblick festlegen, stimmt's? Aber Edan hat das alles überwunden. Wenn auch nur auf sehr begrenzte Weise. Mit Visionen.« Sie langte über den Tisch, ergriff Sandys Hand und drückte sie. »Sandy, glaub mir! Es kann passieren! Es wird! Es muss. Edan sagt, Macht liegt im Blut, Macht liegt im Glauben, und Macht ist in der Musik. Und jetzt sind Kräfte am Werk, größere Kräfte, als jeder von uns erfassen kann, und sie werden das Blut und den Glauben und die Musik zusammenbringen, und die Mauern werden einstürzen, Sandy, ganz bestimmt, und die Vergangenheit wird Zukunft werden, die Zukunft wird Vergangenheit werden, und wir können den Moment abpassen und das verändern, was war, was ist und was sein wird. Wir können es hinkriegen, stimmt's? Und es ist für die Sache, Sandy. Es ist der einzige Weg. Wir machen Schluss mit Rassismus und Sexismus und Unterdrückung, schaffen uns Krieg und Verbrechen, Gewalt und Ungerechtigkeit vom Hals, wir werden die ganze verfluchte Welt neu erschaffen! Aber wir alle müssen unsere Rollen spielen. Und du musst daran glauben.«

Für einen zeitlosen Moment durchschauerte Sandy der

Wind, und er fühlte die Wärme und Kraft von Anandas Hand um die seine, hörte die Überzeugung in ihrer Stimme und erinnerte sich an das aus Edan Morse' Hand fließende Blut, an das Funkeln in seinen Augen und an die gesichtslosen Gespenster auf den Straßen von Chicago, und er war überzeugt. Für einen zeitlosen Moment; aber dann blies der Wind erneut, und alles verflog und verblasste. Er befreite seine Hand. »Nein«, sagte er.

Erstaunt und trotzig sah Ananda ihn an. »Du hast es selbst gespürt. Das hast du zugegeben.«

»Ich hatte einen seltsamen Traum«, sagte Sandy. »Mir war nicht klar, wie du davon wissen konntest, also hattest du mich für eine Sekunde fast so weit. Aber jetzt bin ich dahintergekommen.« Er lächelte. »Ich hab dir davon erzählt, oder? Letzte Nacht, im Bett.«

»Nein.«

»Doch«, beharrte Sandy. »Was sonst? Ich gebe zu, ich weiß nicht mehr, dass ich dir davon erzählt habe, aber ich weiß auch nicht mehr, dass ich mit dir ins Bett gegangen bin, also kann man kaum von mir erwarten, dass ich mich an unser ganzes Bettgeflüster erinnere. Manchmal bin ich zu mitteilsam. Netter Versuch, aber knapp daneben ist auch vorbei.«

Ananda seufzte. »Wie du willst«, sagte sie. »Du irrst dich, aber ich werde dich nicht überzeugen können, das sehe ich jetzt. Okay. Trotzdem wirst du überzeugt werden, und wenn es so weit ist, wirst du zu uns zurückkommen. Vergiss bloß nicht, was du in jener Nacht gesehen hast. Und denk darüber nach, was ich gesagt habe und was Edan dir gestern erzählt hat.«

»Ich will dir einen Rat geben, 'Nanda. Sag dich von Morse los, und zwar sofort. Dieser ganze Plan ist Wahnsinn. Und Morse ist gefährlich. Er streitet es ab, aber ich weiß, dass er für den Mord an Jamie Lynch und vielleicht für das Feuer im Gopher Hole verantwortlich ist, und niemand kann sagen, was er morgen tun könnte. Du bist eine nette Lady, und ich weiß, dass du die Dinge da draußen ehrlich verbessern willst, aber das ist nicht der Weg, glaub mir.«

Ananda sah ihn mit ihren großen, dunklen Augen an, und einen Moment lang war der Ausdruck darin fremdartig, irgendwie unirdisch. Dann lächelte sie und schüttelte ihr langes schwarzes Haar, und ihre Augen blitzten belustigt. »Es ist der einzige Weg«, sagte sie. »Und was Edan betrifft, täuschst du dich. Er hat weder Lynch töten noch das Gopher Hole niederbrennen lassen. Glaub es mir.«

»Ich wünschte, ich könnte es.« Er stand auf. »Ich muss mich auf den Weg machen. Wie wär's, wenn du mir zeigst, wo meine Klamotten sind, und mich nach Santa Monica zurückfährst?«

Ananda nickte, und Sandy folgte ihr ins Haus. Als er den schweren Morgenmantel ablegte und sich anzog, kam sie ganz nah zu ihm und legte ihm sanft die Arme um den Hals. »Du hast bestimmt keine Zeit für einen Quickie?« Sie lächelte. »Diesmal könntest du besser aufpassen. Vielleicht gibt's hinterher ein Ratespiel.«

Sie war warm und verlockend, wie sie sich so an ihn schmiegte, aber das Feuer war erloschen, und Sandy schüttelte den Kopf. »Ich kann nicht«, sagte er. »Ich muss weg.«

Ananda ließ ihn los und warf ihm einen gespielt finsteren Blick zu. »Trau keinem über dreißig«, meinte sie. Dann schlug sie mit einem Handtuch nach ihm.

Aber später, viel später, nachdem er sich angezogen und sie ihn zu seinem Motel zurückgebracht hatte, beugte sich Ananda aus dem Van und gab ihm einen raschen Kuss auf die Stirn. »Pass auf dich auf. Wir sehen uns wieder, okay?«

»Da bin ich mir nicht so sicher«, sagte Sandy.

»Oh, ich aber. Du weißt es nicht, aber ich. Du kommst zurück.« Sie lächelte. »Bis dahin: Lass dich nicht unterkriegen.« Sie ließ den Motor aufheulen, setzte zurück, winkte ihm ein letztes Mal zu und schoss die Straße hinab. Sandy kehrte in sein Zimmer zurück. Er war innerlich kalt und leer und wollte unbedingt weiter. Er begann zu packen.

14

Hoch in den Bergen im westlichen Colorado geriet er in den ersten Ansturm des Winters. Kalte Windböen hämmerten auf Tagtraum ein und fuhren durch seine Türritzen, und dünner Pulverschnee bedeckte einige der Straßen und zwang Sandy, langsamer zu fahren. Er brauchte länger als erwartet bis Denver und noch länger, um das Anwesen der Byrnes zu finden, obwohl er vor einiger Zeit schon einmal dort gewesen war.

Der imposante Wohnsitz nahm alleine einen ganzen Block ein und wurde durch einen drei Meter hohen schmiedeeisernen Zaun, der in einer einschüchternden Reihe schwarzer Speerspitzen endete, vom Dreck der Stadt abgeschottet. Hinter der umlaufenden Barriere erhoben sich Gehölze aus alten Bäumen, die den Blick von der Straße aufs Haus versperrten, sodass die Augen gewöhnlicher Menschen die Byrnes nicht bei dem beobachten konnten, was sie so trieben. Hinter den Bäumen befanden sich weite grüne Rasenflächen, sorgfältig gepflegte Blumenbeete und vier fiese, magere Dobermänner, die frei über das Grundstück streiften und mit Freuden unwillkommene Besucher verspeisten. Das Haus selbst war groß, weiß und protzig, mit vier hohen Säulen an der Stirnseite, die ihm das Aussehen eines alten Plantagenhauses verliehen. Zur Vervollkommnung des Bildes fehlten nur noch ein oder zwei herumschlurfende Schwarze, und ohne Zweifel wurde das von Herzen als Mangel empfunden. Sandy erinnerte sich, dass vor dem

Haus die Statue eines schwarzen Dieners stand, die Slums Vater in seinem unendlich bezaubernden Wesen gern tätschelte und »Nigger-Jim« nannte.

Im Innern war das Haus der Byrnes voller toter Tiere, antiker Möbel und Schusswaffen. Es roch nach Pfeifenrauch und Geld. Die Northwestern war eine teure Schule gewesen, aber von Sandys Collegefreunden war nur Jefferson Davis Byrne – Slum – aus einer wirklich reichen Familie gekommen. Maggie hatte bis zu ihrem Ausstieg ein volles Stipendium erhalten, Sandy selbst hatte ein Teilstipendium, einen Teilzeitjob und ein Studentendarlehen gehabt, während Froggy Cohen, Bambi Lassiter und Lark Ellyn alle aus dem wohlhabenden Milieu der oberen Mittelschicht stammten. Lediglich Jefferson Davis Byrne war zum ersten Studienjahr in seiner eigenen Corvette Stingray vorgefahren.

Sandy parkte Tagtraum auf der kalten, sonnigen Straße gegenüber dem großen Doppeltor vor der Auffahrt, stieg aus, ging um den Wagen herum und blieb einen Moment dort stehen. Er sah zu dem Haus hinauf, und seine Gedanken wanderten in die Vergangenheit. Es war zu Weihnachten im zweiten Collegejahr gewesen. Slum hatte Sandy eingeladen, die Ferien bei ihm zu verbringen, und Sandy hatte angenommen. Einer der größten Fehler seines Lebens. Die eigentliche Ironie dabei war, dass er vor allem deshalb angenommen hatte, weil er Slums Vater kennenlernen wollte. Schon damals hatte Sandy Schriftsteller werden wollen, und das Oberhaupt des Byrne-Clans war in der Tat ein sehr erfolgreicher Schriftsteller, auch wenn Sandy seine Bücher sexistisch, rassistisch und semiliterarisch fand. Sandys Meinung war gleichwohl ohne die geringste Bedeutung. Joseph William Byrne war der Autor einer endlosen Reihe schwerer, dicker, erotischer, blutiger Romane über

Söldner, alle voll von ausführlich beschriebenen bluttriefenden Szenen, männlichen Kriegstugenden und fröhlichen Vergewaltigungen. Jeder war mindestens sechshundert Seiten lang und hatte einen Titel, der aus einem einzigen Wort bestand. Die besten hatten monatelang gleichzeitig an der Spitze der Bestsellerlisten gestanden, obwohl sie zu den Büchern gehörten, die zu lesen keiner je zugeben würde. Die schlechtesten verkauften sich immer noch rund viermal besser als *Abtrünnig*, Sandys erfolgreichstes Buch. In der Branche nannte man ihn »Butcher« Byrne, den »Schlachter«, und er war stolz auf diesen Spitznamen.

Sandy war ihm nur einmal begegnet, während dieses Weihnachtsbesuchs vor langer Zeit, aber dieses eine Mal hatte gereicht. Er konnte sich noch lebhaft daran erinnern. Butcher Byrne war groß und breit gewesen, mit eisengrauem Haar und einer Hornbrille. Er hielt sich so aufrecht, als hätte er die Leichenstarre. Er rauchte Pfeife und behauptete, in seinem schweren schwarzen Stiefel ein Messer bei sich zu tragen. Er bevorzugte khakifarbene Buschjacken mit Gurten und Druckknopftaschen und seltsamen kleinen, farbigen Bändern. Sandy vermutete, dass an seinen Unterhemden Epauletten befestigt waren. Seine Stimme dröhnte und hallte wie Artilleriefeuer, und er duldete keine Unterbrechung. Er hielt vier Dobermänner im Garten und einen großen schwarzen Deutschen Schäferhund im Haus, und alle waren sie darauf abgerichtet, sich auf unliebsame Menschen zu stürzen. Er hatte fünf Söhne – Slum war der Reihenfolge nach der dritte – und hätte sie wohl nur zu gern genauso abgerichtet. Töchter hatte er keine, dafür aber knallharte Ansichten über die Rolle der Frau in der Gesellschaft. Tatsächlich hatte er zu fast allem knallharte Ansichten, aber seine Lieblingsthemen waren Krieg, Politik und das

Schreiben. Sandy machte den Fehler, seinen literarischen Ehrgeiz zu erwähnen, und bekam zwei Tage lang Butcher Byrnes »Lehrstunde eines berühmten Schriftstellers« verabreicht. Im Mittelpunkt des Kurses schien zu stehen, wie gut sich Butcher Byrnes Bücher verkauften und wie viel Tantiemen er kassierte. »Ich weine auf dem ganzen Weg zur Bank«, erklärte er Sandy acht- oder neunmal, womit er seine schlechten Kritiken abtat. Er sei einfach ein »Geschichtenerzähler«, sagte Butcher. Den ganzen »Kunst«-Quatsch könne man vergessen. »Ein Haufen menschlicher Exkremente«, sagte er laut. Trotz der Tatsache, dass Butcher beschreiben konnte, wie ein menschliches Gehirn an einer Wand aussah, nachdem es von einer Gewehrkugel verspritzt worden war, kam das Wort Scheiße nicht in seinem Vokabular vor und war unter seinem Dach nicht zu hören.

In Anbetracht von Butchers Charakter und der Verhältnisse in seinem Haus, das Sandy prompt »Fort Byrne« getauft hatte, war es keine Überraschung, dass Jefferson Davis' Rebellion, als sie denn stattfand, ihn prompt zur Antithese von allem machte, wofür sein Vater stand. Aber es war eine Überraschung, dass Slum nach all der Bitterkeit und der Ablehnung hierher nach Fort Byrne zurückgekehrt sein sollte. Als Sandy um 1973 herum zum letzten Mal von ihm gehört hatte, war Slum nach Kanada ins Exil gegangen, um dem Wehrdienst zu entrinnen.

Die Hände tief in die Taschen geschoben, überquerte Sandy die Straße und ging die Auffahrt hinauf, wobei er ein wachsames Auge auf Dobermänner hatte und sich fragte, ob Butcher weich geworden war oder ob Slum sich irgendwie in so etwas wie ein gespenstisches Echo seines Vaters verwandelt hatte. Die Dobermänner tauchten nicht auf. Vielleicht war es zu kalt für sie; die Luft klirrte vor Kälte, und die meisten Bäume waren jetzt kahl. Sandy erklomm an der Diener-Statue vorbei die Veranda und drückte auf die Klingel. Halb rechnete er damit, dass die Glocken *Attacke!* spielen würden. Ein raues Summen war alles, was er zu hören bekam.

Es gab keine Diener. Hatte nie welche gegeben. Butcher hätte sich mit Leichtigkeit Diener leisten können, aber er hegte ein tiefes Misstrauen gegen »minderwertiges genetisches Material«, wie er es nannte, und wollte so etwas nicht in seine Burg lassen. Das Gesicht des Jungen, der Sandy die Tür aufmachte, jagte Sandy einen Schreck ein – er hätte Jefferson Davis Byrne sein können, so wie er an jenem ersten Tag ausgesehen hatte, als Sandy ihn hinter dem Steuer der roten Corvette erblickte. An jenen Jeff Byrne erinnerte sich Sandy noch gut. Ein großer, magerer, hoch aufgeschossener Typ, ganz Ellbogen und Knie und Unbeholfenheit, der dauernd gegen irgendwas stieß und es umwarf. Das Leben in Butchers Schatten hatte ihn still und ehrerbietig werden lassen, immer mit einer Entschuldigung auf den Lippen. Er war schüchtern und schmerzhaft unsicher, hatte einen Bürstenschnitt und trug hundert breite Krawatten und einen Haufen zweireihiger Sakkos. Aus Angst vor schlechten Noten büffelte er wie verrückt, und weil er befürchtete, er könnte es versäumen, einer guten Verbindung beizutreten, nahm er Rush Week – die Woche der Verbindungen – entsetzlich ernst.

Dann hatte ihn Maggie in die Finger bekommen, und die Veränderungen nahmen ihren Lauf. Sie war mit Jeff ausgegangen, noch bevor sie Sandys Freundin wurde; genau genommen hatte sie die beiden einander vorgestellt, und ein oder zwei Jahre lang war es ihnen gelungen, sich ihre Zuwendung ohne Groll oder Eifersucht zu teilen. Aber Maggie hatte Jeff Byrne nicht nur die Jungfräulichkeit geraubt; sie hatte ihm zum ersten Mal in seinem Leben etwas Selbstvertrauen gegeben und die Saat zu seiner Revolte gelegt. Einmal in Gang gekommen, hatte sich die Metamorphose lawinenartig entwickelt, und Jeff schien sich so schnell in Slum zu verwandeln, wie Lon Chaney jr. sich in den Wolfsmenschen verwandelte.

Im Oktober ging er in seinen ersten ausländischen Film und hinterher mit Maggie chinesisch essen (»Schlitzaugenfraß«, wie Butcher es so reizend nannte). Im November hörte er sich einen radikalen Redner an und rauchte seine erste Marihuanazigarette. Im Dezember unterschrieb er eine Petition gegen den Krieg und nahm an einer studentischen Massenkundgebung teil.

Bis Februar war er aus seiner Verbindung ausgetreten. Bis März hatte er sich einen Bart stehen lassen, und sein Haar wurde immer wilder. Solange Sandy ihn kannte, hatte er sich nie den Bart gestutzt oder die Haare geschnitten. Schließlich wurde der Bart zu einem struppigen, rotbraunen Dickicht, das seine halbe Brust bedeckte, während ihm die Haare in alle Richtungen vom Kopf abstanden. Seine Stirnfransen hingen ihm übers Gesicht, und sein Backenbart kroch die Wangen hinauf, sodass man dort kaum noch ein Gesicht sehen konnte, nur einen winzig kleinen Mund, der sanft lächelte, und zwei strahlend blaue Augen hinter einem zottigen Schleier.

Im April brachte Maggie ihm das Nähen bei, und er setzte sich hin und fertigte seinen Slum-Anzug an, indem er all seine Schlipse bis auf einen zu einem sonderbaren, verrückt zusammengestoppelten knielangen Poncho aus hundert verschiedenen Farben und Mustern vernähte. Er war sehr stolz darauf; er sagte, er hätte seine Krawatten, ein Symbol der Unterdrückung, zu einer leuchtend bunten Fahne der Freiheit umgearbeitet. Etwa zu der Zeit, als Butcher Byrne in jenem Jahr seine schwindelerregend hohen Einkommenssteuern bezahlte, zog sein Sohn diesen unglaublichen Poncho an. Für den Rest seiner College-Laufbahn trug er ihn jeden Tag. Die einzige Krawatte, die er sich aufgespart hatte – einen dünnen stahlblauen Schlips, auf den er mit der Hand die Worte »Souvenir aus Guam« gemalt hatte –, trug er, die Enden unterschiedlich lang, lose um den Hals.

Im Mai kaufte er sich einen Block Haschisch von der Größe eines Kindersargs und schenkte jedem im Studentenwohnheim eine Kostprobe. Das steigerte seine Beliebtheit ungemein. Im Juni erklärte er Butcher, er werde den Sommer über nicht nach Hause kommen. Er malte seine Corvette grün und lila an, schrieb »FUCK LBJ« auf die Kühlerhaube und startete mit Maggie in einen Sommer *on the road*.

Im Herbst kam er auf einem rot-weiß-blauen Motortrike zurück, und Maggie saß hinter ihm. Er hatte sich Blumen in den Bart geflochten und trug einen verwaschenen Filzhut auf dem Kopf. Von da an war er Slum, und zwar für immer. Gewohnt ruhig und sanft, saß er mit Vorliebe in seinem Zimmer und aß endlose Tabletts voller kleiner Schoko-Nuss-Kuchen mit Haschisch, die er selbst backte. Er kaufte drei Kätzchen (Butcher behauptete, Katzen seien »Schoßtiere für Schwule«) und nannte sie Scheiße, Pisse und Korruption. Er heuerte ein paar Burschen an, die seine Seminare besuchten und seine Tests schrieben. Er verbrannte alle seine Stiefel, und seine Füße wurden hart von Schwielen und ganz schwarz vor Schmutz. Er lächelte viel, brüllte bei Showsendungen im Fernsehen vor Lachen und wurde fett von all den kleinen Schoko-Nuss-Kuchen, sodass sich ihm sein Slum-Anzug um den Bauch spannte. Und so hatte er im Dezember des zweiten Collegejahres ausgesehen, als er Sandy mit nach Hause brachte, damit er Butcher kennenlernte. Der Ausdruck auf Butchers Gesicht, als sie auf Slums Motortrike die Auffahrt hinaufrauschten, war die von Streit erfüllte Woche fast wert gewesen.

»Ja?«, fragte der Junge auf der Türschwelle. »Was kann ich für Sie tun?« Sandy wurde bewusst, dass er stumm dagestanden und ihn angestarrt hatte. Der Junge war etwa siebzehn oder achtzehn, in einem Hemd mit dem Krokodil darauf und maßgeschneiderten Jeans, und er sah dem Jeff Byrne von damals so ähnlich, dass es wehtat.

Aber natürlich war das nicht Slum; es war einer seiner Brüder, der jüngste. »Ich bin Sandy Blair«, sagte er. »Ich war auf dem College ein guter Freund deines Bruders Jeff. Und du bist … Dave, richtig?«

»Doug«, korrigierte der Junge. »Ich kann mich nicht an Sie erinnern.«

»Du warst noch ziemlich klein, als wir uns damals begegnet sind«, sagte Sandy. »Vielleicht vier oder fünf.« Er erinnerte sich an ein kleines Energiebündel mit lauter Stimme und einem Haufen Spielzeugwaffen. Doug, ja natürlich, der Name war Doug. Douglas McArthur Byrne. Er hatte eine riesengroße Wasserpistole in der Form einer Maschinenpistole besessen und Sandy und Slum damit am liebsten in den Schritt geschossen, sodass es aussah, als hätten sie sich in die Hosen gemacht. »Ist dein Bruder da? Ich würde ihn gern sehen.«

»Jeff?«, fragte der Junge unsicher.

»Ja. Er ist der einzige Byrne, den ich kenne.«

Doug wirkte einigermaßen verwirrt. »Also, ich weiß nicht.« Er runzelte die Stirn. »Na ja, ich denke, Sie kommen besser rein.« Er wandte sich um und führte Sandy durch ein Foyer zu einem großen, unpersönlich kalten Raum voller Gewehrständer und Trophäenschränke. »Warten Sie hier«, sagte er. »Ich hole Jane.«

Sandy hatte keine Ahnung, wer Jane war. Vielleicht Slums Mutter, dachte er. Er war ihr natürlich begegnet – eine füllige kleine Maus von einer Frau mit ausgeblichenem blonden Haar und verschreckten Augen –, aber soweit er sich erinnerte, war ihr Name »Mrs. Joseph William Byrne« gewesen oder manchmal einfach nur »Mutter«.

Während er wartete, schlenderte Sandy in dem Zimmer umher, das ihn ein wenig an ein Museum oder eine Kriegsgedenkstätte erinnerte. Über dem Kamin hing die Hauptattraktion; die Schiefervertäfelung war ganz und gar mit Butchers Trophäen aus mindestens vierzig oder fünfzig Jahren bedeckt. Jagdtrophäen, Kriegsmedaillen auf schwarzem Filz, Ehrenspangen verschiedener Logen, Preise von Hundeschauen und nicht weniger als drei Auszeichnungen als »Vater des Jahres« von einer sogenannten »Patriotischen Liga«: 1954, 1957 und 1962. An der Wand über den Trophäen hingen Butchers Abschlusszeugnisse und ein großes Ölportrait von ihm höchstselbst, circa Zweiter Weltkrieg. Er trug die Spangen eines Hauptmanns, und auf dem Gelände hinter ihm explodierten Bomben, während über ihm Messerschmitts dahinkreischten. Sandy fragte sich, wie viele Messerschmitts sie auf der Heeresbasis in Georgia gehabt hatten, wo Hauptmann Joseph William Byrne laut Slum seine sämtlichen Kriegsjahre verbracht hatte.

Zu Butchers Trophäen gehörten keine Literaturpreise, aber die in die Wand gebauten Bücherschränke beiderseits des Kamins waren rammelvoll mit seinen Romanen, jeder von Hand in schwarzes Leder gebunden. An anderer Stelle hatte jeder von Byrnes Söhnen sein eigenes Portrait und seinen Trophäenschrank. Joseph William Byrne jr., der älteste Sohn, hatte fast so viele Trophäen gewonnen wie Dad. Sein Portrait zeigte einen Mann in den Vierzigern mit hartem, zerfurchtem

Gesicht, der eine Uniform und Eichenlaub trug. Er war Berufssoldat, soweit Sandy sich erinnerte. Gegenüber stand ein ganz in Schwarz gehaltener Schrank voller persönlicher Habseligkeiten und Auszeichnungen, darunter auch ein paar Uniformfetzen. Das Portrait war schwarz umrahmt und zeigte einen jungen Mann mit der Uniformmütze der Green Berets, der in die Sonne blinzelte. Robert Lee Byrne war einer der ersten Amerikaner in Vietnam gewesen, und auch einer der ersten Gefallenen.

Dougs Trophäenschrank war mit Baseball- und Basketball-Preisen gefüllt. Der vierte Bruder, George Patton Byrne, war eher ein Footballspieler. Sein Portrait zeigte ihn im Grau der Militärakademie von West Point. Slums Schrank war fast leer. Eine Reihe von Abzeichen der Ehrenliste, zwei kleine Schachtrophäen und sogar ein rührender Siegespokal aus Plastik für den 1. Platz in einem Dreibein-Wettrennen bei einem Veteranenpicknick 1957. Sein Portrait war offenbar nach einem Foto von der Abschlussfeier an der Highschool gemalt worden.

Sandy betrachtete es gerade, als er Schritte hörte. »Hallo«, sagte eine Frauenstimme. »Sie müssen Mister Blair sein. Ich bin Jane Dennison.« Das war nicht Slums Mutter, so viel war klar. Sandy sah sich einer schlanken, energischen, hübschen Frau von ungefähr fünfunddreißig Jahren gegenüber, mit kurzem braunen Haar und viel zu kurz geschnittenen Fingernägeln. Sie schüttelte Sandy gebieterisch die Hand und führte ihn zu einem Stuhl. Dann setzte sie sich ihm gegenüber, schlug die Beine übereinander und sagte: »Was kann ich für Sie tun?«

»Tja, wenn ich das wüsste«, sagte Sandy. »Ich möchte Slum sehen. Jeff. Das habe ich Doug schon gesagt, und er ist losgegangen und hat Sie geholt.«

»Ich verstehe«, sagte sie. »Warum wollen Sie Jeff sehen?«

»Ohne besonderen Grund. Wir sind Freunde. Schon seit dem College. Ich war auf der Durchreise und dachte, ich könnte mal schauen, wie es ihm geht. Worin besteht das Problem? Und wer sind Sie? Eine Haushälterin, Slums Freundin, was?«

Sie presste affektiert die Lippen zusammen. »Ich bin Jeffs Pflegerin«, erklärte sie. »Mister Blair, Sie behaupten, Jeffs Freund zu sein, aber Sie stehen offenbar seit einiger Zeit nicht mehr mit ihm in Verbindung. Darf ich fragen, wann Sie ihn zuletzt gesehen haben?«

»Das ist lange her«, gab Sandy zu. »Es war entweder 72 oder 73. In Kanada.« Er erinnerte sich noch gut an den Besuch. Slum befand sich zu diesem Zeitpunkt bereits seit fast zwei Jahren im Exil. Da er zu Beginn seines vorletzten Studienjahres sein Studium abgebrochen hatte, war seine vorläufige Befreiung vom Wehrdienst rückgängig gemacht worden, und seine Bemühungen, als Kriegsdienstverweigerer aus Gewissensgründen anerkannt zu werden, waren gescheitert, obwohl Butcher aus diesem Grund nichts mehr mit ihm zu tun haben wollte. »Ich werde niemanden erschießen«, hatte Slum stur gesagt. »Mir ist als Kind immer schlecht geworden, wenn Butcher mich gezwungen hat, Wild zu schießen. Er hat mich sogar gezwungen, diese Katze zu erschießen, die ich mal mit nach Hause gebracht hatte, und ich hab mir in die Hosen gemacht. Eins ist mal absolut sicher, ich werd keinen Menschen erschießen.« Und so hatte er sich nach Kanada aufgemacht. Maggie hatte eine große Abschiedsfete für ihn gegeben, und Hunderte von Freunden waren gekommen. Er hatte auf einer erhöhten Plattform unter einem TEUFEL NEIN, SLUM RÜCKT NICHT EIN!-Transparent gesessen und gestrahlt, und sie hatten ihm eine stehende Ovation dargebracht. Froggy war auf einen Tisch gesprungen und hatte einen Toast auf ihn gesprochen: Er sei einer der »echten Helden dieses Krieges« und »das mutigste Mitglied des Byrne-Clans«.

Slum landete mit drei weiteren Wehrdienstflüchtlingen in einem Bauernhaus in Nova Scotia, und als der *Hog* Sandy dort hinaufschickte, um über das Abschlachten der Robbenbabys zu berichten, hatte er sich einige Zeit für einen Besuch freigenommen. Ihm hatte der Freund gefallen, den er oben im Norden vorgefunden hatte. Der Bart und die wilden Haare waren noch vorhanden, aber er hatte seinen Slum-Anzug gegen schlichte Arbeitskleidung aus Baumwolle eingetauscht, aus seinem Fett waren Muskeln geworden, und er hatte die Kifferphase offenbar hinter sich gehabt. Eines Tages hatte Sandy ihm geholfen, ein Dach zu decken. Er erinnerte sich daran, wie geschickt und behände Slum dabei gewesen war, wie er einen Nagel mit drei sicheren, raschen Hammerschlägen eingeschlagen hatte, während Sandy ein Dutzend brauchte und das verdammte Ding trotzdem meistens verbog, und an seinen schlichten Stolz darauf, dass er seine Sache gut machte. Er hatte robust gewirkt, sehr selbstsicher, zunehmend stärker und glücklich. Sandy war mit dem Versprechen abgereist, ihn bald wieder zu besuchen, aber er hatte es natürlich nie getan.

»In Kanada«, sagte Jane Dennison. »Nun, das ist wirklich lange her, Mister Blair. Jeff kam im März 1974 aus Kanada zurück, als seine Mutter starb. Er wollte bei der Beerdigung dabei sein. Natürlich haben die Behörden auf ihn gewartet, und Jeff wurde festgenommen und musste wegen Wehrdienstentziehung ins Gefängnis. Er verbrachte knapp über zwei Jahre in einer Bundesstrafanstalt, und ich fürchte, das war für ihn ein niederschmetterndes Erlebnis. Seitdem hat er schwere psychische Probleme.«

»Was für Probleme?«, fragte Sandy. Plötzlich war er furchtbar wütend. Wütend auf die Pflegerin, die ihm die schlechte Nachricht überbrachte. Wütend auf Slum, dass er nicht geschrieben hatte, nicht versucht hatte, ihn zu erreichen. Verdammt, er hätte helfen können, hätte eine Kampagne im *Hog* aufziehen, irgendwas tun können. Am meisten war er auf sich selber wütend, weil er die Verbindung nicht aufrechterhalten und all das hinter seinem Rücken geschehen lassen hatte.

»Chronische Depression«, sagte die Pflegerin, »und Anfälle psychotischer Gewalttätigkeit.«

»Gewalttätigkeit?«, fragte Sandy. »Das ist unmöglich. Slum war der sanfteste Mensch, den ich je gekannt habe.«

»Ich versichere Ihnen, Jeff ist genauso zu gewalttätigem Verhalten fähig wie jeder andere. Er ist zweimal in eine Heilanstalt eingewiesen worden, Mister Blair, und wurde einer Elektroschock-Therapie unterzogen, aber seine Probleme sind geblieben. Sie sehen also, dass es unter diesen Umständen nicht in Jeffs Interesse wäre, wenn Sie mit ihm sprächen. Obwohl er die meiste Zeit glücklich ist, regt er sich schnell auf, und es würde höchstwahrscheinlich einen Anfall auslösen, fürchte ich, wenn er Sie sähe. Das wollen Sie doch sicher nicht.«

Sandy starrte sie an. »Wovon reden Sie, zum Teufel? Ich bin sein Freund. Er wird sich freuen, mich zu sehen.«

»Einerseits ja, aber andererseits wird es ihn furchtbar aus der Fassung bringen. Sie repräsentieren genau den Abschnitt in seinem Leben, den er unbedingt vergessen muss, den Abschnitt, in dem er angefangen hat, irrational zu handeln und die Identität von ›Slum‹ anzunehmen, wie Sie ihn nennen. Es wäre viel besser für ihn, nicht an diese Jahre erinnert zu werden.«

»Das waren die glücklichsten Jahre seines Lebens«, sagte Sandy. »Für mich ergibt das keinen Sinn. Ich will Slum sehen.«

»Dass Sie ihn fortwährend bei seinem Spitznamen nennen,

zeigt mir, dass ich Ihnen nicht erlauben kann, mit ihm zu sprechen«, erklärte sie steif. »Wenn Sie wirklich sein Freund wären, verstünden Sie das.«

»Sie wissen doch gar nicht, wovon Sie reden.«

Jane Dennison stellte die Beine wieder nebeneinander und stand auf. »Ich habe nicht die Absicht, hier zu sitzen und mir anzuhören, wie ein Laie meine professionelle Kompetenz infrage stellt. Ich fürchte, ich kann Ihnen nicht gestatten, Jeff zu sehen. Doug wird Sie hinausbringen, oder vielleicht finden Sie den Weg allein?«

Sandy stand auf und sah ihr finster ins Gesicht. »Ja«, sagte er, »ich finde den Weg, aber ich gehe auf gar keinen Fall. Nicht bevor ich Slum sehe, oder Jeff oder wie immer Sie ihn nennen wollen, verdammte Scheiße.«

»Das haben nicht Sie zu entscheiden, Mister Blair, sondern ich, und ich versichere Ihnen, dass Sie mich mit vulgären Ausdrücken nicht umstimmen werden. Muss ich Sie hinauswerfen lassen?«

»Ja, das müssen Sie wohl«, sagte Sandy in scharfem Tonfall. Er stolzierte an ihr vorbei ins Foyer und schaute sich um, als er hörte, wie sie ihm nacheilte. Oben, dachte er. Die Schlafzimmer waren oben, und dort würde er Slum finden. Er stürzte zu der breiten, geschwungenen Treppe und hastete die Stufen hinauf, immer zwei auf einmal. Unten hörte er Jane Dennison laut nach Doug rufen. »SLUM!«, rief er, während er durch den Korridor lief und im Vorbeigehen Türen öffnete. Der dicke Teppich verschluckte seine Stimme, und er musste lauter rufen. »SLUM! Wo steckst du, verflucht? SLUM!«

Ganz am Ende des Flurs ging eine Tür auf. Ein hochgewachsener, ausgemergelter Mann in Tenniskleidung stand dort und blinzelte ihn an. Er war bartlos, hatte kurz geschorenes Haar und sah älter aus, als er war. »Sandy?«, sagte er erstaunt. »Bist du's wirklich, Sandy?« Auf seinem schmalen, hohlwangigen Gesicht erschien ein zittriges Lächeln. »Sandy!« Er strahlte.

Sandy machte zwei schnelle Schritte, blieb stehen und wäre beinahe gestolpert. Slums äußere Erscheinung traf ihn wie ein Schlag ins Gesicht. Die ernste Miene. Der ermattete, wässrige Ausdruck seiner Augen. Wie hager er war! Und seine Kleidung. Tenniskleidung. Weiße Kleidung. So ganz und gar weiß. *Der Traum*, dachte Sandy und wurde von einer plötzlichen, irrationalen Angst erfasst. Aber dann kam Slum auf ihn zu und umarmte ihn, und der Moment ging vorbei, als Sandy ihn ebenfalls umarmte, so fest er konnte.

»Du siehst …«, setzte Sandy an. Er wollte sagen: »gut aus«, aber er merkte, dass er die Lüge nicht über die Lippen brachte. »… äh … anders aus«, schloss er.

Slum lächelte vorsichtig. »Das weiß ich, Sandy«, sagte er. »Komm.« Er führte ihn durch den Flur zu einem großen, von Licht erfüllten Zimmer und ließ sich im Lotossitz auf dem Boden nieder, während Sandy in einem Sessel Platz nahm. »Wie bist du an Butcher vorbeigekommen?«, fragte Slum.

»Ich bin Butcher nicht begegnet. Nur deinem Bruder Doug und einem Drachen, der sich Jane Dennison nennt. Sie wollte mich nicht zu dir lassen. Ich hab mich an ihr vorbeigedrängt und bin trotzdem raufgekommen.«

»Dann machen wir lieber schnell mit dem Reden. Dennison ruft wahrscheinlich gerade Butcher an. Er ist bestimmt in seinem Club, oder er ist essen gegangen. Sonst hätte er die Hunde auf dich losgelassen.« Wieder dieses rasche, zittrige Lächeln, ein Lächeln voller Angst, als wüsste Slum, dass er über die falschen Sachen lächelte und binnen Kurzem dafür bestraft werden würde. »Aber er wird schnellstmöglich zurückkommen, wenn er von ihr hört, und dann wirft er dich mit einem Tritt in den Hintern raus.«

»Was soll das? Du darfst keinen Besuch bekommen? Hast du da nichts mitzureden?«

»Nein«, sagte Slum.

Sandy machte ein finsteres Gesicht. »Sie sagt, du bist verrückt. Chronische Depression. Psychotische Gewalttätigkeit. Ist das wahr? Willst du mir weismachen, dass du übergeschnappt bist, Slum?«

Slum sah auf seine dünnen, knochigen Hände hinab und kicherte. »Verrückt«, sagte er. »Das bin ich wohl.« Er kicherte wieder. Sandy gefiel dieses Kichern überhaupt nicht. »Ich bin unzurechnungsfähig, jedenfalls im juristischen Sinn. Butcher hat mich für unzurechnungsfähig erklären lassen. Also bin ich verrückt, nehme ich an.« Er sah zu Sandy auf, und das schwache Lächeln verschwand. Sein Mund zitterte, und einen Moment sah es aus, als würde er gleich weinen. »Sandy, ich bin … durcheinander. Ich war echt fertig, als ich aus dem Knast kam. Chronische Depression haben sie's genannt. Sie haben mich in eine Nervenklinik gebracht und mir Elektroschocks verpasst. Therapie nennen sie das, Therapie. Und Sandy, seitdem … Na ja, vielleicht bin ich gar nicht so depressiv, aber ich habe Angst, glaube ich – Angst, dass sie die Schocksache noch mal machen. Und ich kann mich an manches nicht mehr erinnern. An Sachen, an die ich mich erinnern sollte. Es ist, als wäre ein Teil meines Verstandes weg. Also haben sie wohl recht. Ich bin verrückt. Aber es ist ihre Schuld, Sandy. Es ist Butchers Schuld.« Er schlang die Arme um sich und zitterte heftig.

Sandy spürte, wie er immer wütender wurde, aber er versuchte sich zu zügeln. »Was ist mit diesen psychotischen Anfällen?«, fragte er. »Bist du wirklich gewalttätig?«

»Als ich das erste Mal aus dem Krankenhaus nach Hause kam, hab ich versucht abzuhauen. Ich wollte nach Kanada zurück. Butcher wollte mich nicht gehen lassen, da hab ich ihn mit einem Messer bedroht. Mit einem Küchenmesser. Er kam einfach zu mir und nahm es mir weg, und er hat mich geohrfeigt und mir erklärt, er hätte gewusst, dass ich zu viel Schiss hätte, es zu benutzen. Obendrein hatte er auch noch recht. Das war einer meiner Anfälle. Manchmal drehe ich durch und werfe mit irgendwas. Letzte Woche hab ich Butchers ›Vater des Jahres‹-Pokal für 1964 zertrümmert. Er wird gerade wieder zusammengeflickt. Ich bin ein gefährlicher Irrer, Sandy. Ein gefährlicher, gewalttätiger, unzurechnungsfähiger Irrer. Ich muss sogar einen elektrischen Rasierapparat benutzen.« Er zwang sich zu einem Lächeln. »Es ist wirklich schön, dich zu sehen, Sandy. Wie geht's der alten Gang? Siehst du sie noch?«

»Nein«, sagte Sandy. »Schon lange nicht mehr. Aber erst vor Kurzem hab ich sie alle besucht, einen nach dem anderen, während ich durchs Land gefahren bin. Deshalb bin ich hier.«

»Wie geht's Maggie?«, fragte Slum. »Wenn du sie siehst, sag ihr, dass ich oft an sie denke, ja?« Er blickte wieder auf seine Hände hinab. »Seit dem Knast war ich mit keiner Frau mehr zusammen. Ich bin impotent. Keine Ahnung, ob es an den Elektroschocks liegt oder an der Zeit im Gefängnis. Das Gefängnis war ziemlich schlimm. Ich bin etliche Male vergewaltigt worden. Das war, als ob etwas in mir drin zerbrochen wäre, was Starkes, das mich zu dem Menschen gemacht hat, der ich war. So was kann passieren, wenn man vergewaltigt wird.«

Sandy war bestürzt. »Ich fass es nicht! Wo warst du denn da? Ich dachte, Leute, die sich dem Kriegsdienst entzogen haben, würden in saubere kleine Anstalten mit minimalen Sicherheitsstandards gesteckt, wo solche Sachen nicht vorkommen.«

Slum lächelte. »Nein, das gilt nur für die Watergate-Burschen. Na ja, kann sein, dass manche, die sich dem Kriegsdienst entzogen haben, auch da landen, aber die haben nicht Butcher zum Vater. Ich kann's nicht beweisen, aber ich glaube, er hat mir das eingebrockt. Der Richter war ein alter Verbindungskumpel von ihm. Butcher wollte nicht, dass man mich mit Samthandschuhen anfasste, er dachte, die harte Tour würde mir guttun. Ich hab meine Zeit in einem Hochsicherheitsknast abgesessen, bis ich ausgerastet bin.« Er runzelte die Stirn. »Wenn ich den Leuten das sage, wenn ich ihnen erzähle, dass Butcher mir das angetan hat, dann behaupten sie, das zeige nur, wie unzurechnungsfähig ich sei. Wie paranoid. Weil ich meinem Vater die Schuld an allem gebe. Er war es auch, der mich an die Polizei verpfiffen hat, als ich zur Beerdigung meiner Mutter zurückgekommen bin.«

»Bist du sicher? Nicht mal Butcher …«

»Oh, er hat's zugegeben. Ich war ein Krimineller. Ich hätte mich meinem Verbrechen wie ein Mann zu stellen und die Konsequenzen meiner Handlungen zu tragen. Die Konsequenzen waren rund hundert Millionen Schwänze in meinem Arsch, glaube ich. Am Schluss hab ich mich nicht mal mehr gewehrt.« Er hatte jetzt Tränen in den Augen. »Warum hast du mich nie besucht, Sandy? Oder mir zumindest geschrieben? Es war wirklich übel da drin, und ich hätte ein paar Freunde brauchen können. Ich hab immer gehofft, dass mal einer von euch auftauchen würde – Maggie, Froggy oder du. Ich wäre sogar froh gewesen, Lark zu sehen, auch wenn er mich einen Dummarsch genannt hätte. Warum ist keiner von euch gekommen?« Zum Schluss wurde seine Stimme schrill.

»Weil wir nichts davon wussten«, sagte Sandy. »Hätten wir Gedanken lesen sollen oder was? Bis vor ein paar Wochen dachte ich, du wärst noch in Kanada. Warum hast du nicht geschrieben, als du in Schwierigkeiten geraten bist?«

Slum machte große Augen. Sein Mund öffnete sich tonlos und schloss sich wieder. Dann warf er den Kopf in den Nacken und lachte. »Oh, oh, oh, oh«, sagte er mit hoher, hysterischer Stimme. »Oh, oh, das ist komisch, oh, so komisch, oh, oh.« Er wischte sich mit dem Handrücken Tränen von der Wange. »Sandy«, sagte er, »ich hab dir geschrieben, oh, drei-, viermal. Ich hab auch Bambi und Froggy geschrieben und sogar Lark. Ich hab Ted und Melody und Anne geschrieben, jedem, an den ich mich erinnern konnte. Ich hab Maggie ein halbes Jahr lang jede Woche geschrieben, bis ich's schließlich aufgegeben habe.«

»Das kapier ich nicht«, sagte Sandy. »Ich hab nie irgendwelche Briefe bekommen, und ich bin sicher, die anderen auch nicht. Sie hätten angerufen. Sogar Lark.«

Slum lachte wieder. »Was für ein Witz!«, sagte er. »Natürlich habt ihr keine Briefe bekommen. Butcher muss dafür gesorgt haben, dass sie abgefangen wurden. Bestimmt hat er jemand dafür bezahlt. Den Wärter, irgendwelche Wachen, vielleicht sogar jemand auf dem Postamt, wer weiß das schon. Vielleicht sie alle. Butcher konnte sich das leisten. Er wollte nicht, dass ich mich mit euch in Verbindung setze. Mit keinem von euch. Ihr wart alle ein schlechter Einfluss. Ihr habt seinen Sohn in eine kommunistische, rauschgiftsüchtige Schwuchtel verwandelt. Das wird er dir selber sagen, wenn er erst nach Hause kommt. Ich war bereits ein Feigling, das weiß er, aber ich war keine kommunistische, rauschgiftsüchtige Schwuchtel, bis ich aufs College gekommen und an euch üble Typen geraten bin. Oh, ich war so dumm. Ich bin unzurechnungsfähig. Ich hätte es wissen müssen. Ich bin nicht annähernd paranoid genug, noch nicht. Bei Butcher kannst du gar nicht paranoid genug sein. Ich glaubte, was er mich glauben ließ – dass es euch einfach egal war, dass ihr überhaupt nie meine Freunde gewesen seid.« Er ballte die Hände zu Fäusten. »Ich möchte diesen Mann umbringen, Sandy. Mein Psychiater findet das total krank, aber ich will es. Ich wünschte, ich hätte den Mut dazu. Genug Waffen haben wir hier. Schrotflinten, Gewehre, Pistolen. Unten im Keller hat er sogar eine Uzi und eine alte Panzerfaust.« Slum ergriff ein imaginäres Maschinengewehr und durchsiebte das Zimmer mit unsichtbaren Kugeln. »Bumbumbumbum«, verkündete er laut. »Ihm richtig den verdammten Schädel wegblasen, genau wie in seinen Büchern. Auf seinen Sarg pissen. Und dann Miss Dennison vergewaltigen. Wenn ich ihn hochkriegen könnte. Ihn ihr richtig in den Arsch schieben, da hat sie's verdient.« Er kicherte. »Ich hab's dir gesagt, Sandy, sie haben recht.«

Sandy erinnerte sich an einen hochgewachsenen, schlaksigen Studienanfänger, der dauernd alles umwarf und sich fortwährend entschuldigte. Er erinnerte sich an einen massigen, langhaarigen Studenten im zweiten Studienjahr, der einen Anzug aus hundert Farben trug und fortwährend lächelte, während er immer wieder »Atlantis« von Donovan hörte und aus Angst, das Kätzchen zu stören, das auf seinem Schoß schlief, ganz still dasaß. Er erinnerte sich an einen bärtigen, muskulösen Exilanten, der mit ruhiger Präzision Nägel einschlug. Ihm war zum Kotzen zumute.

Unten hörte er eine Tür schlagen, und eine mächtige, vertraute Stimme dröhnte: »Wo ist er?« Eine weibliche Stimme antwortete, schrill, aber zu leise, als dass Sandy die Worte verstehen konnte, und zwei Paar Schritte kamen die Treppe herauf.

»Jetzt bist du in Schwierigkeiten«, sagte Slum. »Er wird damit drohen, den Hund auf dich zu hetzen, und dann versprechen, dich eigenhändig zu erschießen. Wart's ab, du wirst's ja sehen. Butcher ist genauso berechenbar wie die Handlung in seinen Büchern.«

Es dauerte nur einen Moment, bis Butcher Byrne im Türrahmen des Zimmers seines Sohnes erschien, aber Sandy hatte Zeit, aufzustehen und die Arme zu verschränken und seinem Zorn Nahrung zu geben. Joseph William Byrne war älter geworden. Sein hartes, ledriges Gesicht war von tiefen Falten durchfurcht, und das eisengraue Haar war größtenteils weiß. Er hatte seine Hornbrille gegen eine silberne Pilotenbrille eingetauscht, und seine Buschjacke war aus Leder und nicht mehr khakifarben. Aber sie hatte immer noch Epauletten. »Mister Blair«, sagte er laut. »Sie halten sich widerrechtlich in meinem Haus auf. Sie werden sich entfernen. Sofort.«

»Ich besuche meinen Freund«, sagte Sandy. »Slum, willst du, dass ich gehe?«

Slum lächelte. »Natürlich nicht.«

»Mein Sohn Jefferson ist dank Freunden wie Ihnen in psychiatrischer Behandlung. Er weiß nicht, was gut für ihn ist. Ihr Besuch hat seine Behandlung möglicherweise schon um Monate oder sogar Jahre zurückgeworfen. Sie haben ihm das angetan, Blair. Sie und Ihr jüdischer Zimmergenosse und diese ordinäre irische Schlampe, mit der er sich eingelassen hat. Nun, Jefferson ist mit euch allen fertig. Dafür habe ich gesorgt.«

»Ja, ich weiß«, sagte Sandy. »Eingriff in den Postverkehr ist ein Vergehen gegen ein Bundesgesetz, Butcher.«

»Sind Sie bereit, freiwillig zu verschwinden, oder nicht?«, fragte Byrne.

»Bin ich nicht«, sagte Sandy.

Daraufhin lächelte Byrne tatsächlich. »Gut. Ich habe etliche Hunde auf dem Grundstück. Ich brauche bloß zu pfeifen, und sie werden für Ihre dauerhafte Entfernung sorgen. Oder ich könnte Sie einfach erschießen.«

Slum lachte. »Hab ich's dir nicht gesagt?«

»Kann ich's mir aussuchen?«, fragte Sandy. »Butcher, Sie sind ein richtiger Haufen Scheiße, wissen Sie das?«

Byrne wurde puterrot. Eine große Vene an seiner Stirn begann wie ein dicker blauer Wurm in zunehmender Erregung zu pulsieren. »Wenn Sie mich schockieren wollen, sparen Sie sich den Atem. Ich habe beim Militär gedient, wissen Sie …«

»Hätte ich nie gedacht«, sagte Sandy.

»… und in der Kaserne habe ich sämtliche unanständigen Worte gehört, die Sie kennen, und noch eine ganze Menge dazu. Also ersparen Sie mir Ihr vulgäres Vokabular.«

»Vokabular wollen Sie? Dann hätte ich ein paar Wörter für Sie. Sadist. Das ist gut. Arschficker mit Harnstau. Bastard. Psychotiker. Lohnschreiber. Faschist. Nehmen Sie alle zusammen, und sie ergeben BUTCHER.«

Byrnes Vene sah aus, als würde sie gleich platzen. »Ich werde nicht hier stehen und mich von einem billigen kleinen Dreckstück von Peacenik als Faschist beschimpfen lassen«, brüllte er. »Ich habe dieses Land gegen die Nazis verteidigt, nur damit Sie's wissen!«

»O ja. Eigenhändig sämtliche Erdnussfelder von Georgia vor dem Blitzkrieg gerettet, soweit ich gehört habe. Whoop-de-do.«

»Ist Ihnen klar, dass wir beide denselben Verleger haben, Blair? Und dass ich Ihre Karriere mit einem Telefonanruf beenden kann?«

»Machen Sie sich keine Sorgen, die beende ich schon selbst.«

Butcher Byrne drehte sich um. Jane Dennison und sein Sohn Doug standen hinter ihm in der Tür und sahen der Show zu. »Douglas, bring mir meine Schrotflinte«, sagte Butcher.

»Jawohl, Sir«, erwiderte Doug und verschwand.

»Du gehst besser«, sagte Slum. »Er wird dich erschießen, Sandy. Bestimmt. Und dich als Eindringling bezeichnen.«

Sandy drehte sich um. »Ich gehe, wenn du mitkommst.«

Slum schüttelte den Kopf. »Ich kann nicht«, sagte er leise und wandte den Blick ab. »Es würde nichts nützen. Butcher würde einfach die Bullen rufen, und sie würden mich zurückschleppen, mich vielleicht wieder in diese Nervenklinik sperren. Ich bin unzurechnungsfähig.«

»Einen Scheiß bist du«, sagte Sandy. »Na gut. Bleib hier. Aber ich werde mir einen Anwalt besorgen, Slum. Wir holen dich hier raus, das verspreche ich dir.«

»Nehmen Sie sich so viele Anwälte, wie Sie wollen, Mister Blair«, sagte Butcher Byrne. »Ich versichere Ihnen, ich kann mir bessere leisten. Sie nehmen mir meinen Sohn nicht noch mal weg.« Douglas kam mit einer doppelläufigen Schrotflinte ins Zimmer zurück. Butcher nahm sie wortlos entgegen, ließ sie aufschnappen, um zu prüfen, ob sie geladen war, schloss sie dann wieder und richtete sie auf Sandy. »Sie haben die Wahl, Blair. Sie setzen sich jetzt sofort in Bewegung, oder ich drücke ab.«

Die Mündung der Schrotflinte, kaum einen Meter von ihm entfernt, kam Sandy riesengroß vor. Er zitterte. Butcher sah aus, als meinte er es ernst. Aber etwas in seinem Innern, ein Zorn, eine Halsstarrigkeit, irgendein wilder Mut, gestattete Sandy nicht zu kneifen. Er griff auf die einzige Verteidigung zurück, die er je wirklich perfektioniert hatte: auf Worte. »Gewalt ist die letzte Zuflucht der Unzurechnungsfähigen«, sagte er mit einer Frechheit, nach der ihm eigentlich gar nicht zumute war. »Wenn Sie mich erschießen, stecken Sie tief in der Scheiße, Sie Arschloch.«

Butcher zielte mit zusammengekniffenen Augen am Lauf entlang, und einen Moment lang glaubte Sandy, alles wäre vorbei. Und dann schrie Slum hinter ihm »NEIN!«, und etwas zischte über Sandys Schulter – ein kräftig geworfenes Buch. Butcher duckte sich, aber zu langsam. Das Buch erwischte ihn direkt an der Schläfe und brachte ihn aus dem Gleichgewicht. Die Schrotflinte senkte sich, und er hob eine Hand an die Stirn und blinzelte. Dann lächelte er. »Nicht schlecht, Jefferson«, sagte er. »Vielleicht mache ich doch noch einen Mann aus dir.«

Slum war auf den Beinen, seine Augen funkelten wild, und er bleckte die Zähne. »Ich bring dich um, du mieses Schwein, du mieses SCHWEIN!«, schrie er und stürzte sich auf seinen Vater.

Aber Sandy trat ihm in den Weg und hielt ihn fest. »Nein, nicht.«

»Lass mich los.« Slum wehrte sich nach Kräften. »Er hätte dich erschossen. Ganz sicher.«

»Kann sein«, sagte Sandy, riss Slum zurück und stellte sich ihm entschlossen in den Weg. »Aber wenn du ihn umbringst, dann wirst du zu dem, was er ist. Genau das will er. Das hat er die ganze Zeit gewollt – dich zu seinem Ebenbild zu machen. Du hast das nicht nötig. Du bist besser als er. Du hattest den Mut, Nein zu sagen, mehr Mut, als alle deine Brüder je hatten. Wirf das nicht weg. Wenn du ihn schlägst, gewinnt er.«

Slum sackte zurück gegen die Wand. Sein Zorn verebbte,

bis er nur noch verwirrt aussah. »Ich weiß nicht«, murmelte er. Er legte eine Hand ans Gesicht. »Ich weiß es einfach nicht.«

Jane Dennison durchquerte das Zimmer mit energischen Schritten. Sie trug so etwas wie eine Arzttasche bei sich. »Da sehen Sie, was Sie angerichtet haben«, erklärte sie Sandy kalt. »Ich habe Ihnen gesagt, das würde einen Anfall auslösen.« Sie nahm Slum sanft an der Hand. »Es ist Zeit für deine Medizin, Jeff.«

Slum riss sich los und wich vor ihr zurück. »Ich brauch keine Medizin.« Er hob die Hände, wie um sie abzuwehren. »Bleiben Sie mir vom Leib.« Aber Dennison ignorierte ihn. Mit geübter Hand holte sie eine Spritze aus ihrer Tasche und zog sie auf. »Nein!«, beharrte Slum lauter. Dennison nahm seinen Arm und tupfte ihn mit Alkohol ab. Er krümmte sich, wehrte sich aber nicht.

»Das ist bloß ein Beruhigungsmittel, Jeff«, sagte die Pflegerin, aber als sich die Nadel seiner Vene näherte, schrie Slum auf. Sandy verspürte einen krankhaften Abscheu und ging auf sie zu, aber bevor er eingreifen konnte, packte Butcher ihn von hinten. Slum schrie und weinte. Er schrie noch, als Butcher und Doug Sandy gemeinsam aus dem Zimmer zerrten. Nachdem sich die Tür hinter ihnen geschlossen hatte, grinste Joseph William Byrne höhnisch. »Er hätte mich nie angerührt, Blair. Ich brauchte Ihren kleinen Sermon nicht. Jefferson ist ein Feigling. Er war immer ein Feigling, schon als kleiner Junge. Manchmal glaube ich gar nicht, dass er von mir ist. Aber er trägt meinen Namen, und er wird ihm nicht noch mehr Schande bereiten als ohnehin schon.«

»Schande bereiten?«, fragte Sandy schrill. Er war so wütend, dass er zu ersticken glaubte, aber ihm standen auch Tränen in den Augen. Er bemühte sich verzweifelt, sie zurückzuhalten; er wollte Butcher nicht die Genugtuung geben, ihn weinen zu sehen. »Was sind Sie bloß für ein armseliger Wicht? Er ist Ihr Sohn! Sie sollten stolz auf ihn sein!«

»Stolz worauf? Auf seine Feigheit? Er hat aus nichts von dem, was ich ihm gegeben habe, etwas gemacht, und als sein Land ihn rief, ist er abgehauen. Seine Mutter ist vor Scham darüber gestorben. Er hat für keinen Pfifferling Courage.«

»So ein Quatsch«, sagte Sandy. »Denken Sie, es erforderte Mut, nach Vietnam zu gehen? Verdammt, es war leicht. Einfach mitmachen, tun, was von einem erwartet wird, Befehle befolgen. Es erfordert höllisch viel mehr Courage, das zu tun, was Slum getan hat – alleine aufzustehen und seinem Gewissen zu folgen. Mehr Courage und mehr Verstand und mehr verfluchte Moral. Er hat die schwere Wahl getroffen, seine Familie, seine Freunde und sein Land für etwas aufzugeben, das größer ist als all das. Sie glauben, das war leicht? Besonders für ihn, für einen gottverdammten Byrne? Was wollten Sie denn?«

»Ich wollte, dass er ein Mann ist, dass er seine Pflicht tut.«

»Ein Mann?«, fragte Sandy wild. »Er ist ein Mann, Sie Arschloch. Ein Mann, der seinen eigenen Verstand gebraucht hat und für das eingetreten ist, woran er geglaubt hat. Sie wollten doch bloß einen Leuteschinder. Wenn er nach Vietnam gegangen wäre, Napalm auf ein paar Dörfer geworfen und die Ohren von ein paar Schlitzaugen mitgebracht hätte, hätten Sie das ganz toll gefunden, auch wenn er nur aus Angst vor Ihnen dorthin gegangen wäre. Und vielleicht wäre er gefallen. Das wäre sogar noch besser gewesen, was? Dann hätten Sie unten zwei schwarz umrahmte Portraits gehabt statt bloß eins.«

Die Vene an Butchers Stirn begann wieder heftig zu pochen. »Mein Sohn Robert hat sein Leben für sein Land gegeben, und ich werde nicht zulassen, dass Sie sein Vermächtnis durch den Schmutz ziehen, Blair!«

»Scheiße!«, sagte Sandy. Die Tränen waren schließlich doch gekommen, und er brüllte. »Slum ist der wahre Held, nicht Ihr kostbarer Robert! Zum Töten braucht man keinen Mut, Sie verfluchter Mistkerl. Eine Maschine kann Befehle entgegennehmen, und es ist nichts als ein Haufen Pech, vor einer Kugel zu stehen und zu sterben. Sie dummer, bösartiger Mensch, Sie ...«

Die Schrotflinte war noch in Butchers Händen, und das Gesicht des Mannes hatte das tiefe Purpurrot einer Gewitterwolke angenommen. Das Gewehr zuckte so schnell hoch, dass Sandy es nicht kommen sah. Der Schaft traf ihn hart im Gesicht, ließ seinen Kopf herumschnellen und brachte ihn ins Taumeln. Er ging zu Boden und setzte sich Blut spuckend auf. Er hatte sich auf die Zunge gebissen, und die ganze linke Seite seines Gesichts brannte. Butcher stand über ihm, die Schrotflinte nach unten gerichtet. »Noch ein Wort, und Sie sind eine Leiche.«

»Ist das eine Zeile aus einem Ihrer miesen Romane?« Sandy spuckte aus.

Da griff Doug ein. Er fasste seinen Vater an der Schulter und zog ihn sanft zurück. »Nicht, Dad«, war alles, was er sagte, aber es schien zu reichen. Butcher starrte Sandy einen langen Augenblick voller Abscheu an, dann wirbelte er herum und ging steifbeinig durch den Flur davon.

Doug half Sandy auf die Beine. »Sie machen besser, dass Sie hier wegkommen, Mister«, sagte er. »Butcher regt sich nicht ab, er wird nur immer wütender. Es hat ihm nicht gefallen, was Sie über Bobby gesagt haben.«

»Hab ich gemerkt«, erwiderte Sandy reumütig. Er berührte

seine Wange. Sie war bereits äußerst empfindlich. Er würde einen scheußlichen blauen Fleck bekommen und konnte wahrscheinlich von Glück reden, dass er noch alle Zähne besaß. »Ich gehe schon«, sagte er. Doug brachte ihn zur Tür.

Aber draußen auf der Veranda drehte Sandy sich um und blickte dem jüngsten Byrne noch einmal ins Gesicht. Wie ähnlich Doug dem Slum von früher doch sah! »Du musst das verstehen«, sagte er mit plötzlicher Eindringlichkeit. »Slum ist ein großartiger Kerl. Dein Vater irrt sich. Slum hat die Menschen wirklich geliebt. Und er war tapfer. Das ist das Entscheidende. Ja, er war unsicher, verwirrt, hatte vor einer Menge Sachen Angst. Besonders vor deinem Vater. Aber er hat sich diesen Ängsten immer gestellt, und darauf läuft Courage doch in Wirklichkeit hinaus. Angst zu haben und trotzdem weiterzumachen. Verstehst du das? Verstehst du, warum Slum nach Kanada gegangen ist?«

Douglas McArthur Byrne lehnte sich gegen eine der Säulen und musterte Sandy mit kühlen, klaren Augen, ganz erfüllt von der Sicherheit der Jugend. Er sah so schmerzhaft vertraut und doch so schrecklich anders aus. Schließlich verschränkte er die Arme. »Typen wie Sie machen mich rasend«, sagte er mit einer ausdruckslosen, fremden Stimme. »Wegen Typen wie Ihnen haben wir in Vietnam verloren und sind von jämmerlichen Iranern rumgeschubst worden. Ich weiß ganz genau, warum Jeffy nach Kanada gegangen ist. Jeffy ist nach Kanada gegangen, weil Jeffy ein Schwächling ist.«

Es erzeugte keine blutende Wunde, aber es tat hundertmal mehr weh als der Schlag mit Butchers Schrotflinte.

15

Als er Denver verließ und auf der Interstate 76 nach Nordosten fuhr, war die linke Seite seines Gesichts geschwollen und tat weh. Wenn er Glück hatte, würde sein Bart die schlimmste Verfärbung verbergen, doch den Schmerz würde er aushalten müssen. Allzu schwer war das nicht. Sein Zorn half. Er war so wütend, dass der Schmerz seinen Zorn nur noch weiter anfachte. Seine Gedanken waren fiebrig; Gewitterwolken, die seinen Kopf mit düsteren Phantasien und undurchführbaren Plänen erfüllten.

Er durchquerte die flache Leere von Ost-Colorado, ohne sie recht wahrzunehmen, war sich nur der vorbeiziehenden Meilen, des kalten Winds draußen, des Geplärrs im Radio und seiner Wut bewusst. Er fuhr schnell, ließ sich von seinem Zorn treiben und nährte ihn mit Geschwindigkeit. Tagtraum wurde zu einem flachen, bronzefarbenen Geschoss auf der Überholspur, raste an Pkws, Trucks und schlingernden Mietlastern vorbei und schwenkte nur nach rechts, wenn ein langsamerer Raser die linke Spur blockierte. Die Tachonadel kroch nach oben: 120, 130, 140. Und Sandy trieb den Wagen vor Wut schäumend noch schneller voran und dachte an Butcher Byrne. Er war voller Grimm und voller Pläne. Er würde sich Anwälte nehmen und Slum freibekommen. Er würde Jared überreden, Butcher im *Hog* zu entlarven. Er würde hässliche Rezensionen über Butchers Bücher schreiben. Er würde etwas tun, irgendwas, alles. Es war ein Skandal, ein Verbrechen. Slum mochte hilflos sein, aber Sandy war es nicht. Er würde für Gerechtigkeit sorgen.

Die Straße wurde zu einem verschwommenen Durcheinander weißer Linien, und das gab der Phantasie irgendwie Nahrung. Hinter dem Steuer von Tagtraum hatte er Macht. Er konnte sie schmecken, fühlen, den Beweis dafür sehen, als er an allem vorbeizog, was in Sichtweite war. Ein schneller Wagen hat etwas an sich, das dies bewirkt. Mit einem Lenkrad in den Händen und einem Gaspedal unter dem Fuß entdeckt selbst der allerletzte Verlierer für kurze Zeit seine Fähigkeiten. In einer Welt, die einen so oft enttäuschte und dem hilflosen Gefühl aussetzte, dass man doch nichts ändern, nichts tun, nichts bewirken konnte, war das Auto immer noch dem Willen untertan. Ein voller Tank, ein freier Highway und eine Box voller Kassetten reichte, um Sandy die Illusion von Zuversicht zu vermitteln, ihm das Gefühl zu geben, etwas erreichen zu können.

Aber diese Stimmung verrauchte nahe der Grenze zu Nebraska, wo die I-76 in die I-80 einmündete. Das Benzin wurde knapp, und der Oldie-Sender in Denver, den Sandy eingestellt hatte, war in statisches Rauschen übergegangen. Die Interstate schwang in einer langen, weiten Kurve herum; Tagtraum nahm sie mit knapp über 120 und lag gut auf der Straße. Und dann sah Sandy weiter vorne den Streifenwagen. Aber es war zu spät; sie hatten ihn schon geblitzt, und einer der Cops winkte ihn herüber.

Er kam mit kreischenden Bremsen auf dem Seitenstreifen zum Stehen, kurbelte sein Fenster herunter und nahm mit verdrossenem Schweigen den Strafzettel entgegen. Der Cop wirkte ein wenig besorgt, als er ihm den Führerschein zurückgab.

»Alles okay, Mister?«, fragte er. »Sie sehen nicht besonders gut aus.«

Sandy berührte seine Wange. Sie tat weh.

»Das ist nichts«, sagte er. »Aber ich könnte wohl 'n Eisbeutel brauchen.«

Der Cop nickte. »Und lassen Sie's langsamer angehen.« Die ganze Strecke bis zur nächsten Raststätte, wo er abfuhr, blieb er knapp unter 90. Eine Tankfüllung für Tagtraum und etwas Eis für sein Gesicht – eine pummelige Kellnerin hatte Mitleid mit ihm –, während er drei Tassen Kaffee trank und ein halbes Stück Heidelbeerkuchen aß. Draußen wurde es dunkel, während Sandy die Zeit vertrödelte, und mit dem schwindenden Tageslicht schwand auch sein gerechter Zorn.

Es war alles eine Täuschung, dachte er. Man fährt zuversichtlich und sicher dahin, und sie halten einen an. Sie warten immer irgendwo ein Stück weiter vorn an der Straße, mit Lichtern und Sirenen und Schusswaffen, warten immer darauf, einen anzuhalten, und man kann nichts dagegen tun, ganz gleich wie viele Burt-Reynolds-Filme man gesehen hat. Und auch gegen Butcher Byrne konnte er nichts machen. Er konnte sich einen Anwalt nehmen, aber Butcher würde sich einen besseren besorgen, ein ganzes Bataillon, und Butcher würde gewinnen. Gerechtigkeit hatte vor Gericht überhaupt nichts zu bedeuten. Er konnte Slum mit Gewalt herausholen, und Butcher würde ihn einsperren lassen. Er konnte etwas schreiben und sich eine Verleumdungsklage einhandeln. Verdammt, was hatte das für einen Sinn? Die Macht lag voll und ganz auf der anderen Seite.

Das Eis half seinem übel zugerichteten Gesicht ein bisschen. Den Kuchen konnte er nicht aufessen, aber er ließ sich seine Thermoskanne von der Kellnerin mit heißem, schwarzem Kaffee füllen und kaufte in dem Laden gleich neben dem

Restaurant eine riesige Flasche »Hallo Wach«. Nachdem er es sich wieder auf dem Fahrersitz bequem gemacht hatte, schluckte er eine Handvoll. Er suchte nach einem anständigen Radiosender, fand aber keinen. Überall nur Country & Western und religiöser Kram. Schließlich gab er angewidert auf, durchstöberte seine Kassettenbox und knallte etwas von den Doors ins Tapedeck. Dann schaltete er das Licht ein – die versenkten Scheinwerfer des Mazda klappten aus der Kühlerhaube hoch wie die Maschinengewehre, die bei James Bonds Aston Martin ausgefahren wurden, und es gab Augenblicke, da ertappte Sandy sich bei dem Wunsch, es wären Maschinengewehre – und fuhr zurück auf den Highway.

Nebraska war noch flacher und langweiliger als Ost-Colorado, und es ging immer und ewig so weiter. Auf der I-80 herrschte reger Verkehr, aber Sandy achtete kaum auf die anderen Autos. Diesmal blieb er auf der rechten Spur und fuhr mit der gesetzlich zugelassenen Höchstgeschwindigkeit oder knapp darüber. Er war deprimiert und in Gedanken versunken, high vom Koffein und gefühlsmäßig down. Jim Morrison bat jemanden, sein Feuer anzuzünden, aber Sandy fühlte sich, als wäre sein eigenes Feuer für immer erloschen. Die Reise, die Story, alles schien ihm unter den Händen zu Asche geworden zu sein.

Die Butcher Byrnes dieser Welt machten immer weiter, und manchmal hatte es den Anschein, als würden sie am Schluss jedes Mal gewinnen. Slum ging ins Gefängnis, wurde vergewaltigt und mit Elektroschocks gefoltert, und Richard Nixon ging frei aus und verlebte seine Tage in Saus und Braus. Die Watergate-Verschwörer schrieben Bücher und machten ein Vermögen mit Vortragsreisen, aber Bobby Kennedy war trotzdem tot und würde für immer tot sein.

Unmittelbar vor dem Schlag hatte er Butcher Byrne als bösartigen Menschen bezeichnet. Das Teuflische daran war, dass er sich dessen nicht einmal mehr sicher sein konnte. Butcher hielt zweifellos Sandy für den Schurken. Edan Morse sagte, Jamie Lynch hätte es verdient, hingerichtet zu werden. Andere würden dasselbe von Edan Morse sagen. Sandy sah ihre Gesichter vor sich, undeutliche Visionen in der Nacht, zwischen der Straße und den Sternen schwebend, knapp außerhalb der Reichweite seiner Scheinwerfer. Andere Gesichter schienen sich dazuzugesellen; Freunde, Feinde, Prominente, die sich zusammendrängten und anrempelten. Der feige Jared Patterson, der Freunde und Prinzipien für eine Handvoll Dollar verraten hatte. Rick Maggio, fett und verbittert und so tief verletzt, dass er seinen Schmerz an alle um ihn herum weitergeben musste. Charlie Manson und Richard Nixon, die einander im Arm hielten; war einer wirklich besser oder schlechter als der andere?

Er sah sie alle. Die jungen Gardisten von der Kent State University standen der S. L. A. gegenüber. Die Soldaten von My Lai tanzten mit den Alfies. Die gut gekleideten Gentlemen von Dow Chemical, die ihren hübschen Profit mit dem Napalm machten, missbilligten die Aktionen des zerlumpten schwarzen Abschaums, der in einem Anfall von Bewusstseinstrübung die Ghettos niederbrannte. Die Pusher, die Attentäter, die Hausbesitzer in den Slums, all die gesichtslosen kleinen Männer und Frauen, die dachten, Gut und Böse gälte nicht für sie, diejenigen, die sich gerade so durchschlugen, die ihre Bibel lasen und das Werk des Herrn taten, die Sachzwängen unterworfen waren, die Befehle empfingen, die hier nur arbeiteten, die lediglich die Firmenstrategie umsetzten. Und ihre Spiegelbilder, ihre Gegensätze, diejenigen, die für eine Sache lebten und starben und töteten, die blind waren für das Grau der menschlichen Seele und das Rot des menschlichen Blutes. Früher hatte Sandy sie auseinanderhalten können, die Guten und die Bösen; jetzt sahen sie für ihn alle gleich aus.

Er fuhr weiter. Sah zu den Sternen, sah auf die Straße, sah in die Gesichter. Er hatte Schmerzen. Vor ihm schienen die Gesichter miteinander zu verschmelzen, sich zu verzerren und zu verwandeln. Die Männer von Dow, die Besitzer der Slumhäuser und die Kent-State-Gardisten wurden zu einem einzigen wimmelnden Bild. Nixon marschierte, Seite an Seite mit Butcher Byrne, vor ihnen her. Die S. L. A., die Plünderer und die Pusher bildeten eine zweite Armee mit Manson und Edan Morse an der Spitze. Jared Patterson zögerte und ging nach rechts; Rick Maggio schwankte und schwebte endlich nach links. Die Armeen verschwanden und verwandelten sich, und zuletzt waren es nur noch zwei Gesichter, die sich anstarrten; Edan Morse und Joseph William Byrne. Sie wirkten so verschieden wie Tag und Nacht, wie Schwarz und Weiß. Und dann, einen Herzschlag später, merkte Sandy, dass er sie überhaupt nicht unterscheiden konnte. Dasselbe Gesicht, dachte er. Sie haben dasselbe Gesicht.

Nebraska und kein Ende. Sattelschlepper rumpelten an ihm vorbei, und der Luftzug von ihren Überholmanövern schüttelte Tagtraum wie die Schläge eines überheblichen Riesen. Der Himmel war leer bis auf eine Million Sterne, die wie eine Unzahl gelber Augen auf ihn herabblickten, beobachteten und abwägten. Jim Morrison sang weiter. Jim Morrison war für unsere Sünden gestorben, wie Janis Joplin, wie Hendrix, wie Bobby Kennedy und John Lennon. Wie Patrick Henry Hobbins. Jim Morrison sang über das Ende.

Sandy fuhr auf den Seitenstreifen und ließ den Verkehr an sich vorbeirauschen, während er in seinem Handschuhfach nach Aspirin kramte. Er fand die Flasche und schüttete sich zwei Tabletten in die Hand, dann noch zwei. Er schluckte alle vier trocken hinunter, herb und pulverig hinten im Rachen, mit einem Geschmack wie zerkrümelter Ziegelstein. Dann nahm er noch ein paar Hallo Wach und spülte sie mit einem Schluck Kaffee aus seiner Thermoskanne hinunter. Der Kaffee brannte ihm im Mund, und sein Kopf summte von dem ganzen Koffein. Während er auf die Straße zurückfuhr, schaltete er rasch hoch und versuchte, schnell auf Geschwindigkeit zu kommen, um sich wieder in den Verkehr einzufädeln. Ein großer Sattelschlepper mit Anhänger kam von hinten angerast, und der Fahrer fand offenbar, dass er nicht schnell genug war; wütend ließ er sein Pressluftthorn ertönen und blendete ihn mit seiner Lichthupe, bevor er schließlich auf die Überholspur ging. »Du Wichser!«, rief Sandy hinter ihm her, aber seine Fenster waren zu, und der Truck war bereits fort.

Die Doors-Kassette hatte wieder von vorne angefangen. Sandy drückte auf die Eject-Taste und ließ sie herausspringen.

»Gut so, Blair. Ich hatte langsam genug davon. Außerdem stempelst du dich damit selbst als altmodisch ab.«

Sandy warf einen Blick hinüber. In der Dunkelheit des Beifahrersitzes: ein spöttisches Lächeln, eine hochgezogene Augenbraue. »Lark?«, fragte er.

»Steve«, korrigierte der andere. »Du musst dich ändern, Blair. Die Zeiten ändern sich, die Menschen ändern sich. Gib es auf.«

»Wie du?«

»Hört sich gut an.«

»Du bist ein Heuchler, Lark.«

»Was für ein Witz! Ich bin nicht mal echt, und du sagst mir, dass ich ein Heuchler bin. Außerdem heiße ich Steve.«

»Als Lark hast du mir besser gefallen«, sagte Sandy. »Obwohl ich dich schon damals nicht sonderlich leiden konnte.«

»Nur, weil ich immer smarter war als du. Natürlich war ich ein Schaumschläger. Denkst du, die Welt gibt einen vergoldeten Dreck auf Aufrichtigkeit, Blair? Du bist nicht besser und nicht schlechter als ich. In dieser Welt kannst du einen Scheiß ausrichten, und ich genauso. Warum also sollten wir uns da total reinhängen? Besauf dich, reiß dir Frauen auf, werde reich. Wer mit den meisten Spielsachen stirbt, hat gewonnen.«

»Verpiss dich, Lark.«

»Steve. Was glaubst du, wo du hinfährst, Blair?«

»Heim. Ich fahre heim.«

Lark lachte ihn aus. »Armer Trottel. Du willst doch als Schriftsteller den großen Wurf schaffen, oder? Du kannst nicht wieder nach Hause, Blair, das solltest du wissen. Du hast da ’n echt heißen Sportwagen, aber das bedeutet nur, dass du schnell nach Nirgendwo fährst.«

Sandy langte zum Beifahrersitz hinüber. Abgesehen von der Box mit seinen ganzen Kassetten war er leer. Er zog aufs Geratewohl eine heraus und schob sie ins Tapedeck. Simon and Garfunkel. Ach Zeit, was ist nur aus mir geworden, sangen sie.

»Schau, was aus uns allen geworden ist«, sagte Sandy laut.

»Sander, mein Junge, da liegt dein Problem«, erwiderte Froggy. »Du hast geschaut, und das war nicht ganz das Wahre, wie? Hat deinem runzligen Herzen nicht gutgetan, was?«

»Mein Herz hat keine Runzeln«, sagte Sandy.

Froggy stieß sein feuchtes, unfeines Geräusch aus. »Hör auf, komisch sein zu wollen. Im Vergleich zu mir siehst du dabei bloß alt aus, und das weißt du.«

»Lark sagt, ich soll's aufgeben.«

»Geteiltes Leid ist halbes Leid, wie jemand mal so unerträglich banal gesagt hat. Und du redest von Lark! Der Kerl hat doch jedem Mädchen, das er kennengelernt hat, erzählt, romantische Liebe wäre nur ein bourgeoises Komplott, um uns von der Revolution abzulenken. Und dann hat er sich beschwert, dass er nie eine ins Bett gekriegt hat.«

Sandy lächelte. »Trotzdem. Er hat recht. Wirklich, was kann ich tun? Ich kann die gottverdammte Welt nicht ändern. Nicht mal Slum kann ich helfen. Ich glaube auch nicht, dass ich für Jamie Lynch eine große Hilfe gewesen bin.«

»Das sind Detektive selten. Ist dir nie aufgefallen, dass jedes Mal, wenn Charlie Chan losgezogen ist, um einen Mordfall zu lösen, sechs weitere Leute tot waren, bevor er den Mörder gefunden hatte?« Er lachte. »Du willst immer gewinnen? Keine Chance. Neun von zehn süßen Mädels, die ich eingeladen hab, an meinem magischen Twänger zu zupfen, haben es vorgezogen, mir eine zu knallen. Was glaubst du denn, woher ich diese rosige Gesichtsfarbe habe? Ohrfeigen, Sander, mein Junge, Hunderte und Millionen von Ohrfeigen!« Froggy rollte die Augen. »Aber die Zehnte, ah, die Zehnte. Feuchte Lippen und wogender Busen, Gelächter und Erdbeerwein, Poesie und Kartoffelchips, und ihre Knöchel, mein Freund, ihre Knöchel! Da draußen gibt es immer eine Zehnte, eine heimliche Zehnte mit raffiniert unter ihren Kleidern versteckten Geschlechtsteilen, mit Lust im Herzen und bereit, sich die Spaghetti in die Haare zu schmieren, wenn sie nur jemand drum bittet. Genau das ist das Leben, Sander, mein Junge – die Suche nach der heimlichen Zehnten.«

»Meinen Runzeln geht's noch nicht besser, Froggy. Butcher Byrne ist keine heimliche Zehnte. Wenn du den bittest, sich die Spaghetti in die Haare zu schmieren, ballert er dir den verdammten Kopf vom Hals.«

»Froggy der Gremlin könnte mit ihm fertigwerden«, sagte Froggy der Cohen.

»Eine Gummipuppe aus einer Kindersendung. Abgesetzt. Vorbei. Vergessen.« Sandys Stimme klang verbittert.

Froggy stieß ein entsetztes Keuchen aus. »Sag so was nicht! Er lebt für immer im Gedächtnis und in den Herzen seiner Landsleute. Froggy war Magie!«

»Ich glaube nicht an Magie«, sagte Sandy.

Bambi Lassiter seufzte mit leiser Missbilligung. »Nein. Du glaubst an gar nichts. Das ist der Grund für deinen Kummer, Sandy. Du löschst das Licht, das dein Leben erhellen könnte, du weigerst dich, die Dinge zu akzeptieren. Du stellst alles infrage, lehnst alles ab. Das wird dein Untergang sein. Es kommt die Zeit, wo dir nichts weiter übrig bleiben wird, als zu glauben – zu glauben oder wahnsinnig zu werden. Das weißt du, Sandy. Du hast bereits einen Vorgeschmack davon bekommen. In Chicago. In Denver. Slum war genau so, wie du ihn im Traum gesehen hast, oder? Weiß. Hager. Schreiend.«

»Zufall«, sagte Sandy. »Sonst … Ich weiß nicht, ich wusste, dass er zu Hause bei Butcher lebt, irgendwie muss mein Unterbewusstsein zu der Annahme gelangt sein …«

»Du kommst schon noch dahinter, Sandy. Die Welt ist größer, als dein Verstand erfassen kann. Früher oder später wirst du das zugeben müssen. Es sind seltsame Dinge am Werk.«

»Scheiße, ja«, sagte Sandy.

»Du weißt, was vorgeht, Sandy. Tief drin, auf irgendeine ursprüngliche, instinktive Art, begreifst du das. Du kannst bereits die Umrisse erkennen. Es ist wahr. Es ist wahr, Sandy. Aber du wirst es nicht wirklich verstehen, solange du nicht akzeptierst, dass es möglich ist. Und du musst verstehen. Auch das weißt du. Du musst deine Entscheidungen treffen. Wichtige Entscheidungen.« Ihre Stimme verebbte zu einem Flüstern und war fort.

Slum schwebte vor dem Wagen, trieb im Lotossitz zwischen den Scheinwerferstrahlen und wich so rasch zurück, wie Tagtraum auf ihn zustürzte. Er trug seinen Slum-Anzug, der jetzt alt und schäbig war, und er hatte zwei Kätzchen auf dem Schoß und Löwenzahn hinter den Ohren. Sein Lächeln war vorwurfsvoll. »Du hast mich allein gelassen«, sagte er. »Ich hätte ihn fast geschlagen, hätte es fast geschafft. Ich brauchte nur ein bisschen Hilfe, und du warst nicht da.«

»Ich wusste es nicht«, sagte Sandy gequält.

»Zu beschäftigt mit deinem eigenen Leben, nehme ich an. Du hast mich hängen lassen.«

»Slum, ich nehme mir Anwälte, ich schwör's. Wir werden dich irgendwie von ihm wegkriegen. Froggy wird uns unterstützen, das weiß ich. Und Maggie. Wir lieben dich.«

»Das reicht nicht«, sagte Slum mit einem unglücklichen Schulterzucken. »Tut mir leid. Ich will dich damit nicht belästigen. Allerdings ist es jetzt zu spät. Ich hab ihn umgestoßen, und er ist zerbrochen. Tut mir leid, war mein Fehler. Ich hab ihn zerbrochen. Nur war es mein Verstand, Sandy, es war mein Geist, und jetzt ist es zu spät.«

»Slum!«, rief Sandy, während die Gestalt zu schwanken und zu verblassen begann.

»Es ist verdammt noch mal zu spät«, sagte Slum, und dabei fielen ihm alle Haare aus und stiegen in einer Rauchwolke nach oben, und aus seinem Slum-Anzug wich alle Farbe, und er war hager und blassäugig und hatte ein Maschinengewehr in der Hand, und er kicherte. Er lachte und schoss auf die

Windschutzscheibe. Die Kugeln trafen und ließen sie splittern, und Sandy krümmte sich.

Es hatte zu regnen begonnen. Gefrierender Regen. Ein Wintertag im tiefen, düsteren Dezember, sangen Simon and Garfunkel. Ich bin allein.

»Nein«, sagte Maggie. Er spürte ihre sanfte Berührung an seinem Arm. »Du hast Sharon. Geh zu ihr zurück, Liebster. Nur darauf kommt es an. Du bist kein Fels und wirst auch nie einer sein. Du empfindest Schmerz, du liebst, du machst dir Sorgen. Fahr heim und weine um Slum, bewahre ihn so in Erinnerung, wie er war, und behalte ihn lieb. Mehr kannst du nicht tun.«

»Das reicht nicht«, sagte Sandy.

»Das stimmt«, sagte Maggie. »Es reicht nie. Das macht dich wütend, oder? Dir ist deswegen zum Heulen, hm?« Ihre Hand glitt zu seinem Knie; eine leichte, phantomhafte Berührung an der Innenseite seines Schenkels. »Deshalb habe ich dich geliebt, Sandy. Du konntest um die Dinge weinen, die du nicht in Ordnung bringen konntest.«

»Und ich hab die ganze Zeit gedacht, du wärst so wild auf meinen Körper.«

Sie lachte. »Das auch. Wir hatten wirklich ein cooles Ding am Laufen.« Oder kam dieser Satz aus dem Tapedeck?

»Muss es denn Vergangenheit sein? Cleveland ist nicht allzu weit weg von der I-80. Ich könnte bei dir vorbeischauen. Wir könnten …«

Etwas Leichtes und Kühles an seinen Lippen brachte ihn zum Schweigen. »Nein, Liebster«, sagte sie. »Ich wünschte, es könnte so sein. Aber das mit uns ist jetzt vorbei. Wie die Vergangenheit, hm? Wir haben es irgendwie verpatzt. Dein Besuch war wundervoll, aber es stehen zu viele Gespenster zwischen uns. Wir würden nur verderben, was wir einmal hatten. Lass es ruhen. Fahr heim zu deiner Sharon und liebe sie.«

Sandy sah hinüber. Maggie war halb durchsichtig, und ihr Gesicht war nass von stummen Tränen. »Du hast Angst«, sagte er erstaunt. »Du hattest nie vor irgendwas Angst.«

Sie nickte. »Ich bin zu sehr verletzt worden, Sandy. Ich bin nicht mehr das Mädchen, das ich einmal war, Liebster. Ich will mir nicht mehr wehtun lassen. Dräng mich nicht.«

Ihre Tränen brachten jäh den Schmerz zurück. Er fühlte, wie sich das Nass in seinen Augenwinkeln sammelte. »Du warst die Beste von uns allen«, sagte er. »Du hast uns berührt, uns verändert und uns den Weg gezeigt. Du hattest so viel Elan, so gottverdammt viel Liebe. Und Lebensfreude. Du warst immer voller Lebensfreude. Die konnten sie nicht auslöschen. Sie hat mich verrückt gemacht, hat Froggy Feuer fangen lassen, Slum angesteckt und jeden um dich herum in helles Licht getaucht. Und jetzt ist sie fort, nicht wahr? Ich hab's in jener Nacht in Cleveland gespürt. Tränen und Verzweiflung. Einsamkeit. Du und einsam, ausgerechnet du. Und noch schlimmer – zu schwer verwundet, um auszubrechen.«

Sie zuckte mit den Achseln. »Ich bestelle meinen Garten.«

»*Candide*«, sagte Sandy.

»Dann ist es eben nicht von mir. Und wenn schon. Ach, schau nicht so traurig drein, Liebster. Bitte. Es ist nur die Zeit, und ein bisschen Pech. Wenn ich's noch mal machen müsste, würden die Dinge sich vielleicht besser entwickeln, hm? Für dich und mich? Aber ich tu's nicht. Vielleicht würde alles auch irgendwie schlechter ausgehen. Die Wunden heilen nicht, Sandy. Kratz nicht am Schorf. Fahr zu deiner Immobilienmaklerin nach Brooklyn zurück und tu dein Bestes. Mehr können wir alle nicht tun.«

Der Regen prasselte gegen die Windschutzscheibe, während Tagtraum durch die Nacht stürzte. Es war schon spät, und die meisten anderen Fahrer machten irgendwo Rast. Schwarze Felder voller abgemähten Getreides und verborgener Raketensilos huschten rechts und links vorbei. Die Straße war glatt. Sandy fasste das Lenkrad fester. Sein Rachen war völlig trocken. Er spürte, wie Maggie verblasste, der letzte seiner Fieberträume, der von ihm wegtrieb. »Und wenn doch?«, fragte er.

»Hm?«, machte sie. Sie wirkte ein kleines bisschen greifbarer, als er einen raschen Blick zum Beifahrersitz warf.

»Was, wenn wir doch mehr tun könnten?«, sagte Sandy. »Was, wenn es noch etwas gäbe, eine Möglichkeit, es ein zweites Mal zu versuchen, alles zurückzuholen, es noch mal zu machen? Lark wieder in Jeans zu stecken, Slum seine Gesundheit und dir deine Lebensfreude wiederzugeben?«

»Aber das ist unmöglich, Liebster«, sagte Maggie ganz leise.

Simon and Garfunkel sangen von einem höchst sonderbaren Menschen. Sandy drückte die Eject-Taste. Die Musik hörte plötzlich auf, und die Kassette kam aus dem Tapedeck geschnellt. »In der Box da ist eine Kassette. Die Nazgûl. Gib sie mir.«

»Die Nazgûl?«, fragte Maggie.

»Ich bin Tausende von Meilen gefahren und hab auf dem ganzen Weg pausenlos Radio oder meine Kassetten gehört, aber nichts von den Nazgûl gespielt, seit es mit der Sache losging. Ich glaube, ich hatte Angst davor. Bambi hatte recht. Ich hab sehr wohl verstanden. Ich hab schon vor langer Zeit gesehen, was sich da abzeichnet. Ich hatte nur Angst, es zuzugeben. Die Kassette?«

Keine Antwort. Die Stille war drückend. Regen und Straßengeräusche. Sandy wartete einen langen Moment mit ausgestreckter Hand, bevor ihm wieder einfiel, dass Maggie in Wirklichkeit überhaupt nicht da war. Keiner von ihnen war da gewesen, nicht wirklich. Und doch waren sie es; sie würden immer bei ihm sein. Er griff in den Koffer und bekam auf Anhieb die richtige Kassette zu fassen, als ob etwas sie ihm in die Hand gegeben hätte.

Die Nazgûl. *Music to Wake the Dead.*

Er drückte sie in die wartende Öffnung und drehte die Lautstärke auf. Die Musik erfüllte das Wageninnere und übertönte den Regen und das Geräusch der Reifen auf der glatten, nassen Fahrbahn. Das Teekessel-Pfeifen fallender Bomben, das Hämmern der Drums und Hobbins' Stimme.

Baby, you cut my heart out! Baby, you made me bleeeed!

»Jamie Lynch wurde das Herz auf einem Schreibtisch herausgeschnitten, während das West-Mesa-Konzertplakat unter ihm lag. Ein Poster. Ein Plakat. Da hast du's.« Dann war er still, während Hobbins von Liebe, Treue und Verrat sang und Maggios Gitarre zornig aufschrie.

See the ash man, gray and shaken, too powdery to cry, begann der zweite Titel. Im Hintergrund sangen sie: *Ashes, ashes, all fall down*, immer wieder. Maggio wütete auf der Gitarre. Die Musik war etwas Lebendiges, knisternd und heiß. In der Bridge spielte Gopher John ein langes Schlagzeugsolo. Sandy holte das Hallo Wach heraus und schluckte noch eine Handvoll. Kein Schlaf heute Nacht. Nur fahren. Nur Musik. Kein Schlaf und keine Träume, er hatte genug vom Träumen. *Ashes, ashes, all fall down*, lautete der Text; die vier Stimmen der Nazgûl verschmolzen zu einem schrecklichen Ganzen, voller Schmerz und Verlust, zu Schlacke verbrannter Leidenschaft.

»Als Nächstes«, verkündete Sandy, als der dritte Song anfing, »Richard Maggio und seine sagenhafte dressierte Angst.«

Yes, I'm ragin'!
RAGIN'!

Das Grollen von Maggios Stimme, das Dröhnen von Faxons Bass, die Drums, die Gitarre, der Zorn, alles verschmolz mit dem Gewimmer von Tagtraums Reifen, dem leisen Summen seines Wankelmotors. Diesmal hörte Sandy den Song nicht bis zu Ende. Er drückte den Schnellvorlauf und hielt ihn fest, während das Band sich rasend schnell drehte.

Gerade lange genug.

Dann war es wieder Hobbins, der sang, mit dem harten Beat dahinter.

The survivor has a different kind of scar
YEAH! The survivor has a dif...

Wieder der Schnellvorlauf, surrend, wirbelnd. »Ich glaube, ich wusste es, als ich aus Albuquerque weggefahren bin«, sagte Sandy, »aber als ich Morse gesehen und mit ihm geredet habe, wurden die Umrisse wirklich unverkennbar. *Hör dir die Musik an*, hat er gesagt. Zwei- oder dreimal. Was sollte das bedeuten, verflucht? Und noch etwas. Er hat dauernd gesagt, dass die Stunde für seine Revolution unmittelbar bevorsteht, dass die Zeit gekommen ist. Nur hat er es nicht so ausgedrückt. Seine Formulierung war sehr präzise. *Die Zeit ist reif*, hat er immer gesagt. Ein sehr vertrauter Satz, das.«

War das Maggies Stimme, dieses Wispern über den Fahrgeräuschen, über dem Surren des vorwärtsrasenden Bandes?

Oder nur das Koffein, von dem ihm der Kopf summte? »Yeats«, sagte sie.

»Ja und nein«, sagte Sandy. »Text von William Butler Yeats, Musik von Peter Faxon. Hier.« Er ließ den Schnellvorlauf mitten in dem Song los.

Things fall apart, prophezeiten die Nazgûl. *The center cannot hold!* Acid-Raserei. Disharmonien. Chaotische Drums. Feedback. Ein Gesang wie das Klagen der Verdammten. Ein irischer Dichter, der sich im Grabe umdrehte, und sechzigtausend Kids sprangen auf die Füße, klatschten in die Hände, tanzten und schrien. *He's coming!*, riefen die Vocals hinter dem Gedicht. *He's* COMING!, brüllte die Menge. Wieder und wieder. Etwas Wildes und Schönes; etwas, das einen frösteln ließ.

Mere anarchy is loosed upon the world,
the blood-dimmed tide is loosed, and –

Eject: plötzliche Stille, die sich wie ein Schleier herabsenkte, wie ein Leichentuch, ein Totengewand. »Die Besten zweifeln bloß«, sagte Sandy, »derweil das Pack voll leidenschaftlichem Erleben ist.« Er zog die Kassette heraus. »Larry Richmond, der neue Hobbins, wiedergeboren dank Chirurgie und im Geiste von Edan Morse. Aber er ist in Bethlehem geboren. Einer Stahlstadt in Pennsylvania. Bethlehem.« Er warf einen Blick auf das Etikett der Kassette.

SIDE ONE

1.	BLOOD ON THE SHEETS	2:07
2.	ASH MAN (ASHES, ASHES)	5:09
3.	RAGIN'	3:01

4. THE SURVIVOR 3:15
5. WHAT ROUGH BEAST 2:02
6. PRELUDE TO MADNESS 5:23

SIDE TWO

1. THE ARMAGEDDON/RESURRECTION RAG 23:14

»Der Rag war das Beste, was die Nazgûl je gemacht haben«, sagte Sandy. »Das war der Song, den sie in West Mesa gerade spielten, als Hobbins erschossen wurde.« Er legte die Kassette umgedreht wieder ein, drückte den Rücklauf, bis er beim Vorspannband war, und ließ sie dann laufen.

Später würde es richtig losgehen, das wusste Sandy. Später würde es fiebrig und grell werden, der Beat würde ihm unter die Haut kriechen und eins mit dem Blut werden, die Gitarren und der Bass würden immer schneller, die Drums satanisch werden, und er würde Akkorde hören, wie sie sonst nur Hendrix gespielt hatte, unmögliche Licks, Sounds, dass man sich fragte, wie viele Instrumente sie da oben eigentlich hatten, und einen Text, der einen wütend machte, einen Text, der einen traurig werden ließ, einen Text, der aus der Nacht Visionen heraufbeschwor. Später. Später. Aber der Anfang war langsam, langsam und traurig und fast unhörbar, ein Flüstern von Gitarrensaiten, ein sanfter Regen auf den Drums.

This is the land all causes lead to,
This is the land where the mushrooms grow.

Und Sandy drückte die Eject-Taste, hielt es an, bevor es noch richtig losgegangen war. Plötzlich hatte er Angst. Angst wovor? Angst, dem, wovor er sich fürchtete, einen Namen zu geben.

»Musik, um die Toten aufzuwecken«, sagte er zu Maggie. Aber sie war nicht da. Er war allein, allein mit seinen Schmerzen und müde, inmitten des Regens und der Dunkelheit und der Winternacht von Nebraska.

16

New York hatte seinen ersten Schnee in dieser Jahreszeit erlebt, und die Straßen von Brooklyn waren von nassem braunen Matsch bedeckt. Sandy fuhr langsam, um nicht ins Schleudern zu geraten, aber während er sich durch die Straßen schlängelte, wirbelten Tagtraums Räder trotzdem einen Sprühregen auf. Zu dieser späten Stunde waren nur noch wenige Fußgänger unterwegs, aber auf der Flatbush Avenue fluchte eine alte Krähe, die er im Vorbeifahren nass gespritzt hatte, hinter ihm her. »Willkommen daheim«, murmelte Sandy.

Er parkte den Mazda in seiner gemieteten Garage, öffnete die Heckklappe, um seinen Koffer herauszunehmen, und stapfte die zwei Blocks nach Hause. Der Matsch durchnässte ihm die Schuhe, und er bekam eiskalte Füße, also beeilte er sich. Er war den ganzen Tag gefahren; die Erschöpfung hatte eingesetzt, und er wollte zu Hause sein. Es kam ihm vor, als wäre er jahrelang weg gewesen.

Das Sandsteinhaus war dunkel. Sandy setzte gleich hinter der Tür den Koffer ab und tastete nach dem Lichtschalter. Auf den ersten Blick kam ihm die Diele fremd vor. Teilnahmslos bemerkte er, dass auf dem Boden ein neuer Teppich lag und dass Sharon das hohe Bücherregal aus dem Wohnzimmer in die Diele gestellt hatte; jetzt war es voller Glas-Figurinen. Er fragte sich, was sie mit seinen Taschenbüchern gemacht hatte. Wahrscheinlich in irgendeine Kiste geworfen. Sie hatte sich oft beklagt, dass die billigen Taschenbücher das Wohnzimmer schäbig aussehen ließen.

»Sharon!«, rief er. »Ich bin's.« Er begann die Treppe hinaufzusteigen. Als er fast oben war, nahm er immer zwei Stufen auf einmal, wandte sich zu ihrem Schlafzimmer und knipste das Licht an. Sie hatte ihn rufen hören. Sie saß aufrecht im Bett. Der Mann neben ihr ebenso.

Sandy blinzelte, seufzte und bemühte sich, die Fassung zu bewahren. »Hallo, Don«, sagte er.

Der Mann hatte einen massigen Körper, blondes Haar, eine rosige Gesichtsfarbe und eine Menge Haare auf der Brust. Ein sportiver Vierziger, der gerade Fett anzusetzen begann, aber ein wirklich aufstrebender Mann im Immobiliengeschäft war, wie Sharon sagte. Sandy war dennoch verärgert. Er hätte ihr mehr Geschmack zugetraut.

»Ähm«, machte Don. Er wurde noch etwas röter, als er schon war. »Äh, hallo Sandy. Wie war deine Reise?«

»Geiler als 'n Affenschwanz«, sagte Sandy ein wenig zu barsch.

Sharon nahm ihre Brille vom Nachttisch und setzte sie auf. Ihre Haare waren vom Schlaf zerwühlt, und das mit Spitzen besetzte Nachthemd war zerknittert und hochgeschoben. Stirnrunzelnd strich sie es glatt. »Kein Grund, Don gegenüber sarkastisch zu werden«, sagte sie zu Sandy. »Wir sind nicht monogam, das weißt du, und du hast mir nicht mal andeutungsweise gesagt, wann du nach Hause kommen würdest.«

»Ich wusste es nicht«, sagte Sandy. »Und ich war mit den Gedanken woanders.«

»Ganz bestimmt«, sagte Sharon trocken. »Du hättest vorher anrufen können, weißt du. Von Jersey aus zum Beispiel. Um mich vorzuwarnen.«

»Ja«, sagte Sandy. Hey, Penelope, hier ist dein alter Odysseus, der endlich nach Hause kommt. Zeit, die Freier wegzuschicken, dachte er. Er setzte sich auf den Bettrand. »Also, was nun?«, fragte er. »Wie wär's mit 'ner Partie Monopoly?«

Sharon wandte sich an Don. »Du gehst besser nach Hause, Liebling«, sagte sie. »Sandy und ich haben eine Menge zu regeln.«

»Ich verstehe«, sagte Don. Er legte das Gesicht in Falten und setzte eine Miene auf, die eine in Sandys Augen unerträgliche Verständnisinnigkeit ausdrücken sollte, küsste Sharon auf die Nasenspitze und stand auf, um sich anzuziehen. Er trug gestreifte Boxershorts und hatte schlaffe Schenkel, und irgendwie machte das Sandy noch wütender. Weder er noch Sharon sprachen, bis sie die Tür unten zufallen hörten. Dann zog sich Sandy die Stiefel aus und wandte sich zu ihr um, schlug die Beine übereinander und lehnte sich ans Fußende des Bettes. Der Messing-Bettpfosten grub sich ihm in den Rücken.

»Also?«, fragte Sharon. Ihr Gesicht war sehr gefasst. Sie machte keine Anstalten, ihn zu berühren.

»Was soll ich sagen? Ich vermute, ich sollte dankbar sein, dass er noch nicht eingezogen ist. Trotzdem, Herr im Himmel. Ausgerechnet Don!«

»Bleib mir mit deinen Urteilen vom Leib, Sandy. Dazu hast du kein Recht. Er ist ein attraktiver, intelligenter Mann. Er ist aufmerksam und verantwortungsbewusst, und wir haben eine Menge gemeinsam.«

»Liebst du ihn?«, fragte Sandy.

»Nicht besonders, aber ich fühle mich wohl mit ihm, und das ist mehr, als ich von dir behaupten kann. Du warst lange weg, Sandy. Du hast nicht geschrieben und nur selten angerufen. Ich hab eine Menge Zeit gehabt, über uns nachzudenken.«

»Gefällt mir nicht, wie das klingt«, sagte Sandy. »Bitte, Sharon. Nicht gerade jetzt.«

»Abwarten macht es nicht leichter. Ich will das über die Bühne bringen. Lass uns anständig und zivilisiert bleiben, wenn's geht.«

Sandy hatte auf einmal fürchterliche Kopfschmerzen. Er rieb sich die Schläfe. »Sharon«, sagte er, »tu mir das jetzt nicht an. Bitte. Ich bitte dich so nett, wie ich kann. Die Reise, die Story … das alles verwandelt sich in so was wie einen verfluchten Albtraum. Es ist surreal. Ich muss mit dir darüber reden. Ich kann im Moment nicht noch mehr Stress ertragen, weißt du? Ich brauch dich gerade jetzt. Ich brauche jemanden, dem ich was bedeute.«

»Aber das ist bei mir nicht der Fall, Sandy«, sagte sie ruhig. Sie hatte nicht einmal so viel Takt, traurig auszusehen. »Du brauchst jemanden, aber ich bin es nicht. Wir müssen der Wahrheit ins Auge blicken. Zwischen uns ist es aus. Es ist schon lange schlecht gelaufen. Ich glaube, es war bloß Trägheit, was uns zusammengehalten hat.«

»Du bist sauer auf mich, weil ich so plötzlich abgehauen bin …«, setzte er an.

»War ich«, gab sie zu, »aber nicht lange. Das war das Problem. Als du eine Weile weg warst, war ich nicht mehr wütend. Ich war … Ich empfand rein gar nichts. Ich hab dich nicht vermisst, Sandy. Kein bisschen.«

»Na prima.«

»Tut mir leid, wenn ich dir wehtue, aber das muss ausgesprochen werden. Mit wie vielen Frauen hast du auf dieser Reise geschlafen?«

»Mit eineinhalb«, sagte Sandy. »An die Halbe erinnere ich mich nicht. Was irgendwie nicht Sinn der Sache war. Warum?«

Sharon zuckte die Achseln. »Ich wollte es bloß wissen. Um zu sehen, ob es mir was ausmacht. Tut es nicht. Als wir mit der offenen Beziehung begonnen haben, damals am Anfang, da hat es mir immer was ausgemacht. Ich hab versucht, nicht eifersüchtig zu sein, aber ein kleines bisschen war ich's trotzdem. Nichts, was ich nicht unter Kontrolle hatte. Ich glaube, es gefiel mir zu wissen, dass du für andere Frauen attraktiv warst und trotzdem zu mir nach Hause kamst, aber dieses winzige bisschen Ungewissheit war immer noch da. Jetzt ist es weg. Du hättest fünfzig sagen können, und es wäre mir völlig gleich gewesen. Ich hasse dich nicht, Sandy. Es ist nicht mal so, dass ich dich nicht leiden mag. Es sind nicht genug Gefühle übrig, um dich nicht leiden zu können. Du bist mir einfach egal.«

Sandy zuckte zusammen. »Du hast eine tolle Ader für so was, Lady. Du könntest mir zumindest erzählen, dass ich immer ein geschätzter Freund bleiben werde.«

»Aber so ist es nicht, Sandy«, sagte sie. »Leute, die sich lieben, kommen aus den merkwürdigsten Gründen zusammen, aber Freunde müssen etwas gemeinsam haben. Du und ich, wir leben in verschiedenen Welten. Wir marschieren hinter unterschiedlichen Trommlern her.«

»Linda Ronstadt and the Stone Poneys«, sagte Sandy verdrossen.

»Was?« Sharon sah ihn stirnrunzelnd an, dann seufzte sie. »Nein, Sandy, das war von Thoreau oder Rousseau oder jemand in der Art. Siehst du, was ich meine? Wir sprechen nicht dieselbe Sprache, und wir singen nicht dieselben Songs. Und wir werden es auch nie tun. Ich liebe Don nicht, aber vielleicht könnte ich's doch irgendwann. Ich möchte der Beziehung Zeit zum Wachsen geben.«

»Verdammte Scheiße«, sagte Sandy. Er dachte, er müsste weinen, aber er hatte keine Tränen mehr. Vielleicht hatte er sie alle für Slum und Butcher Byrne verbraucht. Mehr noch, er wusste, dass Sharon recht hatte. Es war eine schwere Reise gewesen, aber nicht, weil er sie vermisst hatte. Er hatte kaum an sie gedacht. Trotzdem hinderte ihn das nicht, sich im Stich gelassen zu fühlen. »Musst du dabei so verdammt kalt sein?«, fragte er vorwurfsvoll. »Wir haben einander mal was bedeutet. Wir könnten es zumindest mit ein wenig Leidenschaft beenden.«

»Zu welchem Zweck? Ich möchte, dass es zivilisiert bleibt. Wir sind beide reife Erwachsene, die etwas probiert haben, und es hat nicht …«

»Scheiß auf die Reife«, sagte Sandy. Er stand auf und machte ein finsteres Gesicht. »Es steht mir bis hier mit der Reife. Gottverdammt, schimpf mich einen Mistkerl, wirf was nach mir, schrei rum! Weine, verdammt! Wir sind fast zwei Jahre zusammen gewesen, da hab ich mindestens ein paar Tränen verdient, oder etwa nicht?«

»Ich will nicht weinen«, sagte Sharon energisch. »Komm, kümmern wir uns um die heiklen Details, ja? Du kommst gerade von einer langen Reise zurück, also kannst du heute Nacht hierbleiben. Ich geh zu Don rüber. Aber ich würde dieses Haus gern behalten, wenn du nichts dagegen hast. Ich kaufe dir deine Hälfte ab. Zu einem fairen Preis. Wir wissen beide, wie viel es im Wert gestiegen ist. Jetzt sofort kann ich dir nur 10.000 Dollar geben, aber ich zahle den Rest in Raten. Wie klingt das?«

Sandy hätte schreien mögen. »Mir ist dieser Kram egal«, sagte er. »Wir haben eine halbe Million Mal miteinander geschlafen. Wir haben gemeinsam … gelacht und geträumt, all das. Das ist wichtig. Weine, verdammt!«

»Jetzt ist dir das Geld egal, aber das kommt noch«, sagte Sharon. Sie stieg aus dem Bett, ging durchs Zimmer und begann sich anzuziehen. Als sie sich das Nachthemd über den Kopf zog, ertappte Sandy sich dabei, dass er zu intensiv auf einen Körper starrte, den er nie wieder in den Armen halten würde. Etwas an der Tatsache, dass sie für ihn verloren war, machte sie attraktiver denn je. Während sie sich anzog, hatte er den Eindruck, sie würde einen Panzer anlegen, ihre letzten verwundbaren Stellen schützen. Sie zog einen blassblauen Slip an, schlüpfte in einen dazu passenden BH und machte ihn zu. Dann ausgebleichte Jeans und ein makellos weißes T-Shirt. Blau und weiß. Wie Eis.

»Sharon«, sagte Sandy, und in seiner Stimme lag ein Hauch von Verzweiflung, »du machst mir höllisch Angst. Ich habe von dem hier geträumt. Dein Gesicht wurde zu Eis. Du lässt es wahr werden. Tu's nicht. Bitte. Verlass mich, wenn du willst, geh zu Don, aber mach's nicht so. Zeig irgendwelche Gefühle. Bitte. Ich flehe dich an!«

Sie holte eine Reisetasche hervor und fing an, ihre Arbeitskleidung einzupacken. »Du bist kindisch, Sandy«, sagte sie, ohne aufzublicken. »Was gehen mich deine Träume an?«

Er musste sie zum Weinen bringen, dachte er verzweifelt. Er musste sie wütend machen. »Weißt du noch, wie wir damals bei dieser langweiligen Fete in der Upper East Side im Schlafzimmer miteinander geschlafen haben? Und dieser Typ kam rein, um seinen Mantel zu holen? Weißt du noch?«

Sie fuhr fort zu packen und ignorierte ihn.

»Erinnerst du dich an die Woche in Mexiko? Die Party, die ich für dich geschmissen hab, als du dreißig geworden bist?

Weißt du noch, wie wir beide wie die kleinen Kinder geheult haben, als E. T. nach Hause telefonierte?«

Sharon zog den Reißverschluss ihrer Reisetasche zu, schulterte sie und warf Sandy einen kurzen Blick zu, einen kühlen Blick mit einer ganz leisen Spur von Gefühl darin. Und dieses Gefühl war Mitleid. Sie ging zur Tür.

Sandy folgte ihr nach unten. »Erinnerst du dich an das Kätzchen, das ich dir gekauft habe? Das überfahren worden ist, nachdem es durchs offene Fenster abgehauen war? Erinnerst du dich an die Versammlungen zur gesetzlichen Verankerung der Gleichberechtigung, wo wir zusammen hingegangen sind?« Sharon nahm ihren Mantel vom Haken. »Weißt du noch, als dein Vater krank war? Da bin ich bei dir geblieben. Und die ganzen witzigen Geschenke, die du mir immer besorgt hast? Du musst …«

Aber sie musste nicht. Es ging ihr nicht einmal so nahe, dass sie wenigstens die Tür zuknallte. Sie schloss sich mit einem entsetzlich leisen Klicken, einem Klicken, wie es vielleicht ein Eiszapfen machte, wenn er zu Boden fiel und zersplitterte.

Blau-weiß, und Reif auf ihren Gläsern, dachte Sandy.

Er stand lange Zeit auf der Treppe, zu müde, um sich wieder nach oben zu begeben, zu verwirrt, um anderswohin zu gehen. Schließlich stapfte er in die Küche. Im Kühlschrank waren zwei Sechserpacks Schaefer aufgestapelt. Er begann eine Dose loszumachen, überlegte es sich jedoch anders, griff sich beide Sechserpacks und schleppte sie ins Wohnzimmer.

Sharon hatte Musik gehört. Die Abdeckhaube des Plattenspielers war noch nach oben geklappt. Er hatte ihr hunderttausendmal gesagt, dass sie die Abdeckhaube unten lassen sollte, aber sie hörte ihm nie zu. In plötzlicher Wut nahm er ihr Donna-Summer-Album vom Plattenteller und schleuderte es durchs Zimmer. Es prallte hart von der Wand ab und hinterließ eine tiefe Kerbe im Putz.

Er glaubte nicht, dass er gerade jetzt die Nazgûl abkonnte. Also ging er seine Plattensammlung durch, zog einiges von den frühen Beatles heraus und legte eine Scheibe vorsichtig auf den Teller. Dann stellte er den Plattenspieler auf endlose Wiederholung und drehte die Lautstärke auf. Schließlich streckte er sich auf der Couch aus und riss das erste Bier auf.

Am nächsten Morgen wachte er mit fürchterlichen Kopfschmerzen auf. Überall um ihn her waren Bierdosen verstreut, und John, Paul, George und Ringo sangen sich immer noch die Seele aus dem Leib, wieder und wieder und wieder. Er verzog das Gesicht, wuchtete sich von der Couch und brachte die Musik zum Schweigen. Er konnte sich nicht erinnern, eingeschlafen zu sein.

Er duschte, machte sich starken Kaffee, trank zwei große Becher Orangensaft und aß einen alten Donut mit Marmelade, den Sharon im Kühlschrank liegen gelassen hatte. Dabei versuchte er, nicht zu denken. Irgendwann fand er sich vor seinem Schrank wieder, den Blick starr auf seine Kleider gerichtet. Er hatte so lange immer wieder die gleichen Klamotten angehabt und sie in so vielen schäbigen Waschsalons gewaschen, dass er beinahe vergessen hatte, dass er noch etwas anderes besaß. Es schien die Garderobe eines Fremden zu sein. Schließlich wählte er eine schwarze Cordhose und ein bequemes, verwaschenes Baumwollhemd mit einem Tarnmuster aus. Maggie hatte ihm dieses Hemd geschenkt, wie er sich erinnerte.

Sharon hatte ihm seine gesamte Post auf den Schreibtisch in seinem Arbeitszimmer gelegt. Sandy ging sie flüchtig durch, bis er auf den Brief von Alan Vanderbeck stieß. Es hätte natürlich ein Tantiemenscheck sein können, aber noch bevor er ihn öffnete, wusste er irgendwie, dass es nicht so war. Er riss den Umschlag auf und schüttelte den Brief heraus.

> Lieber Sander,
> ich habe mir in letzter Zeit eine Menge Gedanken über unsere Zusammenarbeit gemacht. Angesichts der Richtung, die Deine literarische Karriere jetzt einschlägt, bin ich nicht länger sicher, dass ich der richtige Mann bin, um Deine Interessen zu vertreten. Es wäre wohl für uns beide am besten, wenn

Sandy zerknüllte den Brief und schleuderte ihn in hohem Bogen zu seinem Papierkorb. Er verfehlte ihn, und der Brief rollte über den Boden und gesellte sich zu einem Haufen weggeworfener Seiten seines Romans.

Seite siebenunddreißig steckte noch immer in der Schreibmaschine. Er drehte sie heraus. Das Papier war mittlerweile dauerhaft gekrümmt. Sandy versuchte es erfolglos glattzustreichen und legte es in die Schachtel zum Rest des Buches. Er nahm die Schachtel mit nach unten, zog seine dicke blaue Cabanjacke an und ging mit dem Roman unter dem Arm zur U-Bahn.

Die Büros des *Hedgehog* lagen im Village, fast unmittelbar am Washington Square. Sandy hielt auf der Treppe inne und sah auf die Tür, durch die er so viele Male gegangen war. Früher einmal war das sein Zuhause gewesen. Und jetzt?

»Kann ich Ihnen helfen?«, fragte die Empfangsdame, als er eintrat. Es war keine, die er gekannt hatte, und sie erkannte ihn auch nicht.

»Ich war bei diesem Käseblatt früher mal Chefredakteur«, sagte Sandy. »Ich will zu Jared.«

»Wen darf ich …«

»Lassen Sie's gut sein«, unterbrach er sie. »Ich kenne den Weg.« Er ignorierte ihre Proteste und ging die Treppe hinauf. Jareds persönliche Vorzimmerdame ignorierte er ebenso und spazierte geradewegs in sein Büro.

Es war Jahre her, dass Sandy Jared Patterson leibhaftig gesehen hatte. Inzwischen war von dem »Leib« erheblich mehr vorhanden. Jared saß hinter einem großen Schreibtisch und sah Layoutbögen durch. Er trug einen marineblauen Freizeitanzug, ein pastellfarbenes Hemd mit offenem Kragen und drei Goldkettchen um den Hals. Der Anzug war bereits zu klein; er spannte sichtlich unter den Armen. Jared hatte immer Übergewicht gehabt, aber jetzt war er fett. Überrascht schaute er zu Sandy hoch und lächelte dann. »Sandy!«, rief er, schob seine Arbeit beiseite und lehnte sich in seinen gewaltigen Drehsessel zurück. »Was für eine Freude! Wie lange ist es her?«

»Ungefähr siebzig oder achtzig Pfund«, sagte Sandy. Er durchquerte den Raum und setzte sich. Die Vorzimmerdame kam herein, aber Jared schickte sie mit einem Wink hinaus. »Ich will mit dir über die Nazgûl-Story reden«, sagte Sandy. »Sie ist größer, als wir's uns hätten vorstellen können, Jared.«

»Du meinst die Lynch-Story, Sandy, alter Knabe, und du bist zu spät dran. Wir haben schon unser Ding dazu gemacht. Ich hab dich gewarnt.« Er beugte sich hinüber und drückte auf seine Haussprechanlage. »Betsy, bring bitte die vorletzte Ausgabe rein, ja, Schätzchen? Du weißt schon, die mit dem überladenen Gemälde auf dem Titel, die ganzen Hobbits und so.«

Sie brachte sie herein und gab sie Jared. Der grinste durchtrieben und reichte sie Sandy über den Tisch. »Tut mir leid, Kumpel«, sagte er, »aber du kannst nicht behaupten, ich hätte dich nicht gewarnt. Ich wollte wirklich, dass du das hier für uns machst, Sandy, aber du musstest ja unbedingt auf stur schalten. Wie du siehst, haben wir den Bericht ohne dich machen müssen.«

Auf der Titelseite des Blattes, unter dem *Hog*-Logo, war ein altes Foto von Jamie Lynch über eine grelle Fantasy-Landschaft montiert. Hobbits scharten sich um seine Füße, und über ihm segelten Platten wie ein Schwarm fliegender Untertassen über einen rosafarbenen Himmel. Die Überschrift lautete: »Wer hat Sauron getötet?«

Die Story hangelte sich an diesem Thema entlang. Der fest angestellte Autor hatte erfahren, dass Hobbins Jamie Lynch »Sauron« genannt hatte, und das hatte er genommen, war dabei geblieben und hatte es voll in den Sand gesetzt. Seiten voller tolkieneskem Mist. Maine wurde zum Auenland, Paul Lebeque zu einem wenig überzeugenden Frodo. Sandy war fassungslos. »Ich kann nicht glauben, dass du diesen Scheiß gedruckt hast«, sagte er.

Jared Patterson zuckte die Achseln. »He, als du uns hängen lassen hast, brauchten wir auf die Schnelle was. Gib nicht mir die Schuld, Sandy. Fass dir an die eigene Nase.«

Sandy beherrschte sich nur mit einiger Anstrengung. »Jared, hör mir zu. Dieser schwachsinnige Quatsch erzählt nicht mal ansatzweise die wahre Geschichte.«

Jared lächelte. »Na schön, dann mal los, erzähl mir die wahre Geschichte.«

»Erstens mal, Lebeque hat es nicht getan. Dessen bin ich mir absolut sicher. Ich vermute, der wirkliche Killer war ein radikaler Schläger namens Gortney Lyle, aber das kann ich nicht beweisen, noch nicht. Ob es nun Lyle war oder nicht, der Killer handelte auf Befehl eines Edan Morse, vom Oberkommando der alten Alfies.«

»Klingt interessant, wenn du Tatsachen hast«, gab Jared zu. »Und warum wollten die Alfies Lynch umbringen?«

»Nicht die Alfies, nur Morse.« Sandy zögerte. »Es ist verrückt, Jared, aber ich glaube es. Gott helfe mir, aber ich tu's. Es hat alles mit den Nazgûl zu tun. Sie haben unmittelbar vor West Mesa ein Album mit dem Titel *Music to Wake the Dead* aufgenommen. Erinnerst du dich daran?«

»Platin«, sagte Jared. »Klar erinnere ich mich, ich bin ja kein Dummkopf. Das ist mein Job.«

»Morse will die Toten zum Leben erwecken«, sagte Sandy. Dann kam alles aus ihm heraus. Er sprach über jeden Titel auf dem Album und dessen Bedeutung, über Gezeiten und wahr werdende Visionen. Jared hörte mit einem breiten Lächeln auf dem Gesicht zu, und plötzlich konnte er nicht länger an sich halten. Er lachte. Er lachte erneut. Er begann vor Lachen zu brüllen, hielt sich den Bauch und schüttelte sich in seinem großen Drehsessel. Sandy wartete geduldig ab; er hatte gewusst, dass es so kommen würde. Als Jared sich schließlich beruhigt hatte und sich ein dünnes Speichelrinnsal vom Kinn wischte, sagte Sandy: »Das kam auch in den Visionen vor. Du, wie du lachst. Lässt du mich die Story schreiben?«

»Und du nennst unser Ding Scheiße?«, sagte Jared. »Sandy, du brauchst einen Psychiater. Ich kann dir ein paar gute empfehlen, wenn du dir ihr Honorar leisten kannst.«

»Du wirst es nicht drucken?«, fragte Sandy mit eiserner Beherrschung.

»Scheißt der Papst in den Wald? Nein, verflucht, wir werden es nicht drucken. Das hier ist nicht der *National Enquirer*, Sandy. Außerdem ist dein Gerede Verleumdung. Dieser bescheuerte Kanadier ist der Killer.«

Sandy stand auf. »Ich wusste schon bevor ich herkam, dass

es hoffnungslos war, aber ich musste es versuchen. Komische Sache, wenn man die Zukunft sieht. Zuerst versuchst du mit allen Mitteln zu ändern, was du gesehen hast. Und dann kriegt es dich irgendwie klein, und du merkst, wie du dich ganz einfach danach richtest und dabei die Muster aufzuspüren versuchst. Die Nazgûl werden wieder zusammenkommen, Jared. Wart's ab, du wirst sehen. Die Nazgûl werden wieder zusammenkommen, und sie werden den ›Armageddon Rag‹ spielen, und dann gnade uns Gott.« Er ging zur Tür.

»He, Sandy«, rief Jared hinter ihm her.

Sandy drehte sich um. »Ja?«

»Du bist der Erste, den wir anrufen, wenn die Marsianer landen!«, versprach Jared und lachte schallend.

Sandy runzelte die Stirn und wartete, bis er fertig war. »Freut mich, dass du so gute Laune hast«, sagte er schließlich. »Bis ich hier reingekommen bin und dich gesehen habe, dachte ich, der Blauwal wäre eine bedrohte Spezies.«

Er ging die Treppe hinunter und hinaus in den Schneematsch. Ihm war nicht danach, mit der U-Bahn zu fahren, und außerdem hatte er noch etwas zu erledigen, eine vorletzte Geste. Er winkte ein Taxi heran und gab seine Adresse in Brooklyn an.

Als sie über die Brooklyn Bridge fuhren, machte Sandy die Schachtel in seinem Schoß auf, kurbelte das Fenster herunter und übergab die erste Seite seines Romans dem kalten Wind. »He!«, protestierte der Taxifahrer.

»Fahren Sie zu«, sagte Sandy. »Wenn wir wegen Umweltverschmutzung angehalten werden, zahle ich die Strafe und verdopple Ihr Trinkgeld.« Er ließ Seite zwei los. Seite drei. Und immer weiter. Bei Seite siebenunddreißig zögerte er. Sie war noch immer ein wenig gekrümmt. Sandy las noch einmal den letzten, halb fertigen Satz. Dann zuckte er die Achseln und schnippte die Seite aus dem Fenster. Wie erwartet, erwischte sie der Wind. Statt wie die anderen Seiten am Boden entlangzuflattern, stieg sie und stieg, immer höher, bis sie irgendwo vor dem grauen Himmel und den Dächern Brooklyns verschwand. Sandy sah durch das Rückfenster zu, wie sie nach oben stieg.

»Sie sind bestimmt Schriftsteller«, sagte der Taxifahrer.

Sandy lachte. »Ja«, gab er zu.

»Hab ich's doch gewusst. Seiten in den Wind streuen und all so was.«

»Nur eine Geste«, sagte Sandy. »Ich hab einen Durchschlag daheim in meiner Schublade.«

»Oh«, sagte der Fahrer. Das schien die Unterhaltung zu beenden.

Zurück in seinem Arbeitszimmer fand er eine Nachricht auf seinem Anrufbeantworter vor. Von Sharon. Wenn er bereit sei, sich wie ein Erwachsener zu benehmen, sei sie gewillt, sich mit ihm zu treffen, um die Bedingungen ihrer Trennung zu besprechen. Sandy löschte das Band, setzte sich hin, dachte einen Moment nach und meldete dann ein Gespräch mit Davie Parker in Maine an.

»Hören Sie mir zu«, sagte er, als er den Deputy am Apparat hatte. »Sie sind meine letzte verdammte Chance. Lebeque ist unschuldig.«

»Notch kauft Ihnen das nicht ab, Blair«, sagte Parker.

»Ich hab mit Edan Morse gesprochen«, sagte Sandy. »Er steckt dahinter. Glauben Sie's mir.«

»Ich hab Ihnen gesagt, lassen Sie die Finger von Morse.« Parker klang verärgert. »Wir haben unsere eigene Untersuchung laufen, und Sie verpatzen uns das noch.«

»Morse hat ein Alibi für die Nacht, in der Lynch gestorben ist, aber ich gehe jede Wette ein, dass ich weiß, wer der wirkliche Killer war. Ein Mann namens Gortney Lyle, der auf Morse' Befehl gehandelt hat. Ich weiß nicht, wie man fliegt, um nach Maine zu kommen, aber Sie sollten die Fluglinien überprüfen. Gort ist wahrscheinlich von L. A. aus geflogen und hat sich einen Wagen gemietet. Ich hoffe es wenigstens. Wenn er den ganzen Weg gefahren ist, wird das höllisch schwer zu beweisen sein. Aber wenn er geflogen ist, selbst unter falschem Namen, werden Sie Leute finden, die sich an ihn erinnern. Er rasiert sich den Schädel und trägt einen goldenen Ohrring, und er hat einen furchtbaren Sonnenbrand. Na ja, vielleicht hatte er Haare, als er Lynch umgebracht hat, und vielleicht hat er den Ohrring nicht drin gehabt und den Sonnenbrand erst hinterher gekriegt, aber das macht nichts. Sie werden sich trotzdem an ihn erinnern. Er ist groß, Parker.«

»Gibt 'ne Menge große Leute da draußen, Blair«, sagte Parker zweifelnd.

»Nicht so wie Gort«, sagte Sandy. »Wir reden hier von gut über zwei Meter zwanzig, und ein Schrank ist er auch. Wir reden von Mean Joe Green im Jumbo-Format. Zum Teufel, wir reden von Mighty Joe Young. Ich wette, er ist erster Klasse geflogen. Ich glaube nicht, dass ein Kerl seiner Größe in einen Sitz der Touristenklasse passt. Und wenn doch, dann wird sein Nebenmann den Flug nicht so schnell vergessen.«

»Interessant«, sagte Parker. »Stark, meinen Sie?«

»Er sieht aus, als könnte er's im Armdrücken mit einem Löffelbagger aufnehmen.«

»Hmmmm«, machte Parker. »Das würde einige Fragen beantworten. Es ist nicht leicht, jemandem das Herz aus der Brust zu reißen. Man muss durch den Brustkasten durch.

Chirurgen durchtrennen die Rippen, glaube ich, aber unser Killer hat sie einfach zertrümmert. Gortney Lyle, sagen Sie?« Er seufzte. »Notch kriegt Zustände, aber ich denke, ich überprüfe das lieber mal.«

»Tun Sie diese Kleinigkeit«, sagte Sandy. »Danach sind Sie auf sich selbst gestellt. Ich werde nicht mehr anrufen. Ich weiß nicht mal, warum ich Ihnen das so weit erzählt habe, außer dass ich's Ihnen versprochen hab. Mit Versprechen ist das so eine Sache bei mir.«

»Gefällt mir irgendwie nicht, wie sich das anhört.«

»Sie wären nicht vielleicht bereit, einen Typ in Denver für mich hopszunehmen?«, fragte Sandy. »Ist ein Fall von Kindesmisshandlung. Das Kind ist ungefähr fünfunddreißig.«

»Was reden Sie da?«

»Hab ich mir gedacht«, sagte Sandy. »Also, ich hab eine Menge über all das nachzudenken. Als Erstes werde ich mal rauszufinden versuchen, auf welcher Seite ich stehe. Und, Parker …«

»Ja?«

»Hängen Sie nicht zu sehr an diesem Jahrzehnt. Es ist vielleicht eher vorbei, als Sie denken.« Sandy legte den Hörer behutsam auf die Gabel zurück.

17

Es kamen der Schnee und der gefrierende Regen, die eisengrauen Wintermonate, und Sandy bewegte sich wie ein Schlafwandler durch sie hindurch, tat mechanisch, was es zu tun gab, und war dennoch irgendwie unfähig, sich für die Einzelheiten des täglichen Lebens zu interessieren; er wartete, wartete darauf, dass etwas geschah, wartete auf etwas, das er kaum auch nur ansatzweise artikulieren konnte.

Er zog in eine heruntergekommene, von Schaben befallene Zweizimmerwohnung im East Village, direkt über einem Secondhand-Plattenladen. Das schien ihm auf seltsame Weise angemessen. Das Badezimmerfenster hatte einen langen, diagonalen Sprung, und der kalte Wind fuhr hindurch und kühlte das Porzellan und die angeschlagenen Fliesen ab, bis sie sich auf seiner bloßen Haut wie Eis anfühlten. Sandy raffte sich nie dazu auf, sich bei seinem Vermieter zu beschweren; er schloss einfach die Badezimmertür.

Sharon lag ihm ständig in den Ohren, bis er sich schließlich von ihr zum Essen einladen ließ, damit sie ihr Leben aufteilen konnten. Sie hatte bereits Schriftstücke über ihr Stadthaus aufgesetzt; Sandy unterschrieb sie ungelesen und nahm ihren Scheck über 10.000 Dollar entgegen, faltete ihn und stopfte ihn in eine Tasche seiner Jeans, wo er fast einen Monat blieb, bis ihm das Bargeld ausging und er sich daran erinnerte, ihn einzureichen. Sie teilten ihre Bankguthaben fünfzig zu fünfzig.

Sandy verlangte und bekam den Plattenspieler. Sharon bestand darauf, dass er auch die Hälfte der Möbel nahm, die ältere, abgenutzte Hälfte, den Krempel. Und so war seine Wohnung binnen Kurzem mit etwa viermal so viel Gerümpel vollgestopft, wie bequem hineinpasste, und Sandy musste sich den Weg zu der Matratze, auf der er schlief (Sharon hatte das Bett haben wollen), durch ein Labyrinth von Kisten, leeren Bücherregalen und übereinandergestapelten Kommoden suchen.

Er überstand die Weihnachtszeit in einem stumpfen, grauen Nebel. Seine Wohnung verließ er nur selten. Es war, als hätte sich die Welt von ihm zurückgezogen und ihn in einer kleinen Blase der Einsamkeit zurückgelassen. Oder vielleicht hatte er sich von der Welt zurückgezogen. Ein paar Freunde beschafften sich über Sharon seine Adresse und kamen vorbei, um ihn aufzuheitern, aber er begegnete ihren ermunternden Worten mit störrischer Verdrossenheit, und nach einer Weile stellten sie ihre Besuche ein. Er nahm sich andauernd vor, sich einen neuen Agenten zu suchen, aber er raffte sich nie dazu auf. Er nahm sich andauernd vor, mit seinem Roman noch einmal von vorn anzufangen, aber auch dazu raffte er sich nicht auf.

Sharon brachte ihm von Zeit zu Zeit Post, rümpfte über den Zustand seiner Wohnung die Nase und versuchte so sehr, zivilisiert zu sein, dass sich Sandy bemüßigt sah, maßlos sarkastische Bemerkungen von sich zu geben. Von Froggy kam ein langer, komischer, weitschweifiger Brief, in dem er ihn tadelte, aus der Stadt verschwunden zu sein, bevor er Nummer vier kennengelernt hatte, und ihn um einen Bericht über die Nazgûl-Story und Edan Morse bat. Bambi schickte einen kurzen, herzlichen Brief und legte einen Schnappschuss von sich selbst bei, wie sie ihrer neugeborenen Tochter Azur die Brust gab. Und auch von Davie Parker kam ein Telegramm. Knapp, brüsk und sachlich. KEIN HINWEIS, DASS LYLE ODER JEMAND, AUF DEN SEINE BESCHREIBUNG PASST, IM SEPTEMBER NACH MAINE GEREIST IST, stand da.

Eine Zeit lang konnte Sandy es kaum ertragen, seine Post zu lesen, geschweige denn sie zu beantworten. Er wollte nicht über sein Leben oder sich selbst nachdenken, und die Vorstellung, seinen Freunden darüber zu berichten, war zu quälend. Tatsächlich wollte er über nichts groß nachdenken. Er tat in der Nachbarschaft einen Dealer auf und besorgte sich einen großen Brocken Shit und ein paar 5-Dollar-Päckchen drittklassiges Gras. Wochen vergingen, und Sandy saß auf seiner Matratze, war jeden Tag stoned und sah viel fern. In einem Secondhandladen die Straße runter hatte er ein altes, tragbares Schwarz-Weiß-Gerät erstanden. Mit dem Geld, das Sharon ihm für das Haus bezahlt hatte, hätte er sich eines dieser Großbild-Projektionssysteme in Farbe leisten können, aber irgendwie passte der kleine Apparat mit der eingebauten Zimmerantenne und dem flackernden Bild voller Schnee und Schemen besser in diese Wohnung als jedes teure neue Gerät. Sandy wurde mit der Handlung und den Figuren eines halben Dutzends Seifenopern im Tagesprogramm bestens vertraut und rief den schwachsinnigen Teilnehmern der Quizsendungen Antworten zu, aber der Höhepunkt seines Tages war immer die Wiederholung von *Erwachsen müsste man sein.* »Wo bist du nur hin, Eddie Haskell?«, murmelte er.

Dennoch, es konnte nicht von Dauer sein. Es war nicht von Dauer. Sandy war zu lange Schriftsteller gewesen, und das Schreiben war zu sehr ein Teil von ihm, war ihm in Fleisch und Blut übergegangen. Wörter waren sein Schutz, seine Sucht, die Mittel, mit denen er seine Entscheidungen und

Erfahrungen ordnete und rechtfertigte, mit denen er der Welt Sinn und seinem Leben das bisschen Bedeutung gab, die es besaß. Was ihm auch passierte, letzten Endes würde er versuchen, es mithilfe seiner Wörter zu verstehen. Und endlich kamen die Wörter, brachen sich sogar Bahn, wenn er stoned und betrunken war, lenkten ihn von Beaver und Wally und Lumpy Rutherford ab, erfüllten ihn mit Rastlosigkeit. Die Wörter kamen, und Sandy konnte nichts anderes tun, als sie zu Papier zu bringen.

Das war im Januar. Januar war sein Monat zum Briefeschreiben. Er schaltete den Fernseher ein für alle Mal aus, schloss seine Schreibmaschine an und kaufte ein paar Blocks gelbes Notizpapier. Seine Briefe waren lang, sprunghaft und verworren. Es waren ebenso Briefe an ihn selbst wie an die Adressaten. Manche davon überarbeitete er immer wieder, versuchte zum Kern der Dinge zu gelangen und schaffte es nie so ganz.

Der Brief, den er Maggie schrieb, war zwanzig Seiten lang, obwohl er wusste, dass sie ihn wahrscheinlich nie beantworten würde. Er musste lang sein. Es war ein einziges Herumtasten, voller Verwirrung und voller Schmerz.

Sein Brief an Froggy war noch länger und unzusammenhängender. Er erzählte von Edan Morse und den Nazgûl und von *Music to Wake the Dead*, versuchte, einen Sinn darin zu finden, indem er Wörter zu Papier brachte, scheiterte jedoch. Er redete von Sex und Liebe und alten TV-Titelsongs. Er sprach über Alan Vanderbeck und Sharon und seine Schriftstellerei, und er redete viel von seinem Wagen.

Er fühlte sich veranlasst, auch Bambi zu schreiben; irgendwie war er ihr jetzt näher als zuvor, hatte das Gefühl, einen neuen Einblick in eine Situation zu haben, in der sie früher gesteckt hatte. Das schrieb er ihr auch, nachdem er ihr ein bisschen von seinen Problemen erzählt hatte.

Er begann einen Brief an Slum, stellte jedoch fest, dass er keine Lust dazu hatte. Er wusste verdammt genau, dass Butcher oder Jane Dennison Slums ganze Post sieben würden, und die Chance, dass etwas durchkam, was Sandy schrieb, war gleich Null, also hatte es wohl nicht viel Zweck. Was allerdings keine große Rolle spielte. Als die Briefe an Maggie, Froggy und Bambi fertig waren, verschloss er jeden davon in einem Umschlag, klebte eine Briefmarke darauf und adressierte sie, rang sich jedoch nie dazu durch, sie einzuwerfen. Nach einer Weile wurde ihm klar, dass er nie die Absicht gehabt hatte, sie einzuwerfen. Es ging nicht darum, sie einzuwerfen. Es ging darum, sie zu schreiben.

Und nachdem er sie geschrieben hatte, fühlte Sandy sich endlich bereit, wieder in die Welt zurückzukehren. Als Erstes suchte er wegen Slum einen Rechtsanwalt auf. Der Mann versprach, die Sache zu prüfen und zu schauen, was man tun konnte, aber es klang nicht sehr ermutigend. Sandy begann wieder Zeitung zu lesen, sogar den *Hog*, und fragte sich, wie lange es wohl dauern würde, bis er auf die Ankündigung einer Nazgûl-Reunion stieß; er fürchtete den Tag und sehnte ihn doch zugleich herbei. Er räumte sogar seine Wohnung ein bisschen auf, entledigte sich etwa der Hälfte der Möbel, holte seine Bücher aus den Pappkartons und stellte sie in seine Regale. Als Lincolns Geburtstag sich jährte, hatte Sandy eine Menge nachgedacht. Ihm blieben zwei Möglichkeiten. Er konnte so tun, als ob es sich bei den ganzen Ereignissen seit dem Tag von Lynchs Ermordung um einen bösen Traum gehandelt hätte, konnte alles vergessen und sich daranmachen, sein Leben und seine Karriere wie ein gesunder, vernünftiger Mensch neu aufzubauen. Oder er konnte sich wieder in die Sache einklinken und bis zum Ende mitspielen. Aber im Grunde stellte sich die Frage überhaupt nicht. Er kam sich vor wie eine Motte, die eben die Große Feuersbrunst von Chicago gesichtet hatte. Er ging an seinen Plattenschrank, zog *Musik to Wake the Dead* heraus und legte sie auf.

In den folgenden Monaten spielte Sandy das Album so oft, dass er schließlich in dem Plattenladen unten ein Ersatzexemplar auftreiben musste, weil seins langsam arg abgenutzt war. Je häufiger er sich die Musik anhörte, umso sicherer war er. Das Einzige, was nicht ganz zu passen schien, war das letzte Stück auf Seite eins, »Prelude to Madness«. Der Titel war klar genug, aber der Text war unzusammenhängend, kryptisch. *Right is wrong, black is white, who the hell's got the justice tonight?*, hieß es in dem Song. *Wolfman looked into the mirror and Lon Chaney looked back out*, lautete eine andere Zeile. Der Refrain lautete: *Queens beat aces every time, yeah; Dead man's hand, dead man's hand! And Charlie is the joker in the deck.* Charlie, der Trottel. Aber wer zum Teufel war Charlie?

Er spielte »Prelude to Madness« öfter als jedes andere Stück, fragte sich, worum es wohl ging, versuchte, einen Sinn darin zu finden. Aber es nahm nie so recht feste Konturen an.

Den »Armageddon Rag« spielte er fast nie. Diesen Song glaubte er nur allzu gut zu verstehen, und das machte ihn nervös.

Im März fingen die Träume wieder an.

Manche davon, so dachte Sandy, waren bloß ganz normale Albträume. Er träumte von Sharon, in Eis gekleidet, ihre Haut blau vor Kälte, ihre Brille mit einem Reifrand. Er träumte von Maggie, die in einem fort weinte. Butcher Byrne pirschte durch seine Nächte, machte mit der Schrotflinte in der Hand

Jagd auf ihn, und am Ende dieses immer wiederkehrenden Traums sah Sandy jedes Mal seinen eigenen Kopf an der Wand in Fort Byrne, zwischen denen eines Elchs und eines riesigen Bären. Regelmäßig erwachte er zitternd und schweißgebadet, und unter seinen verschlissenen Decken war ihm entsetzlich kalt.

Aber es waren die anderen Träume, die ihm Angst machten, diejenigen, die nicht so normal waren. Er konnte sie jetzt erkennen, dachte er. Er spürte den Unterschied zwischen den Visionen, die sein eigenes aufgewühltes Unterbewusstsein heraufbeschwor, und denen, die ihm irgendwie von Edan Morse geschickt wurden. Diese anderen Träume hatten etwas Fremdartiges an sich. Sie waren lebhaft und fiebrig, immer ganz in Farbe und doch weniger chaotisch als seine eigenen Träume.

Er träumte viel vom Krieg. Er war nie im Krieg gewesen, hatte den Krieg nie kennengelernt, aber die Träume kamen ihm sehr real vor. Er war in Vietnam, und die silbernen Düsenbomber rasten kreischend über ihn hinweg, das Napalm kam herunter, und er spürte seinen sengenden Kuss, es brannte, brannte, eine Qual, die die halbe Nacht anhielt. Er war eine Nonne in El Salvador, und die Todesschwadronen kamen, und sie vergewaltigten ihn wieder und wieder, zwangen ihn zur Sodomie, nahmen ihn gleichzeitig zu zweit und zu dritt, Mund, Anus, Vagina, bis sie schließlich Messer herausholten und den kalten Stahl überall dort hineinstachen, wo ihr Fleisch gewesen war. Er befand sich irgendwo im Nahen Osten, arbeitete auf einem Ölfeld, und die Fallschirmjäger kamen herab, und er packte ein Gewehr und versuchte zu kämpfen, aber er war Ingenieur und kein Soldat, und er bekam eine Kugel in den Bauch, und es dauerte Stunden, bis er starb.

Aber es gab auch schöne Träume. Manchmal kam Ananda

in der Nacht zu ihm; ihre dunklen Augen leuchteten, und ihre weiche braune Haut glänzte vor Öl. Sie lächelte ihn an und bestieg ihn und tat Dinge mit ihm, die man nur in Träumen tun kann, bis die Dämmerung anbrach und er aufschrie und auf feuchten, befleckten Laken erwachte.

Und immer träumte er von der Musik. Sie war bei ihm, ob er wachte oder schlief. Die Nazgûl in einem Saal so gewaltig wie die Nacht, die kaputten Menschen, die tanzten, die gelben Augen über ihnen, seine Warnungen ungehört im lauten Beat des Rock, Gopher John brennend, Maggio verfaulend, Faxon mit klaffenden Schnittwunden und blutend, und Hobbins wie ein Besessener kreischend und sich krümmend, und hinter ihnen die dünne, blutende Frau an dem großen x-förmigen Kreuz, die zunehmende Dunkelheit, die Luft voll von Angst und Sex und Freude und dem metallischen Geschmack von Blut. Jedes Mal, wenn dieser Traum kam, wurde das Gefühl einer schrecklichen, drohenden Gefahr stärker, bis er schließlich eines Nachts im April den Traum träumte und von seinem eigenen Schrei aufwachte. Schweißnass und um Atem ringend setzte er sich in der Dunkelheit auf und dachte: Irgendwas stimmt nicht. Der Traum war unerträglich gewesen. Er konnte die Musik noch hören; melancholisch und bedrohlich, als ob ein Sturm aufzöge, die Gitarren voll Pein, der Rhythmus der Drums geradezu martialisch, sodass ihm das Blut im Kopf rauschte. Weit weg auf einer dunklen Ebene sammelten sich die Armeen, Gut und Böse. *This is the day we all arrive at*, sang Hobbins, *this is the day we choose*. Der Rhythmus wurde schneller, die Schlacht begann, Armageddon, der große Sturm, *Soulstorm* hieß es im Text, und die vier Nazgûl wurden eins, *Kill your brother, kill your friend, kill yourself!* Eine Zeile im Rag prophezeite: *All the dead look just like you*. Und sie kämpften weiter. Tot oder lebendig, das war am Tag des Armageddons ohne Bedeutung.

Wie lange saß er im Dunkeln und wartete, dass die Musik verklang? Wie lange saß er schwer atmend da und versuchte, sich zu beruhigen? Wie lange saß er da und hörte zu, bis er die Wahrheit wusste? Es war real. Die Musik war real. Kein Bestandteil seines Traumes, nein, ganz und gar nicht.

Im anderen Zimmer hatte jemand seinen Plattenspieler angestellt, und die Nazgûl spielten den »Armageddon Rag«.

Sandy spürte, wie die Furcht ihn durchbohrte, rasch und kalt und dünn wie ein Eispickel. Im Dunkeln erhob er sich schwankend von der Matratze und ging zur Tür. Das einzige Licht kam von seinem Verstärker; das trübe rote Auge seiner ON-Diode, das blasse Band der Radiosender, die er nie hörte. Die Dunkelheit war von Musik erfüllt. Die Frau saß in dem alten aufgepolsterten Schaukelstuhl am Fenster, aber sie stand auf, als Sandy eintrat.

Er ging zu seinem Plattenspieler und drückte die Stopp-Taste. Der Song endete mitten in Hobbins' Satz, der letzte, abgebrochene Akkord klang in der stillen, kalten Luft seiner Wohnung nach. Sandy atmete ein wenig leichter und erschauerte. Sie hatte die Tür zu seinem Badezimmer aufgemacht, und eine frostige Kälte war überallhin eingedrungen. Er schloss sie und wandte sich zu ihr um. »Ich hab von dir geträumt«, sagte er.

Sie kam näher. »Ich weiß.« Ihre Arme legten sich um seinen Hals. Sie zog ihn zu sich herab, küsste ihn. Ihr Mund öffnete sich, und ihre Zunge stieß gegen die unnachgiebige Wand seiner Zähne. Sie zog sich zurück; ihre Augen waren weit und fragend. »Was ist los?«

»Nichts.« Sandy zitterte. »Alles.«

Ihr Gesicht war so glatt wie ein Teich, unter dessen regloser Oberfläche unergründliche Tiefen lagen. »Wir haben noch etwas zu erledigen«, sagte sie.

Sandy war seltsam nervös. Er fühlte sich wie vor Jahren mit Maggie, beim ersten Mal. Er war wieder ein Junge, und zudem ein eingeschüchterter Junge. Er begehrte sie, begehrte sie außerordentlich, und doch sagte er: »Ich weiß nicht recht.«

»Ich aber«, flüsterte Ananda, und sie nahm seine Hand und führte ihn ins Schlafzimmer zurück.

Er hatte einen Ständer gehabt, seit er sie im Wohnzimmer hatte sitzen sehen, aber es war eine merkwürdige Erektion, ebenso viel Angst wie Lust. Er fühlte sich äußerst passiv. Sein Kopf war voll von Sharon und Maggie und Armageddon.

Aber Ananda war eine meisterhafte Exorzistin. »Diesmal wirst du dich erinnern«, versprach sie. Es war wie in den Träumen. Sie zog ihre Bluse aus, ließ den Druckknopf an ihrer Jeans aufspringen, streifte sie ab und setzte sich mit gespreizten Beinen auf ihn. Sie hatte nichts an als ihr Höschen. Und sie fuhr sich wieder mit der Zunge über die Lippen. Ihr Körper war geschmeidig und schlank, mit den langen, starken Muskeln einer Schwimmerin. Sie hatte hohe, feste Brüste mit Brustwarzen in der Farbe dunkler Schokolade, die sofort hart wurden, als Sandy sie mit den Fingern streifte. Ihr Haar war eine wunderschöne schwarze Kaskade, die sich über sein Gesicht und seine Brust ergoss, als sie seine Lippen, seine Brustwarzen und seinen Nabel küsste und ihn schließlich in den Mund nahm. Sie ließ sich Jahre Zeit, ihn zu reizen, ihn zu lecken, ihn bis an die Schwelle zu bringen und dann zurückzuhalten, während sie in einem fort lächelte und sich mit der Zunge über die Lippen fuhr.

Und als die Spiele schließlich aufhörten, als sie endlich das

Höschen abstreifte und ihn bestieg, da redete sie mit ihm. Kleine Scherze, geflüsterte Koseworte, kleine keuchende Laute und Schreie der Lust, drängende, unanständige Anweisungen. Und das machte es irgendwie noch besser; erregender, persönlicher. Er dachte nur flüchtig an Sharon, die immer still gewesen war, wenn sie miteinander schliefen, als ob er ihre Persönlichkeit irgendwie abschaltete, wenn er in sie eindrang. Sie hatte sich wohl mit ihm bewegt und manchmal gestöhnt, aber nie gesprochen, und in diesem Sinne war sie während des Aktes eine Fremde gewesen, in dieser Hinsicht war sie nur ein Körper gewesen. Aber Ananda war da, immer da, sie war jeden Schritt des Weges bei ihm, und ihr Geist und ihr Verstand und ihre Worte machten ihren Körper erotischer und leidenschaftlicher, als er für sich genommen sein konnte. Als Sandy kam, war es nicht nur ein Orgasmus, sondern ein Orgasmus in Ananda, was irgendwie etwas anderes war. Er war sich ihrer sehr bewusst, ihres Lächelns und ihrer Schreie. Und dann kam sie, bewegte sich wild auf ihm, den Kopf zurückgeworfen, keuchend, ihr Haar peitschte hin und her, als sie erzitterte, eine dunkle Röte breitete sich über ihre Brüste aus. Sandy konnte ihre Kontraktionen spüren, eine nach der anderen, während sie langsam abebbten.

Schließlich zog er sie zu sich herab, umarmte sie, küsste sie. Sie leckte sein Ohr. Als er lachte, rollte sie sich lächelnd von ihm herunter und sagte: »Das war doch amtlich, was?« Dann tappte sie ins Badezimmer und kam mit einem feuchten, warmen Waschlappen zurück, dessen Berührung unglaublich beruhigend war. »Sag was«, forderte sie ihn auf.

Doch in der kurzen Zeit, in der sie ihn verlassen hatte, war die Dunkelheit wieder ins Zimmer gekrochen und hatte sich über die Matratze gelegt, und Sandy lächelte nicht mehr. »Du bist das einzig Gute in den ganzen Träumen«, sagte er. »Alles andere macht mir Angst.«

Ananda legte sich neben ihn. »Erzähl mir davon«, flüsterte sie.

Er tat es. Als er fertig war, seufzte sie. »Hässlich«, pflichtete sie ihm bei. »Aber für dich nur Träume. Andere Leute haben diese Träume gelebt oder werden sie leben. Ich glaube, dass der Krieg auf dem Ölfeld irgendwann stattfinden wird.«

»Ja«, sagte Sandy. Er hatte es auch so empfunden. Die Flugzeuge darin hatten merkwürdig futuristisch ausgesehen.

»Ich glaube, du begreifst, Sandy. Tief im Innern. Das ist es, woher alles kommt – tief aus dem Innern. Edan bringt es nur ans Licht. Du hast es also die ganze Zeit über gewusst. Das sind die Dinge, gegen die wir kämpfen. Krieg, Unterdrückung, Ungerechtigkeit. Die Träume sind geschickt worden, um dich daran zu erinnern.«

»Was ist mit dem Konzert-Traum?«, fragte er.

»Ich denke, den interpretierst du falsch. Oder vielleicht auch nicht. Vielleicht sagst du dir bloß, dass eine schlimme Zeit vor uns liegt, stimmt's? Das ist wahr. Denk daran, der Rag hat zwei Teile, mit dem langen Übergang dazwischen, aber bevor wir die Auferstehung erreichen, müssen wir durchs Feuer.«

»Armageddon«, sagte Sandy. »Die blutige Flut. Ein Albtraum.«

»Nein«, sagte Ananda. »Die Welt um uns herum ist der Albtraum.«

»Und du bist der Traum?«, sagte Sandy.

Sie küsste ihn sanft. »Das ist das Netteste, was du bis jetzt gesagt hast.«

»Wie hast du mich gefunden?«, fragte Sandy.

»Hab deine Adresse über den Hog bekommen. Deine

Immobilienmaklerin hat mir den nächsten Anhaltspunkt gegeben. Hübsche Lady, wenn man getöntes Haar und Nagellack mag. Was ist passiert?«

»Es hat sich rausgestellt, dass unsere Vorstellungen von Immobilienbesitz einfach zu verschieden waren«, sagte Sandy. »Sie wollte eine Luxus-Eigentumswohnung, um langfristig maximale Kapitalerträge zu erzielen, und ich wollte 'ne Edelkneipe, in der ich Boogie-Woogie tanzen kann.«

»Freut mich«, sagte Ananda und strich ihm mit einer trägen Hand so sanft den Körper hinauf, dass er erzitterte.

»Warum bist du hier?«, fragte er. »So viel natürlichen Charme hab ich nun auch nicht, das weiß ich verdammt gut.«

»Du unterschätzt dich«, sagte sie, »aber du hast recht. Edan hat mich geschickt – ich soll dich holen. Der Vertrag steht. Die Nazgûl sind wieder zusammen. Im Moment sind sie in Philadelphia und proben heimlich. Edan hat mir gesagt, ich soll dich hinbringen.«

»Warum?«, wollte Sandy wissen. »Was hat er für ein Interesse an mir?«

»Er will, dass du bei uns bist. Du hast Fähigkeiten, die wir brauchen.«

»Fähigkeiten?«

Sie setzte sich im Bett auf und schüttelte ihr schwarzes Haar zurück. »Wenn es so weit ist, müssen wir eine Armee auf die Beine stellen. Sie müssen kommen, um die Nazgûl spielen zu hören, zu Hunderten und Tausenden müssen sie kommen. Du kannst das schaffen. Du schreibst. Du kennst die Medien, du hast Zugang zu ihnen. Edan möchte, dass du die Band begleitest, dass du die ganze Publicity für die Tour übernimmst. Ich soll dir von ihm ausrichten, dass du dein Honorar selbst bestimmen kannst.«

Das war ein Manöver, mit dem Sandy nicht gerechnet hatte. »Bist du deshalb hier?«, fragte er in scharfem Tonfall. »Gehörst du zu meinem Honorar?«

Sie runzelte die Stirn und verschränkte die Arme vor ihren hohen, schönen Brüsten. »Edan schreibt mir nicht vor, mit wem ich schlafe«, sagte sie. »Nach einem Spruch wie dem sollte ich dir ins Gesicht spucken und abhauen, stimmt's? Aber ich tu's nicht. Ich werde vergessen, dass du das gesagt hast. Hier geht es um wichtigere Dinge als um deine Gefühle oder um meine. Erinnere dich an deine Träume. Denk daran, was auf dem Spiel steht.«

Denk daran, was auf dem Spiel steht. *Ich bestelle meinen Garten*, sagte Maggie mit müder Resignation. Sie sah alt und erschöpft aus; ihrer Lebhaftigkeit beraubt, waren ihre Züge fast unschön. *Was für ein abgefuckter Witz*, spottete Lark. War er immer so ein verbitterter, hohler Mensch gewesen? *Glaube*, riet Bambi, *glaube, und du wirst glücklich sein*. An Jesus oder an Pyramidenkraft zu glauben, an vegetarische Ernährung, an die Liebe oder die Demokraten, das war alles dasselbe. Auf Sand gebaute Zufriedenheit, während die Flutwelle heranbrandete. Froggy prustete vor Lachen. *Wir hätten Kämpfer sein können*, sagte er. *Aber sie haben gesagt: »Jungs, das ist nicht euer Jahrzehnt.« Es ist nicht unser Jahrzehnt! Wir hätten die Welt verändern können, wir hätten etwas sein können. Anstatt Taugenichtse. Das sind wir nämlich. Taugenichtse mit Spaghetti in den Haaren.* Wie viele Frauen waren es jetzt? Wie viele Colleges? *Es ist zu spät*, sagte Slum mit gesenktem Blick. *Ich bin unzurechnungsfähig. Es ist zu spät.* Aber was, wenn nicht? Edan Morse und Butcher Byrne – wer war weiß, und wer war schwarz? Alles drehte sich im Kreis, die bunten Ponys bewegten sich auf und ab, und alle werden alt außer Mama Cass. Denk daran, was auf dem Spiel steht. Denk daran, was auf dem Spiel steht.

Ananda nahm seine Hand. Ihre war kleiner, kühl und kräftig, die Nägel kurz geschnitten, fast bis zum Nagelfleisch. Sein Daumen erforschte den harten, schwieligen Wulst außen an ihrer Handfläche und ihrem kleinen Finger in einer ebenso zärtlichen wie verwirrten Geste. »Ich weiß besser, was auf dem Spiel steht, als du dir vielleicht vorstellen kannst«, sagte er leise.

Sie lächelte. »Dann machst du bei uns mit, ja?«

Sandy starrte sie an. »Weißt du, ich kenn noch nicht mal deinen Nachnamen.«

»Caine, aber ich benutze ihn nie«, sagte sie. »Wieso spielt das eine Rolle?«

»Vielleicht ist es auch egal«, sagte Sandy müde.

»Also?«, fragte Ananda. »Wenn du nicht Teil der Lösung bist, bist du ein Teil des Problems. Wie sieht's aus, Schriftsteller?«

Er setzte sich auf. »Ich will sehen, wie es sich entwickelt. Ich will es mit eigenen Augen sehen. Ich glaube, Edan ist ein verfluchter Mörder, aber wer ist das heutzutage nicht, also ist es vielleicht egal. Ich werde sowieso ein Teil davon sein, also kann ich mich auch dafür bezahlen lassen, verdammt noch mal. Sag Morse, ich mach ihm seine PR.«

Ananda berührte ihn leicht an der Wange. »Willkommen im Krieg«, sagte sie, und Sandy packte sie und küsste sie hungrig, und sie schliefen wieder miteinander. Diesmal war er oben, und er ritt sie hart – stundenlang, wie es ihm schien. Wieder und wieder stieß er mit fast verzweifelter Kraft in sie hinein, während sie sich unter ihm bewegte und aufschrie und ihn anfeuerte. Es schien eine dunkle, schreckliche Art, Liebe zu machen, und eine Zeit lang dachte Sandy, es würde ewig dauern, und er würde nie kommen, nie. Doch als er schließlich kam, war sein Orgasmus explosiv, eine jähe Erlösung, die ihm jeden Gedanken aus dem Kopf trieb. Da war nur noch die sinnliche Wahrnehmung, das Pochen in seinen Lenden, Anandas Hitze, die ihn völlig einhüllte, und vielleicht ganz hinten in seinem Kopf ein schwaches und fernes Crescendo von Drums.

Hinterher schlief Ananda ein, aber Sandy merkte, dass er sich hin und her warf. Er hatte Visionen von Jamie Lynch, der ihn, ein klaffendes Loch in der Brust, mit blinden Augen anstarrte. Er hörte die Schreie von Kindern, die im Gopher Hole verbrannten, und roch den Rauch. Schließlich stand er auf, zog sich an und ging hinaus in die Kälte. Ananda ließ er im Bett zurück.

Zwei Blocks weiter gab es einen kleinen Süßwarenladen, der die ganze Nacht geöffnet hatte. Es war noch eine Stunde bis zur Dämmerung, als er dort anlangte, aber an der Eisbar saßen ein halbes Dutzend Kunden, tranken Kaffee und blätterten die Frühausgabe der *Daily News* durch. Sandy ging an ihnen vorbei nach hinten, wo das Telefon hinter den Flipperautomaten eingeklemmt war. Er hatte sich nie dazu aufgerafft, in seiner Wohnung eins anschließen zu lassen. Er kramte in seiner Tasche, holte eine Handvoll Kleingeld hervor, fütterte den Apparat und wählte.

Nachdem es ein Dutzend Mal geklingelt hatte, ertönte Jared Pattersons halb betäubte Stimme. »Wer … wa? Jesses, wie spät isses? Wer ist da? Was?«

»Ich bin's bloß, Jared«, erwiderte Sandy. »Ich wollte dir sagen, dass die Marsianer gelandet sind. Und weißt du was? Ich bin ihr Presseagent.«

18

Der alte Filmpalast befand sich in einem heruntergekommenen Teil von Philadelphia – ein Relikt aus den Dreißigern, das seit mehr als einem Jahrzehnt geschlossen war, eine Anhäufung von Zerfall und verblichenem Charme. Unter dem Vordach hingen sechs Reihen von Neonröhren, drei über und drei unter dem leeren grauen Rechteck, wo früher die Filmtitel präsentiert worden waren. Die ganze Beleuchtung war weg oder kaputt. Darunter, mitten in einer gefliesten Vorhalle, in der ein Drittel der Fliesen fehlte, stand die Kabine des Kartenverkäufers, reich verziert wie etwas aus Tausendundeiner Nacht; die Scheibe war gesprungen und mit Brettern vernagelt. Die Türen zum Foyer dahinter waren ebenfalls mit Brettern vernagelt und mit einem Vorhängeschloss versperrt.

Er stellte Tagtraum in der schmalen Gasse neben dem Kino ab, und sie stiegen beide aus. »Hier entlang«, sagte Ananda. Sie führte ihn hinten herum zu einem der Notausgänge, der mit großen doppelten Stahltüren gesichert war; alte rote Farbe blätterte von dem Metall ab. Gort lehnte an der Ziegelwand und las Sartre. Er sah auf und brummte etwas Unverständliches, als sie näher kamen.

Sandy hob die Hand zu einem Friedenszeichen. »Klaatu borada nicto, Gort«, sagte er.

Gort blickte finster drein. »Echt originell. Ich kann diesen dämlichen Witz nicht ab. Jeder macht denselben dämlichen, beknackten Witz.« Er wandte sich wieder Sartre zu und ließ sie vorbei. Sie durchquerten einen kurzen Korridor und schoben sich durch einen schweren, mottenzerfressenen und staubbedeckten Samtvorhang, dessen Kastanienbraun fast zu Grau verblichen war. Durch einen Rundbogendurchgang betraten sie den schwach beleuchteten Zuschauerraum. Als Sandys Augen sich an die Lichtverhältnisse gewöhnt hatten, erblickte er ein Meer von verrotteten, leeren Sitzen, einen ausladenden, verlassenen Balkon, undefinierbar maurisches Dekor, eine mit Sternen und Wolken bemalte Decke und eine Bühne, auf der diverses Sound-Equipment herumstand. An den Seiten erhoben sich zwei riesige Lautsprecher, Kabel schlängelten sich überallhin, und vor der uralten Leinwand hinten stand ein Drumset mit einem vertrauten schwarz-roten Muster. Gopher John hatte schon dort Platz genommen und schlang ein Sandwich hinunter. Sandy entdeckte auch Rick Maggio und Larry Richmond. Richmond saß am Bühnenrand und sah auf eine Weise klein und einsam aus, wie es bei Patrick Henry Hobbins nie vorgekommen wäre. Er hatte die Augen geschlossen und machte so etwas wie isometrische Übungen. Maggio stand ganz hinten, umringt von einem Knäuel von Leuten, die meisten davon weiblichen Geschlechts. Sandy hörte sein lautes, prustendes Lachen. Die Nazgûl schienen sich bereits eine beträchtliche Anzahl von Drohnen, Groupies, Hilfskräften und Gefolgsleuten zugelegt zu haben; Sandy sah mindestens ein Dutzend Personen, die er nicht kannte. »Wo ist Faxon?«, fragte er.

»Dort.« Ananda zeigte auf die erste Reihe, wo Peter Faxon im Durchgang saß und konzentriert in einigen Papieren auf seinem Schoß las. Sie gingen zu ihm.

Faxon wirkte überrascht, ihn zu sehen. »Blair«, sagte er. Er legte die Papiere beiseite und stand auf, und sie schüttelten sich die Hände. »Was machst denn du hier?«

»Dasselbe könnte ich dich fragen«, sagte Sandy.

Faxon lächelte dünn. »Bemüh dich nicht, ich hab's mich schon selbst gefragt. Manchmal weiß ich nicht, was ich hier mache.« Er schüttelte den Kopf. »Es ist alles deine Schuld. Nach unserem Gespräch bin ich ziemlich ins Grübeln geraten. Vielleicht ist mir klar geworden, wie sehr ich all das vermisst habe. Aber Tracy hat dann den Ausschlag gegeben. Letzten Monat kam sie eines Tages zu mir, stemmte die Hände in die Hüften und sagte: ›Ich halte das nicht mehr aus. Du willst es, und du weißt, dass du's willst, also nimm das Telefon und ruf an, bevor du uns alle in den Wahnsinn treibst.‹ Und bevor ich richtig kapiere, was los ist, bin ich hier.«

»Hier«, sagte Sandy. Er schaute sich um. Verrottete Sitze, Staub, verblichene Vorhänge, wahrscheinlich jede Menge Schaben und Ratten. »Toller Proberaum«, sagte er. »War die städtische Müllhalde ausgebucht?«

Faxon lachte. »Das hat Morse zu verantworten. Trotzdem, mir macht's nicht allzu viel aus. Nostalgie. Hier hat alles angefangen, Blair.«

»Sag Sandy zu mir, bitte. Was meinst du?«

»Das war der erste Laden, in dem die Nazgûl je gespielt haben. Damals waren wir noch Peter and the Werewolves. Wir hatten eine Menge Hochzeiten und Schulfeste hinter uns, ein paar Clubs, und allmählich hatten wir hier in der Gegend eine ganz schöne Anhängerschaft. Der Laden war bereits in Schwierigkeiten, deshalb versuchten sie, die Teenies zu kriegen. Hier wurden 'ne Menge Horrorstreifen und »Beach Party«-Filme gezeigt – alles, was nach Meinung der Geschäftsführung junge Leute anlockte. Zuletzt kamen sie auf die Idee, eine Live-

Rock-Show aufzuziehen, mit lauter Bands aus der Gegend. Bands aus der Gegend kosteten nicht so viel. Wir waren der Hauptact. Unser erstes Konzert fand da oben auf dieser Bühne statt, genau da.« Er nickte. »Wir hatten schon eine ganze Weile darüber gequatscht, unseren Namen zu ändern, und das schien ein verdammt günstiger Moment dafür zu sein. Als sie uns rausschickten, waren wir zum ersten Mal die Nazgûl, und wir haben eine Menge brandneue Sachen gespielt. Den Kids hat's gefallen, also hat das Kino uns von da an regelmäßig gebucht. Wir haben sechs Shows gemacht, eine pro Monat, ein halbes Jahr lang. Bei der letzten kam nach dem Konzert ein Typ namens Lynch hinter die Bühne, mit einer Flasche Champagner, einem Block Shit von der Größe eines Ziegelsteins und einem Vertrag.«

»Der Laden ist 'n bisschen runtergekommen«, kommentierte Sandy.

»Sind wir das nicht alle?«, sagte Faxon.

»Und?«, fragte Sandy. »Wie lange seid ihr schon dabei?«

»Zwei Wochen.«

»Und? Wie läuft's?«

Faxon schnitt eine Grimasse. »Sagen wir mal, wir haben noch ein paar Schwächen auszubügeln.«

»Sie spielen 'ne Menge neues Material«, sagte Ananda, »das ist das Problem.«

Diese Bemerkung ärgerte Faxon sichtlich. »Darum geht's doch bei der ganzen Sache«, sagte er in scharfem Tonfall. »Um das neue Material. Ich hab euch erklärt, dass ich, wenn's sein muss, bereit bin, ein paar von den alten Songs einzubauen, schließlich erwarten das die Leute, aber der Auftritt wird um meine neuen Sachen rum aufgebaut, oder er wird um jemand anderen rum aufgebaut als mich. Kapiert?«

Ananda hob die Hände und lächelte entwaffnend. »He, ich bin nur das Botenmädchen, Peter, immer mit der Ruhe!«

Faxon machte ein finsteres Gesicht. »Entschuldige, aber du kennst meine Meinung. Wenn es Morse nicht gefällt, soll er doch seine Chirurgen ranpfeifen und sich einen netten, fügsamen Plastik-Faxon basteln.«

»Autsch«, sagte Sandy. »Klingt, als hättest du einige Vorbehalte gegen Richmond.«

Peter Faxon wandte sich stirnrunzelnd wieder ihm zu. »Er ist ein netter Junge, und er gibt sich schwer Mühe, aber er ist nicht Pat und wird's auch nie sein. Und ich finde das mit den Operationen abartig. Sie haben mich vorgewarnt, aber mir war trotzdem ein paar Minuten lang ganz schön unheimlich zumute, als ich ihm zum ersten Mal begegnet bin.«

»Und jetzt?«

»Ach, zum Teufel, so was ist nicht von Dauer. Ich hab Pat Hobbins besser gekannt als sonst jemand, und dieser Junge gleicht ihm nicht im Entferntesten. Er hat sogar einen Hund, um Himmels willen!«

»Und?«, fragte Sandy.

»Pat hasste Hunde. Als Kind ist er von einem Deutschen Schäferhund übel zugerichtet worden, musste die ganze Tollwut-Behandlung über sich ergehen lassen und hatte danach immer Angst vor Hunden. Was sie natürlich riechen konnten, also haben sie ihn angeknurrt und die Zähne gefletscht. Wenn es nach Pat gegangen wäre, hätten sie sämtliche Hunde auf der Welt vergast. Aber Richmond nimmt diesen neurotischen Köter überallhin mit.« Er zeigte auf eine bestimmte Stelle, und tatsächlich entdeckte Sandy Balrog am Rand des Saals; er war an einer reich verzierten Säule festgebunden. »Und damit geht's erst los. Ich hab nichts gegen den Jungen. Es ist schwer, jemanden nicht zu mögen, der einen verehrt. Aber ich wünschte wirklich, Morse hätte uns einen Sänger besorgt und keinen Plastik-Hobbins aus dem Ramschladen.«

»Ich nehme an, du machst dir keine Sorgen, dass Richmond die Band so dominieren wird, wie es Hobbins getan hat?«, fragte Sandy.

Faxon lachte. »Ich wünschte, er täte es. Aber Larry Richmond könnte nicht mal den Pillsbury Doughboy dominieren.« Er warf einen Blick auf seine Uhr und seufzte. »Na schön, es wird langsam Zeit. Nimm Platz, Sandy, und leih uns dein Ohr, während ich Buße tue für all meine Sünden. Ich warne dich, es könnte peinlich werden.« Er steckte zwei Finger in den Mund und pfiff, und alle Köpfe drehten sich in seine Richtung. »Genug auf der faulen Haut gelegen«, verkündete er laut. »Gehn wir's wieder an.«

Sandy und Ananda ließen sich zusammen mit einem Dutzend weiterer Zuschauer auf Sitzen in der ersten Reihe nieder. Die Sound-Leute nahmen ihre Positionen ein, und einer nach dem anderen machten die Nazgûl sich bereit. Hinter den Drums spülte Gopher John den letzten Bissen seines Sandwichs mit einem Schluck Bier hinunter und griff nach seinen Sticks. Es waren Pro Mark 2Bs, große, lange, dicke und schwere Sticks, Sticks für eine Marschkapelle, gemein aussehende Sticks, aber in seinen gewaltigen, knochigen Händen wirkten sie fast zerbrechlich. Obwohl er immer noch glattrasiert und hager war, trug er Jeans und ein weites violettes Hemd, und er sah Gopher John weitaus ähnlicher als der Geschäftsmann im Nadelstreifenanzug, den Sandy vor einer Ewigkeit in Camden interviewt hatte.

Maggio stapfte mit einer Zigarette im Mund auf die Bühne. Sein Bauch hüpfte unter einem blutroten Nazgûl-T-Shirt, das mindestens fünfzehn Jahre alt und zwei Nummern zu klein war, auf und ab. Nach einem langen letzten Zug warf er die Zigarette auf die Bühne, trat sie mit dem Fuß aus und nahm seine Gitarre, dieselbe vertraute Fender Telecaster, die er früher schon gespielt hatte. Er fing an, sie zu stimmen, und murmelte laut »Fuck« in sein Mikrofon.

Larry Richmond, in steifen neuen Bluejeans und einem bestickten Baumwollhemd, stand vorne. Seine Gibson SG war bereits gestimmt, die Stiefel waren auf Hochglanz poliert, und sein weißes Haar fiel ihm weich auf die Schultern. Er leckte sich ängstlich die Lippen.

Schließlich war da noch Peter Faxon, blond und gutaussehend, mit einem strengen, geschäftsmäßigen Ausdruck im Gesicht, als er sich seinen Bass umschnallte, einen dunkel glänzenden, metallisch schwarzen Rickenbacker. Er stimmte ihn, während der Mixer den Sound einstellte, und als ihm der Tonmann endlich zunickte, drehte er sich zu den anderen um und sagte: »Also schön, fangen wir wieder an. Versuchen wir's mit ›Sins‹. Und Rick, es wäre echt nett, wenn du versuchen könntest, denselben Text zu singen wie alle anderen, okay?«

»Du kannst mich mal«, fauchte Maggio.

Unten in der ersten Reihe fand Sandys Hand die von Ananda. Er war so nervös, wie Richmond aussah. Mehr als ein halbes Jahr war er jetzt hinter der Schimäre der Nazgûl hergejagt, hatte sich immer wieder ihre alten Songs angehört, bis er sie in- und auswendig konnte, besessen von der Musik und den Bedeutungen. Und all das hatte hierher geführt. Hier, in dieser Ruine von einem Kino, wo die Musik ihren Anfang genommen hatte, würde sie gleich von Neuem beginnen. Das lange Schweigen würde jetzt ein für alle Mal gebrochen werden, das Blatt würde sich wenden, der Zorn und die Liebe und die Träume, die sie verloren hatten, würden jetzt zu ihnen zurückgerufen werden, und die wahre und furchteinflößende Stimme der Sechziger würde von Neuem im Land zu hören sein. Die Nazgûl setzten zum Flug an.

Maggios Fender flüsterte leise, beinahe sanft, und Richmond setzte mit dem weicheren Sound der Gibson fehlerlos nach ihm ein. Gopher John legte einen vorsichtigen Beat auf Snare und Bass Drum darunter, und Richmond begann zu singen.

Oh, lately I been thinking on my sins

»Sins« war fast eine Ballade; die Musik war täuschend sanft, obwohl der Text auf tückische Weise doppelsinnig war.

Die Nazgûl ließen »Goin' to the Junkyard« folgen, ein fiebriges Hardrock-Stück über vertanes Leben mit einer hitzigen, schweren Basslinie und einem Refrain, in dem es hieß: *Everybody's goin' to the junkyard!* Maggio wechselte dafür zu einer roten, raketenförmigen Gibson Firebird und griff ein paar durchdringende, verzerrte Akkorde, die wie eine Busladung Schulkinder in einer Eisenpresse klangen. Für »Good Ol' Days«, eine fetzige Country-Rock-Nummer mit Faxon an der Cajun-Fiddle, nahm er wieder seine Fender.

»Dogfood« hatte einen bissigen politischen Text, wie Sandy ihn seit einem Jahrzehnt nicht mehr gehört hatte, über Pekinesen, die sich die Gicht anfraßen, während in Asien Kinder verhungerten. »Visions in the Dark« war kryptisch, traumartig, mit einem Sound wie ein uneheliches Kind von Acid Rock und Heavy Metal, das in Wirklichkeit der große Bruder von beiden war. Es enthielt ein Schlagzeugsolo von Gopher John und ein paar ziemlich haarige Sachen für die Gitarre, die nur Hendrix und Clapton und der frühere Rick Maggio hingekriegt hätten, einen Haufen schneller, komplizierter Akkorde, Schmerzensschreie, die Maggio an sein Wah-Wah-Pedal schickte, dunkler, wabernder Hall, schwarz auf schwarz, der eine Menge Echoplex und Phase Shifting verlangte.

Maggio sang die Leadstimme bei »Cupcakes«, einem weiteren lauten, treibenden Rockstück mit einem anzüglichen feministischen Text. Seine nach zermahlenem Glas klingende Macho-Stimme war wie geschaffen für den Song, obwohl die Ironie darin an ihn wahrscheinlich verschwendet war. Faxon setzte sich für »The Things That I Remember«, ein bittersüßes Liebeslied, an die Keyboards und für »Flying Wing« mit seinem Versprechen von Transzendenz unter den Sternen an den Synthesizer. »Dying of the Light« hatte Faxon bei Dylan Thomas geklaut, und keiner der Nazgûl sprang sanft mit diesem Gute-Nacht-Stück um.

Zu guter Letzt spielten sie »Wednesday's Child«, eine lange, wilde Nummer mit einer endlosen Bridge, in deren Verlauf die Drums zu wahnwitzigen Presslufthämmern wurden und die Gitarren kreischten und kratzten und Faxons Rickenbacker tiefer und tiefer und tiefer ging. Es hätte eine gottverdammte Apokalypse von einem Song sein sollen, die Art Song, die das Publikum auf die Beine bringt, die es hochzieht, die Fäuste in der Luft und brüllend, die es zum Kreischen bringt und es durchschüttelt und sein Blut in Brand setzt, als wäre es nach einem Streichholz lechzendes Benzin. Es hätte die Art Song sein sollen, die bei einem Konzert fünfzehn, zwanzig Minuten dauert und fast einen Aufruhr oder einen Krieg auslöst.

War es aber nicht. Nicht so, wie sie ihn spielten.

In der ersten Reihe des alten Kinos war Sandy sich des schwachen Modergeruchs und der Wanzen in dem Sitz unter ihm nur allzu bewusst. Er merkte, dass er an Fäulnis dachte, auf der Bühne und unten, anstatt sich ganz in der Musik zu verlieren. Zuerst war er erregt und ängstlich, aber als ein Song auf den anderen folgte, setzte Betäubung ein … und zuletzt ein seltsames, kaltes Gefühl, das zugleich Erleichterung und Enttäuschung war.

Die ganzen Ängste, die ihn diesen Winter so sehr gequält hatten, schienen jetzt weit weg und albern zu sein, während Sandy in dem verrotteten alten Lichtspielhaus saß und zusah, wie drei Männer mittleren Alters und ein grüner Junge versuchten, eine Magie wieder einzufangen, die längst vergangen war, einen Sound und ein Versprechen und einen Zauber, Dinge, die 1971 für immer aus der Welt verschwunden waren, als eine Kugel aus der Nacht gepfiffen kam, um eine Botschaft mit Blut zu schreiben, und die Botschaft hieß DAS ENDE. Edan Morse mit seinem ganzen Gerede von der Macht der Musik, von der zwangsläufig zurückkehrenden Flut und der Zeit, die endlich reif war, schien ihm ganz plötzlich das bemitleidenswerte Opfer einer Illusion zu sein. Sandy ertappte sich bei dem Gedanken, dass Jared ihn mit Fug und Recht ausgelacht hatte. Er verdiente es, ausgelacht zu werden. Ihm war selbst zum Lachen zumute, doch stattdessen biss er nur grimmig die Zähne zusammen und hörte weiter zu.

Es lag nicht an den Songs. Das ganze Material war neu, jeder einzelne Song, und obwohl einiges offensichtlich weniger gut war als der Rest, stand nahezu alles noch neun Stufen über dem Zeug, das man heutzutage im Radio hörte. Faxon hatte seine besonderen Fähigkeiten nicht verloren. Er war immer noch eklektisch, unberechenbar und höllisch scharf. Es war immer noch unverkennbar der charakteristische Sound der Nazgûl; schnell, treibend, mit einem harten, schweren Beat, komplexen Tonfolgen und Texten, die etwas aussagten. Es war böse Musik, aber nicht auf dieselbe Weise böse wie ein Großteil des Punk; die Pointen waren rasiermesserscharf und bedrohlich, aber nie nihilistisch, die Gewalt war ein Übel und nichts Gutes, und in der Musik selbst lag etwas von einer neuen, wiedererwachenden Ordnung, aber keine Spur von Chaos. Es war nicht einmal so, dass Faxon sich als altmodisch erwies oder sich nicht weiterentwickelt hätte. Diese Songs waren kein Abklatsch der alten Nazgûl-Hits – sie waren etwas Neues, sie waren gespenstische musikalische Trugbilder des hypothetischen Nazgûl-Sounds von 1972, 1973 und 1974 – so hätten sie vielleicht geklungen, wenn West Mesa nicht gewesen wäre. Die besten von ihnen konnten mit den alten Sachen der Nazgûl mühelos mithalten. Früher wären »Goin' to the Junkyard« und »Wednesday's Child« mit Sicherheit innerhalb einer Woche nach Erscheinen in die Top Ten geschossen. Und einige der anderen Stücke vielleicht auch.

Nein, es lag nicht an den Songs. Es lag an der Band. Die Nazgûl hatten es einfach nicht mehr drauf.

Faxon gab noch die glaubwürdigste Vorstellung, vielleicht weil er so überaus lange mit diesem Material gelebt hatte. Sein Bass und seine Stimme waren sicher und solide, und an den anderen Instrumenten, die er im Lauf der Probe benutzte, war er immer zumindest professionell. Andererseits war er jedoch selten mehr als professionell. Die leidenschaftliche Konzentration, von der seine Züge früher so oft geprägt gewesen waren, als er Blut geschwitzt hatte, um mit den Naturtalenten der Gruppe mitzuhalten, war einem Ausdruck betretener Frustration gewichen. Die Klinge war stumpf. Er war kompetent; nicht mehr und nicht weniger.

Rick Maggio war es abwechselnd mehr und weniger. Faxons

spitze Bemerkung am Anfang des Sets hatte ins Schwarze getroffen: Mehr als einmal schien Maggio Probleme zu haben, sich seinen Text zu merken. Sandy stellte fest, dass er sowohl bei »Dogfood« als auch bei »Flying Wing« nur so tat als ob, und bei »Visions in the Dark« war er von seiner Gitarre so in Anspruch genommen, dass er tatsächlich eine andere Zeile sang als die anderen drei, woraufhin der Song quietschend eine Vollbremsung hinlegte, gefolgt von einem kurzen, hässlichen Wortwechsel zwischen ihm und Faxon. Um ihm jedoch Lob zu zollen: Bei »Cupcakes« hatte er den ganzen Text drauf, und er sang das Stück mit energischer, boshafter Ausgelassenheit. An der Leadgitarre schienen seine Fähigkeiten zu kommen und zu gehen. Die wilden, schwierigen Parts bei »Visions in the Dark« wären auch vor all den Jahren, bevor die Drogen ihn ruiniert hatten, eine herbe Schlittenfahrt für ihn gewesen; jetzt überforderten sie ihn völlig, aber Maggio tat sein Bestes. Sandy sah, wie er schwitzte, und ein- oder zweimal hatte er es fast, für ein, zwei Tonfolgen beschworen seine Finger fast die alte Brillanz herauf, fast … und dann verpatzte er es, und der Moment ging vorbei. Bei »Wednesday's Child« kam er ganz gut zurecht, bei »Good Ol' Days« war er unglaublich schwerfällig, und was er bei »The Things That I Remember« spielen sollte, schien ihm so gut wie unbekannt zu sein. Am Ende der Probe war sein T-Shirt schweißdurchtränkt, und sein Gesicht war weiß wie der Bauch eines toten Fischs. Und hässlich.

Wenn Maggio unbeständig war, dann war Gopher John Slozewski einfach nur schwach. Maggio hatte zumindest in irgendwelchen Kneipen-Combos gespielt, um in Form zu bleiben; Gopher John war schlicht schon zu lange draußen. Sein Schlagzeugsolo bei »Vision in the Dark« war glanzlos, er schien nicht in der Lage, den wilden, frenetischen Rhythmus durchzuhalten, den »Wednesday's Child« während der Bridge verlangte, er kam mehr als einmal aus dem Takt, und oft schien er dem Rest der Band einen halben Beat hinterherzuhängen und wie verrückt darum zu kämpfen, sie einzuholen, als wären seine Reflexe einfach viel zu langsam für die Musik geworden, die einmal sein Markenzeichen gewesen war. Am Ende von »Wednesday's Child« warf er seinen Stick in die Luft. Dergleichen hatte Sandy früher bei ihm hundertmal gesehen. Viele Rock-Drummer setzten sich ähnlich in Szene, warfen einen Stick hoch und fingen ihn wieder auf; Gopher John war dafür berühmt, dass er seinen Stick höher warf als jeder andere und ihn, ohne hinzuschauen, wieder auffing – und dass er genau rechtzeitig in seiner Hand landete, sodass er wie der Teufel auf seine Becken eindreschen konnte. Heute stieg der Stick hoch und höher, drehte sich der Länge nach vor der alten Leinwand … und landete schließlich drei Meter entfernt direkt vor Faxon. Gopher John schien nicht einmal die Energie zu haben, ein finsteres Gesicht zu ziehen. Er wirkte müde und verwirrt, als könnte er nicht ganz begreifen, warum alles so schrecklich danebenging.

Und dann war da der Junge. Das Gespenst, das keines war. Bei den anderen dreien mochte es irgendwann wieder hinhauen; mit der Zeit würden sie ihre alten Fähigkeiten vielleicht wiedererlangen. Aber Faxon hatte recht, was Richmond betraf; er war nicht Patrick Henry Hobbins, und er würde es nie sein. Er sah aus wie Hobbins, kleidete sich wie er, tat sein Bestes, alle Bühnenmanierismen von Hobbins nachzuäffen, aber zumeist brachte er nicht mehr als eine peinliche, gehemmte Parodie zustande. An der Rhythmusgitarre war der Junge gar nicht so übel. Wenn überhaupt, stand er darin eine Stufe über dem echten Hobbins. Aber als Leadsänger brachte er es einfach nicht. Wenn er sprach, klang seine Stimme einigermaßen wie die von Hobbins, aber wenn er sang, wirkte sie schwach, blass und überstrapaziert. Die Hardrocker verlangten vom Leadsänger eine gewisse explosive stimmliche Energie, die Richmond nicht aufbieten konnte; die leiseren Songs schrien nach einer Stimme, die Gefühle aus dem Text herauspresste, und Richmond klang bestenfalls hohl und falsch. Er hatte nicht die Bandbreite, er hatte nicht die Power, er hatte nicht die Wut, so zu singen wie Patrick Henry Hobbins früher. Alles, was er hatte, war weißes Haar, ein vertrautes Gesicht und einen Jeansanzug, und das reichte nicht.

Es hatte einfach keinen Wert, und sie alle wussten es. Die Nazgûl, Sandy, Ananda und alle anderen im Kino. Als der letzte Akkord verklungen war, nahm Peter Faxon seinen Bass ab, machte ein angewidertes Gesicht und ging ohne ein Wort zu irgendwem hinter die Bühne. Er kochte sichtlich vor Wut. Maggio rief: »Du mich auch, du Arschloch« hinter ihm her und stapfte in der entgegengesetzten Richtung davon. Gopher John stand müde von seinem Thron auf und ging seinen Stick aufheben. Und Larry Richmond entdeckte Sandy und sprang grinsend von der Bühne. »Hi«, sagte er munter, »ich hab Sie mitten im Set gesehen.« Er streckte die Hand aus. »Kennen Sie mich noch?«, fragte er dümmlich. »Wir sind uns in Malibu begegnet. Ich bin Pat Hobbins.«

Sandy nahm die Hand, schüttelte jedoch den Kopf. »Nein, bist du nicht.«

Richmond wirkte gekränkt. Der Ausdruck passte irgendwie nicht zu diesem blassen Gesicht, das so sehr dem von Hobbins glich. »Wir haben Ihnen nicht gefallen?«

»Manche von den Songs haben gute Ansätze«, sagte Sandy behutsam, um Höflichkeit bemüht. Er glaubte nicht, dass

Richmond auch nur andeutungsweise wusste, wie schlecht sie gewesen waren. »Ihr werdet aber noch eine Menge proben müssen.«

Richmond nickte, wirkte jedoch bedrückt. »Ja. Allerdings würden wir wesentlich besser klingen, wenn Peter nicht so stur wäre. Wir sollten die alten Sachen spielen. Die kenne ich. Bei den alten Sachen sind wir erheblich besser. Na ja, wir kriegen den Dreh schon noch raus.« Er schaute sich um und lächelte. Einer der Helfer kam mit seinem Hund auf ihn zu. »He«, sagte Richmond. »Balrog hat's jedenfalls gefallen. Stimmt's, Jungchen? Stimmt's, hm?« Er kniete sich hin und zauste dem Hund den Kopf und knuffte ihn spielerisch, und Balrog bellte glücklich. »He, so ist es recht, Bal, wir waren gut, hm? Klingt immer besser, hm, Bal?« Richmond grinste zu Sandy und Ananda hinauf. »Bal ist mein schärfster Kritiker«, sagte er. »Wenn ihm nicht gefällt, wie ich singe, fängt er an, während des Sets zu bellen. Ihr habt gehört, wie ruhig er war, oder?«

Sandy nickte. »Er hat nicht einmal gebellt.«

Richmond stand auf. »Seht ihr? Also, Sie müssen mich entschuldigen, Mister Blair. Muss mit Bal gehen. Wir sehn uns später, ja? He, was tun Sie hier eigentlich? Schreiben Sie was über uns für den *Hog*?«

»Sozusagen. Ich bin euer neuer Publicity-Mann.«

»Prima!«, sagte Richmond voller Begeisterung. »Also, dann seh ich Sie bei der nächsten Probe.« Er trabte durch den Gang davon, der Hund dicht hinter ihm.

Sandy wandte sich zu Ananda um. »Nicht, wenn es nicht unbedingt sein muss«, sagte er. »Du lieber Himmel, der Junge glaubt, sein Hund wäre ein Rockkritiker! Sie werden ihn in Stücke reißen, 'Nanda.«

Anandas Gesicht war grimmig, aber sie schien Sandys Bemerkung nicht gehört zu haben. »Ich muss mit Edan reden«, sagte sie.

»Wo ist er?«

»Im Hotel. Dem Bellevue-Stratford.«

»Also, gehen wir«, sagte Sandy. »Ich habe Morse selbst ein paar Dinge zu sagen.«

Schweigend fuhren sie zum Hotel. Ananda war mit den Gedanken woanders, und die Probe schien sie irgendwie genervt zu haben. Sandy selbst war auch nicht nach Reden zumute. Sie hielten vor dem Haupteingang, und Sandy zerrte seinen Koffer aus dem Heck. »Ich geh einchecken«, sagte er. »Wir sehen uns dann in Morse' Zimmer. Welche Nummer hat er?«

Sie sagte es ihm und ging zu den Aufzügen, während Sandy zur Rezeption marschierte. Zehn Minuten später, nachdem er den Koffer in seinem Zimmer verstaut und ein paar seiner Hemden aufgehängt hatte, stieg er zwei Treppen hinab und klopfte an die Tür von Edan Morse' Suite.

Ananda öffnete ihm. Sie wirkte immer noch wütend und sagte nichts. Edan Morse saß an einem Fenster auf der anderen Seite des Zimmers und sah deutlich weniger pfadfinderhaft aus als damals in Malibu. Er hatte angefangen, sich einen Bart stehen zu lassen, und dieser wuchs voll und dunkel, bedeckte seine Grübchen und die kleine Kerbe im Kinn. Er schien auch magerer zu sein, als hätte er Gewicht verloren, und unter den Augen hatte er dunkle Ringe. Ein schwerer silberner Anhänger mit einem komplizierten Spinnen-und-Schlangen-Muster hing über seinem schwarzen Rollkragenpullover. Die braunen Augen funkelten, als er zu Sandy herumschwang. »So. Sie haben sich also entschieden, sich uns anzuschließen.«

»Ich weiß nicht, ob ich so weit gehen würde«, sagte Sandy.

Edan Morse runzelte die Stirn. »Wenn Sie nicht an das glauben, was wir tun, warum sind Sie dann hier?«

»Sagen Sie's mir doch. Sie sind der Zauberkünstler.«

Morse legte die Fingerspitzen unter dem Kinn aneinander und musterte Sandy mit dunklen braunen Augen. »Drei Möglichkeiten«, sagte er nach einer Pause. »Erstens, Sie wissen, dass dies eine verdammt große Story wird, und Sie wollen drauf einsteigen. Zweitens, Sie wollten 'Nanda wieder an die Wäsche. Drittens, Sie machen es fürs Geld.«

»Viertens«, sagte Sandy, »alles zusammen.«

»Und wissen Sie was, Blair? Es ist mir egal. Solange Sie Ihren Job machen, sind mir Ihre Gründe völlig gleich.«

»Sprechen wir über diesen Job«, sagte Sandy. Er schritt durchs Zimmer und nahm den Stuhl gegenüber von Morse. »Sie haben von Ananda gerade etwas über die Probe gehört, möchte ich annehmen. Sie brauchen keinen PR-Mann. Sie brauchen eine neue Band. Vielleicht sollten Sie das mit den Nazgûl vergessen und stattdessen die Beatles wiedervereinigen. Besorgen Sie sich Paul, George und Ringo, und machen Sie sich selbst einen cleveren Plastik-Lennon. Nur vergewissern Sie sich vorher, dass er besser singen kann als Larry Richmond.«

»Ich kenne keinen Larry Richmond«, sagte Morse tonlos. »Wenn es so weit ist, wird Patrick Henry Hobbins die beste Vorstellung seines Lebens geben.« Er lächelte. »Oder seines Todes. Darauf können Sie sich verlassen.«

Sandy lehnte sich zurück und stieß ein unflätiges Geräusch aus. Er bekam es nicht so gut hin wie Froggy, aber es war unmissverständlich.

»Skeptizismus ist eine gesunde Haltung für einen Bürger dieser Schweinegesellschaft«, sagte Morse, »aber Sie treiben es zu weit.«

»Ich hab sie heute spielen hören«, fauchte Sandy. »Sie nicht.«

Edan Morse zuckte die Achseln. »Dann halten Sie sich von den Proben fern. Es gehört sowieso nicht zu Ihren Aufgaben, dort herumzuhängen. Und Sie haben einiges zu tun. Die Leute sollen vom Comeback der Nazgûl erfahren. Ich will Erregung, Vorfreude. Das Publikum soll bereit sein. Kriegen Sie das hin?«

»Sicher«, sagte Sandy, »aber …«

»Kein Aber. Tun Sie's, Blair. Und tun Sie's bald. Ich habe bereits das erste Konzert festgesetzt. Chicago. Das Civic Auditorium. 12. Juni.«

Sandy runzelte die Stirn. »Das sind kaum noch sechs Wochen.«

»Schaffen Sie das nicht?«

»Ich schon«, sagte er, »aber die Nazgûl nicht. In sechs Wochen sind sie noch nicht so weit. Sie sind in sechs gottverdammten Jahren noch nicht so weit, so wie sie heute geklungen haben.«

»Sie werden so weit sein. Und es ist sowieso nicht wichtig. Das ist nur ein Vorspiel. Es wird andere, entscheidendere Konzerte geben.«

Die Art, wie er das sagte, jagte Sandy einen Schauer über den Rücken. »Ich hab mir die Musik angehört«, sagte er. »Das steht doch hinter all dem hier. *Music to Wake the Dead.* Sie glauben, sie hat so was wie – ich weiß nicht – Macht.«

Edan Morse lächelte dünn und sagte nichts.

»Ich hätte Ihnen das fast abgenommen. Aber heute Nachmittag hat sich das alles in Luft aufgelöst. Der Rag ist nur ein Song.«

»Tatsächlich?«, fragte Morse.

»Ja«, sagte Sandy. »Und der Rest des Albums ist nur wahr

geworden, weil Sie dafür gesorgt haben. Sie haben Jamie Lynch ermordet oder es Gort oder sonst jemand tun lassen. Wegen des Textes. Weil Sie übergeschnappt sind.«

»Muss ich das schon wieder abstreiten? Sie verstehen es immer noch nicht. In Wirklichkeit hat Peter Faxon damals 1971 Lynchs Tod in Umrissen vorhergesehen und einen Song darüber geschrieben. Sie weigern sich, der Wahrheit ins Gesicht zu sehen. Die Musik hat es geschehen lassen. Oder vielleicht könnte man sagen, es war vorherbestimmt, und die Musik hat es vorausgesagt. Aber es war ein Unglücksfall; ein Unglücksfall, der unsere Sache zufällig vorangebracht hat.«

»Und der Brand im Gopher Hole? War das noch so ein Unglücksfall?«

»Ja. Ein weiterer Bestandteil des Musters.«

»Ein Unglücksfall, bei dem zufällig die Notausgänge verschlossen waren? Nein, Morse. Jemand wollte, dass Menschen in diesem Feuer verbrannten, wollte, dass Menschen starben. Jemand, der einen Song wahr werden lassen wollte, jemand, der an die Illusion glaubte, dass dem Blut Macht innewohnt. Und Plastiksprengstoff findet nicht zufällig den Weg in allzu viele Kneipen in Camden.«

»Plastiksprengstoff?« Morse zuckte die Achseln. »Habe ich bestritten, dass es Brandstiftung war? Nein. Nur, dass ich der Brandstifter war. Ich hatte mit diesem Feuer nichts zu tun.«

Ananda hatte dem ganzen Wortwechsel schweigend zugehört, doch jetzt mischte sie sich ein. »Edan sagt die Wahrheit«, erklärte sie. »Ich kenne ihn seit Langem, und ich weiß, wozu er fähig ist. Er würde die Bullen anlügen, er würde lügen, um unsere Sache zu schützen, aber zu unseren eigenen Leuten ist er ehrlich. Du bist doch einer von uns, oder?«

Sandy zögerte. »Ich denke schon«, sagte er. Er sah Morse an, der den großen silbernen Ring an seinem Finger drehte und die darin gefangene Schwarze Witwe anstarrte. »Wenn ich wirklich glauben könnte, dass Sie mit Lynch nichts zu tun hatten, oder mit dem Brand.«

»Was Sie glauben, ist Ihre eigene Angelegenheit, gottverdammt«, fuhr Morse ihn ungeduldig an. »Um ehrlich zu sein, habe ich Sie und Ihre Fragen und Ihre ewige rationale Mittelschichtsmentalität verdammt satt. So viel Nerverei sind Sie nicht wert, Blair. Vielleicht sollten Sie einfach nach Hause fahren und ein paar hübsche kleine Romane über Niederlagen und Verzweiflung schreiben.«

»Nein«, sagte Sandy schnell. Zu schnell vielleicht; es war nicht zu übersehen, wie viel ihm das alles bedeutete. Bei den Nazgûl zu bleiben war wichtig für ihn, das wusste er; es war unerlässlich, dass er bis zum Ende durchhielt. Aber warum? Glaubte er das nun alles oder nicht? War er noch ein Reporter und Detektiv, der den Feind infiltrierte und hoffte, einen Beweis für Morse' Verstrickung in den Mord an Lynch zu finden? Oder war er einer von ihnen, ein Teil dieser Fiebertraum-Vision von der Wiederkehr der guten alten Zeit? Wenn es so weit war, würde er sie dann aufhalten oder sie unterstützen? Er wusste es selbst nicht. Aber er wusste, dass er nicht wieder nach Hause fahren konnte. Er hatte kein Zuhause … außer der Vergangenheit. »Ich bleibe«, erklärte er Edan Morse. »Ich mache Ihre gottverdammte PR.«

»Gut«, sagte Morse. »Dann tun Sie's, Blair, und Schluss mit dieser sinnlosen Zankerei.« Seine Gesichtszüge entspannten sich ein wenig. Für einen Moment sah er fast müde aus, als würde ihm das alles allmählich zu viel, und seine Stimme klang leicht gequält und sehr menschlich, als er sagte: »Sieh mal, wir wollen dasselbe, wirklich. Ich bin gar nicht so anders als du, Sandy. Glaubst du, ich hätte keine Zweifel? Manchmal möchte ich die ganze verfluchte Sache einfach hinschmeißen und mich mit meinem Geld amüsieren wie ein braves kleines Kapitalistenschwein. Du musst das Ziel im Blick behalten, egal wie schwer es ist.«

»Die Revolution?«, fragte Sandy.

»Ist nur ein Mittel zum Zweck, und der Zweck ist eine bessere Welt. Für jeden. Das ist der einzige Weg, Sandy. Gestern und heute vereinigt. Wir werden eine verlorene Vision wachrufen. Oder vielmehr, sie werden es tun. Die Nazgûl. Ein toter Geist wird wiedergeboren werden und das Land überziehen.« Morse stand unvermittelt auf. »Du wirst schon sehen«, sagte er. »Alles kommt an seinen Platz, und du wirst sehen.« Er bot Sandy die Hand zum Handschlag der Bewegung.

Sandy schlug ein. Ihm wollte kein Grund einfallen, sich zu weigern. Morse drückte ihm fest die Hand. »Peace«, sagte er mit einem ironischen Zug um den Mund.

Ein feuchtes Rinnsal lief zwischen Sandys Daumen und Zeigefinger herunter. Er riss die Hand zurück. Seine Handfläche war blutverschmiert. »Sie haben sich geschnitten«, sagte er zu Morse.

»Nein«, sagte Morse, aber er starrte dabei auf seine Hand. Hellrotes Blut lief über seine Handfläche und rann an den Fingern hinab. Morse blickte mit einem Anflug von Entsetzen darauf. »Nein, das kann nicht …«, sagte er.

»Eine Ihrer alten Schnittwunden muss wieder aufgegangen sein«, sagte Sandy.

»Ja, das ist es«, warf Ananda rasch ein.

Edan Morse starrte sie an. »Die falsche Hand. Ich schneide mich nie in die rechte Hand, 'Nanda. Es war immer die linke. Immer.« Er hielt seine linke Hand hoch, damit sie es sahen. Sie war kreuz und quer von einem Dutzend alter und nicht ganz so alter Narben durchzogen. Aber sie war trocken, während die rechte Hand blutete. »Was zum Teufel geht hier vor?«, fragte Morse mit zittriger Stimme.

»Du musst dich geschnitten haben, Edan«, sagte Ananda. »Das ist alles. Komm, wir verbinden sie, und alles ist wieder in Ordnung, okay?« Sie ging zu ihm, legte die Arme um ihn und schaute über die Schulter zu Sandy zurück. »Du gehst jetzt besser«, sagte sie. »Ich kümmere mich um Edan. Bis gleich oben in deinem Zimmer, Liebster.«

Sandy ging langsam zur Tür. Als er auf den Flur trat, starrte er noch immer seine eigene Hand an, auf der Edans Blut rasch trocknete. Irgendetwas stimmte nicht, dachte er. Irgendetwas stimmte ganz und gar nicht.

19

Der Vorfall mit Morse' blutender Hand beunruhigte Sandy in dieser Nacht zutiefst, aber in den folgenden Wochen wurde er nicht mehr erwähnt, und nach ein paar Tagen verdrängte er ihn einfach aus seinen Gedanken. Seine PR-Arbeit hielt ihn so sehr in Atem, dass ihm das sogar leichtfiel. Bei so wenig Zeit bis zu dem Konzert in Chicago hatte er mehr als genug zu tun.

Er hätte es vorgezogen, langsam anzufangen; ein paar Gerüchte, die den richtigen Klatschkolumnen zugespielt wurden, eine Flüsterkampagne in der Branche, vielleicht ein oder zwei wohlplazierte Retrospektiven, um den Leuten ins Gedächtnis zu rufen, wer die Nazgûl eigentlich gewesen waren. Aber für eine solche Strategie blieb keine Zeit, und das hieß, dass Sandy einen großen Wirbel veranstalten musste. Er kannte nur einen sicheren Weg, die Beachtung zu finden, die er haben wollte. Er rief den *Hedgehog* an.

Jared gab sich zuerst spöttisch; Sandy blieb gelassen und eine Spur unterwürfig. Er wusste, worauf Jared ansprang, und tat sein Bestes. Dabei war er angemessen geheimnisvoll und erging sich in zahlreichen Andeutungen, was für eine Bombenstory das werden würde. Er benutzte häufig das Wort »exklusiv«. Und gelobte feierlich, beim Grab seiner Mutter, dass er Jared nie wieder zu Hause anrufen würde, ganz bestimmt nicht, um keinen Preis, nie mehr, solange sie lebten, aus keinem Grund der Welt. Schließlich bekam er, was er wollte: den Titel.

Dann rief Sandy die *Time*, *Newsweek* und den *Rolling Stone* an und machte mit jedem von ihnen denselben Deal. Was eine größere Herausforderung war, da er dort keine ganz so guten Kontakte hatte, aber schließlich zogen sie alle mit. Immerhin war es eine verdammt große Story, und sie bekamen sie exklusiv.

»So«, erklärte Sandy Ananda in jener Nacht, als *Time* endlich – widerwillig – seinen Bedingungen zugestimmt hatte, »jetzt hab ich grade jede Chance auf eine Public-Relations-Karriere verspielt. Wenn diese ganzen Exklusivstorys alle gleichzeitig erscheinen, bin ich jedes Quäntchen Glaubwürdigkeit los, das ich besitze, und noch eine ganze Menge mehr. Ganz zu schweigen davon, dass ich von denen nie wieder eine gute Rezension kriegen werde.«

»Du wusstest, dass der Job gefährlich war, als du ihn angenommen hast«, sagte Ananda.

»Warum zitieren alle meine Frauen ständig Super Chicken?«, meckerte Sandy. Seine Miene hellte sich auf. »Und wenn schon. Es ist es wert, allein um zu sehen, wie Jared grün anläuft. Wenn ich mir die Veröffentlichungstermine so anschaue, dann wird seine Exklusivstory als vierte rauskommen.« Er lächelte. »Froggy der Gremlin wäre stolz auf mich«, fügte er hinzu.

Sandy behandelte sämtliche Reporter gleich. Sie bekamen Interviews mit Maggio, Faxon und Slozewski. Sie konnten das Trio nach Herzenslust fotografieren, auf der Bühne und auch sonst. Aber bei einer Probe durften sie nicht dabei sein, und Larry Richmond wurde sehr sorgfältig vor ihren Blicken verborgen. Das machte sie natürlich verrückt.

»Aber was ist mit Hobbins?« Die Frage pflegten sie jedem zu stellen: Sandy, den Nazgûl, den Helfern, den Groupies. »Habt ihr einen neuen Leadsänger?«

»Ja und nein«, lautete die Antwort, die jeder angewiesen war zu geben.

»Was soll das heißen?«

»Wir können nicht jetzt schon mit jeder Einzelheit rausrücken. Kommen Sie nach Chicago.«

»Ihr müsst uns irgendwas geben!«

»Okay. Es wird ein vierter Nazgûl dabei sein. Ein neuer Leadsänger, oder ein alter. Kommt drauf an, wie man es sieht. Und es wird jemand Großes sein. Jemand, den Sie ganz bestimmt nicht erwartet hätten.«

»Können Sie's mir inoffiziell sagen?«

»Tut mir leid.« Bedauerndes Kopfschütteln.

»Nicken Sie, wenn ich richtig liege?«

Kryptisches Lächeln.

»Jemand, den wir bestimmt nicht erwarten würden, hm? Hmmm. Rod Stewart? Nein? Mick Jagger? Elton John? Shit. Bruce Springsteen? Das ist es, stimmt's? Nein? Scheiße. Jemand Großes, haben Sie gesagt? Keine Ahnung. Paul McCartney?«

Dem Reporter von *Time*, einem sarkastischen Burschen, wurde das Ratespiel am schnellsten langweilig. »Ich weiß es«, sagte er schließlich. »Es ist Elvis.«

»Fast«, erklärte ihm Sandy amüsiert und schwieg sich von da an aus.

Die Gehirne der Zeitschriftendesigner arbeiteten alle ähnlich, wie Sandy nur zu gut wusste. In einem Zeitraum von vier Tagen kamen Mitte Mai die Exklusivstorys an die Kioske. *Newsweek* setzte ein altes Konzertfoto der Nazgûl auf den Titel, mit einem über die Gestalt von Hobbins montierten großen roten Fragezeichen. Der *Rolling Stone* benutzte ein Probenfoto von Faxon, Maggio und Slozewski mit einem in ihre Mitte gezeichneten Schattenmann, der ein Mikrofon hielt. Die Körperhaltung des Schattens war der von Hobbins nachempfunden. Der *Hog* wählte ebenfalls neue Fotos der alten Nazgûl, aber sie setzten ein Archivfoto dazu, um die Gruppe zu vervollständigen, und platzierten dann ein großes rotes Fadenkreuz über die Gestalt von Hobbins, ein rotes Fragezeichen in die Mitte des Fadenkreuzes und vier von Tolkiens Nazgûl dazu, die über der Band kreisten. »Wirklich verflucht subtil, Jared«, kommentierte Sandy. *Time* verschaukelte ihn und brachte einen Titel über die Unruhen in Afrika, aber sie ließen die Nazgûl unter der Klappe in der Ecke rechts oben herausspähen. »Heutzutage kann man keinem trauen«, sagte Sandy.

Das Rätsel um Patrick Henry Hobbins beherrschte alle vier Storys, was Sandy im Voraus gewusst hatte. Tatsächlich hatte er darauf gezählt. Es war genau der richtige Touch, um das öffentliche Interesse anzustacheln. Die alten Nazgûl-Fans würden in jedem Fall erscheinen, aber mit diesem Vorgehen stellte er sicher, dass die Neugierigen sich ebenso ins Civic Auditorium drängen würden.

Die Artikelschreiber hatten alle mehr oder weniger denselben Tonfall angeschlagen, von Anfang bis Ende. Haufenweise Damals-und-jetzt-Fotos. Der Aufstieg und Niedergang der ersten Inkarnation der Gruppe. Das Grauen von West Mesa. Der Killer, der nie gefasst worden war. Peter Faxon als eine der großen kreativen Kräfte in der Rockgeschichte. Peter Faxons Zusammenbruch. Die Karrieren von Maggio und Slozewski nach den Nazgûl. Maggio und die Drogen. Slozewskis Nachtclub und der tragische Brand vor Kurzem. Paul Lebeque, der die Reunion ermöglicht hatte, indem er Jamie Lynch (»vorgeblich«) ermordet hatte.

Nur im Stil der Artikel und im Können der Verfasser gab es gewaltige Unterschiede. Wie Sandy ein bisschen betrübt feststellte, war die Story im *Hog* die schlechteste. Jareds Reporterin hatte entschieden zu viel Lobhudelei rekapituliert; wäre Sandy ihr Redakteur gewesen, hätte sie mit ihrem hübschen kleinen Po auf der Straße gesessen. Die *Rolling Stone*-Story hatte am meisten Substanz, und *Time* war am zynischsten. War es frustrierte Kreativität oder schlicht Geldnot, was die Nazgûl wieder zusammengetrieben hatte?, fragte *Time*. Und konnten sie es überhaupt noch einmal schaffen in einer Zeit, in der die Charts von Gruppen wie Styx, Journey und REO Speedwagon beherrscht wurden, Gruppen, deren Sound die Antithese zu allem war, was die Nazgûl im Rock symbolisiert hatten? *Time* glaubte es nicht. Sandy glaubte es eigentlich auch nicht, aber er versuchte seine Zweifel nach Möglichkeit für sich zu behalten. Was so oder so keine Rolle spielte. Die Atmosphäre von Zweifel, gedrückter Stimmung und einer unmittelbar bevorstehenden Katastrophe, die über den Nazgûl-Proben hing, war so dick, dass man sie mit einer Kettensäge hätte schneiden können, und es wurde schlimmer statt besser, als das Chicago-Konzert näher rückte. Sandy war bei ein paar weiteren Sessions dabei, nur um zu sehen, was sich tat, und verließ sie deprimiert und müde. Immerhin, sie waren etwas besser geworden. Unter den Peitschenhieben von Faxons Zunge wurde Maggio zuverlässiger an der Leadgitarre und hatte endlich die Texte aller Songs gelernt. Und Gopher John hatte sich an den Drums dramatisch verbessert, indem er Jahre von Rost abschüttelte und wieder zu seiner alten Beweglichkeit zurückzufinden begann. Aber ganz gleich, wie gut sie in Form sein mochten, vorne stand immer noch Richmond, und Richmond wurde nicht besser. Er gab sich bereits alle erdenkliche Mühe, aber der Einzige, der das für ausreichend hielt, war Balrog. »Vielleicht sollten wir auf Hundeausstellungen spielen«, sagte Faxon nach einem besonders anstrengenden Set finster.

Sandy sah während dieser Wochen so gut wie nichts von Edan Morse. Dieser zog es vor, durch Ananda oder den allgegenwärtigen Gort mit der Band zu verkehren. Sandy war das nur recht; Morse und seine blutenden Hände waren ihm nicht geheuer. Ananda war eine sehr viel angenehmere Gesellschaft.

Sie wohnten jetzt zusammen, teilten ein Hotelzimmer und ein Bett. Sandy wusste nicht so recht, wie es dazu gekommen war. Eigentlich hatten sie nie über ihre Beziehung gesprochen – sie waren eher hineingeschlittert. Nicht dass er etwas dagegen gehabt hätte. Je besser er Ananda kennenlernte, umso mehr faszinierte sie ihn.

Sie schienen enorm viel Zeit im Bett zu verbringen. Es war nicht bloß Sex, obwohl der Sex eine wichtige Rolle spielte. Ananda war die sinnlichste und ungehemmteste Frau, die Sandy je gekannt hatte. Sie besaß mehr als nur eine Spur von Maggies Verrücktheit; er war nie so ganz sicher, was sie sich als Nächstes einfallen lassen würde, aber er stellte fest, dass es ihm für gewöhnlich gefiel. Einmal, nach einer besonders wilden Nacht, lächelte er zu ihr hinab und sagte: »Jetzt werd ich gleich aufwachen und feststellen, dass das alles ein feuchter Traum ist.«

Sie redeten auch eine Menge im Bett. Ein- oder zweimal schwatzten sie die ganze Nacht durch, und Sandy wankte gähnend und doch irgendwie heiter zur Arbeit. Ananda war eine tolle Zuhörerin. Er erzählte ihr von seinem Bruch mit Sharon, und allein dass er davon sprach, ließ den Schmerz verblassen. Wenn Ananda warm und lächelnd in seine Arme gekuschelt lag, kam es ihm bedeutungslos vor, dass er Sharon verloren hatte. Sandy musste sich eingestehen, dass sie sowieso nie allzu viel gemeinsam gehabt hatten.

Er erzählte Ananda auch von Maggie und all den anderen Frauen, die in seinem Leben und seinem Bett gekommen und gegangen waren. Er erzählte ihr seine ganzen Lieblingsanekdoten über Froggy, und sie lachte mit ihm. Er erzählte ihr von Slum und Butcher, und sie teilte seine Wut. Sie sprachen über seine Romane und wie viel ihm das Schreiben bedeutete. Über die Zeit damals in der Bewegung und beim *Hog*. Sie redeten über Filme und Comics, über Politik und Musik. Sie schienen fast immer einer Meinung zu sein, und selbst wenn nicht, entdeckte Sandy bei Ananda nichts von dem Spott, der so sehr zu seiner Beziehung mit Sharon gehört hatte.

»Woran liegt es, dass bei uns immer nur einer zu reden scheint, nämlich ich?«, fragte er sie eines Nachts, nachdem er einige Zeit das Wort geführt hatte. »Was ist mit dir?«

Sie setzte sich im Bett auf, die Beine übereinandergeschlagen und in ihrer ganzen nackten Pracht, und grinste ihn an. »Was soll mit mir sein?«, fragte sie.

»Erzähl mir was von dir. Du weißt schon, wo du aufgewachsen bist, deine Familie, deine alten Freunde, das Übliche eben.«

»Oh-oh.« Sie tat bestürzt. »Er will alles über meine bewegte Vergangenheit hören. Wo soll ich anfangen? Das Bordell in Kairo? Meine Jahre beim Zirkus? Willst du wissen, warum ich beim Astronautentraining durchgerauscht bin?«

Sandy versetzte ihr einen Schlag mit einem Kissen. »Schluss damit«, nörgelte er. »Gestehe!«

»Ich wurde in sehr jungen Jahren geboren«, sagte Ananda mit ehrlicher Miene. »Meine Eltern waren im Metallgeschäft. Meine Mutter bediente das Bügeleisen, und mein Vater stahl.«

Grollend verdrosch er sie wieder, und sie rutschte beiseite, schnappte sich selbst ein Kissen und schlug zurück. Ein oder zwei Minuten walkten sie einander fluchend und lachend durch, dann verlor Sandy sein Kissen, und es kam zu einem Ringkampf, und in null Komma nichts gewann das Verlangen die Oberhand. Für jene Nacht war dies das Ende der Unterhaltung.

Aber Sandy blieb hartnäckig, und schließlich bekam er Ananda dazu, dass sie etwas von ihrer Vergangenheit preisgab. Sie sei ein *Air Force*-Balg, erzählte sie ihm. Ihr Vater war ein Unteroffizier und Leuteschinder; er hatte sie vor ungefähr zehn Jahren aus dem Haus geworfen, und sie hatte ihn seither nicht wiedergesehen. Sie war als Einzelkind auf einem Dutzend verschiedener Basen aufgewachsen, daheim und im Ausland; eine unruhige, einsame Kindheit ohne Freunde, die bei ihr einen tiefen, bleibenden Hass auf alles Militärische hinterlassen hatte.

Sandy hatte all das ungefähr eine Woche lang geglaubt, bis Ananda eines Nachts zufällig ihre Schwester erwähnte. »Schwester?«, fragte er. »Was für eine Schwester?«

»Uups«, sagte sie. Und es kam heraus, dass nichts davon stimmte. In Wahrheit, erzählte sie ihm, sei sie die Jüngste von drei Kindern. Sie sprach nicht gern über ihre Familie. Ihren Vater hatte sie nie gekannt. Ihre Mutter sagte, er sei Seemann, und das war so ungefähr alles, was sie von ihm wusste. Mit ihren beiden Halbschwestern war sie nie ausgekommen. Die Älteste war Prostituierte geworden, wie ihre Mutter. Die Jüngere hatte sich in der Schule mit einer Bande übler Typen eingelassen, war drogensüchtig geworden und hatte sich mit siebzehn eine Überdosis verpasst.

Sandy zeigte sich gebührend mitfühlend, hegte diesmal aber auch gewisse Zweifel. Es war nicht etwa die letzte Geschichte, die er von ihr zu hören bekam. Ananda war überaus einfallsreich. Sie sei gezwungen worden, von der Highschool abzugehen, erzählte sie ihm einmal. Nein, in Wirklichkeit nicht – sie war mit einem Stipendium nach Berkeley gegangen und hatte ihren Abschluss mit Auszeichnung gemacht. Außer dass sie in Wahrheit wegen ihrer Beteiligung an den Tumulten auf dem Campus rausgeflogen war. Ihr Hauptfach war Journalismus gewesen. Nein, Englisch. Nein, Geschichte. Oder Film. Wenigstens am Dienstag. Ihre Mutter war tot. Ihr Vater war tot. Sie waren beide am Leben, ein nettes älteres Paar, das friedlich in San Diego lebte. Nein, sie waren vor zehn Jahren nach Afrika gegangen, wo einer gemischtrassigen Ehe weniger Stigma anhaftete. Ananda war der Meinung gewesen, dass es wichtiger war, hierzubleiben und zu kämpfen. Sie waren so arm gewesen, dass sie als Teenager ein paar Pornofilme hatte machen müssen. Aber sie war Jungfrau gewesen, bis sie Edan getroffen hatte. Edan war nach Gewohnheitsrecht ihr Ehemann gewesen, aber sie hatten sich vor langer Zeit getrennt. Edan und sie waren nie zusammen gewesen. Sie war nie festgenommen worden. Sie hatte achtzehn Monate im Gefängnis gesessen. Als Kind war sie ein Dutzend Mal in die Besserungsanstalt gekommen. Sie war das unscheinbarste Kind in ihrer Klasse. Sie war Cheerleader an der Highschool. Sie war eine Radikale an der Highschool. Ihr wirklicher Name war Sarah. Oder vielleicht Cynthia. Oder Jane.

»Dir ist doch klar«, sagte Sandy schließlich zu ihr, »dass es da mehr als eine kleine Ungereimtheit gibt.«

Ananda lächelte nur. »Konsistenz ist der Popanz kleiner Geister. Ich habe Größe, stimmt's? Ich fasse Vielfältiges in mir.«

»Ganz bestimmt«, pflichtete er bei. Aber mittlerweile ging es ihm auch auf die Nerven. »Hör mal, 'Nanda, ich hab langsam das Gefühl, dass du mir nicht richtig traust. Das gefällt mir nicht. Warum kannst du's mir nicht geradeheraus sagen?«

»Ich dachte, du magst geheimnisvolle Frauen?«, erwiderte sie neckisch.

»Verdammt!«, fuhr Sandy sie an. »Hör auf damit!«

Das wischte ihr das Lächeln aus dem Gesicht. Sie verschränkte die Arme über ihren Brüsten und betrachtete ihn mit ausdrucksloser Miene. »Na schön«, sagte sie. »Du willst es ernsthaft – ich werde ernsthaft sein. Du setzt mich unter Druck, Sandy, und das mag ich nicht.«

»Warum nicht?«

»Vielleicht, weil ich *dich* mag.«

»Das ergibt absolut keinen Sinn.«

»Nein? Also für mich schon. Ich weiß, was für ein Leben ich geführt habe, auch wenn du's nicht weißt. Manches davon – nun, sagen wir einfach, ich hab ein paar Sachen gemacht, auf die ich nicht allzu stolz bin. Und ein paar andere, auf die ich stolz bin und die du vielleicht nicht billigen würdest. So furchtbar lange kennen wir uns noch nicht, Sandy. Ich mag dich sehr, und ich glaube, du magst mich … aber ich bin auch unsicher. Ängstlich. Kann sein, dass du mich nicht so mögen würdest, wenn du alles über mich wüsstest. Ich hab Angst.«

»Ich finde, du solltest mir eine Chance geben.«

»Vielleicht, ja«, sagte Ananda leise und nahm seine Hand. »Aber nicht jetzt. Nicht so bald. Es passiert zu viel, und es geht alles zu schnell. Gib mir etwas Zeit. Erzwing es nicht. Lass es wachsen.«

»Und was machen wir bis dahin?«, fragte er.

Ananda grinste ihn an. »Wir amüsieren uns ordentlich weiter. Lernen uns kennen. Haben Spaß miteinander. Okay?«

»Meinetwegen«, sagte er widerstrebend. Es gefiel ihm nicht.

Aber er wollte sie auch nicht zu sehr unter Druck setzen und riskieren, sie zu verlieren. Nach allem, was er durchgemacht hatte, glaubte er nicht, dass er das ertragen konnte.

»Gut«, sagte sie. »Dann ist das erledigt.«

Es war ihre einzige ernsthafte Meinungsverschiedenheit. Ansonsten lief es bei ihnen ausgezeichnet. Ananda war alles, was Sandy sich hätte wünschen können; aufgeweckt und intelligent, attraktiv, erotisch, witzig und hilfsbereit. Sie glaubte leidenschaftlich an all die alten, aus der Mode gekommenen Ideale, an die Sandy früher auch geglaubt hatte. In ihrer Gesellschaft merkte er, wie all diese alten Überzeugungen sich wieder einstellten, als hätte er sie nie aufgegeben. Da Ananda so viel von seinem Leben, seiner Zeit und Energie beanspruchte, gelang es Sandy beinahe, seine Albträume zu vergessen, ebenso wie Morse' blutige Hand, Jamie Lynch und die ominösen Echos von *Music to Wake the Dead*. Das kam ihm jetzt alles ein bisschen töricht vor. Was für seltsame Visionen Morse auch haben mochte, es war klar, dass die Nazgûl selbst nichts davon wussten. Sie waren nur Menschen, vier Musiker, die alle mit ihren eigenen Problemen, ihrem eigenen Schicksal kämpften.

Und sie kämpften wirklich. »Ich bin nicht freiwillig hier«, erklärte Gopher John Sandy eines Abends in der Bar des Bellevue-Stratford. »Ohne diesen Brand wäre ich schon längst weg. Es klappt nicht. Wir sollten die Erinnerungen ruhen lassen. Früher waren wir gut. Die Besten. Ja, verflucht noch mal, die Besten! Mit diesem Comeback werden wir alles versauen.« Seine Stimme klang verbittert. »Aber was bleibt mir anderes übrig? Rein gar nichts, soweit ich das sehe.« Er blickte finster drein, trank sein Bier aus und bestellte noch eins. Slozewski trank in letzter Zeit eine Menge Bier. Zu viel. Unter dem dichten schwarzen Bart, den er sich für das Konzert wieder stehen ließ, war sein Gesicht bereits aufgedunsen. Und ein kleiner Spitzbauch drückte gegen seinen Gürtel.

Peter Faxon war, was seine Frustration betraf, nicht so offen, aber Sandy wusste, dass es ihm ebenfalls nicht gutging. Tracy Faxon kam in dieser Zeit dreimal zu Besuch, und beim letzten Mal wirkte sie ganz durcheinander. »Ich mach mir Sorgen um ihn«, erzählte sie Sandy insgeheim, unmittelbar vor ihrem Rückflug nach New Mexico. »Er hat Angst vor Chicago. Schlimme Angst. Er möchte nicht, dass ich zu dem Konzert komme, weißt du, weder ich noch die Kinder. Er sagt nur, er will uns nicht dabeihaben. Er sagt, ich soll an dem Abend ins Kino gehen oder mit den Kindern eine Ballonfahrt machen, aber er will nicht, dass wir in Chicago sind. Er will nicht mal drüber reden, und das sieht Peter nicht ähnlich. Ich weiß, was das bedeutet. Er kann es nicht laut sagen, aber er denkt, dass er scheitern wird, böse scheitern, und er kann die Vorstellung nicht ertragen, dass ich es miterlebe. Du scheinst ein ziemlich korrekter Typ zu sein, Sandy. Pass auf ihn auf. Mir zuliebe. Ruf mich an, wenn es ganz schlimm wird. Ich will nicht, dass ihm was zustößt. Nicht noch einmal. Noch einmal steht er das nicht durch.«

Selbst Rick Maggio schien nicht glücklich mit seinem wahr gewordenen Traum. Das Civic Auditorium von Chicago war von ganz anderem Kaliber als das Come On Inn, aber Maggio hatte trotzdem etwas Ängstliches und Verzweifeltes an sich, wie ein Mann, der heute allen nur möglichen Lastern zu frönen versucht, weil er weiß, dass morgen alles vorbei sein wird. Er baggerte jede Frau aus der Soundcrew und bei den freiwilligen Helfern an, machte den meisten schlüpfrige Vorschläge, hüpfte ungefähr mit der Hälfte ins Bett und erstattete aller Welt am Morgen danach lang und weitschweifig Bericht von seinen sexuellen Großtaten. Da er nie zweimal mit derselben Frau ins Bett zu gehen schien, musste er alsbald immer größere Kreise ziehen, um eine Nummer zu schieben, und die Mädchen wurden jünger und jünger. Sandy begegnete ihm eines Nachts auf einem Hotelflur; er hatte den Arm um ein schwarzes Mädchen gelegt, das nicht älter als vierzehn sein konnte, und sogar Maggio hatte den Anstand, kurz verlegen dreinzuschauen, bevor er sich ein laszives Grinsen abrang und Sandy fragte, ob er ihm was übrig lassen solle.

Maggio redete auch in einem fort von seiner angeblich so strengen Diät, und er nahm in der Tat dramatisch ab. Nur war die »Diät« ein Schwindel. Maggios Diät war Speed. Es gelang ihm, das bis zu dem Tag geheim zu halten, an dem Faxon ihn zwischen den Sets auf der Herrentoilette des Kinos überraschte und Maggio seine Black Beauties über den ganzen gefliesten Boden verschüttete. Der darauf folgende Streit hätte die Nazgûl-Reunion fast auf der Stelle beerdigt. Sandy unterhielt sich gerade mit Slozewski, als sie das Gebrüll hörten. Zusammen mit einem halben Dutzend anderer Leute stürzten sie los.

Maggios Gesicht war rot, und er schrie wie am Spieß; er kroch auf den Knien herum, um die Pillen aufzusammeln, wobei er Faxon lauthals beschimpfte. Faxon reagierte überhaupt nicht. Er stand einfach nur vor den Pissoirs und blickte mit leichenblassem Gesicht auf seinen Leadgitarristen hinab. Als Maggio die ganzen Black Beauties zusammenhatte, rappelte er sich wieder hoch und brüllte weiter. »Scheiße, verdammt, dazu hast du kein Recht, Mann! Was glaubst du eigentlich, wer du bist, verflucht? Du kannst mich nicht rumkommandieren, hörst du, hörst du, keiner sagt mir, was zum Teufel ich zu tun hab, keiner, und du schon gar nicht!« Er starrte Sandy und Slozewski und die anderen wild an. »Haut ab, ihr Schnüffler«, sagte er. »Das ist 'ne Sache zwischen mir und dem beschissenen Macker hier, diesem gottverdammten Oberaffen. Das geht euch 'n Scheißdreck an, hört ihr? Ihr seid sowieso alle gegen mich, glaubt bloß nicht, dass ich das nicht weiß. Ich krieg die ganzen Mösen, und ihr Arschlöcher seid neidisch, so scheißneidisch, dass ihr das Sabbern kriegt. Du auch, Faxon. Du erst recht. Du hast es doch schon die ganze Zeit auf mich abgesehen. Du und dein großes Haus und deine gottverdammten Verlagsrechte, und mich hast du mit leeren Händen sitzen lassen. MIT LEEREN HÄNDEN! Dabei wären die verfluchten Nazgûl nichts gewesen ohne mich, nichts, hörst du?«

»Rick …«, begann Gopher John zaghaft.

»Halt's Maul, Polack«, fuhr Maggio ihn an. »Das geht dich nichts an, Mann. Kapiert? Du bist doch sowieso zu bescheuert, um was zu verstehen. Ich nehm also ein paar Pillen? Na und, verflucht? Ich hab's unter Kontrolle, Mann, hörst du? Ich hab's unter Kontrolle! Es ist nur wegen meinem Gewicht, Mann, nur um mein beschissenes Gewicht runterzukriegen, ich kann da nicht rausgehen und so aussehen, hört ihr, ihr Arschlöcher, hört ihr? Ihr wollt wohl, dass ich wie'n gottverdammtes Nilpferd spiele, stimmt's? Ihr bildet euch ein, dass ihr auf die Art ein paar von den Sahnefotzen kriegt, was? Aber das könnt ihr vergessen, ihr Arschlöcher, daraus wird nichts, ich hab's unter Kontrolle.« Er sah sie der Reihe nach an. »Ich scheiß auf euch«, sagte er. »Ich scheiß auf euch alle.« Dann stapfte er aus der Herrentoilette.

»Er hat es wirklich unter Kontrolle, nicht?«, sagte Faxon zu den Umstehenden, als Maggio fort war. Er drehte sich zu dem Becken hinter ihm um, pisste schweigend, zog dann ruhig den Reißverschluss hoch und verließ die Toilette und das Kino. Er ließ sich zwei Tage lang nicht blicken, und Sandy fragte sich, ob es vorbei war. Am dritten Tag kam Faxon endlich wieder. »Gopher John braucht das Geld, und ich brauch die Musik«, erklärte er Sandy mit kalter, regloser Miene. »Es wird ein Desaster werden, aber ich kann nicht einfach so weiterleben bis an mein Ende, ohne es zumindest versucht zu haben.«

»Und Maggio?«, fragte Sandy.

»Interessiert mich nicht«, sagte Faxon brüsk. »Früher war er mal mein Freund, aber das ist lange her, und jetzt stelle ich fest, dass er mir einfach scheißegal ist. Wenn die Band scheitert, spielt es sowieso keine Rolle mehr, und wenn wir's schaffen, werden wir Rick eben ersetzen, wenn er sich umbringt. Was nicht allzu lange dauern dürfte.«

Von da an nahm Maggio seine Drogen offen und voller Trotz, ein paar Black Beauties vor jeder Session, ein paar mehr hinterher und Gott weiß wie viele, wenn er allein war. Das Fett schmolz tatsächlich weg, ebenso wie große Stücke seiner Persönlichkeit. Er und Faxon redeten kaum noch miteinander, und die Beziehung zwischen ihm und Slozewski verschlechterte sich stetig, bis sie sich wegen einem von Maggios unaufhörlichen Polenwitzen fast in die Haare gerieten. Selbst den ansonsten immer so ehrerbietigen Larry Richmond kotzte es allmählich an, dass Maggio ihn wie Dreck behandelte und herumkommandierte. »Wenn er bloß Hobbit wäre«, meinte Gopher John nach einem schlimmen Nachmittag voller Erbitterung und Verachtung zu Sandy. »Hobbit hat's immer hingekriegt, dass Rick spurte … Na ja, jedenfalls besser als sonst jemand.«

Sandy versuchte, die Proben soweit es ging zu meiden. Was kein Problem war. Als die Story von der Nazgûl-Reunion erst einmal die Runde machte, klingelten ständig seine Telefone; Reporter wollten Facts und Interviews, alte Freunde der Band wollten irgendetwas ausrichten lassen, und Schmarotzer wollten Freikarten. Außerdem war die Koordinierung der lokalen Publicity in Chicago an sich schon ein Fulltime-Job. Er musste Pressemappen vorbereiten, Werbespots platzieren, ein Plakat entwerfen und drucken lassen und die Medien vor Ort mit Storys füttern.

Aber in Wahrheit blieb er den Proben nicht wegen der Arbeit fern. Es quälte ihn, dass die Nazgûl sich so schlimm anhörten, und die Atmosphäre in dem verfallenden Filmtheater in Philadelphia schien jedes Mal, wenn er vorbeikam, noch vergifteter zu sein.

Immer mehr Leute waren bei den Proben dabei, eine Armee von Fremden; bei vielen von ihnen hatte Sandy ein ungutes Gefühl. Seine Publicity-Strategie hatte ihren Teil dazu beigetragen, und Edan Morse hatte den Rest erledigt; zusammen produzierten sie eine immer weiter anschwellende Zahl von Anhängern, die alle ein Stück von den Nazgûl haben wollten. Es war ein sehr gemischtes Volk. Natürlich gab es Groupies, wenn auch nicht so viele, wie Maggio es gern gesehen hätte, und nicht so hübsche; die meisten waren eben Groupies, ein paar noch unschuldig und voller Ehrfurcht, aber erheblich mehr, die verwelkt, abgenutzt und völlig verbraucht aussahen, und ein oder zwei richtig Ausgebrannte mit verwüstetem Körper und leerem Blick. Gleichwohl waren da einige andere ... kurz angebunden und kalt, zu still, gefährlich und irgendwie furchteinflößend.

Überall sah man durch die Bank dieselbe Mischung. Der erste Mann am Mischpult war ein kleiner, stämmiger Schwarzer, der früher den Sound für die Nazgûl gemacht hatte; er war gut drauf und verstand was von seiner Arbeit, ebenso wie seine beiden Assistenten, obwohl die Proben ihm die gute Laune gründlich austrieben. Aber Reynard (das war der einzige

Name, den er benutzte), der Lichtmann, war von Morse dazugeholt worden, und ihn fand Sandy sehr merkwürdig; hager, fast schon ausgemergelt, das dünne Haar schlecht gekämmt, die Hose zerschlissen und ausgebeult, die Tasche seines kurzärmeligen Hemdes immer voller Filzschreiber in einem Dutzend verschiedener Farben. Am Licht war Reynard ein Zauberer, aber sein Verhalten schien zwischen eisiger Feindseligkeit und manischem Sarkasmus zu schwanken. Der Roadmanager war ein wegen seiner Erfahrung angeheuerter Veteran, der seinen Job recht gut erledigte, aber die Roadies unterschieden sich von allen anderen Roadies, denen Sandy je begegnet war. Sie waren ruhig, distanziert und humorlos. Sie betranken sich nie und waren nie stoned. Eine der Frauen hatte auf beide Arme Schlangen tätowiert, die sich vom Handgelenk bis zur Schulter emporringelten. Einer der Männer trug unentwegt eine verspiegelte Sonnenbrille und hatte ein Nunchaku dabei. Die übrigen hätten direkt in eine Versammlung von Nachwuchsmanagern gepasst, so widerlich normal waren sie. Aber wenn Gort ihnen einen Befehl gab – Gort war die Aufsicht über die Roadies übertragen worden –, gehorchten sie mit nahezu militärischer Präzision. Sie riefen bei Sandy ein flattriges, kaltes Gefühl in der Magengrube hervor, und er glaubte nicht, dass er damit alleinstand. Selbst Maggio machte sich nie an die weiblichen Roadies heran, obwohl ein paar von ihnen durchaus attraktiv waren. Faxon nannte sie »die Orks«, und Sandy wusste, dass er sich auf Tolkien bezog und nicht auf den längst eingegangenen Nazgûl-Fanclub.

Zehn Tage vor Chicago hatte Sandy mit Ananda eine kurze Diskussion über die Orks. »Das sind Edans Leute, nicht wahr?«, fragte er sie. »Alfies oder schlimmer? Deshalb wirken sie so verdammt … ich weiß nicht … diszipliniert, glaube ich wohl.«

Sie lächelte. »Ja und? Ich gehöre auch zu Edans Leuten, erinnerst du dich?«

»Nicht so wie die. Irgendwas stimmt nicht mit denen, Ananda. Ich glaube, sie hören Sachen auf der Jim-Jones-/Charlie-Manson-Wellenlänge, wenn du verstehst, was ich meine. Ich glaube, sie täten alles, was Gort ihnen befehlen würde. Alles.«

»So ist es.«

»Und das stört dich nicht?«

»Es sind Soldaten«, erklärte sie ihm. »Wenn man sich im Krieg befindet, braucht man Soldaten. Krieg verändert die Menschen. Du weißt, was er mit den Grunts in Vietnam gemacht hat. Den Krieg daheim zu führen war kein Stück leichter, oder? Manchmal war es härter. Daddy war einer der Feinde, Mami auch, und alle deine Lehrer und vielleicht sogar deine Spielkameraden. Sie trauen dir nicht, Sandy. Deshalb sind sie so kalt. Es braucht halt Zeit, okay?«

»Das ist ein Rockkonzert, nicht die Ardennenschlacht«, sagte Sandy zu ihr. Aber dann brach er das Gespräch abrupt ab. Ihm war unbehaglich zumute. Es war nicht sein einziger unbehaglicher Moment. Mehr als einmal wachte er mitten in der Nacht in seinem Zimmer im Bellevue-Stratford auf, von Träumen geplagt, an die er sich nicht erinnern konnte, und fragte sich, was zum Teufel er hier zu suchen hatte, warum er in diese ganze Geschichte verwickelt war. In solchen Nächten konnte er nicht wieder einschlafen. Oftmals zog er sich dann, um Ananda nicht zu wecken, im Dunkeln leise an und ging nach draußen, auf der Suche nach einem Café, das die ganze Nacht aufhatte, wo er dasitzen, auf den braunen, trüben Kaffee hinabstarren und darin nach einem Spiegelbild suchen konnte, in der Hoffnung, ein bärtiges Gesicht zu sehen, an das er sich kaum erinnerte, ein Gesicht, das er vor langer Zeit aufgegeben und verändert hatte. All seine Gespenster quetschten sich dann mit ihm in die Nische, und er sah, wie sie ihn über das Resopal hinweg anlächelten, und hörte ihre lärmenden Debatten. Und immer trank Sandy schweigend seinen Kaffee und starrte zum Fenster hinaus in die Dunkelheit, die durch die Straßen der Stadt seufzte.

Die schlaflosen Nächte häuften sich, als die Zeit immer knapper wurde. Eine Woche vor dem angesetzten Comeback-Konzert machten sie das Kino in Philadelphia schließlich dicht. Die Instrumente und das ganze große und schwere neue Sound-Equipment, die Roadies, Freunde und Groupies, die Soundcrew und die Lichtcrew zwängten sich für die Fahrt nach Chicago in einen Bus und einen Sattelschlepper. Maggio, Slozewski und Larry Richmond nahmen ein Flugzeug. Faxon sollte mit ihnen fliegen, um eine letzte Woche in Chicago zu proben, aber er verkündete stattdessen, er werde nach New Mexico fliegen, um seine Familie zu sehen. »Wenn wir's jetzt nicht draufhaben, dann nie«, sagte er und ließ unausgesprochen, was jeder wusste: Sie hatten es nicht drauf. »Keine Sorge, ich bin rechtzeitig zum Gig zurück. Fragt mich bloß nicht, warum.«

Sandy und Ananda fuhren mit Tagtraum. Sobald wie möglich trennte er sich von dem Sattelschlepper und dem Bus, indem er einfach das Gaspedal durchtrat und sie weit hinter sich ließ. Er hatte zu viel Zeit mit all dem zugebracht, und er wollte allein sein. Ananda, die regelmäßig den Proben beigewohnt hatte, war während der letzten Woche in Philadelphia ungewöhnlich still gewesen, aber unterwegs kehrte ihr Elan zurück. Sie war ausgelassen, lebhaft und erotisch. Sie machten ein albernes Spiel daraus, in jedem Staat, der auf ihrem Weg lag, miteinander zu schlafen, und jedes Mal, wenn er Zweifel oder Vorahnungen laut werden ließ, war sie da, um ihn mit einem Gespräch oder einem Scherz davon abzulenken. Es war gut, sie dabeizuhaben.

Er dachte daran, Maggie zu besuchen, als sie an Cleveland vorbeikamen, aber da Ananda ihn begleitete, schien ihm das keine gute Idee zu sein, obwohl er Maggie noch nie eifersüchtig erlebt hatte.

Bei ihrer Ankunft in Chicago achtete Sandy darauf, sich vom Conrad Hilton fernzuhalten. Er nahm sich ein Zimmer im großen neuen Hyatt Regency, einem hohen, modernen Goliath von einem Hotel, von dem man 1968 noch nicht einmal geträumt hatte. Selbst in der letzten Minute – oder besonders in der letzten Minute – gab es eine Unmenge zu tun. Sandy tat es. Das kostete ihn so viel Energie, dass er keine mehr übrig hatte, um sich Sorgen zu machen.

Aber in der letzten Nacht kehrte der Traum zurück.

Der Saal, der riesige, dunkle Saal. Aber es war kein Saal, wie Sandy feststellte; sie befanden sich im Freien, unter den Sternen, einem Meer von Sternen, die gelben Augen glichen. Die Nazgûl waren da, in flackerndes, tanzendes Licht getaucht, in rotes Licht, trübes violettes Licht, weißes Licht, das sie brennen und schillern ließ, in schwarzes Licht, das sie noch strahlender machte. Jeder war so, wie Sandy ihn schon früher gesehen hatte. Gophér John war verbrannt, Faxons regloses Gesicht blutete, Maggios Körper schien von Pusteln übersät und in Fäulnis übergegangen zu sein. Und ganz vorne bewegte sich Hobbins. *Hobbins*, nicht Larry Richmond, der echte, der ursprüngliche, der tote Patrick Henry Hobbins selbst, und er sang, wie nur er singen konnte. Er war riesenhaft, größer als die anderen, die drei kleinen Sterblichen, die Lebenden; er war so groß, dass er den schrecklich schwarzen Himmel streifte, er war durchsichtig, und in ihm loderte eine wilde Flamme. Er sang den »Armageddon Rag«.

Im Hintergrund der Bühne hing das große x-förmige Kreuz mit der nackten, blutenden Frau daran. Sie hatten ihr mit Zangen die Brustwarzen abgerissen, und das Blut rann ihr die Brust hinab. Ein weiteres dünnes rotes Rinnsal zog sich über das Weiß ihrer Schenkel, floss von irgendwo tief aus ihrer Vagina. Ihre Augen waren herausgerissen; sie zuckte mit dem Kopf hin und her und schrie und schaute mit leeren, blutigen Höhlen auf den Tanz. Sie war ihm vertraut, das spürte er. Er kannte sie, kannte sie irgendwie, diese abgemagerte Kindfrau. Er kannte den Klang ihrer Schreie, kannte den Blick dieser blinden, blutigen Augen, kannte die traurigen, bemitleidenswerten Bewegungen des dünnen Körpers. Aber wieso? Woher? Es fiel ihm nicht ein. Hinter ihr waren die Dämonen, überall um sie herum waren die Dämonen, dunkle Gestalten, die sich in tieferer Dunkelheit wanden, geschlitzte gelbe Augen, rote rote Münder, Atem wie Feuer. Aber auf der Tanzfläche tanzten die Leute weiter Boogie, dem Zauber von Hobbins' Stimme verfallen, im Bann der Nazgûl verloren. Sandy rannte von einem zum anderen, schüttelte sie, schlug auf sie ein, versuchte sie zum Zuhören zu bringen. Froggy grinste ihn an und riss einen Witz. Lark erklärte ihm, seine politische Einstellung sei nicht korrekt. Bambi sagte, er müsse glauben, den Versprechungen glauben. Die Versprechungen seien schön. Ananda war auch da, sie tanzte wild und lachte. Sie war nackt, und ihr Tanz war aufreizend erotisch. Doch als Sandy näher kam, hörte sie auf. »Es ist alles in Ordnung«, sagte sie und ließ ihre Zunge über die Unterlippe gleiten, so schnell, so verführerisch. »Kämpf nicht dagegen an. Komm.« Und sie nahm seine Hand und versuchte ihn in den Tanz hineinzuziehen. Doch als sie an ihm zerrte, sah er Edan Morse; er stand allein draußen am Rand und schaute auf seine Hände. Seine Hände bluteten. Er hielt sie hoch, und schwarzes, klebriges Blut tropfte von ihnen herab. »Das ist nicht richtig«, sagte Morse. »Das ist nicht richtig.«

»NEIN!«, schrie Sandy, und er saß aufrecht im Bett und zitterte. Für einen Moment war ihm alles so real vorgekommen. Dann verblasste es, und es war wieder nur ein Traum, und er dachte, ihm stünde eine weitere schlaflose Nacht bevor. Aber sein Schrei hatte Ananda geweckt, und sie legte ihm sanft eine Hand auf die Schulter, zog ihn zurück aufs Laken. »Ich hatte den Traum«, sagte er.

»Denk nicht daran.« Sie nahm seine Hand und legte sie auf ihre Brust. Sie war warm und lebendig, und Sandy spürte, wie ihre Brustwarze sich unter seiner Handfläche aufrichtete. »Das ist keine Nacht für böse Träume«, flüsterte Ananda. Sie küsste ihn und ließ ihre Hand an seinem Rückgrat hinabgleiten. »Es ist alles in Ordnung«, sagte sie. »Kämpf nicht dagegen an. Komm.« Er war bereits hart, und sie spreizte die Beine, und sie war sehr feucht und sehr warm, und er drang in sie ein und fand dort seine Erleichterung, fand seine Wärme und seinen Trost, fand Schutz vor dem Sturm. »Komm«, flüsterte sie ihm zu, als sie sich miteinander bewegten, »komm, komm, komm, komm.« Und das tat er schließlich.

20

Zwischen dem Hyatt und dem Civic Auditorium lagen die Straßen, auf denen bei seinem letzten Besuch in Chicago die Gespenster gespukt hatten, die Straßen, auf denen 1968 in einer heißen, feuchten Nacht wie dieser die Kämpfe getobt hatten, doch an diesem Abend waren sie von einer anderen Art von Trubel erfüllt. Der normale Verkehr auf dem Loop war angeschwollen von einem stetigen Strom von Paaren, die von den Parkhäusern nach Süden zu der Konzerthalle zogen, um die Nazgûl spielen zu hören. Sandy machte sich allein auf den Weg, da Ananda bereits den ganzen Nachmittag dort gewesen war. Er hatte das starke Gefühl, ein Teil der Menschenmassen zu sein, die zu dem Konzert strömten. Obwohl das alles Fremde waren, kannte er sie, diese Männer und Frauen in Jeans und T-Shirts und Jeansanzügen, diejenigen, die im Taxi kamen, die aus uralten VW-Bussen kletterten, deren Haare modisch geschnitten waren, und die wenigen, die sie noch lang trugen. Das Publikum würde älter sein als bei den meisten Rockkonzerten, das wusste er, voller Leute wie ihm selbst, voller Bambis und Froggys und Slums, die nach zu vielen Jahren der Trennung zum Feiern zusammengekommen waren, die sich noch einmal zusammengefunden hatten, um alten Erinnerungen zu lauschen … oder vielleicht, ganz vielleicht, weil sie sich verirrt hatten und nach etwas suchten.

Auf der Straße vor der Halle ging es zu wie im Irrenhaus.

Ein Taxi nach dem anderen fuhr vor und entlud Fahrgäste. Wagen zogen im Schneckentempo vorbei, und aus den Fenstern hingen Frauen, die mit lautem Rufen herausfinden wollten, ob jemand Karten übrig hatte; sie hielten, wenn einer der Schwarzhändler sich an sie heranmachte. Das Konzert war ausverkauft, es war innerhalb von Stunden, nachdem die Karten erhältlich gewesen waren, ausverkauft gewesen. Die Doppelschlange der Konzertbesucher erstreckte sich bereits um den Block. Sandy sah eine Menge Bärte, ein paar Stirnbänder und hier und da eine Fransenweste. Dort stand eine Frau mit hüftlangem roten Haar, deren Brust mit Buttons bedeckt war; Buttons für Kandidaten und Anlässe und Bands, die seit Jahren vergessen waren, mit Slogans, die längst keiner mehr skandierte. Sandy roch Gras, während er sich durch die Menge schob. Er zählte eine Menge Nazgûl-T-Shirts; das berühmte blaue T-Shirt mit dem Toten Hobbit von der 1969er Tour; das pechschwarze (und inzwischen ausgewaschene) Shirt mit nichts darauf als vier Paar roter Augen, das verschenkt worden war, um das Schwarze Album zu promoten; das normale blutrot bedruckte Shirt mit dem weißen Schriftzug und der Risszeichnung; und natürlich das neue Shirt, das Sandy mit entworfen hatte, in tiefem Violett, der Farbe eines alten Blutergusses, mit der silbernen Aufschrift DIE NAZGÛL FLIEGEN WIEDER über einem Bild, das die Silhouette eines schwarzen Reiters vor einer aufgeblähten roten Sonne zeigte.

An der Tür zückte er seinen Pass und wurde eingelassen. Hinter der Bühne herrschte das normale Chaos vor einem Auftritt, ungefähr um das Zehnfache multipliziert. Jeder schien irgendwohin zu rennen und zu schreien. Ananda entdeckte er hinten bei der Band. Sie saßen mitten in dem Durcheinander und bemühten sich, gelassen zu wirken. Rick Maggio, die

Füße auf einem Stuhl, rauchte einen Joint. Er hatte immer noch etwas von einem Schwein an sich, obwohl er rund vierzig Pfund abgenommen hatte und die Strapaze sich in seinen Augen zeigte. Eine hübsche Blondine saß im Lotussitz wie ein treuer Hund zu seinen Füßen; von Zeit zu Zeit tätschelte er ihr den Kopf, und dann schaute sie zu ihm auf und belohnte ihn mit einem schiefen, rotlippigen Lächeln. Gopher John nuckelte an einem Bier und betrachtete sich finster in einem Spiegel. Er trug einen alten bunt gefärbten Kittel, den er in den Tiefen des Schranks ausgegraben haben musste, in den er ihn vor fünfzehn Jahren geworfen hatte, und sein Bart war voll und wild geworden und machte sein Gesicht runder, als es war. Larry Richmond trug einen roten Jeansanzug und ein schwarzes Hemd. Seine langen weißen Haare waren frisch gewaschen und gebürstet, und sie schimmerten so fahl wie Eis, wie ein gefrorener Wasserfall. Er setzte die Kontaktlinsen ein, die seine rosafarbenen Augen in ein lebhaftes, durchdringendes, dämonisches Rot verwandeln würden. Balrog schlief zu seinen Füßen.

»Wo ist Faxon?«, fragte Sandy.

Ananda zuckte die Achseln. »Er ist den ganzen Tag rumgerannt, hat das Licht gecheckt und Reynard die Hölle heißgemacht, mit Gort rumgemeckert und den Soundcheck überwacht. Will alles selber machen. Ich weiß nicht …«

Faxon tauchte stirnrunzelnd in der Tür auf. »Sie lassen sie jetzt rein«, sagte er. »Volles Haus. Jetzt wird's ernst.« Er sah die anderen drei Nazgûl an. »Die Proben waren vielleicht nicht so toll, aber das war zum Üben, und dies hier ist echt. Wenn wir heute nicht an einem Strang ziehen, ist es aus. Habt ihr das kapiert? Ihr alle? Rick?«

»Mach dir nicht ins Hemd, Mann«, sagte Maggio. »Wir

sind cool. Es wird so glatt abgehen wie Babyscheiße, da kannst du einen drauf lassen. Das größte Scheiß-Comeback in der Geschichte des Rock and Roll. Reg dich nicht so auf.«

Sandy konnte erkennen, dass Faxon seinen Zorn mit einiger Anstrengung zügelte. Wirkliche Anspannung zeigte sich in jedem Zug dieses hübschen Surferjungen-Gesichts. »Wenn du Scheiße baust, Rick«, sagte Faxon mit Bedacht, »dann komm ich über die Bühne rüber und reiß dir mit meinem Bass den verdammten Arsch auf. Ist das klar genug für dich?« Er lächelte. »Also, wer regt sich auf? Ich nicht. John, Pat, wie steht's bei euch?«

»Ich bin ein bisschen nervös«, gab Richmond zu. Die Beklemmung stand ihm deutlich ins Gesicht geschrieben, dachte Sandy. Er hatte Pat Hobbins nie weniger ähnlich gesehen als jetzt.

»Du wärst ein Freak, wenn du nicht nervös wärst«, sagte Faxon. »Lass dich nicht stressen, Kleiner. Das kriegst du schon hin.« Seine Stimme glaubte es nicht wirklich. »Na schön, wir wissen alle, wie's ablaufen wird. Wir fangen den guten alten Zeiten zuliebe mit ›Napalm Love‹ an und gehen dann zu den neuen Sachen über. Der Sound da draußen ist echt gut. Der Laden hat 'ne prima Akustik.«

»Wissen wir, Peter«, sagte Gopher John mit einem kleinen Lächeln. »Wir haben 71 hier gespielt, weißt du noch? Immer mit der Ruhe.«

Faxon grinste verlegen. »Also dann.« Er schaute auf die Uhr. »Wir haben noch ungefähr eine Stunde bis zum Auftritt. Bewegen wir unsere Ärsche nach nebenan. Morse hat ein spitzenmäßiges Buffet aufgefahren. Schnaps, Wein, Bier und genug zu essen, um die ganze polnische Armee zu verköstigen. Alles, was Rang und Namen hat, hängt da schon rum. Jede Menge maßgeschneiderte Jeans und Goldkettchen, und natürlich auch die ganzen Medienleute. Sandy sagt, wir sollten uns druntermischen und 'n guten Eindruck machen.«

»Scheiß auf so'n Fuck«, sagte Maggio. »Ich bleib genau hier und lass mir einen blasen.« Er tätschelte das Mädchen zu seinen Füßen, und sie lächelte ihm wieder zu.

»Mach, was du willst«, warf Sandy ein. »Es ist sowieso Larry, an dem sie interessiert sein werden.«

»Oh, Fuck«, sagte Maggio. Er stand auf, wie Sandy erwartet hatte. »Teufel noch mal, ich kann mir genauso gut 'n paar Bier reinziehen und mit diesen Heinis quatschen. Na los, Baby.« Sie folgte ihm ungefähr in derselben Haltung aus dem Raum, wie Balrog Richmond folgte.

Sandy verließ die Party einige Zeit vor der Show. Es war ihm zu voll, zu verraucht und zu heiß, und er wurde immer nervöser, je näher der Augenblick der Wahrheit kam. Draußen im Saal waren die meisten Plätze besetzt, die Leute unterhielten sich lautstark und fingen allmählich an, unruhig zu werden. Die abgedunkelte Bühne mit den Instrumenten und dem vollständig aufgebauten Sound-Equipment wartete schweigend. Sandy stand da und schaute auf sie hinaus, als Ananda lautlos neben ihm auftauchte und seinen Arm nahm.

»Schau sie dir an«, sagte Sandy und nickte zu den Sitzreihen hin, zu den Balkonen, den miteinander verschmelzenden Gesichtern.

»Was soll ich da sehen?«

»Mich«, sagte Sandy. »Mich, in Reinkultur. Uns, unsere Generation, die Klasse von 1970. Das hier ist kein Rockkonzert, sondern eine Versammlung für alternde Hippies und verbürgerlichte Radikale. Warum zum Teufel sind die alle hier?«

»Weil sie vor langer Zeit den falschen Weg eingeschlagen haben«, sagte Ananda mit unerwarteter Vehemenz. Ihre Stimme war todernst, ihre Augen waren dunkel und funkelten. »Sie haben etwas verloren, genau wie du. Sie haben alles verraten, wofür sie eingetreten sind, haben es aufgegeben und sich in ihre gottverdammten Mamis und Daddys verwandelt, ohne es recht zu merken. Und jetzt scheißt die Welt auf sie, wie sie auf ihre Eltern geschissen hat, und das gefällt ihnen nicht. Sie wissen es im Bauch wie im Kopf, was für eine üble Welt das ist, und sie wissen, sie hätten sie ändern können, aber sie haben's verpatzt. Also wollen sie jetzt zurück. Sie wollen in eine Zeit zurück, in der sie etwas gezählt haben, in der sie noch an etwas geglaubt haben, in der es noch ein bisschen Hoffnung gab, dass ihr Leben tatsächlich etwas bedeuten würde. Und Musik ist der einzige Weg, Sandy, der einzige Weg zurück. Stimmt's?«

Sandy lächelte. »Ich wünschte, ich wüsste es«, sagte er. Die Zeilen eines Songs fielen ihm ein. »Wir sind Sternenstaub, wir sind golden, und wir müssen unbedingt in den Garten zurückkehren«, sagte er.

»Genau.«

»Was, wenn es nie einen Garten gegeben hat, 'Nanda? Wenn da nie ein Garten Eden war?«

Sie kam nicht mehr dazu zu antworten. Plötzlich waren sie von Menschen, Lärm, Durcheinander umgeben, als die Party hinter der Bühne sich auflöste und sich in die Seitenkulissen ergoss. Und kurz darauf gingen draußen im Saal wie aufs Stichwort alle Lichter aus.

Man konnte die Stille spüren, das Gefühl von Erwartung. Man konnte hören, wie die Gespräche erstarben. Man konnte den Puls der Menge fühlen, den flatternden, erregten Herzschlag der Masse in der Dunkelheit. Man konnte den Geruch von Hoffnung und Angst wittern.

Eine ganze Weile herrschte dunkles Schweigen.

Dann erfüllte die Stimme des Ansagers die atemlose Stille. »LADYS AND GENTLEMEN, ZUM ERSTEN MAL SEIT 1971 – DIE NAZGÛL!«

Drei flammend rote Spots stachen herab und trafen auf die pechschwarze Bühne, und da standen sie, wie sie so oft bei Konzerten dagestanden hatten, die längst Vergangenheit waren – vergangen, aber nicht vergessen. Rick Maggio grinste und riss seine langen, harten Nägel über seine Telecaster, trat auf sein Wah-Wah-Pedal und schickte einen wilden, verzerrten Schrei hinaus, um die Nacht herauszufordern. Gopher John, der mit finsterem Gesicht hinter den rot-schwarzen Drums saß, fiel mit einem bebenden Wirbel auf dem Standtom ein. Peter Faxon stand da, den Bass vor sich wie ein Schutzschild gegen die Welt, das Gesicht still und ausdruckslos. Er stimmte den Rickenbacker so gelassen, als wäre er allein in seinem Zimmer.

Die Menge kam auf die Beine; jubelnd, klatschend, pfeifend und stampfend schrien sie Beifall. All die Rufe verschmolzen zu einem lauten, zusammenhanglosen Lärm, einem Willkommensdonner, der weiter und weiter und weiter ging, ein Getöse, das den matten Klang von Gopher Johns Trommelwirbel, die tiefen Vibrationen von Faxons Bass und das bohrende Heulen von Maggios Gitarre erstickte. Der Lärm wuchs und wuchs, als wollte er nie mehr aufhören, als würde die Band überhaupt nicht mehr zum Spielen kommen … und dann ertönte die Stimme von Larry Richmond und brauste wie die Stimme Gottes aus dem Himmel herab, und er schrie die Worte von Patrick Henry Hobbins, die Worte, die auf

Hobbins' Grabstein hätten stehen sollen. »Alright, Kids«, sagte die Stimme und schnitt wie ein Messer durch das Getöse, »lasst uns rocken, bis uns die Ohren bluten!«

Der weiße Spot flammte plötzlich auf, unglaublich hell, novaheiß, ein greller Lichtstrahl, der gestochen scharf und staubflimmernd durch das Halbdunkel fuhr. Er leuchtete auf und erfasste ihn, und da war er, lief um die Drums herum, da war er, sein weißes Haar leuchtend in diesem Licht, seine Kleidung so schwarz und glänzend wie die Sünde und so rot wie das Verderben, seine Augen brannten, und da war er, da war er, schnallte sich die Gitarre um, ging ans Mikrofon, da war er, da war er, es war unmöglich, er war tot und begraben, es konnte nicht sein, aber da war er, Patrick Henry Hobbins, da war er, Hobbit selbst, leibhaftig, auf der Bühne, von den gottverdammten Toten auferstanden.

Der Applaus verebbte und hörte auf. Einen endlosen Moment lang erfüllte ungläubige Stille den Saal. Die Gläubigen standen da und glotzten, unfähig, ihren Augen zu trauen. Weit hinten schrie jemand hysterisch. Und dann begann der Jubel von Neuem, doppelt so laut wie zuvor, so wild und erregt und rau, dass das Hallendach abzuheben drohte. Die Nazgûl badeten darin. Sandy sah, wie sie einer nach dem anderen lächelten. Es war lange her, lange, lange her.

Peter Faxon fand als Erster wieder zu sich und brach den Bann. Er hob den Kopf, grinste und sagte: »Hey, wollt ihr 'n bisschen Rock 'n' Roll?« Das Publikum schrie wie ein Mann zurück, und der Jubel flaute langsam und unregelmäßig ab. Die Nazgûl sahen einander an. Maggio setzte mit dem knisternden Auftakt-Riff von »Napalm Love« ein, die Menge erkannte es wieder und brüllte auf, Richmonds Rhythmusgitarre griff den Song auf und fiel hinter Maggio ein, ließ die Kontraste aufklingen, und dann kamen der Bass und die Drums, das Tempo zog an, die Menge brüllte noch lauter, und Larry Richmond warf sein langes weißes Haar mit einem Ruck zurück und schrie ihnen die Einleitungszeile entgegen:

Hey baby, what's that in the skyyyyy?!

Maggios Zementmischer-und-Whisky-Stimme gab die Antwort:

It's looooooove!

Und dann waren sie mit voller Kraft drin, die Gitarren kreischten im Chor, Slozewski schaute immerzu finster drein, Richmond ging von einer Hobbit-Pose zur nächsten über, tanzte Boogie, stellte sich in Positur und bearbeitete seine Gibson, während er zu Faxons beißendem Text sein Bestes gab.

Ein paar Minuten lang schien die Menge darauf abzufahren. Die meisten standen noch, schüttelten sich und schrien. Ganz vorn kletterte eine Frau auf ihren Sitz und begann zu tanzen. Als die Nazgûl zum ersten Refrain kamen, sangen etwa hundert Stimmen laut: *Oooooh, napalm! Oooooh my napalm love!*, so wie Tausende es einst bei Konzerten und Demonstrationen und Märschen zum 1. Mai gesungen hatten.

Richmond gab sein Bestes, sein gottverdammt Bestes …

Yeah, it's hot because I love ya! Oh, it burns because we love ya!

… aber selbst jetzt, während das Publikum voll dabei und frenetisch und aufnahmewillig war, während es bereit war, während Maggio Leadgitarre spielte, wie er es seit Jahrzehnten nicht mehr getan hatte, während der Bass treibend und unheildrohend war – selbst jetzt, mit all den Erinnerungen auf seiner Seite, war Richmonds Bestes einfach nicht gut genug. Sandy hätte Schwierigkeiten gehabt, genau zu sagen, wann die Veränderung eintrat, aber sie trat ein. Langsam, einer nach dem anderen, schienen sie im Publikum zu erkennen, dass sie nicht Hobbins hörten, sondern ein raffiniertes künstliches Abbild, das auch nicht annähernd so gut sang. Einer nach dem anderen setzten sie sich wieder hin und machten es sich bequem. Der zweite Refrain rief eine weit schwächere Reaktion hervor. Maggio und Faxon gaben sich während der Bridge alle Mühe, improvisierten miteinander, brachten es so hart und heiß, wie sie konnten, und das schien ein bisschen zu helfen, aber nur, bis Richmond wieder zu singen begann. Der Schlussrefrain wurde von der Band gesungen, und verdammt wenige Stimmen aus der Menge unterstützten sie dabei. Die tanzende Frau war von ihrem Sitz heruntergestiegen. Der Applaus war kräftig, warm, respektvoll … aber irgendwie zögerlich.

Jetzt wartete das Publikum ab. Jetzt waren sie nicht mehr sicher.

»Und das war einer der alten Songs«, sagte Sandy wie betäubt zu Ananda. »Jetzt gehen die Schwierigkeiten erst richtig los.«

»Napalm Love« hätte das Konzert explosiv beginnen lassen und das Energieniveau im Saal etliche Grade nach oben treiben sollen, deshalb ließen die Nazgûl »Sins« darauf folgen, einen der ruhigeren neuen Songs. Ein schwerer Fehler. Der unbekannte Song rief in der Menge keine Erinnerungen wach, rührte an keiner emotionalen Saite, und seine relativ ruhige

Gangart ließ die Unzulänglichkeiten von Richmonds Hobbit-Imitation umso deutlicher hervortreten. Er tat sein Bestes, wie immer, und immer noch sah er Hobbins dort oben sehr ähnlich, er hatte all die Gesten und Bewegungen drauf … aber der Applaus war nur lauwarm.

Gopher John war nicht der Einzige, der ein finsteres Gesicht machte, als die Nummer zu Ende war; Faxon wirkte auch nicht allzu glücklich, und Maggio war bereits schweißnass. Von »Sins« gingen sie zu »Goin' to the Junkyard« mit seinem lauten, krachenden, gnadenlosen Beat und der griffigen Refrainzeile über. Theoretisch mochte sie vielleicht griffig sein, aber keiner aus dem Publikum griff sie auf. Und das war vielleicht der Beste von den neuen Songs, dachte Sandy. Er stand dort in den Kulissen, hielt Anandas Hand und verspürte ein merkwürdiges Gemisch von Emotionen. Was für verrückte Träume von einem Rock 'n' Roll-Armageddon Edan Morse auch gehabt haben mochte, da draußen auf der Bühne starben sie, und Sandy empfand eine gewisse Erleichterung darüber … und doch merkte er gleichzeitig, dass er enttäuscht und mehr als nur ein bisschen traurig war.

»Flying Wing« stürzte ab und verbrannte. »Dying of the Light« erlosch, und inzwischen konnte man die Unruhe im Saal mit Händen greifen. Alle saßen auf ihren Sitzen. Das erste Nazgûl-Konzert seit 1971, ein volles Haus, und sie kamen nicht von ihren verdammten Sitzen hoch; es war beinahe tragisch. Die Reaktion schien mit jedem Song, den die Band spielte, schwächer zu werden. Nach »Dying of the Light« knurrte Maggio tatsächlich in sein Mikrofon: »Hey, Mann, is' jemand von euch Arschgeigen da draußen wach? Wir spielen Rock, Mann.«

»Nein, tut ihr nicht!«, gab ein Zwischenrufer zurück.

Faxon warf Maggio einen langen, verzweifelten Blick zu. »Visions in the Dark«, sagte er. Das brachte ein bisschen Schwung in die Sache. Gopher John legte sich beim Schlagzeugsolo richtig ins Zeug, und aus dem Publikum kamen Pfiffe und Beifallsschreie, und Maggio war bei den kniffligen Gitarrenparts zuverlässig, wenn auch nicht inspiriert, und löste selbst ein paar Rufe aus. Der Applaus hinterher war ein bisschen wärmer. Aber wieder mischte sich die Stimme des Zwischenrufers darunter. »Spielt die alten Sachen!«, rief er. Einige andere Stimmen griffen den Ruf auf. »Sei wütend für uns, Rick!«, brüllte ein Junge, und eine Frau rief: »Wir woll'n den Rag! Gebt uns den Rag!«

Larry Richmond wandte sich um und sah Faxon an. Faxon runzelte wieder die Stirn. »Steht jemand von euch auf Cupcakes?«, fragte er.

Keine Reaktion.

Maggio grinste trotzdem, Richmond drehte sich mit einem mutlosen, ängstlichen Ausdruck im Gesicht um, und die Nazgûl legten mit »Cupcakes« los, so fetzig sie konnten.

»Jetzt haben sie echt Schiss«, sagte Sandy. »Sie wollten sich ›Cupcakes‹ als Einstieg für den zweiten Set aufsparen.«

»Die Eingeborenen sind unruhig«, erwiderte Ananda.

»Also gebt ihnen Kuchen zu essen«, sagte Sandy düster.

Mit Maggios Leadgesang, seiner Stimme, die über Faxons pointierten Text hinwegraspelte, während Richmond alles, was er hatte, auf seine Gitarre konzentrierte und Gopher John hinter seinen Drums fast explodierte, ging »Cupcakes« ziemlich gut ab. Nachdem Slozewskis langgezogener, anschwellender Beckenwirbel es schließlich beendet hatte, kamen sogar ein paar Leute auf die Füße, und eine Stimme rief laut: »Weiter so, Mann! Weiter so, Baby!« Aber da waren auch andere Stimmen, die nach alten Lieblingssongs riefen, nach »Elf Rock« und »This Black Week«, nach »Ragin'!« und dem »Armageddon Rag«.

Inzwischen war die Band sichtlich erschöpft. »Wir machen eine kleine Pause«, sagte Faxon. »Geht nicht weg, wir kommen wieder.« Er schnallte müde seinen Bass ab und ging von der Bühne, gefolgt von den anderen.

Als sie an Sandy und Ananda vorbeistapften, waren sie schon dabei, sich anzumachen. »Das ist doch voll für'n Arsch, Mann«, sagte Maggio laut zu jedem, der es hören wollte. »Die Songs sind einen Dreck wert, und dieser dumme kleine Junge kann nicht singen. Das bringt's echt nicht.«

Zusammen mit Ananda und etwa einem Dutzend weiterer Leute folgte Sandy ihnen hinter die Bühne. Faxon scheuchte die meisten mit einem einzigen halb verständlichen Knurren aus dem Raum, aber Sandy und Ananda durften bleiben. Gopher John setzte sich schwerfällig hin und machte ein Bier auf. Maggio fummelte ein paar schwarze Pillen aus seiner Tasche – es waren drei –, schluckte sie und spülte sie mit Jack Daniels direkt aus der Flasche hinunter. Larry Richmond saß nur da und starrte auf seine Füße. Er sah aus, als wäre er am liebsten tot. Faxon lehnte sich gegen die Tür und betrachtete sie alle mürrisch. »Also, was machen wir jetzt?«, fragte er.

»Der Junge bringt's nicht«, sagte Maggio. »Ich werde Lead singen, Mann. Unseren verdammten Arsch retten. Du hast sie gehört, als ich ›Cupcakes‹ gesungen hab, da haben sie drauf gestanden, da sind sie voll drauf abgefahren.«

»Ich hab mein Bestes gegeben«, sagte Richmond. Sein Tonfall ließ Sandy befürchten, dass er gleich in Tränen ausbrechen würde. »Ich dachte, ich hätte mich ziemlich gut angehört.« Balrog kam durch den Raum getappt und legte seinen Kopf auf Richmonds Schoß. Richmond tätschelte ihn abwesend und lächelte matt.

»Du hast's versucht«, sagte Faxon, »wir haben's alle versucht. Aber es haut nicht hin.«

»Lass mich Lead singen«, wiederholte Maggio.

»Einen Scheiß werd ich, Rick!«, fuhr Faxon ihn wütend an. »Du kannst doch kaum die Backup-Vocals behalten, geschweige denn dass du die Leadstimme kennst.«

»Ich kenne die alten Songs«, entgegnete Maggio. »Das ist sowieso das, was wir spielen sollten, Häuptling. ›Napalm Love‹ hat ihnen gefallen, oder? Abgefuckte Bande von Arschlöchern.« Er nahm einen weiteren Schluck aus seiner Jack-Daniels-Flasche.

»Er hat recht«, sagte Gopher John.

Faxon sah ihn überrascht an. »Du auch?«

Gopher John machte ein finsteres Gesicht. »Mir gefällt's auch nicht, Peter. Die neuen Sachen sind toll, ja, aber sie kommen nicht rüber. Diese Leute sind wegen dem hergekommen, was wir mal waren. Wir sollten ihnen das geben, was sie hier hören wollen. Das heißt nicht, dass wir die neuen Songs ganz fallen lassen müssen. Aber vielleicht sollten wir sie nach und nach vorstellen, weißt du? Sie nicht plötzlich mit einem Haufen Musik erschlagen, die sie nie zuvor gehört haben.«

»Nein, verdammt«, sagte Faxon mit Nachdruck.

»Mister Faxon«, sagte Richmond, »die alten Sachen kann ich besser. Ich weiß das. Ich hab diese Songs jahrelang gesungen, und ich hab studiert, wie Hobbit sie gebracht hat, jedes Wort, jede Bewegung. Da kann ich wirklich dicht rankommen, das weiß ich. Die neuen Songs, na ja, wie John sagt, das sind echt gute Songs und alles, aber Hobbit hat sie nie gesungen, deshalb weiß ich nie, wie ich sie bringen soll, verstehen Sie?«

Faxon sah sie der Reihe nach an und drehte sich dann abrupt zu Sandy und Ananda um. »Was du denkst, weiß ich, 'Nanda«, sagte er. »Was ist deine Meinung, Sandy?«

»Sie wird dir nicht gefallen«, sagte Sandy widerstrebend.

Faxon runzelte die Stirn. »Sprich weiter.«

»Sie haben recht«, erklärte Sandy. Er fand es schrecklich, das zu sagen; er wusste, wie viel das neue Material Faxon bedeutete und wie sehr er es vermeiden wollte, das Comeback in einen Nostalgietrip zu verwandeln, aber es war trotzdem die Wahrheit. »Ich sage nicht, dass die alten Songs die Show retten werden. Aber sie werden sicher helfen. Die Leute sind alle mit dem Kopf voller Erinnerungen hergekommen. Am Anfang waren sie alle auf eurer Seite ...«

»Wie so 'n verdammtes Weibsstück, das heiß ist«, sagte Maggio. »Ich hab nie 'n Haufen gesehen, der's so dringend wollte, und wir haben's verpatzt.«

»Ja«, sagte Sandy. »Wenn ihr die alten Sachen bringt, erinnert ihr sie vielleicht an ihre ersten Bettgeschichten oder an die Zeit, als sie Acid eingeworfen haben und diesen echt geilen Trip hatten, oder wie sie euch 1969 live gesehen haben oder wie ihr euch auf ihrem alten Plattenspieler angehört habt, als sie sich das erste Mal eure Scheiben kauften, oder wie es war, als sie Nazgûl-Songs bei den Demonstrationen gesungen haben. Weckt gute Erinnerungen. Deshalb hilft es. Die neuen Sachen müssen für sich ankommen oder untergehen, und sie sind untergegangen.«

Peter Faxon schob die Hände in die Taschen. Er wirkte gründlich angefressen. »Sieht so aus, als wäre ich überstimmt worden«, sagte er. »Na schön. Wir werden das neue Material nicht vollständig rauswerfen, das lass ich nicht zu, aber wir werden es im zweiten Set ein bisschen mehr verteilen.«

»Wer singt Lead?«, fragte Maggio.

»Larry«, sagte Faxon. »Du fängst mit ›Ragin'!‹ an, und von da an übernimmt er.«

»Er setzt es in den Sand, Mann, da kannst du einen drauf lassen.«

Endlich wurde Richmond wütend. »Geh zum Teufel, Maggio«, sagte er.

Maggio lachte ihn aus. »Huaaa«, machte er. »Hab ich 'ne Angst! Schau mal, wie mir die Knie zittern – der kleine Schwächling wird wütend.«

»Ich sollte …«, begann Richmond und ballte eine Faust.

Maggio sprang auf. »Na los, Kleiner. Versuch's. Ich will nur mal sehen, wie du's versuchst.« Er grinste höhnisch.

»Hör auf damit!«, schrie Faxon.

Maggio wandte sich ihm zu. »Zwing mich doch, Großkotz! Hm? Willste das? Dafür sorgen, dass ich aufhör? Dass ich den Kleinen in Ruhe lasse? Was ist, bläst die kleine Schwuchtel dir einen, wenn wir nicht dabei sind, isses das? Deshalb kommst du ihm zu Hilfe, hm?«

Ananda ließ Sandys Hand los und ging dazwischen. Sie blickte Maggio direkt an und sagte: »*Ich* sorge dafür, dass du aufhörst, Rick. Willst du, dass ich Edan anrufe?«

»Scheiße, nein«, sagte Maggio. Er setzte sich sehr plötzlich wieder hin und griff nach dem Jack Daniels. »Keiner versteht mehr 'n kleinen Spaß, verflucht«, murmelte er. »Kein gottverdammter Sinn für Humor.«

»Danke«, sagte Faxon zu Ananda. Sandy sah sie erstaunt an. »Also«, sagte Faxon, »für den Anfang geben wir ihnen ›Ragin'!‹ und dann abwechselnd alte und neue Sachen. Ich spreche mit Malcolm, dass er die Instrumente ein bisschen hochzieht. Der Gesang ist der Schwachpunkt. Wenn wir den übertönen, liegen wir vielleicht richtig. Wir hören mit ›Wednesday's Child‹ auf.«

»Falsch«, schnappte Maggio. »Wir wollen für eine verfluchte Zugabe rausgerufen werden, oder? Da wird nie was draus, wenn wir mit dem neuen Mist aufhören, Mann.«

»Verdammt noch mal, Rick …«, fing Faxon an.

Gopher John Slozewski unterbrach ihn, bevor er richtig loslegen konnte. »Immer mit der Ruhe, Peter. Ich sag's nicht gern, aber Maggio hat recht. Das weißt du. Sparen wir uns ›Wednesday's Child‹ für die Zugabe auf, wenn wir eine kriegen. Hören wir mit was auf, das sie kennen.«

Faxon sah aus, als stünde er kurz vor dem Zusammenbruch, aber er beherrschte sich. »Also gut«, sagte er hilflos. »Was soll's dann sein?«

»Der Rag«, schlug Maggio vor.

»Nein«, sagte Faxon. »Zu lang, zu kompliziert, und wir haben ihn nicht geprobt. Wir sind nicht bereit für den Rag. Was Einfacheres.«

»Wie wär's mit ›What Rough Beast‹?«, meinte Gopher John.

Faxon überlegte einen Moment und nickte müde. »Okay«, sagte er. »Wenn sie dabei ihren Arsch nicht hochkriegen, dann bei gar nichts. Kriegst du das hin, Larry?«

»Klar.« Richmonds Gesicht hellte sich auf. »Ich hab's ein paar Hundert Mal gesungen. Aber ihr sollt mich Pat nennen. Mister Morse sagt, jeder soll mich Pat nennen.«

»Scheiß auf Mister Morse«, sagte Maggio hämisch.

»Hol Reynard her«, wandte sich Faxon an Ananda und ließ sich auf einen Stuhl fallen. »Ich muss mit ihm über das Licht reden.« Sie nickte und ging weg.

Ungefähr zwanzig Minuten später kam die Band wieder auf die Bühne. Sie bewegten sich ziellos, und die unruhige Menge begrüßte sie mit vereinzeltem höflichem Applaus. Das Saallicht ging erneut aus, und die Nazgûl verbrachten einen Moment mit Stimmen. Alle Energie schien aus ihnen herausgeströmt zu sein, außer vielleicht bei Maggio, der auf Speed war und wie ein Irrer grinste.

»Wisst ihr was, ihr Banausen?«, knurrte er ins Mikrofon, nachdem Faxon ihm zugenickt hatte. »Ihr Arschlöcher habt mich beim letzten Set wütend gemacht.«

Ein paar Freudenschreie begrüßten diese Erklärung, und ein oder zwei laute Stimmen riefen den üblichen Satz zurück: »Wie wütend bist du, Rick?«

»Scheiße, Mann«, sagte Maggio. »Ich bin echt total sauer!« Slozewskis Sticks stotterten über Snare und Toms, um seine Worte zu unterstreichen, die Gitarren packten zornig die einleitenden Takte, und Maggio stürzte sich hinein.

Ain't gonna take it easy
Won't go along no more
Tired of getting stepped on
When I'm down here on the floor

Die Menge gab sich alle Mühe, ihren Spaß zu haben, dachte Sandy. Beim Refrain schrien hundert Stimmen laut: *»Ragin'!«* Einige Paare kamen von ihren Sitzen hoch und begannen in den Gängen zu tanzen, und es gab Pfiffe und ermunternde Rufe. Die Nazgûl schienen sich daran zu laben. Die Musik kam auf Touren, und Maggio klang immer wütender, während er weiterstürmte. Seine Telecaster röhrte vor Zorn und Frustration, vor hilfloser, verzweifelter Wut, die sich durch jede Zeile des Songs zog.

Sandy konnte spüren, wie es ihn erfüllte, wie es sein Blut in

Wallung brachte. »Das ist gut«, sagte er laut genug zu Ananda, dass sie es über der Musik hören konnte. »Das klingt fast nach den alten Nazgûl.« Sie nickte zustimmend.

Die Menge spürte es auch. Jetzt waren mehr von ihnen auf den Beinen, und als die Nazgûl in den zweiten Refrain gingen, tobte das halbe Publikum gemeinsam mit Rick. Er grinste sie höhnisch an, wie er es in der alten Zeit getan hatte; er grinste und schwitzte, seine Finger quälten die Saiten seiner Gitarre, und er spie Gift auf sie, auf sie alle, auf die ganze Welt. Und sie fuhren darauf ab! Das Gebrüll, das den letzten Refrain begrüßte, war ohrenbetäubend, es überwältigte sogar die Musik, die aus den riesigen Verstärkertürmen drang. Maggio beendete den Song mit einem Urschrei, die Gitarren schrien mit ihm, Slozewskis Drums explodierten in einem Orgasmus von hartem, treibendem Sound, die Scheinwerfer blitzten wild wie ein Stroboskop – *Rot Weiß Rot Weiß Rot Weiß* –, und die Menge war begeistert. Der Applaus hörte gar nicht mehr auf, und es gab Rufe wie »Yeah, Mann!« und »Gib's uns!« und anderes, Unverständlicheres vermischt mit Pfiffen und Fußgestampfe. Für einen Song zumindest waren die Nazgûl wieder da, und das Publikum war wieder auf ihrer Seite.

Maggio war völlig durchnässt, als er aufhörte, das Rot seines T-Shirts war unter den Armen und in einem breiten V die ganze Brust abwärts dunkler geworden, aber er lächelte. Faxon war sich des Sieges weniger sicher. Er leckte sich nervös die Lippen, und er und Gopher John legten als Einleitung zu »Dogfood« einen richtig satten Unterbau aus Bass und Drums hin.

Ehe der Song halb vorbei war, war der Saal wieder tot. Sandy stand da und sah, wie es aufhörte, sah, wie die Tanzenden wieder zu ihren Sitzen fanden, sah, wie sich die Kluft zwischen Zuhörern und Musikern immer weiter öffnete. Die Nazgûl sahen es ebenfalls. Man konnte es ihnen am Gesicht ablesen. Larry Richmond sah aus, als würde er jeden Moment zusammenbrechen, aber irgendwie brachte er den Song taumelnd zu Ende. Vermischt mit dem schwachen Applaus gab es ein paar Pfiffe.

Von da an wurde es immer schlimmer.

Selbst Peter Faxon hatte genug; nach »Dogfood« verzichtete er völlig auf das neue Material und versuchte die Zuneigung und Begeisterung des Publikums mit den sicheren Sachen, den alten, vertrauten Hits zurückzugewinnen. Als Nächstes sagte er »Elf Rock« an, den allerersten Smash-Hit der Nazgûl von *Hot Wind out of Mordor*, einen albernen, irgendwie fröhlichen Song, den Faxon trotz oder vielleicht wegen seiner Popularität zunehmend gehasst hatte, aber Richmond brachte nicht genug unschuldigen Teenager-Schwung auf, um dem Song gerecht zu werden, und »Dogfood« hatte ihn so erschüttert, dass er es tatsächlich vermasselte und eine ganze Strophe von »Elf Rock« vergaß. Die anderen sprangen für ihn ein, aber das Publikum kannte den Song und verlieh seiner Enttäuschung laut Ausdruck. Jede Menge Buhrufe folgten.

»This Black Week« war der große Hit vom Schwarzen Album gewesen; es war ein langer Song, auf dem Album fast zehn Minuten und oft doppelt so lang, wenn die Nazgûl ihn live brachten. Er hatte sieben voneinander getrennte Teile, einen unterschiedlichen Sound und eine andere Färbung für jeden Wochentag. Er begann mit einem fast qualvollen Beat und einer Flut düsteren blauen Lichts, und Larry Richmond sang:

Monday is a blue day, baby, Monday is the pits

Früher wäre das ein sicherer Publikumsrenner gewesen, aber nicht mit Richmond, wenn er den Part von Hobbins sang. Sandy bemerkte, dass ein Paar im Laufe von Mittwoch wegging, und noch mehr Leute wanderten ab, als die Nazgûl zum Sonntag kamen.

Als diese traurige, endlose Woche vorbei war, spürte Sandy die Verzweiflung der Nazgûl. Larry Richmond stand wie ein verirrter kleiner Junge da, sein roter Jeansanzug und die schwarze Seide eine mitleiderregende Maske, die nicht verbergen konnte, was für ein Schwindel er war. Maggio schwitzte immer noch und sah elend aus; er war sich seines Schwabbelbauchs allzu sehr bewusst, um sein Hemd auszuziehen. Stattdessen holte er etwas aus der Tasche und schluckte es hinunter. Gopher John war müde über seinen Drums zusammengesackt wie ein Mann, der lieber woanders gewesen wäre und im Nadelstreifenanzug mit seinen Kollegen von der Handelskammer einen zur Brust genommen hätte. Und Peter Faxon litt Höllenqualen. Es hatte keinen Zweck. Faxon entschloss sich ganz offensichtlich, die Tortur abzukürzen, und sagte »What Rough Beast« an, um diesem Debakel ein Ende zu machen.

Das reine, sengende Acid der einleitenden Licks kam unentschlossen und halbherzig. Die Drums schleppten sich, wo sie hätten stampfen müssen. Larry Richmond sang die erste Zeile mit hoher, angestrengter Stimme.

Turning and turning in the widening gyre

Und Faxon, Maggio und Slozewski sangen im Chor:

He's coming!

Dann wieder Richmond:

The falcon cannot hear the falconer

Und erneut prophezeiten die Nazgûl:

He's coming!

Richmond sah stirnrunzelnd auf seine Gitarre hinunter, schwatzte ihr einen schmissigen Kontrapunkt zu Maggios Leadgitarre ab, warf sein weißes Haar zurück, sang:

Things fall apart! The center can …

Und dann fuhr er zusammen.

Sandy glaubte einen Moment, es hätte irgendeinen schrecklichen Unfall gegeben, einen Kurzschluss irgendwo in der Gibson oder den Kabeln, der einen Stromstoß durch den Körper des Sängers gejagt hatte. Der Junge schien eine Sekunde lang wild zu zucken. Er brach mit dem Text ab und wirkte benommen. Die feindselige Menge regte sich unwirsch.

Und dann breitete sich ein langsames, böses Lächeln über Larry Richmonds Gesicht aus, ein Lächeln, das arrogant und aalglatt und beklemmend vertraut war. Er schüttelte das lange Haar wieder aus, immun gegen die Unzufriedenheit dort draußen, voller Verachtung dafür. »Yeah!«, rief er mit einer Stimme, die den Saal ausfüllte. Er schlug auf die Gibson ein, grinste über den Missklang und ging geradewegs in den Song zurück.

Things fall apart, yeah! The center canNOT hold!

Die anderen Nazgûl hatten aufgehört zu spielen. Sandy sah, wie Maggio und Faxon Blicke wechselten, bevor sie den Faden wieder aufnahmen.

He's coming!

Sie schienen es ein wenig kräftiger als zuvor zu singen.

Mere anarchy is loosed upon the world!
That blood-dimmed tide is loose,
and everywhere the innocents are drowned!

ertönte die Prophezeiung, und das mit einer Stimme, die durch die PA und die großen Marshall-Türme sengte und zischte, die wie ein Kugelblitz knisternd durch die Gänge fuhr und direkt ins Mark traf, einer Stimme, schwer wie guter Wein und streng wie Essig, einer Stimme, die die Blase der Gleichgültigkeit im Saal zerstach und auslaufen ließ.

He's coming!

schrien die Nazgûl, und ein paar Stimmen nahmen den Schrei auf, ein paar Hände klatschten, ein paar Fäuste stießen in die Luft.

The best lack all conviction, while the worst YEAH! They're full of passion, and intensity

Maggio schien wie aus einem langen Traum zu erwachen, und plötzlich sprühte die Leadgitarre vor Energie. Feedback jaulte fauchend und zischend über die PA, eine riesige, sich ringelnde

Schlange frei im Saal, ein lebendes Ding, das sein unheilkündendes Missvergnügen hinausschrie.

He's COMING!

brüllten hundert Stimmen rau, die Fäuste fuhren hoch, und Larry Richmond öffnete den Mund und grinste, warf sich in Pose und bedachte sie mit anzüglichen Blicken, während er sang.

Surely the Second Coming is at hand? YEAH! Surely it's at hand!

Dann flippte Gopher John an den Drums aus. Sein Blick wurde finster vor Konzentration, seine großen roten Hände wurden zu einem verwischten Gewirbel, die Bass Drum erzitterte, und die Becken rauschten und schepperten und spotteten jeder Hoffnung, und Slozewskis mächtige, tiefe Stimme fiel in den Ruf von tausend anderen ein:

HE'S COMING!

Hobbins blickte zu seinem Drummer hinüber, grinste bösartig, wirbelte herum und sprang einen Meter hoch in die Luft, seine Finger stießen auf die Menge zu, ein Messer aus Fleisch. Seine Augen brannten und funkelten so rot wie der Höllenschlund, und auch seine Stimme schien in Flammen zu stehen.

Surely the Second Coming is at hand? YEAH! What else could it be!

Faxons Gesicht war weiß und ausdruckslos geworden, aber seine Finger bewegten sich mit der sicheren Bestimmtheit von einst über die Saiten seines Rickenbacker, und tiefe, dröhnende Töne verschmolzen mit dem Strom der Musik, Töne so tief wie ein Räuspern Gottes, so bedrohlich wie das erste Grollen eines Erdbebens, so wahr und schrecklich wie ein Atompilz.

HE'S COMING!!! HE'S COMING!!!! HE'S COMING!!!!!

Die gesamte Menge war jetzt auf den Beinen, schrie, sang, stieß ihre Fäuste wie ein Tausendfüßler in die Luft; wieder und immer wieder, wie die Ramme einer gewaltigen, dunklen Maschine fuhren die Arme hoch, in einem trunkenen, nachgerade sexuellen Rhythmus.

»*HE'S COMING!*«, schrie Sandy zusammen mit den anderen, und seine Faust legte wortlos Zeugnis ab von der Kraft und dem Ingrimm dieser Wahrheit.

Hobbins drehte sich und schirmte seine Augen gegen die blitzenden Lichter von oben ab, die stumme Kakophonie, die Band und Sänger gefangen hielt. Er spähte hinaus in die Dunkelheit und sah etwas, und er schrie:

The Second Coming, YEAH! But what's this thing I see?
HE'S COMING!
What vast image comes troubling my night?
HE'S COMING!
Somewhere in the sands of the desert
HE'S COMING!
A shape with lion body and the head of a man!
HE'S COMING!
A gaze as blank and pitiless as the sun!

HE'S COMING!
HE'S COMING!!!
HE'S COMING!!!!!

Maggio tanzte wild über die Bühne wie jemand, dem man einen elektrischen Schlag versetzt hatte, aber er grinste in einem fort und fletschte höhnisch die Zähne, und seine Gitarre spuckte beißendes, tosendes Feuer. Wie rasend riss er an den Saiten, und die Akkorde flogen wie Rasiermesser. Hobbins wandte sich zu ihm um, funkelte ihn an und kratzte über sein eigenes Instrument. Klänge und Melodiefetzen schossen hin und her, während sie gemeinsam improvisierten. Die Leute standen auf den Stühlen, klatschten über den Köpfen in die Hände, krümmten sich zur Musik, schüttelten sich, fickten die Luft mit ihren Fäusten.

HE'S COMING!
HE'S COMING!!!
YEAH! HE'S COOOOMING!!!

Maggio grinste höhnisch, und seine Telecaster war eine zischende Kobra, die hin und her schaukelte, sich anpirschte und plötzlich vorschoss. Hobbins starrte wütend zurück, und seine Gibson war ein Mungo, wild und flink und blitzschnell, mit einem Sound voller winziger, scharfer Zähne. Bass und Drums gaben ihnen einen Unterbau, schwer wie eine Lawine, und trieben sie beide in einen rasenden Kampf. Fünf Minuten ging die Improvisation weiter. Zehn Minuten. Fünfzehn. Die Menge schrie, die Menge war elektrisiert, die Menge war hysterisch.

HE'S COMING!
OH, HE'S COMING!!!
YEAH, HE'S COOOOMING!!!

Und Maggio schlug zu und tötete, und Hobbins stolperte grinsend und taumelnd zurück, stieß den wilden Schrei einer Todesfee aus, der in den Ohren schmerzte, sprang in die Luft und wirbelte herum und zeigte wieder aufs Publikum.

It's moving its slow thighs, while all about it
Reel shadows of indignant desert birds
The darkness drops again, but now I know
Yeah baby, how I know!
HE'S COMING!
Oh yes, I know, I know
That twenty centuries of stony sleep
Were vexed to nightmare by a rockin' cradle
Oh, a rocknrollin' cradle!

Und die Nazgûl sangen hinter ihm, und die Menge auch, und sie sangen: »*He's coming, he's coming, he's coming, he's coming, he's coming, he's coming, he's cominghescominghescominghes …*«, bis es ein tiefes Gemurmel wurde, laut wie Donnerhall.

Patrick Henry Hobbins hob die Hand, und jedes Geräusch im Saal erstarb auf der Stelle. Der Gesang brach ab. Drums und Gitarren verstummten. Die Scheinwerfer gingen aus. In der Dunkelheit war seine Stimme klagend und voller Furcht.

Oh, what rough beast, its hour come round at last
Slouches toward Bethlehem to be born?

In dem hallenden Schweigen, das diesen Zeilen folgte, ging ein einziges kleines Spotlight an, erleuchtete nur Hobbins' stilles und weißes Gesicht. Eine lange, atemlose Pause. Dann lächelte er.

»Ich komme«, sagte er leise, und das Licht erlosch.

Einen Moment später flammten das Licht im Saal und das Bühnenlicht zugleich in einer einzigen blendenden Explosion von Helligkeit auf, und die Menge im Saal drehte völlig durch, kreischte, stampfte, pfiff, sprang umher und tanzte über die Sitze. Die Ovation dauerte gute fünf Minuten, bevor sie auch nur schwächer zu werden begann. Die Nazgûl standen da wie betäubt, jeder von ihnen sah wie erschlagen aus, außer Hobbins, der sein altes anmaßendes Lächeln aufgesetzt hatte.

Die Leute verlangten lautstark nach einer Zugabe, und als der Lärm endlich so weit abgeebbt war, dass man etwas hören konnte, beugte sich Peter Faxon vor, lächelte und sagte: »Sollen wir ihnen jetzt ›Wednesday's Child‹ geben?«

Ein erneuter Ausbruch von Jubel begrüßte seine Worte, aber Hobbins warf ihm nur einen Blick zu, schüttelte den Kopf und wandte sich zum Publikum um. Mit erhobenen Händen forderte er Ruhe. Er bekam sie. »Ihr wart ein echt gutes Publikum, ihr alle«, sagte er freundlich. Gopher John machte in der Pause zwischen den Sätzen lächelnd bum-bum-ba-bum auf den Drums und schleuderte seinen Stick in die Luft. Tausende von Augenpaaren sahen, wie er sich überschlagend emporsegelte, bevor er schließlich herabzufallen begann. »Jetzt«, sagte Hobbins, »haut ab und lasst uns allein.« Der Stick landete geradewegs in Slozewskis ausgestreckter Hand; er sah ihn eine Sekunde verwundert an und ließ ihn dann mit einem letzten betäubenden Schlag auf seine Becken heruntersausen.

Die Menge jubelte und pfiff immer noch, während die Nazgûl von der Bühne gingen.

Sie wirkten erschöpft, alle außer Hobbins … nein, nicht Hobbins, Richmond, rief Sandy sich ins Gedächtnis. Aber mit der großspurigen Arroganz seines Gangs, der würdevollen Art, wie er den Kopf hielt, und dem Klang seines Lachens wirkte er wie Hobbins. Und er hatte gesungen wie Hobbins, zumindest einmal. Sandy fühlte sich ein bisschen benommen. Ohne sich dessen wirklich bewusst zu sein, war er den Nazgûl hinter die Bühne gefolgt. Die Garderobe war proppenvoll. Alles scharte sich um die Band, klopfte ihnen auf den Rücken, gratulierte ihnen. Maggio war laut und ausgelassen und grabschte, während er sich durch das Gedränge schob, nach jeder Brust in Reichweite. Gopher John schien völlig verwirrt. Faxon war blass und still. Und Larry Richmond strahlte eindeutig Selbstzufriedenheit aus. Joints gingen von Hand zu Hand, Flaschen wurden an den Hals gesetzt, ein paar Linien Koks waren neben den Überresten des Essens auf dem großen Tisch ausgelegt worden. Der Lärm war so groß, dass Sandy davon Kopfschmerzen bekam. Er besorgte sich einen Screwdriver und versuchte, durch das Gedränge zu Faxon oder Richmond zu gelangen.

Rrrrrrrrrrrrrrrrrrrrr.

Das Geräusch ließ das Partygeschwätz schlagartig ersterben. Leute wechselten unsicher den Platz, wichen vor etwas zurück, und Sandy fand sich plötzlich am Rand einer Lücke in der Menge wieder, ein, zwei Meter von Larry Richmond entfernt.

Rrrrrrrrrrrrrrrrrrrrr.

Es war ein tiefes, drohendes Knurren, und es sorgte dafür, dass sich einem die Nackenhaare aufstellten. Richmond stand mit einer Flasche Bier in der Hand da und sah noch blasser aus als sonst. Sein Mund war offen. Balrogs Maul auch. Der Hund hatte die Zähne gebleckt und die Lefzen zurückgezogen; sein Schwanz regte sich nicht. Ein nervöser Helfer hielt das Ende seiner Leine fest und zerrte verzweifelt daran, während er gleichzeitig versuchte, in die Ecke zurückzuweichen. Das Knurren ging immer weiter.

»Mistköter«, fauchte Richmond. Richmond?

Balrog sprang.

21

Der Sprung des Hundes endete mit einem Ruck, als er von seiner Leine zurückgerissen wurde, doch der erschrockene Helfer geriet ins Straucheln und fiel auf die Knie, und dabei löste sich sein Griff. Augenblicklich war Balrog frei, sprang auf, fletschte die Zähne und spannte seine Muskeln erneut zum Sprung an. Wie alle anderen auch stand Sandy vor Überraschung und Schreck erstarrt da.

Dann huschte ein riesiger Schatten an ihm vorbei. Gort bewegte sich schneller, als Sandy sich je hätte vorstellen können. Als Balrog erneut auf Richmond losging, war der große Mann bereits zwischen ihnen, und er packte den Hund mit beiden Händen mitten in der Luft und schmetterte ihn mit voller Wucht beiseite. Der Hund prallte von der Wand ab, landete auf dem Tisch. Als er sich aufrappelte, flogen Schnapsflaschen in alle möglichen Richtungen, und dann war Gort wieder über ihm und versetzte ihm einen Schlag auf die Schnauze. Balrog jaulte vor Schreck und Schmerz und versuchte knurrend und schnappend zurückzuweichen. Gort packte das Ende der Leine, schlang sie dem Hund um den Hals und zog sie zu. Balrog winselte, und alle Wut schien plötzlich aus ihm zu entweichen. Er ließ einen plötzlichen Strom von Urin über die ganzen belegten Brote rinnen. Gort zog die Schlinge fester zu, und der Hund zappelte verzweifelt. Für einen Moment sah es so aus, als würde der große Mann das Tier direkt vor allen Leuten strangulieren.

Dann schrie Larry Richmond auf. »Nein! Lass ihn in Ruhe!«

Richmonds Stimme schien die Trance zu brechen. Auf einmal sagte jeder etwas oder rührte sich, um zu helfen; der Raum brach erneut in Lärm und Unruhe aus. Gort grunzte und ließ ein wenig los, und Balrog winselte vor Erleichterung. Richmond drängte sich an Gort vorbei und schlang die Arme schützend um das Tier. »He, Jungchen«, sagte er, »ruhig, Bal. Ist schon gut, Jungchen, ich bin ja da, ist schon gut.« Balrogs Flanken hoben und senkten sich, und er schnaufte heftig, doch als Richmond mit ihm sprach und sein Fell zauste und ihn tätschelte, hob sich der Schwanz des Hundes, und er begann schließlich zu wedeln.

Gort trat mit einem angewiderten Laut zurück, drehte sich um und winkte zwei von den Roadies herbei. »Du. Und du. Bringt den verdammten Hund hinten raus und bindet ihn an.«

»Nein!«, rief Richmond. »Bal bleibt hier! Bei mir!«

Ananda trat vor und fasste ihn bei den Schultern. »Das wird ihm guttun, Pat. Hier kann er nicht bleiben. Er hat gerade über das ganze Essen gepisst, stimmt's? Die Aufregung war bestimmt zu viel für ihn. Der ganze Lärm. All die Fremden. Du willst doch nicht, dass er jemand verletzt, oder?«

»Nein, das nicht«, sagte Richmond widerstrebend.

»Dann lass sie ihn hinten rausbringen«, sagte Ananda. Sie hob die Leine auf und reichte sie einem Roadie. »Warum gehst du nicht mit, Pat, und sorgst dafür, dass er sich beruhigt? Und dann kommst du zurück und feierst.« Sie lächelte. »Du hast eine Menge zu feiern, stimmt's?«

»Na ja, okay, ich denk schon«, sagte Richmond. Mit seinem Herrchen an der Seite, das ihn besänftigte und ihm gut zuredete, ging der Hund in Begleitung von zwei von Gorts Untergebenen einigermaßen folgsam hinaus.

Sandy schaute sich um. Ananda hatte Gort beiseitegezogen, und sie sprachen unter vier Augen leise miteinander. Woanders kam die Fete wieder auf Touren; die Hälfte der Leute redete von dem Auftritt, die andere Hälfte von dem verrückten Hund. Peter Faxon lehnte allein an einer Wand und starrte grüblerisch auf die Tür, durch die Richmond gerade hinausgegangen war. Er hatte ein großes Wasserglas mit Eiswürfeln und Chivas Regal gefüllt, und das meiste davon war bereits weg. Sandy ging zu ihm. »Gute Show«, sagte er. »Was meinst du, was ist in den Hund gefahren?«

Faxon musterte ihn, nippte an seinem Chivas und runzelte die Stirn. »Nichts«, sagte er brüsk. »Die Frage ist vielmehr, was ist in Richmond gefahren?«

Sandy begegnete dem Blick von Faxons klaren grünen Augen und wusste, dass diese Augen ihn völlig durchschauten. »Ich glaube, du kennst die Antwort darauf schon«, sagte er.

»Sicher«, sagte Faxon. »Nur ist die Antwort unmöglich.« Er trank seinen Chivas aus, sah sich nach einem Helfer um und schickte ihn zum Nachfüllen.

»Was immer es war, der Hund hat's wieder aus ihm rausgescheucht«, sagte Sandy, als Faxon ein neues Glas in der Hand hielt.

Faxon nahm einen großen, kräftigen Schluck. Er trank wie jemand, der sich unbedingt besaufen will. »Es war keine gute Show«, sagte er. »Es war eine durchweg schreckliche Show, bis zum Schluss. Und dann ist etwas passiert. Ich konnte es da oben spüren. Richmond hat sich verändert. Und mit seiner Veränderung haben auch wir uns verändert.« Er schnippte mit den Fingern. »Wir waren wieder die Nazgûl. Für einen Song war es so wie damals. Die Musik war lebendig, und man konnte die Energie spüren, die von der Menge ausging. Ich konnte nicht fassen, was da passierte. Alles, was wir wollten, alles, worum wir uns den ganzen Abend und in all den Übungswochen bemüht haben, ganz plötzlich war es da. Und weißt du was? Es hat mir Angst eingejagt. Ich hab mir echt vor Angst in die Hosen gemacht.« Er trank noch mehr Chivas und schaute nachdenklich drein. »Aber ich will es wieder, Sandy. So viel weiß ich. Was zum Teufel heute Abend auch immer passiert ist, ich will, dass es wieder passiert.«

»Ich hab das Gefühl, das wird's auch«, sagte Sandy.

Peter Faxon stellte sein leeres Glas ab. »Ich muss los, Tracy anrufen und ihr erzählen, wie's gelaufen ist«, flüsterte er. »Aber ich hab keinen Schimmer, was ich sagen soll.«

Auf dem Weg nach draußen kam Faxon an Larry Richmond vorbei, der eben zurückkam. Er blieb stehen, klopfte dem Jungen auf die Schulter und sagte ein paar Worte, und Richmond lächelte. Kaum hatte Faxon ihn verlassen, stürmten Gratulanten, Groupies und Mitglieder der Crew auf ihn ein. Er grinste wie ein Sechsjähriger am Weihnachtsmorgen, der eben den Weihnachtsmann tot in seinem Wohnzimmer gefunden hat und sich jetzt erst klar wird, dass er alle Geschenke kriegt, die für den Rest der Welt gedacht waren. Gopher John hatte ebenfalls seine Anhänger; sie umschwirrten ihn wie ein Schwarm fetter, begeisterter Bremsen und brachten ihm Bierflaschen, die sich dann zu dem wachsenden Haufen leerer Flaschen zu seinen Füßen gesellten. Und Maggio lümmelte sich in einem großen Sessel, als wäre es ein Thron. Er lachte lärmend und gab einen Sturzbach von Worten von sich, mal lauter, mal leiser, sodass Sandy auf der anderen Seite des Raumes nur seltsame, unzusammenhängende Fetzen aufschnappte. Er hatte bereits ein Mädchen auf dem Schoß, und seine freie Hand streifte oben unter ihrer Bluse umher. Ein anderes Mädchen, noch jünger und hübscher, saß auf der Armlehne seines Sessels, und er schenkte ihr mehr Aufmerksamkeit als derjenigen, die er befummelte. Die Blondine, die bei der Fete vor der Show mit ihm zusammen gewesen war, stand zwei Meter entfernt und machte ein böses Gesicht.

Sandy besorgte sich noch einen Screwdriver und ließ sich von einem Menschenknäuel zum anderen treiben, hörte zu und gab ab und zu den einen oder anderen Kommentar von sich. Irgendwie war ihm nicht sehr nach Reden zumute. Die Erregung war ansteckend, aber er kam sich immun vor, von allem isoliert. Vielleicht wusste er zu viel. Er schlenderte herum und hielt nach Ananda Ausschau, aber sie schien zusammen mit Gort weggegangen zu sein. Als er schließlich beim vierten oder fünften Screwdriver war und der Wodka den Raum in einen angenehmen weichen Dunst hüllte, bemerkte er, dass er vor Larry Richmond stand und in Patrick Henry Hobbins' Gesicht starrte. »Was war das für ein Gefühl?«, hörte Sandy sich fragen.

»Es war toll!«, sagte Richmond voller Begeisterung. Er schwatzte los, wie wundervoll es sei, bei den Nazgûl zu spielen.

»Nein«, sagte Sandy abrupt, »ich meine, der letzte Song, was war das für ein Gefühl? Als die Veränderung eintrat. Du hast einen Sprung gemacht, weißt du. Als ob du einen Schlag oder so was abgekriegt hättest. Du hast einen Sprung gemacht und den Song unterbrochen.«

»Ja, ich weiß«, sagte Richmond mit einer Spur von Verwirrung in der Stimme. »Das war aber kein Schlag. Ich meine, nicht wie Elektrizität, wissen Sie? Es war wie ... ich weiß nicht, ich hab mit dem Text angefangen, verstehen Sie, und ganz plötzlich ... es war wie ein Frösteln, vielleicht ... nein, schlimmer als ein Frösteln ... es war so, als wäre jemand hinter mir stehen geblieben und hätte mir einen Eiswürfel den Rücken runterrutschen lassen. Ein echt kaltes Gefühl, das mir durch und durch ging. Merkwürdig, hm?«

»Ja, merkwürdig«, stimmte Sandy zu.

»Ich hab mich aber wieder gefangen«, sagte Richmond glücklich. »Es war nur einen Moment lang da, und dann war ich sofort wieder dabei.«

»Du warst toll«, entgegnete Sandy. »Hast echt gesungen, bis ihnen die Ohren bluteten.«

Larry Richmond lächelte unsicher. »Sie waren alle auf den Beinen und haben gebrüllt und geschrien und getanzt, ich meine, wow! Das war krass, nicht wahr? Das ist mir vorher nie passiert, wissen Sie. Aber jeder sagt, es war krass.«

Sandy spürte selbst, wie ihm ein leichtes Frösteln das Rückgrat entlangkroch. »Jeder sagt das? Erinnerst du dich nicht dran, Larry?«

»Pat«, verbesserte der Junge automatisch. Er war ein braver Junge und tat, was Morse ihm sagte. Er lächelte schwach, als wolle er sich bei Sandy entschuldigen, dass er ihn verbessert hatte. »Klar erinnere ich mich«, sagte er. »Trotzdem, ich muss zugeben, die Aufregung und das alles … Es ist irgendwie verschwommen, wissen Sie? Ich nehme an, ich war da wirklich in der Musik drin. Es ist, als ob ich den ganzen Schluss über betäubt war, wissen Sie, man fühlt sich hinterher richtig fertig und nicht ganz da. Ich bin erst wieder zu mir gekommen, als Bal ausgeflippt ist.«

»Ich denke, wir waren alle ein wenig neben der Spur«, sagte Sandy, aber er glaubte, dass der Junge absolut keine Ahnung hatte, was da draußen mit ihm passiert war. Der Hund wusste es, aber nicht das Herrchen. »Was nun?«

»Die Tour«, sagte Richmond strahlend.

»Tour?«

»Klar. Hat Mr. Morse Ihnen das noch nicht erzählt? Er hat alles organisiert. Eine große Tour durchs ganze Land, von Küste zu Küste. Dann nehmen wir vielleicht ein neues Album auf, sagt er, aber zuerst die Tour, damit die Leute wieder Feuer fangen.«

»Natürlich«, sagte Sandy. »Eine Tour durchs ganze Land. Ja, klar. Und natürlich mit dir.«

Richmond wirkte verdutzt. »Also, ja, klar. Ich meine, warum nicht?«

»Nichts«, sagte Sandy, »gar nichts.« Er lächelte schwach. »Ich hab zu viel Wodka intus, glaub ich. Brauch'n bisschen frische Luft. 'Schuldige mich.« Er wandte sich abrupt ab und steuerte auf die Tür zu. Als er einen Blick über die Schulter warf, stand Richmond immer noch da. Er sah verblüfft aus.

Sandy tappte durch einen Korridor, entdeckte eine Herrentoilette, spritzte sich etwas Wasser ins Gesicht. Danach war ihm ein bisschen weniger schwindlig, aber frische Luft wäre jetzt wirklich nicht übel. Er ging zum Hintereingang hinaus. Einer der Roadies stand dort, der Kerl mit der silbern verspiegelten Sonnenbrille. Er starrte Sandy an und sagte kein Wort. Balrog war auch da, direkt neben der Tür festgebunden. Er bellte, und Sandy tätschelte ihm den Kopf, bevor er sich auf den Weg zur Straße machte.

Ein paar Zuschauer trieben sich noch vor der Halle herum, und auf dem Bürgersteig tummelten sich irgendwelche Leute. Sandy ignorierte sie, lehnte sich an die Wand und genoss die kühle Nachtluft. Es war das, was Richmond wollte, dachte er bei sich. Der Junge hatte sich sein ganzes Leben lang nichts so sehr gewünscht, wie Pat Hobbins zu sein, und jetzt würde er bekommen …

»Sandy?«, sagte eine kleine, ängstliche Stimme.

Er drehte sich um, schaute hin und fühlte sich plötzlich leicht desorientiert. Das halbwüchsige Mädchen, das dort stand und ihn ansah, kam ihm merkwürdig bekannt vor, aber in seiner halb betrunkenen Benommenheit konnte er sie nicht einordnen. Sie war klein und dünn, mit flachen Brüsten unter einem Nazgûl-T-Shirt, das ihr mindestens drei Nummern zu groß war. Ihre Hand zupfte an seinem Ärmel, und sie hatte Ringe an jedem Finger. Ihr Gesicht war grün verschmiert, wo ihr Make-up zerlaufen war, und die großen braunen Augen sahen aus, als ob sie jeden Moment wieder anfangen würden, Tränen zu vergießen. »Ich kenne dich«, sagte Sandy.

Sie lächelte dünn. »Freut mich, dass Sie sich erinnern. Ich bin Francie.«

»Francie?«, sagte Sandy. Dann fiel es ihm wieder ein. Maggio und das Come On Inn. »Klar«, sagte er. »Du warst mit Rick zusammen.« Aber irgendwas stimmte da nicht, dachte er hartnäckig. Ganz recht, er erinnerte sich an sie, erinnerte sich von jener Nacht her an sie, von dem ersten Interview mit Maggio, aber das war es nicht, oder zumindest war das nicht alles. Er kannte sie auch von woanders her, erkannte sie wieder von … von wo?

»Ich war mal Ricks Freundin«, sagte Francie. »Ich möchte ihn sehen, Sandy. Ich möchte ihn so furchtbar gern sehen. Er hat mir nicht mal Eintrittskarten und gar nichts geschickt, nie, und sie wollten mich nicht reinlassen, obwohl ich ihnen doch erklärt hab, wer ich bin.« Ihre Stimme war wehleidig. »Wir haben fast zwei Jahre zusammengelebt, und er ist einfach auf und davon und hat nicht mal geschrieben oder angerufen oder Eintrittskarten geschickt. Ich war sicher, dass er sich melden würde, wenn er nach Chicago zurückkommt, wissen Sie? Mich zur Show einladen und alles. Hat er aber nicht getan.«

Sandy bemühte sich immer noch herauszufinden, wo er sie noch gesehen hatte außer im Come On Inn, aber er kam nicht darauf. »Tut mir leid«, sagte er. »Sie hatten alle sehr viel zu tun. Kann sein, dass er's einfach vergessen hat.«

»Können Sie mich reinbringen, damit ich Rick sehen kann?«, fragte sie hoffnungsvoll. »Oder ihm zumindest sagen, dass ich hier bin? Bitte? Ich muss ihn unbedingt sehen, Sandy. Ich liebe ihn. Er ist mein Macker, wissen Sie?«

Sandy dachte an Maggio in der Garderobe, umringt von seinen Groupies. Eines wusste er verdammt gut: Dass seine alte, dürre Freundin, tränennass und voller Vorwürfe, gerade jetzt auftauchte, wäre das Letzte auf der Welt, was dem Gitarristen gefallen würde. »Hör mal«, sagte Sandy, »ich glaube nicht … Ich meine, die Show ist gerade zu Ende, die sind jetzt alle ein bisschen durch den Wind, besoffen und müde und ausgeflippt. Ich glaube nicht, dass es jetzt ein guter Zeitpunkt wäre, aber ich sag dir was. Wir sind noch mindestens für einen Tag in Chicago. Du schaust morgen früh im Hotel vorbei, und ich nehm dich mit rein, damit du Rick sehen kannst, okay?«

»Bitte«, wiederholte Francie mit flehender Stimme. »Ich muss ihn jetzt sehen. Es ist mir gleich, ob er mit jemand anders zusammen ist, Sandy. Das macht mir nichts aus. Ich weiß, dass er's ist. Rick ist nun mal so, wissen Sie? Er meint es nicht böse, er ist halt so, und er braucht die Mädchen. Ich bin's gewöhnt. Wirklich. Er hat immer von mir verlangt, dass ich was mit ihm und meinen Freundinnen arrangiert hab, wenn ich konnte. Er stand auf Dreier, wissen Sie?« Sie lächelte gezwungen. »Das macht mir überhaupt nichts aus. Ich muss ihn nur sehen. Bitte.«

Sandy war sich noch nicht sicher, ob er ihr glauben konnte, aber sie hörte sich so mitleiderregend an, und Maggio hatte sie so verdammt schäbig behandelt, sowohl im Come On Inn als auch jetzt, und er merkte, wie er wütend wurde. »Ich hab dir mal gesagt, dass du viel zu gut für ihn bist, Francie«, sagte er. »Und das stimmt auch.«

»Ich will mich nur um ihn kümmern. Er ist kein schlechter Kerl, er braucht bloß jemand, der sich um ihn kümmert. Helfen Sie mir?«

»Ja«, sagte Sandy. Er nahm ihre Hand. »Komm mit. Wir gehen hintenrum rein.« Der Bursche mit der verspiegelten Sonnenbrille würde Francie vielleicht den Zutritt verwehren, aber jetzt, wo Sandy dabei war, sollte er besser nicht zu sehr darauf bestehen.

»Danke«, sagte Francie, während sie hinten herumgingen. Sie drückte Sandys Hand.

Am Hintereingang war es sehr dunkel. Sehr dunkel und sehr still. Der Roadie war weg. »Mist«, sagte Sandy. »Die Tür ist abgeschlossen.« Er ballte eine Hand zur Faust und trommelte dagegen. »Macht auf da drinnen!«, brüllte er.

Niemand antwortete. Nachdem er gute drei Minuten geklopft hatte, sagte Sandy schließlich: »Ich glaube nicht, dass sie uns hören können, so laut, wie's auf der verdammten Fete zugeht. Herrgott. Wir müssen wieder nach vorn.«

Er wandte sich entrüstet ab und ging in die schmale Gasse hinein. Francie folgte ihm.

Sandy hatte vier Schritte gemacht, als sein Stiefel auf etwas Nasses trat; der Absatz rutschte unter ihm weg, er ruderte mit den Armen und stürzte, schürfte sich die Hand auf und riss sich ein Mordsloch in den Hosenboden seiner Jeans. Außerdem schaffte er es, in irgendwelchem Abfall zu landen. Es war nass und warm, und da waren eine Unmenge Fliegen. »Gottverdammt!«, sagte Sandy unsicher. »Was zum Teufel ist …« Er tastete herum, fühlte Fell und warme Nässe zwischen den Fingern, sog den Atem ein und rappelte sich auf.

Francie stieß einen leisen, wimmernden Laut aus und wich zurück. »Blut«, sagte sie.

Sandy sah nach unten, und ihm wurde übel. Fast hätte er sich übergeben. Er spürte, wie es ihm im Hals hochstieg und wie ihm die Luft wegblieb; er kämpfte darum, es unten zu behalten. Ihm wurde schwindlig. Er zwang sich, niederzuknien und die Sache aus der Nähe zu betrachten.

Blut. Eine Menge Blut. Dort neben den Mülltonnen, von Fliegen bedeckt und noch warm, lag Balrog. Oder was von Balrog übrig war. Man hatte dem Hund die Kehle aufgeschlitzt, und er lag in einer sich ausbreitenden Lache seines eigenen Blutes.

Sandy streckte zaghaft eine Hand aus, um den Kopf des Hundes zu berühren, die fliegenbedeckten, starren blinden Augen. Der Kopf bewegte sich mühelos, in einem unmöglichen Winkel. Eine riesige, offene, nasse Wunde tat sich in seinem Hals auf, und frisches Blut strömte heraus. Francie schrie.

Wer immer das getan hatte, war stark gewesen, dachte Sandy wie betäubt; hatte Halsmuskeln, Sehnen und Fleisch mit einem einzigen sauberen Schnitt durchtrennt, bis zum Knochen, hatte dem Hund fast den Kopf abgehackt. Francie schrie erneut, lauter.

Benommen rappelte Sandy sich hoch. Francie sog zwischen den Schreien den Atem ein und schrie dann wieder. Jemand kam den Durchgang entlanggerannt. Francie drückte sich rücklings gegen die Ziegelsteine und rollte sich ganz klein zusammen, die beringten Hände vor dem Gesicht. Sie schrie. Schrie. Ihre hohe, dünne Stimme war von Schock und fast unvorstellbarem Schmerz erfüllt, und während sie immer neue

Schreie ausstieß, stellte Sandy fast, dass er sie mit zunehmendem Grauen betrachtete, einem Grauen, das alles, was er für den armen, verstümmelten Hund empfand, in den Schatten stellte. Er erkannte diese Schreie wieder. Dieses gottverdammte Kreischen war ihm nur zu vertraut. Und er wusste jetzt, warum Francie ihm so unheimlich bekannt vorgekommen war.

Er war ihr im Come On Inn begegnet, das stimmte. Aber danach hatte er sie erneut gesehen, nicht nur einmal, sondern etliche Male. Er hatte sie gesehen, und er hatte sie schreien gehört. Er hatte sie in seinen Träumen gesehen, bei einem Konzert, nackt und blutend und an ein großes x-förmiges Kreuz geschlagen.

22

Und dann … und dann … Sandy wusste es nicht mehr. Er erinnerte sich nicht, von den Überresten des Hundes fortgetaumelt zu sein, erinnerte sich nicht, dass er sich übergeben hatte, erinnerte sich nicht, dass die Tür aufgegangen war und all die Leute herausgestürzt kamen. Alles war in einen Dunstschleier aus Blut und Wodka gehüllt. Francie sah Maggio in die Nacht hinausstolpern, und sie rannte weinend zu ihm und schlang die Arme um ihn. Erst wirkte er einigermaßen perplex. Dann lächelte er sonderbar, fast freundlich, und erwiderte ihre Umarmung. Es gab Rufe, Gedränge, Fragen und laute Schreie. Ein Polizist bellte Befehle; keiner beachtete ihn. Sandy merkte, dass er das alles nicht ertragen konnte. Er wich in die Gasse zurück, weg von dem Lärm, weg von dem Blut. Larry Richmond kam heraus, und die Menge machte ihm Platz. Als Richmond Balrog sah, wurde er hysterisch. Jemand hielt ihn fest und schüttelte ihn, während Sandy der Szene den Rücken kehrte und die Straße entlang davonging. Er begann zu traben, ohne sich so richtig darüber im Klaren zu sein, wohin er eigentlich wollte.

Dunkle Straßen, noch immer belebt. Seine Hose war zerrissen, seine Handfläche war aufgeschürft, und seine Hände waren blutverschmiert. Seine Hemdbrust war feucht von den Orangensaft- und Wodka-Spritzern, die ihm hochgekommen waren. Die Leute wichen ihm aus, wenn sie ihn kommen sahen. Sandy bemerkte es kaum. Er lief schneller.

Er hörte Schritte auf dem Bürgersteig hinter sich, die leichten Schritte von jemandem, der rannte. Plötzliche irrationale Furcht überwältigte ihn, und er stürmte davon, versuchte zu entkommen, rannte und rannte. Sie holte ihn trotzdem ein. Sie war schneller als er. Sie packte ihn an der Schulter und wirbelte ihn herum, und er sah, dass es Ananda war, nur Ananda. Er zitterte und packte sie und zog sie so fest an sich, wie er konnte, klammerte sich an sie, seinen Anker in einem Ozean von Blut und Dunkelheit. Sie strich ihm über die Haare. »Ganz ruhig«, sagte sie, »ganz ruhig, Liebster. Es ist alles in Ordnung. Es ist alles in Ordnung.«

Sandy schob sich von ihr weg. »Nein«, sagte er. »Nein, ist es nicht. Sie haben den Hund umgebracht. Ihm die Kehle durchgeschnitten. Und sie werden auch sie umbringen.«

»Wen?«

»Francie«, sagte er. »Maggios Freundin. Francie. Sie werden sie ans Kreuz schlagen und …« Er konnte nicht weiterreden.

»Ich weiß nicht, wovon du sprichst«, sagte Ananda. »Wohin rennst du?«

»Weiß ich nicht«, sagte Sandy. Aber er wusste es. Plötzlich wusste er genau, wohin er gewollt hatte. »Ich will zu Morse. Ich will mit Morse sprechen.«

»Ich komme mit«, erklärte Ananda, und ihre Hand lag in seiner, kühl und fest, und ihr schwieliger Wulst und die kurzgeschnittenen Nägel waren ihm inzwischen völlig vertraut. Sie schenkte dem Blut an seiner Hand keine Beachtung, nahm keine Notiz von seinem Zittern. Sie ging neben ihm, und allein ihre Anwesenheit schien die Schatten zu vertreiben.

Es war spät. Sandy wusste, dass es spät war. Gort machte die Tür zu Edan Morse' Suite auf, sah sie an und sagte: »Es ist spät.«

Sandy wollte ihm sagen, dass er sich verpissen sollte, aber die Worte blieben ihm im Hals stecken, und es war Ananda, die sprach. »Weck ihn auf«, sagte sie scharf. »Es ist wichtig.«

Gort musterte Sandys zerrissene, verdreckte Kleidung, brummte etwas und bedeutete ihnen hereinzukommen. »Wartet«, sagte er mit tiefer, drohender Stimme. Er zeigte auf eine Couch und verschwand in einem Schlafzimmer.

Edan Morse kam heraus und sah so elend aus, wie Sandy sich fühlte. Es war etliche Wochen her, dass Sandy ihn gesehen hatte; das Ausmaß der Veränderung war erschreckend. Morse' Gesicht war verzerrt und blutleer, seine Sonnenbräune war verblasst, und seine Grübchen waren nicht mehr zu sehen; sie wurden von einem wuchernden braunen Bart verdeckt. In seinen Augen lag dieses fanatische Funkeln, aber sie waren auch müde, von den schweren dunklen Ringen eines Mannes umgeben, der nicht gut geschlafen hat. Er trug einen schwarzen Morgenrock aus Satin. »Was ist?«, fragte er und setzte sich in den großen Sessel gegenüber von der Couch.

Sandy streckte die Hände aus. »Ich … der Hund.« Seine Stimme war belegt. »Sie haben den Hund abgeschlachtet. Richmonds Hund.«

Morse tat erstaunt. »Weißt du etwas darüber, 'Nanda?«

»Mirrors war draußen und hat auf den Hund aufgepasst. Er ist für ein paar Minuten reingegangen, um ein paar Zigaretten zu schnorren. Jemand hat ihn erledigt, während er weg war.«

»Gort«, sagte Sandy plötzlich. Er starrte den großen Mann an.

»He, Schluss mit dem Quatsch«, brummte Gort. »Ich bin seit Stunden hier bei Edan. Zum Teufel, wenn ich den Hund umbringen wollte, hätt ich's bei der Fete tun können, als das Mistvieh durchgedreht ist.«

»Es ist falsch«, platzte Sandy heraus und strich sich die Haare aus dem Gesicht. »Der Hund, Francie, was heute Abend beim Konzert passiert ist … Es ist alles, ich weiß nicht … falsch. Morse, ich kündige. Ich will raus.«

»Warum?«

Das war eine Frage, die Sandy nicht beantworten konnte. Er war nicht mit dem Vorsatz hergekommen, das zu sagen, was er gesagt hatte; er war sich nicht sicher, warum er überhaupt gekommen war. Er war sich über gar nichts sicher. Ihm war schwindlig. Morse' Gesichtszüge schienen zu verschwimmen, als ob jemand an der Scharfeinstellung herumdrehte. »Das Blut«, sagte Sandy. »All das Blut.«

Ananda langte herüber und legte ihm eine Hand aufs Knie. »Er ist betrunken, Edan«, flüsterte sie. »Er weiß nicht, was er sagt.«

»Nein«, beharrte Sandy. »Ich weiß es … Es ist bloß … Ich kann es nicht mehr ertragen. All das Blut. Ich gehöre nicht hierher.«

»Ach?«, fragte Morse kalt. »Wohin gehörst du dann?«

Wohin gehörte er? In der Tat, wohin? Wenn nicht zu Morse und den Nazgûl, wenn nicht zu Ananda, wohin dann? Es war alles dahin. Maggie und Sharon und all die Frauen dazwischen, der *Hedgehog*, seine Bücher, sein Agent, sein Haus. Alles dahin. Und keiner machte sich mehr Gedanken, nicht um ihn, nicht um sie alle, um nichts. Natürlich gehörte er hierher. Er konnte sonst nirgends hin. »Edan, ich hab Angst«, hörte Sandy sich sagen. »Ich verstehe nicht, was da abläuft, es ergibt keinen Sinn, aber es macht mir Angst. Und all das Blut … Lynch, das Gopher Hole, der Hund … das ist es nicht wert.«

»Mir gefällt das Blut auch nicht besser als dir«, sagte Morse. »Aber das hier kostet seinen Preis. Ich bezahle selber so viel davon, wie ich kann.« Er hielt seine Handfläche hoch. Sie war kreuz und quer von weißen Narben durchzogen, tiefen und furchtbaren Narben. »Vielleicht nicht genug. Ich weiß es nicht. Ich versuche es. Es hat noch nie eine wirklich unblutige Revolution gegeben. Der Preis muss bezahlt werden.«

»Wofür?«, fragte Sandy heiser. »Wer hat diesen Hund umgebracht, verdammt? Wer hat Lynch das Herz rausgerissen?«

»Das spielt keine Rolle.«

»WER?«, schrie Sandy. »Oder was? Das ist die richtige Frage, oder? *Was*, nicht wer! Irgendein … Ding … eine Kraft. Ich kann es nicht glauben, aber es ist wahr, oder?«

»Du kannst es nicht glauben, und das ist dein Problem. Die Zeit für Rationalität ist vorbei. Das weißt du. Du hast die Musik gehört. Warum kämpfst du immer noch dagegen an? Das ist das letzte Stück auf der ersten Seite. Das ist …«

»… ›Prelude to Madness‹. Der Auftakt zum Wahnsinn«, schloss Sandy für ihn. »Ja, ich verstehe. Der Tote hat heute Abend die Hand gehoben, stimmt's?«

Edan Morse lächelte und schwieg.

Sandy kam es in dem Zimmer entsetzlich kalt vor. Eines der Fenster hinter Morse stand offen, und die Vorhänge bewegten sich leicht im Wind, aber die warme Junibrise war plötzlich eisig geworden. Dort draußen am Nachthimmel über den schwarzen Türmen mit ihren Lichterjuwelen waren Sterne wie eine Million gelber Augen. Sie würden niemals wegschauen. Sandy fröstelte, und irgendwie wusste er tief im Innern, dass Morse' Meister, heraufbeschworen von der Musik und dem Blut und dem Sterben, jetzt bei ihnen war und ihn anstarrte. »Mach das Fenster zu«, sagte er.

»Na los, Gort«, fauchte Morse. Als der große Mann gehorchte, beugte Morse sich vor. »Du billigst es nicht«, sagte er.

»Sie wissen nicht, was Sie tun«, sagte Sandy.

»O doch. Du und ich, wir haben alles schon probiert, nicht wahr? Du hast es mit Wahlen und Zeitungen, mit Überzeugungsarbeit und Kompromissen probiert, ich mit Attentaten und Aufruhr und Gewalt. Nichts davon hat funktioniert, oder? Das ist alles, was uns bleibt, Blair. Das ist unsere letzte Chance.«

»Es ist es nicht wert.«

Morse starrte ihn an, aber es war Ananda, die antwortete. Sie berührte Sandys Gesicht und sah ihn an. »Du irrst dich«, sagte sie.

»Nein ...«, setzte er an.

»Doch«, sagte sie barsch. »Hör mir zu. Nicht wert? Sandy, irgendwelche Irren töten einen Hund, und du sagst, das ist es nicht wert? Ein Hund? Schau dich um. Sieh dir an, wie's in der Welt läuft. Wir haben ein rasantes nukleares Wettrüsten, das sich jeden Moment in einen Holocaust verwandeln kann. Wir haben den Ayatollah und Falwell, und früher hatten wir Jim Jones, und die sind in Wirklichkeit alle gleich, nicht wahr? Wir haben eine Scheißregierung, die sich einen Dreck um Armut oder Hunger oder menschliches Elend schert. Überall ›begrenzte Konflikte‹, und uns gehen die Rohstoffe aus, die Energie wird knapp und die Hoffnung auch. Wir vergiften die Luft, das Wasser und den Boden. Es gibt Völkermord im Nahen Osten, Rassismus und Sexismus hier bei uns, Fremdenfeindlichkeit und Hass auf allen Seiten. Wir stehen vor einer Zukunft in drückender Armut, ökonomischem Chaos und grausamer Unterdrückung in einem neuen faschistischen Polizeistaat, und wir haben nicht mal die Kraft, dagegen anzugehen, weil wir den Mut verloren haben, weil wir zynisch und selbstsüchtig geworden sind. Wir sind geschlagen, wir sind verloren und verdammt. Wir müssen etwas ändern. Wir müssen zurückholen, was wir verloren haben, und dies ist der einzige Weg – das ganze verrottete, stinkende System niederzureißen und neu anzufangen, klüger und besser. Es ist es wert. Ich würde jeden verfluchten Hund auf der ganzen verfluchten Welt töten, wenn nötig, und das wäre es immer noch wert!« Ihr Gesicht war gerötet und aufgewühlt. Die großen dunklen Augen, die so oft schelmisch blitzten, waren jetzt zornig. Das glänzende schwarze Haar, über das Sandy so gerne strich, wogte hin und her, als sie wütend den Kopf schüttelte. Sie atmete schwer, und ihre Brüste unter dem blassblauen Pullover hoben und senkten sich mit jedem Atemzug. Das schiefe Lächeln war verschwunden und von trotzig zusammengekniffenen Lippen ersetzt worden, und irgendwie wirkte ihre meist neckische Kopfhaltung jetzt wie eine Kampfansage. Sandy hatte plötzlich das erschreckende Gefühl, dass er sie in Wirklichkeit überhaupt nicht kannte. Aber sie war alles, was ihm noch geblieben war, und mitten in seiner Verwirrung wusste er dumpf, dass auch Ananda sich für immer von ihm zurückziehen würde, wenn er jetzt das Falsche sagte.

»Ich wollte bloß …« Er konnte die Worte nicht finden, wusste nicht, was er sagen sollte. Sie hatte natürlich recht, alles, was sie sagte, stimmte, und doch, und doch …

»Wir brauchen dich, Sandy«, sagte Ananda mit plötzlicher Sanftheit und berührte ihn leicht am Arm. »Ich brauche dich.«

»Mich brauchen«, wiederholte er. »Wozu?«

Edan Morse wandte sich um und schnippte mit den Fingern. »Gort, hol mir eine Kopie des Terminplans.«

Der Riese grunzte, ging zum Schreibtisch gleich hinter der Schlafzimmertür und kam mit einem weißen Blatt Papier zurück. Er reichte es Sandy.

Es war die Tour, die Richmond erwähnt hatte; ordentliche

Spalten fotokopierter Daten und Uhrzeiten, Städte und Konzerthallen. Sie fing in New York City an und schlängelte sich nach Westen und im weiteren Verlauf im Zickzack nach Norden und Süden: Pittsburgh, Detroit, Cincinnati, Minneapolis, St. Louis, Houston, Kansas City, Denver. Aber es war das letzte Datum, das Sandy laut vorlas. »Albuquerque«, sagte er. »West Mesa. 20. September.« Er faltete den Plan mit bedächtiger Präzision genau zweimal zusammen und steckte ihn tief in seine Gesäßtasche. »Keine Termine an der Westküste.«

»Natürlich nicht. Diese Termine wurden nach dem Anschlag abgesagt. Es wäre zwecklos, irgendwas nach West Mesa zu buchen.«

»Und dafür braucht ihr mich?«

»In ein oder zwei Tagen wirst du auf einer Pressekonferenz eine öffentliche Ankündigung vornehmen. Dann wirst du den Großangriff auf die Medien überall im Land dirigieren.«

»Das wird nicht klappen«, sagte Sandy und hoffte verzweifelt, dass er recht hatte. »Ein Blick auf diesen Plan, und Faxon wird den Tourverlauf wiedererkennen. Denkt ihr, er will denselben Tanz noch mal mitmachen? Glaubt ihr wirklich, dass er ein weiteres West-Mesa-Konzert spielen wird? An diesem Datum? Und glaubt ihr, die lokalen Behörden werden das genehmigen?«

Morse lächelte grimmig. »Die Genehmigungen liegen bereits vor, und die Vorarbeiten sind schon angelaufen. Geld kann Wunder wirken. Du unterschätzt das Ausmaß der Verdorbenheit dieser Gesellschaft. Es wird sich alles finden. An diesem Datum und diesem Ort werden die Kräfte ungeheuerlich sein. Die Zeit, der Ort, die Musik, die Menschen, der Glaube. Wenn die Nazgûl singen, wird alles miteinander verschmelzen. Vergangenheit, Gegenwart und Zukunft. Sie werden das ganze Album bringen, genau wie sie's 1971 getan haben, und diesmal werden sie den Rag fertig spielen, ihn bis zu Ende singen, Armageddon herbeisingen und für unsere Wiederauferstehung sorgen. Patrick Henry Hobbins wird wieder lebendig, die Bewegung wird wieder lebendig, und diesmal werden wir den Augenblick beim Schopf packen.« Seine von Narben bedeckte Hand ballte sich zur Faust und schlug immer wieder leicht und rhythmisch auf die Armlehne seines Sessels.

»Aber es wird nur so kommen, wenn wir alle unser Wort halten, hab ich recht?«, fragte Ananda. »Jeder von uns muss seine Rolle spielen, Sandy. Du bist wichtig. Wenn du uns verlässt, kann es sein, dass sie wieder gewinnen.«

Sandy war völlig durcheinander. »Ich will dasselbe wie ihr«, erklärte er ihnen. »Ich möchte genauso gern zurück wie jeder von euch, möchte alles noch mal versuchen und es diesmal richtig hinkriegen. Ich will es für mich selbst, und für … für ein paar Freunde von mir, Leute, die ihr wohl kaum kennt. Aber das Blut … Ich will nicht noch mehr davon. Francie, in meinen Träumen, sie … Ich will nicht, dass man ihr was antut, hört ihr?«

»Wer ist Francie?«, fragte Morse.

»Eine von Ricks Freundinnen«, sagte Ananda. »Sie war bei ihm, als er vorhin den Hund gefunden hat.«

»Meinetwegen«, sagte Morse. »Ich werde dir beweisen, dass mir Blutvergießen genauso wenig gefällt wie dir, Blair.« Er wandte sich an Gort. »Finde dieses Mädchen. Pass auf sie auf. Bewache sie. Wenn jemand ihr was tun will, machst du den Scheißkerl alle. Kapiert?«

Gort ließ seine Knöchel knacken. »Kein Problem.«

»Toll«, sagte Sandy. »Sie haben gerade den Oberschlachter damit betraut, das Lamm zu schützen.«

»Lass mich zufrieden«, sagte Gort. »Ich hab's satt mit dir, Blair.«

»Mehr kann ich nicht tun«, sagte Morse. »Vertrau mir oder lass es, mir ist das scheißegal. Aber entscheide dich.«

»Wenn du kein Teil der Lösung bist, bist du ein Teil des Problems«, sagte Ananda. Sie hatte die Hand weggenommen. Ihre Miene war abweisend, und sie schien nur darauf zu warten, ihr Urteil über ihn fällen.

»Es nimmt seinen Lauf, Blair«, sagte Morse. »Mit dir oder ohne dich. Es wird passieren, ob es dir nun passt oder nicht. Blut wird fließen, unseres oder ihres oder auf beiden Seiten. Armageddon, Bruder. Glaub's mir. Wiederauferstehung. Du kannst dich nur entscheiden, auf welcher Seite du stehst. Leg dich fest, Blair, entweder so oder so. Was soll es sein? Wir oder sie?«

Sein Gesicht war eisern, unnachgiebig, grau, kalt. Seine Worte waren plötzliche Hammerschläge, die Sandy zurücktrieben und ihn an die Wand nagelten. Das Zimmer drehte sich. Morse, Ananda, Gort, sie sahen ihn alle an. Er zwang sich aufzustehen, mit wackligen Beinen. »Ich … ich weiß es nicht.« Er fasste sich an die Stirn. Alles war so trübe, so stickig. Er saß in der Falle und war am Ersticken. »Gebt mir eine Minute«, sagte er.

»Du hast eine Minute«, sagte Edan Morse. Gort grunzte und ließ drohend die Knöchel knacken.

»Ich brauch 'n bisschen Luft.« Sandy ging zu dem Fenster, das Gort gerade geschlossen hatte. Ihre Blicke ruhten immer noch auf ihm. Er legte die Hand flach an das Glas. Es war kalt, fast eisig. Juni, und trotzdem war das Fenster beißend kalt. Sandy hielt die Hand dagegen, und die Kälte kroch seinen Arm hoch, der Schmerz stach in seine Fingerspitzen. Hinter der dünnen Glasscheibe war Dunkelheit. Alle Augen ruhten auf ihm, auf beiden Seiten des Glases. Jenseits des Fensters lauerten ein kalter Wind und die Lichter einer schwarzen, fremden Stadt, wo unwissende Armeen immer noch bei Nacht kämpften, immer noch, immer noch, nach all diesen Jahren. Er sah die Gardisten von der Kent State ihre Gewehre heben und feuern, und die Studenten gingen zu Boden. Er sah das Napalm vom Himmel fallen. Er hörte die Parolen, starrte in die von Gasmasken bedeckten Visagen des Feindes und in seine glasigen Augen, sah die kleinen Kerzen eine nach der anderen verlöschen.

Gesichter schwebten vor ihm, nahmen aus dem Chaos Gestalt an, den Mund vor Schmerz weit offen. Gesichter aus den Zeitungen, Gesichter aus dem Fernsehen, Gesichter aus der Vergangenheit. Da war Bobby, mit ganz blutigem Kopf. Da war King, sein Traum von einer Kugel zerschmettert. Da war Nixon, und in seinen Augen sah Sandy die Widerspiegelung eines Spiels der Redskins, sah, wie sie den Gegner sperrten und angingen, während draußen Tausende unbeachtet vorbeimarschierten.

Maggie war da draußen in der Nacht, ein sanftes Lächeln auf den Lippen. Sie sagte nichts, aber ihre Augen waren traurig. Froggy war am Fenster, er grinste. »Zupf meinen magischen Twänger, Sandy«, krächzte er. »Komm schon, na los. Du kannst es, du kannst es.« Lark war da, Stirnband und spöttisches Lächeln inklusive, und er sagte: »Ich wusste schon immer, dass du's nicht bringst, Blair. Wegen solcher Waschlappen wie dir ist die Revolution gescheitert.« Bambi sah ihn feierlich an und sagte: »Du musst glauben, du musst an etwas glauben.« Und schließlich war da Slum, prunkvoll in seinem Slum-Anzug, die ganzen spießigen Krawatten zu etwas Wildem und Freiem zusammengenäht, mit seinem gewaltigen Bart, der ihm an der Brust hinabkroch, sein Lächeln stoned und freundlich. »Lass mich rein, Sandy«, sagte er mit seiner leisen, kleinlauten Stimme. »Lass mich rein, bitte. Ich will nicht tot sein. Ich will nicht unzurechnungsfähig sein. Lass mich rein.« Und er hob die Hand, und Sandy sah, dass er einen Hammer hielt.

Chaos tobte jenseits dieser Scheibe, Chaos und Aufruhr und Blut und Gefahr. Aber auf dieser Seite des Glases war nichts. Auf dieser Seite des Glases war alles abgestorben und erstickend, und Sandy bekam keine Luft zum Atmen. Da draußen war der Wind frisch und kalt, und da draußen warteten seine Freunde mit Blumen und Träumen und Hoffnung. Jenseits der Scheibe. Jenseits der Qual.

Slum hob den Hammer. Edan Morse sagte: »Deine Minute ist um, Blair.«

Sandy öffnete das Fenster.

23

Unterwegs. New York. Pittsburgh. Detroit. Cincinnati. Minneapolis. St. Louis. Houston. Kansas City. *Und die Nazgûl breiteten ihre dunklen Schwingen über das Land*, schrieb Sandy in einer Presseverlautbarung.

Unterwegs verschwammen all die Städte zu einer einzigen, Tage und Wochen und Monate verschmolzen zu einem nahtlosen, schlaflosen Ganzen. Unterwegs gab es nur billiges Essen und Fahren und Lärm und vollgestopfte Zimmer, gab es nur Motelsuiten, die immer gleich aussahen, Fernsehgeräte, die unaufhörlich liefen, ohne dass jemand hinschaute, Drogen und Schnaps und Fremde, sinnlose Diskussionen und Musik, vor allem Musik, Songs, die in den feuchten, heißen Nächten herumspukten und ohrenbetäubend durch die Konzertsäle hallten.

Unterwegs war es immer Nacht.

Unterwegs war es immer heiß. Der Juli war sengend heiß, der August war unerträglich, der Labor Day dräute finster und brachte eine Gluthitze, die Klimaanlage funktionierte nie gut genug, und auf den Feten war es immer zu voll. Aber der Bus und die Trucks rollten weiter, Sandy fuhr hinter ihnen her, Tagtraum heizte über die Straßen, die ganzen alten Songs wiederholten sich im Tapedeck und flüsterten in seinem Kopf. Eine wirre Zeit, eine irre Zeit, Monate im Karmesin glühend roter Fieberhitze.

New York war wolkenlose Hitze, New York war das Shea Stadium. Die Nazgûl hatten ihre 1971er Tour im Shea gestartet, und ins Shea kehrten sie zurück. Damals hatten sie es gefüllt, aber jetzt, so viele Jahre später, nachdem das Geheimnis um Larry Richmond in der Presse gelüftet und die Kritiken aus Chicago durchwachsen waren (*Hedgehog* hatte sie zerrissen), war das Baseballstadion nur halb voll. Trotzdem waren das fast dreißigtausend Menschen, dreißigtausend alte Fans in einer heißen Julinacht, und die Band auf dem Innenfeld sah klein aus. Es war alles genau wie in Chicago. Faxon beharrte auf den neuen Songs, und er war ihr Leader, und obwohl der Streit hinter der Bühne endlos andauerte, war letztlich er derjenige, der das Sagen hatte. Also spielten sie »Visions in the Dark«, und Maggio holte sämtliche Sounds aus seinem Instrument heraus, die drin waren, und Gopher John quälte seine Snare und die Toms mit Randschlag auf Randschlag und zerbrach einen Stick bei dem härtesten, wildesten Solo, das er seit Jahren gespielt hatte, aber Richmond sang mit seiner dünnen Stimme Lead, und die Menge blieb kühl. Und sie brachten »Wednesday's Child«, die Anlage voll aufgerissen, sodass die Marshalltürme bebten und donnerten und die feuchte Nacht von Long Island erfüllten. Aber die Nacht verschluckte Richmonds Gesang, verschluckte ihn bis zum letzten Rest und gab nichts zurück, und die Menge war müde und gleichgültig. Die Nazgûl sangen »Goin' to the Junkyard« und »Good Ol' Days« und »Sins«, und endlich gab Faxon freie Bahn. Als er die alten Songs ansagte, nickte Richmond, Maggio grinste bösartig, und Gopher John sah finster drein und legte die Einleitung von »Blood on the Sheets« vor. Und es kam so, wie Sandy erwartet hatte; wie sie es alle erwartet hatten. *Baby, you cut my heart out*, sang Richmond, aber als er bei *heart* ankam, war es nicht mehr

Richmond, es war Hobbins, Hobbins, der wieder da war, um zu singen. Die Menge bewegte sich unruhig, unsicher, und dann begann die Erregung zu wachsen. Am Schluss des Songs waren sie alle auf den Beinen, von einer Kraft erfüllt, die keiner von ihnen hätte erklären können. Sie schrien und jauchzten und tanzten in den Gängen, und die Nazgûl attackierten sie mit Sound und machten sie mit unverfälschten Emotionen fertig. Hobbins sang ein halbes Dutzend Songs, und als Zugabe brachten sie eine Fünfzehn-Minuten-Version von »What Rough Beast«, und Gopher John schleuderte seinen Stick zehn Meter hoch in die Luft, knallte ihn den Sternen gegen die Schneidezähne und fing ihn wieder.

Unterwegs war ein leerer Highway, nass und glänzend vom Regen, das Geräusch der Reifen auf glattem Asphalt, die Lichter der anderen Fahrzeuge hinter ihm verschwunden, der Tacho auf 130 zu, Ananda schlafend auf dem Sitz neben ihm. Sandy schaltete das Radio ein, fand einen Sender, der die ganze Nacht lief, aber es war Top-40-Musik, schlapp, seelenlos, kommerziell wie die Zeit. Er schaltete wieder aus und fuhr schneller. Irgendwo vor ihm in der Nacht waren West Mesa und der süße Sound der Vergangenheit.

Detroit (oder Cincinnati?) war ein die ganze Nacht geöffnetes Café, in dem er mit Gopher John Slozewski nach dem Konzert Cheeseburger hinunterschlang. Gopher John aß heißhungrig; vier Burger, drei Portionen Fritten. »Albträume«, gestand er mit schwerer, müder Stimme. »Ich träum die ganze Zeit von diesem Brand. Yeah. Die ganze verfluchte Zeit. Kinder, die verbrennen. Schreie. Sie sagen, ich hätte die Notausgänge abgeschlossen. ’Ne dreckige Lüge, Sandy, ’ne dreckige Lüge. Hätt ich nie getan.« Er lächelte. »Auf der Bühne ist es gut. Das Trommeln. Die Musik löscht die Flammen in meinem Kopf aus.«

Cincinnati (oder Minneapolis?) waren die Pop-Tarts, eine lärmende Nostalgieband nur aus Mädchen, die in weißen Shorts und rückenfreien T-Shirts den Anheizer für sie machten, einen Haufen alter Songs spielten und die Menge aufgeilten und zum Pfeifen aufpeitschten, damit die Nazgûl die Bühne stürmen und noch mehr alte Songs spielen konnten. Hinter der Bühne wurde die Fete nach dem Konzert wüst und dann gewalttätig, und Sandy trank zu viel, kippte um und wachte auf einem Stuhl wieder auf, als alles vorbei war. Maggio war als Einziger von den Nazgûl noch da. Er lag im Koma, und die dunkelhaarige Bassistin der Pop-Tarts mit den großen Brüsten lutschte betrunken an seinem schlaffen Schwanz. Der Fernseher war an. Kabel-Nachrichten; Sandy sah sie sich triefäugig an, bis ein bekanntes Gesicht erschien. Er kannte diesen Mann, dachte er, aber ihm fiel nicht ein, woher oder warum, und die Worte vom Bildschirm ergaben keinen Sinn. Maggio stöhnte und regte sich ein bisschen, und Sandy sah, dass er hart zu werden begann. Der Kommentator sprach von jemandem namens Paul Lebeque, der demnächst in Maine vor Gericht gestellt werden würde. Aber wer zum Teufel war Paul Lebeque? Maggio setzte sich auf, tätschelte der Pop-Tart den Kopf und sagte: »Gut, Baby, oh, gut.«

Unterwegs waren sie immer blau oder stoned oder geil.

St. Louis war Houston war Pittsburgh war Cincinnati. Die neuen Songs fielen durch, und die alten kamen an, die alten ließen die Menge munter werden. Und jede Nacht, wenn sie ein Stück von *Music to Wake the Dead* spielten, sang Patrick Henry Hobbins wieder mit ihnen. Aber nur bei diesen Songs. Bei dem neuen Material war es immer noch Richmond, der arme, schüchterne Plastik-Larry. Selbst wenn sie es mit Material von *Napalm*, *Hot Wind out of Mordor* oder vom Schwarzen

Album versuchten, hatten sie Richmond am Hals. Peter Faxon kämpfte wie ein Löwe, schrieb das neue Material um, stellte das Programm wieder und wieder um, vergeblich, vergeblich, vergeblich. Richmond packte es einfach nicht; sie brauchten Hobbins. Mit jedem Auftritt verschob sich die Balance ein wenig mehr. Weg mit »Sins« in Detroit, stattdessen »Survivor«; raus mit »Good Ol' Days« in St. Louis (oder Minneapolis?), eine Weile mit »Napalm Love« gespielt und ihnen am Schluss in Kansas City mit »Ash Man« Dampf gemacht. Raus mit den neuen Songs, rein mit den alten, man streitet nicht mit dem Erfolg.

Unterwegs braucht man den Applaus, das Gebrüll, die Pfiffe, die Liebe der Menschenmengen.

Unterwegs reiste Francie bei der Band mit. Sie war wieder Maggios Freundin, zumindest dem Namen nach, und während der Konzerte war sie oben auf der Bühne in seiner Nähe, wiegte sich und tanzte zur Musik, ein kleines, trauriges, leeres Lächeln auf den Lippen, die großen Augen immer noch ein bisschen verloren. Rick schien jetzt seltsam zärtlich zu ihr zu sein. Von New York bis St. Louis schlief er sich schneller denn je durch die Groupies und redete endlos von jeder neuen Eroberung. Francie nahm das alles hin, die Blowjobs und die Dreier, und wenn er umkippte oder abschlaffte, dann saß sie immer bei ihm, strich ihm über das lange, fettige Haar und lächelte ihn so gütig an wie eine Mutter ihren wilden, ungebärdigen, aber von Herzen geliebten Sohn. Sie wisse, dass sie für ihn real sei, erzählte sie Sandy einmal, während die anderen nur Träume seien, die kämen und gingen, Gesichter und Namen und Münder, die von Stadt zu Stadt wechselten. Francie war immer bei Rick. Und Gort, riesig und still, war nie weit weg von Francie.

Unterwegs war es immer Mitternacht. Auf dem letzten

Stück Interstate nach Minneapolis machte Sandy das Radio an. Die automatische Antenne fuhr mit statischem Knistern aus, und die Musik erfüllte Tagtraum. Zwischen zwei kitschigen aktuellen Hits sagte der DJ: »Und jetzt eine Sprengladung aus der Vergangenheit … oder vielleicht der Zukunft, stimmt's?«, und er spielte »Napalm Love«, die lange Version, die live mitgeschnitten, aber nie auf einem Nazgûl-Album verwendet worden war.

Und die Nazgûl breiteten ihre dunklen Schwingen über das Land, und die Stämme sammelten sich, dachte Sandy, und so war es auch. Jede Nacht sah er, wie die Menschenmengen anschwollen und brodelten und sich veränderten. Sie kamen in den mittleren Jahren und an den Rändern ein bisschen ausgefranst herbei, kamen in Designerjeans und mit Schmuck, hergelockt von ihren Erinnerungen, von den Echos der Songs, nach denen sie marschiert waren, nach denen sie gevögelt und Acid eingeworfen, bei denen sie mitgesungen und an die sie in den Sechzigern geglaubt hatten. Sie gingen irgendwie jünger hinaus, von einer fast greifbaren Energie, einer knisternden Kraft erfüllt; sie gingen lächelnd und pfeifend, hielten wieder Händchen wie Kinder, und sehr oft wirkten die Jeans hinterher ausgeblichen, billig und abgetragen und fleckig, mit aufgebügelten Blumenflicken und Friedenszeichen, um die Löcher zu überdecken. In Minneapolis (oder war es St. Louis?) zählte er zwanzig Stirnbänder, fünf gefärbte T-Shirts, eine Omabrille. Das Konzert dauerte Stunden, aber konnte menschliches Haar wirklich so schnell wachsen? Wieso wirkten dann die Haare der Frauen so lang und sauber und glatt, wenn sie herauskamen, wieso flossen sie so weit, weit herab und bewegten sich leicht im Wind, wenn sie beim Hereinkommen so zottig und gestylt und gelockt gewirkt hatten?

Unterwegs schien alles möglich, und alles war real. In St. Louis dachte Sandy, er hätte ein Gesicht wiedererkannt, das er in Pittsburgh ganz vorn gesehen hatte. In Houston war er sich sicher, bei diesem Gesicht und bei einem Dutzend weiteren. Sie folgten der Band; die dickliche Frau, die sich immer bis auf die Haut auszog und selbst zu den schnellsten Songs langsam und mit geschlossenen Augen tanzte, und der hochgewachsene, sehnige, spitzbärtige Typ, dem immer ein Joint von den Lippen baumelte, die Motorradfahrer, der altmodische Hippiehaufen, der Kerl, der so haarig wie ein Werwolf war, aber einen dreiteiligen violetten Anzug aus der Zeit König Eduards trug, die sinnliche, dunkeläugige Superfrau mit dem silberblonden Haar. Nacht für Nacht, Stadt für Stadt. In Kansas City hätte er schwören können, dass er Lark da draußen in der Menge gesehen hatte, wie er seine Faust in die Luft stieß und mit all den anderen *»He's coming!«* brüllte, ein gewaltiges Brausen – eine Prophezeiung und ein Versprechen.

Unterwegs kommen einem alle Gesichter bekannt vor.

Kansas City war Houston war St. Louis, und sie lebten und reisten und bewegten sich in ihrer eigenen verlorenen Welt, im Auge eines Rock 'n' Roll-Hurrikans, inmitten sich zusammenballender Kraft. Um St. Louis herum waren sie wieder überall im Land in den Nachrichten, die durchwachsenen Kritiken aus Chicago waren jetzt vergessen. Dan Rather sprach in den *CBS Evening News* über die Nazgûl, *Time* lieferte endlich den Titel, den sie Monate zuvor versprochen hatten, *Hedgehog* brachte einen zweiten Titel, viel besser als der erste, um einen zwanzigseitigen Artikel mit der Überschrift »Der unmögliche Comeback-Flug« groß herauszustellen, und das, obwohl Sandy keinen von Jareds Anrufen je erwiderte. Zwei Zugaben in Minneapolis (oder St. Louis?), und in Houston wollte die

Menge sie nicht von der Bühne lassen, und Hobbins tanzte und sang wie ein Besessener (was sonst?) und hetzte sie weiter und weiter, und das Material ging ihnen aus, und sie spielten trotzdem weiter, spielten »What Rough Beast« mit einer endlosen Improvisation in der Mitte, bis das »He's coming!«-Geschrei die Polizei mit heulenden Sirenen auf den Plan rief, um der Show ein Ende zu bereiten. Es gab Gebrüll, Flüche, Steinwürfe und Festnahmen, und zwei Tränengasbomben wurden geworfen, um die Menge zu zerstreuen. Die Nazgûl spielten während alledem weiter, und als die Cops von Houston schließlich Gummiknüppel zogen und eine Kampflinie formierten, griff die Menge an und überwältigte sie, während die Nazgûl »Ragin'!« anstimmten.

Und die Nazgûl breiteten ihre dunklen Schwingen über das Land, und die freien Menschen sammelten sich und erhoben ihre alten Banner voller Liebe und Freude und gerechtem Zorn, schrieb Sandy in dem Statement, das er nach dem »Polizeikrawall« von Houston an die Medien herausgab. Aber er überlegte es sich noch einmal und strich es vor der Veröffentlichung durch. Man sah bereits die ersten Anzeichen der Polarisierung. Einige texanische Politiker wollten die Band wegen Anstiftung zum Aufruhr unter Anklage gestellt sehen, in Kansas City, Denver und Albuquerque gab es Bestrebungen, die drei restlichen Konzerte zu verbieten, und ein Fernsehprediger in Alabama bezeichnete die Rockmusik als kommunistische, satanische Verschwörung. Während sie jedoch durch die Dunkelheit nach Norden brausten, um vor der Morgendämmerung da zu sein, forderte Sandy Ananda auf, das Radio einzuschalten. Sie fand einen großen Top-40-Sender in Dallas, aber sie spielten »This Black Week«, und sie ließen »Blood on the Sheets« und »Napalm Love« und »What Rough Beast« darauf folgen, eine geschlagene Stunde mit Nazgûl-Hits, einer nach dem anderen, und am Schluss sagte der DJ: »Ich möchte euch allen danken, die ihr angerufen habt. Wir spielen weiter die Nazgûl, solange ihr weiter anruft, Leute, und weiter Geld einschickt. Und denkt dran, der ganze schnöde Mammon geht an den Verteidigungsfond für die ›Achtzehn von Houston‹.« Ananda machte eine Faust, hieb auf das Armaturenbrett und jubelte mit einem frohlockenden Lachen.

Kansas City war fünfzigtausend Menschen unter den Sternen und Musik, die die halbe Nacht andauerte, Zugabe auf Zugabe auf Zugabe. Die Nazgûl fingen mit »Wednesday's Child« an – Faxon hoffte immer noch –, und später, als sie wirklich voll in Fahrt waren, brachten sie »Goin' to the Junkyard«, einfach so, auf Teufel komm raus, und die Menge war so gerührt und bereit und aufgeputscht, dass sie beides beinahe kauften, trotz Richmond, aber besonders an jenem Abend war es fast von Anfang bis Ende Patrick Henry Hobbins; er beherrschte die Bühne, beherrschte die Menge, brachte sie zum Johlen und Klatschen und Füßestampfen, ließ die Musik immer schriller und lauter werden. Draußen in diesem Menschenmeer waren alle sechs Mitglieder von American Taco, Jamie Lynchs anderer Weltklasse-Band, seit 1975 aufgelöst, aber Hobbins erspähte sie und rief sie auf die Bühne, und fast eine Stunde lang lieferten sich die beiden Bands eine Schlacht, wie sie sich in der alten Zeit bekriegt hatten, und sogar der entsetzliche Todd Oliver von den Tacos, der ein Paisley-Hemd und einen silbergrauen Zylinder statt des Silberlamé-Overalls anhatte, den er bei Glisten trug, schien sich bei der Gelegenheit zu steigern und sich daran zu erinnern, worum es beim Rock 'n' Roll ging. Der Wettstreit der Bands endete damit, dass Oliver und Hobbins über die Bühne stolzierten und ein wahnwitziges Duett sangen, während Maggio mit dem Leadgitarristen der Tacos heiße Licks tauschte. Dann verschwanden die anderen, und die Nazgûl schlossen mit einer mitreißenden, chaotischen, donnernden Version von »Prelude to Madness«.

Aber Kansas City war auch Richmond, der in seinem Hotelzimmer durchdrehte. Sandy tappte auf der Suche nach einer Cola durch den Korridor, als er den Lärm hörte. Die Tür war angelehnt; er zögerte einen Moment und machte sie auf. Richmond stand mit geballten Fäusten vor dem Fenster, sein weißes Gesicht von hysterischen Tränen gerötet. Eine Lampe war umgeworfen; sie lag auf dem Teppich, der Sockel zersprungen und der Schirm zerrissen, aber die Birne leuchtete noch und tauchte das Zimmer in unnatürlich trostloses Licht. Zu viele Schatten an all den falschen Stellen und von unten grelles Licht. Peter Faxon stand nur wenige Meter von Richmond entfernt und redete mit leiser, vernünftiger Stimme auf ihn ein. »Immer mit der Ruhe, Larry«, sagte er. »Ist schon okay. Zu viele Pillen, das ist alles.«

»Ich nehm keine Pillen«, sagte Richmond schrill. Seine Augen, blass vor Angst, fanden Sandy. »Gar keine«, beharrte er.

»Du hast mitten im ersten Set eine ganze Handvoll genommen«, sagte Faxon. »Deshalb bist du jetzt so ausgerastet.« Er hob die Hände, die Handflächen nach außen, in einer Geste, die »nur ruhig, nur ruhig, nur ruhig« bedeutete.

»Nein«, sagte Richmond, gereizt wie ein kleines Kind. »Nein, nein, nein, nein, nein. Keine! Ich nehm keine … nehm keine …«

»Sag du's ihm«, wandte sich Faxon an Sandy.

Sandy nickte langsam. »Aufputscher, denke ich.«

Larry Richmond schrie auf und trat so fest er konnte gegen

die umgefallene Lampe. Sie wirbelte herum, und die Schatten verschoben sich auf Übelkeit erregende Weise. Dann brach Richmond schluchzend auf der Couch zusammen. »Ich erinnere mich nicht«, sagte er laut. »Ich erinnere mich nicht daran, ich erinnere mich an gar nichts. Was geht mit mir vor, was geht da vor?«

»Hilf mir mal«, sagte Faxon. Er und Sandy legten den Jungen ausgestreckt auf die Couch, deckten ihn mit einer Decke zu und versuchten, ihn zu beruhigen. »Das ist der Stress«, sagte Faxon im gelassenen Ton von jemandem, der sich auskennt. »Du hast ganz schön unter Stress gestanden. Die Fahrerei, die Shows. Du bist das nicht gewöhnt. Zum Teufel, keiner von uns gewöhnt sich je dran. Schau dir an, was mit Rick und John los ist. John isst zu viel und trinkt zu viel. Rick fährt auf Drogen ab. Vielleicht hast du einen Nervenzusammenbruch. Na, und wenn schon. Da kommst du durch. Nur noch zwei Shows, dann können wir uns alle ganz lange ausruhen. Nach West Mesa nehmen wir eine neue Scheibe auf, gehen nach Hause und schlafen ein Jahr. Mach dir darum keine Sorgen. Hörst du? Mach dir keine Sorgen.« Er lächelte gezwungen. »Und außerdem singst du jede verdammte Nacht besser.«

Faxons Worte schienen Richmonds Angst die Spitze zu nehmen, und bei der letzten Bemerkung lächelte der Junge tatsächlich ein bisschen. »Stimmt das?«, fragte er. »Ohne Scheiß?«

»Ohne Scheiß«, sagte Faxon.

Aber kurz darauf, als sie die Tür hinter sich zumachten und zusammen auf dem Flur standen, wandte sich Faxon zu Sandy um und sagte in weitaus weniger fröhlichem Tonfall: »Glaubst du wirklich was von den schönen Sachen, die ich ihm eben da drin erzählt hab?«

»Wieso?«

»Ich nicht«, sagte Faxon. »Komm mit. Ich will mit dir reden.«

Sie gingen in Faxons Zimmer, und Faxon holte zwei Bier aus dem Kühlschrank, machte sie auf und setzte sich mit grimmiger Miene hin. »Du weißt, warum er ausgeflippt ist?«

»Ich kann's mir denken«, sagte Sandy.

»Jemand hat American Taco erwähnt und wie spitzenmäßig die ganze Sache gewesen sei. Richmond erinnerte sich an nichts. Kein Stück. Er wusste nicht mal, dass die Tacos heute Abend im Publikum waren, geschweige denn dass wir mit ihnen gejammt haben. Er erinnert sich bei jeder gottverdammten Show an weniger, aber bis jetzt hat er sich selbst belogen. Er erinnert sich an weniger, aber er klingt besser. Wieso das, möchte ich wissen?«

»Was fragst du mich das?«, sagte Sandy.

Faxons grüne Augen funkelten durchdringend. »Weil ich denke, dass du verdammt viel mehr weißt, als du zugibst. Lass den Quatsch, Sandy. Für solche Spielchen sind wir beide zu klug. Du bist ein Teil von dem allem. Ich weiß nicht, wie oder warum, aber du bist es. Für mich hat alles angefangen, als wir zusammen im ›Fliegenden Auge‹ aufgestiegen sind und du eine Unmenge Erinnerungen und Gefühle ans Tageslicht gebracht hast, die ich vor langer Zeit begraben hatte. Also spiel mir nicht den Unschuldigen. Erzähl mir, was hier vorgeht, verflucht.«

»Du würdest es nicht glauben, wenn ich's täte.«

Peter Faxon lachte. »Versuch's nur. Im Moment würde ich alles glauben. Du stehst nicht Abend für Abend auf der Bühne. Aber ich. Ich kann es fühlen, sehen und hören. Manchmal ...« Er zögerte, trank einen Schluck aus seiner Bierflasche und runzelte die Stirn. »Ich schwöre, mich beschleichen da oben die sonderbarsten Gefühle. Kürzlich in St. Louis hab ich gespielt, war völlig in der Musik aufgegangen und hab nicht groß auf die Leute geachtet, und dann habe ich aufgeblickt … es war mitten in ›Prelude to Madness‹, glaube ich … und der ganze verdammte Saal war voller Kerzen. Tausende von Kerzen da draußen im Dunkeln. Es war, als wäre ich um fünfzehn Jahre in der Zeit zurückversetzt worden. Dann hab ich geblinzelt, und sie waren weg.« Er schüttelte den Kopf. »Manchmal wird mir auch schrecklich kalt. Dann muss ich aufpassen, dass mir nicht die Zähne klappern. Meistens dann, wenn ich rüberschaue und Pat dort sehe, wie er singt. Pat! Nicht Richmond. Ja, sie sehen gleich aus, aber ich kannte Pat Hobbins besser als seine eigene Mutter, und glaub mir, ich erkenne den Unterschied.« Er zögerte, trank noch etwas Bier. »Es ist Pat, nicht wahr?«, fragte er, den Kopf geneigt.

»Das musst du wissen«, erwiderte Sandy. »Du hast die Musik geschrieben.«

»Die Musik?«

»*Music to Wake the Dead*«, sagte Sandy.

»Verrückt«, murmelte Faxon. »So was gibt's doch nicht.«

»Das gibt's«, sagte Sandy. »Mach dir nichts vor. Du glaubst es genauso wie ich. Larry Richmond erinnert sich nicht an die Konzerte, weil er die meiste Zeit nicht da ist.«

»Pat«, flüsterte Faxon. »Ich hab's gewusst. Ich konnte es spüren.«

Sandy schwieg.

»Es muss … ich weiß nicht … psychologisch sein, stimmt's? Gespaltene Persönlichkeit. Ich hab von so was gehört. Ein Schauspieler, der so oft dieselbe Rolle spielt, dass er ausrastet und zu glauben beginnt, er wäre die Figur, die er spielt. Das muss es sein. In Richmonds Körper stecken zwei Menschen – der Junge und dieser Pseudo-Hobbins. Auf der Bühne bringt's der Junge nicht, also übernimmt Hobbins.«

»Plausibel«, sagte Sandy. »Glaub es, wenn du willst. Du und ich, wir wissen beide, dass es nicht so ist.«

»Und was ist die Alternative?«, fauchte Faxon. »Besessenheit? Besessenheit von jenseits des Grabes?«

Sandy fühlte sich plötzlich sehr müde. Das Bier stieß ihm sauer auf. Er nickte erschöpft.

»Unmöglich«, sagte Faxon. »Das glaube ich einfach nicht.«

»Du *kannst* es nicht glauben«, sagte Sandy.

»Wieso?«

»Weil du ein anständiger Kerl bist, Peter, und wenn du es glauben würdest, müsstest du dem ein Ende machen, nicht wahr? Du hast es in Chicago gesagt, hinter der Bühne, als es zum ersten Mal passiert ist – du willst doch nicht, dass es aufhört. Oder doch?«

Peter Faxon wandte stirnrunzelnd den Blick ab.

»Oder doch?«, beharrte Sandy.

Faxons Kopf fuhr herum. »Nein«, sagte er mit verkniffenem Mund. »Nein.« Er schnitt eine Grimasse. »Himmel. Was sage ich da?«

»Die Wahrheit. Die du Richmond vorenthalten hast, nicht wahr? Wozu ihn anlügen? Wozu die scheinheilige Beschwichtigung? Außer du wolltest, dass es weitergeht.«

Faxon starrte jetzt zu Boden. In seinen Augen lag etwas Gehetztes, Erschrecktes. »Es ist nicht bloß der Sound, Sandy, nicht bloß die Musik. Es ist Pat. Er war ... er war mein Bruder, mein bester Freund, eine andere Seite von mir selbst ... Manchmal hab ich ihn gehasst, aber ich hab ihn auch geliebt. Wenn ich ihn da oben sehe, nur ein paar Schritte entfernt, dann zerreißt es mich. Ich will zu ihm hingehen, ihn in die Arme nehmen, mit ihm reden. Ich will, dass er zurückkommt. Ja. Aber er entschwindet. Jedes Mal, wenn die Show vorbei ist, entschwindet er, und es ist wieder Richmond.« Er blickte auf und sah Sandy in die Augen. »Aber nicht nach West Mesa, stimmt's? Das ist es, worauf wir alle zusteuern. Morse, du, ich. West Mesa und … und …«

»Der ›Armageddon Rag‹«, sagte Sandy leise.

Peter Faxon nickte. »Mach, dass du rauskommst, Blair«, sagte er. »Ich muss mal 'ne Weile mit mir allein sein. Mach, dass du rauskommst, zum Teufel.«

Sandy stand auf und ging zur Tür. Er verstand ganz genau, was Faxon durchmachte. Aber als seine Hand auf dem Türgriff lag, hielt Faxon ihn auf. »Noch eine Frage.«

»Ja?«, sagte Sandy.

»Ich weiß, warum ich dem kein Ende mache. Ich will Pat zurück. Kann sein, dass ich mich selbst verurteile, indem ich das sage, aber mir ist Pat mehr wert als ein Dutzend Larry Richmonds. Aber was ist mit dir, Blair? Warum machst du mit?«

Das war eine Frage, die so spät in der Nacht, so kurz vor der Schlussnummer schwer zu beantworten war. »Du bist nicht der Einzige, der ein Gespenst liebt«, sagte Sandy.

Peter Faxon nickte und schaute weg, und Sandy ging hinaus. Aber draußen auf dem Flur, als die Tür hinter ihm ins Schloss fiel, schienen seine Abschiedsworte über dem nahen Summen der Eismaschine und des Cola-Automaten hohl widerzuhallen. Falsch, dachte Sandy dumpf, falsch, falsch, falsch. Denn schließlich waren seine Gespenster nicht tot, sie hatten sich nur verändert, und vielleicht schmerzte es deshalb umso mehr, aber trotzdem machte es irgendwie einen Unterschied.

Zurück in seinem Zimmer weckte er Ananda, und sie sah ihn an und lächelte und küsste ihn, und sie schliefen schnell und heftig miteinander. Aus ihrem Körper zog Sandy seine Beruhigung, in ihren Armen fand er Trost.

Unterwegs war Ananda immer nah bei ihm, und aufgrund ihrer Nähe war es in Ordnung.

Unterwegs ist kein Platz für Zweifel.

24

Lange bevor die Nazgûl Denver erreichten, waren die Menschenmassen da. Das Konzert war einen Monat vorher ausverkauft, aber das hielt sie nicht ab. Sie kamen mit Wohnmobilen und Wohnwagen, mit brandneuen Porsches und ramponierten alten Käfern, mit Pick-ups und kleinen Lieferwagen und hellgrünen Schulbussen. Sie kamen zu Hunderten und Tausenden und strömten in den Red Rocks Park im Vorgebirge westlich der Stadt, dicht bei den Bergen. Sie kampierten in den Bergen, in den Hügeln, im Amphitheater selbst, schliefen in ihren Fahrzeugen, in Schlafsäcken, in Jurten und Zelten und Tipis, alle illegal aufgebaut. Sie versammelten sich um illegale Lagerfeuer, spielten Gitarre, ließen illegale Joints kreisen und sangen die alten Songs, ignorierten Parkaufseher, Polizei und die Sicherheitstruppe für das Konzert gleichermaßen.

Eine Woche vor der Show quollen die Zeitungen von Empörung und Skandalgeschrei über. Man sprach davon, eine Armee von Cops zu schicken, um die illegalen Camper zu vertreiben, manche riefen nach der Nationalgarde; man zog ernsthaft in Erwägung, das Konzert abzusagen, zu verbieten oder zu verlegen. Das Amphitheater war ein prachtvoller Ort, ein Stadion aus blassem, zinnoberrotem Gestein, eine Reihe ansteigender Sitze nach der anderen aus dem Berg gehauen, auf drei Seiten von verwitterten Felswänden und hohen Felssäulen ummauert, aber nach Osten hin niedrig, sodass hinter der Bühne in der Ferne die Lichter von Denver leuchteten … Trotzdem, obwohl neuntausend Zuschauer darin Platz fanden, war es bei Weitem zu klein für die Horden, die nach Denver gezogen waren, um die wiederauferstandenen Nazgûl zu hören. Red Rocks würde zerstört werden, behaupteten diejenigen, die die Show unterbunden haben wollten; ein größerer Krawall wurde vorhergesagt.

Edan Morse bemühte sich mithilfe kühlerer Köpfe bei den örtlichen Behörden, die sich an das Beispiel von Houston erinnerten, die Lage zu entschärfen. Er bat um die Genehmigung, überall in der Umgebung im Park Lautsprechertürme aufstellen zu dürfen, sodass man die Show draußen hören konnte. Die Genehmigung wurde ihm erteilt. Er verdoppelte die Stärke seiner Sicherheitstruppe, verdoppelte sie noch einmal und ließ sie schließlich auf fast tausend Mann anwachsen. Die Behörden zogen mit; Morse versammelte eine kleine Privatarmee. Er unterzeichnete eine verbindliche Zusage, in der die Nazgûl für alle Schäden verantwortlich gemacht wurden, und erklärte sich einverstanden, die gewaltigen Rechnungen für die Aufräumungsarbeiten hinterher zu bezahlen.

Sandy wiederum gab die letzte Presseankündigung heraus. Das West-Mesa-Konzert würde, so Morse, völlig umsonst sein. Nur zehn Tage vorher versprach es genug Platz für alle, guten Sound und einen freien Blick auf die Band. Geht nach Albuquerque, erklärte ihnen Morse, und Tausende folgten seiner Aufforderung. Die anderen blieben. Am Tag des Konzerts schätzte die Polizei, dass es dreißigtausend waren.

Sandy und Ananda machten sich vier Stunden vorher auf den Weg und hatten trotzdem Probleme, zum Auftrittsort zu gelangen. Die Straßen waren verstopft, und alles kroch in dieselbe Richtung. Stecken gebliebene oder geparkte Wagen säumten die Seitenstreifen. Fünf Kilometer von dem Gelände entfernt wurde das Verkehrschaos so groß, dass die Straße unpassierbar war, und sie mussten Tagtraum stehen lassen. Sandy fand einen Platz, wo er ihn abstellen konnte, und sie gingen den Rest des Weges zu Fuß, beide Teil eines Menschenstroms, der die Straße entlangschwemmte. Das Chaos war erfüllt von einem merkwürdigen Leichtsinn, einem unbestimmten Gefühl von Freude, von Ferien. Jeder wirkte freundlich. Es wurden reichlich Sechserpacks angebrochen und Dosen an jeden weitergegeben, der durstig aussah. Fremde redeten begeistert miteinander, rauchten gemeinsam Joints und wurden in null Komma nichts zu Freunden. Frisbees segelten durch die Luft des Spätnachmittags.

Näher beim Amphitheater wurde die Menschenmenge dichter und die Stimmung gereizter. Die Straße verengte sich, die Felsen erhoben sich so rot wie verheißen um sie her, die Wanderer wurden dichter zusammengedrängt, und die Gemüter erhitzten sich. Immer noch strömten sie weiter, bis die Menge ein Eigenleben entwickelte. Sandy hätte nicht kehrtmachen können, selbst wenn er es gewollt hätte. Vorne, dicht beim Eingang zum Theater selbst, ballte sich eine kompakte Masse, die vor Frustration und Enttäuschung und mehr als nur ein wenig Klaustrophobie schäumte. Die Besitzer von Eintrittskarten versuchten fluchend, sich nach vorne zu drängeln; andere drängelten zurück.

Sandy entdeckte jemanden von Morse' Sicherheitstruppe, eine große blonde Frau mit einem karmesinroten Armband, auf dem ein schwarzes Nazgûl-Emblem prangte. »Karten«, rief sie. »Karten. Karten mitkommen.« Sie hatte etwas in der Hand, das wie ein abgesägter Baseballschläger aussah, und bahnte sich damit geschickt einen Weg durch das Gedränge.

Drei oder vier schwitzende, grinsende Kartenbesitzer zottelten in ihrem Kielwasser hinterdrein.

»Hier«, rief Ananda, als die Frau in ihre Nähe kam. Sie nickten sich zum Zeichen des Wiedererkennens zu, und sie und Sandy drängten sich an die Seite der Frau durch und wurden zum Tor eskortiert.

Sie waren in Sichtweite der Absperrung, als ein hochgewachsener, dicker Schwarzer in einem Dashiki Ananda laut etwas zurief. »He, Babe«, brüllte er mit undeutlicher, betrunkener Stimme. »He, Mama, hilf mir weiter. Bring mich rein, Schwester.« Ananda ignorierte ihn; sie versuchten sich vorbeizudrängen, aber es ging nur langsam voran. Der Mann schob sich neben sie. »He, Tittie«, sagte er, »ich mach's dir besser als der Weiße da.« Sandy, eingekeilt, musste hilflos zusehen, wie der Mann einen dicken, fleischigen Arm um Ananda legte und grob eine ihrer Brüste drückte. »He, Mama, sei nett zu mir, ich werd ...«

Er beendete den Satz nicht mehr. Ananda bewegte sich, bewegte sich schnell, eine geschickte halbe Drehung, mit der sie sich aus seinem Griff befreite, und dann ein harter Schlag aufwärts, ihr Arm ein Kolben, die Handfläche offen. Sie zertrümmerte ihm die Nase mit der Handkante, und eine dünne Blutspur rann aus einem Nasenloch herab. Dann brach er zusammen oder machte jedenfalls Anstalten dazu ... Die Menge stand auf allen Seiten so dicht gedrängt, dass er kaum Platz genug hatte, um in sich zusammenzusacken, aber sein blutverschmiertes Gesicht und der plötzlich starre Blick veranlassten seinen Nachbarn, sich von ihm wegzuschieben, und Zentimeter für Zentimeter verschwand der schwere Körper in Grün und Schwarz, sank auf den harten, staubigen Boden.

Die Sicherungslinie bestand aus mindestens zwanzig von

Morse' Leuten mit den leuchtend roten Armbändern. Mirrors befehligte sie; seine verspiegelte Sonnenbrille warf die Strahlen einer Zwillingssonne zurück. Ananda deutete mit dem Daumen auf den Mann, den sie gefällt hatte. »Schafft ihn hier raus«, sagte sie.

»Wir kümmern uns drum«, versprach Mirrors.

Sie passierten die Linie und traten an den Rand des Amphitheaters. Selbst hier war es voll, aber zumindest hatte man Platz zum Atmen. »Himmel«, sagte Sandy und warf einen Blick zurück, »was hast du mit dem gemacht, Ananda?«

»Ihm die dreckige Schweinsnase gebrochen«, sagte sie.

»Die Nase«, wiederholte Sandy wie betäubt. Er erinnerte sich an den flüchtigen Eindruck, den er von dem raschen, sicheren Schlag gehabt hatte. Die gestreckte Hand. Das Knirschen beim Auftreffen. Das Blutrinnsal. »Wie er zu Boden gegangen ist«, sagte Sandy. »Ich meine, er hat nicht mal einen Laut von sich gegeben …«

»Mirrors wird sich drum kümmern.«

»Mit so einem Schlag könntest du jemand töten«, sagte Sandy.

Ananda sah ihn unschuldig an. »Ach? Tja, er hat angefangen, stimmt's? Keiner grabscht mich an, wenn ich nicht angegrabscht werden will.« Sie lächelte und nahm Sandys Hand. »Und du bist der Einzige, von dem ich mich im Moment angrabschen lassen will. Ende der Diskussion. Komm.«

Red Rocks war rammelvoll mit menschlichen Leibern. Selbst die Gänge waren gefüllt, und überall auf den hohen Felsen ringsum saßen und kletterten Leute. Ganz vorn war ein kleiner Bereich mit Seilen abgetrennt, und ein weiterer Haufen von Sicherheitsleuten hielt ihn frei. Sandy sah Gort zwischen ihnen, sein sonnenverbrannter, rasierter Schädel ragte über allen anderen auf. Sie stiegen hinab und versuchten, nicht auf jemand zu treten. Gort grunzte ihnen etwas zu und hob Ananda über das Seil. »Verdammtes Irrenhaus, was?«, fragte er.

»Wart erst mal bis West Mesa«, erklärte ihm Sandy.

Maggio war da, lief auf und ab und plapperte aufgeregt vor sich hin. Als er Sandy sah, kam er herüber. »He, Mann, das ist irre. Was meinst du? So 'ne Anziehungskraft hatten wir nicht mal 71. Scheiße, nee. Das wird 'ne absolut tierische Show, da kannst du einen drauf lassen.« Er lachte.

»Tatsächlich?«, fragte Sandy. Er hatte andere Dinge im Kopf. Den großen Mann, der schweigend zu Boden fiel, die leuchtenden Farben des Dashiki, die im Menschenmeer untergingen. Das Blut aus seiner zerschmetterten Nase. Anandas Hand in seiner; die langen, kräftigen Finger, die bis zum Nagelfleisch geschnittenen Nägel, den vertrauten, am Rand des kleinen Fingers und der Handfläche entlanglaufenden Schwielenwulst. Er war beunruhigt.

»Ja, verflucht«, sagte Maggio. »Reynard wird 'n paar ausgeflippte Sachen mit dem Licht machen, Mann. Feuerwerk und so 'n Scheiß, nach da drüben raus.« Er stieß einen Finger Richtung Denver. »Und die Musik, Mann. Wird heute Nacht 'ne geschlossene Sache. Keine schwachen Nummern, Baby, da kannst du einen drauf lassen.«

Das erregte Sandys Aufmerksamkeit. »Was? Was meinst du?«

Maggio grinste. »Noch nichts mitgekriegt, Mann? Der große Boss hat sich endlich den Dreck aus den Ohren gepult und auf mich gehört. Nichts von diesem neuen Mist mehr.«

»Und das ist nicht alles«, sagte Edan Morse. »Heute Abend werden die Nazgûl den Rag bringen. Stimmt's, Rick?«

»Du hast's erfasst.« Er streckte den Arm aus. »Schlag ein, Mann.«

»Ich … Nein«, sagte Morse. Er hob die Hände. Sie waren beide verbunden.

»Scheiß drauf«, sagte Maggio. Er entdeckte Francie, drehte sich um und stürzte davon.

Sandy starrte Morse an. In den letzten zwei Wochen hatte er am Telefon häufig mit ihm gesprochen, aber jetzt sah er ihn seit Chicago zum ersten Mal. Bis auf die Stimme hätte er ihn nicht wiedererkannt. Morse sah verheerend aus. Die Augen waren ein einziges besessenes Funkeln, tief in die Höhlen gesunken in einem Gesicht, das nichts außer straff über vorspringende Knochen gespannte Haut war. Er trug ein helles Gazehemd aus Baumwolle, das den leichenhaften Zustand seines Körpers in keiner Weise verbarg. Sein Bart war wirr und struppig geworden, aber die Haare schienen ihm auszufallen. Um den Hals hatte er ein Dutzend schwerer Anhänger und Ketten, und ihr Gewicht schien fast zu viel für ihn zu sein. Morse beugte sich herüber und küsste Ananda, lächelte schief und setzte sich neben sie.

»Was zum Teufel ist mit Ihnen los?«, platzte Sandy heraus.

»Nichts«, sagte Morse. »Ich hab alles unter Kontrolle.«

»Sie sehen aus, als sollten Sie eigentlich im Krankenhaus sein. Warum sind Sie überhaupt hier? Sie haben sich doch noch nie die Mühe gemacht, zu einem Konzert zu kommen.«

»Heute Abend ist es was anderes«, sagte Morse.

»Wieso?«, fragte Sandy. »Was ist …«

»Du wirst schon sehen«, sagte Morse. Seine Stimme war angespannt. Er beugte sich zu Ananda hinüber und sprach in leisem, vertraulichem Ton mit ihr.

Sandy richtete den Blick auf die leere Bühne, die wartenden Instrumente und, jenseits davon, Denver. Irgendwo da unten war Slum, dachte er, eingesperrt in einem Haus, das zu einem

Gefängnis geworden war, eingesperrt im Käfig seiner eigenen Hoffnungslosigkeit. Sandy merkte, wie er zu phantasieren begann. Er sah sich die Bühne erklimmen und eine lange, flammende Rede ins offene Mikrofon halten, und sie kamen alle zusammen, um ihm zu folgen, alle dreißigtausend, sie jubelten und pfiffen und sangen, marschierten hinter ihm durch die Straßen zu Fort Byrne, überwältigten Butcher und seine Schusswaffen und seine Hunde. Slum kam heraus, um sich ihnen anzuschließen, und er veränderte sich mit jedem Schritt, den er tat. Sein Gesicht wurde voll, sein Haar wuchs, seine Kleidung löste sich auf, bildete sich neu und erblühte in hundert leuchtenden Farben, und als er Sandy umarmte, war er wieder unversehrt und jung und stark.

Sandy schob den Traum beiseite und drückte den Zeitknopf an seiner Uhr. Eine Stunde bis zum Auftritt, besagte die Anzeige.

Eineinhalb Stunden später hatten die Schatten des Spätnachmittags merklich länger zu werden begonnen, und das Amphitheater war zum Bersten voll und unruhig. Jemand fing an zu klatschen. »Jetzt geht's los«, rief er. Andere stimmten mit ein. »Jetzt – geht's – LOS, jetzt – geht's – LOS, jetzt – geht's – LOS.« Klatsch klatsch KLATSCH. »Jetzt – geht's – LOS!« Sie klatschten und skandierten zehn Minuten lang mit wachsender Lautstärke, bis Sandy erkannte, dass der Ruf auch jenseits der Sitzreihen aufgegriffen worden war, dass sie es auch im Park und die ganze Straße entlang riefen.

Das Gestein ringsum war im Licht des Sonnenuntergangs von lebhaftem, leuchtendem Rot, und die ungeduldigen, skandierenden Gesichter waren ebenso rot. Die Lichter von Denver gingen allmählich an, und der Horizont weit weg im Osten war ein Band aus blauschwarzer Dunkelheit. »Jetzt –

geht's – LOS. Jetzt – geht's – LOS. Jetzt – geht's – LOS. Jetzt – geht's – LOS.« Der Berg selbst schien im Rhythmus des Klatschens zu vibrieren. So ging es immer weiter, mindestens noch zwanzig Minuten; es steigerte sich und steigerte sich, bis es unmöglich schien, dass es noch lauter wurde. Mittlerweile war Denver ein Netz aus Lichtern im Osten, eine gewaltige Fläche von Sternen, die eingefangen und gezähmt und geordnet und gegen die vordringende Schwärze ausgerichtet waren. Die Berge im Westen waren hoch aufragende schwarze Zähne mit blutrot umrissenen und von der Glut des Sonnenuntergangs übergossenen Spitzen, über denen sich Wolken ballten, eine drohende Wand aus schäumendem Schwarz und Scharlachrot; Sandy gefiel der Anblick gar nicht.

»Jetzt – geht's – LOS. Jetzt – geht's – LOS. Jetzt – geht's – LOS. Jetzt – geht's … oohhhhhh!«

Das Pfeifen der Feuerwerksrakete schnitt durch den Tumult; sie explodierte weit im Osten, und ein Feuerrad aus Rot und Orange drehte sich vor der Nacht und verwandelte den Singsang in einen Seufzer der Begeisterung und Ehrfurcht. Weitere Feuerwerksraketen folgten, eine, zwei, drei, vier; das Krachen sprengte den Rhythmus des Klatschens, brach ihn und zerstreute ihn. Das Feuerwerk erhellte die Nacht. Alle Augen richteten sich nach oben. Zwischen den verblassenden, dahinwehenden Funkenschauern schoss plötzlich ein Phönix im Blickfeld auf, ein brennender gelber Phönix mit Schwingen gewaltiger als die Stadt unter ihm und Augen wie heißen roten Kohlen.

»DIES IST DIE STUNDE«, dröhnte es aus der PA.

Sie waren auf die Bühne gekommen, während die Menge nach oben starrte; jetzt standen sie dort schweigend und still wie Schatten, nur undeutlich sichtbar im Halbdunkel, und hielten ihre Instrumente.

»DIES IST DER TAG«, drang es aus der PA.

Ein paar Scheinwerfer gingen an; dunkelrotes Licht, das sie von unten anstrahlte, das die Bühne in einen trüben scharlachroten Teich verwandelte.

»DIES IST DAS JAHR«, prophezeite die PA.

Eine weitere Feuerwerksrakete stieg kreischend empor, näher und lauter als die anderen, zerplatzte über der Menge und spannte einen strahlend weißen Schirm auf, der ganz kurz so hell aufflammte, dass er die Dunkelheit vollkommen hinwegfegte. Von Westen ertönte das tiefe Grollen des sich zusammenbrauenden Unwetters.

»DER NAZGÛL«, schrie die PA, und tausend Leute schrien mit, dann fünftausend, und dann immer mehr, als sich die Erregung wie eine Welle nach außen fortpflanzte und über den Rand des Amphitheaters hinweg und durch den dunklen Park dahinter flutete. Und dann gingen sämtliche Bühnenscheinwerfer auf einmal an, ein blendendes Auflodern von Licht in einem Dutzend verschiedener Farben, und Drums, Bass und Gitarre erklangen alle zusammen, ein gewaltiger Hammerschlag aus Musik, der in die Menge, an die Berge und gegen das Unwetter hinauskrachte. Mit glänzendem weißen Haar, in einem schwarzen, das Licht verschlingenden Jeansanzug sang Patrick Henry Hobbins:

Hey baby, what's that in the skyyyy?!

Und dort oben war etwas, eine silberne Gestalt, die wie ein Messer glitzernd durch die Dunkelheit schnitt; dahinter breitete sich ein wogender Vorhang aus Feuer aus, eine flammende Aurora, die Denver verhüllte. Eine Handvoll Leute zuckten vor ihrem wilden Zorn zurück, aber der Rest schrie, pfiff und flippte aus. Maggio knurrte jetzt mit heiserer und lasziver Stimme zu Hobbins zurück.

It's looooooove!

Und die Musik sengte von der Bühne, leise Anklänge an etwas Martialisches, das übertrieben und verzerrt und zu neuer Gestalt verformt wurde, die Leadgitarre so heiß wie das gelierte Benzin, das sie beschwor, der Bass erfüllt vom tiefen Brummen der näher kommenden Bomber, der Sound vor dem knisternden Hintergrund des weidwunden roten Himmels zu Rauch und Feuer geworden. Hobbins' Stimme war purer heißer, verschwitzter Sex, und als er den Refrain anstimmte, sang die Menge mit ihm:

Oooooh, napalm! Oooooh my napalm love!

Und dann stand er wieder allein da, aber seine Stimme schallte meilenweit.

Yeah, it's hot because I love ya!
Oh, it burns because we love ya!

Von einer Erregung erfüllt, für die er keine Worte hatte, einer Erregung, die über die Musik hinausging, beugte sich Sandy zu Ananda hinüber. »Es ist Hobbins!«, rief er ihr ins Ohr, brüllte, um gehört zu werden. Sie nickte ihm geistesabwesend zu. Sie begreift es nicht, dachte er: »Napalm Love« war von *Napalm*, nicht von *Music to Wake the Dead*. Es hätte Larry Richmond sein müssen. Aber er war es nicht. Heute Abend war es Hobbins, von Anfang an.

Von Anfang an und bis zum Schluss.

Als der Song vorbei war, lächelte Hobbins und fragte: »Bluten euch schon die Ohren?«

»NEIIIIN!«, schrien Tausende von Stimmen zurück.

»Dann müssen wir wohl *lauter* spielen«, sagte Hobbins, und er führte sie in »This Black Week«. Das Feuerwerk verschleierte und peitschte den Himmel hinter ihm blau, dann grün, dann rot, eine andere Farbe für jede Strophe des Songs, das Bühnenlicht änderte sich zusammen mit der Pyrotechnik, und die Musik änderte sich auch. Als er zum Schwarzen Sonntag kam, sang das Amphitheater mit, wiegte sich hin und her, klatschte in seine zahllosen Hände. Edan Morse schlug mit einer verbundenen Hand leicht den Takt auf seinem Knie, die Augen geschlossen. Selbst Gort, der mit finsterer Miene am Fuß der Bühne stand, bewegte sich leicht zur Musik.

Der erste Set war ein Hit nach dem anderen, die ganzen alten Songs von den alten Alben, den ersten vier Alben. Sie brachten »Elf Rock« und »Cold Black Water« von *Hot Wind out of Mordor*, »Crazy Cara« von *Nazgûl* und »Jackhammer Blues«, »Poison Henry« und »Schuylkill River« vom Schwarzen Album, und sie hörten mit der langen, langen Version von »Makin' War!« von *Napalm* auf. Maggio fing Feuer und ging mit seiner kreischenden Telecaster hinauf in die Sitzreihen, während das Publikum das Echo der Band war. *»Makin' war«*, sangen sie, *»Makin' war, makin' war, makin' war, war, WAR!«*, aber es war eine Art von Liebe, was sie da machten, es war reine Leidenschaft, und als Maggio schließlich die endlose Improvisation abbrach, war er schweißdurchnässt. Faxons Ricky und Hobbins Gibson geleiteten ihn auf die Bühne und zur Schlussstrophe zurück, Gopher John beendete den Song mit ein paar Riffs, die den Eindruck machten, als wollte er die

Felle seiner Drums durchspielen, und Red Rocks kam schreiend auf die Füße, und der Applaus war ein langer, rollender Donner.

Doch als er erstarb, wie es jeder Donner tut, folgte ein anderes, tieferes Grollen. Sandy drehte sich mit gerecktem Hals um und sah das Gewitter, näher jetzt, schwarz und drohend. In der Ferne zuckten Blitze vor den Bergen. Der Horizont war eine ungeheure tintenschwarze Wand, die im Begriff stand, auf sie zu stürzen. Vor Sandys Augen leuchteten die Wolken von innen her auf.

Die Menschen waren auf den Beinen, streckten sich und vertraten sich während der kurzen Pause die Beine. Sandy stand auf, als Gort auf sie zukam. »Faxon will das zweite Set kürzen«, berichtete er.

Morse sah bestürzt aus. »Was? Warum?«

Der große Mann reckte einen riesigen Daumen nach Westen. »Er hat Angst vor dem Gewitter.«

»Nein«, sagte Morse aufgeregt. »Nein, auf keinen Fall. Sie müssen die Show zu Ende spielen. Sie müssen … sie müssen …« Er taumelte, und sein Gesicht wurde blass. »Schwindlig«, murmelte er. »Ich muss mich setzen.« Er brach fast auf seinem Sitz zusammen.

»Ich rede mit ihm«, sagte Ananda forsch. Sie folgte Gort durch das Gewühl. Sandy eilte ihnen nach, aber nicht schnell genug. Die Diskussion war bereits in vollem Gange, als er sie einholte.

»NEIN!«, rief Faxon. »Auf keinen Fall! Seid ihr verrückt oder was?« Er deutete mit dem Finger. »Dieses Unwetter wird jeden Moment über uns sein.«

»Was ist schon ein bisschen Regen?«, sagte Ananda. »In Woodstock haben sie auch im Regen gespielt, stimmt's?«

»Regen? Machst du Witze? Schau dir das an! Ich hab während des ganzen Sets da rübergestarrt, und das wird nicht bloß so ein Nieselregen, ’Nanda. Das ist ein Oberliga-Gewitter da draußen. Blitze und elektrische Instrumente passen nicht zusammen.«

»Hast du Schiss, großer Boss?«, warf Maggio von der Seite ein. »Ich nicht. Ich spiele.«

Faxon wirkte beunruhigt und in die Defensive gedrängt, aber so leicht gab er nicht auf. Dann schob sich Hobbins durch einen Haufen Roadies. »Wir machen weiter«, sagte er. »Hörst du, Peter? Wir spielen.«

»Nein«, sagte Faxon, aber kraftlos. Er war blass und gereizt.

»Doch«, fauchte Hobbins. »Wer zum Teufel ist hier der Star?« Jetzt starrten sie ihn alle an. Sein Ton war leicht und spaßhaft gewesen, aber hinter dem Scherz lag stählernes Selbstvertrauen, eiserne Sicherheit. Er würde seinen Willen durchsetzen, besagte der Ton; er tat es immer. Es war Hobbins, der da sprach, nicht Richmond.

»Pat«, sagte Faxon. »Du bist es.«

»Heiliger Jesus mit Sackschutz!«, entfuhr es Maggio. Der Mund stand ihm weit offen.

»Freut mich, dich kennenzulernen«, sagte Hobbins. »Wie ich sehe, hast du meinen Namen erraten.«

Peter Faxon riss sich mit sichtbarer Anstrengung wieder zusammen. »Wenn wir wirklich spielen wollen, dann sollten wir uns beeilen«, sagte er. »Bevor die Gewitterfront hierherkommt und wir alle von einem Stromschlag getötet werden.«

»Okay«, sagte Hobbins. »Ich bin bereit. Wir bringen das neue Album, in der richtigen Reihenfolge.«

»Alles klar«, sagte Faxon. Sie begannen auseinanderzugehen, doch während sich die anderen entfernten, machte Sandy ein paar Schritte nach vorn und packte Hobbins an der Schulter. »Was?«, fuhr ihn der Sänger an.

»Die anderen begreifen es nicht«, sagte Sandy. »Nicht mal Faxon. Sie sind nur Werkzeuge von … von Morse, oder wer immer hinter dem allem steht. Aber du, du verstehst es. Oder nicht?«

Die Augen funkelten scharlachrot; der dünne Mund verzog sich zu einem spöttischen, sardonischen Lächeln. »Und wenn?«

»Armageddon«, sagte Sandy. »Die letzte Schlacht. Die endgültige Konfrontation zwischen Gut und Böse. Das soll Armageddon doch sein. Hab ich recht?«

Hobbins hob eine fahlweiße Augenbraue. Er sagte nichts.

»Welche Seite sind wir?«, wollte Sandy wissen. *»Welche Seite sind wir?«*

»Das musst du schon selbst rausfinden, mein Freund. Ist nicht wie bei Tolkien, was?« Er wollte weggehen.

»Warte«, rief Sandy hinter ihm her.

Hobbins wandte sich um und schüttelte den Kopf. »Tut mir leid, Charlie. Muss 'n bisschen Musik machen.« Er hob den Daumen. »Hör dir die Songs an, Bruder, hör dir einfach die Songs an.«

Ananda und Gort hatten dem ganzen Wortwechsel zugehört. Als Sandy sich umdrehte, glaubte er, ein merkwürdiges, wachsames Licht in Anandas dunklen Augen zu sehen, aber sie streckte trotzdem den Arm aus und nahm seine Hand. »Komm«, sagte sie. Sie gingen zu ihren Plätzen zurück.

Reynard jagte eine weitere Rakete himmelwärts, einen Heuler, der sich mit einem hohen, schrillen Schrei in die Nacht bohrte und einen Kontrapunkt zum Grollen des herannahenden Unwetters setzte. Gopher John legte den Grundbeat vor, die Gitarren stimmten schrill ein, und Hobbins sang:

Baby, you cut my heart out!
Baby, you made me bleeeed!

Der Regen setzte ein, als »Blood on the Sheets« zu Ende ging, winzige eiskalte Tropfen, die die Haut nass machten und die Seele frösteln ließen. Während »Ash Man« wurde der Regen immer heftiger, aber er vermochte die Begeisterung der Menge nicht zu dämpfen. Eine der Feuerwerksraketen verpuffte, doch die Stimmung in Red Rocks stieg weiter. Die Dunkelheit zog über ihren Köpfen dahin, verschluckte die Sterne und schäumte über ihnen wie das Meer des Chaos.

Rick Maggio trat nach vorn. Er grinste höhnisch; sein altes, vertrautes, verächtliches Grinsen. Er war tropfnass. »Fuck«, brüllte er ins Mikrofon. Er streifte sein durchnässtes T-Shirt ab, knüllte es zusammen und schleuderte es in die Menge. Frauen kreischten und balgten sich darum. Maggios Rippen zeichneten sich deutlich ab; sein Körper sah fahl und krank aus, und seine Haut war von Akne übersät. In dem Regenguss glänzte sie nass. »Ich bin nass«, sagte er ins Mikrofon, griff in die Saiten und trat auf sein Wah-Wah-Pedal, um seine Worte zu unterstreichen. »Wenn ich nass bin, werde ich verflucht noch mal WÜTEND!«, sagte er.

»Wie wütend bist du?«, schrie die Menge.

»Also, ich bin echt total SAUER!«, rief Maggio, und genau in dem Moment knisterten weiträumig Blitze über ihnen, der Donnerschlag folgte auf ihrem Höhepunkt, und eine Flut purpurblauen Lichts machte die Nacht zum Tag. Maggio blinzelte nach oben und grinste. »Heilige Scheiße«, sagte er. »Sieht so aus, als wäre ich nicht der Einzige, der angepisst ist.«

Die Menge brüllte vor Lachen, Maggio haute in die Saiten, und Musik stürmte auf sie ein.

Ain't gonna take it easy
Won't go along no more

Francie kletterte auf die Bühne und begann zu der Musik zu tanzen. Mit geschlossenen Augen wiegte sie sich vor der Band hin und her. Sie war genauso durchnässt wie sie alle. Ihre langen, dünnen Haare klebten ihr im Gesicht, und ihre großen, dunklen Brustwarzen waren durch das nasse T-Shirt deutlich zu sehen. Das Publikum folgte ihrem Beispiel, stand auf, tanzte, klatschte in die Hände.

'Cause I'm ragin'!

sang Maggio, und tausendfach kam das Echo zurück. *RAGIN'!*, schrien sie. Weitere Blitze zersplitterten über ihnen. Ein Gewebe aus Licht flackerte über den Bergen hinter ihnen, fuhr einmal, zweimal, dreimal herab. Der Donner rollte, und weißes Rauschen knisterte durch die PA und übertönte die Musik. Dann flutete der Song zurück, lauter denn je.

Hobbins übernahm wieder und brachte eine leise, prägnante Interpretation von »Survivor«, grinste sie dann alle wild an, warf seine weiße Mähne zurück – Wasser lief daran herab, und sie sah jetzt kolossal schwer aus –, breitete die Arme aus, blickte nach oben und sang:

Turning and turning in the widening gyre

Und die Nazgûl flüsterten: *He's coming!*, laut wie Mitternacht.

The falcon cannot hear the falconer

sang Hobbins, und Sandy hörte die Feuerwerksrakete losgehen, sah, wie sie gegen den strömenden Regen ankämpfte, sah die Flammen, die sie fauchend hinter sich herzog, sah sie in die pechschwarzen Wolken steigen ... und dann packte sie der Blitz, ein großer, gezackter, blauweißer Blitzstrahl, der in den Augen brannte, und dann noch einer, noch einer und noch einer, bis es einen Moment lang so schien, als ob vier spinnenartige elektrische Arme die Rakete vor der Dunkelheit festhielten. Sie explodierte. Für einen flüchtigen Augenblick kreiste die Gestalt eines Falken am Himmel, doch sie wurde in Stücke gerissen, zu etwas Scheußlichem und Schrecklichem verzerrt, und dann war sie ganz verschwunden.

He's coming!

Faxons Gesicht war ebenso bleich wie das von Hobbins, aber sein Bass hatte nie besser geklungen. Der elektrische Sturm knatterte überall um sie her, jagte ein unvorhersehbares Knistern durch die PA, aber irgendwie benutzte Maggio das alles, spielte darum herum, verwob es in den Song. Immer wieder dröhnten die Donnerschläge herab, gerade wenn Gopher John seine Bass Drum mit der Fußmaschine anschlug.

The best lack all conviction ...

sang Hobbins, und er sah Sandy an, und seine roten Augen brannten sich tief in Sandys Seele.

... while the worst,
OH! They're full of passion, and intensity!

Sein Blick bewegte sich weiter, nur ein bisschen, und wen starrte er jetzt an, Morse? Gort? Ananda?

Der Blitz schlug in einen hohen Felsvorsprung ein. Eine Frau, die ein paar Meter davon entfernt saß, schrie schrill auf, ihre unverstärkte Stimme klein und schwach in der Nacht. Der Rest der Menge lachte, klatschte und deutete hinüber. Hobbins drohte dem Sturm mit der Faust. Dreißigtausend Stimmen schrien wie aus einem Mund: »HE'S COMING!« – »Yeah!«, sang Hobbins. Faxons Gesicht war ausdruckslos und konzentriert, Maggio grinste höhnisch, Gopher John hatte seinen wildesten finsteren Blick aufgesetzt und schlug zu, schlug zu, schlug zu.

Sandy war sehr nass, er fror und hatte große Angst. Er nahm Anandas Hand. Sie fühlte sich im Regen kalt und glitschig an, der Schwielenrand war hart und scharf.

Oh, what vast image comes troubling my night?
HE'S COMING!

Anandas Gesicht war entrückt, ihre Augen erfüllt von Musik und unsichtbaren Visionen, ihre Lippen wie in Ekstase geöffnet. Jenseits von ihr war Edan Morse mit geschlossenen Augen vornübergesunken. Seine verbundenen Hände ruhten auf seinen Knien, die Verbände hatten sich blassrosa gefärbt. Der Regen spülte dünne Ströme von Blut an seinen Beinen hinab. Das Baumwollhemd klebte ihm an der Haut, und über seinem Herzen war die Gaze rosa geworden. Als Sandy hinsah, wurde der Fleck dunkler und größer.

A gaze as blank and pitiless as the sun!

Über der Bühne schien sich eine ungeheure Gestalt zwischen den Wolken abzuzeichnen, ein riesiges schwarzes Gesicht mit glühenden Augen, in dessen offenem Mund Blitze aufzuckten.

HE'S COMING!
HE'S COMING!!!
YEAH, HE'S COMING!!!

Gesänge. Klatschen. Herabströmender Regen. Blitze ringsumher. Donnern und Trommeln. Gesänge. Klatschen. Patrick Henry Hobbins sang Strophe um Strophe, seine Worte erfüllten den Park und wurden von den Bergen donnernd zurückgeworfen. Als er die letzte Frage stellte, gingen die Scheinwerfer aus, und vom Himmel hallte ein ohrenbetäubender Donnerschlag zu ihnen herab. Ein langer Blitzstrahl schlitzte den fernen Horizont auf, und die Menge – und Sandy auch – war, als alle Lichter in Denver erloschen, einen Moment lang totenstill.

Im Dunkeln hatte jemand Hobbins eine Kerze gegeben. Er zündete sie im Regen an, hielt sie sich unters Kinn und grinste. Die PA ging knisternd wieder an. »Ich komme«, sagte er zu ihnen. »Teufel, ich bin fast schon da.« Denver flackerte auf, ging wieder aus und leuchtete in einem Willkommensgruß wieder auf.

Hysterie, die endlos andauerte. Als Sandy schon dachte, dass sie nie mehr aufhören würde, setzten die Nazgûl wieder mit der Musik ein und schlitterten in »Prelude to Madness«. Die Nummer war voll von chaotischen Instrumentalteilen, voller Feedback und Echo, voller Dissonanzen, die einem die Füllungen im Mund klappern ließen, aber nach der Raserei von »What Rough Beast« wirkte sie fast beruhigend.

Right is wrong, black is white,
Who the fuck's got the justice tonight?

Sandy hörte Edan Morse keuchen und laut aufschreien. Er sah hinüber. Morse hielt die Hände hoch. »Nein«, schrie er gellend. »Das ist nicht richtig, nein, nein.« Er drehte sich zu Ananda um, zerrte an ihrem Arm und schmierte Blut auf ihren regendurchtränkten Ärmel. »Hilf mir«, schrie er. Sein Hemd war blutdurchtränkt, seine Stimme dünn vor Furcht. Die Leute gafften.

I hear laughter in all the wrong places
See color in all the white spaces

Morse erhob sich taumelnd, kreischte und wedelte mit den blutigen Händen. Ananda kam mit ihm hoch, die Arme auf seinen Schultern. Sie versuchte ihn zu beruhigen. Regen rann ihnen übers Gesicht. Gort sah den Kampf und begann sich durch die Tanzenden zu drängen, die vor der Bühne herumschwärmten.

Queens beat aces every time, yeah!
Dead man's hand, dead man's hand!
And Charlie is the joker in the deck!

Sandy versuchte an Anandas Seite zu gelangen, um ihr mit Morse zu helfen, aber sie hatten sich von ihm entfernt, und die Menge wurde immer wilder. Er lief in jemanden hinein, murmelte eine Entschuldigung und wich stolpernd zurück, als der Mann herumwirbelte und nach ihm schlug. Jemand anders traf ihn von der Seite. Die Musik ging immer weiter.

»Ich blute!«, kreischte Morse schrill. Seine Stimme war so laut, dass man ihn trotz der Musik hören konnte. »Was geht mit mir vor?« Sandy sah flüchtig, wie er wild nach Ananda schlug. Seine Hand landete mit einem leisen, nassen Geräusch und hinterließ einen verschmierten Blutfleck auf ihrer Wange. Der Regen wusch ihn fort. Und dann war Gort da, ragte über der Menge auf. Er fegte mit seinen gewaltigen Armen Menschen beiseite und zog Morse schützend an sich. Morse rief etwas zu ihm hinauf, und Gort packte ihn unter den Armen, hob ihn hoch und hievte ihn auf eine ausladende, breite Schulter. Er begann sich nach draußen durchzuschlagen, drängte sich mit seiner schieren Größe und seinen Muskeln durch die Menge. Die Tanzenden wirbelten achtlos um ihn her.

Sandy erreichte Ananda. Sie war bei dem Kampf niedergeschlagen worden. Er reichte ihr eine Hand und zog sie auf die Füße. »Alles in Ordnung?«, fragte er.

Maggio spielte ein langes, unentschlossenes, irrsinniges Riff, das an den Nervenenden kribbelte; Faxons Bass klang ganz, ganz tief, fast an der Grenze des Hörbaren. Hobbins sang den Schlussrefrain.

Queens beat aces every time, yeah!
Dead man's hand, dead man's hand!
And Charlie is the joker in the deck!

Ihr Knie war blutig, das Hosenbein zerrissen, aber sie tat es ab. »Bloß ein Kratzer«, sagte sie.

Sandy versuchte ihr eine Frage zuzurufen, aber es hatte keinen Zweck. Gopher John spielte das abschließende Schlagzeugsolo von »Prelude to Madness«, und genau in der Mitte wurde es langsamer und erzitterte und wechselte zu etwas anderem, zu der Einleitung eines anderen Songs.

Die Menge tobte.

Weit entfernt grollte schwacher Donner, als zöge das Unwetter vorbei.

Hobbins sah sie alle mit seinen roten, roten Augen an, lächelte wissend und sang.

This is the land all causes lead to
This is the land where the mushrooms grow.

Und am Himmel hinter ihm, über den Lichtern von Denver, konnte man sie wachsen sehen; sich auftürmende gespenstische Bilder, unten blau und purpurrot und giftig und darüber so weißglühend und leuchtend wie die Sonne; sie erblühten und streuten ihre Saat aus, sodass überall um sie her noch mehr keimten, Pilz auf Pilz auf Pilz, von Horizont zu Horizont. Die Tanzenden erstarrten mitten in der Bewegung, keuchten und hielten den Atem an. Die Welt war still und wartete. Sogar das Unwetter flaute ab, während die Nazgûl sangen.

To the battleground I'm coming,
Oh, don't you hear the drumming?
They're playing the armageddon rag, oh!
Playin' the armageddon rag!

Und das Trommeln war da, die Bass Drum hallte tief im Blut wider, die Toms flüsterten in einem langsam anwachsenden kriegerischen Rhythmus, der sie rief, sie entflammte und verhexte. Gopher John blickte mit finsterer Miene nach unten, seine großen Hände bewegten sich immer schneller, und jeder

Hieb war eine Kugel, jeder Randschlag eine schnelle Artilleriegranate.

This is the day we all arrive at
This is the day we choose.

Hobbins hatte den Song mit trauriger, fast sanfter Stimme angefangen, aber mit jedem Wort schien sein Zorn zu wachsen, und das Unwetter um ihn her nahm wieder an Kraft zu. Ein weiterer ferner Blitzschlag zerriss die kurze Stille, und als der Donner erstarb, sangen die Nazgûl:

Well, I'm here to make things right,
To fight the last good fight,
And they're playing the armageddon rag, oh!
Playin' the armageddon rag!

Mit bloßer Brust, nass, verwüstet und höhnisch grinsend, ließ Maggio die Finger über die Saiten seiner Fender fliegen, die Musik schmetterte in einem zischenden Sperrfeuer aus den Verstärkern, und Faxon und Hobbins schlugen in einer zum Feuergefecht gewordenen Improvisation zurück; jeder von ihnen schnitt Grimassen, bewegte sich mit kleinen, wachsamen Schritten, um sich den anderen zu stellen, Melodielinien schossen lange Minuten hin und her, bis Maggio allem mit einem langen, zornigen Feedback-Aufschrei den Todesstoß versetzte. Die Bass Drum stampfte, der Unterbau war ein stabiles, lebendiges, zähflüssiges Etwas, der Beat wurde schneller und schneller, und die Menge begann im Takt zu klatschen. Hobbins nahm die Sache wieder in die Hand.

This is the day of SOULSTORM, baby!
The day all debts come due!
Remember the things you done to me,
while I'm doing 'em to YOU!

Er ballte eine Hand zur Faust und stieß sie in die Luft. Tausend Fäuste ahmten die Geste nach. Alle klatschten, klatschten, klatschten, dreißigtausend Händepaare, die in geräuschvollem Gleichklang zusammengeschlagen wurden. Sandy klatschte auch. Hobbins sang Eis und Feuer und Erlösung, Maggios Gitarre wurde gewalttätig und dämonisch, Faxons Bass war eine stetige, todbringende Kanonade, Gopher John versank in einem Holocaust aus Trommelschlägen, und der Himmel hatte das tiefe Purpurschwarz eines Blutergusses angenommen und war erfüllt von blitzendem Feuer. All die alten Gespenster erhoben sich wie Nebelschleier, voller Spott. Gesichtslose Männer schwärmten aus den Aufzügen und schwangen blutige Knüppel. Daleys hässliche Kiefer waren vor Hass verzerrt, Nixon wand sich und log, Butcher Byrne legte noch einmal die Schrotflinte an. Die Wolken waren voller Bajonette und Blumen, die in den Krieg zogen. Durcheinanderwogende Armeen wirbelten umher und kämpften mit Gewehren, die Blitze spuckten und wie Donner krachten. Die Toten standen auf, um erneut zu kämpfen. Verzerrung. Tod. Feedback. Blut. Hall und Echos. Gespenster. Textzeilen. Schreie. Alte Zeiten alte Wunden alte Feinde sie haben uns unrecht getan wir wollten doch nur Frieden alte Bitterkeit starre Konventionen Ohren die nicht hörten Blindheit Dummheit Gier glaub nicht ans Töten hab keine Wahl Krieg für den Frieden töten für die Liebe töten töten töten töten TÖTEN.

Der Song erreichte ein heulendes Crescendo, die Instrumente waren alle rasiermesserscharf, hielten es, sengten, trieben, und Hobbins sang:

Kill your brother, YEAH!
That sucker done you wrong.
Kill your friend, goddammned traitor
Just listen to the song
They're playing the armageddon rag!
Kill your brother, kill your friend, kill yourself!
Cause you're a killer too
All the dead look just like you
When they're playin' the armageddon rag! YEAH!
They're playin' that armageddon rag!

Er stieß die Zeile hervor und sah Sandy dabei direkt an, seine Augen scharlachrot und sardonisch, und Sandy erinnerte sich an Hobbins' Worte während der Pause. Die Nazgûl flogen durch die lange Überleitung, schwangen sich auf, sangen, wurden Stück für Stück langsamer, bis sie in den einleitenden Takt der »Resurrection«-Strophen fielen, und Hobbins drehte sich schließlich von Sandy weg und sang:

This is the day we've dreamed about,
This is the land where the flowers grow.

Aber am Himmel über ihm waren keine Blumen, nur Dunkelheit und Blitze, der Regen fiel immer noch gleichmäßig, und der Begeisterungstaumel legte sich nach und nach, und plötzlich war es Sandy sehr kalt. Er wandte sich Ananda zu. In ihrem Gesicht sah er etwas, das ihn erschreckte, aber er drehte sie trotzdem zu sich herum. »Am Tag Armageddon«, sagte

Sandy, »werden beide Armeen glauben, dass sie für das Gute kämpfen. Und beide werden sie im Unrecht sein.« Aber die Musik war immer noch zu laut, und sie konnte ihn nicht hören, und wie alle Augen um ihn her waren auch ihre hart und glänzend wie schwarzes Eis.

25

Sandy erwachte am frühen Nachmittag aus einem erschöpften, von Albträumen geplagten Schlaf, als das Zimmermädchen zum dritten Mal an die Tür seines Zimmers im Hilton klopfte. »Kommen Sie später wieder!«, brüllte er sie durch die mit einer Kette gesicherte Tür an. Seine Stimme war von einer irrationalen Wut erfüllt. Er versuchte wieder einzuschlafen, konnte es aber nicht, also rief er den Zimmerservice an.

Der Kaffee schmeckte zu bitter, der Orangensaft zu sauer, aber das lag wahrscheinlich an seiner Stimmung und nicht am Frühstück selbst. Er zwang sich, die Pfannkuchen und Würstchen zu essen, und schaltete eine Leselampe ein, um sich die Zeitungen von Denver anzusehen. Ananda schlief noch, deshalb ließ er die Vorhänge zu.

»ROCK-RANDALE IN RED ROCKS!«, verkündete die *Rocky Mountain News* alliterativ; »ROCK-FANS VERWÜSTEN PARK«, berichtete die *Denver Post* in einer großen, leuchtend roten Balkenüberschrift. Seite eins in beiden Blättern, mit jeder Menge Bilder.

Sandy trank etwas Kaffee und blätterte die Artikel durch. Bei manchen Bildern zuckte er zusammen. Kalte, erloschene Lagerfeuer sprenkelten das Antlitz des Parks wie wunde Stellen, Berge von Bierdosen, Zigarettenstummeln und zerbrochenen Flaschen waren zurückgelassen worden, und sogar die roten Felsen selbst hatten einige Narben davongetragen und legten Zeugnis ab vom Durchzug einer Armee. Die *News* brachte drei Seiten Fotos von Sprühdosen-Graffiti. Überall Friedenszeichen, große und kleine. Slogans, alte und neue. Und – ominöserweise – Zeilen aus den Songs selbst, in einem Dutzend verschiedener Farben, in fünfzig Zentimeter und drei Meter hohen Lettern. »RAGIN '!«, war da blutrot von unsicherer, betrunkener Hand hingeschmiert und dreimal unterstrichen. *»He's coming!«*, hundertfach hingesprüht; *»Er ist da«* nur ein- oder zweimal. *»Oh, can't you hear the drumming?«*, hatte jemand gefragt, während jemand anders – in großen schwarzen Buchstaben auf den Sitzen des Amphitheaters selbst – aufforderte: *»Tanzt den Rag!«*

Der Zeitungstext war noch grimmiger. Er konzentrierte sich auf das Durcheinander nach dem Ende des Konzerts. Massive Verkehrsstockungen, mehr als vierzig kleinere und zwei größere Unfälle. Raufereien zwischen Fans und Hausbesitzern aus der näheren Umgebung, zwischen Fans und der Polizei, zwischen der Polizei und Morse' Sicherheitskräften. Ein Streifenwagen mit Steinen beworfen, die Windschutzscheibe zerbrochen. Ein stecken gebliebener Mercedes umgeworfen und in psychedelischen Farben angesprüht. Prügeleien, Gesänge, Gesaufe, zerbrochene Scheiben, gebrochene Knochen, ausgeschlagene Zähne, ein Dutzend Festnahmen. Und sechs Tote. Drei bei einem schweren Autozusammenstoß, eine Frau ums Leben gekommen, als sie beim Herumklettern auf den Felsen aus fast dreißig Metern Höhe abstürzte, ein Jugendlicher auf einem Lautsprecherturm vom Blitz getroffen, und ein Mann bei einem Kampf getötet. LeRoi J. King, 39, ein arbeitsloser Schnellimbisskoch aus Los Angeles, war auf der Stelle tot gewesen, als ihm jemand die Nase gebrochen und dabei einen Knochensplitter ins Gehirn getrieben hatte.

Sandy faltete die Zeitung wieder zusammen und sah Ananda an; ihre dunklen Haare waren ein wirres Knäuel auf dem Kopfkissen unter ihr, ihr Gesicht wirkte im Schlaf offen und unschuldig. Er langte hinüber und schaltete gerade die Lampe aus, als das Telefon klingelte.

Er machte Anstalten, danach zu greifen, aber Ananda lag direkt daneben, und sie hatte es zuerst. »Was?«, murmelte sie schlaftrunken in den Hörer. Die Antwort schien sie aufzuwecken. Sie schob sich in eine sitzende Position hoch, rieb sich den Schlaf aus den Augen und nickte, während sie zuhörte. »Gut. Ja. Er ist schon wach. Wir sind gleich oben. Ja. Sofort.« Sie hängte auf und drehte sich zu Sandy um. »Zieh dich an. Das war Gort. Edan will uns sehen.«

»Wie geht's ihm?«

»Frag nicht«, fauchte Ananda auf dem Weg ins Badezimmer.

Keine zehn Minuten später waren sie oben in Morse' Etage. Gort ließ sie in die Suite ein und führte sie ins Schlafzimmer. Die Vorhänge waren fest geschlossen, das Zimmer dunkel. Morse lag auf seine Kissen gestützt da, in Decken gehüllt, eine undeutliche Gestalt in der Dunkelheit. »Kommt rein«, sagte er ungeduldig. Es klang, als strengte ihn das Sprechen an. Ananda streckte die Hand nach dem Lichtschalter aus, aber Gort hinderte sie daran und schüttelte den Kopf. Sie setzten sich im Dunkeln hin, einem Dunkel, das noch tiefer wurde, als Gort die Tür zum angrenzenden Zimmer schloss.

»Die Morgennachrichten«, sagte er matt. »Habt ihr's gehört?«

»Wir haben geschlafen«, sagte Ananda.

»Es kam in ...« Er hustete, hob eine blasse, verbundene Hand zum Mund. »... den Nachrichten«, wiederholte er. »Albuquerque. Sie verbieten das Konzert. Sie haben Angst. Es sind schon … schon vierzig-, fünfzigtausend da. Sie kampieren. Warten. Jeden Tag kommen mehr dazu. Sie haben uns verboten.«

»Na und?«, sagte Ananda scharf. »Du hast das die ganze Zeit kommen sehen, stimmt's? In den Visionen? Sie können uns jetzt nicht mehr aufhalten. Wir sind zu viele. Wir lassen Sandy ankündigen, dass die Nazgûl auf jeden Fall spielen werden, für die Leute, umsonst, und dass sie einen Dreck auf die faschistischen Behörden geben. Wollen wir doch mal sehen, wie sie versuchen, hunderttausend, zweihunderttausend oder dreihunderttausend Leute zu vertreiben. Diesmal schlagen wir zurück. Wir brennen ihre verfluchte Stadt bis auf die Grundmauern nieder und tanzen in der Asche.«

»Nein«, sagte Edan Morse heiser. »Sandy, ich will … will eine Pressekonferenz. Es ihnen sagen.«

»Ihnen was sagen?«, fragte Sandy.

»Wir sagen ab«, erklärte Morse. »Wir sagen West Mesa ab.«

»Nein!« Anandas Stimme war sanfter Stahl. »Was ist los mit dir, Edan? Es läuft genau so, wie du es gesagt hast. So, wie es dir gezeigt wurde, oder? Was soll dieser Scheiß? Wir können nicht aussteigen, wo wir so verdammt nah dran sind!«

»Was mit mir los ist?«, fragte Morse mit hoher, hysterischer Stimme. Er lachte, aber das Lachen wurde zu einem Hustenanfall, in dem er sich krümmte. Als er sich erholt hatte, sagte er: »Es ist außer Kontrolle, 'Nanda. Es ist nicht richtig. Nicht richtig! Es hätte … hätte aufhören müssen.«

»Was?«, fragte Ananda.

»Das Bluten«, sagte Morse leise.

»Du bist krank, Edan. Krank und ängstlich, stimmt's?«

Morse lachte wieder, schrill. »Gort«, sagte er. »Licht.«

»Sicher?«, fragte der große Mann.

»Licht«, wiederholte Morse.

Gort machte das Licht an.

Edan Morse lag da, von Kopf bis Fuß in seinem eigenen Blut gebadet. Es schien ihm aus jeder Pore zu sickern, an seinem Körper entlangzukriechen, die Verbände, das Bettzeug und die Decken zu durchtränken. Ein doppeltes Rinnsal rann aus seinen Nasenlöchern. Die Laken unter ihm waren fleckig von seinem Blut, die Kissen hinter ihm verschmiert und rötlich, und getrocknetes braunes Blut war in seinem Bart verkrustet. Es zerbrach, wenn er den Mund aufmachte. Das Weiße in seinen Augen war blutig geworden, und seine Pupillen sahen klein und angstvoll aus. Selbst sein Zahnfleisch blutete; sein Lächeln war wund und rot und feucht.

Ananda schnappte nach Luft. Sandy war übel. »Heilige Mutter Gottes«, sagte er leise und machte Anstalten aufzustehen. »Sie müssen ins Krankenhaus«, sagte er. Aber Gort packte ihn an der Schulter und drückte ihn auf den Stuhl zurück.

»Keine Zeit«, sagte Morse mit überraschender Bestimmtheit. »Und es würde nichts nützen. Es gibt keinen ... keinen Grund für das alles. Es ist unnatürlich. Ärzte können da nichts ausrichten.« Er hob kraftlos die Hand. »Mein Blut«, sagte er. »Ist Teil des Preises. Aber nicht so viel. Hab nicht geglaubt, dass es so viel sein würde.«

»Tut mir leid für dich, Edan«, sagte Ananda mit schroffer, ausdrucksloser Stimme. »Aber das spielt keine Rolle. Bleib hier. Ich hoffe, du kommst durch. Wenn nicht, ist es das trotzdem wert. Die Revolution ist wichtiger als dein Leben oder meins.«

Edan Morse schloss kurz seine roten, gequälten Augen und schlug sie dann mühsam wieder auf. Seine Hand fiel auf die

Decke zurück. »Du verstehst … verstehst nichts. Nicht bloß ich. Die Versprechungen … verdammt … Satan, Vater der Lügen. Es ist nicht richtig!«

Ananda stand trotzig auf. »Verflucht noch mal, Mann, was redest du da?«

Morse hob angestrengt die linke Hand, langte mit der Rechten hinüber und hielt sie fest. »Der Preis war Blut!«, sagte er mit aller Kraft, die er aufbieten konnte. »Ich hab ihn bezahlt, hab mein eigenes Blut vergossen, jawohl. Rasche Schnitte, tief, schmerzhaft. Nur schlossen sie sich immer wieder, 'Nanda! Sie heilten. Und hinterher Narbengewebe … stärker als unverletztes Fleisch, weißt du, stärker, härter. Es sollte so sein wie … wie das. Ein kurzer, sauberer Kampf und dann die Heilung. Besser. Stärker. Härter.« Er ließ seine Hand los und verzog den Mund zu einem grässlichen, blutigen Grinsen mit dünnen roten Streifen zwischen den weißen Zähnen. »Nicht wie dies. Begreifst du nicht, du verdammtes Miststück? Das Bluten wird nicht aufhören! Das verfluchte Bluten wird nie mehr aufhören!« Die letzten Worte schrie er ihr entgegen.

Ananda war ungerührt. »Du warst schon immer zu zimperlich, Edan. Du wolltest die Macht der Musik nutzen, aber sie zugleich auch kontrollieren. Nun, das kannst du nicht, du Dummkopf. Sie stellt ihre eigenen Ansprüche. Du kannst nicht nur ein bisschen was geben, du musst alles geben.« Sie runzelte die Stirn, warf einen Blick auf Gort und auf Sandy, zögerte einen Moment, schüttelte dann den Kopf und fuhr fort: »Wo gehobelt wird, fallen Späne, hab ich recht? Nur dass du lieber dasitzen und darauf warten würdest, dass sich alles von selber regelt, ganz ohne Verluste. Die Musik kann es nicht allein schaffen, sie braucht uns, damit es wahr wird. Du willst so tun, als wäre alles freundlich und licht. Nun, das ist nicht so. Es ist hässlich da draußen, und du kannst verflucht noch mal nicht dagegen kämpfen, ohne selbst hässlich zu werden. Glaubst du wirklich, mit ein paar mickrigen Tropfen Blut von deiner Hand wäre der Preis bezahlt? Glaubst du das?« Sie lachte verächtlich.

»Meine … Ich habe nicht …« Morse zuckte zusammen und wandte den Blick ab.

»Ja, eben. Tu ruhig so, als ob du's nicht verstündest. Tu so, als ob du's nicht sähst. Das hast du ja schon die ganze Zeit getan. Du warst bereit, den Preis für die Visionen zu bezahlen, aber ich war die Einzige, die bereit war, den Preis für die Revolution zu bezahlen. Ich war diejenige, die getan hat, was die Musik verlangte.«

Sandy erhob sich von seinem Stuhl und sah Ananda ins Gesicht. Innerlich war ihm sehr kalt, als ob etwas tief in ihm drin gerade gestorben wäre. »Du warst es«, sagte er mit eiserner Gewissheit. Er hatte es vermutet, stellte er jetzt fest, hatte es vermutet seit … wie lange schon? Zu lange. Aber er hatte sie geliebt, und sie war alles gewesen, was ihm geblieben war, und so hatte er es geleugnet, sogar vor sich selbst. »Du warst das alles, nicht wahr?«

Ananda schob eine Hüfte vor, stützte eine Hand darauf und nahm eine spöttische, übertriebene, provozierende Pose ein. Sie fuhr sich mit der Zunge über die Unterlippe. »So 'n lüttes Ding wie ich? Also, ich bin bloß 'n Hippie-Küken in Hotpants. Glaubst du, ich könnte was Gewalttätiges machen?«

»Großer Gott«, sagte Sandy.

»Weißt du, was dein Problem ist, Blair? Du denkst mit dem Schwanz. Genau wie Jamie Lynch. Das Problem war, den Wichser erst mal irgendwo zu treffen. Als ich das geschafft hatte, war alles ganz einfach. Er war so heiß darauf, mich mit nach Hause zu nehmen, dass er fast schon in seiner Hose gekommen wäre.« Sie warf einen Blick zu Morse hinüber. »Blutopfer, Edan. Jemand musste es tun.«

Morse sagte nichts.

»Und das Gopher Hole?«, fragte Sandy.

»Slozewski musste seine Meinung ändern, er musste der Ash Man werden. Die Türen abzusperren ... Das Blut machte es leichter. So viele Tote, das ließ alles Übrige glatt und einfach ablaufen.« Ihre Stimme war eiskalt.

»Dir ist offenbar alles egal«, sagte Sandy anklagend.

»Eben nicht. Deshalb tu ich das ja!«

»Es spielt keine Rolle«, sagte Edan Morse matt. »Jetzt nicht mehr. Versteht ihr nicht? Wenn wir nicht aufhören, wird es ... wird es nicht so sein, wie wir es wollen. Zu viel Blut. Es wird einfach weitergehen. Immer weiter. Keine ... keine Wiederauferstehung, das ist die Lüge. Ein ewiges Armageddon.«

»Du hast nur Angst zu sterben, Edan«, sagte Ananda.

»Kann sein«, sagte Morse. »Aber ich habe recht.«

»Das werden wir ja sehen, nicht wahr?«

»Nein. Das werden wir nicht. Ich mach Schluss damit. Ich hab's euch gesagt. Ich mach Schluss damit.«

Ananda lächelte. »Wie denn, Edan? Schau dich an. Willst du alle Soldaten, einen nach dem anderen, raufrufen und ihnen die Neuigkeit mitteilen? Ich bin dein Sprachrohr, du dämlicher Motherfucker. Ich gebe deine Befehle. Wie zum Teufel kommst du auf die Idee, dass sie trotzdem auf dich hören? Sie hören auf mich. Mirrors, Reynard, Gull, Beca – wir haben die Kriege zusammen durchgestanden. Das sind *meine* Leute. Und ich sage, wir machen weiter.«

Edan Morse stemmte sich ein Stück hoch. Es war eine enorme Anstrengung. »Sie hören auch auf Gort«, sagte er.

»Gort, gib den Befehl. Sandy, setz die Pressekonferenz an. Sag West Mesa ab. Sag es ab. Hörst du?«

Sandy nickte.

Ananda seufzte. »Ihr Dummköpfe lasst mir keine Wahl«, sagte sie. »Hier steht zu viel für mich auf dem Spiel, als dass ich mir das von euch vermasseln lassen würde. Tut mir leid.« Ihre Hand bewegte sich schnell. Eine seltsame kleine, silberne Pistole schmiegte sich in ihre Handfläche. »Ich denke, hier kommt keiner lebend raus.«

»Die verschießt nur Pfeile«, meinte Morse zuversichtlich. »Gort, nimm sie ihr …«

Anandas Finger bewegte sich zweimal ruckartig. Die Pistole gab ein leises Geräusch von sich, wie ein Spucken. Morse schrie gellend auf, und seine Hand ging zu seinem Gesicht und bedeckte die Augen. Sein Körper zuckte wild und krampfhaft, er strampelte mit den Füßen, und ein schrecklicher Gestank erfüllte das Zimmer, als seine Gedärme sich entleerten.

Sandy hatte kaum Zeit zum Denken. Ananda ließ die Pistole fallen und wirbelte zu Gort herum. Der große Mann war stark und schnell. Ananda war schneller und besser trainiert. Sie trafen am Fußende des Bettes aufeinander. Gort gelang es, sie kurze Zeit festzuhalten. Dann drehte sie sich schnell herum, befreite sich aus seinem unsicheren Griff und brach ihm das Handgelenk. Schlug das große, kantige Kinn mit offener Handfläche nach hinten, fällte ihn mit einem vernichtenden Hieb in die Nieren. Er ging grunzend zu Boden und versuchte, sich von ihr wegzurollen, aber er war zu langsam. Sie landete mit Schwung auf seinem Rücken, packte seinen Kopf und riss ihn zurück. Sandy hörte das Genick brechen. Gort erschlaffte, und Blut sickerte ihm aus dem offenen Mund. Sie ließ seinen Kopf auf den Teppich sinken.

Sandy hatte zwei unsichere Schritte nach vorn gemacht.

Sie stand schnell auf und sah ihn an.

Er hob die Pfeilpistole auf, die sie hatte fallen lassen, und wich so schnell zurück, wie er konnte.

Sie waren allein in einem Zimmer voller Leichen. Er hielt die Pistole mit beiden Händen auf sie gerichtet.

»Die verschießt nur Pfeile«, sagte sie und lächelte schief. »Vergiftete, ja. Aber die werden mich nicht rechtzeitig aufhalten. Sie hätten auch Gort nicht aufhalten können.«

»Du hast Morse damit umgebracht.«

»Sicher. Ich hab ihm einen Pfeil ins Auge geschossen. Kannst du so gut zielen, Geliebter?« Sie wischte sich das dunkle Haar aus den Augen. Ihr Gesicht war vor Erregung und Anstrengung gerötet. Sie sah schön aus; schön und tödlich.

»Himmel«, sagte Sandy leise. »Ich hab dich geliebt!«

Für einen Moment huschte ein trauriger Ausdruck über ihr Gesicht. »Ich hab selbst irgendwie angefangen, dich gernzuhaben«, gab sie zu. »Zuerst nicht. Zuerst war alles Schwindel. Als Edan mir erzählt hat, du wärst ein Teil von all dem hier und dass wir dich brauchen würden, hab ich rasch deine Bücher gelesen und mich vorbereitet. Du hast deine ganzen feuchten Träume in deine Bücher gepackt, weißt du. Also wurde ich genau das, was du dir gewünscht hast. Hat prima funktioniert, nicht wahr?« Sie grinste. »Aber später ... Du bist ein netter Kerl, Sandy. Ich hab nichts gegen dich. In einer besseren Welt hätte ich dich vielleicht lieben können. So, wie es steht, ist Liebe unmöglich. Sie ist ein Werkzeug der Unterdrückung. Ein Soldat kann niemanden lieben, während Krieg herrscht. Liebe macht einen schwach. Schau dich an. Du empfindest immer noch etwas für mich. Wenn ich auf dich losgehe, wirst du nicht imstande sein abzudrücken.«

»Aber du könntest es, richtig? Du könntest mich umbringen, ohne mit der Wimper zu zucken?«

Sie lächelte wehmütig. »Edan und ich kennen uns schon seit den wilden Zeiten.« Sie machte eine Geste zum Bett. »Wir sind alle entbehrlich. Er, du, ich.«

Sieh zu, dass sie weiterredet, dachte Sandy im Stillen. Lass sie weiterreden, und du bist sicher. »War er dir nicht engagiert genug?«

Ananda zuckte die Achseln. »Wenn es um Rhetorik ging, darum, Geld rauszutun oder große Pläne zu schmieden, kein Problem. Aber tief im Innern war er bloß ein verdammter feiger Liberaler. Wie du. Gott bewahre mich vor den Idealisten, denen es auf dem Schlachtfeld übel wird.«

»Was er im Krieg geleistet hat, müsste doch eigentlich sogar dir genügen«, sagte Sandy.

Ananda lachte. »Sandy, du bist so naiv, ich könnte dich küssen. Was er im Krieg geleistet hat! Zum Teufel. Hast du dich je gefragt, warum sie ihm nichts von dem alten Kram anhängen konnten?« Sie schüttelte den Kopf. »Edan gefiel es, so zu tun, als wäre er ein Scharfrichter des Volkes, ihm gefiel es, die Verantwortung für alles Mögliche zu übernehmen. Ich hatte nichts dagegen. Für mich war das recht vorteilhaft.«

»Oh, Himmel«, entfuhr es Sandy. »Du. Das warst alles du – Sylvester, Maxwell Edison, Victor von Doom. Morse hat sich nur nicht gegen die Gerüchte …«

»Er hatte seine Talente. Die Visionen machten ihn sehr nützlich. Er sah die Macht in *Music to Wake the Dead*, und er sah, wie wir sie nutzen konnten. Er sah alles kommen. Manchmal war es schwer, einen Sinn in dem zu finden, was er sah, manchmal waren die Visionen widersprüchlich, und manchmal waren sie schlicht falsch … aber nicht oft. Er hat den Preis entrichtet, und er hat alles gesehen, nebelhaft. Auch dich.«

»Auch mich«, wiederholte Sandy.

»Genau.«

»Also bist du darangegangen, mich zu rekrutieren.«

»War auch nicht allzu schwer.«

Sandy ignorierte das. »Warum?«, fragte er.

»Vielleicht, weil wir dich für unsere Öffentlichkeitsarbeit brauchten.«

»Publicity-Typen kosten jemanden mit Morse' Geld nicht viel. Da steckt mehr dahinter.«

Sie grinste und neckte ihn, indem sie die Zunge langsam und lasziv über die Lippen gleiten ließ. »Vielleicht hat er gesehen, was für ein Hengst du sein würdest.«

»Hör auf mit den beschissenen Spielchen. Sag mir die Wahrheit!« Er machte eine, wie er hoffte, drohende Geste mit der Pistole.

»Hör dir die Musik an«, sagte sie.

»Die Nazgûl? Du meinst, da komm ich auch drin vor?«

Sie nickte. »Die Visionen waren nie ganz eindeutig. Aber Edan spürte, dass du irgendwie eine Schlüsselfigur sein würdest. Er hatte recht. Du hast eine Menge Erinnerungen geschürt und Dinge in Bewegung gebracht. Und Edan hat dich am Schluss gesehen. Du würdest mitmachen, sagte er, so oder so. Man könne nicht wissen, auf welche Weise, oder wie es sich auf alles auswirken würde. Also hab ich mit dir rumgeflirtet, und du bist schnell genug warm geworden. Weißt du noch, als wir nach Malibu kamen und ich Edan einen Wetterbericht von unserer Fahrt gab? Wäre das Wetter weniger vielversprechend gewesen, hätten wir dich gleich dort ins Jenseits befördert. Stattdessen haben wir dich unter Drogen gesetzt. Dir einen

Vorgeschmack von dem gegeben, was ablaufen würde. Das haut immer mächtig rein. Und am nächsten Morgen hab ich dir erzählt, dass wir's miteinander getan hätten. Ich wusste aus deinen Büchern, dass du das als Band zwischen uns empfinden würdest und dass es deine anderen Bindungen schwächen würde. Und es hat geklappt, stimmt's?«

Sandy wollte sie vor Wut anschreien, sie beschimpfen, sie mit Wörtern zerschmettern, aber zum ersten Mal kamen keine. »Ich sollte dich auf der Stelle erschießen.«

»Du solltest, aber du wirst nicht. Ich kenne dich. Du kannst doch nicht auf jemand schießen, mit dem du so oft gebumst hast.« Sie machte einen Schritt auf ihn zu, langsam und selbstsicher.

»Bleib sofort stehen«, sagte er.

Ananda lächelte. »Du glaubst nicht an Gewalt. Erschieß mich, bring mich um, und du bist genauso wie ich, stimmt's?« Sie machte einen zweiten Schritt, einen dritten.

»Halt«, sagte Sandy. Seine Hände zitterten.

»Wohl kaum«, entgegnete sie. Ein vierter Schritt, ein fünfter, und ihre Hand schnellte hoch und entriss ihm die Pistole. Sie seufzte. »Ich hab's dir ja gesagt.«

Sandys Blick war kalt, wütend und verbittert. »Also tötest du mich jetzt auch. Na schön, dann los. Bring's hinter dich.«

Ananda neigte den Kopf zur Seite. »Todessehnsucht? Sandy, wenn ich dich töten wollte, wärst du jetzt schon tot. Ich stehe nicht rum und plaudere mit dem Feind. Vielleicht wäre es sicherer, dich kaltzumachen, aber ich kann das Risiko nicht eingehen.«

Eine Welle der Erleichterung überlief ihn. Ihm war schwindlig. »Risiko?«, erwiderte er matt.

»Es ist alles so undurchsichtig, deine Rolle bei dem Ganzen.

Aber in einem Punkt war Edan ganz deutlich. Du bist am Schluss dabei, ob das nun gut oder schlecht ist. Ich traue mich nicht, dich zu eliminieren. Charlie ist der Joker im Spiel, und wir brauchen ein komplettes Spiel, stimmt's?« Ihr Finger zuckte; die Pistole spuckte einmal, zweimal. Sandy spürte einen kurzen, schwachen Schmerz in der Schulter, ein anderer biss sich ihm, weiter oben, in den Hals. Taubheit breitete sich von dort aus, wo die Pfeile eingedrungen waren. »Gute Nacht, süßer Prinz«, sagte sie leichthin. Dann beugte sie sich vor und gab ihm einen raschen, sanften Kuss, während die Welt die Farben des Kaleidoskops durchlief und seine Beine zu weichem Wachs unter ihm wurden.

26

Nacht. Das Kopfsteinpflaster ist glatt und nass. Er läuft, endlos, rastlos, ohne Ziel. Wallender grauer Nebel liegt dicht auf der Straße. Es gibt keinen Verkehr, kein Geräusch. Selbst seine Stiefel gleiten lautlos über die Pflastersteine. Auf beiden Seiten erblickt er flüchtig das aufblitzende Licht von Neonreklamen, die ihn rufen, aber der Nebel verdeckt sie, sodass er die Schrift nicht lesen kann. Er weiß nicht, wie lange er schon auf dieser langen, geraden, dunklen Straße unterwegs ist, aber er ist müde. Trotzdem läuft er weiter. Die Feuchtigkeit lässt ihn bis in die Knochen frösteln, und er stellt seinen Mantelkragen hoch, aber es hilft nicht.

Jemand geht neben ihm her, mit Schritten so leise wie seine. Er schaut hinüber. Durch den Nebel nimmt er die Gestalt undeutlich wahr. Es ist eine junge Frau. Sie trägt einen kurzen Rock und ein rückenfreies T-Shirt. Lange, sonnengebräunte Beine werden plötzlich sichtbar, als sie sich seinen Schritten anpasst. Die Kälte scheint sie nicht zu stören. Sie ist sehr attraktiv, denkt er, obwohl er sie nicht deutlich sehen kann. Ihr langes, glattes Haar fällt ihr bis zum Kreuz herab. Sie hat eine Blume hinter dem Ohr stecken, eine Rose, deren leuchtendes Rot in dieser feuchten, grauen Welt grell hervorsticht. Sie laufen eine Weile nebeneinander, und schließlich fragt er sie, wo sie hingehen.

»Nach San Francisco«, erklärt sie ihm. Ihre Stimme ist

Freude und Musik und Unschuld. »Warum trägst du keine Blume im Haar?« Jetzt erkennt er die Stimme. Es ist Maggies Stimme, Maggie, wie sie vor langer Zeit geklungen hat. »Wir kehren zurück zu den Dingen, die wir in unserer Jugend so gut gelernt haben«, erklärt sie ihm, »zurück in die Zeit, als wir noch jung genug waren, um die Wahrheit zu kennen.« Es ist Sharons Stimme, schläfrig vom Sex, voll von Zuneigung und der Verspieltheit noch junger Liebe. »Komm, wir fliegen mit dem auffrischenden Wind«, drängt sie, »dorthin, wo wir verrückt und ausgelassen sein können.« Es ist Donna, die mit ihm spricht, großäugig und ernst; es ist Alicias sanfte Schüchternheit, Beckys trockener Witz, mit dem sie sich selbst herabsetzt, es ist Barbara, in die er auf der Junior Highschool verknallt war, ohne dass er es je gewagt hätte, sie um eine Verabredung zu bitten. Es ist Ananda, die neben ihm herläuft, jung und lächelnd und voller Leben, und vor ihnen liegt der Sommer der Liebe, wo der Himmel tiefblau ist, die Sonne immer scheint, das Dope gut ist und die Mädchen Blumen in den langen blonden Haaren tragen.

»Ach, mein Freund, du bist älter, aber nicht weiser«, sagt eine andere Stimme. »Denn die Träume in deinem Herzen sind noch immer dieselben.« Froggy läuft jetzt auf der anderen Seite neben ihm, er grinst und trägt eine knallrote Smokingjacke, eine Weste und eine Fliege. Sein Gesicht ist grün angemalt, und seine Zähne sind gelb. »Sander, mein Junge, das ist nicht das grüne, grüne Gras der Heimat, was da vorn auf dich wartet, und deine Verabredung ist nicht nur das hässlichste Weibsbild, das mir je unter die Augen oder sonst wo drunter gekommen ist, sondern ich sehe nichts in ihren Augen. Überhaupt nichts.«

Er versteht das nicht. Die Frau ist schön, war schön, war

immer schön. Er schaut wieder zu ihr hinüber. Aber jetzt ist das Rot, das durch den Nebel sticht, keine Rose, sondern eine klaffende Wunde, in der noch immer frisches Blut pulsiert. Ein hochgewachsener, dunkelhäutiger Junge geht neben ihm her, und seine Schläfe ist von einem Schlag mit dem Gummiknüppel aufgeplatzt. Es ist Bobby Kennedy, gebrochen, mit leerem Blick. Es ist ein schlankes, schwarzes Mädchen, das bei Unruhen getötet wurde. Es ist Martin Luther King, und sein Traum liegt in Scherben. Es ist ein schlurfendes Wrack von einem Mann in Uniform, sein Gesicht von einem Granatwerfer halb weggeblasen, und seine Gedärme quellen aus einem klaffenden roten Loch in seinem Bauch hervor. Er hält sie mit den Händen drin und läuft blindlings weiter in die nebelverhüllte Ferne. Andere, nur undeutlich sichtbar, folgen ihm. Ein ganzer Zug, eine Kompanie, eine Armee.

»Wer ist das?«, fragt er Froggy. »Wohin gehen sie?«

Froggy tanzt Walzer im Kreis, hält einen Phantompartner in den Armen und grinst. »Oh, don't you hear the drumming? To the battleground they're coming. Na ja, sie spielen ihr Lied, jawoll, jawoll.« Er schnippt mit den Fingern. »Wie ist gleich noch der Titel von dieser Platte? Ist mir entfallen, jawoll, jawoll.«

»*Music to Wake the Dead*«, flüstert Sandy.

Froggy zwinkert ihm anzüglich zu, deutet mit dem Daumen auf die dahinstolpernden Toten. »Muss schon Rock 'n' Roll sein, wenn du mit denen mitmarschieren willst.«

Edan Morse läuft jetzt zwischen den Toten. Sogar als Toter blutet er noch. Seine bloßen Füße hinterlassen dunkle, rote Fußabdrücke auf den Pflastersteinen. Er hustet, schleppt sich mit einem stockenden, gequälten, ruckweisen Schlurfen weiter. Und sieht Sandy. »Schluss, Schluss, Schluss mit dem Tanzen«, ruft er flehend, »gebt mir Zeit zum Atmen.« Er greift hilfesuchend nach ihm, die Hand von einem dünnen Blutschleier benetzt, aber Sandy hat plötzlich Angst, und er taumelt davon, rennt weg von der Parade.

Die Seitenstraße verengt sich, wird schmal und gewunden. Sandy ist jetzt allein: Er hat sich verirrt und fürchtet sich.

Riesenhafte, gequälte, vertraute Gesichter spähen aus Schatten nach ihm und jagen aus dem Regen heran. Er schreit auf, rennt, stolpert und fällt. Als er sich wieder auf die Beine kämpft, sind seine Hände wund und zerkratzt.

Ein Eingang zeichnet sich vor ihm ab. Er ist hell erleuchtet, eine Zuflucht in der erstickenden Dunkelheit, aus der das wunderbarste Licht dringt, ein strahlender Glanz, der nicht verlockender sein könnte. Im Eingang hockt Bambi im Lotussitz, ein Dutzend Kinder mit großen Augen zu ihren Füßen. Sie ist hochschwanger und lächelt, von tiefem inneren Frieden erfüllt, und sie spricht mit sanfter, zufriedener Stimme von dem, was jenseits dieser Tür liegt. Er muss hören, was sie sagt, muss die Worte der Weisheit hören, die Antworten erfahren. Er drängt sich durch die Kinder ins Licht. Bambi blickt zu ihm hoch, lächelt, öffnet den Mund. »Oo ee oo ah ah«, sagt sie, »ting tang walla walla bing bang. Oo ee oo ah ah, ting tang walla walla bing bang.«

»Nein!«, ruft er und weicht zurück. Die Kinder um ihn herum rasten aus. Sie zerren an seinen Knöcheln, bombardieren ihn mit Schokoladenkuchen, mit Räucherstäbchen, mit Kreuzen und winzigen Bechern Brause mit Traubengeschmack. Wild und furchtsam tritt er nach ihnen, kommt frei und rennt zurück ins Dunkel, fort von dem falschen Licht.

Die Schatten um ihn herum werden tiefer. Die Straße wird zu einem bloßen Fußweg, wird enger, windet und krümmt sich. Er bewegt sich durch ein nebliges Labyrinth. Die Ziegelwände sind nass, schmierig und von Graffiti übersät, spöttischen Slogans in fremden Sprachen. Er kann die Wörter nicht lesen. Aus abgedunkelten Türen, die ins Nichts führen, rufen ihn grell geschminkte Huren an. Über riesigen Brüsten und fleischigen Schenkeln tragen sie Minikleider in Neonfarben, aber die Dunkelheit lässt diese Farben abstoßend wirken, und ihre Gesichter haben etwas Skeletthaftes, die Augen unter all dem grünen Lidschatten sind hungrig und verlebt.

Vorne flackert ein weiteres Licht auf. Keuchend rennt er darauf zu und kommt auf einem großen Platz voller Menschen heraus. Hohe schwarze Gebäude ragen auf allen Seiten empor, verdunkeln den Himmel. Riesige elektrische Reklameflächen blinken aufdringlich. Die Menge singt, beugt den Kopf, kniet in Anbetung der Schriftzeichen nieder. Sie singen Werbejingles, offerieren Geld. Kämpfe brechen aus, während die Reklameflächen um Aufmerksamkeit wetteifern und Teile der Menge aufeinanderhetzen. Die Atmosphäre knistert. Riesenhafte Slogans und Cartoons drohen auf ihn herabzufallen. Überall knistern Neonröhren, blinken blitzend und lockend. Er spürt eine Hand auf seiner Schulter und dreht sich um. Lark lächelt ihn an und beginnt zu sprechen, aber kein Laut kommt aus seinem Mund. Sandy weicht zurück. Wieder schließt sich die Dunkelheit um ihn.

Stundenlang stolpert er durch blinde Gassen und tückische Straßen, die im Kreis führen und in sich selbst münden, bis er schließlich wieder auf der Hauptverkehrsader herauskommt, der langen, geraden Avenue, deren hohe eiserne Straßenlaternen im Nebel einen Lichthof haben. Aber die Straße ist jetzt leer, und er hat jede Orientierung verloren und weiß nicht, wohin er gehen soll. Er schlendert bis zur Straßenmitte und bleibt dort verwirrt und hilflos stehen, schaut erst in die eine Richtung, dann in die andere, hat Angst, sich zu bewegen. Die leeren grauen Nebelwände verdichten sich um ihn her. Er dreht sich um und um, immer wieder, in schwindelerregenden Kreisbewegungen.

Dann teilt sich der Nebel ein wenig, und da sind die Nazgûl. Sie tragen ihre Instrumente bei sich und spielen darauf, während sie dahinziehen, und andere laufen hinter ihnen her, eine Armee von Schatten, eine Armee von Erinnerungen, eine Armee der guten Absichten. Sandy läuft eine Weile mit. »Wohin geht ihr?«, fragt er Gopher John, Maggio, Faxon. Keiner von ihnen will antworten. Faxon blutet aus alten Wunden, und nur die Songs stillen seinen Schmerz. Maggios Körper ist ein grässliches Etwas aus Haut und Knochen, von offenen Geschwüren übersät. Gopher John schlägt, während er dahinschreitet, auf eine große Bass Drum, und sein Blick ist in weite Ferne gerichtet. Aber vorne läuft Hobbins mit sicherem Schritt, er lacht und zieht Sandy beiseite. Seine roten Augen brennen, Nadelspitzen aus Feuer im Nebel, und sein Mund verzerrt sich in grimmiger Belustigung. »Komm jetzt«, sagt er, »wir marschieren ans Meer«, und dann wirbelt er herum und springt weiter voran. Die Nazgûl folgen ihm, und hinter ihnen windet sich die lange, lange Kolonne, aber Sandy ist sich nicht länger sicher. Er tritt beiseite, schmiegt sich in einen Türeingang. Der Eingang ist zugemauert, und er findet dort keine Zuflucht; schließlich zieht die Kolonne vorbei, und er ist wieder allein.

Er sinkt zu Boden und sitzt mit ausdrucksloser Miene dort, den Rücken an den kalten, nassen Ziegeln. Er sitzt tagelang, aber der Nebel verfliegt nicht, und auch die Sonne geht nicht auf. Manchmal glaubt er, vertraute Musik zu hören, undeutlich und weit entfernt, aus der Richtung, die die Nazgûl eingeschlagen hatten. Dann wieder ist es gar keine Musik, sondern nur Schlachtenlärm. Er ist versucht, in diese Richtung zu gehen. Er fühlt sich verlassen und einsam.

Er hat den Kopf in die Hände gelegt, deshalb sieht er nicht, wie Maggie aus dem Nebel auftaucht, sieht nicht, woher sie gekommen ist. Aber auf einmal ist sie da. Sie hält seine Hand, und er blickt zu ihr hoch. »Wo sind all meine Geliebten hin?«, fragt sie mit klagender Stimme. Er weiß, wie die Antwort lauten sollte, aber er kann sie nicht aussprechen. Sie lächelt ihn an, ein tapferes, schiefes Lächeln, doch ihre Augen sind müde und traurig. Sie zieht ihn auf die Füße, zurück auf die Straße, zurück in den Nebel. Aber dann zögert sie, und Sandy weiß, dass sie sich ebenso verirrt hat wie er. Erneut hört er die Musik. Sie gibt ihm eine Richtung vor, die einzige Richtung, die in dieser schrecklichen grauen Welt übrig ist. Er nimmt ihre Hand, zieht sie mit sich, und sie machen sich auf, die Straße entlang. Die Musik wird lauter. Maggie lächelt jetzt, und sie beeilen sich, obwohl Maggie ihn einmal zurückhält, als er fast schon rennt, und sich beklagt, dass er zu schnell läuft. Er wird langsamer, und sie wandern unermüdlich weiter. Ihre Hand fühlt sich gut an in seiner, und ihr Gesicht ist ihm vertraut, voller Einverständnis und Zufriedenheit.

Dann stoßen sie mitten auf der Straße auf das Motorrad. Es ist ein großes Motortrike, rot, weiß und blau lackiert, und Slum sitzt darauf, die nackten Füße auf dem Lenker, Blumen in seinen mächtigen Bart geflochten, ein sanftes Lächeln im Gesicht. Er sieht, wohin sie gehen, und schüttelt den Kopf. Das Motortrike steht andersherum.

»Das verstehst du nicht«, sagt Sandy geduldig. »Dort gibt es nichts für uns. Hier lang. Komm mit.« Er zeigt in die Richtung.

Der Filzhut auf Slums Kopf bewegt sich von selbst, hebt sich, und ein winziges schwarzes Kätzchen lugt darunter hervor. Slum nimmt es herunter, streichelt es, seufzt. »Tut mir leid«, sagt er, »da vorn herrscht Krieg. Ich glaube nicht ans Töten.«

»Aber wir kämpfen für … die Dinge, auf die es ankommt«, sagt Sandy.

»Das sagt Butcher auch«, bemerkt Slum.

»Du bist ein Feigling«, sagt Maggie anklagend. Ist es wirklich Maggie? Ihre Stimme klingt fremd, und ihre Hand ist kalt geworden. Ihre Handkante ist von Schwielen gesäumt. »Feigling«, wiederholt sie.

»Das sagt Butcher auch«, bemerkt Slum erneut.

»Krieg ist gerecht, wenn die Sache gerecht ist«, sagt Ananda leidenschaftlich. »Manchmal ist es notwendig zu töten.«

»Das sagt Butcher auch«, bemerkt Slum.

»Wenn du kein Teil der Lösung bist, bist du ein Teil des Problems«, wendet Ananda ein. »Wenn du keiner von uns bist, gehörst du zum Feind. Wir müssen klare Fronten bilden.«

»Niemand ist im Recht, wenn alle sich irren«, sagt Slum.

Butcher Byrne tritt mit einer Schrotflinte aus dem Nebel. Er ist in Khaki gekleidet, mit einem Gesicht wie der Tod. »Nimm dich in Acht«, sagt er und richtet das Gewehr auf seinen Sohn. Ananda zieht selbst ein Gewehr hervor und tritt ihm entgegen. »Nimm dich in Acht«, sagt sie. Oder ist es wieder Butcher? Ihre Stimmen klingen völlig gleich.

»Eins, zwei, drei, wofür kämpfen wir?«, fragt Slum mit einem Achselzucken.

»Slum, ich hab mich verirrt«, sagt Sandy. »Wo gehe ich hin?«

»Folge dem Fluss«, schlägt Slum vor. »Folge den Kindern. Folge dem Neon in den Augen junger Verliebter.«

»Wie das?«, sagt er. »Ich kann nicht … kann nicht alles im Stich lassen. Froggy, Maggie, Lark, Bambi, mich. Dich. Besonders dich. Ich muss mit ihr zurück, muss mithelfen, dass es anders wird. Du weißt nicht, was er dir angetan hat.«

Slum greift in seinen Slum-Anzug und holt ein Foto heraus. Er reicht es Sandy und sagt: »Zeit, o schau doch, was aus mir geworden ist.« Es ist ein Schnappschuss von einem anderen Jefferson Davis Byrne, einem sauber rasierten, hageren Mann, dessen Augen matt und verwüstet sind, ganz in Weiß, mit vor Überraschung oder Schmerz offenem Mund.

Sandy nickt. »Siehst du?«, fragt er. »Dann weißt du's ja. Warum ich mit ihr gehen muss? Warum wir zurückmüssen?«

»Nee«, sagt Slum.

»Das Bild. Wie man dich fertiggemacht hat. Uns alle.«

»Ah, aber damals war ich so viel älter, heute bin ich jünger.« Slum tippt wieder auf das Foto. Es hat sich verändert. Der Mann auf dem Bild ist massig, beinahe fett, mit einem dicken, schaufelförmigen und von grauen Strähnen durchzogenen Bart. Er trägt ein Jeanshemd und ein rotes Halstuch; seine Wangen sind voll und rot, und sein Lächeln ist sehr breit. Es ist Slum; ein älterer, gesünderer, glücklicherer Slum. Sandy schaut zu ihm hoch. »Es ist nie zu spät«, erklärt Slum. »Ich lebe, hab ich recht?«

Sandy ist verwirrt. Er tritt einen Schritt zurück und sieht sich um. Der Nebel wogt immer noch lautlos um Ananda und Butcher einher, die einander mit gezogenen Schusswaffen und eisiger Miene gegenüberstehen, eingeschlossen in ein ewiges Tableau.

»Ich weiß nicht«, sagt Sandy. »Ich bin so durcheinander.«

»Die Besten zweifeln bloß«, erwidert Slum, »derweil das Pack voll leidenschaftlichem Erleben ist.« Er streichelt sein

Kätzchen, steckt es in seinen Hut zurück, setzt sich den Hut wieder auf den Kopf. Maggie sitzt hinter ihm auf dem Motortrike, die Arme um seine Taille geschlungen. Auch sie lächelt, und Sandy weiß nicht, wie er sie hat übersehen können. Slum packt die Griffe, tritt den Kickstarter durch, und das Motortrike erwacht brüllend zu geräuschvollem Leben.

»Wo fahrt ihr hin?«, fragt Sandy verzweifelt. Er will nicht im Nebel allein sein. Er will nicht mit Ananda und Butcher zurückgelassen werden. Er hat Angst vor ihnen.

Slum deutet mit dem Finger. »Dort ist eine Straße, kein simpler Highway, zwischen der Morgendämmerung und der Dunkelheit der Nacht.«

»Nehmt mich mit.«

Slum schüttelt den Kopf. »Tut mir leid. Wenn ich wüsste, wohin du willst, würde ich dich nach Hause bringen, aber auf meinem Weg darf mir niemand folgen.«

»Slum, ich muss dem ein Ende machen. Es nimmt alles seinen Lauf. Konfrontation, Krieg, Armageddon. Sie begreifen nicht. Es wird sie alle vernichten, die Nazgûl, Larry Richmond, Francie … Sie werden sie irgendwie opfern, Slum, und die Tore der Hölle werden sich auftun, und all die Toten werden zurückkehren.«

»Dann mach dem ein Ende, Sandy. Ändere es.« Er bringt das Trike auf Touren.

»Wartet«, ruft Sandy, »ich schaffe es nicht allein.«

Maggie grinst ihn unter ihrer gebrochenen Nase hervor schief an. »Klar schaffst du das, Liebster«, sagt sie und reckt einen Daumen hoch. »Superman und Green Lantern haben dir nichts voraus.« Slum drückt aufs Gas, und sie donnern davon, rasen durch den wogenden Nebel und reißen ihn in feine weiße Streifen. Sandy steht da und schaut zu, wie sie in der

Ferne verschwinden. Der Tunnel, den sie in den Nebel gerissen haben, schließt sich nicht. Er beginnt ihm zu folgen, läuft schneller und schneller. Schließlich fängt er an zu rennen, und endlich, endlich sieht er die Sonne, eine riesige weiße Sonne, die am Ende der Straße scheint. Er eilt darauf zu, und die Sonne wächst und wächst, bis sie sein Universum ausfüllt und die Traumfetzen vertreibt.

Als er zu sich kam, lag er auf einem schmalen Klappbett in einem mit Möbeln vollgestopften Motelzimmer. Die Vorhänge waren offen, und Sonnenlicht fiel ihm durchs Fenster ins Gesicht. Sandy legte eine Hand über die Augen und setzte sich mühevoll auf. Ihm war schwindlig. Er war groggy und desorientiert. Er sah sich um und erkannte das Zimmer nicht wieder. Wo war er? Wie war er hierhergekommen? Für einen Moment existierte nur eine vage, erschreckende Erinnerung daran, dass er endlose, nebelverhüllte Straßen entlanggeirrt war und seltsame, surreale Gespräche geführt hatte. Und dann begann der Traum sich zu entwirren, und die anderen Erinnerungen kehrten rasch wieder. Er erinnerte sich an Denver und an das Zimmer im Hilton, an Edan Morse und Gort, die tot dalagen, und an Anandas drei sanfte Küsse.

»Himmel«, entfuhr es ihm. Er musste sich anstrengen, um aufzustehen; er taumelte und fiel fast wieder hin. Er war schrecklich unsicher auf den Beinen. In seinem Kopf hämmerte es.

Das Zimmer war leer, das Doppelbett ungemacht. Auf die eine Hälfte hatte jemand eine Zeitung geworfen. Er hob einen Teil davon auf und starrte einen langen Augenblick auf die Buchstaben, unfähig, den Schlagzeilen irgendeinen Sinn zu entnehmen. Dann merkte er, dass es der Sportteil war, und plötzlich fand alles seinen richtigen Platz. Das Blatt war das

Albuquerque Journal vom 20. September. Er warf es aufs Bett und schaute noch einmal aus dem Fenster. Dem Stand der Sonne nach schien es später Nachmittag zu sein.

Sandy fühlte sich elend. Alles tat ihm weh. Seltsame Schmerzen schienen aufs Geratewohl auf seinen Körper einzustechen. Er hatte einen schlimmen Anfall von Schüttelfrost, und an seinem rechten Arm waren von oben bis unten Einstichmale. Aber er zwang sich, ins Badezimmer zu gehen, sich auszuziehen und zu duschen und unter dem kalten, eisigen Sprühregen stehen zu bleiben, bis das Wasser den Unrat seines langen Drogenschlafs fortgespült hatte. Als er sich abtrocknete, fühlte er sich besser, erheblich besser.

Seine Wagenschlüssel lagen auf dem Fernsehapparat. Im Schrank fand er frische Kleidung … und etwas anderes. Ein Gewehr. Schwarz und ölig, mit einem Riemen und einem großen Zielfernrohr. Sandy hatte keine Ahnung von Schusswaffen, hatte nie in seinem Leben eine abgefeuert. Aber er hob das Gewehr auf und hielt es fest, strich mit den Händen darüber; es zog ihn an. Er musste ihnen Einhalt gebieten, dachte er. Er erinnerte sich daran, auf welche Weise den Nazgûl schon einmal Einhalt geboten worden war, 1971.

Tagtraum stand direkt vor der Tür. Er war verdreckt, streifig vom Straßenstaub, seine Schnauze und die Windschutzscheibe von toten Insekten übersät. Das versetzte ihn in unglaubliche, irrationale Wut. Er öffnete die Heckklappe, warf das Gewehr hinein und leerte einen Kleidersack voll schmutziger Wäsche darüber aus. Dann stieg er ein und ließ den Motor an. Auf seiner Digitaluhr war es 16:49 Uhr. Er würde sich beeilen müssen.

27

Sandy hatte damit gerechnet, sich durch den Feierabendverkehr kämpfen zu müssen, doch als er westwärts auf die untergehende Sonne zufuhr, waren die Straßen von Albuquerque merkwürdig leer. Der Himmel war von einem hellen Eierschalenblau, eine irgendwie magische und sehr zarte Färbung; er wusste, dass sie nicht lange anhalten konnte. Die Menschen, die er auf den Bürgersteigen sah, wirkten zu ruhig, fast eingeschüchtert; von den wenigen anderen Autos, die er erblickte, hatte mindestens die Hälfte die Scheinwerfer an. Er fragte sich, was das zu bedeuten hatte. Es war, als hinge eine unheimliche Stille über der Stadt; sie erinnerte ihn an die Stille des Tagesanbruchs an jenem Morgen vor so langer Zeit, als Peter Faxon ihn mit hinauf in die Mesa genommen hatte, um mit dem »Fliegenden Auge« zu fahren. Vor langer Zeit hat mir mal jemand erzählt, dass vor dem Sturm meist Ruhe herrscht, dachte er. Und er fürchtete, dass es regnen würde, und zwar reichlich, bevor die Nacht vorüber war.

Am Stadtrand geriet er in die Straßensperre.

Tagtraum legte sich in eine lange, staubige Kurve, und da waren sie; zwei Wagen der Bundespolizei, die die Straße blockierten, und auf dem Bankett ein großer brauner, mit Segeltuch bespannter Lastwagen und ein Jeep. Der Jeep hatte hinten ein Maschinengewehr aufmontiert, und bewaffnete Nationalgardisten kauerten beiderseits der Straße. Er hörte einen schrillen Pfiff und sah einen Cop, der ihn herüberwinkte. Er bremste und lenkte Tagtraum an den Straßenrand. Er löste den Sicherheitsgurt, öffnete die Tür und setzte zum Aussteigen an, aber jemand packte ihn, riss ihn heftig herum und drückte ihn auf die Kühlerhaube des Wagens. »Beine breit!«, bellte eine scharfe Stimme.

Sandy spreizte Arme und Beine und hielt sie ganz still, während sie ihn abtasteten. Als es vorbei war, bekam er mit einem Gewehrkolben einen derben Schlag über den Hintern. »Na schön, beweg dich. Was zum Teufel glaubst du, wo du hinfährst?«

Er drehte sich um und sah sich einem kleinen, dunkelhäutigen Gardisten mit Unteroffiziersstreifen und feindseligen schwarzen Augen gegenüber. Sandy war selbst ziemlich wütend. »Was zum Teufel soll das bedeuten?«, wollte er wissen.

Der Gardist musterte ihn eingehend, betrachtete den Bart, die noch vom Duschen nassen, ziemlich langen Haare und die Jeans. »Komm mir bloß nicht dumm«, sagte er. »Ich hab dich gefragt, was du glaubst, wo du hinfährst. Ich warte auf eine Antwort.«

»In die West Mesa rauf. Zu dem Konzert.«

Der Gardist betrachtete den Mazda. Er richtete den Blick wieder auf Sandy. »Hast du Papiere für den Wagen?«

»Ja, klar.«

Er streckte die Hand aus. »Lass mal sehen.« Ein anderer Gardist war zur Heckklappe herumgegangen. »Und mach ihn auf.«

»Wozu?« Sandy dachte an das Gewehr hinten drin, unter der schmutzigen Wäsche, und für einen Moment war er der Panik nahe. »Sie haben keine Befugnis, den Wagen zu durchsuchen.«

Der Unteroffizier lächelte. »Willst du mit mir Streit anfangen?« Er winkte, und zwei weitere Männer kamen herbei, die Gewehre im Anschlag.

Das wurde langsam beängstigend, dachte Sandy. Er trat einen Schritt zurück. »Moment mal!«, sagte er und hob die Hände. »Lasst mich meine Brieftasche rausholen.« Er griff langsam nach hinten und zog sie aus seiner Jeans, klappte sie auf, blätterte sie schnell durch und hoffte heiß und innig, dass die Karten noch da waren. Er fand eine, zog sie heraus und hielt sie dem Gardisten hin. »Sehen Sie. Ich bin Reporter. National Metro News.« Er zog auch seinen Führerschein heraus. »Sehen Sie, hier, das bin ich, nur ohne Bart.«

Der Gardist warf einen Blick auf die Karte, betrachtete den Führerschein und musterte Sandys Gesicht. Widerstrebend nickte er. Es war ein Nicken, das Sandy noch aus der alten Zeit kannte, ein Nicken, das er früher mehr als einmal erlebt hatte, wenn seine Pressekarte ihm bei der einen oder anderen Behörde eine widerwillige Statusänderung eingebracht hatte.

Er setzte noch eins drauf. »Ich möchte mit demjenigen sprechen, der hier das Kommando führt.«

Der Unteroffizier wirkte einigermaßen unglücklich, aber er wandte sich an den Gardisten an seiner Seite. »Chavez, hol den Captain. Wir haben hier 'n Reporter, der will ihn sprechen.«

Captain Mondragon war ein dunkelhäutiger, grobschlächtiger Mann ungefähr in Sandys Alter. Er warf einen raschen Blick auf Sandys Ausweise und zuckte entschuldigend die Achseln. »Tut mir leid, wenn meine Leute Sie zu hart angefasst haben«, sagte er. »Wir sind an so was nicht gewöhnt, das müssen Sie verstehen. Und sie sind jung. Eigentlich Kinder. Das ist alles sehr aufregend für sie, und einige von ihnen schlagen ein wenig über die Stränge.«

»Was ist hier los?«, fragte Sandy.

»Das wissen Sie nicht?«, fragte der Captain. Er schien verwirrt.

»Ich bin heute Morgen auf diese Story angesetzt worden und von New York rausgeflogen. Hab nicht besonders drauf geachtet, was da reingetickert kam. Vielleicht können Sie mir ein wenig auf die Sprünge helfen.«

Mondragon schien nicht abgeneigt. »Hab selbst nicht sonderlich drauf geachtet, bis sie uns gerufen haben. Na ja, da gibt's nicht viel zu erzählen. Nachdem all diese Hippies den Befehl ignoriert haben, von hier zu verschwinden, hat die Polizei festgestellt, dass sie nicht damit fertig wird, und da hat man uns gerufen. Wir haben die Straßen gesperrt, aber das hat nicht viel gebracht. Sie sind über die Felder gekommen, über die Hügel und durch die Berge. Eine Horde von denen ist sogar mit einem Ballon reingeflogen, hab ich gehört. Wir haben nicht genug Leute, um das ganze Gebiet abzusperren. Im Moment warten wir gerade auf Verstärkung. Es heißt, dass wir reingeschickt werden sollen, um die Menge zu zerstreuen. Ich nehme an, dazu wird's erst kommen, wenn's Ärger gibt.«

»Ja? Wie ist Ihnen dabei zumute?«

»Einige meiner Männer sind wild auf die Chance. Es hat schon ein paar Auseinandersetzungen gegeben. Die Cops haben versucht, reinzugehen und ein paar Leute festzunehmen, und haben gründlich Prügel bezogen. Wenn's nach mir ginge, dann sollen die doch ihre verdammte Musik spielen.«

»Wie viele sind da oben?«

Mondragon zuckte die Achseln. »Hunderttausend, unserer offiziellen Schätzung zufolge.«

Sandy stieß einen Pfiff aus. Das waren fast doppelt so viele, wie 1971 in die West Mesa gekommen waren. »Ich soll darüber berichten«, sagte er. »Ich muss durch.«

»Ich weiß, wie's ist, wenn man einen Job zu erledigen hat.« Mondragon zupfte unglücklich an seiner Uniform. »Na schön, fahren Sie weiter. Sie müssen übers Bankett, aber wenn Sie's langsam angehen lassen, dürften Sie nicht stecken bleiben. Ich warne Sie, hauen Sie schnell ab, wenn es Ärger gibt. Ich habe gehört, dass man davon spricht, Panzer reinzuschicken und die Army zu holen. Dabei könnte es schnell ziemlich ungemütlich werden, und keiner wird wissen, dass Sie bloß ein Reporter sind. Man sagt, dass sie da drin auch Schusswaffen haben.«

»Sagt man das«, meinte Sandy grimmig. Er dankte dem Captain, stieg wieder in Tagtraum und fuhr langsam vom Bankett über ein holpriges, gefurchtes, festgetretenes Feld, bis er an der Straßensperre vorbei war. Zurück auf der Straße machte er, dass er fortkam.

Er sah andere Gardisten, Patrouillen, die durch die Umgebung streiften, und einmal machte er einen Mann aus, der hinter einem Wacholder kauerte und in ein Walkie-Talkie sprach. Er kam an einem alten Schulbus vorbei, der am Straßenrand geparkt war. Dann weitere Fahrzeuge; Volkswagen und Cadillacs, Pick-ups und Lieferwagen, Vans und Campingwagen, immer mehr, bis beide Seiten des Highways lückenlos von ihnen gesäumt waren.

Inzwischen konnte er Musik hören, den leisen, aber unverkennbaren Sound von »Johnny B. Goode«. Es waren nicht die Nazgûl. 1971 waren die Nazgûl bei Einbruch der Dunkelheit aufgetreten, nachdem den ganzen Tag eine Reihe von unbedeutenderen Bands gespielt hatten; Ananda hatte diesmal zweifellos dieselben Arrangements getroffen. Inzwischen war die Straße unbefestigt, und Sandy fuhr langsamer. Paare liefen Arm in Arm; sie machten ihm Platz und winkten vergnügt, während Kinder auf Fahrrädern vorbeisausten, was bei dem steinigen Boden eine wacklige Angelegenheit war. Auf den Feldern ringsum wimmelte es von Zelten, Schlafsäcken, Feuern und kleinen Pulks von Tanzenden, obwohl der Sound so weit weg noch kraftlos war. Sandy musste um ein Paar herumkurven, das sich mitten auf der Straße liebte; kurz darauf rollte er durch einen rennenden Schwarm lachender Männer mit bloßer Brust, die mit einem Basketball spielten.

Schließlich kam er mit dem Wagen nicht mehr weiter. Auf einer Kreuzung zweier unbefestigter Straßen stand ein riesiger Sattelschlepper quer – da war kein Durchkommen. Obendrauf kauerte eine Frau in einem Overall mit einem roten Armband und dirigierte den Verkehr. Sie winkte ihn auf das Feld zur Rechten, eine geballte Masse geparkter Wagen auf einem Präriehund-Dorf. Als er ausstieg, sah er, wie ein Präriehund eine Bierflasche aus seinem Loch schob. Das Tier bemerkte ihn und verschwand. Es tat Sandy leid. Andere Fahrzeuge kamen von Gott weiß woher an und keilten ihn ein. Er wartete, bis er unbeobachtet war, machte die Klappe auf und steckte das Gewehr in den Kleidersack, in dem er sonst seine Schmutzwäsche transportierte. Er schob ihn sich unter den Arm und ging zu Fuß weiter.

Mit jedem Schritt wurde die Menge dichter und die Musik lauter. Er kam am ersten Lautsprecherturm vorbei, einem hastig errichteten Metallskelett, das über der Landschaft aufragte, mit einem Ring von Lautsprechern ganz oben, aus denen die Musik dröhnte. Die Bühne selbst war noch nicht einmal in Sichtweite; der Turm war offenbar für Funkübertragung ausgerüstet. 1971 hatte es in der West Mesa keine Türme gegeben, sondern nur die riesige Anlage auf der Bühne, aber was bei einer Menge von sechzigtausend Leuten funktioniert hatte, würde für diese größere Menschenansammlung nicht genügen.

Wie viel größer sie war, erkannte er erst allmählich, als er weiterstapfte. Er schätzte grob, dass es von einem der großen Lautsprechertürme bis zum nächsten rund drei Kilometer waren, und er kam auf der Straße an drei weiteren vorbei. Mittlerweile stand die Sonne tief im Westen, und die Wolken, die sich dort bildeten, waren von unheilvoller purpurschwarzer Farbe, wie große angeschlagene Früchte, die im Begriff waren, blutspritzend zu platzen. Die Türme zeichneten sich als starre schwarze Silhouetten vor dem Himmel ab. Sie erinnerten Sandy an die Albträume von marsianischen Kriegsmaschinen, die er als Kind nach der Lektüre von *Krieg der Welten* gehabt hatte; wie die tödlichen marsianischen Schreiter besaß jeder Lautsprecherturm drei gewaltige Metallbeine, aber statt mit Hitzestrahlen waren sie mit Sound bewaffnet, einem Sound, der durch die geschwängerte Luft der Abenddämmerung hallte und die Erde erschütterte, einem Sound, der die Welt erfüllte und die Seele verbrannte. In der Nähe der Türme war die Musik etwas Lebendiges, Hämmerndes, Ohrenbetäubendes, aber dort drängten sich die Menschen am dichtesten. Sie lagen auf Decken und Handtüchern, komplett angezogen oder nackt oder halb bekleidet, allein oder als Pärchen. Sie saßen auf Felsen und ließen Joints oder Flaschen kreisen. Sie klatschten in die Hände und sangen mit der Musik mit. Sie tanzten, tanzten und tanzten. Ein paar besonders Mutige kletterten sogar auf die Türme und streckten sich, von Musik eingehüllt, auf dem heißen Metall aus. Die Menge umringte die Türme, bei jedem Turm war der Kreis dichter als beim vorherigen, bis es überhaupt keinen freien Raum zwischen den Türmen mehr gab, bis die Welt ein einziges zusammenhängendes Menschenmeer war, auf der Straße und abseits davon, überall leuchtende Farben und Musik und Menschen. Und da wusste Sandy, dass die

»offizielle Schätzung«, die Captain Mondragon ihm gegeben hatte, wie eigentlich alle offiziellen Polizeischätzungen von Zusammenkünften bei Rockkonzerten und von Demonstrationen so lächerlich niedrig war – und das mit Absicht –, dass es einen rasend machte. Hunderttausend, hatte Mondragon gesagt. Sandy war immer noch Journalist genug, um den Umfang einer Menge schätzen zu können. In der West Mesa waren mindestens dreimal so viel, und vielleicht erheblich mehr. »Bis wir Woodstock erreichten, waren wir eine halbe Million.« Ihm lief es kalt den Rücken hinunter, als er sich ins Gedächtnis rief, dass Albuquerque weniger Einwohner hatte, als hier an seinem Rand versammelt waren.

Er kam an einer Reihe von Toilettenwagen vorbei, wo Hunderte geduldig darauf warteten, die jeweiligen Einrichtungen zu benutzen. Die Band spielte »Proud Mary«, hart und heiß. Im Westen ging rasch die Sonne unter. Die Wolken bedeckten den Horizont, eine Wand aus düsterem Purpur. Er kam an einem Heißluftballon vorbei, der am Boden festgemacht war. Seine Hülle war ein strahlendes, gelbes, lachendes Gesicht. Drei Frauen in der Gondel winkten Freunden unten zu, während ein Mann durch ein Teleskop in die Ferne spähte. Die Band spielte »Summer in the City«, aber mit dem Sonnenuntergang begann sich die Hitze jetzt zu verflüchtigen, und in ein paar Stunden würde es in der hoch gelegenen Einöde tatsächlich kalt sein. Er kam an einem weißen Hotdog-Wagen vorbei, der fest verschlossen war. Auf einem großen Schild an der Seite stand AUSVERKAUFT. Die Buchstaben waren von aufgesprühten Beschimpfungen überdeckt. »Profitgeier!« stand da in Rot, und »Fleischfresser!« noch größer in Grün. Eine andere Band spielte »Riders on the Storm«. Im Zwielicht verschwammen die Gesichter. Die Füße taten ihm weh.

Weit vorn, jenseits einer wogenden Fläche von Menschen, sah Sandy die Bühne. Sie war in zuckendes buntes Licht getaucht. Nicht weit entfernt stand ein schlanker Schwarzer mit einem Fu-Manchu-Schnurrbart und einem Fernglas um den Hals. Sandy lieh sich das Fernglas und betrachtete die Bühne genauer. Er musterte die Instrumente, die Musiker, die Menge, die um die Bühne herumschwirrte und tanzte, die Sicherheitskräfte, die jeden hinunterstießen, der hinaufzuklettern versuchte. Die Bühne befand sich drei Meter über dem Boden; dahinter ragte ein zehn Meter hohes Gitterwerk aus Metall auf, das Lautsprechertürme und Lichttraversen trug. Zwei gewaltige Holzbalken stützten die gesamte Struktur. Sie kreuzten sich in einem riesigen X hinter den Musikern.

Sandy wollte das Fernglas zurückgeben, aber der Mann, der es ihm geliehen hatte, war verschwunden. Er behielt es und ging weiter. Die letzten beiden Lautsprechertürme standen ungefähr sechshundert Meter von der Bühne entfernt, einer auf jeder Seite, nach außen gerichtet. Er machte sich auf den Weg zum nächsten, dem rechts von der Menge.

Es ging nur langsam voran. Die Dunkelheit brach jetzt schnell herein, und der Boden war uneben und felsig. Überall waren Menschen, schoben ihn zuerst in diese, dann in jene Richtung. Er musste sich durch sie hindurchkämpfen, wobei er den Kleidersack fest umklammert hielt und ihn manchmal wie ein Baby in Brusthöhe vor sich hertrug. Einmal drückte sich eine Frau an ihn, ein schlanker, hübscher Rotschopf mit leeren Augen. Sie hatte sich die Bluse um die Taille gebunden, und ihre kleinen Brüste streiften seine Brust. »Willste bumsen?«, fragte sie. Wortlos ließ er sie stehen. Später stieß er mit einem haarigen Mann in einer Art Jeansanzug zusammen, der mit Hakenkreuzen und Friedenszeichen verziert war, und der

Mann funkelte ihn an und sagte: »Was zum Teufel soll das Geschiebe, Mann? Willst du 'n Messer reinkriegen? Ich schneid dich auf, du Arschloch.« Dann war auch er fort, von den Gegenströmungen sich wiegender Körper weggeschwemmt.

Als Sandy hundert Meter von dem Turm entfernt war, ging das Bühnenlicht aus, und die Welt wurde still.

Man konnte spüren, wie die Stille sich in der Menge ausbreitete. Die Musik hörte auf, die Tanzenden hielten inne, und Gespräche brachen ab – immer weiter pflanzte es sich in Wellen nach draußen fort. »Ja«, hörte er eine Frau neben sich mit leiser, rauer Stimme flüstern. »Ja«, wie sie einen Liebhaber anspornen würde, der sie zum Höhepunkt brachte. »Ja, ja, ja.« Auf der abgedunkelten Bühne bewegte sich etwas. Die PA gab ein pfeifendes Zischen von sich und sprach.

»DIES IST DIE STUNDE«, sagte sie.

»DIE STUNDE!«, brüllte das Publikum zurück, eine halbe Million Stimmen, die die Stille zerrissen. Captain Mondragon und seine Männer hörten das bestimmt noch in einer Entfernung von Kilometern, wie eine ungeheure Flutwelle, die sich an den Bergen brach. Sandy hob das Fernglas gerade in dem Moment, als das rauchige rote Licht anging, nur Blut und Feuer, und da saß Gopher John Slozewski mit finsterer Miene auf seinem Thron zwischen den schwarz-roten Drums.

»DIES IST DER TAG!«, röhrten die Lautsprecher.

»DER TAG!«, antwortete die Menge, und ein zweiter Scheinwerfer ging an, ein ungesundes grünes Licht, voller Verfall, und da stand Rick Maggio und grinste höhnisch, und seine Finger schwebten über den Saiten seiner Gitarre.

»DIES IST DAS JAHR!«

»DAS JAHR!«, kreischten sie, und ein tiefvioletter Spot ging an und zeigte die Silhouette von Peter Faxon und seinem

Rickenbacker, verwandelte ihn in einen undeutlichen, blutunterlaufenen, ausdruckslosen Schatten. Er trug eine wohlbekannte Jacke, eine weiße Lederjacke mit langen, wehenden Fransen, und in dem violetten Licht sahen die alten Blutflecken fast schwarz aus.

»DER ...«

»NAZGÛÛÛÛÛÛÛÛÛL!!!«, schrie die Menschenmenge, und alle Scheinwerfer flammten auf einmal auf, wischten über die Bühne hin und her, veränderten sich, tanzten, blinkten in einem wilden, hypnotischen, stroboskopartigen Rhythmus an und aus, der noch die kleinste Bewegung festhielt und erstarren ließ und verstärkte und deutlich sichtbar herausarbeitete. Und Patrick Henry Hobbins trat in einem schwarzen Jeansanzug auf die Bühne, mit einer auf den Schritt genähten amerikanischen Fahne, auf der dort, wo die Sterne hätten sein sollen, das Auge von Mordor prangte, und er hängte sich seine Gibson um und lachte das großspurigste Lachen der Welt und sagte: »Yeah! Na schön, ihr Arschgeigen, macht euch startklar. Jetzt gibt's Rock, bis euch die Ohren bluten!«, und sie schrien noch mehr, hießen ihn tobend willkommen, und Hobbins schlug auf seine Gitarre ein, und die Musik brauste aus den Verstärkern, wilder und überwältigender als jeder andere Sound der Welt, und Hobbins' Stimme schallte kilometerweit.

Hey baby, what's that in the skyyyyy?!

Ein Feuerwerk wölbte sich über ihnen, eine sich ausdehnende Flammenwand, während die Nazgûl »Napalm Love« sangen und das Publikum unten klatschte und jubelte. Sandy senkte das Fernglas. Er spürte die Wucht der Musik. Sie jagte durch seinen Blutstrom, berührte ihn, schüttelte ihn. Er wollte mitmachen, sein Gewehr loslassen, in die Hände klatschen und mit der Menschenmasse um ihn her verschmelzen, es alles geschehen lassen. Aber er konnte nicht, er konnte nicht. Er biss sich auf die Lippe und schob sich weiter auf den Turm zu.

Es war dasselbe Set wie in Denver. Red Rocks war der Probelauf gewesen; in der West Mesa ging es ums Ganze. Er konnte die Erregung in der Menge um ihn her spüren, konnte fühlen, wie die Veränderung begann, wie all diese Tausenden und Hunderttausenden miteinander verschmolzen, eins wurden, eine ungeheure Bestie mit einer halben Million Augenpaare und einer einzigen Stimme, einem einzigen Herzen, das jetzt schneller schlug, schneller und heftiger und stärker. Er schaute nach oben, und die Sterne erwiderten seinen Blick mit einer Milliarde gelber Augen. Er sah sie nicht funkeln. Sie schauten herab, streng und eisig und ach so stetig.

Mit jedem Schritt pulsierte der Sound lauter, flippte die Menge mehr aus. Sandy merkte, dass er gegen die Musik ankämpfte, fast als wäre sie etwas Lebendiges, ein zähes dunkles Geschöpf, das um jeden Schritt des Weges mit ihm rang. Song auf Song schob er sich weiter, drängte Leute beiseite, bewegte sich auf die brüllende Musik zu. Das Getöse wurde lauter, je näher er dem Turm kam, lauter und immer lauter. Es röhrte auf ihn ein, es zischte und fauchte, es schüttelte ihn wie ein übernatürlicher Wind aus uralter Zeit, der aus dem Nichts heranfegte, aus unvorstellbarer Finsternis. Es kostete ihn unendliche Anstrengung, auch nur einen Meter voranzukommen. Durch »Elf Rock« und »Cold Black Water« und »Crazy Cara« drängte er sich vorwärts – er kämpfte gegen den füßestampfenden Beat von »Jackhammer Blues« an, gegen die Körper, die sich zu »Poison Henry« wiegten und zu »Schuylkill River« Boogie tanzten. Er hörte die Schreie, als Maggio sein Hemd auszog und es in die Menge schleuderte, sah den farbigen Rauch von der Bühne wallen, als die Nazgûl sich mit voller Kraft in »Makin' War« stürzten. Im selben Moment öffnete sich eine schmale Lücke in der Wand aus Körpern vor Sandy. Er sah sie und tauchte hindurch, ganz nach vorn zum Sockel des Lautsprecherturms. Eine Bewegung in der Menge drohte ihn davon wegzureißen; er bekam das gewaltige Metallbein zu fassen und hielt sich daran fest, als ginge es um sein Leben. *»Makin' war, makin' war, makin' war, war, WAR!«*, sang die Menge immer und immer wieder, während Maggio und Hobbins improvisierten.

»Mach, dass du da runterkommst, verflucht!«, hörte er eine bekannte Stimme ganz in der Nähe sagen.

Ein paar Meter weit weg war ein Mädchen auf das Gerüst geklettert. Der Ruf war von oben an sie gerichtet. »Mach, dass du vom Turm runterkommst, verdammt noch mal!«, sagte die Stimme, und ein stämmiger Mann beugte sich von dem Eisenträger, auf dem er balancierte, zu ihr hinüber und schlug dem Mädchen mit einem Nunchaku fest auf die Finger. Sie kreischte, ließ los und fiel auf die anderen unter ihr herab.

Auf der Bühne blitzte rotes, gelbes und weißes Licht in blendender, explosiver Folge auf. Die silberverspiegelte Sonnenbrille des Mannes über ihm warf Reflexionen zurück. *»Makin' war, makin' war, makin' war, war, WAR!«* Gopher John ging in ein langes Schlagzeugsolo über. Alles schrie, pfiff und krümmte sich. Schweigend starrte Sandy zu Mirrors hinauf. Es ließ sich nicht ändern.

Er wartete, bis Mirrors den Blick abgewandt hatte, dann zog er sich auf den Turm hinauf und kletterte los. Das Ding war aus bloßem, scharfkantigem Metall zusammengebaut, das sich schmerzhaft in seine Handflächen grub, während er sich daran hochzog. Der Kleidersack unter seinem Arm war lästig und schwer, und er rutschte dauernd weg. Immer wieder musste er innehalten, ihn richtig umhängen und von Neuem anfangen. Er hatte kaum drei Meter geschafft und befand sich auf derselben Höhe wie der Aufpasser, als Mirrors sich umdrehte und ihn sah.

Sandy versuchte zurückzuweichen, sich im Schatten des Stützpfeilers zu verstecken, aber es hatte keinen Zweck; er war entdeckt worden. Mit dem sicheren Schritt einer Katze kam Mirrors über einen Eisenträger auf ihn zu, das Nunchaku in der Hand. Er konnte nirgendwohin fliehen, dachte Sandy. Er klammerte sich an den Pfeiler, bereit, das Gewehr als Knüppel zu benutzen.

Da blieb Mirrors stehen. »Du«, sagte er. Und nickte. »Hab dich nicht erkannt. Kletter ruhig weiter rauf.« Er lächelte und wandte ihm den Rücken zu.

Einen Moment lang stand Sandy mit vor Anspannung erstarrtem Körper ungläubig da. Dann packte er wieder unbeholfen das Gewehr und setzte seinen Aufstieg fort.

Er war in keiner guten Verfassung. Drei- oder viermal musste er anhalten und Atem schöpfen. Der Kleidersack mit dem Gewehr war unerträglich, und zweimal hätte er ihn beinahe fallen lassen. Schließlich hielt er inne, zog sich den Sweater aus und benutzte ihn, um sich den Kleidersack mit einer groben Schlinge auf den Rücken zu binden. Das war besser, aber selbst damit war er erst zwanzig Meter hoch, als die Nazgûl unter misstönendem Applaus, Gepfeife und Gebrüll in ihre Pause gingen. Das stetige rhythmische Klatschen von Hunderttausenden von Händen war so laut, dass es den Boxenturm vibrieren ließ, und es gab einen schrecklichen Augenblick, wo Sandy sicher war, dass die Resonanz im Begriff stand, das ganze Gebilde in sich zusammenstürzen zu lassen. Aber dann reagierten die Nazgûl auf die Rufe und kamen wieder heraus. Sandy hing an der Seite des Turms und sah zu. Hobbins nahm einen Schluck aus einer Taschenflasche, Maggio nahm eine Pille, und dann ging das Getöse wieder los – sie eröffneten das zweite und letzte Set mit »Blood on the Sheets«. Zu dem Zeitpunkt war er nur noch acht Meter von der Spitze entfernt, und das schrille Pfeifen der Hochtöner so dicht neben ihm war ein Messer aus Schall, das ihm Zahnschmerzen verursachte und ihn beinahe von seinem gefährlichen Sitz herunterriss. Er fuhr zusammen und hielt sich schwankend und mit zusammengebissenen Zähnen fest. Dann kletterte er fast verzweifelt die letzten Meter nach oben und zog sich auf die Plattform, an der die Lautsprecher befestigt waren. Sie vibrierten unter dem Ansturm der Musik. Die Lautstärke war ohrenbetäubend. Sandy zog Tempos aus den Taschen, feuchtete sie im Mund an und stopfte sie sich in die Ohren. Das half ein bisschen, aber vor der Musik gab es kein Entrinnen. Sie war überall um ihn herum. Schwer atmend von dem Aufstieg, rollte er sich auf den Rücken. Seine Hände waren wund und blutig. Für lange Augenblicke wollte er nur dort liegen bleiben.

Sie spielten eine lange, stürmische Version von »Blood on the Sheets«, und sie spielten auch »Ash Man«, und immer noch fand Sandy nicht die Kraft, sich zu bewegen. Dann schnitt Maggios schrille, polternde, angeätzte Stimme aus den riesigen Lautsprechern glatt durch die behelfsmäßigen Ohrstöpsel, die er sich gebastelt hatte. »Die Wichser haben versucht, uns dran zu hindern, heute Abend hier zu spielen«, sagte Maggio. »Was sagt ihr dazu?«

»SCHEISS DRAUF!«, brüllte die Menge zurück.

»Sie haben gesagt, diese Versammlung ist illegal, ist das zu fassen?«, knurrte Maggio. »Sie haben gesagt, bleibt zu Hause. Sie haben gesagt, löst euch auf.«

»SCHEISS DRAUF!«, schrien eine halbe Million heisere Stimmen.

Maggio lachte. »Aber genau! Sie sind jetzt da draußen, wisst ihr. Die Wichser wollen uns immer noch aufhalten. Sie haben Panzer und Knarren und ihr beschissenes Napalm, aber sie werden uns nicht aufhalten, diesmal nicht, da könnt ihr einen drauf lassen! Werden sie's?«

»NIEMALS!«

»Aber vielleicht versuchen sie's. Und wenn, ist mir das scheißegal. Wisst ihr, warum? Weil ich wütend bin!«

»Wie wütend bist du?«

Ein Soundsperrfeuer aus der Fender Telecaster, tausendfach verstärkt; ein einziger sengender, lodernder, kreischender Akkord, der durch die Nacht vibrierte. »Also«, sagte Maggio, »ich bin echt total sauer!« Die Nazgûl explodierten, der Beat hämmerte los, und Maggio sang seinen Zorn hinaus.

Ain't gonna take it easy
Won't go along no more
Tired of gettin' stepped on
When I'm down here on the floor

Sandy rollte sich herum, kroch an den Rand der Plattform, machte den Reißverschluss des Kleidersacks auf und zog das Gewehr heraus. Er stieß den Sack von der Plattform und sah zu, wie er in die Menge fiel, die unter ihm tobte und brodelte. Sandy stützte das Gewehr auf und nahm Maggio ins Visier. Er war jetzt näher dran, und das Zielfernrohr hatte eine stärkere Vergrößerung als das Fernglas. Er konnte alles ganz deutlich sehen. Maggio schwitzte heftig. Die wunden Stellen in seinem verwüsteten Gesicht waren mit Make-up verdeckt, aber der Schweiß hatte die Schicht zerlaufen lassen, und jetzt sahen sie offen und hässlich und schmerzhaft aus. Kleine Bäche von Feuchtigkeit rannen im Licht der Scheinwerfer an Maggios Brust hinab. Sandy konnte die Rippen zählen. Maggio legte alles, was er noch hatte, in den Song, goss giftige Säure über alle Ungerechtigkeit der Welt aus und grinste höhnisch auf seine Gitarre hinab, während er alles aus ihr herauspresste. Der Song heulte wie ein dämonischer Wind aus der PA, aber es war nur die Verletztheit und der Schmerz eines einzigen Menschen, die ganze Bitterkeit und Unsicherheit und Furcht, die in Rick Maggios Innerem wohnten und jetzt mit Macht wieder herauskamen.

How I'm ragin', sang Maggio.

RAGIN'!, antworteten sie und nahmen seinen Schmerz in sich auf.

Die Musik war so heiß, dass man davon Blasen bekommen konnte.

Maggio befand sich genau im Fadenkreuz. Sandy legte den Finger um den Abzug. Er konnte der ganzen Sache jetzt ein Ende machen. Maggio war der Schlimmste von ihnen, dachte er bei sich. Ein schwacher Mann, ein verbitterter Mann, ein Mann, der nicht wusste, wie man liebte, nur wie man jemandem wehtat. Niemand würde ihn vermissen. Nimm Maggio statt Hobbins, dachte er, und die Welt ist besser dran.

RAGIN'!, schrien sie.

Im Zielfernrohr sah Maggios Schweiß fast wie Tränen aus. Sandy nahm den Finger vom Abzug. Nicht Maggio. Nein. So widerwärtig Maggio auch sein mochte, er war unschuldig. Er konnte ihn nicht töten, ganz gleich zu welchem Preis. Die

Nazgûl waren bei alldem nur Schachfiguren, alle bis auf einen. Alle bis auf Patrick Henry Hobbins. Bei Hobbins wäre es etwas anderes, dachte Sandy. Das würde kein Mord sein. Schließlich war Hobbins bereits tot.

Während Maggio sang, erschien Francie auf der Bühne, tanzte mit geschlossenen Augen umher und klatschte über dem Kopf in die Hände. Ihr Anblick, wie sie sich vor dem riesigen X zur Musik bewegte, jagte Sandy einen Schauer über den Rücken.

Als der Song zu Ende war und der Applaus schließlich abflaute, trat Hobbins wieder nach vorn. Die Scheinwerfer konzentrierten sich, beleuchteten nur sein Gesicht, diese fahlweiße Maske und die flammend roten Augen. »Bluten euch schon die Ohren?«, fragte er mit einem Grinsen.

»NEIIIIIN!«, brüllten sie zurück.

»Gut, gut«, sagte Hobbins. »Dann müssen wir wohl lauter spielen!« Die einleitenden Takte von »Survivor« brandeten um ihn her auf.

Well, he came back from the war zone all intact
And they told him just how lucky he had been

Es war der langsamste Song aus dem Album; Hobbins rührte sich nicht von der Stelle, während er sang. Sandy zielte auf ihn. Das Fadenkreuz umrahmte die blasse, von weißen Haarsträhnen bedeckte Stirn. Jetzt?, dachte er. Er zögerte und ließ das Gewehr dann sinken. Nicht jetzt. Es war … war irgendwie nicht richtig. Es musste später sein, bei einem anderen Song.

Er sah auf. Über ihm leuchteten noch die Sterne, aber die Wolken zogen jetzt schnell heran und verschlangen sie einen nach dem anderen. Trotzdem würde es heute Nacht kein Gewitter geben, keine wilden Blitzschläge, die das Dunkel durchschnitten. Das war eine andere Art von Wolken – dunkel glitten sie über den Nachthimmel. Mit ihnen kamen die Kälte und eine Stille und ein Schweigen, das selbst die Musik der Nazgûl zu verschlucken drohte.

Sandy ertappte sich dabei, dass er dieser Musik jetzt zuhörte, ihr kurze Zeit wirklich zuhörte und jeden Gedanken an das beiseiteschob, was er in einer Minute oder zwei oder zehn tun musste. Der Song war so traurig wie Liebeskummer und so unausweichlich. Die Musik hatte etwas Machtvolles an sich. Was sie sonst auch immer sein mochten, die Nazgûl waren immer noch eine verteufelt gute Rockband. Sie berührten ihn jetzt, wie sie ihn zum ersten Mal vor vielen Jahren berührt hatten, als er als Teenager ihre erste Platte auf seinem ersten Plattenspieler gehört hatte. Seine Eltern hatten das nie verstanden. Sie hörten die Freude im Rock nicht, das Leben, das in ihm steckte, die Schönheit. »Lärm«, nannte es sein Vater. Seine Mutter, die zu viele Treffen der Eltern-Lehrer-Vereinigung und zu viele Gottesdienste besuchte, war schlimmer. »Teufelsmusik«, pflegte sie barsch zu sagen. Vor ihr musste er seine Doors-Platten verstecken.

Sandy dachte an Jamie Lynch, der, an einen Schreibtisch gefesselt, seine Angst in die Nacht hinausgebrüllt hatte und auf einem Konzertplakat verblutet war. Er dachte an die Teenager, die im Gopher Hole verbrannt waren, die gegen verschlossene Türen geschlagen hatten, während das Metall glühend heiß wurde und der Rauch um sie herum aufstieg. Er dachte an Balrog, dem man in einer Gasse den Hals aufgeschlitzt hatte, an das Blut in Edan Morse' Augen und an das Geräusch, das Gorts Genick gemacht hatte, als es brach. Vielleicht hatte sie recht gehabt, dachte er.

Aber die Musik strömte aus den riesigen Lautsprechern hinter ihm, ein Song, der sanft dahinfloss, der ihn verfolgte und ihn dazu brachte, dass er weinen und toben und die Welt verbessern wollte, und Sandy wusste, dass es nicht so war, dass es nie so gewesen war. Er nahm das Fernglas wieder hoch und sah hindurch, diesmal nicht auf die Bühne, sondern in die Menge. Er wusste nicht, wonach er suchte. Er fand nur Gesichter. Ein dicker Mann mit einem angetörnten Lächeln. Eine umwerfende junge Frau, die auf den Schultern ihres Freundes ritt, die Augen geschlossen. Eine andere Frau, unscheinbar und dick, die tanzte, ganz für sich, aber nicht allein, denn sie war ein Teil von allem, ein Teil der Menge, ein Teil der Musik und ein Teil der Nacht. Ein Biker – vielleicht derselbe, der ihm vorhin gedroht hatte, ihn aufzuschlitzen –, der linkisch zur Musik auf und ab hüpfte; die Spannung war aus seinem Gesicht gewichen. Gut und schlecht, alt und jung, männlich und weiblich, glücklich und traurig. Gesichter. Menschen.

Es war ein gutes Konzert, dachte er stumpf, als er das Fernglas sinken ließ. Damals 1971 war West Mesa ein großartiges Konzert gewesen, erinnerte er sich; alle hatten sie darin übereingestimmt, es war phantastisch gewesen, bis dieser Schuss aus der Dunkelheit abgefeuert worden, bis Hobbins in Blut und Schweigen gestorben war, ohne seinen Song beendet zu haben. Und jetzt sollte es wieder geschehen, und er musste den Schuss abfeuern. Oder nicht? Oder nicht?

Der Gedanke machte ihn krank.

Da draußen, unter ihm, applaudierten sie wieder, zu Hunderten und Tausenden, sie waren um ihre Feuer und ihre Türme geschart, sie hielten Händchen und umarmten einander und tanzten miteinander und sangen und pfiffen und klatschten, während er, allein, hier oben lag. Der Song war zu Ende, erkannte Sandy undeutlich. Und jetzt setzte die Musik erneut ein, aber der Unterbau war härter und schwerer, und die Gitarrenlicks waren höhnisch und böse.

Turning and turning in the widening gyre

Aus einer halben Million Kehlen kam ein geflüstertes Versprechen, das durch die Dunkelheit seufzte.

He's coming!

Hobbins legte sich in den Text, während die Gitarren sangen.

The falcon cannot hear the falconer

Und Sandy beobachtete ihn durch das Zielfernrohr des Gewehrs. Es sah aus, als starrte Hobbins direkt zu ihm herauf, als schauten diese dunkelroten Augen ihm tief in die seinen, als sänge Hobbins nur für ihn.

The best lack all conviction, while the worst
Oh, they're full of passion, and intensity

Jetzt, dachte Sandy, während ein Ozean von Menschen *He's coming!* sang, lauter und lauter mit jeder Wiederholung. Aber er zog den Abzug nicht durch. Die Besten zweifeln bloß. Warum zögerte er? Es würde kein Mord sein. Schließlich war Patrick Henry Hobbins 1971 gestorben. Dies war nur ein dämonischer Doppelgänger. Es war ein Toter, der da unten sang.

Oh yes, I know, I know

That twenty centuries of stony sleep
Were vexed to nightmare by a rockin' cradle
Oh, a rocknrollin' cradle

Aber was war mit Larry Richmond? Vielleicht war es Hobbins, der da sang, aber es war Richmonds Körper. Töte Hobbins, und Richmond stirbt ebenfalls. Und Hobbins … Sandy erinnerte sich von früher her an ihn. Arrogant, frech, von sich selbst, seinem Erfolg und seinem Talent eingenommen, vielleicht ein bisschen abgedreht von den Drogen, vielleicht gerade im Begriff durchzuknallen … aber ein Ungeheuer? Nein. Nur ein Rocksänger, ein guter Rocksänger, kaum mehr als ein junger Kerl. Faxon hatte ihn am besten von allen gekannt, und Faxon hatte ihn geliebt.

HE'S COMING!, schrien sie.
HE'S COMING!!
HE'S COMING!!!

Und die Scheinwerfer erloschen, alle bis auf einen, und Hobbins stand da, blickte auf sie alle hinaus, hoch zu den Sternen, und er lächelte ihnen zu und sagte: »Ich bin hier.«

»Ja«, flüsterte Sandy. Und er wusste, dass es wahr war. Aber wer war hier, wer, wer? Der Antichrist? Der Teufel? Ein Ungeheuer? Oder nur der Hobbit?

Die Nazgûl stimmten »Prelude to Madness« an. Auf dem Turm ausgestreckt, das kalte Metall unter sich, die stampfenden Lautsprecher hinter sich, hörte und sah Sandy ihnen zu. Noch ein Song, nur noch einer. Dann würde der »Armageddon Rag« kommen, aber Edan Morse hatte gesagt, die Wiederauferstehung sei eine Lüge, das Armageddon werde ewig währen, und das Blut werde nicht aufhören zu fließen. Er musste es aufhalten. Oder nicht?

Charlie is the joker in the deck

Und er war Charlie. »Tut mir leid, Charlie«, hatte Hobbins in Red Rocks zu ihm gesagt, und Ananda hatte es später zugegeben, und das war der Grund, warum sie ihn nicht getötet hatte. Morse hatte es die ganze Zeit über kommen sehen, hatte ihn am Schluss hier gesehen, hier oben zwischen der Erde und den Sternen, mit diesem Gewehr in der Hand. Sandy spürte, wie ihm die Kälte das Rückgrat entlangkroch. Wenn Morse es wusste, dann wusste Ananda es auch, oder nicht? Wusste, wo er sein würde. Wusste, wozu.

Die Wagenschlüssel auf dem Fernseher.

Unbewacht.

Er war genau zur rechten Zeit aufgewacht.

Mirrors Lächeln, als er ihm den Rücken zuwandte.

Queens beat aces every time, yeah!

Schlägt die Königin auch den Joker?, fragte er sich. Er war nicht sicher; er war in keinem Punkt sicher. Die Nazgûl sangen, und eine halbe Million Menschen sangen mit.

Wolfman looked into the mirror
and Lon Chaney looked back out

Sandy starrte zu der schwarzen, heftig bewegten Wolkendecke hinauf. Ein kalter Wind ließ ihn erschauern. Das Gewehr in seiner Hand fühlte sich schwer und ölig an, fremd. Wabernde

Dissonanzen und seltsame Echos vibrierten durch die Luft. Er beobachtete wieder die Bühne, sah Francie tanzen, sah das riesige X hinter ihr. Wenn er nicht schoss, würden sie sie darannageln, sie bluten lassen, sie ausziehen und ihr die Augen herausreißen, während die Menge zum Rag tanzte, dem endlosen Rag, während die Dämonen sich draußen sammelten und niemand auf seine Warnung hörte. Wenn er dem kein Ende machte. Wenn er nicht schoss.

Oder ... oder vielleicht ... wenn er schoss?

West Mesa, 1971. Eine Kugel aus dem Nichts, Hobbins tot, sechzigtausend Menschen in blinder Panik. Acht Tote, Hunderte von Verletzten. Und jetzt? Ein weiterer Schuss, eine weitere blutige Leiche, die Musik ein für alle Mal vernichtet, aber die Menge war so viel größer heute Nacht, und sie würde wissen, dass es der Feind gewesen war, der Feind, der die ganze Zeit versucht hatte, sie aufzuhalten, der Feind da draußen in den Panzern und Jeeps und Uniformen, der Feind, der sie umzingelte, sie einpferchte wie Tiere. Für einen Moment konnte er es deutlich sehen, so wirklich wie die Gespenster, die einander in jener Nacht auf den Straßen von Chicago bekämpft hatten. In ihrem Zorn und ihrem Kummer würden sie die Türme niederreißen, einander in Stücke reißen, Ananda und ihre Kader mit den roten Armbinden würden Francie ans Kreuz nageln und das Blutopfer darbringen und die Kontrolle übernehmen, Hobbins würde wieder von den Toten auferstehen, und die Band würde weiterspielen, weiter und weiter, für immer, sie würden den »Armageddon Rag« spielen in Dunkelheit und Kälte, während die Heere der Toten sich sammelten und in die Nacht ausschwärmten.

Die Musik hatte aufgehört. »Prelude to Madness« war abgelaufen. Und jetzt, ganz langsam, begann es.

This is the land all causes lead to
This is the land where the mushrooms grow.

Wieder konnte er sie am Horizont sehen, konnte unter sich den gedehnten Laut des Erstaunens hören, als die Menge sie auch sah; Phantomtürme in Rot und Purpur und brennendem Indigo, von blendendem Feuer gekrönt, die langsam erblühten und die Welt mit Wut und Hass verschlangen.

To the battleground I'm coming,
Oh, don't you hear the drumming?
They're playing the armageddon rag, oh!
Playin' the armageddon rag!

Was aber, wenn er sich irrte? Was, wenn er nichts tat und sich irrte? Hobbins tanzte durch das Visier des Gewehrs. Hobbins bewegte sich, stolzierte herum, sang mit seinem Körper ebenso wie mit seiner Stimme. Sandy verlagerte das Gewehr und fand ihn wieder, verlor ihn, fand ihn, verlor ihn. Flüchtig erblickte er durch das Zielfernrohr Faxon, der hinter Hobbins in der Schusslinie stand. Er zielte wieder auf den Hobbit und zögerte, den Finger am Abzug. Er hörte, wie Bambi ihm erklärte, er müsse glauben. Woran? An seine Instinkte? Oder an seine Albträume? »Du weißt, was du tun musst«, flüsterte Maggie. Froggy lachte rüde und stieß sein lautes, feuchtes Geräusch aus. »Und dann schmierst du ihnen Spaghetti ins Haar, jawoll, jawoll.«

This is the day we all arrive at,
This is the day we choose.

Die Welt drehte sich schwindelerregend. Der Nachthimmel war gestreift, Wolkenbänder wechselten mit Bändern voller Sterne in schwarzer Tinte. Unter ihm war eine unendliche Armee. Unter ihm war eine kleine, eingeschüchterte Menge. Der Lautsprecherturm kam ihm unwirklich vor. Er blickte durch massives Metall auf den Boden darunter. An seinem Handgelenk zeigte Spiro Agnew mit beiden Händen senkrecht nach oben.

Sandy schob das Gewehr beiseite und stand auf.

Er hatte drei Schritte zur Rückseite des Turms hin gemacht, als sie hinter den Lautsprechern hervortrat und ihn anstarrte, ihr Gesicht verwirrt und wütend. »Was tust du?«, fragte sie, schrie ihn über die Musik hinweg an. »Zurück mit dir. Schieß!« Mirrors musste es ihr gesagt haben, dachte Sandy. Sie war so geschmeidig und leise, dass er nicht einmal gehört hatte, wie sie auf den Turm geklettert war.

»Das ist es, was du willst«, erwiderte er. »Die ganze Zeit bin ich es gewesen, stimmt's? Der Joker im Spiel. Der Attentäter.«

»Erschieß ihn!«, schrie sie. Jetzt war sie nicht mehr schön. Ihr Haar flatterte in einem finsteren, eisigen Wind, und ihr Gesicht war von fast animalischem Zorn verzerrt.

»Schmier dir doch die verfluchten Spaghetti in die Haare!«, erklärte ihr Sandy.

Well you're a killer too
All the dead look just like you
When they're playin' the armageddon rag! YEAH!
They're playin' that armageddon rag!

Sie sprang auf ihn zu und packte ihn. »Los!«, schrie sie. »Los, oder ich brech dir dein verfluchtes Genick, genau wie Gort. Los! LOS!«

Sandy entspannte sich. Aus irgendeinem Grund hatte er keine Angst. Er hatte keine Angst mehr. »Der Tag des Jüngsten Gerichts ist gekommen, Baby«, rief er ihr zu, »und du und ich, wir haben verschiedene Seiten gewählt. Erschieß ihn doch selbst.«

Die Nazgûl schlitterten in die Überleitung hinein, den langen Instrumentalteil, die Gitarren schrillten und heulten, die Drums hämmerten, der Bass rumorte unsagbar tief, während das unermesslich große Publikum dort unten sich schüttelte, mit den Füßen stampfte und ohrenbetäubend Beifall schrie. Ananda schaute von Panik erfüllt auf und hielt sich mit der Hand in der Luft im Gleichgewicht. »Es ist zu spät, verflucht«, kreischte sie. »Ich mach's selbst.« Sie war unglaublich schnell. Im einen Moment ließ sie ihn los, im nächsten hatte sie schon das Gewehr.

»Es wird nicht klappen«, rief Sandy ihr zu.

Hobbins tobte herum, tanzte zu dem Song und lachte. Eine halbe Million Menschen lachten und tanzten mit ihm. »Halt still«, murmelte Ananda. »Halt still, verflucht!«

Er trat hinter sie. »Die Entscheidung liegt nicht bei dir: Es wird nichts bedeuten. Ich musste es sein, der Joker im Spiel, der schießt und alles tötet, woran ich immer geglaubt habe. Gib's auf, 'Nanda. Es wird nicht klappen.«

Sie beachtete ihn nicht. Das Gewehr bewegte sich in kleinen Kreisen, während sie Hobbins damit folgte. »Ahhhh«, hauchte sie schließlich. Und drückte ab. Das Jaulen des Schusses ging im Jaulen der elektrischen Gitarren unter.

Hobbins taumelte zurück, als Sandy eben sein Fernglas hob. Eine Schockwelle lief durch die Menge. Faxon hörte auf zu spielen. Maggios Gitarre kreischte im Feedback und verklang. Gopher Johns Drums ertönten einen Moment lang einsam und verloren, bis auch er erstarrte.

Stille, wie angehaltener Atem.

Hobbins strich sich das weiße Haar aus den Augen und grinste. »Tut mir leid, Charlie«, sagte er. »Müssen die Drogen gewesen sein.« Sie lachten, Tausende von ihnen. Hobbins Gesicht war rot, aber es war ein heftiges Erröten, kein Blut. Er sah direkt zu Sandy und Ananda und entlockte seiner Gibson einen kurzen, ausgelassenen Klang, einen Akkord, der sich brodelnd emporschwang. Dann führte er die Nazgûl in den Song zurück, und Musik erfüllte die Dunkelheit. Über ihnen rissen die Wolken auf. Sandy sah Sterne an einem klaren Himmel funkeln.

»Nein«, sagte Ananda mit vor Ungläubigkeit belegter Stimme. Sie lud erneut durch und wurde mit dem Klicken eines leeren Magazins belohnt. Wieder und wieder feuerte sie; das Gewehr klickte und klickte.

»Man hat nur einen Schuss«, sagte Sandy. »Du hast danebengeschossen.«

Sie legte das Gewehr weg, sprang auf und kam auf ihn zugestürzt. »Es war ein volles Magazin! Ich hab's selbst geladen! Und ich konnte nicht danebenschießen, ich hatte ihn direkt im Fadenkreuz.«

»Dann hast du ihn vielleicht getötet«, sage Sandy traurig.

Ananda verstand nicht; sie war wütend und verwirrt. Unten spielten die Nazgûl den »Resurrection Rag«, wie er nie zuvor gespielt worden war, und eine halbe Million Menschen klatschten mit und lächelten und tanzten zu dem Beat. Sandy fühlte sich kraftlos und müde und dennoch irgendwie sehr gut. Es war, als ob er etwas gefunden hätte, etwas Wertvolles, das er vor langer, langer Zeit verloren hatte.

This is the day we'd dreamed about
This is the land where the flowers grow.
And all my hopes I'm bringing,
Oh, don't you hear the singing?
And all my dreams I'm bringing,
Well, can't you hear the singing?
And all my pain I'm bringing,
And I'm joinin' in that singing!
They're playing the resurrection rag, oh!
Playin' that resurrection rag!
YEAH! That everlovin' funky goddamned
RESURRECTION RAAAAAAAG!

Die vier Nazgûl sangen die letzte Zeile gemeinsam, ein einziger wilder, freudiger Aufschrei. Bass, Gitarren und Drums verschmolzen miteinander und erzeugten ein donnerndes, tumultartiges Crescendo, ein gewaltiges pulsierendes brennendes zischendes rammbamm hammermäßiges Abräumer-Finish, das lauter und lauter und lauter und LAUTER wurde und dann jäh abbrach. Für den Bruchteil einer Sekunde herrschte völlige Stille. Und dann fing der Lärm an. Applaus. Gelächter. Pfiffe. Jubelrufe. Schreie. Pandämonium. Von weit her brandete der Beifall durch die Dunkelheit, wurde immer lauter und stürmischer und nahm kein Ende.

Die Ovation hielt fünf, zehn, fünfzehn Minuten an. Zweimal versuchte Faxon, mit den Nazgûl in eine Zugabe einzusteigen, aber selbst als die Musik einsetzte, wurde der Applaus nicht merklich schwächer, und beide Versuche waren zum Scheitern verurteilt. Zuletzt standen die Nazgûl einfach nur da und ließen sich davon überwältigen.

Sandy klatschte mit allen anderen. Die Schnittwunden auf

seinen Handflächen gingen wieder auf und bluteten von Neuem, aber er spürte es kaum. Er klatschte, bis seine Hände wund und geschwollen waren. Er klatschte und klatschte und klatschte.

Ananda stand neben ihm, stumm und verloren.

Schließlich begann sich der Tumult zu legen, ließ Stück für Stück nach, nahm ab und wurde leiser. Und dann war es wieder still. Patrick Henry Hobbins, der seinen Song endlich beendet hatte, trat an den Rand der Bühne und breitete seine Arme nach ihnen allen aus. »Ich liebe euch, ihr gottverdammten Arschlöcher«, sagte er zu ihnen. »Bluten euch schon die Ohren?«

»JA!«, brüllten sie zurück. »JA, JA, JA!«

Hobbins lächelte ein kleines, trauriges, schmerzliches Lächeln. Irgendwie schien er jetzt von innen heraus zu leuchten, und es war etwas Geisterhaftes an ihm, wie er dort stand, etwas Durchscheinendes und Überlebensgroßes. Für einen langen Moment schien es so, als wäre er nicht allein, als bevölkerten andere die Bühne rechts und links von ihm. Da stand ein schlanker, junger Schwarzer in gespenstischer Aufmachung, lange, leuchtende Tücher wehten von seinem Hals und seiner Taille herab, eine elektrische Gitarre hing vor seinem zerknitterten Hemd. Da war eine dickliche junge Frau mit zu großer Brille, einem geblümten Kleid und einer violetten Federboa, die sich um ihren Hals ringelte, und auf ihrem Gesicht lag ein breites, strahlendes, schiefes Lächeln. Da bewegte sich ein gutaussehender, ernster Mann mit einem Vollbart, der Schlangenlederstiefel und enge Lederklamotten trug. Und hinter ihnen waren andere, so viele andere, Dutzende, Hunderte vielleicht, leuchtend und blass, Schatten aus einem ruhelosen Gestern, das jetzt erst zur Ruhe gebracht worden war, und sie alle waren tot, und alle würden sie für immer in der Musik weiterleben, in den Klängen, die nie, nie sterben würden.

Der Wind blies sanft, und sie waren fort. Die Nazgûl standen allein auf einer leeren Bühne. Und ganz vorn stand Larry Richmond. Mit einem Ausdruck verwirrter Angst im Gesicht starrte er auf die ungeheure, ehrfürchtige, schweigende Menge und wandte sich voller Panik ab. Inzwischen hatte Peter Faxon seinen Bass abgeschnallt und eilte ihm zu Hilfe. Die zwei Männer umarmten sich. Durch das Fernglas konnte Sandy sehen, dass sie beide weinten.

28

Alles in allem war es eine tolle Party gewesen. Sandy hatte in der Hotelsuite nur vom Feinsten aufgefahren, und jeder hatte zu viel gegessen und zu viel getrunken, bis auf Bambi, die nichts außer dem Tee anrühren wollte und fortwährend davon redete, wie ungesund alles Übrige wäre, und bestimmt nicht aus biologischem Anbau. Sandy kriegte sie dran. Er steckte dem Pagen einen Zehner zu, und fünfzehn Minuten später kam der Mann mit einer silbernen Servierplatte zurück. Er stellte sie direkt vor Bambi hin und hob den Deckel ab, und zum Vorschein kamen ein Haufen cremegefüllter Hostess-Schokotörtchen, dreißig Zentimeter hoch aufgestapelt. Bambi starrte sie einen Moment lang entsetzt an, dann brach sie hilflos lachend zusammen, und danach stand sie auf und drückte Sandy eins davon ins Gesicht, bevor sie sich hinsetzte, um sechs davon zu verzehren. »Die würden prima zu Rohmilch passen«, sagte sie.

Sandy behielt Schokoladenkuchen und Creme überall im Gesicht zurück, aber das machte nicht allzu viel, weil Maggie eine Menge Champagner getrunken hatte, und Champagner machte sie immer auf süße, betrunkene Weise sinnlich, und so setzte sie sich auf seine Knie und leckte an ihm, bis alles weg war. Froggy beobachtete den Vorgang und machte unverschämte Bemerkungen. »Und dann beißt du ihm einfach das Ohr ab, jawoll, jawoll«, schlug er mit bösartigem Krächzen vor, aber Maggie kicherte und ignorierte ihn. Froggy blieb nichts anderes übrig, als davonzuschlendern und mit Fern über Aura-Balancing zu sprechen.

Bambi hatte sowohl Fern als auch Ray aus der Kommune mitgebracht. Froggy hatte Samantha mitgebracht, eine klassisch schöne Brünette, die sich für Sandy als Enttäuschung erwies, weil sie eher Raquel Welch als Andy Devine ähnelte. Sie hatte jedoch Humor, was man auch brauchte, wenn man mit Froggy Cohen zusammenleben wollte. »Ich werde nie vergessen, wie ich den armen Kerl zum ersten Mal rangelassen hab«, erzählte sie ihnen allen. »Da lagen wir auf meinem Bett, er auf mir drauf, und sein magischer Twänger rauschte immer rein und raus, und plötzlich beugt er sich vor, schielt lüstern, seine Stimme verändert sich, und er sagt« – ihre eigene Stimme senkte sich zu einem herrischen, froschigen Krächzen – »›du kommst jetzt auf der Stelle, jawoll, jawoll‹.« Froggy wurde tatsächlich rot. »Das Tollste war, ich kam«, schloss Samantha, und alles brüllte vor Lachen.

Am Ende hatten jedoch weder sie noch Bambis Freunde das erforderliche Durchhaltevermögen, und sie gingen einer nach dem anderen schlafen, bis nur noch die vier übrig waren. Sandy ließ noch mehr Champagner heraufkommen, und Bambi saß da und strickte, während er und Froggy und Maggie einer Flasche nach der anderen den Garaus machten und die ganzen alten TV-Titelsongs durchsangen. Sandy hatte ordentlich einen sitzen, Maggie rieb ihre Nase an seinem Hals, und Froggy intonierte unzählige obszöne, imaginäre Strophen zu *Have Gun, Will Travel*, als es an die Tür klopfte. Es war schon fast eins. »Wahrscheinlich eine Beschwerde wegen des Lärms«, sagte Sandy, aber er ging trotzdem hin, um aufzumachen.

Draußen stand ein gepflegter kleiner Mann mit kastanienbraunen Locken und einem bleistiftdünnen braunen Schnurrbart. Er trug maßgeschneiderte Jeans, eine Weste, ein Cambrai-Arbeitshemd mit offenem Kragen und hohe Stiefel, und er hatte eine Gitarre dabei. Sandy starrte ihn mit offenem Mund an.

»Das sieht wirklich intelligent aus, Blair«, sagte Lark mit seinem alten spöttischen Lächeln. »Mach den Mund zu, bevor eine Biene reinfliegt.«

»Ich hätte nicht gedacht, dass du kommst«, sagte Sandy.

»Wer?«, fragte Maggie, die hinter ihm stand.

»Du hast mir eine Einladung geschickt«, sagte Lark.

»Ja, klar, aber du warst nicht hier … Ich meine, du hast dich nicht gemeldet, und die Fete hat schon vor Stunden …«

»Nun spuck's schon aus, Blair«, meinte Lark. »Zum Teufel, der Star kommt immer als Letzter.« Er schlenderte an Sandy vorbei ins Zimmer.

»Lark!«, rief Maggie aus. »Konntest nicht wegbleiben, was?«

Bambi stand von ihrer Strickerei auf und eilte durchs Zimmer, um ihn herzlich zu umarmen.

Froggy warf ihm einen scheelen Blick zu und stieß sein rüdes, feuchtes Geräusch aus. »Er hat die Gitarre mitgebracht. Er wird singen. Ich weiß es, jawoll, jawoll.« Er rollte die Augen.

»Das ist eine Wiedersehensfeier, richtig? Ich hab immer gespielt, wenn wir früher zusammengekommen sind, also hab ich gedacht, es wäre doch witzig, wenn …«

»Du hast früher *versucht*, für uns zu spielen, Lark, mein Junge«, sagte Froggy. »Und das ist was ganz anderes.«

»Was trinkst du, Steve?«, fragte ihn Sandy.

Lark warf ihm das alte, spöttische Lächeln zu. »Lark«, sagte er.

Maggie stieß einen Laut des Entzückens aus. »Er hat's wieder getan!«

»Könnt ihr mich in den Name-des-Monats-Club aufnehmen?«, fragte Froggy. »Ich werde ein gutes Mitglied sein, jawoll, jawoll.«

Bambi lächelte ihm zu und umarmte ihn beifällig. »Gut.«

Lark streckte sich auf einem Sessel aus, sein Bein lässig über eine Lehne geworfen. »Hab diese ganze Werbeszene satt, wisst ihr? Dreiteilige Anzüge und drei Martinis zum Lunch, das wird nach einer Weile langweilig. Es ist ein aufregendes Leben, aber oberflächlich. Also dachte ich, ich mach mal Pause mit dem Leben auf der Überholspur, komme her und schau mir an, wie ihr Clowns klarkommt.«

»Leben auf der Überholspur«, wiederholte Sandy.

»Würde dich in einer Woche ausbrennen, Blair«, erklärte ihm Lark.

»Ohne Zweifel«, sagte Sandy.

»Sander eignet sich mehr für das Leben auf den Rastplätzen«, behauptete Froggy.

»Und«, sagte Sandy, »wann bist du gefeuert worden, Lark?«

Das Ellyn-Lächeln flackerte und verschwand dann ganz. »Ich bin nicht gefeuert worden«, sagte er mit einer Spur Gereiztheit. »Der Auftrag, an dem ich gearbeitet hab, ging an eine andere Agentur, und mich hat man fallen lassen. So was passiert die ganze gottverdammte Zeit in der Werbung; und es wirft kein schlechtes Licht auf …«

Maggie setzte sich auf seinen Schoß. »Still jetzt«, sagte sie. Sie küsste ihn auf die Nase. »Bambi wirft mit Kuchen nach dir, wenn du weitermachst.«

»Schokoladenkuchen«, sagte Bambi gefährlich. »Mit Cremefüllung. Äußerst unbiologisch.«

»Haut deine Aura sofort vom Hocker, jawoll, jawoll«, sagte Froggy.

Lark Ellyn schaute von einem lächelnden Gesicht zum anderen und schüttelte angewidert den Kopf. »Ich kann nicht glauben, dass ich hier bei euch Verlierern rumhänge«, sagte er.

»Wir sind vielleicht Verlierer, aber wir sind deine Verlierer«, erklärte ihm Froggy.

Sandy brachte Lark ein Glas Champagner. Er nahm es entgegen, nippte daran, gab Maggie einen Schluck und sah dann auf. »Blair, es bringt mich um, das zu sagen, aber ich nehme an, man hat dir gratuliert. Dein Buch da macht sich recht gut, hat man mir gesagt.«

»Es bezahlt deinen Champagner«, sagte Sandy. »Sechs Wochen auf der Bestsellerliste der *Times*.«

»Und noch kein Ende in Sicht!«, ergänzte Maggie. Ihr Grinsen war schief und sehr betrunken. »Ich wette, es bleibt *für immer* da oben!«

»Wir könnten gemeinsame Kasse machen«, meinte Froggy.

»Ich hatte noch keine Zeit, es zu lesen«, sagte Lark. »Aber das werd ich noch. Ich versprech's.«

»Du wirst wahrscheinlich auf die Taschenbuchausgabe warten, jawoll, jawoll«, sagte Froggy anklagend.

»Es ist dir gewidmet«, sagte Sandy.

Lark Ellyn wäre fast an seinem Champagner erstickt. Keuchend und spuckend schnappte er nach Luft. Maggie, die noch immer auf seinem Schoß saß, brüllte vor Lachen und stieß ihre Beine in die Luft. *»Was?«*, sagte Lark endlich. »Du verarschst mich doch. Hör auf damit, Blair. Wir mögen uns nicht mal.«

Sandy grinste. »Ich hab nicht gesagt, dass es dir allein gewidmet ist. So taktlos bin ich nicht. Es ist euch allen gewidmet.«

»Ein billiger Trick, Sander, mein Junge«, beschwerte sich Froggy. »Eine pauschale Widmung ist nur 'ne schäbige

Methode, die Verkaufszahlen des Buches hochzutreiben, glaub nicht, dass ich das nicht weiß. Wenn ich nicht bald eine Solowidmung kriege, dann höre ich auf, dir beizubringen, wie man Mädchen aufreißt, das schwöre ich.«

»Ich will es sehen«, sagte Lark.

Sandy nickte. »Ich hab ein Exemplar im Schlafzimmer.« Er ging hinaus und holte es. Es war ein hübsches, dickes, schweres gebundenes Buch. Den Schutzumschlag zierte ein Foto der Nazgûl bei einem Auftritt. Über Pat Hobbins' Gesicht lag das Fadenkreuz eines Gewehrs. Der Titel lautete. *Das Jahr der Nazgûl*, in leuchtend roten Buchstaben. Darunter stand kleiner: *Ein Insider-Bericht. Von Sander Blair.*

Er reichte es Lark, auf der Widmungsseite aufgeschlagen. Dort stand:

Für Maggie, Lark, Bambi, Froggy und Slum

... mit einiger Unterstützung von meinen Freunden bin ich über die Runden gekommen.

»Aber was soll das heißen, ›über die Runden gekommen‹«, sagte Lark. »Über welche Runden?«

»Lies das Buch«, sagte Sandy. »Da steht alles drin. Ich hoffe, du verstehst es besser als die Rezensenten. Sie wissen nicht mal, ob es ein Roman oder Journalismus ist.« Er zuckte die Achseln. »Um die Wahrheit zu sagen, ich weiß es manchmal selbst nicht recht.« Er ging zur Bar, goss sich etwas Champagner ein und trank einen kleinen Schluck. »Ich weiß die Glückwünsche zu schätzen«, sagte er, »aber manchmal frage ich mich, ob ich sie wirklich verdiene. Es war ein Buch, das sich ... na ja ... fast von selbst geschrieben hat.«

»Gleich kriegt er einen Anfall von Bescheidenheit!«, plärrte Froggy, die Hände an den Mund gelegt. »Haltet ihn auf, bevor er an Demut stirbt.« Stirnrunzelnd blätterte Lark die Seiten durch. »Diese Frau wird bald vor Gericht gestellt, nicht wahr? Wie heißt sie?«

»Ananda Caine«, sagte Maggie. Sie schnitt ein Gesicht. »Miese Kanaille.«

»Das war nur einer ihrer Decknamen, wie sich herausgestellt hat«, sagte Sandy. »Sie hatte eine Menge Namen. Und auch eine Menge mitgemacht. Ihr Vater war ein alter Folksänger, der sich umbrachte, als er auf die schwarze Liste kam. Ananda selbst ist in den frühen Sechzigern in Alabama von mehreren Männern gleichzeitig vergewaltigt worden, als ihre Mutter da unten in der Bürgerrechtsbewegung arbeitete. Sie war erst dreizehn gewesen. Manchmal kann ich das alles fast verstehen, was sie getan hat. Manchmal kann ich's überhaupt nicht verstehen. Ich nehme an, bei dem Prozess kommt alles raus. Ich frage mich, ob sie auch nur die Hälfte davon glauben werden.« Er seufzte und trank noch etwas Champagner. »Mein Verleger rechnet damit, dass der Prozess monatelang auf Seite eins stehen und die Verkaufszahlen von meinem Buch in die Stratosphäre befördern wird. So viel zum Thema Literatur.«

Lark sah sich wieder die Widmung an. »Danke, sollte ich wohl sagen«, meinte er. Er blickte noch einmal auf und sagte: »He, was ist mit Slum? Wo ist der alte Slummer?«

Das wischte allen das Lächeln vom Gesicht. »Das hab ich vergessen«, sagte Sandy, »du weißt ja nichts von Slum.« Er erzählte es ihm müde. Als er fertig war, machte Lark ein ungläubiges Gesicht. »Das ist der eigentliche Grund, warum ich das Buch geschrieben habe«, schloss Sandy.

»Versteh ich nicht, Blair«, sagte Lark. »Wie soll das Buch Slum helfen?«

»Die Geschichte war wüst genug, deshalb wusste ich, dass es ein Kinderspiel sein würde, einen großen Treffer zu landen.

Und ich war genau mittendrin.« Er lächelte schwach. »Mein Verleger sagt, dass es die Verkaufszahlen von Butchers letztem Buch inzwischen weit hinter sich gelassen hat. Und jeder verdammte Cent geht in einen Fonds, um Slums Anwaltskosten zu bezahlen. Ich hab schon ein paar superteure Anwälte besorgt, die heiß auf die Sache sind, und Froggy hat ein paar von seinen ACLU-Freunden dafür gewonnen. Und wenn mir das Geld ausgeht, hat Peter Faxon seine Hilfe angeboten. Faxon und ich sind uns seit West Mesa recht nahegekommen, und glaub mir, Peter könnte Butcher aus der Portokasse kaufen und verkaufen. Es gibt keine Garantien, aber ...« – er hob sein Glas – »... ein Toast auf Slum, der, wie ich ganz fest hoffe, nächstes Jahr hier sein und mit uns anstoßen wird!«

Lark hob ebenfalls sein Glas. Maggie kletterte von seinem Schoß herunter, ging schwankend zur Bar und schenkte den übrigen ein. Sie tranken alle, selbst Bambi, die nicht viel von Alkohol hielt. Es schmeckte verdammt gut, süß und kalt und vielversprechend.

Hinterher erzählte Froggy einen Elefantenwitz, und von da gingen sie zu Traubenwitzen und dann zu Witzen über tote Babys über, und schließlich war jeder so betrunken und stoned, dass sie bereit waren, Lark singen zu lassen. Er sang »Lemon Tree« und »Leavin' on a Jet Plane« und »If I had a Hammer«, und Froggy saß neben ihm und murmelte: »Wenn du einen Hammer hättest, würdest du dir den Daumen breit hauen, jawoll, jawoll«, und der dunkelste Teil der Nacht kam und ging, und sie saßen zusammen und sangen und scherzten und unterhielten sich, und einer nach dem anderen kippten sie um, selbst Froggy. »Abzeichen«, sagte er groggy, »ich brauch keine stinkenden Ab... Abz...«, und plötzlich schnarchte er, und Sandy war allein.

Nachdenklich saß er da, schlürfte schalen Champagner und schaute seine schlafenden Freunde an. Vielleicht schlief er selbst; er war sich nicht sicher. Aber als die Dämmerung durch das Fenster fiel, war er wach. Das Zimmer war von schwerem Atmen und morgendlicher Stille erfüllt, und es erinnerte Sandy an manche Morgen bei Maggie, früher, als die ganze Bagage sich öfter einmal die Nacht um die Ohren geschlagen hatte. Manchmal hatte Maggie sie dann mit dem Geruch von gebratenem Speck und lauter Musik vom Plattenspieler geweckt.

Er stand auf, ging zum Telefon und bestellte viermal Schinken mit Ei und eine Schale knuspriges Müsli. Was die Musik anging, so hatte er gestern Abend einen Plattenspieler für die Fete heraufgebracht. Er ging hinüber und warf einen Blick auf die Platten.

Aber natürlich würde es keine von ihnen tun. Es gab nur eine Möglichkeit. Er hatte sie im Schlafzimmer, ein Vorabexemplar für die Promotion, das Faxon ihm vor der offiziellen Veröffentlichung gegeben hatte. Er hatte sie ihnen letzte Nacht vorspielen wollen, aber dann hatte eins zum anderen geführt, und er war nicht dazu gekommen.

Das Foto auf der Plattenhülle war auf der städtischen Müllhalde von Philadelphia aufgenommen worden. Sie standen da, umgeben von herrenlosen Kühlschränken, alten Reifen, kaputten Fernsehern und Sofas, aus denen die Polsterung quoll. Sie waren jetzt zu sechst; die ursprünglichen drei, Larry Richmond an der Rhythmusgitarre, ein verdammt guter Keyboarder und ihr brandneuer Leadsänger, ein gertenschlanker junger Schwarzer, dessen Stimme fast so aufregend war wie die von Hobbins früher. *The Nazgûl* stand auf der Hülle, *Back from the Junkyard!*

Alles neue Songs, für die erweiterte Gruppe umgeschrieben und neu arrangiert. Sandy hielt sie in den Händen, fragte sich, wie sie wohl klingen, wie sie sich verkaufen würden. Es gab keine Garantie. Aber die gab es nie.

Er trug das Album zum Plattenspieler zurück, schlitzte die Plastikschutzhülle mit dem Daumennagel auf und legte die Scheibe sorgfältig auf den Plattenteller. Sie wachten zu den Klängen von »Thursday's Child« auf, das noch einen weiten Weg vor sich hat.